New Trends in Communication Studies

传播学新趋势（上）

洪浚浩 主编

清华大学出版社
北京

内 容 简 介

本书着重介绍、分析与评论世界传播学在最近这些年里的最新发展与变化趋势,一些新出现的重要分支领域,一些新的重要理论观点与研究方法,以及与此相关的有代表性的学者和他们有重要影响的研究成果。

版权所有,侵权必究。举报:010-62782989,beiqinquan@tup.tsinghua.edu.cn。

图书在版编目(CIP)数据

传播学新趋势:全2册/洪浚浩主编. —北京:清华大学出版社,2014(2025.3重印)
ISBN 978-7-302-36538-9

Ⅰ. ①传… Ⅱ. ①洪… Ⅲ. ①传播学—研究 Ⅳ. ①G206

中国版本图书馆CIP数据核字(2014)第105628号

责任编辑:纪海虹
封面设计:傅瑞学
责任校对:宋玉莲
责任印制:杨 艳

出版发行:清华大学出版社
    网 址:https://www.tup.com.cn,https://www.wqxuetang.com
    地 址:北京清华大学学研大厦A座   邮 编:100084
    社 总 机:010-83470000   邮 购:010-62786544
    投稿与读者服务:010-62776969,c-service@tup.tsinghua.edu.cn
    质量反馈:010-62772015,zhiliang@tup.tsinghua.edu.cn
印 装 者:涿州市般润文化传播有限公司
经 销:全国新华书店
开 本:190mm×255mm   印 张:62   字 数:1316千字
版 次:2014年11月第1版   印 次:2025年3月第5次印刷
定 价:88.00元(全二册)

产品编号:050011-01

前　言

最近这些年里，在几乎所有的人文和社会科学的学科中，传播学不但是少数几门发展得最快的学科之一，也是变化得最快的少数几门学科之一。这不但是因为传播学的研究对象涉及现代社会的几乎各个方面，更是因为传播学的理论、研究内容、研究方法都与社会的变化和发展紧密相连，不仅不同程度地受着社会各方面变化的直接或间接、明显或不明显的影响，同时也以不同的程度和不同的方式影响着社会的发展与变化。

这种影响已经开始和正在不断地在传播学这门学科中清楚地反映出来。最主要表现在四个方面。第一，传播学领域增添了不少与社会变化紧密相关的新的研究分支领域。这些新的分支领域近些年来迅速发展、壮大和成熟，并且得到了其他学科和社会各个方面的广泛重视。第二，在不少传播学的传统研究领域中，产生了许多重要的新的研究方向，从而充实和扩大了传统研究领域，推进了传统领域的发展。第三，传播学越来越成为一门被广泛承认和运用的交叉学科，不但受到其他学科的重视，也已经表现出了它对社会作出的贡献。第四，通过不断学习和借鉴其他学科的理论和研究方法，传播学从整体上提高和完善了自身的理论体系、研究范畴和科学研究方法。

出版这本书的目的，是希望把世界传播学在这些年里的最新变化和最新发展，系统地、第一手地介绍给中国的读者，通过书里的各篇文章，向读者尽可能全面地、客观地反映出一些发达国家的传播学在这些年里的变化发展中呈现出来的最新趋势，并加以深入透彻地评析。为使读者对传播学新趋势能有一个更好、更完整的了解，这本书包括了三个方面的内容：1) 传播学领域里近些年新出现的一些重要的分支领域；2) 传播学一些传统的研究领域内近些年里出现的一些重要的新的研究方向；3) 一些迄今尚未向国内系统地、权威地、第一手地介绍过的、但是值得引起重视和关注的传播学分支领域。本书每一章集中介绍或分析一个新分支领域或一个传统领域的新方向，或者一个尚未向国内介绍过的传播学分支领域。整本书力求成为一个有机的整体，以向读者全面、系统地呈现出西方传播学近年来发展和变化的新趋势、新方向、新议题。

这本书的作者包括美国、英国、加拿大、德国、澳大利亚、新加坡以及中国大陆、中国台湾、中国香港和中国澳门共10个地方的数十位传播学者，其中既有已经在世界传播学界享有盛名的领军型人物、学术大家和权威，也有在最近几年里迅速上升的学术新星，集中了一大批在传播学界令人瞩目的中流砥柱。

这本书的每一个篇章和它们的作者，都是经过仔细挑选后确定的，是"对号入座"的。他们都是在这一分支领域的权威学者,不但在许多西方名校接受过系统的传播学或相关学科的教育,而且都已在不同大学里从事教学和研究工作多年。他们不但有第一手的传播学教学和研究的经验,而且有着对传播学发展和变化的最新情况的了解和知识储备。这本书里的各篇文章充分体现出了他们的学术功力。为了最大程度地反映出各分支领域的最新发展和变化情况,作者们以严谨、认真的治学精神,几易其稿,以求文章的内容、观点和评析得以尽新、尽善、尽美。作为本书的主编,我在此向本书各章的作者致以诚挚的谢意。在本书的编辑过程中,我得到了我的助手冯琦玮大力和出色的协助,在此一并表示感谢。

本书共有44篇文章,分为五个部分。

第一部分有9篇文章,是关于传播学理论研究的一些最新动向和传播学领域中近些年来一些日益受到重视的新的宏观性议题,其中包括由中国香港城市大学媒体与传播系讲座教授李金铨撰写的《关于传播学研究的新思考》,分析了美国早期媒介研究两个学术范式的兴衰轨迹,评析了美国主流传播研究的趋势,强调传播学的研究要把本土经验与全球理论结合起来。由联合国教科文组织任命的美国马萨诸塞州大学传播与可持续社会发展的研究主席扬·塞万斯教授等撰写的《发展与社会变革传播学》,对发展及社会变革传播这个新领域从基本理论、具体政策制定和实施层面等不同角度作了论述。美国天普大学媒体与传播学院托马斯·杰格伯森教授等撰写的《传播与公共领域研究》,介绍了公共领域的标准定义以及这些定义产生的历史背景和研究公共领域的主要方法。另外,由中国华侨大学文学院王琰教授等撰写的《传播与软实力研究》、由美国佐治亚州立大学传播系李红梅教授和美国阿拉巴马大学传播系汤潞教授联合撰写的《传播与公共外交研究》、由中国台湾中山大学行销传播管理研究所王绍蓉教授撰写的《对外媒体研究的理论发展》和由美国布法罗纽约州立大学洪浚浩教授撰写的《国际传播研究的新重点》等文章,从不同的角度分析了公共外交与大众传播、文化外交、国家品牌、公共关系、软实力等的关系,并阐述了这些研究存在的问题、争议以及未来的走向。此外,英国威斯敏斯特大学国际传播学达亚·屠苏教授撰写的《全球传媒产品流通研究》和德国德累斯顿国际大学的弗莱贝格工业大学工商管理学院迈克尔·亨勒教授撰写的《国际商务传播研究》,分别考察了当下关联度越来越强的数字媒体世界中的全球信息流动及其逆流性问题和从文化维度阐释了国际商务传播是如何影响组织结构和冲突管理的方式。

第二部分共由14篇文章组成,主要是介绍和评析传播学领域里近些年来出现的一些重要的新的分支领域,其中包括了由著名的媒介批评研究的创始人、美国旧金山州立大学广播与电子传播艺术系荣誉退休教授亚瑟·伯格撰写的《媒介批评研究》。另外,由中国香港中文大学新闻传播学院罗文辉教授等撰写的《新闻伦理研究》、由美国加利福尼亚州立大学福勒顿分校传播系吴国华教授撰写的《危机传播研究》、由中国台湾中正大学传播系林淑芳教授撰写的《传播心理研究》、由新加坡国立大学传播与新媒介系张蠨元教授撰写的《健康传播研究的框架与走向》和由美国阿拉巴马大学传播系汤潞教授和美国佐治亚州立大学传播系李红梅教授联合撰写的《传播与企业社会责任研究》这五篇文章，详细地介绍了这五个研究领域的范围与定义，讨论了这几个领域的最新研究走向、主要理论、重要研究结果与常用的研究方法，并对未来研究的重点提出了建议。由中国香港浸会大学传播系肖小穗教授撰写的《修辞传播学》、由澳大利亚皇家墨尔本理工大学媒介与传播学院高级讲师黄成炬撰写的《媒介社会学向传播社会学的转变》和由中国澳门科技大学人文艺术学院章戈浩教授撰写的《媒体人类学》这三篇文章，介绍了三个与其他学科交叉的传播学新领域的理论框架、内涵和外延，以及主要的研究成果、问题和未来走向。这些文章既反映了传播学与其它学科的不断融合，也显示了传播学朝交叉学科发展的趋势。由中国台湾政治大学广播电视系刘幼琍教授等撰写的《电信传播政策研究》和《媒体法规比较研究》，对媒体政策和法规的研究与发展趋势做了探讨，并对它们的基本原则和管理模式等作了评析。由美国萨福克大学传播及新闻系李沛然教授等撰写的《女性主义对传播研究的影响》、由中国香港中文大学新闻与传播学院梁永炽教授等撰写的《新媒体与青少年研究》和由中国台湾政治大学传播学院臧国仁和蔡琰两位教授联合撰写的《老人传播研究》这三篇文章，分别介绍了近些年来迅速发展的从性别和年龄的角度研究传播学的几个重要的新领域，归纳了这些领域常见的研究主题、运用理论和代表性学者，并对目前的研究状况、不足和未来研究思路提出了建议。

第三部分有8篇文章，主要是对传播学一些传统的研究领域里近年来出现的重要的新的研究方向的介绍和评析。中国香港浸会大学传理学院赵心树教授和陈凌教授、中国香港中文大学新闻与传播学院苏钥机教授、中国烟台大学人文学院齐爱军教授、美国罗德岛大学传播系陈国明教授、美国杰普曼大学传播系贾文山教授和美国萨凡纳艺术设计学院田德新教授、中国香港中文大学新闻与传播学院冯应谦教授以及中国香港浸会大学新闻系李月莲教授，分别就政治传播、组织传播、新闻学研究、西方主流媒体研究、跨文化传播、人际传播、流行文化研究和媒介素养研究的新观点、新内容和新方向，作了介绍和评析。

第四部分也由8篇文章组成，重点介绍和评析有关新媒体和各种网络传播的新方向和新议题，包括由美国布法罗纽约州立大学洪浚浩教授等撰写的《CMC研究的现状与发展趋向》、由美国布法罗纽约州立大学传播系迈克尔·斯坦凡罗教授等撰写的《社会化媒体研究》、由新加坡南洋理工大学传播与信息学院郝晓鸣教授等撰写的《互联网研究的演变与展望》、由新加坡国立大学传播与新媒体系张玮玉教授撰写的《新科技对政治传播的影响》、由美国宾夕法尼亚州立大学传播学院钟布教授撰写的《新媒体时代的网络新闻研究》、由加拿大卡尔顿大学新闻与传媒学院教授德万·维塞克撰写的《网络传媒经济研究》、由中国香港中文大学新闻与传播学院黄懿慧教授撰写的《网络公关研究》和由美国加利福尼亚州立大学福勒顿分校传播系吴国华教授撰写的《网络广告研究》。这些文章系统介绍了这些年来与新媒体和网络有关的一些重要的传播研究新领域，阐述了新媒体和网络对这些传播研究领域的影响，并提出了一些未来发展的趋势和课题。

最后的第五部分共有5篇文章，介绍和评析一些新的传播学研究方法或关于传播学研究方法的一些新议题。由传播学界社会网络分析法权威之一、美国加州大学戴维斯分校传播系乔治·巴内特教授等撰写的《社会网络分析法在传播学中的应用》，详细介绍了国内还了解不多的基于系统元素之间的关系模式来确定系统结构的这一研究方法，并探讨了社会网络分析法的一些优势、弊端和发展趋势。由美国阿拉巴马大学传播与信息学院周树华教授等撰写的《心理生理学研究方法在传播学中的应用》，介绍和讨论了这一新的研究方法的原理、理论、测量手段、应用性案例和该研究方法在将来传播学中的应用。由美国威斯康辛大学普莱特维尔分校媒体研究系陈昊教授等撰写的《伽利略定量研究系统的发展与应用》，向国内读者介绍了一种新的传播学定量研究方法，即通过让受访者对需要调查研究现象的主概念进行配对比较来收集数据，然后运用多维测量的计算方法来得出主概念相互之间的空间关系。由中国澳门大学传播系陈怀林教授撰写的《媒体框架分析法的变化趋向》，对传播学研究中这一常用而又充满争议的研究方法，从定义使用、方法执行到提升理论性等分别作了介绍、梳理和分析。由中国香港浸会大学传理学院赵心树教授等撰写的《传播定量研究的新议题》，介绍了三项有关传播学定量研究方法的新进展和新议题，包括可复度的计算、中介效应的分析以及效果量的测量，并对传播学定量研究方法的一些新议题作了探讨和评析。

本书的读者主要为传播学和与传播学相关学科的学生、教师和研究人员，以及从事与传播相关的政府与业界人士。本书的文章都用中文撰写或翻译成了中文，但是一些关键性的术语仍用英文放入括号内，以利于读者了解该关键术语的英文原文词汇和确切的概念。文章中提到的外国学者的名字，个别直接用他们的英文名字，以避免因译法的不同而产生混淆，同时也便于对这些学者的研究和著作感兴趣的读者进一步查找这些学者的其他相关研究和著作。出于同一考虑，文中引用的外国人名和国外出版的文献，也全部使用英文。

虽然就目前来说，基本上仍是西方发达国家在引领传播学的发展和变化方向，但是亚洲是近些年来传播学教育和研究发展速度最快的地区。尤其是中国，在短短的二三十年里，开设新闻和传播学科的院校已从寥寥几所迅速增长到了一千多所，遍及全国各地。这本书从立意、大量的先期研究工作、考虑和选定各章的撰稿专家，到与各章作者详细商讨具体的写作范畴与重点，以及前后反复多次阅读、修改和编辑各个章节，历时好几年。这几年的时间，我也完全可以轻松潇洒地拿着研究经费去做一些驾轻就熟的研究项目，但还是选择了集中精力静下来精心地编好这一本书，以求为中国的传播学发展作一些贡献。我衷心希望这本书的出版能对中国传播学教育和研究的发展起到一些作用。

最后，我特别要指出的是，从这本书的创意到策划到具体的编辑和出版事务，都得到了清华大学出版社人文社科事业部主任纪海虹女士的许多宝贵的帮助。同时，我的助手、美国布法罗纽约州立大学传播系的冯琦玮在这本书的编辑过程中做了大量的协助工作。在这本书出版之际，在此特意向她们表示深深的感谢。

洪浚浩

2014 年 8 月 18 日

写在再印之时

清华大学出版社告知我将再次印刷《传播学新趋势》这套书时,我感到很高兴。这些年来,很多出版社出的学术类书籍常常很难卖出去,能够再次印刷的书就更是少之又少了。这套书能够再次印刷,说明它受到了读者的认同和喜欢。

确实,这套书自2015年初出版以来,受到了中国海峡两岸暨香港、澳门等地众多的高校老师和学生、与传播有关的业界人士以及一些政府部门工作人员和公众的广泛欢迎。我想之所以会这样,大约可以归结为以下三个原因。

第一,是这套书收录的44篇文章所呈现出的前瞻性内容与优秀的质量。书中文章的作者包括美国、英国、加拿大、德国、澳大利亚、新加坡以及中国海峡两岸暨香港、澳门各地共50多位传播学者。他们中有已经在世界传播学界享有盛名的领军型人物、学术大家,也有在最近几年里迅速上升的学术新星,都是传播学界令人瞩目的中流砥柱。而且,他们都是传播学某一分支领域的权威学者,不仅在名校受过系统的传播学或相关学科的教育,而且都已在世界各地的大学里从事教学和研究工作多年。这套书里的每一篇文章都充分体现了他们的学术功力。为了最大程度地反映出传播学各个分支领域的最新发展和变化情况,每一位作者都以严谨、认真的治学精神,几易其稿,以求文章的内容、观点和评析尽新、尽善、尽美,从而保证了每一篇文章的前瞻性和优秀质量。

第二,是这些年来国内传播学教育与研究以及传播产业持续和快速的发展所带来的巨大需求。最近10年左右,由于传播这一学科本身性质使然以及社会大发展的需求,国内传播学科经历了井喷式的扩展,成了各类学科中发展较快的学科,也是社会各方尤为重视的学科之一。根据最新统计,在国内目前的2000多所各类高校中,开设有传播学或与传播学相关专业的学校已经达到了半数以上。这其中,又有半数以上的学校开设了研究生项目。而开设有传播学一级博士点的学校,也在短短的10多年里从仅仅不到10所,发展到了20多所,另外还有不少学校有传播学二级博士点以及挂靠在其他学科内的传播学博士点。传播学科的大发展使得每年都有大量的新人加入传播学教育与研究的行列。与此同时,这些年来与传媒和传播相关的政府部门和产业领域也在不断地大量增加。这些都形成了对了解和把握世界传播学发展新态势的迫切需求。

第三,这套书提炼和归纳出的世界传播学发展的五个新态势,在这些年里得到了进一步的印证并且仍在不断地和更明显地体现出来。这五个新态势并不是凭空想出来的,而是根据对世界传播学这些年的变化与发展的大量观察、分析、研究和总结而归纳出来的。事实证明，这些年来传播学教育与研究在这五个方面呈现出来的新态势已经在世界很多国家都反映出来，包括中国也是如此。首先，传播学研究开始走出只研究自己的内卷式范畴，而是愈来愈与重大的国际议题相关联。传播学正在走进其他学科，而其他学科也正在走进传播学，由此大大提升了传播学研究的高度、广度和深度；其次，由于新媒体的出现及爆炸式发展，不但使得传播学研究的内容和范围得到了极大的拓宽，也使得传播学教育与研究愈来愈与社会的快速变化与不断发展直接关联，从而也就愈来愈受到世界各国以及社会各方的重视；再次，传播学本身仍在继续发展，除了传统的分支领域，这些年还不断派生出十分重要的新的分支领域，同时，传播学的不少传统分支领域也出现了很多新的发展方向。这使得传播学这门学科的研究领域更加广泛，也使得这门学科能够更好地为人类社会从信息社会向传播社会的过渡提供服务并作出贡献；最后，随着总体的科学手段和学术研究方法的不断发展与进步，传播学的研究方法也在不断地开拓与增加，并且变得愈来愈科学与准确。世界传播学教育与研究的这些变化和发展的新态势在这套书里得到了深入而透彻的介绍与评析。

这次再印时，除了对个别文章的少量数据或个别地方的表述作了一些必要的调整或修订外，书中所有44篇文章的内容和格式都与这套书在第一次印刷时相同。

最后，在这套书再次印刷之时，我要再一次向这套书里的44篇文章的50多位作者表示衷心的感谢。同时，我也要向广大的读者对这套书的认可表示衷心的感谢。另外，我还要再次向这套书的责任编辑、清华大学出版社文化与传播工作室主任纪海虹女士表示深深的感谢，衷心感谢她在这套书的策划、编辑、出版与推介过程中提供了许多宝贵的帮助。还有，这套书自出版以来，也陆续收到一些热心读者的来信，对书内的个别文章内容提出建议，在此也一并表达谢意。

洪浚浩
2018年3月18日于美国布法罗

目　　录

第 一 部 分

关于传播学研究的新思考	李金铨	003
发展与社会变革传播学	扬·塞万斯　帕特恰尼·马立高	020
传播与公共领域研究	托马斯·杰格伯森　潘岭岭	046
传播与软实力研究	王　琰　洪浚浩	066
传播与公共外交研究	李红梅　汤　潞	085
对外媒体研究的理论发展	王绍蓉　洪浚浩	105
全球传媒产品流通研究	达亚·屠苏	123
国际商务传播研究	迈克尔·亨勒	147
国际传播研究的新重点	洪浚浩	163

第 二 部 分

媒介批评研究	亚瑟·伯格	177
新闻伦理研究	罗文辉　李　森　安晓静	200
危机传播研究	吴国华	216
传播心理研究	林淑芳	245
健康传播研究的框架与走向	张镱元	265
传播与企业社会责任研究	汤　潞　李红梅	291
修辞传播学	肖小穗	308
媒介社会学向传播社会学的转变	黄成炬	331
媒体人类学	章戈浩	355
电信传播政策研究	刘幼琍	373
媒体法规比较研究	洪浚浩　苏拓宇	396
女性主义对传播研究的影响	李沛然　周舒燕　朱顺慈	409

新媒体与青少年研究 ·· 梁永炽　梁靖雯　赵蒙旸　433

老人传播研究 ·· 臧国仁　蔡琰　459

第三部分

政治传播研究的新发展 ·· 赵心树　冯继峰　485

组织传播的发展与研究新方向 ·· 陈凌　杜娟　508

新闻学研究的挑战与转型 ··· 苏钥机　534

西方主流媒体研究评析 ·· 齐爱军　洪浚浩　554

跨文化传播学的现状与未来发展 ·· 陈国明　582

人际传播理论与研究的发展 ··· 贾文山　田德新　606

流行文化研究前沿评析 ·· 冯应谦　杨露　628

媒介素养研究的发展动向 ··· 李月莲　640

第四部分

CMC 研究的现状与发展趋向 ·· 洪浚浩　芮华　663

互联网研究的演变与展望 ·· 郝晓鸣　池见星　686

社会化媒体研究 ························ 迈克尔·斯坦凡罗　许未艾　艾茉莉·多岚　710

新科技对政治传播的影响 ··· 张玮玉　732

新媒体时代的网络新闻研究 ·· 钟布　747

网络传媒经济研究 ··· 德万·维塞克　775

网络公关研究 ·· 黄懿慧　806

网络广告研究 ·· 吴国华　825

第五部分

社会网络分析法在传播学中的应用 ······························ 乔治·巴内特　江珂　861

心理生理学在传播学中的应用 ·· 周树华　闫岩　888

伽利略定量研究系统的理论发展与应用 ···························· 陈昊　洪浚浩　908

媒体框架分析法的变化趋向 ·· 陈怀林　929

传播学定量研究的新议题 ·· 赵心树　张小佳　953

第一部分

关于传播学研究的新思考

李金铨[①]

据说传播学引进中国已有 30 年了,许多学者对"传播学"有严重的身份危机感:到底传播学在中国走对了路,还是走错了路,下一步何去何从?其实,不仅中国学界对于传播学有认同危机,国际传播学界对这个学科也有认同危机。我提到传播学"引进"中国是很关键的,因为传播学不是继承中国传统知识体系,而是从外国全新介绍进来的。有学者批评大陆的社会科学一味追求"全盘西化"。我们一方面要"引进"西方学术;一方面又要批评"全盘西化",怎么办?这个问题不是三言两语讲得清楚。先要钻进去学人家,然后要能够跳出来,才能攀登另一个高度,所谓"入乎其内,出乎其外",仿佛是老生常谈,但所有尝过为学甘苦的人都知道这是很难做得好的。

常常有人问我,传播学是不是一个独立的学科。广义来说,文化学者(如 Carey,1992)认为媒介是社会生活斗争的场域(site of struggle),里面有各种势力和观点在折冲樽俎,在互相合作、竞争和对话中建构象征意义。如果每一个学科都有它的边界(boundary),有一组基本问题,有一套特殊语言乃至看世界的方法,那么这样的"场域"显然企图贯通各领域,算不算是一个性质特殊的"传播学科"呢?但若从狭义来说,传播学能不能取得像社会学或心理学的学科地位?国内的大学有所谓"一级"或"二级"学科的设置,那是教育行政的措施,牵涉许多别的考虑,无关学术;但以学术论学术,传播学是不是一个独立学科?很多人很焦急,一直想知道:"到底我是谁?"我自己倒不太为这种事操心,因为水到自然渠成,要是一时水不到、渠不成,平白操心也是徒然。学科地位毕竟是靠学界共识认定的,而不以我们主观的意志为转移,要是为了求心理安慰,径自宣布自己是独立学科,却不被别人所认可,这样自卑又自大的"壮胆"有什么意义?基于我个人的训练和兴趣,我总相信现代社会不能脱离传播生活而存在,如果社会学可以研究家庭、犯罪、人口等问题,我们又有何理由不能研究媒介和传播的制度、现象、过程和效果?英国学者Tunstall(1970)编写过一本书,就叫《媒介社会学》。有人称我做的是"媒介社会学",我总是欣

[①] 李金铨,现任中国香港城市大学媒体与传播系讲座教授,兼传播研究中心主任,1978 年获美国密西根大学(University of Michigan)传播学博士学位,其后任教于美国明尼苏达大学(University of Minnesota)20 余年,现为明尼苏达大学荣誉教授,主要研究兴趣包括国际传播、媒介政治经济学、媒介社会理论以及新闻史。获国际传播学会颁发 2014 年 B. Audrey Fisher 导师奖。

然接受。也许每个人的出发点不同,我在乎的是有无能力针对媒介和传播提出原创性的问题,并给以坚实的分析,至于贴上传播学或媒介社会学的标签,是无关宏旨的。

当然,从学术行政的角度来说,如何为传播学定位是重点,因为这和资源分配息息相关。在国内,传播学被认可成为"二级"学科,只要行内学者不因此沾沾自喜,以为"学问之大,尽在于斯",那么能争取到更多资源和地位自然是应该欢迎的。在美国,传播学大体还是交叉的边缘学科,许多大学文理学院的核心是文学系、数学系、哲学系、物理系、历史系之类,新闻系虽然热门却非核心。有的大学成立传播学院,俨然自成系统,不隶属于文理学院,但传播学院内部各系的课程往往重复。我也做过学术行政,深知到大学当局去和各系争取有限的资源时,不能太自贬身价,总要力言传播是沟通人文与社会科学的桥梁学科,是占据中心位置的新兴学科。学术政治必须在科层体系内建立学科的正当性,这个道理我完全理解。然而本文以学术论学术,不涉及实际的学术政治,旨在探讨学科发展的道路,所以不妨有话直说,即使说错了,也不影响到学科的根本利益,何况大家还可以平心静气地商量。

这是一篇通论性质的文字,我无意做地毯式的文献扫描,何况这类书籍坊间也所在多有。我要提供的是一张路线图,首先从字源探索广义的"沟通"与狭义的"传播"之间的关系,叙述早年在"统一科学"运动下建立统摄性"沟通学"的尝试,接着述评美国传播学的两大范式及其兴替,从而诊断整个传播领域理论匮乏的原因,最后着眼于传播研究的地方经验与全球理论。秉承"旧学商量加邃密,新知培养转深沉"的古训(朱熹语),我且效法野人献曝,提出若干不成熟的孔见,以就教于华文传播学术圈的师友们,其中以偏概全,挂一漏万,非特不可避免,可能十分严重。无论读者最终是否同意我的解读,我都愿意开宗明义坦白交代这一点。

传播的三层意义:沟通,交通,媒介

根据科学家的估计,人类在地球上已有一百万年的历史。施拉姆(Schramm, 1981,另译为宣伟伯)将这一百万年画到一个 24 小时的钟面上,每分钟代表 700 年,每秒钟代表 12 年。这样算来,照相术出现于午夜以前 13 秒,电报出现于午夜前 11 秒,电话出现于午夜前 8 秒,电影午夜前 7 秒出现,广播午夜前 5 秒出现,电视午夜前 4 秒出现,卫星、计算机则是午夜前 3 秒才出现的。总之,这些先进的传播科技原来都是在午夜 13 秒以前才密集出现的,尽管一个接一个,快得令人喘不过气来,然而它们不啻是历史长河的小点滴罢了。我们眩惑于科技的神奇,常常忘记历史的悠远,各种炫目的科技不过是如此新近的发明。以我的生长历程为例,要到小学六年级家里才有收音机,高中三年级才第一次看到电视的面目。但年青一代是与电视共生的,呱呱坠地即直接进入电视影响圈内。

现在的儿童大概认定电脑和iPad这些"玩具"存在五百年了，属于他们的基本人权，难怪他们操作起iPad那么娴熟自如，不像他们的祖父母那么笨，看了半天说明书还未必懂。

我想借用字源的界说（Williams, 1976：62-63），阐明communication所包含的三种意义：沟通、交通与媒介。Communication的原始意义就是中文的"沟通"，它在拉丁文与community同个字源，都是communis，即是要建立"共同性"（make common）——也就是透过社区内人们面对面的沟通，彼此分享信息和情感，以建立深刻的了解。其中最重要的场域，莫过于家庭。家里面的声息气味都熟悉不得了，隔壁房间有人走过来，只要听脚步声就晓得是谁，根本不必抬头看。可见"熟悉"是沟通的基本要素。因此有人建议，学好英文的不二法门，就是跟美英人士结婚——这倒也不见得对，我有朋友娶美国太太，英文却讲得结结巴巴的；因为他们结了婚以后，许多话尽在不言中，只要起个头或讲半句，伴侣早已心知肚明了。难怪夫妻愈老愈像，连生活习惯、脾气、语言行为方式都不知不觉互相感染，道理也一样。哈贝马斯提出的"公共领域"，也是从家庭开始的；人们走出"家庭"的堡垒之后，进入一个充满陌生人的"公共"场域，在那个场域里彼此不熟悉，必须建立一个免于政治压迫和资本污染的情境，使大家透过批判性的理性沟通，求同存异。

沟通最有效的媒介是语言，尽管语言有各种缺陷，科技再发达也绝对无法取代语言的基本功能（当然我也同意，心心相印、无声胜有声、禅宗拈花微笑、不着文字，是心灵沟通的最高境界，但那是另外一个语境的题外话了）。到了产业革命以后，communication进入第二个阶段，增加了"交通"的意义。工业社会制造就业机会，大量农民迁徙到城市，拜赐于舟、车、飞机、电话、电报，徙置远处仍可维系感情和意义的共同性。交通工具打破了地理的樊篱，延长人们沟通的能量，但沟通内容的稠密度却非大为稀释不可。今天交通银行译为Bank of Communications，交通部译为Ministry of Communications，别以为翻错了，这是保留communication第二层的意义。以沟通"稠密度"来说，最高的是见面，可以近距离亲身聆听语言的意义，听其言，观其行，揣摩言外之意或未言之意，甚至察言观色，即是进行"非语言沟通"（nonverbal communication），这样彼此透过各种直接接触的方式，在反复交涉中建立准确的意义。要是彼此见不到面，退而求其次，只好打电话；打电话总比不打好，但假如夫妇长期分处太平洋两端，无法有肌肤之亲，只靠电波传情，结果愈传情愈薄，最后怕要分道扬镳的。为什么生意人当面几杯黄酒下肚，谈不拢的东西也谈得拢了？为什么中国人喜欢请客吃饭，"以肚子控制脑子"？原因无他，都是为了搞熟以后，拉下面具，大家好说话。又如，白宫和克利姆林宫早就设有"热线"，照说一通电话可以解决的事，何劳外交官风尘仆仆，飞来飞去？因为双方必须坐下来当面谈，察言观色，聆听弦外之音，或步步为营，或互相让步，以避免扩大争端。

晚至20世纪50年代，英文才出现mass media（大众传媒）一词，泛指我们所熟知的报纸、杂志、广播、电视，乃至延伸到今天所谓的"新媒体"（包括互联网、卫星和社交媒介等载体），这已经进入 communication 的第三层意义了。倘若第二层意义指"物质的"交通工具，第三层便是指"心灵的"交通工具。大众传媒无远弗届，超越时空，涵盖面广，由少数的传播者与广大的(massive) 受众建立"共同性"，但这种沟通是单向的，音影稍纵即逝，又都缺乏双向反馈的功能，其内容的稠密度必然更加稀释了。在古典社会学里，mass 还意指中文所说的"乌合之众"，形容受众的背景分歧，组织松懈，群龙无首，受众与受众、受众与传播者之间互不相识。正因为是"乌合之众"，老死不相往来，早期哥伦比亚学派才会假设媒介可以长驱直入，其信息有力"击中"这些"原子化"（atomized）的受众，改变他们的态度与行为，后来的研究证明这个假设是无稽的（详见下面）。照李普曼（Lippmann, 1922）的说法，大众媒介把"外在的世界"转换成为我们"脑中的图像"，而记者居于两者之间（mediated），他们必须运用"刻板印象"（stereotypes）捕捉复杂的外在世界，不免挂一漏万，所以李普曼鼓吹由专家精英为公众阐释社会事相。早年芝加哥学派称媒介为"有组织的情报"（organized intelligence），由记者、编辑等组成的科层组织，有目的地收集、制造和散发各种信息。既然公共舆论（public opinion）代表"理性沟通"，为何又说"乌合之众"的媒介（mass media）促进公共舆论的"理性沟通"？其中理论的矛盾如何统一？那就必须进一步假设：即使个人是无知愚昧的，众人却是有集体智慧的。所谓"群众的眼睛是雪亮的"，也有异曲同工之妙。关于这个矛盾如何安排，产生许多社会理论的流派，这里无法详说了。

这三层意义出现的时间有先后，既独立，又同时存在。任凭现代"传播"科技有多先进，也无法取代面对面的"沟通"，而且和"沟通"与"交通"的功能也不完全重叠。西方民主理论的浪漫原型，从希腊的城邦政治，联想到美国新英格兰小镇的议事厅，都假设社区内人人互相熟悉，见多识广，更热心参与公共事务。实际上，李普曼（Lippmann, 1922）批评在美国幅员这么广大的国家，这种为小国寡民设计的民主蓝图是不切实际的。即使明知不可能实现，美国总统选候选人还喜欢描绘一幅 electronic town hall meeting 的愿景——虽然美国人民无法聚合在一个地方亲身接触，还是想象可以透过最新科技进行全民沟通，正是"身不能至，而心向往之"，可见这个印象如何深植于美国人的深层心理结构中。

过去 20 年，数码化技术把我们带进一个"新媒体"的崭新纪元。新媒体为旧媒体（特别是报刊）的生存带来极大的威胁，而且促进各种新旧媒体的汇流与整合，发展之速宛如旧小说形容的"迅雷不及掩耳"，从 20 世纪 90 年代中叶互联网开始普及到现在，接二连三的变化令人目不暇接，信息环境犹如旧貌换新颜，未来的面貌更难预测。当然，世事之理可以"自其变者而观之"，也可以"自其不变者而观之"，何者变，何者不变，新旧媒体如何互动，尤其值得密切关注。研究新媒体现在最为时髦，学界是否以原来的理论和知识体系来了解新媒体，新媒体是否产生以前未有的新理论？新媒体研究的历史尚短，还不到下结论的时候。

统摄性的传播科学？

最近我在国内参加一个国际学术会议，发现应邀报告的题目繁多而庞杂，有人谈"文化帝国主义"，国家形象，针对的是传媒的角色；但也有人谈祖孙关系，那是涉及第一个意义的"沟通"了。这两方面的知名学者都很认真，但好像在两个世界各说各话，学术关怀和问题意识南辕北辙，完全无法交流得上。这又回到"什么是 communication"的问题来了。这里，我要提醒准备到美国念书的学生，如果你选报 speech communication 系，那就是打算做类似祖孙关系的研究，凡对人际传播、小团体传播、组织传播（少部分传媒问题）、演说和言辞感兴趣的，这个系是正确的归宿。但你若选择 School of Journalism and Mass Communication，则几乎全心关注第三层意义的大众传播了。以学科定位而言，communication research 应该以媒介为中心，还是应该泛指各种"沟通"？如果泛指各种"沟通"，一般社会学家、人类学家、心理学家也应该算在内，因为他们研究中国社会的人情、关系与权力网络，不啻是广义的社会科学。如果是以媒介为中心，我们纵使运用社会学、心理学解释一些媒介现象，核心关怀始终是媒介问题，也就是以媒介为主，以其他知识背景为辅。①

我的学术兴趣是以媒介为重心的，但必须把媒介紧密联系到更大的政治、经济和文化脉络里，而不是封闭式兀自关起门来"以媒介看媒介"。这种传播研究关注什么问题？社会学经常提到 agency 跟 structure 的互动：行动者有何行使自由意志的能力，其极限何在？行动者采取哪些行动才可以改变结构？而结构又如何一方面保障、一方面制约行动者的自由与能力？以此为分析的纲领，媒介研究包括三个层次：（一）以媒介与社会的关系而言，媒介是行动者，社会是结构；媒介必须在特定的社会内运作，而和社会政治、经济和文化结构发生复杂的辩证联系。（二）在媒介内部，媒介组织（如报馆）是结构，专业人士（如记者、编辑、市场营销者）是行动者；记者可以影响报馆的运作，但报馆的规范反过来制约记者的行动。（三）以媒介与受众的关系而言，媒介是行动者，受众就是结构；媒介对受众产生什么影响，而社会大众又如何形塑媒介的品位与内容？抓住这三个纲领，我们自然可以引出很多子题（参考 Croteau, Hoynes, & Milan, 2012）。

在美国，传媒研究之所以有今天，公认以施拉姆（Wilbur Schramm）的贡献最大。他多才多艺，高中毕业时，辛辛那提职业棒球队要他去打棒球，他在哈佛大学念硕士时，在波士顿一个职业乐团

---

① 以专业组织而论，speech communication 学者参加的是 National Communication Association；新闻与大众传播学者参加的是 Association for Education in Journalism and Mass Communication。而双方学者都参加 International Communication Association。

吹长笛。拿到博士学位以后，他在 Iowa 大学英语系当教授，遇到美国经济大恐慌，他写短篇小说赚外快，小说得过著名的欧·亨利奖，并收入中学的教科书里。他晚年时曾告诉我，偶尔还接到那几篇短篇小说的版税。接着他创立爱荷华大学新闻学院，更重要的是他后来在伊利诺伊州立大学创立全国（全世界）第一个传播研究所（Institute of Communication Research），我们这个年轻的学科从此宣布诞生。

20 世纪 50 年代，"二战"结束后，美国学术界掀起一个野心勃勃的"统一科学"（unified science）运动。在这个运动的影响下，施拉姆认为，既然 communication 是政治学（如民意）、社会学（如社会结构）、心理学（如群众心理与认知）、经济学（如信息经济）等学科的汇点和中心，何不建立一套独特的 communication science，以居高临下的角度俯瞰，足以统摄或整合社会科学各领域的视野？这个 communication（沟通）的定义显然是广之又广的。事实上，在伊利诺伊大学环绕施拉姆身边的学者来自各种不同的专业，例如香农和韦弗是信息科学的大家，奥斯古德是著名的语意学家。施拉姆显然希望聚集一流的头脑，让他们从不同的观点在一起碰撞，以爆发全新的知识火花，叫作 communication science。当然，这个"统一科学"运动证明是失败的，施拉姆自己也慨叹道："许多人穿过，很少人逗留。"他终于发现，社会科学的各路英雄好汉，因缘际会，偶尔在边缘处相会，触摸到若干 communication 的问题，但他们穿过十字路口以后，又向本学科的方向和旨趣直奔。施拉姆即使想要留他们别走开，但十字路口还是十字路口，只穿过，不逗留。传播研究不但没有成为统摄性的中心理论，而且边缘如故，只能继续拼命争取中心的承认。

后来，施拉姆移师西部的斯坦福大学，创立另外一个举世闻名的传播研究所（Institute for Communication Research），更是培养了数代传播研究的领军弟子。此时，他似乎已放弃建立统摄性理论的尝试，目光转而专注于建立狭义的"传媒研究"。值得注意的是：既然跨学科的统摄性理论建不成，传媒研究的理论根基又不足，施拉姆从老资格的社会科学吸取理论养料，以灌溉新兴传媒研究的园地，始终不遗余力。他褒扬传媒研究有四位"祖师爷"，都来自其他的学科，包括社会学家保罗·拉扎斯菲尔德（Paul Lazarsfeld），政治学家哈洛·拉斯韦尔（Harold Lasswell）以及两位心理学家（团体动力学的科特·路因和实验心理学的卡尔·霍夫兰）。施拉姆的"点将录"所推崇的传播研究是实证主义的范式，特别重要的是 Lazarsfeld-Merton 在哥伦比亚大学发展的路数。他所推崇的其他三位大师，后来与传播研究渐行渐远，只有拉扎斯菲尔德不弃不离，与同事（R. K. Merton）、学生（如 E. Katz）合作不懈，更奠定了美国实证量化传播研究的基础，进而蔚为美国传播研究的主流，其长处短处都在这里。等到这个路数变成支配性的主流范式，学术发展逐渐呈现偏枯的趋势，几乎忘记了更早前芝加哥大学社会系还有另一个主要的传统，与欧洲的激进思潮更是南辕北辙。

美国媒介研究的两个范式

美国的传播研究深受社会学和社会心理学的启发，英国的文化研究脱胎于文学批评，渊源大为不同。在美国，传播研究有两个最重要的范式，一个是芝加哥学派；一个是哥伦比亚学派。它们的崛起、发展和消长各有时代的烙印，也反映美国社会情境的递嬗。称之为"学派"，是因为它们所提出的问题、使用的方法对传播研究都有根本性的影响，内部纵有差异，但整体合起来看，芝加哥学派和哥伦比亚学派是截然异趣的。兹参考 Hardt (1992)，Czitrom (1982) 和 Carey (1992)，约略述评如下，并归纳其要点于表1。

表1 芝加哥学派与哥伦比亚学派的比较

	芝加哥学派	哥伦比亚学派
极盛时期	"一战"到"二战"之间，美国社会历经动荡	20世纪50年代以后，美国国力日正当中
聚焦	报刊是社会文化机制的一部分，与城市发展和移民社会息息相关。报刊的作用在于维系政治和道德共识	以媒介效果为主。把社会结构视为当然
范式	实践主义，报刊促进社会改革，与"进步运动"同步	结构功能主义，媒介维系系统的平衡
研究方法	人类学参与式观察深访，社区研究	以问卷调查和内容分析为主。不重视历史
知识论	经验性，阐释性，象征互动说	实证经验研究
代表性学者	Robert Park, Geroge Herbert Mead, Herbert Blumer, Morris Janowitz, Kurt and Gladys Lang	Paul Lazarsfeld, Robert K. Merton, Elihu Katz

参考：Hardt (1992)；Czitrom (1982)；Carey (1992)．

美国版图的拓展史是由东向西移动的，全国第一大城当然是纽约；而第二大城长期而言就是芝加哥。直到后来西部的洛杉矶崛起以后，芝加哥的关键地位才逐渐稍有褪色。芝加哥是中西部最大的枢纽和集散地，转运周围农业州的资源到东部，但无论是地位、资源或价值取向，芝加哥也与东部都市平分秋色，甚至分庭抗礼。美国象征人类史上横跨新大陆的第一个民主实验，这个新兴国家历经都市化、工业化和大量移民的洗礼，使得整个社会秩序和核心价值动荡不已，必须重新整合再出发，于是知识界领袖在上个世纪初发起了一场影响深远的"进步运动"。政治上，它鼓吹以中产阶级为主的"好政府主义"，鼓励报刊揭发政客贪腐无能，它提倡个人凭本事升迁，反对绝对或武断，主张以科学方法促进社会改革；经济上，它反对社会资源与财富寡头垄断，并维护市场的公平竞争，反对资本家剥削劳工；文化上，它提倡新的中产生活方式、新式艺术和建筑品味，以及都市计划（Park, 1997）。"进步主义"更新了美国的核心价值，孕育了美国社会的"媒介专业主义"，其余绪更是开启了美国对外扩张的历史，包括进入中国发展势力范围。

芝加哥大学是"进步运动"（Progressive Movement）的重镇。芝加哥大学首创全国第一个社会系，该系在一战到二战之间独领风骚。芝加哥的社会学家们受到杜威的"实践主义"（pragmatism）所影响，放弃欧洲式的抽象玄思，而注重学术在社会和政治改革所产生的实际效果。他们以芝加哥这个城市为活生生的社会实验室，有计划地做了大量人类学式的开创性社区研究。他们研究的范围很广，其中一环是把报刊视为社会的有机环节和组成部分，探讨报刊如何促进社会秩序的整合、社区和谐以及种族融合。媒介不是被孤立看待的，而是与整个都市发展、移民过程和社会秩序有相伴相生的关系，研究旨趣充满了自由主义渐进改革的精神。大规模的社会变迁引起动荡，社会上的道德基础与政治共识失衡，学者探讨如何使用媒介维护社区的整合与共识，以促进社会的改革与进步，其终极目标即在于完善美国式的民主制度和资本主义。

芝加哥学派的研究既是经验性的，又是诠释性的。它着重参与式观察，也使用历史和人类学田野方法，以社区研究为主。记得他们曾派出学生驻在商店门前"站岗"，实地记录交易的种族和阶级情况，店主不知道他们干什么，打电话要警察驱逐他们。芝加哥学派的掌门人帕克（Park, 1982），研究报刊的"自然史"以及移民报纸对融入美国社会的影响，他曾到燕京大学做访问教授，是费孝通的老师。布鲁墨（H. Blumer）是"象征性互动派"的代表，在集体行为和民意研究的贡献卓著，影响很大。雅诺维兹（Janowitz）研究社区报纸与社区权力结构，以及社区报纸如何促进社区和谐。Lang 氏夫妇配合实地观察和电视内容的分析，提出媒介的"社会建构"。这些都是具有开创性的贡献。

"二战"结束以后，美国取代英法帝国主义成为世界霸权，国力如日正当中，最重要的问题是如何持盈保泰，学界所关注的是维护社会系统的稳定平衡，研究旨趣日趋保守，他们提的问题比芝加哥学派窄化得多。这时，社会学的重心已从芝加哥大学移转到哈佛大学，但帕森斯（T. Parsons）的宏观结构功能论过于抽象艰涩，无法接受经验证据的考验。以传播学而言，其重心又转移到哥伦比亚大学。理论家莫顿（R. K. Merton）提倡"中距"的结构功能论（middle-range theory），以接通抽象概念与具体经验，使理论能够接受经验证据的检查。理论家莫顿和以量化研究方法见长的拉扎斯菲尔德（P. Lazarsfeld）合作无间，相得益彰，训练了数代社会学（包括传播社会学）的领袖。哥伦比亚大学仰赖企业界（尤其是纽约的哥伦比亚广播公司）和政府提供大量研究经费，他们使用相当精细的问卷调查和内容分析，研究媒介如何改变人们的短期态度与行为，特别是选举与消费购物方面。大公司和政府资助学术界，自然不愿意学术界用这些研究来检验甚至批判它们，因此哥大的学者们几乎冻结了社会制度与结构性问题，把媒介与权力结构的关系视为当然，只以工具的眼光孤立看媒介产生什么效果。他们原来期望媒介发挥"魔弹式"的强大效果，但各种实证研究却纷纷否定这个假设，反而发现媒介无力改变人们的态度或行为，只能巩固他们固有的预存立场。这个结论使得他们开始怀疑传播研究的价值，以前的乐观期待转变为悲观情绪，以至于哥大的重要成员之一贝勒森（Berelson，1959）过早地为传播研究发出讣闻。

拉扎斯菲尔德原是来自奥地利出色的应用数学家，移居美国以后发明了若干重要的量化研究和统计方法。他的 panel study 当初是为美国农业部设计的，正好碰上美国总统大选，他就把这套方法拿到俄亥俄州伊利县使用，即在选举过程中每隔段时间就反复回去访问相同的样本，以追踪选民投票意向和行为受媒介影响的方向与程度。研究成果总结在《人们的选择》（Lazarsfeld, Berelson, & Gaudet, 1948）这本书中，这是开传播研究量化实证研究的先河（有一次，我和业师罗杰斯开车经过该地，看到高速公路 Erie 的路标，心中仿若触电，颇有到麦加"朝圣"的味道）。该书否定媒介有强大效果，提出"两级传播"的说法，也就是媒介无法直接影响受众的态度与行为，有一群意见领袖先吸收过滤媒介的信息，再传布给广大的受众。后来，他和学生凯兹合作，在《个人的影响》（Katz & Lazarsfeld, 1955）把"两级传播"和意见领袖做了更详实的试测。

现在回顾哥大对于"两级传播"和"意见领袖"的提法，和李普曼（Lippmann，1922）早年对于公共舆论所提出的见解，确有相通之处。前面说过，李普曼认为公共事务复杂万端，新闻媒介需要靠"刻板印象"了解外在世界，新闻报道本身有相当大的内在缺陷，而且为政府和大公司操纵心灵的公关企业又方兴未艾，为此他提倡由专家精英为公众阐释公共事务。李普曼的论敌杜威虽然也承认公共事务复杂，但杜威寄望于公众参与和社区沟通，以凝聚民间智慧，反对精英治国。杜威哲学是芝加哥学派的指南针，从这里我们也看出它和哥大学派在政治立场上的基本差异。

当哥大学派取代芝加哥学派成为传播研究的主流，美国的国际传播研究也在麻省理工学院酝酿形成的过程之中，最重要的是冷纳（Lerner，1958）的著作《一个传统社会的消逝》。这本书受到"现代化理论"的影响，力言第三世界要现代化，必须利用媒介灌输人们的"移情能力"（empathy），潜移默化，使他们打破宿命论——如果人人具备这种"移情能力"的现代人格，整个社会必然告别传统，步入现代的门槛。这个理论到现在已被攻击得体无完肤，但它曾为国际传播研究定下数十年的基调。施拉姆（Schramm，1964）为联合国教科文组织写的《大众传媒与国家发展》，一度被第三世界领袖奉为"圣经"；罗杰斯（Rogers，2003）的"创新扩散"（diffusion of innovations）也影响深远。两人都以冷纳的学说为范式，鼓吹第三世界以媒介为现代化、国家发展的触媒剂，以媒介促进民族整合、经济现代化和文化自主。在这里，我要指出一个知识社会学上的吊诡：一方面，在美国国内，哥大学者总结"媒介有限效果论"，媒介只能强化人们固有的立场，无法改变他们"短期"的态度与行为；但另外一方面，在国际上，美国学者凭借有限的证据，却信心十足，以预言式的话语强调，媒介在第三世界社会变迁的"长期"过程中扮演举足轻重的角色。国内传播和国际传播的发展轨迹既合流，又分途，其间关系尚待细致分析（Lee，2014a）。〔政治情况和学术见解变化很大，倘以当今"左派"的观点重新做180度相反的解读，则哥大学者的发现不再证明媒介的效果"有限"，反而证明媒介具有"强大"的保守效果。假如媒介强固人们的预存立场，维持他们态度和行为的长期稳定，阻碍社会变革，岂不正是权力结构进行社会控制的思想利器？这样说来，反而符合葛兰西的文化霸权（hegemony）理论。〕

芝大和哥大这两个社会系留下传播研究，早已各自往别的方向行进，而传播研究则被各地后来兴起的新闻传播院系接收为版图。但无论从哲学思想、研究旨趣或方法技术来说，哥大因缘际会，逐渐凌驾芝大之上，仍是影响当今美国传播学的主流范式，历久不衰。20世纪70年代，欧洲激进派政治经济学和文化研究先后引进美国，它们以西方马克思主义为张本，把美国主流传播研究攻击得不遗余力。但美国毕竟是世界最大的学术市场，成为不假外求的体系，欧洲的挑战未能动摇哥大范式在美国的支配地位。欧洲的批评理论原来是对美国提出"敌对的"的世界观，但到了美国就被分插到整个学术光谱中成为一支，其批判性当然明显削弱。美国式传播研究的流风余韵更扩散到世界上许多国家，中国学界似乎也多在这个影响圈内打转，亦步亦趋。"全球化"的声音响彻云霄，传播研究却未必更多元或更国际化。

芝大的传播研究范式纵然退隐为暗流，但从未完全失传。20世纪六七十年代，美国社会各种要求变革的势力——反越战运动、妇女运动、种族运动和学生运动等——风起云涌，改革派学者回去芝大范式寻找血脉，重新发现先驱学者悬而未决的问题。尤其重要的，芝大的范式比哥大更能接通欧洲思潮，提供进一步切磋琢磨的空间：其一，芝大虽然采取自由主义的立场，与法兰克福学派以及以后的"左派"观点立场大相径庭，但两者的主题意识都扣紧了媒介和权力的互动关系。其二，芝大先驱学者米德（G. H. Mead）发展的"象征互动论"，允称美国文化研究的佼佼代表，和欧洲传进来的现象学也有些曲通幽径之处。许多美国传播学者知其一不知其二，几乎只知道哥伦比亚学派的工作，而最积极重新发现、诠释芝加哥学派的贡献者，莫过于雄辩滔滔的文化学者凯瑞（James Carey）。

理论贫乏与"内眷化"

美国新闻院系和传播研究的接轨相当偶然，而新闻院系接收社会系遗留的传播研究有何得失？新闻教育是美国的特殊产物，欧洲的精英贵族大学和美国的哈佛大学排斥新闻教育，轻视它缺乏知识骨干。1908年密苏里大学成立全世界第一所新闻学院。四年后，哥伦比亚大学新闻学院相继出现——普利策死后，希望捐赠遗产以成立新闻系，先为哈佛所拒收，后来哥大才勉强接纳，乃有现在举世闻名的新闻学院与普利策奖。（按，上述"哥伦比亚学派"指的是社会系应用社会研究局，与新闻学院没有什么关系。）但哥大是例外，美国主要的新闻院系都集中在中西部的农业州，因为南北战争期间林肯总统拨划联邦土地，成立州立大学，除了追求人文与科学知识，还高悬"服务社区"为主要使命，一些应用学科（尤其是农学、军技、商学、新闻）因而在高等学府获得正当性。当时一般记者多半桀骜不驯，不乏才华洋溢之士，却很少有人念过大学，新闻职业的整体声望不高，所以各州的新闻同业团体纷纷乘机怂恿州立大学成立新闻系。这样凭内外两股力量合流，为美国大学的新闻系接生。必须指出，密苏里新闻教育的模式对中国有决定性的影响，但我们另有长文（张咏、李金铨，2008）做过详细的历史分析，这里就不再重复了。

大学有了新闻系是一回事，新闻系在大学里有没有地位是另一回事。美国大学的新闻系一般都是从英文系分支出来的，目的在于培养编采写作实务人才。"二战"期间，有些老记者征调参加军旅，战后回到大学校园读研究所。但新闻系没有博士班，在研究型的大学里是很难有地位的，幸亏威斯康辛大学的 William Bleyer 独具远见，在政治系里增加新闻辅修，教授新闻和相关的政治学、法律和伦理学、公共舆论和宣传等课程。这些老记者获得政治学（或其他老学科）博士以后，相继应聘到各重要大学新闻系任教，逐渐发展新闻学博士课程（早年以威斯康辛、伊利诺伊、明尼苏达和斯坦福四所大学为重镇），以至于蔚为学府建制的一部分，而在这个过程中又逐渐吸收、发展传播研究的学术路径（Rogers，1994）。数十年来，全国新闻学院纷纷改名为新闻与大众传播学院，表面上平安无事，学生人数愈来愈多，其实新闻与公关广告的哲学关系从来没有处理好，内部的新闻实务和传播理论更是一直处于紧张状态。①

回顾施拉姆时代，传播学紧密依附其他社会科学，从跨学科引进理论、概念和视野。他和麻省理工学院普尔（Pool and Schramm，1973）合编《传播学手册》，厚达一千多页，各章作者多为著名的政治、社会和心理学家，其中有五分之一的篇幅是关于国际传播问题。十多年后，下一代学者（Berger and Chaffee，1987；Berger et al.，2010）合编《传播科学手册》，作者都来自传播本行，其他学科的作者几乎绝迹。后书的编者自诩传播已经成为"科学"，既是"科学"当然就自给自足了，从此不假外求，不再需要其他学科的奥援；而且，他们对国际传播几乎全然漠视，国际传播仿佛只是国内传播的延长，国界与文化差异俨然都是无关紧要的。Chaffee 是施拉姆在斯坦福的得意门生，

---

① 90年前，李普曼（Lippmann，1922）早就批评公关遮蔽新闻的真相，其后以马克思主义为依归的政治经济学和文化研究更极力攻击广告和公关是服务资本主义的社会"盲肠"。美国新闻与大众传播学院除了教新闻，也教广告和公关，原因有二：一是新闻与广告是媒介生存的两臂，在媒介组织的安排上刻意把新闻和广告发行分开，以保持新闻的独立，不受广告的影响，但由于媒介经济愈来愈萎缩，新闻和广告逐渐有汇流的危险；二是从媒介研究的版图来说，广告和公关都属于媒介效果的分支，故纷纷包装改称为"策略性传播"，所吸引的学生人数甚至超出新闻。

他比他的老师更强调"科学",但科学一旦变成"主义",他的眼光却比老师狭窄得多。Chaffee 曾于 20 世纪 80 年代初撰文辩称,传播科学有自己的博士班建制、学术期刊等,当然是一个独立自主的学科。他不仅从外缘的制度面"合理化"传播学,因为以《传播科学手册》的精神看来,他显然也认为传播"科学"在内涵理论上有独立的贡献。Paisley(1984)曾形容传播学是一门"横向"学科,链接其他的"纵向"(例如社会学、心理学、政治学)学科。如果这种说法成立,那么 Chaffee 似乎想把传播学从"横向"扭成"纵向"学科。这到底是福是祸,见仁见智,至少在现阶段我觉得是走向死胡同。

再说一遍:施拉姆时代力求和别的学科接枝,后来从新闻传播建制内产生的文献却力求"独立自足"。20 世纪 70 年代,我初入研究院就读时,新闻系内部密集出现以下的"理论":议程设置(agenda setting)、知识鸿沟(knowledge gap)、使用与满足(uses and gratifications)、沉默的螺旋(spiral of silence)、认知共同适应(co-orientation)、第三者效果(third-person effect)、涵化(cultivation)、框架和铺垫(framing, priming)、创新扩散(diffusion of innovation),等等。这些"理论"的生命力不等,有的一开始就有气无力,有的刚提出时颇有新意,但因为长期孤立使用,过劳而透支,"马力"呈现疲态。几十年后,我都快退休了,看过各种走马灯似的流行,抓住几个老题目不断再生产,固然资料累积很多,但见解增加几许?何况连这类"内部理论"也长久不见有人提出,而整个学科生态又满于划地自限,不作兴跨学科互动,其理论贫瘠的尴尬境况可想而知。坦白说,今天在美国有些大学博士课程,可以狭窄到从上述的"理论"选择一个题目,写一篇不痛不痒的论文,就可以拿到学位了。无论读者是否同意我的判断,都必须面对一个尖锐而严肃的问题:为何我们缺乏深邃的"范式"引导传播学的研究工作?

我认为这个现象是学术发展的"内眷化"(involution)过程。美国著名人类学家格尔兹(Geertz, 1963)在印尼研究爪哇岛和巴厘岛的农业经济生态,发现爪哇岛天然条件优厚,由于荷兰统治者强取豪夺,又有巨大的人口压力,爪哇岛采取的农业发展策略不是更新变革,而只求在现有条件下"杀鸡取卵"。也就是说,爪哇岛没有提升耕作技术和品种,只是不断增加耕作人口——反正农田最容易吸纳过剩人口,只要加一双筷子,大家都有饭吃——每亩地的产量非但没有提高,农地且过度垦殖分割,以致良田变废墟,造成社会、经济和生态上的灾难。格尔兹称这个过程为"内眷化"(内地通常译为"内卷化",偏重略有不同)。

我们可以引申"内眷化"的意义,指学者抱住一个小题目,在技术上愈求精细,眼光愈向内看,问题愈分愈细,仿如躲在自筑的一道墙围,得到心理安全,拒绝与外界来往的压力,其结果是不但忘记更大的关怀,更阻碍思想的创新。格尔兹形容这个过程是"技术性的分发丝"(technical hair-splitting),舍本逐末,纵然把发丝数得分毫不差,也看不到整个头型的全貌。优生学鼓励基因相异的人结婚,反对近亲繁殖。豪门如果只顾分产,不事增产,再多财产也要败家。在我看来,"内眷化"是学术创造力的退化,特别是在当今急功近利的大学奖惩体制内,鼓励放大镜照肚脐眼,抱住一个小题目做到死,不但隔行如隔山,甚至同行如隔山。社会科学的知识一旦丧失"公共性",便只成为学苑内部的嬉戏。这是可怕的学术危机,尤以中国的传播边缘学科为然。中国经济发展与学术自信或积淀迥不相伴,自然产生一种莫名的焦虑感,弄出一些匪夷所思的指标,美其名为国家的"软实力"强力推行,道理在此。好在近年来大量著作译介到中国,尽管选书和译事均水准参差,年轻学者如欲开拓眼界,机会之多倒是前所未有的。

苏钥机(So,1988)曾分析传播主要期刊的引文指数,发现它们引用其他社会科学的文献愈来愈少,引用传播领域的文献愈来愈多。如果从 Chaffee 等人的观点来看,这正是象征传播学的成熟,我没有这样盲目的乐观,反而担心这是典型学科"内眷化"的证据。纯粹"从传播看传播",理论资源如此贫乏,特别是那些从新闻系内部产生的"理论",通常和更大的政治、经济、社会、文化脉络脱节。家底本来就薄,关起门自娱,情形更为不堪,焉能不边缘化?我觉得 20 世纪 70 年代 G. Gerbner 主编的《传播学刊》(*Journal of Communication*),虽然文章良莠不齐,但经常激起重要辩论的知识火花;现在篇篇文章在技术上精致得无懈可击,却缺乏知识上的兴奋,有时候我称之为"毫无用处的精致研究"(elaborate study of nothing)。我宁愿回去读点老书,分析或不够成熟,那种开阔的气象却充满生命的跃动。

这三四十年来,传播学者很少在传播领域之外还有影响力的,有活力的传播研究反而多是从外面带来的冲击,且让我举几个例子说明。一是统称为"媒介社会学"的研究,在 20 世纪 70 年代和 80 年代之交,突然密集出现,它们以社会学和人类学的方法探讨媒介组织内部的科层运作,新闻制作的流程、过程和因素,以及新闻制作与社会运动的互动(如 H. J. Gans, G. Tuchman, T. Gitlin)。即使过了三十多年,这些分析视野还是生机蓬勃,可惜很久没有人提出其他重大的新观点了。我相信社会学也有"内眷化"的情形,可能是整个学术界的"后现代"现象,并以传播这类边缘学科尤然。其二,政治经济学的挑战,使媒介无法孤立看待,而必须分析媒介话语的政治经济基础(如 J. Curran, H. I. Schiller)。拉丁美洲的激进政治经济学也曾有重要的贡献,但它与第一世界的政治经济学互动不多。其三,文化研究使媒介话语更紧密联系到背后的深层意义以及意识形态的脉络,包括英国的有威廉斯(R. Williams)和侯尔(S. Hall)对美国主流范式的批判,芝加哥学派文化研究的重新发现与诠释(J. Carey, H. Becker)。萨伊德(E. W. Said)提出"东方主义"的命题,启发了"后殖民主义"的开创,对第三世界的文化研究尤具深意。这些理论在美国各新闻传播学院发生的影响甚不均匀,有的学校颇重视它们,但有些以庸俗实证主义挂帅的学校则淡漠视之。中国在引进传播学的过程中,应该以开放的视野取精用宏,而不是出于短视或无知,只局限在简单的层次和粗糙的面向。

传播研究的本土化与国际化

西方传播学理论不能定于一尊,而且除非经过国际层面的考验,终究还是停留在"西方"的理论层面。全球化的进程日益加快,但传播研究的国际化脚步很慢。我们从西方学习传播学,不是为了替西方理论找海外根据,而是希望活络思想,帮助勾勒素材,以研究本社会的重大问题,从而提出一些具有普遍意义的看法,与西方文献平等对话。

中国向西方学习现代科学,科学无国界,中国人学起来很快。人文有浓厚的民族色彩,中国的人文传统源远流长,有辉煌的成果与其他文化沟通,自不待言。社会科学介于两者之间,一方面受到科学的影响;一方面受到人文的影响。美国式的传播研究通常是跟着科学走的。科学追求宇宙外在客观存在的规律,主要的方法是实证主义,企图把复杂的社会现象化约为少数重要的元素,而建立其间的因果关系;若能用数学公式把因果关系表达出来,则最为精简,涵盖的内容也最丰富。但从人文的角度来看,世界秩序是混沌复杂的,不可能化约,我们必须用语言的解释力量,使其意义能够层次分明地显现出来。文史哲首先追求的是意义,而不是规律。

长期以来,以哥大为主流范式的传播研究是向实证主义科学靠拢的,其成就与限制可以有公论。我认为,这个学科应该适时回头注意韦伯式(M. Weber)的知识论和方法论,以拯救传播学主流范式的偏差。韦伯企图平衡规律与意义,以经验研究为基础,但未必拘泥于实证主义的路径。他的知识论和方法论为人文与科学搭一座桥梁,不但对传播研究的本土化最有启发,而且这个路径的学术业绩辉煌,足以证明是行之有效的。质言之,爬梳丰富多元的意义脉络,固然要层层建立系统性,但追求规律却不宜流于简单化或形式化。韦伯依照他的法学训练,以具体之"因"联系到具体之"果",而不是追求抽象的普遍规律。由韦伯知识论所发展出来的现象学道路,强调"互为主观性",容许不同的诠释社群建构不同的现实,然后求取"同中之异"与"异中之同"的沟通与了解(Berger & Kellner, 1981)。世界观不同,并不代表完全无法互相了解。而诠释社群可能取决于性别、阶级或种族,但对我们最贴切的莫过于文化因素。一般公认韦伯、涂尔干(E. Durkheim)和马克思是社会学的三大鼻祖,代表三种不同的宗旨与方法,但不同的学者也可能互相渗透。我特别在此提出韦伯,一是因为美国式主流传播学(哥大范式)漠视韦伯的启示;二是因为韦伯和现象学为传播研究本土化提供知识论的基础。

我写过一篇文章提倡"地方经验"与"全球理论"的联系,容我在此略为申述一下(Lee, 2014b)。任何研究都必须在语意学家所说的"抽象阶梯"上下来回游走,企图找出勾连具体经验和抽象理论的最佳点。社会科学既然不是中国固有文化遗产的一部分,而是自外国接枝生长出来的,我们向外国学习构思的理路、概念和分析方法，都是再自然不过的事。但在方法的实践上，我毋宁赞成韦伯式现象学的路径，一切认知、题旨和问题意识先从华人社会的生活肌理和脉络入手，寻找出重大问题的内在理路，然后逐渐提升抽象层次，拾级上升到一个高度，自然会与整个文献（不管是本国的，还是外国的）直面接触，这时我们站在制高点取精用宏，有意识地选择最适当的理论。很少有理论是可以直接拿来套用的，许多理论必须再造才行，有些理论表面上看似矛盾，其实在不同条件下可以互相参照或补充。万一现有的理论都无法解决问题，学者可以试图自创一个合适的理论，但那显然不是简单的事了。倘若放弃文化自觉，"先验地"拿一个现成的外国理论当标准问题和标准答案，然后在华人社会拼命套取经验印证，我认为是本末倒置的。

这个取径还有几个特点必须说明。第一，19世纪德国史学泰斗兰克（L. von Ranke）说："从特殊性出发，我们可以拾级攀登到普遍性；但从宏大理论出发，我们再也回不去直觉地了解特殊性。"兰克的话切中肯綮，社会科学结合特殊性和普遍性，甚至从特殊性去了解普遍性。第二，我们反对西方理论的霸道，也反对华人封闭的文化民族主义。说到底，社会科学的宗旨是要解答母社会的核心关怀，虚心学习西方理论，是为了帮助我们活络思想或勾勒材料，而不是要抱住一个西方理论，在华人社会拼命再生产。倘若丧失了主体性，只顾给西方理论写一个华人地区的注脚，实在无关痛痒。我们当然要提倡国际视野和跨文化研究，知己知彼，道理还是相通的。第三，我提出的"全球理论"，当然不限定是欧美理论，地方经验和理论会合时，各文化观点应该有不断平等对话、竞争和修正的辩证过程。我们一方面努力学习（learn）西方理论，一方面淘汰（unlearn）纯粹是西方本位的理论；尤其，哪天我们拿得出学术业绩，足以和西方学界共同"再学习"（relearn），那么理论的创新便指日可待。经过这样反复切磋修订，理论的概括力、包容性、解释力必会大大提高。我必须强调：上面说的是"正反合三部曲"，必须永不歇止地唱，周而复始，止于至善，这才是打造"全球理论"的真谛。现象学提倡"诠释社群"之间互为主观的理解，无论在知识论和方法论上，正好为华人学界争取"主体性"提供自主的空间，其精微的含义犹待有识之士阐发。

我们处在世界传播学术的边缘，要像猫头鹰一样保持清醒：不但努力"知彼"，且要努力"知己"。千万不能把华人文化圈本质化，更不能定于一尊。一方面，我们必须容许甚至鼓励内部多元发展，和而不同，但合而观之，的确提出一个与"西方"（必须再进一步分疏"西方"）有同有异的文化视野。另一方面，更要与世界一流的学术成果保持一种动态的交流，并转化成为研究"最切身"问题的理论资源。最后，希望华人文化圈的学术社群聚合起来，不断突破樊篱，为开拓世界传播研究的边界注入活力与创意。早年芝加哥学派内部虽有分歧，但合起来却提供和哥伦比亚学派截然不同的视野。再如英国的政治经济学和文化研究取径不同，文化研究内部还分各种支流，但合起来就和美国主流研究分庭抗礼。这就好比一首悦耳或雄浑的交响乐，是由高低不同的音符和音调组成的。掌握这样的研究成果和学术底蕴，才有跟人家对话的基础。这是我心目中华人传播学社群应该黾勉以赴的愿景，是需要靠整个学术社群几代人努力不懈的。

最后，我愿意引用一段话以明志，兼亦总结本文的立意（Lee，2011）："我们研究中国传媒，部分是因为我们受中华文化所熏陶，但这并非唯一的原因；也不是因为我们认同中华文化，只能研究中国传媒。在知识上，研究中国传媒不是自足的，不是孤立的，而必须与国际传播、甚至整个人文与社会科学的理论和方法进展并驾齐驱，互相渗透。我们最终希望建立的普遍性理论视野，一方面在问题意识和意义的解释上具有中华文化特色；另一方面又透过文化反思，汲取更宽广的洞见，以了解世界是如何运作的。我们若能建立这种理论视野，容纳内部差异，又有独特的文化声音，排除理论上的狭隘主义，我们就更能以开放的心灵与西方文献平等对话，互相进步。"

◇ 参考文献 ◇

- Berelson, B. (1959). The state of communication research. *Public Opinion Quarterly*, 23(1): 1-5.
- Berger, P., & Kellner, H. (1981). *Sociology reinterpreted*. New York: Anchor.
- Berger, C. R., & Chaffee, S. H. (eds.). (1987). *Handbook of communication science*. Beverly Hills, Calif.: Sage.
- Berger, C. R., Roloff, M. E., & Roskos-Ewoldsen, D. R. (eds.) (2010). *The handbook of communication science*. Los Angeles, Calif.: Sage.
- Carey, J. (1992). *Communication as culture: Essays on media and society*. New York: Routledge.
- Carey, J. W. (1997). The press, public opinion, and public discourse: On the edge of the postmodern. In E. S. Munson & C. A. Warren (eds.), *James Carey: A critical reader*, 228-260. Minneapolis, MN: University of Minnesota Press.
- Croteau, D., Hoynes, W., & Milan, S. (2012). *Media society*. Los Angeles: Sage.
- Czitrom, D. J. (1982). *Media and the American mind*. Chapel Hill: University of North Carolina Press.
- Geertz, C. (1963). *Agricultural involution: The process of ecological change in Indonesia*. Berkeley, Calif.: University of California Press.
- Hardt, H. (1992). *Critical communication studies*. New York: Routeledge.
- Katz, E., & Lazarsfeld, P. (1955). *Personal influence*. New York: Free Press.
- Lazarsfeld, P., Berelson, B., & Gaudet, H. (1948). *The people's choice*. New York: Columbia University Press.
- Lee, C.-C. (2011). Voices from Asia and beyond: Centre for Communication Research, City University of Hong Kong. *Journalism Studies*, 12(6): 826-836.
- Lee, C.-C. (2014). International communication research: Critical reflections and a new point of departure. In C.-C. Lee (ed.), *Internationalizing "international communication"*. Ann Arbor: University of Michigan Press.
- Lee, C.-C. (2014). Local experiences, cosmoplitan theories: On cultural relevance in international

- communication studies. In C.-C. Lee (ed.), *Internationalizing "international communication"*. Ann Arbor: University of Michigan Press.
- Lerner, D. (1958). *The passing of traditional society: Modernizing the Middle East*. New York: Free Press.
- Lippmann, W. (1922). *Public opinion*. New York: Harcourt Brace.
- Paisley, W. (1984). Communication in the communication sciences. *Progress in communication sciences*, vol. 5. Norwood, N.J.: Ablex.
- Park, R. E. (1983). *On social control and collective behavior*. Edited by R. H. Turner. Chicago: University of Chicago Press.
- Pool, I. de sola., & Schramm, W. (eds.). (1973). *Handbook of communication*. Chicago: Rand McNally.
- Rogers, E. M. (1994). *A history of communication study*. New York: Free Press.
- Rogers, E. M. (2003). *Diffusion of innovations*. New York: Free Press.
- Schramm, W. (1964). *Mass media and national development*. Stanford, Calif.: Stanford University Press.
- Schramm, W. (1981). What is a long time? In G. C. Wilhoit & H. de Bock (eds.), *Mass communication review yearbook*, vol. 2, 202-206. Beverly Hills, Calif.: Sage.
- So, C. Y. K. (1988). Citation patterns of core communication journals: An assessment of the developmental status of communication. *Human Communication Research*, 15(2): 236-255.
- Tunstall, J. (ed.) (1970). *Media sociology: A reader*. Urbana: University of Illionis Press.
- Williams, R. (1976). *Keywords: a vocabulary of culture and society*. New York: Oxford University Press.
- 张咏,李金铨(2008).密苏里新闻教育模式在现代中国的移植——兼论帝国使命:美国实用主义与中国现代化.李金铨(编著).《文人论政:知识分子与报刊》,281-309.桂林:广西师大出版社.

发展与社会变革传播学

［比利时］扬·塞万斯①　帕特恰尼·马立高②

概述

前苏联的解体，美国成为唯一的超级大国，欧洲共同体的出现，巴西、俄罗斯、印度、中国、南非（金砖国家）的逐渐崛起，以及2008年的金融危机和其在世界各地带来的灾难性后果，这些重大事件都表明我们急需对发展的力量（power of development）这一理念进行重新思考。

在过去数十年中，发展及社会变革传播学经历了数次理论体系的重大变化。从现代化和增长理论（modernization and growth theory）到依赖理论（dependency）到参与式模式，最新的理论传统具有如下特点：一方面将当地社区作为研究的重要目标；另一方面强调对于全球化与本土化之间复杂关系的研究。当今全球化后的世界以及其中的地区级和国家级的实体必须面对多方面的危机，包括经济金融、社会、文化、意识形态、种族、生态、安全等多方面的危机。同时，在当今全球化背景下，地区、国家、社区间日益强化的相互依存使曾经占主导地位的现代化理论和依赖理论很难再得到广泛支持。

什么是发展及社会变革传播学（Communication for Development and Social Change，CDSC）？

当前，在发展及社会变革传播学或者发展传播学领域，发展及社会变革传播的目的普遍被认为

---

① 扬·塞万斯（Jan Servaes）现任中国香港城市大学媒体和传播系系主任和主任教授，联合国教科文组织（UNESCO）在美国马萨诸塞州大学在传播促进可持续社会发展与改变方面的主席，比利时布鲁塞尔新闻研究中心（Brussels Center for Journalism Studies）研究员，《通信与信息》（Telematics and Informatics）学术期刊主编，《发展及社会改变传播学》和《传播、全球化与文化身份》等多套丛书主编，1987年获比利时罗梵天主教大学（Catholic University of Louvain）博士学位，主要研究领域包括国际传播、发展传播及信息和传播技术等。

② 帕特恰尼·马立高（Patchanee Malikhao）现为中国香港费康特传播咨询公司（The Fecund Communication Consultancy）研究人员，2008年获澳大利亚昆士兰大学（University of Queensland）社会学博士学位，曾在比利时、澳大利亚、美国等多所大学工作，主要研究领域包括大众传播、传播技术和传播与社会变化等。

是通过知识共享达成关于社会行动的共识。在达成共识的过程中，社会行动和发展项目所涉及的各个相关方的利益、需要和各自的能力都必须得到充分的考虑。因此，这是一个社会过程，其终极目的是在社会各层次上都实现可持续发展。传播媒体和通信与信息技术（Information and Communication Technologies，ICTs）是实现这一过程的重要工具，但对传播媒体和技术的使用本身并不是目的。人际沟通（interpersonal communication）、传统的交流方式以及群组级媒体（group media①）也必须发挥重要的作用。

这样一种有关发展（及社会变革）传播的共识是新近才产生的，其仍然有很多需要进一步讨论的地方。对发展传播学的历史进行总结并不容易，因为其拥有不同的起源和奠基人。一些学者将其解释为殖民化和二战后西方国家为促进全球发展所做的努力的自然结果。比如 Staples（2006）的解释是在 1945 年后，西方国家开始将发展作为一项国际责任，同时广泛的国际范围内的民间服务（civil service）开始出现，寻求全球人类的整体发展的努力也开始出现。其他一些学者（Habermann & De Fontgalland，1978；Jayaweera & Amunugama，1987）则将其定义为一个地区（亚洲为主）对现代化的回应。还有一些学者在其学术领域或发展机构中寻找他们认为的发展传播学的奠基人（比如来自菲律宾的 Nora Quebral 或拉丁美洲的 Luis Ramiro Beltran 都是潜在的人选）。

发展传播学这一术语在 1971 年由 Nora C. Quebral 首次提出（Manyozo，2006）。Quebral（1971）对这一领域的定义为"发展传播学是指用人类传播学的技能和科学使一个国家和其大众发生快速地转型，使其从贫困转变到动态的经济增长状态，以实现更多的社会公正并更多地发挥人的潜力"（p.69）。Quebral（1988）认为这一术语和理念借鉴了 Alan Chalkley（1968）和 Juan Jamias（1975）提出的发展新闻学（development journalism）以及 Erskine Childers 和 MallicaVajrathon（1968）有关发展支持传播（以支持发展为目的的传播研究）的论述。Erskine Childers 于 20 世纪 60 年代在 UNDP 在泰国曼谷的机构中建立了第一个发展传播部门（具体请参考 Fraser & Restrepo-Estrada，1998 或 Servaes，2008）。

在过去一个世纪中，在全球各个不同地区的学术和实践领域内，都出现了各种不同的对发展传播学的定义。它们已被工作于不同社会和地理范围内的发展组织以不同方式进行了阐述和实践。在理论和研究层面，在政策制定和实施层面，不同的阐述角度都曾经被广泛使用并且将继续使用。这些发展传播学理论基于不同的认识论和本体论，源自不同的世界观、领域角度、方法论和不同的案例实践。

最近一次试图呈现一种统一的普遍赞同的对于发展传播学的定义是在第一届世界发展传播学大

---

① 群组级媒体（group media）指的是人们直接参与的、涉及直接的面对面的表达和体验的交流传播方式。其强调使用能够表述不同人群的独特文化的本土传播方式。其以面对面的方式鼓励参与者的表达和思考，促进讨论，使媒体为大众所掌握。群组级媒体经常通过创造性的方式来实现，比如个人讲述和利益相关者的聚会等方式。

会上（2006年10月25—27日，罗马）。大会形成的罗马共识认为"发展传播学是一种使用各种工具和方法，基于对话方式的社会过程。其涉及在不同层面寻求变革，包括倾听、建立信任、共享知识和技能、制定政策、讨论有实际意义的可持续的社会变革并且从中学习相关经验。其不是公共关系或企业宣传推广"。[①]

但是，当前很多发展传播学项目的主要成分却正是"公共关系或企业宣传推广"。Jan Servaes 和联合国发展协会（UN Development Group，UNDG）传播和信息主席（原 UNCDF 传播和信息主席）Adam Rogers（2005）将这一现象概括为"参与式的扩散模式（Participatory diffusion）或者词意上的混乱"他们认为：

"为了能够吸收各种不同方法的优点，很多发展项目的实践者应避免对具体术语和词汇进行争论。对于他们来说重要的不是一个方法被叫做什么，一个理念的源头是什么或者这一理念是如何被交流讨论的。重要的是我们找到最为有效方便的工具以实现在千年宣言中提出的崇高的发展目标"（Rogers，2005）。

发展传播学无疑是一个跨学科并重视比较研究的学术领域。本质上而言，没有比较研究的方法就没有发展传播学。但是，比较研究的方法的主要问题之一是在不同背景下的数据无法使用相同的类别或者对类别的定义存在很大不同。比如，对发展、传播、增长、贫困、参与等概念使用了不同的定义，而这正是发展传播学研究的现状。

总结过去的研究

对于已有的研究，至少可以从以下四种方面在不同层面上分析其差异：（1）依据理论上的差异；（2）依据有关发展的不同理论体系（paradigms）；（3）依据有关传播的不同理论体系（paradigms）；（4）分析其在不同时代研究侧重点的不同。

有关发展问题的不同理论体系

1. "二战"以后，联合国的建立促进了各主权国家间的关系的发展，比较典型的如北大西洋公约组织国家之间，发展中国家以及前殖民地国家之间。在冷战期间，两大超级大国美国和前苏联都力图在第三世界国家中扩展其自己的利益。实际上，美国将发展和社会变革定义为复制其自身的政治经济模式于第三世界并且在第三世界为跨国企业打开大门。同时，发展中国家也将北约国家的福

[①] http://www.devcomm-congress.org/worldbank/macro/2.asp，emphasis added

利社会作为自己的最终发展目标。这些国家被技术转让所吸引，并将一系列的中心化模式作为最有效的追赶工业化国家的方法。这些中心化模式包括中心化的国家主导下的中心化的经济计划，中心化的涉及农业、教育、健康等领域的发展管理机构（McMichael，2008；NederveenPieterse，2010）。

这一以进化论和内生发展观（endogenism）为特点的专注于经济的观点产生了现代化和增长理论。它将发展看为一个单一的直线似的进化过程，将欠发展定义为富国和穷国之间以及现代社会和传统社会之间可以观察到的定量性的差异（更详细内容，请参看 Servaes，1999，2003，2008）。

2. 作为20世纪60年代中期发生的思想领域"革命"的结果之一，拉丁美洲学者开始挑战这种欧洲中心主义种族中心主义的发展观，一种关注依赖关系和欠发展的新的理论体系应运而生（请参考 Cardoso & Falletto 的相关经典论述：Cardoso & Falletto，1969）。依赖理论形成了社会科学领域一次向结构主义的再次转向。依赖理论学者主要关注的是边缘国家（发展中国家）对中心发达国家的依赖性。同时，在具体分析中，其强调发展和欠发展必须在一个世界系统中被共同考虑（Chew & Denemark，1996）。

这一依赖理论在20世纪60年代到20世纪80年代要求建立新的国际经济秩序（New International Economic Order，NIEO）和新的国际信息传播秩序（New World Information and Communication Order，NWICO）的社会运动中扮演了重要角色。当时，新兴亚非拉国家以及在古巴、中国、智利等国的社会主义大众运动的成功为国际社会提供了在政治，经济和文化方面寻求自主发展的榜样。这些寻求独立自主不受超级大国左右的国家共同组成了不结盟组织（the Non-Aligned Nations）。不结盟运动将发展定义为一种政治上的斗争。

3. 自从第一、第二、第三世界之间的壁垒被打破以及中心和边缘国家之间的交错成为普遍现象，发展传播领域就急需出现一种更新的对发展的定义，必须强调文化身份和多元化（进一步的论述请参看 Barbero，1993；Canclini，1993；Robertson，1992；Sen，2004）。

通过对前两种理论体系的批判，特别是对依赖理论的批判，一种更新的有关发展和社会变革的理论得以产生。这一理论的出发点是研究自下而上的社区级的自我发展。基本的假定是没有一个国家或社区是完全独立运行的、自给自足的，也没有一个国家的发展是完全为外部因素所决定的，各个国家之间在方式和程度上都以某种方式相互依靠。从而，一种新的理论框架得以产生。在此框架中，研究者可以在各种范围内（全球范围、国家范围、本地范围），将中心国家和边缘国家分开研究，也可以将中心国家和边缘国家放置于其相互关系中一起研究。

同时，这一新理论体系也对发展的内容也给予了更多的重视。这一对发展内容的重视代表一种更广泛的、整体性的、更注重生态的研究角度。比如，叫作"另一种发展方式"（Another development）的一批观点开始质疑发达国家是否真的发达以及其发展的方式是否可持续并且是否是人们所渴望的。"另一种发展方式"支持以基本需要和对各社会中最受压迫的群体的赋权

(empowerment)为基础的多元化理论。"另一种发展方式"的核心理念是要想实现可持续的改变，社会变革必须发生在多个社会层面上并且必须给社会带来结构性的改变。

4. 现代化理论体系得到意识形态光谱上处于对立两极的研究者的广泛推崇。自由主义和新自由主义理论家如凯恩斯（Keynes）以及经典马克思主义理论家都非常推崇这一理论。这两种貌似对立的意识形态在发展问题上实际共享很多相同的理念。二者只是在实现发展的方法上，以及相应的赋予市场或国家的角色上有所不同。但是其目标是相同的：实现西方化的以增长和进步观念为基础的发展。发展的障碍被认为只存在于传统社会中并且只以经济方法去力图克服这些障碍。自由主义者尝试通过对第三世界的大规模技术转让实现发展；而经典马克思主义理论家则希望通过国家干预，增加公共领域的投入和建立重工业作为发展的第一步以实现长久的发展（也就是前苏联的模式）(Galtung，1980；Sparks，2007）。很多学者认为其至在毛泽东时代的中国这种观点也很重要(Bartolovich& Lazarus，2007；Chang，2008）。自从革命时期，就有两种路线。一种代表非常集中化的技术决定论指导的现代化道路。另一种则基于三个基本理念：1）对三大区别（农村/城市区别，脑力劳动/体力劳动区别，工人/农民区别）的消除；2）广泛民主基础上的群体主义；3）独立自主。这些研究者认为这两种路线以一种非对立的方式仍然继续在指导中国的发展过程。

传播学理论体系

1. 以上所提到的较为广泛的有关发展的理论体系也可以在文化和传播学层面上看到。在发展研究背景下，媒体传播被广泛用于对发展项目的支持。媒体传播被用于信息传播和宣传，以使大众能够支持以发展为目标的项目。虽然在发展中国家发展策略有很大的差异，但大多数的广播和报纸宣传却具有基本相同的模式：告诉大众相关项目，描绘出项目的优点，建议他们给予支持。一个典型例子就是计划生育项目：传播媒体比如宣传画、小册子、广播和电视力图说服大众接受各种计划生育方法。相似的策略也被用于有关健康、营养、农业、教育、艾滋病预防等项目中。

这一模式将传播作为消息从发送者传递到接收者的一个过程。这一分等级的传播学观点可以被概括为 Laswell 提出的经典方程："谁说了什么，通过什么渠道，对谁说，有什么作用？"这一观点可以回溯到美国在 20 世纪三四十年代对选战和信息扩散的研究（Lerner，1958；Schramm，1964）。Lerner 的研究的最主要的假定是高水平的共情（empathy）是"现代社会个体才具有的心理特质，这些现代社会的个体必须是工业的、城市的、识字的并且必须是社会参与者"（p. 50）。共情（empathy）是 Lerner 对现代化的定义的核心内容。Lerner 认为驱动现代化的认知性的机制是共情或者叫心理机动性。共情或心理机动性指个体将自己投射到不熟悉的环境中的能力以及渴望自己处于那种不熟悉的环境或位置的程度。在 Lerner 的研究中，这种不熟悉的环境指的就是西方所代表的现代世界。Shah（2012：23-26）认为 Lerner 是从 Riesman，Laswell 和 Freud 等人的研究中借用了这个概念。Lerner 认为具有这一心理特质的人们具有更高的可动性，也就是说更高的寻求变革的能力，并且比起所谓的传统社会中的成员要更面向未来、更理性。Lerner 认为，共情（empathy）所代表的心理学概念激励起流动性和城市化，进而提高了识字率以及社会成员对政治和经济的参与。而这些，都是现代化过程的核心成分。媒体，直接或间接地，服务于激励起心理流动性（psychological mobility）。而心理流动性对经济发展是至关重要的。

Schramm 的研究强调了发展现代传播基础设施的重要性。他认为，因为在发展中国家私人企业都很弱小并且国家缺乏经济资源。所以，政府必须在基础设施发展中起领导作用。而这必然会加强政府对媒体的强势因为在他的理论中政府拥有并控制媒体。其他学者则建议对媒体专业人士和新闻记者依照西方理论进行训练。但是，与 Schramm 的模式相同，后一种方式的目的也是在于尽快实现对新技术的使用，其完全忽视了左右技术转让和技术部署的各种权力关系。而这实际与 Schramm 所提出的政府发展国家媒体系统的模式具有相同的盲点。

以美国上半个世纪的农业推广项目为参考并且从农村社会学借用了相关概念，美国学者 Rogers（1962，1986）首次将扩散理论（diffusion theory）引入发展研究中。现代化被其认为是一个扩散过程。在其中，个体从传统社会移动到一种不同的，技术上更先进的，变化更快速的生活中。Rogers 的研究以以往对农业社会的社会学研究为基础，主要关注在社会人群中文化创新产品的采用过程和扩散过程。所以，扩散理论涉及以一种系统性的有计划的方式，促进创新产品在社会中的采用和扩散。大众媒体在增强群体和个体对（与创新产品有关的）新可能性和新实践的认识方面具有非常重要的作用，但是，在决定是否采用（使用创新产品）的阶段，个人交流要远远更有影响。所以，这一学说的结论是，就社会行为而言，大众传播不如个人影响更具有直接的效果。

Volker Hoffmann（2007）对 Rogers 的《创新扩散》（*Diffusion of Innovations*）一书的 5 个版本的细致分析非常值得我们的注意。Hoffmann 认为 Rogers 的理论在这 5 个版本中存在越来越多的内在冲突和不一致。

2. 更新近的发展传播学理论认为扩散理论和现代化理论是对发展传播的片面理解。Juan Diaz Bordenave（1977）和 Luis Ramiro Beltran（1976）是最初开始质疑用扩散理论和现代化理论来实现拉美社会的现代化的学者。

他们认为扩散模式是以一种垂直的或单向的方式来看待传播。而要想加快发展的速度，发展项目必须积极的参与到传播过程中。研究证明，虽然大众能够通过非面对面的交流渠道如广播、电视、互联网得到很多信息，但是这些信息对大众行为的改变几乎没有作用。而发展则必须涉及对大众行为的改变。相似的研究带来如下结论：大众从人际交流以及基于人际交流的大众传播手法中可以学到更多。在最低的层面，大众开始讨论和解决问题前，他们必须被告知实际情况。而媒体在国家范围、地区范围和当地范围内传播信息的目的就是要让大众了解实际情况。同时，如果媒体对于大众具有足够的开放度，大众还可以（通过媒体）使其信息需要被了解。传播学理论比如"创新扩散"，"两步式的传播"（two-step-flow），或者是"延伸"等方法在以上现代化理论中广泛出现。以精英主导的、垂直的、自上而下的扩散模式在这些方法和概念中非常明显（更详细的论述，请参考 Fraser & Restrepo-Estrada, 1998; Mody, 1997; Servaes, 2003, 2008）。Oliver Boyd-Barrett（1977）提供了一种更为有效的尝试来理论化当代电子传播背景下的文化和媒体依赖。其认为国际传播包括4个相互相关的成分：(a) 对传播工具的左右，涉及媒体产品的消费和传播中使用的具体技术；(b) 一套规定媒体金融，媒体生产和传播，媒体消费之间关系的企业规则；(c) 评定最佳实践的价值体系；以及 (d) 具体的媒体内容。

Herb Schiller（1976），最为多产的研究依赖理论的学者，提出了文化帝国主义理论。他研究了美国军工联合体与媒体工业之间的关系以及其对世界范围内文化和传播的影响。Schiller（1976）对有关文化帝国主义的研究的定义很宽泛。他认为对文化帝国主义的研究应当讨论"一个社会被带入到现代社会系统中的整个过程，以及它的统治阶层是如何被吸引、强制以及贿赂去建立一套社会体制，以推广处于统治地位的中心国家的价值理念和结构"（p. 9）。

3. （与源自现代化理论体系的扩散式传播模式不同）参与式传播模式包容了多元性理论体系（multiplicity development paradigm）的理念，强调地方社区的文化身份的重要性以及在世界、国家、地方社区以及个人等多层面的民主化和参与。它代表一种新的传播战略，不是仅仅将传统模式中的接收者包括到传播中，而是彻底颠覆了传统传播模式中接收者这一概念（强调消除接收者和发送者的区别），解放了人们对于传播的理解。Paulo Freire（1983）将这一传播方式称为，在群体或个人层面，所有人拥有为其自身带言的权利："这不是少数人的特权，而是所有人必须都拥有的权利。相应的，没有人能独自言说真理，也没有人能代替他人言说以剥夺他人自我阐述的权利（p. 76）。"

在发展项目中，为了实现对信息、知识、信任、承诺以及正确的态度的共享，参与在涉及发展的任何决策过程中都非常重要。所以，就参与式传播在发展项目中的作用，以 Sean MacBride 为主席的国际传播学研究组织（International Commission for the Study of Communication Problems）提出"我们需要建立一种新的态度，以克服固有成见并且促进对多样化的理解，尊重生活于不同条件下有不同行为方式的人们"（MacBride, 1980, p. 254）。这一方式强调在各种层面的参与中的互利合作（更详细的内容，请参见 Jacobson & Servaes, 1999）。

所有这些新方式都认为出发点必须是社区。（请参考，Geertz, 1973; Omoto, 2005; Servaes & Liu, 2007）。正是在社区这一层，有关生活条件的问题被讨论；和其他社区的交互得以产生。最为理想的参与方式是自我管理。这一原则表明社区成员需要拥有对计划过程和媒体内容生产过程的参与权利。但是，并不是每个人都希望或是需要参与到具体的实施过程中。更为重要的是社区成员必须有参与到决策过程中的可能。这些决策过程包括对具体发展议题的讨论以及对媒体内容的选择过程。

阻碍发展项目采用参与式模式的一个本质因素是其对现有等级体系构成的挑战。但是，参与并不暗示在发展项目中不再有专家、计划制定者以及机构负责人，它只意味着当地群体的观点在分配发展项目资源前被充分听取，他们对政策改进的意见被仔细考虑过。

相关研究的侧重点

1. 在1958—1986年间，发展传播学界充满了广泛的乐观和热情。Jo Ellen Fair 的论文（1988；Gazette，1989）研究了1958—1986年间的224个发展传播学研究项目。他发现预言传播将对发展具有重要作用或有一定作用的模型对这一时期的研究具有普遍影响：

传播在西方促进第三世界的发展的项目中是一个重要部分。在 Lerner 1958年对中东的重要研究之后的15年中，传播学者认为通过引入媒体和某种教育性、政治性和经济性的信息，可以将个人和社会从传统转变到现代。媒体被认为对第三世界的观众具有直接的影响，被看为能够加速和放大发展效果的神奇工具。(p. 145)

对未来研究方向的建议包括三种：（a）研究内容的相关性；（b）进行更多的比较研究；（c）进行更多的政策研究。

2. 作为一项继续研究，Jo Ellen Fair and Hemant Shah（1997）研究了140篇从1987—1996年的有关发展传播学的学术文章、书籍章节以及专著。他们的发现很有启发性：

从1987—1996年，Lerner 的现代化理论模型完全消失了。相反，最常用的理论框架是参与式发展，一种乐观的后现代观点，代表一种与 Lerner 的观点（大众传播在社会变革中扮演自上而下角色）完全相反的观点。同时现代化学者所使用的"两步式的传播"（two-step-flow）模式也消失了（p. 10）。

3. 这两个时期的研究都使用了如下的理论和方法，比如知识鸿沟，间接影响，使用和满足感。但是，1987—1996年间的研究比之1958—1986年间的研究具有更多的理论多样性。

在1987—1996年间的研究中，最主要的建议是"进行更多政策研究，包括对发展机构内协作机制的体制性分析。"第二主要的建议是，通过参与式研究的方法，研究和探讨本土化的传播和发展模式（Fair & Shah，1997，p. 19）。就传播对发展的作用而言，不再有人做出如1958—1986年间那么乐观的宣称。

4. 最近，Hemant Shah（2007）完成了一项针对1997—2005年间，共167个发展传播学研究项目（包括123篇学术期刊文章，38个书籍章节，6本专著）的分析。Ogan等（2009）进行了一项针对从1998到2007年间，共211篇发展传播学期刊论文的分析。虽然他们所使用的研究技巧还需要进一步提高，但其研究成果仍然很值得重视：

- 大多数作者都工作于西方机构（主要集中在北美和西欧）而不是在非西方世界，虽然大多数作者实际来自发展中国家。
- 在 1997 到 2007 年的研究中，调研表、二手数据分析、内容分析和元研究是定量分析所使用的主要方法。在定性研究中，面谈、案例研究、观察、焦点小组和民族志学（ethnography）是主要方法。
- 在内容方面，非理论研究（a-theoretical research）在此领域仍是主要趋势。75%的研究没有使用理论来定义他们的工作。在使用理论的研究中，现代化理论仍然是主导性的，之后是参与式理论，依赖理论和女性主义发展学理论。全球化问题并没有被大多数研究所突出。Lerner 关于媒体和发展的模式在 1987—1996 阶段消失后，在 1997—2005 阶段再次出现。在传统的美国行为科学理论中，（除 Lerner 的理论外）只有另外两种理论被使用到：社会学习理论（social learning theory）和知识鸿沟理论（knowledge gap）。Shah（2007）从技术决定论的角度解释了何以旧的观点会持续出现：

  自 1958 年的后殖民时代，每一种新技术创新的出现包括电视、卫星、微波炉、计算机、呼叫中心、无线技术都带来一种明确的希望：Lerner 的现代化模式将促进增长和产出，并且将生产出现代都市化的公民。(p. 24)

- 这一观点与 Ogan 等学者的研究（2009）相呼应。他们认为，在发展传播学领域，主流研究已从大众媒体转向 ICT 在发展中的作用。这些研究很少在全球化的背景中谈论发展问题并且继续支持现代化理论体系，虽然现代化体系已被很多学者所批判：

  "我们认为新近对 ICT 的关注，来自于不断的对具有神奇发展力量的传播解决方案的寻求，其希望将信息传达给他人并转变他们生活。使他们可以提高自己的经济条件，教育自己的后代，提高识字率和教育水平，并且促进民主在他们国家的传播。"（p. 667）

- 发展传播的效果被更多地与传统的现代化理论相联系；也就是说，媒体促进现代性的发生以及媒体提高知识水平。这一传统角度在 1987—1996 年间相对并不显著，而在 1998—2007 年间强势回归。（除这一传统角度之外）所列出的另外三种讨论传播效果的方式对现代化理论相对更加批判：媒体建立参与式社会，媒体有利于一些社会阶层，媒体造成发展的问题。
- 那种认为整体来说发展传播对个人有积极作用的乐观信念在 1958—1986 年间占主导地位（25%），到 1997—2005 年间降到 6%。同时，研究者普遍认为急需加强对理论和学术研究的关注。
- 对于未来研究的建议：优先对新传播模式的研究并加强对内容相关性的研究（各自都达到 27%），需要强化对新本土模式的研究（24%），注重对新技术的研究（21%），更多的比较研究（18%），更多的政策研究（8%），发展新的普遍适用的框架（5%）。

Fair、Shah 和 Ogan 的研究向我们展示了一幅清晰同时又复杂的发展传播学的图景。在发展传播学中，在理论和应用的层面上，现代化理论的隐性假定仍然具有持久的影响力，其继续影响着主要机构的政策和计划话语。

对未来研究的展望

未来的发展及社会改变传播学研究应当包括如下 7 项重要议题：(1) 跨学科性的出现；(2) 不断增强的文化的重要性；(3) 新的现代化的诞生；(4) 社会变革过程的可持续性；(5) 正在被改变的民族国家的角色；(6) 新型社会运动的角色；(7) 方兴未艾的连接全球和本地的尝试。Rico Lie 的研究（2003）提供了目前最为全面的对关发展传播学的未来的总结，他列出了以上 7 条中的 5 条。

跨学科性

因为社会和文化的复杂性，特别是从一个"世界系统"的角度来看，社会科学的未来在于跨学科性。有关文化对全球化和本土化的影响的理论已成为一个真正的跨学科的学术领域。(Baumann, 1999；Hopper, 2007；Wilson & Dissanayake, 1996) 马克思主义者、人类学家、哲学家、政治学家、历史学家、经济学家、社会学家、传播专家和文化研究学者都在尝试整合这一领域。在对社会文化现象的研究中，不同角度的交互 [或 Geertz 所说的混合流派 "blurred genres"（Geertz, 1983）] 能够最充分地把握住社会文化现象的复杂性。这种联合的尝试能够对新/旧问题都提出丰富的见解和全新的观点。

在同质化和多样性中文化的力量

文化长久以来一直仅被作为社会议题的背景，但现在其正日渐成为社会议题本身。同时，文化也正在成为各不同学术领域关注的共通议题。因而，文化已成为推动跨学科性的重要因素之一。Robertson（1992）将这一日渐加强的对文化的兴趣称为"文化转折"。

文化不仅正成为一个专门的话题，在很多领域中，文化实际正被社会学家严肃的作为一个独立的变量来考虑。而以前，在这些领域中文化常常是被忽视的。(p. 32)

对文化的关注以及对文化和文化身份的重视改变了现代化理论，依赖理论以及世界系统理论（world-system theory）之间的争论。在拉丁美洲学者中，比如 Lawrence Harrison（1985）或 Carlos Rangel（1977），开始认同 Max Weber 学派的观点。他们认为文化是发展中的最主要的决定因素：

在拉丁美洲的背景下，我们看到一种从西班牙文化继承来的文化模式。它反对民主，反对社会，

反对进步和创业精神,在其精英阶层,甚至反对工作。(p. 165)

为了改变这一文化模式,Harrison提出至少有7个方面需要解决:领导方式、宗教改革、教育和培训、媒体、发展项目、管理实践、儿童抚养方式(Harrison,1985,pp. 169-177)。所以,前美洲发展银行(Inter-American Development Bank)土著社区发展项目(Indigenous Peoples and Community Development Unit)主任Anne Deruyttere(2006)提出认同式的发展这一理念:

认同式的发展包括如下多项内容:加强土著社区,和谐的可持续的与他们的环境交互,良好的管理自然资源和土地,建立并运行权力机构。同时要尊重土著人群的权利和价值理念。这包括依据土著社区自己的世界观和管理方式所定义的文化权、经济权、社会权和制度权。(p. 13)

一种新的现代化?

全球化代表一种新的、不同于西方化的现代化(Hannerz,1996;Marling,2006)。但是,在当今的现代主义、后现代主义、新近出现的极端现代主义,不管为现代主义加上何种前缀,为了把握当今现代社会的状况,我们必须再次指出这种理念中的线性观念。全球化,作为一个与现代主义密切相连的改变世界文化状态的过程,其在概念上是非常线性的(Held,2000,Sparks,2007)。虽然这一过程已相对不再那么以美国为标准,也不再如20世纪70年代文化帝国主义理论所批判的——"现代化等同西方化",但是其本质上并没有改变这种思考方式——世界有一个由外部力量决定的现代化的终点(Hafez,2007;Lie,1998;Wang,Servaes,&Goonasekera,2000)。

社会变革过程的可持续性

在2008年的论述中(Servaes,2008),我们将发展和社会变革传播学策略分为5个层次:(a)行为改变传播策略[Behavior Change Communication(BCC)](主要通过人际传播);(b)大众传播策略[Mass communication(MC)](主要通过社区媒体,大众媒体和ICT);(c)倡导传播策略[Advocacy communication(AC)](主要通过人际传播和/或大众传播);(d)参与式传播策略[Participatory communication(PC)](主要通过人际传播和社区媒体);(e)可持续社会结构改变传播策略[Communication for structural and sustainable social change(CSSC)](主要通过人际传播、参与式传播和大众传播)。

人际传播和大众传播组成了传播学领域主要的研究范围。行为改变传播策略涉及短期内对个人行为和态度的改变,可以进一步分为个人行为、人与人间的行为、社区或社会行为。

行为改变传播策略(BCC)、大众传播策略(MC)和倡导传播策略(AC),虽然就其自身而言很有效果,但其不能产生可持续发展。所以,参与式传播策略(PC)和可持续社会结构改变传播策略(CSSC)更可能在不同社会层面带来可持续变化。

如果从期待的结果来看，传播策略可以分为如下四类：(a) 力图改变态度的方法（通过信息传播，公共关系等）；(b) 行为改变方法（专注于改变个人行为；人与人间的行为，社区或社会行为）；(c) 倡导方法（主要针对社会各层次的政策制定者和决策人群）；(d) 可持续社会结构改变传播方法（包括或自上而下，或横向，或自下而上的各种方式）。前三种方法虽然有一定效用，但它们是一种相对孤立的方法，不能产生可持续社会变革。只有将更广大社会范围内影响（和限制）社会改变的各种因素一同考虑，才有可能产生可持续的结构性的社会变革。这些因素包括：结构性的和关联性的因素（例如，历史、迁移、冲突）；政策和立法；对服务的提供；教育系统；制度和组织因素等（例如，官僚体系、腐败问题）；文化因素（例如，宗教、行为规范和价值观念）；社会人口因素（例如，种族、阶层）；社会政治因素；社会经济因素；以及物理环境因素。

更详细的概述请参看：McKee，Manoncourt，Saik Yoon 和 Carnegie（2000），Omoto（2005）、Papa 等（2006）、Stewart、Smith 和 Denton（2007）以及 Tremblay（2007）。McKee 等学者（2000）提供了一个涉及多部分的跨学科的在行为改变研究领域内有关实地经验和教训的综合论述。这一研究的目的在于从增强国际发展项目（比如 UNICEF 的发展项目）的影响力和可持续性的角度来挑战传统的项目设计、实施、和监督过程。Omoto（2005）跨领域的学术专著探讨了服务学习、社会运动、社会化过程、公民社会等众多议题，特别关注了志愿者主义和社区发展。Papa 等学者的研究（2006）讨论了在组织社会变革的过程中涉及的四组辩证关系：控制和解放，压迫和赋权，传播和对话，以及碎片化和统一。他们倡导一种对话式的方法。Stewart 等学者（2007）评估了社交网络对社会变化的作用，Tremblay（2007）评估了传播和可持续发展之间的关系。

在 2012 年，做为一项正在进行中的研究，我们提出了一套评估发展项目可持续性的框架指标（Servaes、Polk、Shi、Reilly & Yakupitijage，2012；Servaes，2013）。通过对以往相关研究的总结，我们设计的指标主要关注发展和社会改变中的 4 个领域：健康，教育，环境，政府管理。我们为每个领域选出 8 个指标：项目涉及的利益相关方（actors，指项目所涉及的人员包括意见领袖、社区行动者、社区长者、社区青年群体等），因素（factors，包括结构性因素和关联性因素），范围（level，地方社区、全省、多个地区、全国、国际、全球），使用的发展传播方法〔development communication approach，行为改变传播策略（BCC）、大众传播策略（MC）、倡导传播策略（AC）、参与式传播策略（PC）和可持续社会结构改变传播策略（CSSC）〕，所使用的传播渠道（channels，广播、ICT、电视、印刷品、互联网等），消息（message，有关此项目的媒体内容宣传活动等），过程（process，扩散模式、单向传播、侧重说服力的信息策略或者是交互性的对话式的过程），方法（method，定量、定性、参与式的或者是多种方法的混合）。

对于每个指标，我们设计了一系列的问题来衡量项目的可持续性。比如，我们通过分析所选择的传播渠道是否与利益相关方的能力以及各种结构性关联性因素相匹配来分析可持续性。如果匹配，项目从长期看可能有可持续性。我们分析在多大程度上传播过程是参与式的并与社区的文化价值观相一致。我们考察传播中的消息是否是当地社区参与生产的以及其是如何被当地社区所理解的。我们的研究表明，在范围、使用的发展传播方法、使用的传播渠道、过程和方法方面，越本地参与的、越交互式的项目越有可能具有可持续性。我们对一个项目的各个指标分别分析其可持续性。

民族国家和国家文化

民族国家被大多数学者，特别是马克思主义学者（Hirst & Thompson，1996）认为是世界系统的基本组成成分和全球化过程中的主要参与者。但是，这对文化全球化是否正确呢？全球化的主要理念是否表示国家文化是全球文化的基本单元和主要参与者？民族国家是否是文化聚合的中心，全球化的主要参与者（Anderson，1983；Sunkel & Fuenzalida，1980）？

一方面，民族国家被广泛作为全球化的主要涉及方和主要参与者。这在2008年的金融危机后表现得愈加明显。很多国家的政府不仅转向过去很多年未曾看到的保护主义，并且认为这是面对危机的唯一的现实的处理方法（Delcourt，2009）。另一方面，很多学者都在探讨如何摆脱国家中心主义的局限。Bayart（2004）、Delcourt（2009）、Sklair（1991）和Scholte（2005）等学者认为我们必须超越民族国家来发展涉及全球的社会学。同样的观点也适合于文化领域。有关全球文化和地方文化的讨论超越了以民族国家为中心只关注国家文化和民族主义的讨论。民族国家也许是划分世界的最主要的一个政治经济学单元，但是在全球化的背景下对文化的讨论必须包括其他层次，因为民族国家并不是建立文化身份的唯一框架（Servaes & Lie，1998）。Tomlinson（1999）对联合国教科文组织（UNESCO）的话语（discourse）的研究对这一问题非常有启发性。UNESCO中的话语似乎应当是与国家身份相一致的，但实际却并非如此，因为文化身份超越了民族身份（Tomlinson，1999，p. 70-75）。

如果国家文化只是身份构建中的多层因素中的一层，我们就需要对影响身份构建的其他层次的因素加以讨论。就全球层次来说，全球层次究竟包括什么尚未得到太多讨论。而更大的社会文化或政治经济分析单元并不存在。但是，对本地层次来说，对究竟什么是本地存在着不同的阐述：它是扩大的家庭、村庄、城市里的邻里社区、一个城市、一个地区一个岛屿或是一个民族国家？或者，它是否应当超越民族国家而以"本地"的方式与全球社区相关联？这种联系可以是物理的或虚拟的，也可以同时既是物理的又是虚拟的。这些问题应当被包括到社会科学领域内有关宏观/微观联系的讨论中（Elliott & Lemert，2006）。

公民社会的位置和新兴社会运动的角色

新的身份问题以及对新意义的需要是多种因素共同作用的结果。这些因素包括个人化、私有化和全球化的交互，对个体控制的扩大，以及现有代表方式与新需求的断裂。众多公民社会和新兴社会运动正在推动一场有关身份和意义的斗争。新媒体网络对这些地方级的、国家级的、地区级的以及跨国的项目或斗争给予了很大的促进。新媒体已被证明对推动新兴社会运动具有多方面作用，包括组织、人员招募、宣传、游说。新媒体还为在计划、组织、实施等多方面试验创新性的参与式的项目提供了可能。

同时，文化也被日渐认为是国际传播、社会过程、社会运动和公民社会中的一个重要成分（de Sousa Santos，2007，Esteva&Prakah，1998，Johnston &Klandermans，1995，Omoto，2005）。

以下这些学者从其自己的视角出发为发展传播学的未来提供了深入的见解：Braman 和 Sreberny-Mohammadi（1996，有关全球化和本地化）；Cimadevilla 和 Carniglia（2004，有关可持续性和发展）；Friedmann（1992，有关赋权）；Dowmunt（1993，有关全球电视和本地赋权）；Downing（2001，有关激进的传播和社会运动）；Kennedy（2008，细致研究了有关阿拉斯加土著社区参与式发展的案例）；Kronenburg（1986，两个肯尼亚发展项目的对比研究）；Nash（2005，对社会运动从人类学角度进行研究）。

连接全球和本地

全球化和本地化已被广泛认为是互相关联的过程。这标志着在思考发展和改变问题上的一个急剧变化。如同 Anthony Giddens（1995）观察到的，"全球化不仅只产生大规模的系统，同时它也涉及对本地的改变，对个人和社会背景的改变"（pp. 4-5）。其有可能将全球依赖观点、世界系统理论和本地的、草根的、解释性的、参与式的有关社会改变的理论和研究集成在一起（Bauman，1998，Berger & Huntington，2002）。

很明显，在国际/跨文化发展传播学领域内的争论已被改变和拓宽。它已从过去有关现代化、同步化、文化帝国主义的讨论转为关注全球文化、本地文化、后现代性、多元文化主义（Grillo，Berti，& Rizzo，1998）。有关全球化的主流观点仍然仅只关注政治经济、全球工业，并以一种以资本为核心的观点来看待世界。而这里的关注点与其不同，研究者们关注将全球化放在本地背景中来研究（Boonsiripunth，1994；Harindranath，2006；Winterstein 2010）。

同时，争论的重点也从同质化转到差异性。所以在发展传播学中，这一由多种成分组成的对于变革的理解有着很多新意。比如在最后一条对连接全球和本地的讨论中，本地被作为变革的核心问题。但是，如何才能将这一由多种成分组成的全球变革与本地范围内的发展和政治经济变革联系起来呢？

未来研究的方向

当今，不再有研究者敢于提出像以前那样乐观的观点。过去 50 年的经验表明，发展是可能的，但不是必然的。但是，如前所示，Jo Ellen Fair、Christine Ogan 和 Hemant Shah 等学者为我们提供了发展传播学领域的一幅清晰而复杂的图像：现代化理论伴随着技术决定论再次成为影响发展传播学的主要理论，之后是参与式理论，依赖理论，女性主义发展理论和全球化。

社会的转变

如同很多其他学者，我们正在探寻发展和社会变革研究的新的理论体系。这一新体系将发展理解为对社会的转变。从这一角度看，"变革并不是一个目的，而是实现其他目标的手段。与发展相关联的改变应当带给个人和社会对他们自身命运的更多控制。发展丰富了个体的生活扩大了他们的眼界并减少他们的孤立感。发展当减少由疾病贫困带来的困苦。发展不仅当延长寿命而且应当提高生活的质量和活力"（Stiglitz, 1998, p. 3）。我们将这一理论体系称为多元理论体系（multiplicity paradigm）（Servaes, 1999）。

这一理论认为，传播必须被明确的嵌入发展计划中，以确保对相互共享和相互学习过程的支持。这些与传播有关的共享无疑是社会改变项目取得成功的最好的保证。如前所述，我们将发展和社会改变传播定义为：

发展及社会变革传播的目的是通过知识共享以达成关于社会行动的共识。在达成共识的过程中社会行动和发展项目所涉及的各个相关方的利益、需要和各自的能力都必须得到充分的考虑。因此，其是一个社会过程，其终极目的是在社会各层次上都实现可持续发展。

传播媒体和通信与信息技术 [Information and Communication Technologies (ICTs)] 是实现这一过程的重要工具，但其使用本身并不是目的，人际沟通（interpersonal communication）、传统的交流方式以及群组级媒体（group media）也必须发挥重要的作用。

可持续社会变革研究的新起点是研究自下而上的改变过程，专注于本地社区的自我发展。其基本的假定是没有一个国家或社区是完全独立运行的，自给自足的。也没有一个国家的发展是完全为外部因素所决定的。各个国家之间在方式和程度上都以某种方式相互依靠。

新人本主义

发展中国家学者，比如 Kwame Anthony Appiah（2006）、WimalDissanayake（2006）、Shelton Gunaratne（2005）或 MajidTehranian（2007），认为发展传播学必须全面支持一种文化的角度。比如，Wimal Dissanayake（2006）提出了一种新人本主义的观点：

在西方话语中，人本主义被置于有关个体的讨论的中心位置。这一个体能够自我表述，是行动和意义的组织者，占有着人类价值和文明成就中的特权位置。但是，亚洲传播学者所展现的基于经典东方文献的个体和自我与西方这一对自我的理念有很大的不同。在佛教中所表现的有关自我的本

体论和价值论与西方有关自我的观点差异很大。这些差异表明人本主义并不是单一的，存在很多不同的人本主义。(p. 6)

世界主义挑战

多样化的人本主义将导致 Appiah（2006）所说的世界主义的挑战：

如果我们接受世界主义的挑战，我们将告诉我们的议员代表我们希望他们记得其他的陌生人。并不是因为我们被他们所经受的苦难所感动，我们也许会也许不会。而是因为我们必须回应 Adam Smith 所说的"理性，原则，良心，心灵"，最为富有的国家的人们应该能够做得更好。这是基础的道德要求。但是，如果我们能让我们的文明更加具有世界主义精神，它将在更广泛的范围内回响 (p. 174)。

发展计划的内容

我们也需要对发展计划进行批判性的分析。我们必须研究发展项目与各利益相关方间权力关系的交互以及对这一权力关系的改变。具体而言，这一权利关系涉及受发展项目影响的各相关方，比如当地社区、发展工作者、NGO、政府等。我们必须认识到传播在建立、维护和改变权利关系中具有重要作用。所以，如下三组行动在发展项目中非常重要：

- 媒体必须积极建立公众对项目的支持并加强对政策决策的压力。
- 必须将利益团体包括在内，必须建立同盟以达成共识并动员社会力量。这要求和各个相关方建立网络。具体而言，这些相关方包括具有影响力的个人和团体，政治力量和政治组织，专业和学术机构，宗教团体和具有社会改进目标的团体，工商业界。
- 必须形成大众需求，必须促进公民行动以引起国家决策层的回应。也许发展议题并不是总能调动起大众行动，但是，即使是社区领袖对相关发展问题表现出中等程度的努力，也有可能引起政策或资源分配的改变，从而使相关发展问题得以解决。

需要更多针对参与式传播的研究

有关发展传播的成就和发展传播的过程和结果的可持续性的研究应当得到更广泛的鼓励。这需要使用参与式的方式，建立一个在发展机构和当地利益相关方间实现共享的框架，以及确保当地社区在项目设计、实施和宣传中的参与（Servaes & Malikhao, 2010）。

1. 学者们广泛认为，目前存在两种对参与式传播的理解。第一种基于 Paulo Freire（1970, 1973, 1983, 1994）提出的对话式教育学。第二种由 UNESCO 在 1970 年代提出，包括进入的权利（access）、参与和自我管理（Berrigan, 1977, 1979）等基本内容。所有参与式传播项目都接受民主化交流的原则。但是，当前在实践领域却存在着大量不同的实践经验和目的。在具体分析这些差异之前，我们需要首先了解他们的共通之处。

Freire 的观点具有双重的理论背景。他认为，在任何政治过程中，被压迫者都必须被作为完全的个人来对待。这意味着（在任何政治过程中）都必须使用一种对话式的传播方式。虽然，Freire 受到一定的萨特（Sartre）存在主义的影响（对个体独立性的尊重），但其理论更重要的一个源头是一种必须对他者（otherness）保持尊重的理念。在这里具体表现为对其他个体人类的尊重。Freire 的观点的第二个理论背景来自早期马克思的一种理想主义的希望：人类拥有一种超越于单一物质需要的尊严。同样也是来自马克思主义传统，Freire 认为对社会问题的解决方案必须是群体性的。他认为个人机会不是对普遍的贫困和文化压迫问题的解决方案。

Freire 的这些观点在精英群体中包括第三世界的精英群体中并不受欢迎。但是，其提出的对话式传播理念却广泛被接受为参与式传播的普遍理论。Freire 理论的一个问题是他的对话式传播是基于组织级面对面的对话而不是基于具有放大作用的大众媒体，如广播、印刷品和电视。Freire 也很少讨论语言或交流方式问题，而是主要关注交流活动的目的。

有关参与式传播的第二个话语体系来自 UNESCO 1977 年在贝尔格莱德会议中提出的有关**自我管理、进入的权利**（access）和**参与的权利**的一系列理念。大会的最终报告将**参与式传播**定义为：**进入（的权利）**：指媒体当服务于公共事务。可以被定义为公众当有机会选择多样的和他们相关的节目；公众当有方法将他们的反馈、反映和需要传递给媒体生产者。**参与**（的权利）代表公众在传播系统中更高一层的参与。包括公众参与到媒体制作过程以及传播系统的计划和管理过程中的权利。**参与**（的权利）也可以理解为在决策中必须有公众的代表人以及在决策中必须咨询公众的意见。自我管理则是最高级别的参与方式。在这种情况中，大众行使他们在传播机构中的决策权并且全面参与传播政策和传播计划的制定过程。

如同 Berrigan 的总结所说的，社区拥有进入的权利、拥有参与的权利是最为核心的定义因素："（社区媒体）是社区成员拥有进入权利可以使用以获得教育/娱乐信息的媒体，它也是社区成员可以作为计划者、生产者、表演者的媒体，是社区自我表述的媒体而不是单一服务于社区为社区提供（他人生产好的）信息的媒体"（Berrigan，1979：8）。参考 1977 年会议，Berrigan（1979：18）将进入（的权利）定义为接受社区自己认为与他们相关或来自社区的有关教育/娱乐的信息的权利："进入（的权利）可以被定义为公众当有机会选择多样的和他们相关的节目；公众当有方法将他们的反馈、反映和需要传递给媒体生产者。"

其他一些学者则将进入（的权利）限定于大众媒体，认为："进入（的权利）指允许用户提供相对开放/未被编辑过的对大众媒体的反馈的过程"（Lewis，1993：12）或者"进入（的权利）指公众与主流广播体制的关系"（Prehn，1991：259）。这两种定义进入（的权利）的方式-生产者定义方式和接收者定义方式-都有助于对社区媒体的理解。

如上这些观点都已被广泛接受为有关参与式传播的普遍理论：参与式传播必须包括进入（的权利）和参与的权利（Pateman，1972）。但是，我们需要注意这一理论与 Freire 的理论是具有一定不同之处的。UNESCO 的观点包括一种逐渐进步的观点。一定程度的进入（的权利）首先被允许，但是自我管理可能被推迟到未来的某个时间再实行。Freire 的理论并不允许这样的妥协。人们要么尊重有关他者的文化或者重新回到统治他人的思路上以及"银行模式"①（"banking" mode education，请参看 Freire，1983）的灌输式的教育方式。UNESCO 以一种中性的方式来谈论大众。Freire 则将大众称为是被压迫的。最后，UNESCO 将主要关注点放在体制和关系上。参与式广播或社区媒体广播应当是一个参与其中的人们自我管理的广播电台。

2. 参与涉及更加平等的分享政治/经济权利，所以经常会减少一些群体的优势。结构性改变涉及对权力的再分配。在大众传播领域，很多学者认为结构改变必须首先出现以建立参与式的传播政策。比如，Mowlana 和 Wilson（1987：143）认为："传播政策是政治条件、文化条件、经济条件，和体制的衍生结果。其倾向于合法化当前社会中的权力关系。所以，其不可能发生根本性变化，除非根本性的结构性的社会变革首先改变了社会中的权力关系。"

所以，对参与式传播模式的发展必须与地方级，国家级，世界范围内的社会解放（emancipation）同时考虑。相关学者已在尝试总结有关参与式传播模式的标准。拉美学者 Juan Somavia（1977，1981）总结了如下几条核心标准。

（a）传播是人类的一种基本需要：对于一个社会来说，对传播需要的满足如同对各种基本需要（比如：健康、营养、居住、教育和劳动等）的满足一样重要。传播和其他各种社会需要共同确保公民能够解放他们自己并免于被压迫。所以，在个人和群体的层面，知情权、表述权以及传播权都是人权的基本组成。

（b）传播是一种委托权利：在其自身的文化、政治、经济和历史背景下，每个社会都必须独立定义其希望如何组织自己的社会传播过程。因为文化存在众多差异，所以就存在大量不同的组织方式。但是，不管其社会传播方式是什么样，都必须给予参与（的权利）和进入（的权利）以足够的优先度。

（c）传播是社会启蒙和解放过程的一个方面。媒体有责任推动社会变革。实际上，经过了正式教育阶段，媒体是最重要的教育和社会化机制。他们能够告知公众社会现实也可以误导公众，掩盖重要事实，可以对事件进行正面解释也可以进行负面解释。

---

① Freire（1983）提出了两种教育模式：银行模式（banking model education）和问题提出（problem posing model）模式。他批判第一种而将第二种作为第一种的替代模式。银行模式的教育被认为是消极地给学生灌输知识。Freire 推崇问题提出模式。在此模式中，学生被鼓励进行批判性、创造性的思考，并自己动手解决问题。作为一种教学方法，问题提出模式涉及倾听、对话和行动。

（d）传播的任务涉及权利、义务和责任。媒体实际上是提供公共服务的机构，他们必须在一个反映社会共识的社会责任/法律责任框架中来提供此种公共服务。也就是说，没有义务也就没有权利。

所以，传播自由和权利必须从3方面来讨论：第一，公众必须能有效地参与到传播领域；第二，必须有能够保证第一条实现的（法律/政治）框架；第三，媒体必须享有独立性，能够免于经济、政治等各种压力。

同时，参与式的社会改变传播将人看为发展的核心。发展意味着促进当地社区对于其文化，知识，和环境的自豪感。发展的目标是教育并激励人们实现个体和群体的发展并同时维护生态平衡。虽然已得到学术领域的广泛支持，但真正的参与并不合于所有人的利益。因为其是以地方社区为核心，参与式项目实际并不容易实施，同时其也不是高度可预见的、可控制的。

3. 虽然Freire和UNESCO的观点在很多发展机构和研究者中得到广泛认可，但是还有很多与这两种理论体系不同的项目也自称为参与式媒体传播项目。所以，我们仍然需要在描述上和理论上进一步澄清究竟什么叫参与式？为了面对这些广泛的不同的现有经验和政治意图，我们需要进一步作出区分。

通过对过去研究的综述，可以总结出如下类型（Berrigan, 1979; Berque, Foy & Girard, 1993; Fraser & Restrepo, 2000; Girard, 1992; Lewis, 1993; O'Connor, 1988; O'Sullivan, 1979）：

（1）参与式媒体的内部应当是以民主方式组织的（比如工人合作社）；
（2）参与式媒体是通过其与跨国企业统治的文化工业的对立而被识别的；
（3）参与式媒体能被追溯到对语言或种族群体在某个社会变革中的解放；
（4）参与式媒体的存在可以通过社会中的阶级斗争来解释；
（5）参与式媒体应当被认为是"合成分子（molecular）"而不是"克分子（molar）"①（也就是说是一个由独立的个体连接在一起形成的群体而不是一个同质的单一维度的实体）；
（6）参与式媒体（如同Eisenstein的蒙太奇或Brecht的戏剧）在设计上要求其观众能以创造性和差异性的方式来对其进行解读。

Reyes Matta（1986）认为参与式传播首先是跨国公司统治的媒体的对立面和替代模式（alternative）。这是任何替代模式存在的背景。对参与式传播来说，成功就意味着在与跨国公司统治

---

① Deleuze和Guattari（1987：216-17）研究了正在进行的在"合成分子（molecular）"和"克分子（molar）"间的交互和谈判。合成分子指的是微观政治活动，"克分子式（molar）"指的是宏观政治中的结构性板块。他们提出"合成分子（微观政治活动）会逃散，社会运动会一无所成，如果他们不回到克分子（宏观政治中的结构性板块）的组织改变其原有的板块分隔，改变起对性别，阶级和政党的二元划分"。而参与式媒体的重要性因此就在于其内在的更丰富的创造力和想象力。

的媒体的对立中胜出。CINCO（1987）提出的理论正是对这一观点的发展，因为其主要涉及对传播体制的结构化分析。对于 CINCO 研究者，一个媒体如果其有一个民主化的体制结构，那么它就是一个（跨国公司统治的媒体的）替代模式。CINCO 对媒体体制的关注点主要指外在于社区的资本或权利对社区媒体的所有权和控制权，而不是媒体组织的进入（的权利）和参与的权利。

建立参与式民主，促进公众对社会政治经济的真实参与，能够提高政治合法性和可信性。但是，这只有在传播系统去中心化之后才能成为可能。传播和信息不应当被社会中的少数群体所控制和垄断。不幸的是，在大多时候，结构性因素是实现理想的民主模式的障碍。在大多数发展中国家，大众和精英群体之间的连接桥梁还远远没有建立起来。为了实现参与式民主，必须建立大众和政府之间在地方层面，地区层面，国家层面上的对话。在政治领域，这可以通过政党，监督团体，公民行动组织和环境运动等来实现。所以，政治可信性、群体的社会和文化身份以及大众对于发展目标的认识和支持，是参与式民主所必须的支持条件。

在有关社区媒体（Community Media，CM）的长期的理论和实践传统中，一直欠缺对这一概念的清晰定义。拥有这一名称的组织的多样性，使得任何希望用单一理论来定义此概念的方法只能关注某些特性而忽视其他特性。这一理论问题，使得我们需要用多种方法来定义社区媒体（见表1）。通过对多种方法和理论的使用，我们将能够较为全面的来描述社区媒体在不同方面的特性（更详细的论述请参考 Carpentier，Lie & Servaes，2001，2012）。对于参与式媒体/代替模式媒体的更详细的讨论，请参考 Lewis（1993：12）。

表1　对社区媒体的四种不同定义方式

	以媒体为核心	以社会为核心
通过社区媒体的自身特性来定义 （本质主义者的方式）	方法Ⅰ： 服务于社区	方法Ⅲ： 是公民社会的一部分
通过社区媒体与他者的关系来定义 （相对关系主义者的定义方式）	方法Ⅱ： 是主流媒体的替代模式	方法Ⅳ： 根茎（Rhizome）①

对于"社会可用性"的衡量和评估

项目评估和效果评定应当包括参与式的基线公式和传播需求评估，应当包括社区成员的自我评

---

① Gilles Deleuze 和 Félix Guattari 使用根茎（rhizome）或根茎式的（rhizomatic）两个术语来描述在数据表现和阐述中允许多样的、非等级制的切入点和出点的理论和研究。根茎式的（rhizomatic）的方法能将历史和文化表现为带有根茎的树型系统或者没有具体源头和谱系的一组广泛的影响和作用。根茎式的（rhizomatic）方法可以将偶然性、流动性以及不确定性包括到对社区媒体的分析中。因而，可以极大地发挥公民社会理论中关系主义的成分（请参考 Carpentier，Lie & Servaes，2012）。

估和"社会可用性"这一概念。项目评估和效果评定应当在政策层被用来作为对相关政策和项目的反馈。发展项目需要使用有效的、令人信服的评估模型和数据来证明发展传播的作用。基于定性分析的可持续指标应当得到更充分的重视，同时也要注意 ICT 在交互式地收集反馈数据上的潜力。并且，也需要进一步加强学术研究以更好的识别传播需求。

虽然目前已经存在很多小范围的发展传播的有效例子，但是，这些成功的例子还需要进一步在更大范围内推广，以促进在各个层面上的相关实践和政策制定。整体而言，对小范围试验项目的专注是可以接受的，但是以实际数据为支持的充分研究过的基准数据是当前发展传播学研究所急需的。

◇ 参考文献 ◇

- Anderson, B. (1983). *Imagined communities: Reflections on the origin and spread of nationalism*. London: Verso.
- Appiah, K. A. (2006). *Cosmopolitanism: Ethics in a world of strangers*. London: Allen Lane.
- Barbero, J.-M. (1993). *Communication, culture and hegemony, from the media to mediations*. London: Sage.
- Bartolovich, C. & Lazarus, N. (eds.) (2007). *Marxism, Modernity, and Postcolonial Studies*. Peking: Peking University Press.
- Bauman, Z. (1998). *Globalization: The human consequences*. New York: Columbia University Press.
- Baumann, G. (1999). *The multicultural riddle. Rethinking National, Ethnic, and Religious Identities*. London: Routledge.
- Bayart, J.-F. (2004). *Le gouvernement du monde*. Paris: Fayard.
- Beltran, L. R. (1976). *TV Etchings in the minds of Latin Americans: Conservatism, materialism and conformism*, Paper presented to the IAMCR Conference, Leicester, August 30-September 3.
- Berger, P. & Huntington, S. (eds.) (2002). *Many globalizations: Cultural diversity in the contemporary world*. New York: Oxford University Press.
- Berrigan, F. J. (1977) *Access: some Western models of community media*. Paris: Unesco.
- Berrigan, F. J. (1979) *Community communications. The role of community media in development*. Paris: Unesco.
- Boonsiripunth, M. (ed.) (1994). *Information superhighways and cultural diversity: Communication and local culture in the global age*. Bangkok: Thammasat University.
- Bordenave, J. D. (1977). *Communication and rural development*. Paris: Unesco.
- Boyd-Barrett, O. (1977). Media imperialism: Towards an international framework for the analysis of media systems. In J. Curran, M. Gurevitch & J. Woollacott (eds.), *Mass communication and society*. London: Arnold.
- Braman, S. & Sreberny-Mohammadi, A. (eds). (1996). *Globalization, Communication and Transnational Civil Society*. Cresskill, NJ: Hampton Press.
- Canclini, N. G. (1993). *Culturas hibridas. Estrategias para entrar y salir de la modernidad*.

- Grijalbo.
- Cardoso, F. H. & Falletto, E. (1969). *Dependencia y desarrollo en Am rica Latina*. Mexico D. F.: Siglo XXI.
- Carpentier N, Lie R. &Servaes J. (2001) *Making Community Media Work* report prepared for UNESCO, Paris, 50 pp+CD-Rom.
- Carpentier N, Lie R. &Servaes J. (2012) "Multitheoretical Approaches to Community Media: Capturing Specificity and Diversity", Fuller L. (ed.), *The Power of Global Community Media*. New York: Palgrave MacMillan, 219-236.
- Chalkley, A. (1968). *A manual of development journalism*. Manila: Press Foundation of Asia.
- Chang, Pi-Chun (2008), Does China Have Alternative Modernity? An Examination of Chinese Modernization Discourse, *Journal of Communication for Development and Social Change*, 2, 4.
- Chew, S. C. and Denmark, R. A. (eds.) (1996). *The underdevelopment of development: Essays in honor of Andre Gunder Frank*. Newbury Park, CA: Sage.
- Childers, E. &Vajrathon, M. (1968). *Development support communication for project support*. Paper. Bangkok: UNDP.
- Cimadevilla, G., & E. Carniglia (eds.) (2004). *Comunicacion, Ruralidad y Desarrollo. Mitos, paradigmas y dispositivos del cambio*. Buenos Aires, Argentina: Instituto Nacional de Tecnologia Agropecuaria.
- De Cuellar J. P. (1995), *Our Creative Diversity. Report of the World Commission on Culture and Development*, Paris: UNESCO.
- de Sousa Santos, B. (ed.) (2007). *Democratizing democracy: Beyond the liberal democratic canon*. London: Verso.
- Delcourt, L. (2009). Retour de l'Etat. Pour quelles politiques sociales?, *Alternatives Sud*, Vol. XVI, 2009/2. Louvain-la-Neuve, Belgium: Centre Tricontinental.
- Deleuze, G., Guattari, F. (1987), A Thousand Plateaux. Capitalism and Schizophrenia, Minneapolis: University of Minnesota Press.
- Deruyttere, A. (ed.) (2006). *Operational policy on indigenous peoples and strategy for indigenous development*. Washington, D. C.: Inter-American Development Bank.
- Dissanayake, W. (2006). Postcolonial theory and Asian communication theory: Towards a creative dialogue. *China Media Research*, 2(4): 1-8.
- Dowmunt, T. (ed.). (1993). *Channels of Resistance. Global Television and Local Empowerment*. London: BFI.
- Downing, J. (2001). *Radical media: Rebellious communication and social movements*. Thousand Oaks, CA: Sage.
- Elliott, A., &Lemert, C. (2006). *The new individualism: The emotional costs of globalization*. London:Routlege.
- Esteva, G., &Prakah, M. S. (1998). *Grassroots post-modernism: Remaking the soil of cultures*. London: Zed Books.
- Fair, J. E. (1988). *A meta-research of mass media effects on audiences in developing countries from 1958 through 1986*. Unpublished doctoral dissertation. Bloomington, IN:Indiana University.
- Fair, J. E. (1989). 29 years of theory and research on media and development: The dominant paradigm impact. *Gazette*,44: 129-150.
- Fair, J. E., &Shah, H. (1997). Continuities and discontinuities in communication and development research since 1958. *Journal of International Communication*, 4(2): 3-23.
- Fraser, C., &Restrepo-Estrada, S. (1998). *Communicating for Development. Human Change for Survival*. London: I. B. Tauris.
- Fraser, C., Restrepo-Estrada S. (2000) *Community radio handbook*. Paris: UNESCO.

- Freire P. (1970), *Cultural Action for Freedom*. Harmondsworth: Penguin.
- Freire P. (1973), *Extension o comunicacion? La concientizacion en el medio rural*. Mexico: Siglo XXI.
- Freire P. (1994), *Pedagogy of Hope. Reliving Pedagogy of the Oppressed*. New York: Continuum.
- Freire, P. (1983). *Pedagogy of the oppressed*. New York: Continuum.
- Friedmann, J. (1992). *Empowerment: The politics of alternative development*. Cambridge, MA: Blackwell.
- Galtung, J. (1980). *The true worlds. A transnational perspective*. New York: Free Press.
- Geertz, C. (1973). *The interpretation of cultures*. New York: Basic Books.
- Geertz, C. (1983) *Local knowledge: Further essays in interpretative anthropology*. New York: Basic Books.
- Giddens, A. (1995) *Modernity and self-identity: Self and society in the late modern age*. Cambridge: Polity.
- Girard, B. (ed.) (1992) *A passion for radio*. Montr al: Black rose books.
- Grillo, M., Berti, S., & Rizzo, A. (1998). *Discursos locales*. Rio Cuarto: Universidad Nacional de Rio Cuarto.
- Gunaratne, S. (2005). *The Dao of the press: A humanocentric theory*. Cresskill, NJ: Hampton Press.
- Habermann, P., & de Fontgalland, G. (eds.) (1978). *Development communication rhetoric and reality*. Singapore: AMIC.
- Hafez, K. (2007). *The myth of media globalization*. Cambridge, UK: Polity Press.
- Hannerz, U. (1996). *Transnational connections: Culture, People, Places*. London: Routledge.
- Harindranath, R. (2006). *Perspectives on global cultures*. Maidenhead: Open University Press.
- Harrison, L. (1985). *Underdevelopment is a state of mind. The Latin American case* (2nd ed.). Lanham, MD: Madison Books.
- Harvey, M. (ed.) (2005) *Media matters: Perspectives on advancing governance & development from the Global Forum for Media Development*. London: Internews Europe.
- Held, D. (ed.) (2000). *A globalizing world? Culture, economic, politics*. London: Routledge.
- Hirst, P. & Thompson, G. (1996). *Globalization in question: The international economy and the possibilities of governance*. London: Polity.
- Hoffmann, V. (2007). Five editions (1962—2003) of Everett Rogers's Diffusion of Innovations. *Journal of Agricultural Education and Extension*, 13(2): 147-158.
- Hopper, P. (2007). *Understanding cultural globalization*. Cambridge, UK: Polity.
- Jacobson, T., & Servaes, J. (eds.) (1999). *Theoretical approaches to participatory communication*. Cresskill, NJ: Hampton.
- Jamias, J. (ed.). (1975). *Readings in development communication*. Los Ba os: University of the Philippines.
- Jayaweera, N., & Amunugama, S. (eds.) (1987). *Rethinking development communication*. Singapore: AMIC.
- Johnston, H., & Klandermans, B. (eds.) (1995). *Social movements and culture*. London: University College Press.
- Kennedy, T. (2008). *Where the rivers meet the sky: A collaborative approach to participatory development*. Penang: Southbound.
- Kronenburg, J. (1986). *Empowerment of the poor: A comparative analysis of two development endeavors in Kenya*. Nijmegen: Third World Center.
- Lerner, D. (1958). *The passing of traditional society: Modernizing the Middle East*. New York:

- Free Press.
- Lewis, P. (ed.) (1993) *Alternative media: linking global and local*. Paris: Unesco.
- Lie, R. (1998). What's new about cultural globalization? Linking the global from within the local. In J. Servaes & R. Lie (eds.), *Media and politics in transition: Cultural identity in the age of globalization*, 141-155. Leuven: ACCO.
- Lie, R. (2003). Spaces of intercultural communication: An interdisciplinary introduction to communication, culture, and globalizing/localizing identities. Creskill: Hampton.
- MacBride, S. (ed.) (1980). *Many voices, one world: Communication and society, today and tomorrow*. Paris: UNESCO.
- MacBride, S. (ed.) (1980). *Many Voices, One World: Communication and Society. Today and Tomorrow*. UNESCO: Paris.
- Manyozo, L. (2006). Manifesto for development communication: Nora Quebral and the Los Banos School of Development Communication. *Asian Journal of Communication*, 16(1): 79-99.
- Marling, W. (2006). *How "American" is globalization?* Baltimore: John Hopkins University Press.
- Martin-Barbero, J. (1993) *Communication, culture and hegemony. From the media to mediations*. London, Newbury Park, New Delhi: Sage.
- McKee, N., Manoncourt, E., Saik Yoon, C., & Carnegie, R. (2000). *Involving people evolving behaviour*. Penang: Southbound.
- McMichael, P. (2008). *Development and social change: A global perspective*. Los Angeles: Pine Forge Press.
- Mody, B. (ed.) (1997). Communication and development: Beyond panaceas, *The Journal of International Communication*, 4(2): 1-138. Mowlana H. & L. Wilson (1987), *Communication and Development: A global assessment*. Paris: UNESCO.
- Nash, J. (ed.) (2005). *Social movements: An anthropological reader*. Masden, MA: Blackwell.
- NederveenPieterse, J. (2010). *Development theory* (2nd ed.). Los Angeles: Sage.
- O'Conner A. (1990), Radio is fundamental to democracy, *Media Development*, 37 (4).
- O'Sullivan-Ryan, J., Kaplun, M. (1979) *Communication methods to promote grass-roots participation*. Paris: Unesco.
- Ogan, C. L., Bashir, M., Camaj, L., Luo, Y., Gaddie, B., Pennington, R., Rana, S., & Salih, M. (2009). Development communication: The state of research in an era of ICTs and globalization. *The International Communication Gazette*, 71(8): 655-670.
- Omoto, A. (2005). *Processes of community change and social action*. Mahwah, NJ: Lawrence Erlbaum.
- Papa, M. J., A. Singhal and W. Papa. 2006. *Organizing for Social Change. A Dialectic Journey of Theory and Praxis*. New Delhi: Sage Publications.
- Pateman, C. (1972) *Participation and democratic theory*. Cambridge: Cambridge University Press.
- Prehn, O. (1991) "From small scale utopism to large scale pragmatism", In N. Jankowski, Prehn, O., Stappers, J. (eds.) *The people's voice. Local radio and television in Europe*. London, Paris, Rome: John Libbey, pp. 247-268.
- Quebral, N. C. (1971). Development communication in the agricultural context. In *Search of breakthroughs in Agricultural Development*, Los Baños: University of the Philippines, December 9-10.
- Quebral, N. C. (1988). *Development communication*. Los Baños: University of the Philippines.
- Rangel, C. (1977). *The Latin Americans: Their love-hate relationship with the United States*. New York: Harcourt Brace Jovanovich.

- Reyes-Matta, F. (1986) "Alternative Communication: Solidarity and development in the face of transnational expansion", In Atwoord, R. Mcanany E. (eds.) *Communication and Latin American Society. Trends in critical research* 1960-1985. Madison: University of Wisconson Press, 190-214.
- Robertson, R. (1992). *Globalization: Social theory and global culture*. London: Sage.
- Rogers, A. (2005). Participatory diffusion or semantic confusion. In M. Harvey (Ed.), *Media matters: Perspectives on advancing governance & development from the Global Forum for Media Development*, 179-187. London: Internews Europe.
- Rogers, E. M. (1962). *The diffusion of innovations*. New York: The Free Press.
- Rogers, E. M. (1986). *Communication technology: The new media in society*. New York: The Free Press.
- Schiller, H. I. (1976). *Communication and cultural domination*. New York: International Arts and Sciences Press.
- Scholte, J. (2005) *Globalization: A critical introduction*. New York: Palgrave.
- Schramm, W. (1964). *Mass media and national development: The role of information in the developing countries*. Stanford, CA: Stanford University Press.
- Sen, A. (2004). Cultural liberty and human development. In S. Fukuda-Parr (ed.), *Human development report: Cultural liberty in today's diverse world*. New York: United Nations Development Programme.
- Servaes J. (ed.) (2003). *Approaches to development: Studies on communication for development*. Paris: UNESCO.
- Servaes J. (ed.) (2008). *Communication for development and social change*. London: Sage.
- Servaes J. &Malikhao P (2007). *Communication etdeveloppement durable*. Rome: Food and Agriculture Organization (FAO).
- Servaes J. &Malikhao P (2010). "Comunicacionparticipativa. El Nuevo paradigma?", Ricardo Thornton &Cimadevilla Gustavo (eds.), *Usos y Abusos del Participare/Usos e abusos do participar*. Buenos Aires, Argentina: , InstitutoNacional de Tecnolog aAgropecuaria (INTA), 67-90.
- Servaes J., &Liu S. (eds.) (2007). *Moving targets: Mapping the paths between communication, technology and social change in communities*. Penang: Southbound.
- Servaes, J. (1999). *Communication for development: One world, multiple cultures*. Creskill, NJ: Hampton.
- Servaes, J., & Lie, R. (eds.) (1998). *Media and politics in transition: Cultural identity in the age of globalization*. Louvain-la-Neuve: Acco.
- Servaes, Jan (ed.) (2013). *Sustainability, Participation and Culture in Communication. Theory and Praxis*. Bristol-Chicago: Intellect-University of Chicago Press.
- Servaes, Jan, Polk Emily, Song Shi, Danielle Reilly&ThanuYakupitijage (2012), "Towards a Framework of Sustainability Indicatorsfor 'Communication for Development and Social Change' Projects", *The International Communication Gazette*(Sage), 74 (2): 99-123.
- Shah, H. (2007). *Meta-research of development communication studies*, 1997-2005: *Patterns and trends since* 1958, Paper presented to ICA, San Francisco, 24-27 May.
- Shah, Hemant (2012) The Production of Modernization. *Daniel Lerner, Mass Media, and "The Passing of Traditional Society"*. Philadelphia: Temple University Press, 23-26.
- Sklair,L. (1991). *Sociology of the global system: Social change in global perspective*. Hemel Hempstead, UK: Harvester Wheatsheaf.
- Somavia J. (1977), Third World participation in International Communication. Perspective after Nairobi, Paper symposium "International Communication and Third World Participation", Amsterdam, September.

- Somavia J. (1981), The democratization of communication: from minority social monopoly to majority social representation, *Development Dialogue*, 2.
- Sparks, C. (2007). *Globalization, development and the mass media*. London: Sage.
- Staples A. (2006). *The birth of development: How the World Bank, Food and Agriculture Organization, and World Health Organization changed the world*, 1945-1965. Kent, OH: The Kent State University Press.
- Stewart, C., Smith, C. A., & Denton, R. (2007). *Persuasion and social movements* (5thed.). Long Grove, IL: Waveland Press.
- Stiglitz, J. (1998). Towards a new paradigm for development: Strategies, policies, and processes. Prebisch Lecture at UNCTAD, Geneva, 19 October 1998.
- Sunkel, O. &Fuenzalida, E. (1980). La transnacionalizacion del capitalismo y el desarrollo nacional, Sunkel, O., Fuenzalida, E., Cardoso F. et. al. (eds.), *Transnacionalizacion y dependencia*. Madrid: Cultura Hispania.
- Tehranian, M. (2007). *Rethinking civilization: Resolving conflict in the human family*. London: Routledge.
- Tomlinson, J. (1999). *Globalisation and culture*. Cambridge: Polity Press.
- Tremblay, S. (ed.) 2007. *Developpement durable et communications. Au-dela des mots, pour un veritable engagement*. Quebec: Presses de l'Universite du Quebec.
- Wang, G., Servaes, J., &Goonasekera, A. (eds.) (2000). *The new communications landscape demystifying media globalization*. London: Routledge.
- Wilson, R., &Dissanayake, W. (1996). *Global/local: Cultural production and the transnational imaginary*. London: Duke University Press.
- Winterstein, D. (2010). *Media and power on the margins of Europe: The public negotiation of the Breton language and cultural identity*. Cresskill, NJ: Hampton Press.

传播与公共领域研究

托马斯·杰格伯森[①]　潘岭岭[②]

前言

就在笔者撰写这一章节时，一名美国计算机程序设计员爱德华·斯诺登正向俄罗斯政府申请政治庇护，以逃脱美国对他的间谍罪及盗窃政府财产罪的指控。斯诺登曾是美国中央情报局雇员，而后供职于美国国家安全局。在此期间，他得以接触大量机密文件，并对这些文件的保密性产生了质疑。他认为公众有权知晓其中一部分信息。因此，他向美国及全球各地的媒体和个人泄露了这些机密文件的电子副本。除此之外，这些文件披露了美国国家安全局监控美国公民通话信息的行为。而这一直被认为是违反美国宪法的行为。斯诺登提供的资料还显示美国国家安全局曾监控包括法国在内的其他国家公民的通话信息。另外，美国国家安全局监听了包括德国总理默克尔在内的欧洲政要的手机通话内容。内幕曝光后，美国公众及美国国会内部展开了激烈的争论。欧盟国家的民众和政府同样对此表示愤慨。这些回应迫使美国政府花费大量的时间和一系列政治上艰难的努力解释美国国家安全局的行动以控制政治危机。美国政府辩称所有行动都出于国家安全考虑。斯诺登目前身处俄罗斯。而从目前情况看来，美国不会停止对他的起诉。

一方面，斯诺登和他的支持者认为公众有权利知晓政府行动，尤其是在公众（特别是被监听对象）对监听行动并不知情的情况下。而另一方面，政府声称出于国家安全的需要，国家的管理在一定程度上要求保密。斯诺登披露的文件涉及与反恐计划有关的政府行动。因此，这些信息的暴露有可能危及反恐计划的实施并使公众陷入危险的境地。上述观点中，哪一个才是正确的？也许两个观点都是正确的。诚然，民主自治强调公民对政府行动的知情权。然而，基于保障国家安全、推行外交政策等原因，政府行为应给予一定程度的保密。如果两种观点都是正确的，那么，根本问题便是

[①] 托马斯·杰格伯森（Thomas Jacobson）现任美国天普大学（Temple University）媒体与传播学院教授、国际媒体与传播研究会学术评论委员会主席，1986年获美国华盛顿大学（University of Washington）传播学博士学位，主要研究方向包括政治传播和现代化研究等。

[②] 潘岭岭于2012年获美国天普大学（Temple University）传播学博士学位，主要研究领域包括政治传播、发展传播和新媒体研究等。

如何保持公众知情权与政府行动保密的平衡。换言之，公众享有对政府行动一定的知情权，而不是全部。同时，政府需要保密行动，但不应该将所有行动加密。然而，什么才是适当的平衡？政府行动究竟允许多大程度的保密？又由谁来决定是否保密？

爱德华·斯诺登及美国政府所面临的情况只是一例近期较极端的事件。它揭示了民主执政长期以来所面临的挑战，即如何限定公共言论的范围和性质。建立在民主基础上或逐渐演变为民主治理的西方国家政府一向重视言论自由和公众知情权。言论自由和公众知情权是自然法启蒙的产物。人类的特性决定了公民享有上述权利。然而，这些价值观不仅仅涉及公民权利，它们也对民主治理起着至关重要的作用。公民对政府决策的知情权及言论自由构建了政府的"第四权"。作为政府的非正式分支，第四权在政府运行过程中起着必不可少的作用。在民主政治哲学中，政府保密行为将会滋生腐败和低效。而公众参与可以揭示政府没有掌握或者意图保密的信息，因此起到了对腐败和低效的制衡作用。同时，公众参与提供了政府未能考虑到的方面并将之作为决策参考。因此，言论自由并不仅仅是公民的基本权利，它也是现代政府必不可少的组成部分。

在18、19世纪，第四权在咖啡馆、公共讨论及印刷媒体中兴起。从20世纪开始，包括广播系统在内的大众媒体成为了主流阵地。而到了21世纪，互联网开始扮演重要角色。

然而，值得注意的是，传播媒介本身并不构成言论自由。媒体技术只是为言论表达可见化提供了基础。言论自由的先决条件是制度安排和文化价值观。制度安排包括保护公民免遭政府起诉的宪法保障。这其中还包括将至少一部分媒体所有权下放至个人的商业操作。这是保护新闻媒体不受政府干预的手段。言论自由还需要特定的文化价值观。这里的文化价值观特指那些强调公共讨论及公共辩论，并在公民和政府机构内部达成折中方案的价值观。其次，没有任何民主国家拥有绝对的言论自由。出于对个人声誉、商业利益、国家安全以及其他方面的保护，言论自由总有限制。

因此，言论自由要求多方面的平衡。而这一过程也需要找到平衡各个方面的方法。例如，谁享有决策权？公民、政府抑或法院？事实上，所有重视言论自由的政府通常会平衡法律体系、公民和政府本身三方面，并根据本国社会和文化背景做出决策。

正因如此，公共领域（public sphere）代表了一系列的价值观、制度安排、法律和与民主政治体制相关的言论自由。这一术语被致力于研究公共言论的哲学家、政治学家和法律学者当作技术术语使用。而参与日常公共讨论的记者和公民同样也常常提到公共领域这一概念。例如，哲学家、政治家、科学家、记者和公民都围绕一系列问题参与了斯诺登事件的讨论，其中包括政府是否应该加密这些文件？加密这些文件是否为国家安全所必需？如果是这样，谁享有决策权？另外，在这样的情况下，享有的权力是否合理？如果不合理，诸如斯诺登这样的泄密者是否应该被起诉？如果答案是肯定的，法律依据又是什么？另外，报社是否应出于国家安全考虑加密信息？针对以上这些问题，政治家、意见领袖和记者们展开了广泛而激烈的讨论。

本章介绍并回顾了针对公共领域这一概念一系列的学术观点和研究。公共领域并不是全新的概念。在人类历史上，这一概念可以追溯到数千年前。但在过去的几百年间，公共领域在国家治理，特别是在西方国家民主政治中的地位日益重要。而最近几十年，这一概念在世界其他地区也被广泛探讨。因此，针对公共领域这一主题，学术界展开了激烈的讨论。本章回顾了公共领域的标准定义以及这些定义产生的历史背景，并介绍了研究公共领域的主要方法，其中包括主要理论争议。本章主要围绕德国社会学家 Jurgen Habermas 里程碑式的著作 *The Structural Transformation of the Public Sphere*（1989）阐述主流公共领域理论。值得注意的是，Habermas 的公共领域理论被包含在传播行为理论 Theory of communicative action 中。传播行为理论不仅拓展了公共领域理论，同时也赋予其更广泛和深刻的含义。因此，笔者也将详细探讨传播行为理论以及针对这一理论的批判。最后，本章阐述了公共领域的全球相关性，包括与东方国家（例如中国）的相关性，并对未来研究方向提出了建议。

一、公共领域——定义、研究、批判

在所有民主理论中，对当代言论自由研究的开山之作是 1963 年哈贝马斯的著作 *The Structural Transformation of the Public Sphere - An Inquiry into a Category of Bourgeois Society*。此书在 1989 年被翻译成英文版。这一历史性的研究著作分析了公民社会从封建社会关系发展为君主制，再转变为民主政治体制的历程；在这一历程中，社会领域不再单纯由政治体制决定，而是逐渐转变为一个社会空间；在这一空间内，公民个人讨论形成了可公开争论的舆论；这些舆论或支持或反对政府；"资产阶级公共领域可以理解为一个私人集合而成的公众领域……"（Habermas, 1989, p. 27）。

因此，Habermas 认为公共领域是政府和公民社会之间的中间介质。在这里，公民自发聚集在一起自由讨论公共事件，进而影响国家政治决策。这也是公众舆论被审慎讨论并形成的地方。通过审慎讨论，公众理性地形成并发表自己的观点。在这一点上，Habermas 与 John Milton 持有相同观点。Milton 在他 1644 年的著作 *Areopagetica* 中主张真理存在于公平辩论中。另外，公共领域也被认为是政府能知晓人民需求的地方。

作为一部社会史著作，*The Structural Transformation* 并不是一部单纯的法律和政治理论。正如 Habermas 所说，对公共领域的充分理解需要对社会和文化事务以及社会化规律的了解。

"具有政治功能的公共领域不仅仅要求宪政国家的制度保证，还需要文化传统、社会化规律、政治文化和自由理念的精神支持"（Habermas, 1992b, p. 453）。

除了论述民主言论取决于新兴传统、社会化规律、政治文化以及制度保障外，Habermas 在 *The*

Structural Transformation 一书中还指出在 19 世纪末，理想的公共领域已经遭到破坏。书名中提到的"转型"并不是指在 18 世纪和 19 世纪初出现的公共领域，而是指从 19 世纪末伊始，公众领域因商业大众媒体、公关行为和消费文化而产生的转型和畸变。从这一层面上看，*The Structural Transformation* 是一本批判性理论著作。

在 Habermas 理论的基础上，大量关于公共领域的实证研究应运而生。许多研究采用这一理论检视城市、区域以及环境规划过程（Forester，1988；Phelps & Tewdwr-Jones，2000；Tait & Campbell，2000；Webler & Tuler，2000）。公共领域的研究同样涉及线上论坛（Janssen & Kies，2005）以及议会的决策过程（Bächtiger，Spörndli et al. 2005）。学者们还对第三世界的公共领域展开研究，其中包括关于埃塞俄比亚社区决策的研究（Hamer，1998）；针对秘鲁青少年性知识宣传的研究（Ramella & De La Cruz，2000）以及尼泊尔人口规划项目研究（Jacobson & Storey，2004）。

尽管关于公共领域的应用研究日益增加，却少有研究试图具体测量传播行为或对其进行系统的研究。Webler 和 Tuler（2000）运用这一理论建立了在公共规划会议中的话语编码分类。Sulkin 和 Simon（2001）运用这一理论设计了一个博弈理论实验以检验审议和政府决策间的关系。这两例研究突出了 Habermas 强调的话语公平性却忽略了他严格的经验主义主张。近期的一些研究提到了基于 Habermas 经验主义主张开展研究的挑战（Chang & Jacobson，2010）。

非实证类型研究出现在包含批判和支持观点的理论和哲学评论中。Negt 和 Kluge（1993）认为 Habermas 公共领域理论关注的是统一的资产阶级群体而忽略了中下阶层和工人阶级的真实生活。除此之外，他们还首次提出了无产阶级公共领域。在 Negt 和 Kluge 提出的无产阶级公共领域概念的基础上，Ernesto Laclau 和 Chantal Mouffe 进一步阐述了与激进民主理论相关的反公众概念。除此之外，他们援引 Antonio Gramsci 提出的"霸权"思想和 Derridean 的结构主义理论，视反公众为利益在一定程度上与主流文化对立的公众（Laclau and Mouffe，1985；Mouffe，1992）。

与之前的批判性观点相似，Nancy Fraser 极巨影响力的批判强调公共领域多样化以及这些领域内的权利冲突。这一批判不仅仅强调与主流领域对立的边缘人群的公共领域，同时也区分了决定政策的正式公共领域（例如立法机关）以及非正式公共领域（例如日常交谈）。她还认为实际传播过程比 Habermas 主张的理论更具对抗性。她还批判了 Habermas 对私人和公共事务进行的区分，并主张私人关系使公共领域中的权利和不平衡输入至私人领域（Fraser，1990）。

Michael Hart 和 Antonio Negri 引用 Michel Foucault 关于生物政治学的理论，认为对私人领域和公共领域的区分是站不住脚的。这一观点回应并补充了 Fraser 的研究。无论地点为何，权力在私人领域与公共领域内都施加了引人注目的控制以影响行为和主体（Hardt and Negri，2009）。

值得注意的是，这些文献在某种程度上十分碎片化。其中一个原因是 Habermas 的理论提及了多个领域。源自 Habermas 理论的应用研究和理论批判较少重合。另外，哲学家几乎没有借鉴城市规划者和卫生部门决策者的研究，也没有引用社会学、哲学、语言学、心理学、政治学和其他学科理论。另外，研究宏观社会学的社会学家极少与使用实证定量研究方法的社会学家进行交流。然而，尽管源自 Habermas 公共领域概念的理论和研究如此碎片化，但这些研究数量庞大而且内容丰富。

从 Habermas 提出的政治公共领域建构理论的全球相关性角度出发，批判性研究在很大程度上可被理解为对原理论的阐述和补充。在这些研究中，虽然大部分学者并不完全同意 Habermas 的观点，但是他们基本复制了公共领域的概念，只是调整了类别并添加了更多细节。尤为重要的是，这些对公共领域理论的补充在西方社会文化框架内提出了一些关于这一理论的疑问。因此，他们并未结合传播行为这一拓展理论予以阐述。事实上，Habermas 公共领域理论只是传播行为理论中的冰山一角。考虑到传播行为理论与非西方社会的相关性，这些疑问与必须深入研究的理论无关。

在 Habermas 早期有影响力的著作 *Structural Transformation of the Public Sphere* 的基础上，*The Theory of Communicative Action*（1984，1987）分两卷发展了传播行为这一拓展理论。这一理论从多方面完善、证明并且扩展了公共领域理论。这在某种程度上也是为了让公共领域理论具备全球相关性。如果要充分理解 Habermas 的公共领域理论，也要理解传播行为理论。这有助于我们评估和测量公共领域与非西方社会的相关性。

二、传播行为理论和公共领域

为了更全面地理解 Habermas 对于公共领域的描述，我们必须至少熟知传播行为理论（communicative action）4 个独立却相互联系的方面，包括：（1）对现代社会发展过程的历史性分析，这其中包括生活世界合理化（lifeworld rationalization）理论和一系列相关的文化演变；（2）提出了具有全球文化敏感性的公平概念的"商谈伦理"（discourse ethics）理论；（3）话语民主（communicative rationality）理论；（4）传播理性（communicative rationality）理论——这一理论为上述三个理论方向包括公共领域理论提供了概念框架。

传播理性理论

虽然动作而非传播本身是 Habermas 理论中最广义的行为框架，但传播行为仍是十分基本且重要的行为。Habermas 认为根本问题不在于传播本身是否意味着"交换信息"或"传递信息"。相反，最基本的问题是传播主体是否将个人传播行为与他人联系起来。换言之，如何判定在特定情况下是一方试图理解另一方还是一方试图操纵另一方。Habermas 使用这一方法将传播行为定义成"以理解为目的的行为"。

"我所提到的传播行为是指传播对象的行为不是以自我为中心的，而是基于相互理解而达成协调一致的行为"（Jürgen Habermas，1984，pp. 285-286）。

以相互理解为目的的行为体现在对个人言论真实性、正确性和真诚度的假定以及当传播对象对假定和主张产生疑问时，个人进行讨论的意愿。一般而言，讨论过程存在参与机会分布不对称的问题。讨论结果必须基于充分的理由或者较有说服力的论证。相反，以操纵他人为目的的传播行为被认为是非传播活动并被称为"策略行动"。

这些传播行为的属性被用于定义 Habermas 的传播理性理论。在这一理论中，传播理性被定义为互动的过程而非对应的句子，也就是在实证意义上的"对应规则"（correspondence rules）。Habermas 认为根本问题并非个人如何理解外部世界或自身存在，而是人类如何与他人合作应对外部世界及自身存在。Habermas 对公共领域、话语伦理和生活世界殖民化的研究完全依赖于将传播行为描述为理性的一种形式的理论框架。下文将对社会公众如何理性合作以决定道德偏好、政治决策、法律和其他事务这一问题作进一步阐述。

至此，传播理性理论提供了涵盖个体行为和个体间社会互动的传播分析。然而，传播理性理论也被应用于宏观社会理论建构。这是因为它追溯了在一段历史时期内，传播理性逐渐体现于社会规范和制度中的历史进程。

在某种程度上，这一历史进程包含了社会包括公共领域中对理性讨论的应用。另外，传播理性，或者说传播行为在专业化讨论的历史进化中日益制度化。针对具体话题的传播话语，例如针对真实性、正确性和真诚性的主张需要不同类型的话语讨论。具体来说，针对真实性主张的探讨必须参考经验现实，包括理论依据和事实。因此，这就要求科学型话语讨论。而规范性主张，例如那些与文化和法律有关的主张，必须在专业化并适合处理价值问题的话语中进行商谈。这是因为科学型话语并不适用于商谈价值问题。我们需要采用法律话语或与价值偏好有关的其他话语进行商谈。与真诚性相关的主张需要运用能揭露表情真实性的专业化话语，而且话语真实性也将在社会层面中的艺术及美学批判领域不断演变和进化。

这三类专业化话语以及一般公众领域话语并未在人类社会任一历史时间点完整体现出来。西方社会在长期的历史进程中不断发展并开始把制度化体现在 Habermas 援引 Weber 提出的不同社会价值领域中。在现代西方社会，知识性、正确性和真诚性价值分别体现在科学、法律和艺术体验制度化三个领域中。而政治公共领域成为了上述三者相互作用、进而形成非专业观点和政治观点的领域。

生活世界和文化转型

每一个社会都有反映自身文化历史的特有文化。正如 Habermas 所说，每一个社会都建立在一系列"多少有些分散……无须加以批判的背景信念之上"，这些信念"储存了先辈们以前所做的解释成就"（Habermas，1984，p. 70）。这就是东方世界文化不同于西方世界文化的原因。在东方世界，不同社会拥有区别于其他社会的文化。同理，西方社会的文化也不尽相同。Habermas 继承包括 Husserl 在内的哲学家的认知，将包括文化理解和信仰在内的背景知识统称为生活世界。

因此，传播行为总是被视作在生活世界发生的行为。这包括发生在针对科学、法律和艺术的专业话语以及公共领域内的非专业话语中的传播行为。也正因为如此，传播行为理论可被应用于将文化转型视为公共领域内一个转型过程的研究。在艺术和美学领域，这可能更显而易见。Habermas 将美学批判视作拥有自身话语逻辑和传播行为的社会领域。而这一社会领域在社会转型中扮演着重要角色。

"在某种程度上，艺术和文学已经析分为一个拥有自身逻辑的领域。从这个意义上来说，这一领域成为了自治领域。文学和艺术评判传统得以建立，创新的美学体验得到艰难重建，实现了由一开始的'无声'到日常语言，再到日常生活的传播实践的转变。在批判中，原本迟缓、自然般重估评判词汇的过程以及开显世界和亟待理解的语言的过程变得更具反思性；整个过程可以说更加具有发散的流动性"（Jürgen Habermas，1992a，pp. 168-169）。

这是对美学表达的界定。然而，传播行为或传播理性在所有三个价值领域内共同展开。由于新的历史情况超越传统中已知的知识资源，在科学、法律、艺术和广大公众中的"理解成就"成为必须。传播行为提供了一种娱乐性的对挑战的新兴理解和应对这些挑战的方法。然而，这一理解过程"努力地将创新融入"日常生活中的传播实践，而非替代整个传统。这里的日常生活同样体现在文化生活世界。因此，传统不能也不应完全被放弃。一些文化转型便自然地发生了。然而，通过公众对价值偏好的讨论，其他一些方面也得以转型。因此，公共领域内的传播理性整合了新兴文化与过去的文化框架，成为了完成文化转型的介质。

生活世界合理化

不同形式的传播理性在三个不同的社会价值领域中体现的历史进程称为生活世界合理化。生活世界合理化的主要组成部分包括：(1) 社会合理化带来的结构分化；(2) "理解成就"带来的集体反思的文化演变。包括 Max Weber 在内的社会学家通过追溯社会机构中科学技术的传播史分析西方社会的进化过程。Weber 将之称为社会理性。而 Habermas 理论与 Weber 理论有所出入。因为传播理性或话语理性理论认为现代化不仅像 Weber 所说仅仅针对科学和技术，也指关于法律和艺术的专业化话语。换言之，社会现代化不仅代表着对科学技术的应用，它也意味着运用法律系统并发展艺术和文学的自治领域。这些体制在符合特定需要的传播行为和话语中不断发展进化。

Habermas 认为现代社会只有在每一个文化价值领域独立运作且互不支配的条件下出现。譬如，科学知识不受宗教信条控制；艺术不受法律或政治体制干涉。上述三个领域相互平衡，领域之间相互影响但互不支配,这便是"结构分化"。

有了科学和技术,自由艺术和重视自我表达的价值观,再加上普世的法律和道德表达,三个价值领域得以分化……(Habermas,1984,pp. 163-164)

一个完整的现代社会还需要一个功能型公共领域。在这一公共领域内,公众应尽可能知晓科学、法律和美学这些可能影响公众生活的事务。毋庸置疑,没有任何当今社会是完全现代化的。在任何社会中,民主言论都不是完美的。实际上,民主言论应被认为是能得到改善的持续的挑战。但不能忽视的是,若得不到保护,民主言论终将衰落。因此,公共领域并不是获得的。我们不能说一个社会存在或是不存在公共领域。相反,我们应考虑公共领域的构建程度以及完整性。我们知道大多数社会享有社会子系统或群组。在这些子系统和群组中,传播行为在特定时间、特定地点和特定情况下产生。但即使在西方社会,这也并不完美。

话语伦理,公正和权利

传播理性和公共领域理论构成了伦理和公平理论的基础(Jürgen Habermas,1990,1993)。话语伦理在某种程度上可被理解为传播行为过程。话语伦理的基础是所有传播过程都基于相互理解这一相互期望的主张。然而,这一相互期望注重的是语言表达。相互语言期望不可避免地和行为期望紧密联系。这里的行为期望包括交互行为,例如相互尊重。话语伦理假定道德规划总是基于言论中所表现出来的人际互动和相互尊重。如果缺少人际互动,社会便不存在。

相互期望和道德观点的联系解释了 Habermas 公平理论的普世性。如果相互期望对传播行为是必要的,那么,违反这些期望便对人际传播的基础构成了威胁。不公正的行为破坏了道德情操不仅是因为它破坏了超验和先验权利,还因为它对所有社会结构构成了威胁。Habermas 认为这是普世道德观的起源。也就是说,即使每一个社会、每一种文化对公平的定义不同,所有人都具备公平感。

Habermas 提出的普世主义与西方针对普世权利的范式话语截然不同。话语伦理指的并不是单一实体权利、道德或其他。普世性代表的是基于相互期望普遍性产生的公民追求权利谈判的意愿。话语伦理"……并没有指定内容取向,而是说明了过程;我们可称之为实践话语(practical discourse)"(Habermas,1990,p. 103)。

这是一个针对权利内容的集体讨论过程。这些权利内容使得伦理系统更符合特定文化。换言之,一种文化、政治或法律体制采用的特定的、真实的权利反映了这一社会的生活世界。

话语民主理论

正如上文所说,传播理性理论从社会学角度解释了现代社会结构的转型,这包含通过公共领域讨论实现的生活世界中的文化转型理论。传播理性理论也和基于话语伦理理论的普世公平理论紧密相关。公平理论认为特定的、实质性的价值起源，例如生存权利和集会权利的起源并不能在自然法中体现。这些价值是在文化演变中不断进化而来的。

然而，文化演变本身并不能解释现代社会的发展。价值观念，至少一部分价值观念，必须在特定国家范围内具体化。这是因为这些价值观念因积极的法律制度而形式化。这意味着法律的基础同样起源于历史演变，并通过政治进程形式化。

这一系列的归纳说明了传播理性理论是如何为民主政治奠定基础的。而在民主政治中，权利起源于文化和历史，并在政治进程中确立。

Habermas 在一篇名为 Three Normative Models of Democracy 的文章中简要阐述了话语民主理论。他批判了两个现今广泛用于西方社会研究的模式：自由主义和共和主义理论。Habermas 进而提出了第三种模式，即话语民主理论。传统西方自由主义强调公民权利，包括生存、自由、个人安全、表达自由，等等。这些仅代表了一小部分权利。这些权利可与保护个人自由不受他人包括政府任意干涉结合起来。基于自由主义模式，公民权利产生于自然法且具有普遍性。这一模式强调"个人利益将政治共同体视为允许个人交流互动的中立手段，这是因为个人寻求的是不同的目标"（Morrice，2000，p. 238）。

民主共和主义模型强调共同体而非个人。这一思想有时被称作公民共和主义（civic republicanism）。公民共和主义提倡社群主义。它强调的不是区分个人与个人或者个人与群体，而是他们的共同特性以及使个人成为群体的原因（Oldfield, 1990, p. 145）。政治权利产生于并进一步表达了群体价值和生活方式。在西方世界，这些权利可能包括生存、自由、个人安全等，然而，这些权利的内容被认为是群体历史而不是自然法的产生的任意结果。从这层意义来说，相比起自由主义中的个人主义，共和主义更加集体化。

Habermas 认为自由主义和共和主义模式对当今时代民主演变的描述皆不尽如人意。一方面，自然法是自由主义模式中公民权利的起源，而在当今时代，自由主义模式是站不住脚的。另一方面，共和主义模式要求社会包含多方面的文化价值并认为公民共享相同的生活方式。这并不是宣称世界大同主义。毕竟，单一国家的不同群组以及国家之间的文化、宗教和信仰都有所不同。

话语民主是民主文化的第三哲理。它提及了自由主义和共和主义模式中存在的缺点。这是一种折中的解释，因为在话语民主模式中，公民权利和群体价值同等重要。然而，这些想法被区别对待。自由主义认为公民权利被自然法保护，话语模式认为偏好在公共领域讨论中随时间进化并受到法律影响。共和主义认为权利和价值是公民共享的生活方式，而话语模式认为这是在公共领域内谈判和协商的领域，其目的是为了协调不同文化偏好。其普世性的特性是源于在公平体制调整过程中的相互期望。通过促进公众交流以协调不同文化偏好使话语成为了民主程序主义的一种形式。

因此，政治体制必须产生传播过程。这一过程让拥有不同文化利益的公民进行有意义但非正式的交流，进而统一观点并参与政府决策审议。

"话语理论适用于高级主体间的沟通过程。这一过程一方面呈现于议会机构的制度化讨论中；另一方面呈现于公共领域的非正式关系网中"（Habermas，1998a，p. 249）

话语民主理论发展于 *The Transformation of the Public Sphere* 一书出版后的 20 年间。它是对公共领域概念的进一步阐述。"民主的三种范式"（Three Normative Models of Democracy）认为公共领域不仅是公众对政府进行批判的空间，也是公众自我构成的地方，即使这里的公众包括了享有截然不同价值体系的子群。这是通过能达到被正式立法的政策妥协的讨论来完成的。自由主义和共和主义模式的"中间道路"强调了公共领域在多种文化并存的民主中扮演着重要角色。

回到公共领域

对于 Habermas 公共领域理论的理解通常基于他在早期著作 *The Structural Transformation of the Public Sphere* 表述的观点。在这本著作中，Habermas 将分析重点放在公民社会个人领域内公共事务讨论逐渐渗透入公共讨论的历史演变。然而，与 Habermas 后来更为全面的社会学理论相比，这一著作仅仅是对相关问题的基本介绍。公共领域理论构成了综合社会学理论的核心，而传播理性理论为这一综合理论打下了根基。传播理性理论论述了个人和群组如何通过应用传播理性进行语言互动。这一理论也奠定了社会合理化理论、文化演变分析、公平理论以及话语民主理论的基础。而在所有社会进程中，公共领域尤为重要，甚至可以说是不可或缺的概念。因此，无论 Habermas 公共领域理论如何赋有说服力，我们必须在拓展理论中理解这一理论。因此，在下文中，笔者将简要总结公共领域与传播过程的关系。

公共领域在社会结构分化中扮演着重要角色。每一个文化价值领域采用特定的专业话语：注重真实性、规划性或者美学性。然而，这些因特定体制内的特定话语产生的知识和理解必须与其他价值领域的话语和体制相结合。科学知识必须联系法律和社会价值加以理解。有时，还可以在艺术和文学领域内进行创造性理解。有时，社会发现遭到科学发现的支持或反驳。公共领域在不同价值领域间的思想交换中扮演了重要角色。这是因为它提供了一个广大公众得以进行反思并考虑总体的一般利益的空间。

公共领域同时也作用于文化演变。社会和科学发展为社会带来了传统知识无法解释的新挑战和新机会。公共领域则是这些新挑战和新机会得以被集体化和公开化分析的空间。社会由此能决定接受哪些挑战或忽略哪些忌讳。社会也有机会决定摒弃抑或坚持某些传统。有时，这些分析和决定产生于正式情境例如政治议会或法院。其他时候，这一过程更为艺术化和非正式化。无论在哪种情境下，如果脱离了公众领域内公众间的传播行为，新兴文化进程不可能完全融入社会。因此，公众领域内的传播行为是生活世界文化杂交的推动力。

公共领域对社会公平也至关重要。从这一角度来说，传播行为理论是后现代主义理论。这是因为它并未提供可为法律体系奠定基础的先验实质性价值。作为法律基础的基本价值观被认作是集体反思的产物。这些集体反思基于文化传统形成并受制于公众领域中的理解成就，再在法律体系内正式化。

法律，甚至宪法原则不可避免地在正式审议过程中正式化和具体化。然而，要使这些法律和原则在公民中起到作用，它们必须通过公共领域内的传播行为加以理解和认可。

最后，公共领域可被视为话语民主的组成部分。在公共领域内，所有社会子系统将会受到评估。这些包括艺术、科学和单一法律在内的子系统或被提升或被降级。因此，公共领域是个人对话和社会机构有组织的争论和立法正式审议过程相互重叠的空间。公共领域的这一功能为社会提供了整合对未来全方位挑战的集体反思的能力。

本章第一部分介绍了公共领域简要且常被引用的描述："资产阶级公共领域可以理解为一个私人集合而成的公众的领域……"（Habermas，1989，p. 27）

这一陈述主要基于 Habermas 在结构转型一书中的分析，也就是将公共领域视作国家和公民社会的中间介质。在这一介质内，政治批判得以形成并通过投票和其他方式影响政府机制。这也是新闻界能够行使公众的"看门狗"职能并让公众知晓政府滥用职权行为的地方。然而，公共领域不仅仅是公民得以监视职权滥用进而产生公众变化意愿的地方。正如这一章节的第二部分所阐述，公共领域同时也是公民可以集体反思文化价值、法律原则和美学经验的地方。

三、关于公共领域理论全球相关性的问题

在本文第一部分针对 Habermas 理论的著名批判做了简要归纳，本文的第二部分讨论了公共领域是拓展传播行为理论中的主要组成部分。Habermas 的传播行为理论毋庸置疑成为了批判的目标和争议的焦点（Benhabib & Dallmayr, 1990; d'Entreves & Benhabib, 1997; Rasmussen, 1982）。Habermas 本人针对这些批判给予了公开回应（Jürgen Habermas, 1982; Jurgen Habermas, 1992）。虽然笔者不会详述这些回应，但是第三部分会首先回顾针对这一拓展理论的一小部分批判以及 Habermas 给出的回应，包括针对理论与非西方社会相关性的问题。这些批判包括提出的传播理性理论以及其附带的话语伦理仅仅在西方社会得以建构，因此，理论本身隐含了文化偏见。同时，一部分学者探讨了结构分化的理论分析是否具有普世性的问题。第三部分通过总结中国和国外学者在针对中国的研究中对公共领域这一概念的评估探讨这一理论与非西方社会的相关性。

问题一：话语伦理理论是否具有文化中立性？

针对传播行为理论的一个主要批判是它并不如 Habermas 所说具有普世性。

正如上文提到的，被 Habermas 用于定义公共领域中理性讨论的行为理论也被用于定义在生活世界传播合理化进程中形成的公正的法律及社会规范的演变。民主政治和言论自由相互作用以调整政治体制。尽管范式并不具有普世性，但这一理论认为社会内形成范式的话语过程适用于全球。这是因为这一过程基于所有人类传播隐含的相互期望。

显然，这是 Habermas 理论中对后现代主义感知产生不利影响的因素。这是因为有一种观点认为 Habermas 基于理解和相互期望的分析并不具有普世性，相反这些分析仅仅是可能被 Habermas 错误应用于其他社会的西方价值观。因此，话语伦理、传播行为理论以及公共领域理论在某种意义上来说具有文化偏见性。传播理论描述了西方文化范式如何渗透并传播至非西方社会。事实上，传播理论本身就是一则实例。

Habermas 从三个方面回应了这一批判。首先，他针对话语论题给予了最为系统性的回应。这值得我们深入了解。话语伦理强调国家根据自身意愿自由协商任何伦理范式。这意味着，社会各界可以内部协商贫困标准、宗教信仰、艺术风格和法律政策，等等。社会各界还可议定哪些言论应受法律保护，哪些言论不应受法律保护。很有可能这些偏好与西方社会法律体现的偏好相同。但言论偏好和实践在西方民主中已各不相同。因此，现代社会不可避免地在自身文化和政治历史进程的框架内协调各方面伦理范式。就 Habermas 理论而言，这些范式的内容毫无疑问来自社会生活世界中具体的文化和历史视野（Habermas，1990；Habermas，1993）。

第二个回应针对实用主义而展开。Habermas 声称有关价值观的争论并不适当。价值观并不是一个针对统一文化范式做出的简单的选择，例如东方和西方。相反，他将文化演变放在全球反应的大环境下考量并认为这是历史过渡期内全球性的挑战。在这一过渡期内，没有纯粹的西方文化范式或东方文化范式。事实上，这一观点阐述了文化价值在所有社会都是不断变化的，而这些变化促进了文化遗存。全球化时代面临着在新的挑战。当今，文化无法脱离全球经济和全球文化产品流通的影响，因此文化遗存需要全球范围内的互动。全球范围内社会各界的话语行为不可避免。同样，不同社会间的公民话语行为也是大势所趋。因此，话语范式的全球化只是以文化遗存，或者说是和平共存为导向的正常文化演变的例子。

为了进一步解释与亚洲国家的相关性，Habermas 指出问题不在于作为个人法律秩序的言论自由是否与东方文化传播一致。真正问题在于非西方价值与话语范式是否在未来以混合形式相结合？他以中国为例辩解道：

相反，问题在于政治和社会整合的传统形式是否可以反对，或者改为适应获得大多数支持且难以抵抗的经济现代化趋势（Jurgen Habermas，2001，p. 124）。

这不仅包括西方公民的认可，也包含其他古老文化的支持。Habermas 虽然以亚洲视角看待这一问题，但这一观点适用于所有社会。虽然对新自由主义经济增长的追求吸引了全球消费者，但是它也危及了世界范围内所有的文化价值观。公众形成的集体传播行为过程是为数不多的防御力量以对抗新自由主义热潮。政治和社会整合的传统形势必须适应经济现代化趋势。然而，相对于偶然的、被动的以及不可取的方法，我们需要审慎且可取的方法。这就要求公民审议企业和政治政策。以这样的方式，话语可以成为所有社会针对纯粹市场理性的文化反抗。

针对文化西方化的批判，Habermas 削弱了个人主义可能危及集体主义这一观点。他认为个人主义和集体主义不应理解为对立的两个概念。个人身份和集体价值观并不相互排斥。传播行为理论就认为个人价值观和集体价值观同等重要并相互依存。

……对人权的理解必须抛弃形而上学的假设。这一假设特指天赋人权论假定了的个人对社会的优先性。然而，抛弃这一西方理论也减少了与"东方"观点的对立，这里的对立特指法律社会优先于个人合法要求这一主张。一旦我们接触到基本法律概念并着眼于个性化和社会化过程的辩证统一，那么，个人主义和集体主义的选择也将不复存在（Habermas，2001，p. 126）。

这里，Habermas 借用中国香港法律学者 Yash Ghai 的观点来阐述任何值得捍卫的个人主义价值观都受到西方世界威胁，正如继承自亚洲社会儒家思想的共同价值观正遭到破坏（Ghai，2000，pp. 43-47）。这是因为社会经济（集体主义）、公民和政治权利（个人主义）相辅相成而不是相互对抗。个人身份构建于社会中的文化生活世界，因此不可避免地与集体主义化和社会化紧密相连。同时，集体主义社会价值观包含特定的个人自主性。两者相互支持且缺一不可。集体与个人权利必须给予平等对待。Habermas 在此提倡的是一种全球文化杂交化。在这一进程中，西方个人主义价值观以及东方集体主义价值观相互学习、相互影响。

对话范式是对传统文化的混合补充。例如，个体在保留文化中部分内容的同时有意破坏或对抗其中的一些非对话元素。如果只是比较过去和未来是否不惜一切保护旧文化，这样的文化杂交性将产生消极影响。

问题二：生活世界结构分化是否具备普世性？

将传播行为理论用于分析社会演变也遭到相关批判。其中一个问题在于这一理论主张结构分化具备普世性。显而易见，科学/技术、法律/规范和美学的文化价值领域在西方社会中相互作用。例如，基于经济科学的经济分配制度由针对贫困福利政策决定。而贫困福利是由社会和文化范式决定的政治决策。然而，这一理论坚持一个领域对另一个领域的过度参与将导致社会功能失调。也就是说，科学不能单独决定贫困规范。基于这一观点，Habermas 理论认可将宗教教义和科学、艺术的自主性区分开来。

　　Habermas 坚持话语范式和结构分化无法决定文化内涵。他还认为社会可以在差异化的社会结构中自由选择任意传统。如果在公共领域内得到全面认可，任何宗教都可以在社会规范价值领域内得到体现。审美趋势在艺术与文学领域内自由变换。因此，这一理论具有文化相对性。然而，显而易见的是结构分化并不完全独立于文化内涵。如果传统阻碍分化，那么它必须被抛弃。如果传统包庇文化价值领域中的过失（例如宗教合法化国家限制艺术自由），那么它必须被调整。

　　总之，当传播行为理论成为政府、科学和艺术决策的基础时，理论不能被视为现代道德价值观入侵的结果。因此，一个社会是否能容忍生活世界分化取决于社会内的特定价值观。只要这一教诲认可上帝对灵魂的控制不会延伸至科学、艺术或政治领域，那么，精神教诲与 Habermas 现代化理论是一致的。这一观点为宗教实践留有空间，但也会与宗教教义和政教合一国家产生冲突。

问题三：话语民主是否仅仅适用于西方世界？

　　显然，学者和政治家常常批判民主这一西方概念。新加坡政治家 Lew Kuan Yew 给出了最具影响力的批判：

　　我认为部分（美国体制）完全不可取：枪支、毒品、暴力罪行、流浪汉，公共场合不得体行为。总而言之，就是公民社会的分崩离析。个人行为权利的扩张和随心所欲的错误行为破坏了原有社会秩序，而个体拥有最大程度的自由。自由只存在于有序社会中而不能存在于 而不可能存在于充满斗争和无政府现象的自然状态之中（Zakaria，1994，p. 111）。

　　标准批判引出了以下推论：人权是民主的核心。人权仅仅是西方社会的文化偏好。因此，民主是西方特有的概念。这一推论的合理性在于人权是西方特有概念，而在某种意义上，这一概念可被理解为一组建立在自然法基础上的一系列特定价值观。然而，权利并不能在自然法基础上加以理解。正如话语伦理理论所提出的，权利可被理解为公民间集体反思的产物。如是，那么享有不同文化背景的公民可以集体自由确定任何一种权利，包括西方权利或者东方权利。Habermas 认为话语伦理是一个过程，因此它具备文化中立性。这也使理论本身具有普世性。

　　相比起源于自然法的伦理，话语伦理无疑较少受到西方文化约束。然而，一些学者对 Habermas 提出的话语伦理的文化中立性产生疑问。产生这一疑问的原因是话语程序主义本身便是西方特有概念。Habermas 认为任何文化背景下的公民根据文化偏好自由创造权利。然而，这必须有言论自由作为保证。困难也随之出现，毕竟言论自由违反违背一些非西方文化的文化传统。只要在男性言论地位高于女性的地方，或者文化历史因素导致了社会实践必须予以重视的原因只是基于传统要求的地方，Habermas 的程序主义就不具有文化中立性。

　　传播行为理论和公共领域理论具备普世性的主张主要取决于 Habermas 对于人类传播的对称期

待是全球适用的这一观点正确与否。如果这一观点是正确的，也就是说人类希望被倾听并追求自我表达的权利，那么，将程序主义视为具有普世性是合理的。

在过去三百年左右，特别是过去75年的人类历史暗示了Habermas行为理论值得我们的注意。被倾听的意愿和表达观念的能力具有广泛吸引力并进一步扩大。然而，如果Habermas的相互期望不具备普世性，那么传播行为和公共领域理论也不具备普世性。既然如此，相比起那些基于标准西方自然法模式的理论，哈氏关于政治、伦理和社会演变的理论应被视作较少民族中心主义的理论。然而，它们并不具备文化中立性。事实上，Habermas倾向于认为全球范围内不断发展的实质性权利是普世的。因此，普世性权利体制理论化通过全球化实现。

关于价值演变的内部争论，包括关于言论的争论已经在大多数社会中发生。其中一个论证思维强调公民社会是否以对抗政府的形式存在（Bergere 1997；Rankin 1993）。一些学者认为在国家权利机关和公民社会之间没有任何反对派。因此，从概念角度看，公共领域可能并不存在。Frederic Wakeman（1993）认为公共领域是一个"充满价值并符合特定历史"的概念。在一些国家，公民社会缺乏自主性，无法脱离国家权力干涉的事实表明了"公共领域"并不适用于所有国家。

这可能是事实。然而，公民社会的要素可能会出现。Richard Madsen（1993）指出中国经济改革孕育出无数的社会团体，这些社会团体"至少在一定程度上脱离国家进行自治"（p. 189）。在更近期的关于非政府组织的研究，特别是针对环保非政府组织（NGOs）的研究中，学者发现尽管公民社会组织受国家制约，但是这并不妨碍公众回应关乎自身利益的问题。许多新兴成立的组织享有一定程度的自治。这些非政府组织（NGOs）内部允许一定程度的民主决策并影响了政府的决策过程以及对功能性政治公共领域发展必要的实践（Ho，2001）。Chamberlain（1993）使用了工业领域和公民法律中的例子来阐述当今公民社会的产生。他认为公民社会并不是政府的对立构建，而是"一种国家产物"政府甚至可能是区分公民社会和社会"这一过程中强大的盟友和工具"（p. 209）。

综上所述，社会的变化可以解释社会过程演变以及其成为研究对象的原因。Davis（2000）调查了公民的消费行为并发现当今社会的消费化和市场化促进了私人领域个人自由的增长。Perry和Selden（2000）以民法案例、公民抗议和抵制行为为例表述了公民社会的兴起。当然，近几年来，互联网向政府施加了不小的压力（Yang，2003）。Jude Howell（2007）认识到，多样公民社会并存但并没有组成一个包罗万象且具有自我意识的公民社会。一些历史学家指出如果Habermas主义对于公民社会和公共领域的概念得以在寻找社会转型的过程中得以重新概念化，那么这两个概念可能更有意义（如Rowe，1993；Rankin 1993）。他们推论一些社会可能会发展区别于西方欧洲社会的公民社会和公共领域。这一分析引出了一个更加中性的名词"第三领域"（Huang，1993）。其他研究并不担心公民社会将给政府带来对抗阻力的问题。相反，这些研究着眼于提供公众讨论的社会空间。这一空间与公共领域拥有相似的基础支撑。

显而易见的是，针对公共领域这一概念是否在更广义的现代化讨论中适用于中国这一问题，社会内部产生了激烈的争论（Wheeler，2001）。

除了一些明显的例外（Tong，2000），大部分争论都以 Habermas 对公共领域的早期阐述为依据。社会发展让人们拥有了更多的空闲时间。市场规律推动了许多机构脱离政府而自主。政府也在努力解决这一问题。

四、结论

这一章节围绕公共领域（public sphere）这一概念阐述了其基本定义以及产生这些定义的历史背景，特别是其中的卓越理论。这一理论的集大成者是德国社会学家和哲学家 Jurgen Habermas。他在其最具影响力的著作 *The Structural Transformation of the Public Sphere*（1989）中阐述了公共领域的早期形式。除了简述哈氏对公共领域的早期界定以及伴随而来的研究和批判，笔者用大量章节回顾了 Habermas 传播行为理论这一拓展理论。这一理论发展于 *The Structural Transformation of the Public Sphere* 一书之后，扩展并深化了对早期研究的理解。核心观念包括传播理性理论和与之相关的生活世界合理化、文化演变、话语伦理和话语民主理论。本章选取了部分针对这一拓展理论的批判并给出了 Habermas 的回应。最后，笔者着重在亚洲，特别是中国的大背景下探讨了公共领域全球相关性问题。本文旨在探讨与传播行为这一拓展理论相关并引起广泛讨论的一些问题。

公共领域全球相关性引发了一部分学者的激烈争论。一方面，公共领域这一概念与在许多非西方国家历史上的文化情境紧密相连，譬如在部落社会或一些古代亚洲社会中，个体在村庄聚会过程中展开常规讨论。这些案例表明公共言论的起源具有全球性。另一方面，任何概念（例如公共领域）都具备全球相关性这一观念同样遭到反对。这些反对首先来自人类学家，他们声称普世性并不存在。后现代主义学者也对此提出了类似批判并给给出了其他理由，同时来自西方社会以外的政治领袖也否决了这一观点。Lew Kuan Yew 在他长期政治生涯中对这一主题作出了尤为显著但并不是独一无二的陈述。

要确定上述观点的正确与否或者判断是否片面正确，还需要进一步的研究和更多的理论支持。针对这一话题，有许多需要问题值得探讨。毕竟，传播行为理论指出公共领域并非单一概念，而是指大量或一系列行为、体制、法律、社会实践和文化规范种类。

话语实践总是在一定程度上受制于法律、体制和规范。具体来说，话语实践有时取决于法律限制或实际事务。因此，任何国家的研究都不应着眼于公共领域存在与否这一问题，而是应该关注以下问题：公共领域是如何建构的？较之前，公共领域的范围扩大了还是缩小了？讨论是在哪里发生的？多久进行一次？都是哪些公民参与讨论？这些讨论是否对政府体制产生影响？没有国家拥有完美的正式公共领域，因此这一理论指出探讨建构程度和具体性质的必要性。

上述关于公共领域的一般问题进一步延伸出更多具体问题。传播理性理论为这些具体问题提供了理论框架。这些问题包括：相互期望在特定社会中以何种形式出现？个体是否期望观点表达的真实性、正确性和真诚性？个人言论是否自由？是否针对每个人？文化规范是否允许或鼓励公共领域的建构？这是否符合公民的文化背景？社会环境是否支持？过程如何？文化历史在这一过程中扮演了怎样的角色？如果文化规范妨碍了交互行为，公民是否愿意改变？

综上所述，传播行为理论包含了设计公共领域的文化演变分析。这也引申出诸多具体研究问题。公共讨论是否可作为针对文化演变的集体反思，或者在某些方面促进了个体对相互期望的要求？又或者个体并不期望这么做？公民偏好或保留哪些传统？人们希望抛弃何种传统？又有哪些传统是人们愿意保留但期望改变部分形式？

生活世界结构分化思想建议在不同的社会领域和文化价值领域内具体分析这些问题。对科学、法律和美学事务的讨论是关键所在。这三个文化价值领域以何种形式存在于各个社会中？在何种程度上，社会通过适当话语讨论区分这些文化价值领域？科学和技术知识的获得是否不受外界干扰？艺术是否真实地自由表达个人和集体体验？这些讨论是否能以非专业的形式在公共领域内进行？生活世界的文化和社会价值观是如何起到作用的？

关于话语可能的形式和问题假定了话语伦理中话语的文化中立性。虽然由于话语本身存在文化偏好，话语并不完全保持中立，但这留下了一系列值得探讨的问题。讨论中应提及何种文化传统？哪些传统可以通过集体反思得到保留甚至改善？公共领域的话语实践是否完全阻碍非话语传统？又或者只是部分阻碍了非话语传统？

虽然话语民主理论并没有指定政治价值观或法律，但是它指出所有公民必须参与决定政治价值观和法律。那么，这一理论如何适用于拥有多样文化的社会？多样文化社会是否能找到方法让所有亚文化群体加入话语讨论？这些问题与普世性极为相关。这是因为所有社会都面临急剧变化，这便需要集体理解成就以为新问题找到解决方法。上述问题与上百年的历史紧密相连。而其他的一些研究问题与当今社会相互关联。例如，当各方产生极大争执，讨论如何得以进行？考虑到宗教的全球复兴，如何处理宗教和公共领域的关系？

最终，本文针对亚洲社会，传播行为理论提出了如下问题：亚洲社会是否有可能期望更多言论自由或公共讨论，但同时保留强调和谐的儒家传统？如果承认这一可能性，那么言论与和谐应如何结合？这其中有哪些问题和机会？公民将避免何种言论以保留传统，又会保护或加强何种言论以确保社会更适应公民利益？另一个特别与当今社会相关的问题关乎个人主义和集体主义。如果 Habermas 理论是正确的，那么，个体需要集体社会机制创造个人身份和社会连带关系。因此，集体经验必须得到保留。但同时个人倾向于获得某种程度的自由。那么，如何使儒家社会中个人与集体价值观的结合成为可能？

无论如何，本文在传播行为理论的背景下对公共领域的分析表明公共领域这一概念并不仅仅代表针对政治议题的公众言论。相反，公共领域这一概念与社会化进程相关，这远远超出任何社会中（东方社会、西方社会、中东社会）狭隘的政治领域。

似乎在所有社会中，根本问题不在于当今非西方社会是否存在西式公共领域或者西式公共领域是否能够存在。根本问题是社会是如何随着时间的推移开发拥有自身特点的公共领域，或者进一步发展并改革已经存在于社会中的公共领域。这些公共领域具备何种特征？公民拥有多少自由？何种自由？是否享有其他的社会和政治规范？可能最重要的问题是如何做到？这些文化和政治决策在多大程度上由个人组成的集体决定？

话语规范的全球相关性也成为了一个经验主义问题。以下问题还需要进一步探讨。话语规范在多大程度上会被全球社会采纳？不同社会如何在文化杂合的公共领域内修改这些规范？无论如何，传播行为理论以及附加的公共领域理论共同提供了一种方法以分析公众在全球文化杂交过程中扮演的角色。

◇ 参考文献 ◇

- Bächtiger, A., M. Spörndli, et al. (2005). The Deliberative Dimensions of Legislatures. *Acta Politca*, 40(2): 225-238.
- Barry, C. A., F. A. Stevenson, et al. (2001). Giving voice to the lifeworld. More humane, more effective medical care? A qualitative study of doctor-patient communication in general practice. *Social Science & Medicine*, 53(4): 489-505.
- Benhabib, S., & Dallmayr, F. (1990). *The communicative ethics controversy*. Cambridge, MA: The MIT Press.
- Bergère, M. (1997) Civil society and urban change in republican china. *The China Quarterly*, 150, 309-328.
- Cao, W. (2001). Communicative rationality and interculturality: A symposium with Jurgen Habemas. *Dao: A Journal of Comparative Philosophy*, 1(1): 73-79.
- Chamberlain, H. (1993) On the search for civil society in China. *Modern China*, 19(2): 199-215.
- Chang, L. & Jacobson, T. (2010). Measuring Participation as Communicative Action: A Case Study of Citizen Involvement in and Assessment of a City's Smoking Cessation Policy-Making Process. *Journal of Communication*, 60(4): 660-679.
- d'Entreves, M. P., & Benhabib, S. (eds.). (1997). *Habermas and the unfinished project of modernity: Critical essays on The Philosophical Discourse of Modernity*. Cambridge, MA: The

MIT Press.
- Davis, D. (2000) *The Consumer Revolution in Urban China*. Berkeley: University of California Press.
- Davis, D., Kraus, R., Naughton, B., et al. (1995) *Urban Spaces in Contemporary China: The Potential for Autonomy and Community in Post-Mao China*. Cambridge: Cambridge University Press.
- Forester, J. (1988). Introduction: The applied turn in contemporary critical theory. In J. Forester (ed.), *Critical Theory and Public Life* (ix-xix). Cambridge, MA: The MIT Press.
- Fraser, N. (1990), Rethinking the Public Sphere: A Contribution to the Critique of Actually Existing Democracy, *Social Text*, 25/26, 56-80.
- Ghai, Y. (2000). Human rights and governance: The Asia debate. *Asia-Pacific Journal on Human Rights and the Law*, 1, 9-52.
- Habermas, J. (1982). Reply to my critics. In J. Thompson & D. Held (eds.), *Habermas: Critical debates*, 219-283. Cambridge, MA: The MIT Press.
- Habermas, J. (1984). *The theory of communicative action: Reason and the rationalization of society*, Vol. 1. Boston: Beacon Press.
- Habermas, J. (1987). *The theory of communicative action: A critique of functionalist reason*, Vol. 2. Boston: Beacon Press.
- Habermas, J. (1989). *The structural transformation of the public sphere: An inquiry into a category of bourgeois society*. Cambridge, MA: The MIT Press.
- Habermas, J. (1990). *Moral consciousness and communicative action*. Cambridge, MA: The MIT Press.
- Habermas, J. (1992). *Autonomy and solidarity*. London: Verso.
- Habermas, J. (1992). Further Reflections on the Public Sphere. In C. Calhoun (Ed.), *Habermas and the Public Sphere*, 421-461. Cambridge: The MIT Press.
- Habermas, J. (1993). *Justification and application: Remarks on discourse ethics*. Cambridge, MA: The MIT Press.
- Habermas, J. (1998). Three Normative Models of Democracy. In C. Cronin & P. DeGreif (eds.), *The inclusion of the other: Studies in political theory / J rgen Habermas*, 239-253. Cambridge, MA: The MIT Press.
- Habermas, J. (2001). *The Postnational Constellation: Political Essays*. Cambridge: The MIT Press.
- Hamer, J. H. (1998). The Sidama of Ethiopia and Rational Communication Action in Policy and Dispute Settlement. *Anthropos*, 93, 137-153.
- Hardt, M. and Negri, A. (2009), *Commonwealth*, Cambridge Mass.: Belknap Press of Harvard University Press.
- He, B. (2008). How Can Deliberative Institutions be Sustainable in China? In Z. Yongnian & J. Fewsmith (eds.), *China's opening society: The non-state sector and governance*, 185-195. New York: Routledge.
- Ho, P. (2001) Greening without conflict? Environmentalism, NGOs and civil society in China. *Development and Change*, 32(5), 893-921.
- Howell, J. (2007) Civil society in China: Chipping away at the edges. *Development*, 50(3): 17-23.
- Huang, P. C. C. (1993). "Public Sphere"/"Civil Society" in China?: The Third Realsm between State and Society. *Modern China*, 19(2): 216-240.
- Jacobson, T. & Storey, D. (2004). Development Communication and Participation: Applying Habermas to a Case Study of Population Programs in Nepal, *Communication Theory*, 14(2): 99-121.
- Janssen, D. and Kies, R. (2005) Online forums and deliberative democracy. *Acta Politca*, 40, 317-335.

- Laclau, E. and Mouffe, C. (1985). *Hegemony and Socialist Strategy*. London: Verso.
- Madsen, R. (1993) The public sphere, civil society and moral community. *Modern China*, 19(2): 183-198.
- Morrice, D. (2000). The liberal-communitarian debate in contemporary political philosophy and its significance for international relations. *Review of International Studies*, 26(2): 233-251.
- Mouffe, C. Citizenship and Political Identity. *October* #61 (Summer 1992).
- Negt, O. and Kluge, A. (1993). *Public Sphere and Experience: Toward an Analysis of the Bourgeois and Proletarian Public Sphere*. Minneapolis: University of Minnesota Press.
- Oldfield, A. (1990). *Citizenshihp and communication: Civic republicanism and the modern world*. New York: Routledge.
- Perry, E. and Selden, M. (2000) *Chinese society: Change, conflicts and resistance*. New York: Routledge.
- Phelps, N. A. and M. Tewdwr-Jones (2000). Scratching the surface of collaborative and associative governance: identifying the diversity of social action in institutional capacity building. *Environment and Planning A*, 32, 111-130.
- Ramella, M. and R. B. De La Cruz (2000). Taking part in adolescent sexual health promotion in Peru: Community participation from a social psychological perspective. *Journal of Community & Applied Social Psychology*, 10(4): 271-284.
- Rankin, M. (1993) Some observation on a Chinese public sphere. *Modern China*, 19(2): 158-182.
- Rasmussen, D. (1982). Communication action and philosophy: Reflections on Habermas's Theorie des kimmunikativen Handelns. *Philosophy and social criticism*, 9(1): 1-28.
- Rowe, W. T. (1990). The public sphere in modern china. *Modern China*, 16(3): 309-329.
- Rowe, W. T. (1993) The problem of "civil society" in late imperial China. *Modern China*, 19(2): 139-157.
- Santos, S. L. and C. Chess (2003). Evaluating citizen advisory boards: The importance of theory and participant-based criteria and practical implications. *Risk Analysis*, 23(2): 269-279.
- Sulkin, T. and A. F. Simon (2001). Habermas in the lab: A study of deliberation in an experimental setting. *Political Psychology*, 22(4): 809-826.
- Sumner, J. (2001). Caring in nursing: A different interpretation. *Journal of Advanced Nursing*, 35(6): 926-932.
- Tait, M. and H. Campbell (2000). The politics of communication between planning officers and politicians: The exercise of power through discourse. *Environment and Planning*, 32(3): 489-506.
- Tong, S. (2000). *The dialectics of modernization: Habermas and the chinese discourse of modernization*. Sydney: Wild Peony.
- Wakeman F (1993) The civil society and public sphere debate: Western reflections on Chinese political culture. *Modern China*, 19(2): 108-138.
- Webler, T. and S. Tuler (2000). Fairness and competence in citizen participation-Theoretical reflections from a case study. *Administration & Society*, 32(5): 566-595.
- Wheeler, N. (2005). Modernization discourse with Chinese characteristics. *East Asia*, 22(3): 3-24.
- Yang, G. (2003) The co-evolution of the internet and civil society in China. *Asian Survey*, 43(3): 405-422.
- Yang, G. and Calhoun, C. (2007) Media, civil society, and the rise of a green public sphere in China. *China Information*, 21, 221-236.
- Zakaria, F. (1994). Culture is destiny: A conversation with Lee Kuan Yew. *Foreign Affairs*, March/April, 109-126.

传播与软实力研究

王 琰① 洪浚浩②

一、软实力概念的提出及其内涵

后冷战时代以降,"软实力"(soft power)③ 这一理论命题在国际政治领域和学术界都产生了巨大的影响力,成为了被高频使用的学术词汇之一。这一概念最早是由哈佛大学肯尼迪政府学院教授、前院长 Joseph Nye 于 1990 年在《外交政策》(*Foreign Policy*)杂志上发表的题为《软实力》(1990a)一文中及同年出版的《注定领导世界:美国权力性质的变迁》(1990b)一书中明确提出和阐述的。在 Nye 看来,要理解软实力,需要将其与硬实力联系起来,而硬实力是指如军事和经济力量那样与具体资源相关的"硬性命令式权力"(command power)。相反,软实力是与文化、意识形态和制度等抽象资源相关并决定他人偏好的"吸引同化力量"(co-hoptive power)。此概念一经提出,不仅频繁见诸于学术讨论,成为进入社会科学众多领域的热门词汇,而且迅速成为政界和媒体的公共话语体系中的流行关键词。在此基础上,Nye 在 2004 年出版的《软实力:世界政治中的成功之道》(2004a)一书中对"软实力"概念进行了具体界定,即"通过吸引(attraction)而非强迫(coercion)或收买(payments)的手段来达己所愿的能力,它源于一个国家的文化(culture)、政治观念(political ideals)和外交政策(foreign policies)的吸引力"。在新近出版的《权力的未来》(2011)一书中,他又将软实力的定义进行了修缮:即"通过议程设置、说服和吸引等同化方法来达己所愿的能力"。

Nye 对于"软实力"这一概念的定义在广为流传的同时也广受诟病。被诟病的主要原因是 Nye

---

① 王琰现任华侨大学文学院副教授、副院长,2010 年获华中科技大学新闻与信息传播学院广播电视传播学博士学位,2013—2014 年为美国布法罗纽约州立大学(State University of New York at Buffalo)传播系访问学者,主要教学与研究领域为国际传播、跨文化传播和媒介文化研究等。

② 洪浚浩现任美国布法罗纽约州立大学(State University of New York at Buffalo)传播系教授,哈佛大学费正清研究中心研究员,1995 年获美国奥斯汀得克萨斯大学(The University of Texas at Austin)传播学博士学位,主要研究方向包括国际传播、媒介与社会和信息与传播新技术的影响等。

③ 在汉译本中,Soft Power 有"软实力"、"软力量"、"软国力"、"软权力"、"柔性国力"等不同译法且存在争论,因在中文内涵上无根本区别,故本文采用目前使用最为普遍并得到官方肯定的"软实力"译法。

并未按照形式逻辑上经典的种差加属概念的方法来精确定义，而是采用了一种"描述性定义"（Descriptive definition）①的方法，其主观性难以避免，因此也必然会出现对概念理解的"广义化"和"狭义化"的偏差，使"软实力"这一概念充满了"不确定性"和"模糊性"。虽然缺乏明晰基本概念的理论命题往往难以建构相对严整的学科体系，但正因为其概念的"不确定性"和"模糊性"给予了不同学科、不同国别学者广阔的想象空间。软实力这一极具现实指向的理论命题迅速泛化，为不同学科、不同国家和地区的学者所关注、阐释和应用，并将其进行了适用于本学科、本国特色的再定义和再镶嵌，形成了蔚为壮观、纷繁复杂的宏大概念体系。

学术界对于"软实力"这一概念远未达成共识。在众多"再定义"中，由于学科和国别烙印，很难找出更让人信服的概念。诸多概念五味杂陈也使这一理论命题被无限泛化，成为了解决学科"疑难杂症"的"万灵丹"。实际上，Nye反对将软实力这一概念无限泛化甚至滥用，他在其相关著作中对于"软实力"这一概念在适用范围上有着明确的界定。如果借用Harold Lasswell的5w传播模式视角来审视，这种适用范围的界定可归纳为如下几点：一是软实力的传播主体是"主权国家"或由其名下的非政府组织、跨国公司、公民社会等诸多行为体所组成的国家单元；二是软实力的传播内容是文化、政治观念和对外政策等资源所生成的信息与观念；三是软实力的传播主要通过包括"公共外交"在内的信息传播方式来完成；四是软实力的受传者是他国国家和公众；五是软实力的传播目的是形成良好的国家形象和国家认同，最终形成一国对另一国的吸引同化力量。经过以上界定就会发现，Nye并不希望软实力这一概念在学术上跨越过多主题，特别是在中国那样，产生诸如"城市软实力"、"军事软实力"、"企业软实力"、"个人软实力"、"公安软实力"、"教学软实力"、"招商引资软实力"等浩若烟海的特色命题。实际上，在相对中国而言数量并不多的西方"软实力"研究中，大多数学者仍是将学术焦点集中在国际政治学领域内。因此，如果忽视了"软实力"这一概念作为国际政治学的知识谱系中的组成部分的学术语境，便无法真正透析其理论渊源和研究框架。

二、软实力学术的知识谱系

在人类的知识发展史上，任何学说都有着自己的知识谱系（intellectual lineage），只有解决了从哪里来的问题，才能真正明确向何处去。知识谱系表现了知识的产生、发展、进步、转向、变革等知识生产和再生产的过程，发展主线和流派是知识谱系中的核心问题。

---

① 通过对事物意指范围的描述，从而说明被界定的事物的方法。

"软实力"这一概念的本体是脱胎于国际政治学的学科体系中的。在国际政治学中探讨的基本问题是"战争与和平"问题，表现在国际政治手段上就是"冲突还是合作"，而隐藏在这些表象的背后的本质则是"权力"（Power）和"权利"（Right）的分配、制衡和博弈等问题，即权力运用问题。因此，要想明晰"软实力"这一理论命题的发展主线，必须回到国际政治学的知识谱系中寻找其产生发展的理论和现实语境。

国际政治学作为一门独立学科，形成于20世纪20年代。第一次世界大战结束以后，国际政治与国际关系理论的教学与研究在西方国家迅速发展起来，并逐步形成较为系统和专业化的国际政治教科书和理论著作。国际政治学同众多社会科学学科一样，是一门年轻而又古老的学科。从古希腊修昔底德（Thucydides）的《伯罗奔尼撒战争史》（*The History of The Peloponnesian War*）开始，马基雅维利（Nicolas Machiavelli）的《君主论》（*The Prince*）、让·博丹（Jean Bodin）的君主主权论（Royal Sovereignty）、霍布斯（Thomas Hobbes）的"自然状态说"（State of Nature）、卢梭（Jean-Jacques Rousseau）的"势力均衡论"（Theory of Balance of Power）、康德（Immanuel Kant）的"永久和平论"（Perpetual Peace）、克劳塞维茨（Carl Van Clausewitz）的战争理论（Theory of War）、霍布森（John Atkinson Hobson）的帝国主义理论（Theory of Imperialism）等众多零碎而不系统但又入木三分的论说为西方国际政治学的产生提供了理论渊源和知识线索。"二战"之后，西方国际政治学经历了多次大规模的论争，逐渐呈现出较为清晰的知识谱系。

两次世界大战的残酷现实使以马基雅维利和霍布斯为代表的欧洲现实主义哲学再次兴起，从而将西方国际政治学中长于"空想"的理想主义逐出了学术前台。西方国际政治学中的现实主义（realism）开始了其30余年的主导期。1948年，被誉为西方国际政治学缔造者的美国芝加哥大学政治学教授汉斯·摩根索（Hans Joachim Morgenthau）出版了《国家间政治：为权力与和平的斗争》一书，开启了经典现实主义（classical realist）之幕布。在经典现实主义那里，处于国际无政府状态（anarchy）之下的政权被其人格化了。而人是具有追逐权力（lust for power）的本能的。当人聚合成政权时，拥有和追逐权力就成为了政权的原动力（Morgenthau, 1985）。因此，权力追逐中不可避免的冲突就成为了国家间政治的基本旋律，虽然冲突的利益可以通过外交行动调整和缓解，但这种合作则是有限的、脆弱的、不可靠的。1979年，肯尼思·沃尔兹（Kenneth Waltz）出版了其具有里程碑意义的《国际政治理论》，从而吹响了新现实主义（Neo-realism）或结构现实主义（structural realism）的集结号。新现实主义学者继承了经典现实主义学者的权力分析框架。对 Waltz（1979）而言，国际体系的基本结构特征依然是无政府状态，权力的主体是各国政府，权力的争夺和冲突依然是国际社会中不可避免的基本现实。然而，他突破了 Morgenthau 等传统现实主义者将国际权力的争夺和冲突归于人的本性以及把权力视为国家主动追求的终极目标的假设，而是强调了在全球无政府状态和国际体系的自助性（self-help）所结构的安全困境（security dilemma）下，各国政府出于保证自我安全为核心的国家利益而做出的"反应"是发生在系统结构内的"霍布斯式自然状态"的表现。

"二战"的烙印和冷战的阴影为西方国际政治学现实主义和新现实主义设置了现实背景，20世纪70年代以来端倪初现的全球化又为国际政治学者提供了新的话题。1977年，罗伯特·基欧汉（Robert Keohane）和Nye（1977）两人合著的《权力与相互依存：转变中的世界政治》是西方国际政治学新自由主义（Neo-liberalism）思潮的扛鼎之作，并由此引发了现实主义与自由主义的大规模论争，国际政治学知识主线也由现实主义的一枝独秀转向现实主义和自由主义两强并峙的格局。虽然新自由主义延续了现实主义"国际无政府状态"的理论前设，但他们认为，在全球社会逐步形成之际，国家已不再是唯一的行为者。国家间（interstate）和跨国（transnation）关系的发展促使人们更为关注国际层次的诸行为者之间的相互联系、结盟和相互依存（interdependence）。在这本著作中，他们提出了"复合相互依存"（complex interdependence）新概念。指出：传播渠道的多元化，使国际社会的相互联系和相互依存大大加强，国际政治中行为主体、行为目标、国家的政策工具以及国际组织的作用都发生了质的变化，从而使国际政治有可能摆脱霸权体制，进入"后霸权时代"（Keohane & Nye，1977）。因此，现实主义的"冲突和战争状态是不可避免的"的论调在新自由主义那里备受质疑。合作（cooperation）成为了介于康德式的"永久和平"和霍布斯式的"自然状态"之间的"中间地带"（middle ground）或"第三种选择"。他们承认国际社会环境远非和谐，国际利益诉求各不相同，国家关系背后隐藏的文化、历史、价值观和国内制度的差异，但"冲突"和摩擦是可以在制度框架下保持在一定的"度"之下的，合作是必要和可能的（Hoffmann，1987）。新自由主义对制度和观念的强调突破了现实主义沉溺于"物质权力"之樊篱。这不仅为Nye的"软实力"学说提供了理论基础，也启迪和激发了20世纪90年代的西方政治学建构主义（constructivism）的崛起。

从权力学说的知识谱系来看，"软实力"这一概念的意涵绝不仅仅是Nye的专有观点。中国古代先贤们就有关于权力运用的丰富思想。比如在中国古代思想中占主导地位的儒家学说就认为要实现"圣人之治"，就需要先文德而后武力，以"王道"来"化成天下"。而在西方学术发展史中，也可以寻溯到众多社会科学和国际政治学者的相关思想。

安东尼奥·葛兰西（Antonio Gramsci）是最早关注权力来源于设置议程和话语框架的学者之一。20世纪20年代晚期和30年代，Gramsci在反思西欧无产阶级运动的失败和法西斯主义的泛起的历史经验教训的基础上，补充和扬弃了马克思主义的经济决定论和阶级革命论，提出了"文化领导权"（Cultural Hegemony）理论。在Gramsci看来，一个社会集团的霸权地位主要表现于"统治"与"精神与道德的领导权"两个方面，即政治霸权（Political Hegemony）和文化领导权，两者之间的不同步使被统治阶级的革命存在着除了暴力革命外的另外一种可能性：即通过文化自身的说服力和感动力，渗透到敌对文化中，控制占统治地位的阶级的文化领导权，以此获得革命的道义性和合法性，最终以较小的社会成本完成社会政治革命（Gramsci，1971）。虽然 Gramsci 是从阶级分析视角切入，并未聚焦国际政治领域的"权力"问题，但其对于权力，特别是文化和意识形态权力重要性的洞悉为 Immanuel Wallerstein 的"世界体系"（world system）理论、Robert Cox 的霸权的历史结构（historical-structure）概念等国际政治学中政治和经济层次结构批判分析提供了理论基石。

虽然在对权力的性质和作用方式的理解方面与后来的新自由主义学者存在着较大差异，国际政治学现实主义和新现实主义学者如 Edward Carr、Hans J. Morgenthau 和 Ray S. Cline 等人在论及权力资源时，对于软实力也有所涉及。Carr（1939）在其著作《20 年危机（1919—1939）：国际关系研究导论》中指出："国际领域的政治权力可以分为军事力量、经济力量、支配舆论的力量三类。"而 Morgenthau（1985）在分析国家权力的要素时列出了 9 个要素中，国民性（national character）、国家士气（national morale）、外交质量（the quality of diplomacy）和政府质量（quality of government）等都属于权力中的无形（intangible）资源。美国乔治敦大学教授 Cline（1980）提出的"克莱因公式"（function of national power）：国家力量＝［（人口＋领土）＋经济能力＋军事能力］×（战略意图＋贯彻国家战略的意志）中，"战略意图"（strategic intention）和"贯彻国家战略意志"（will to implement national strategy）属于一种软实力因素。Peter Bachrach 和 Morton Baratz（1962）在《美国政治学评论》上发表的《权力的两张面孔》一文中，提出了权力的"第二张面孔"（Second Face of Power）的概念，在经典现实主义的传统权力观中补充了议程设置能力。Steven Luke（1974）在其《权力：一种激进的观点》中又补充了权力的第三个维度：操纵他人观点的能力。Dennis H. Wrong（1979）在其著作《权力论》中，将权力的原始形式分为武力（force）、操纵（manipulation）与说服（persuasion）等三种形式。

借此可见，西方的早期国际政治学者们，包括经典现实主义者实际上早已认识到权力包含着物质和无形两种资源，以及命令性权力和同化性权力两个层面，但由于其"霍布斯主义"的哲学基础强化了物质层面的权力资源，从而将权力置于了绝对化和单向度。

Nye 也并没有试图全盘否定现实主义指向的传统的权力概念。在其对于"软实力"的阐述中，可以清晰地看到现实主义国际政治学的权力观的影响，其是以新自由主义的视角重新书写了 Morgenthau 等人的权力分析。

三、软实力研究的理论框架和研究向度

单纯从学术研究的视角来检视，在目前的西方软实力研究中，真正专注于"软实力"这一命题的本体思考的学者为数不多，而 Nye 仿佛是"软实力"这一大厦的主建筑师，建构了该学说的主导

框架。因此，在某种意义上，理解了 Nye 的"软实力"，也就把握住了西方"软实力"研究的发展脉络。

作为新自由主义领军人物之一，Nye 是典型的具有"基辛格症候"（the Kissinger syndrome）①的国际政治学学者。他于 1964 年获哈佛大学政治学博士学位后留校任教；1977 年，他受邀担任了卡特政府负责科技和能源的助理国务卿；1979 年回到哈佛大学任教；1993 年出任克林顿政府全国情报委员会主席；1994 年任美国负责国际安全事务的助理国防部长；1997 年回哈佛大学任教，并担任肯尼迪政府学院院长。Nye 丰富的从政经历使其学术观点混杂着学者和政客的双重烙印，既富有理论想象力又具有较为突出的现实指向。

Nye 对"软实力"这一概念的研究和推进可以以其标志性的著作来划分为以下几个阶段，每一阶段要面对的现实问题和阐述的理论重点均有所不同。

第一阶段：论述权力性质的变迁并提出软实力的概念

20 世纪 80 年代后，"全球化"带来的"相互依存"使美国朝野开始对越来越多的难以依靠自己的力量来独自解决的国际问题充满焦虑，而以日本为代表的东亚经济以及新兴资本主义国家的迅速崛起对美国经济空间又构成了极大的挤压。在此背景下，衰落主义（Declinism）开始笼罩美国政经界，美国耶鲁大学教授 Paul Kennedy（1987）出版了《大国的兴衰：1500—2000 年的经济变迁与军事冲突》一书，通过从经济、政治、军事、思想、社会、地理、外交等方面全面考察和分析公元 1500—2000 年的这一历史时段大国兴衰交替的规律，得出了美国即将也必然走向衰落的结论，将美国衰落论的思潮推向高潮。在 Kennedy（1987）的视野中，大国的兴起，首先源自于其经济和科技的发达，并因此而带来了强大的军事实力以及随之而来的对外扩张。大国的衰落，主要是由于国际生产力的重心转移以及过度侵略扩张造成的经济和科技的相对衰退。美国目前正面临着"大国"们所面临的同样的困境。Kennedy 的这种以军事、经济、科技的物质性力量作为国家力量判断标准，以国与国之间冲突和竞争为立论前提的论断是和新自由主义的基本观点背道而驰的，新自由主义学者必然要在理论上给予反拨与回应。"软实力"这一概念即是在顺应和延续新自由主义关于国际政治中的冲突与合作、权力及其运用等问题的基本观点的基础上，为了回应"美国向何处去"的现实关切而应运而生的。Nye 在 1990 年出版的《注定领导世界：美国权力性质的变迁》及其同时期的一系列论文中回应了 Kennedy 对美国注定衰落的担忧。Nye（1990b）认为，美国注定仍将领导世界，因为造成国际强国的实力资源的结构已不同以往：国际政治的权力结构和权力性质正在发生变化，权力的扩散、制衡和相互依存已成为国际政治权力结构的新趋势，权力的来源不再是单纯的军事和经济实力，而科技、教育和经济增长在评估当今国际力量的过程中已成为比地理、人口和自然资源更

---

① 指西方国际政治学者曾经特别流行的"论""策"合一、眼睛专门盯着华府的趋势。

为重要的因素。在 Nye（1990b）看来，直接行使权力改变别国政府行为的方法是一种命令性权力（command power），它可以通过利诱（胡萝卜）或威胁（大棒）的方式来驱使别国按你的意愿行事。然而，也可以通过"权力的第二张面孔"这种间接的方式来行使权力，即通过设置议程和构筑世界政治格局来使别国自愿按你的意愿行事的同化性权力（co-optive power）。相对于命令性权力往往和军事、经济实力相联系，同化性权力往往和文化、意识形态和制度这些无形的权力资源联系在一起，也就是所谓的软实力（Nye，1990b）。在此意义上，一个国家的文化、价值观的普适性和对外政策的可接受度成为衡量其在国际社会上议程设置能力和吸引力的重要指标（Nye，1990b，1990c）。

第二阶段：信息化时代的权力格局及软实力的资源

2001年，乔治·W. 布什（George W. Bush）就任美国第43任总统。虽然在其就职演讲中，他引用了弗吉尼亚州的政治家约翰·佩齐（John Page）在《独立宣言》签署之后给托马斯·杰弗逊（Thomas Jefferson）的信件中的名句："我们知道，身手敏捷不一定就能赢得比赛，力量强大不一定就能赢得战争"。但其在外交事务中采用了"鹰派"的立场，特别是在9·11事件后，布什政府以"先发制人"（preemption）为信条，发动了一系列的报复性的"反恐战争"。虽然在9·11之后，布什请曾统领奥美和智威·汤逊等著名广告公司、被称作"品牌制作皇后"的 Charlotte Beers 担任负责公共外交和公共事务的助理国务卿，并实行了一系列的公共外交努力，但民意测验却显示，基于战争和冲突思维的宣传无法阻止甚至加速了美国国际形象的恶化，最终 Beers 也无奈辞职。

在此现实语境下，Nye（2002）出版了《美国霸权的困惑：为什么美国不能独断专行》一书，针对小布什政府所奉行的单边主义、霸权主义对外政策提出了警告。在他看来，美国这种恢复以单边、霸权主义为核心的传统政策的做法不会产生积极的效果，由此产生的傲慢形象将削弱美国的软实力，而这种软实力往往是在解决其所面临的问题时是不可或缺的（2002）。在这本书中，Nye（2002）进一步阐释了基于"合作"而非强迫（coersion）视角的软实力及其资源的构成。他首先分析了信息革命和全球化进程对于美国外交政策的影响。如前所述，全球化所带来的"相互依存"是西方国际政治学新自由主义思潮的立论基点，而接踵而至的信息化时代又为"相互依存"这一命题添加了注脚。实际上，1996年之后，Nye 和 Keohane 等人已经将学术视角聚焦到了信息化时代权力的性质和特征上。Nye 和 William Owens（1996）在《外交季刊》上发表了《美国信息的优势》，提出了"信息权力"（information power）概念。其后，又陆续发表了《信息化时代的权力和相互依存》（Keohane & Nye，1998）、《国家利益再定义》（Nye，1999）等论文。在《美国霸权的困惑：为什么美国不能独断专行》一书中，Nye（2002）系统总结了其关于信息化社会的世界权力格局的新特点，将其描绘成一个复杂的三维国际象棋比赛（three-dimension chess game）。在棋盘的顶端，军事实力是单极（uni-polar）格局，只有美国同时拥有洲际核武器和覆盖全球最先进的陆海空常规部队。然而在棋盘的中间层，经济实力是多极（multi-polar）格局，美国、欧洲和日本拥有世界2/3的产品，中国经济的快速增长可能会使其在本世纪初成为世界主要经济体。在经济盘上,每股力量都可以平等的基础之上互相讨价还价。在棋盘的底层是跨国关系领域的权力,在这里权力已经超出了政府的控制范围而流散在包括国家、非政府组织(如恐怖组织、跨国金融资本)和个人(如网络黑客)手中。在这个三维棋盘中,每一层棋盘之间都有着重要的纵向连接(Nye,2002)。Nye凸显了软实力在信息化时代的重要作用,他认为,在信息化时代,信息技术使负载权力的知识比以往更能在普罗大众中传播和分享,因此主权国家必须认识到,在未来的几十年内,仅仅凭借单纯的军事力量并非上策,经济上的互相依存和无处不在的信息流动必然将使稳定的规则、相互的信任合作和软实力成为全球化时代的主旋律(Nye,2002)。

同时,Nye在《注定领导世界:美国权力性质的变迁》中提出的5个软实力资源的基础上,进一步提炼和完善了信息化时代语境下的软实力资源。在Nye(2002)看来,软实力主要来自于三个主要资源,一是文化(吸引别人的地方);二是政治价值观(当其为国内外认同和实践时);三是外交政策(当其具有合法性和道义性时)。Nye结合美国的现状对这些资源进行了具体解释:文化是一整套生成社会意义的价值观和行为方式,它有多种表现形式,一般被区分为诸如文学、艺术、教育等诉诸精英的高雅文化和聚焦大众娱乐的流行文化。而政治价值观随着环境变化会产生不同的长期效果和短期效果,一个政府所持有的价值观在国内的表现(如民主)、在国际机构的表现(如合作能力)和在对外政策上表现(促进和平和人权)将会强烈影响他人的偏好(Nye 2002)。Nye确信,信息时代的美国比其他国家在获取"软实力"上更具优势,他认为,蕴含在产品和交往中的美国大众文化、高雅文化、高等教育具有普适的文化感召力,而美国的种族开放性、民主自由与人权价值观的政治感召力,可以通过信息时代其拥有的强大、多元的传播渠道强烈地向外散射,所生成的"软实力"甚至比它的经济和军事实力还要大(Nye,2002)。与其在论述美国流行文化和西方民主制度上的自信和褒扬相比,Nye在《美国霸权的困惑:为什么美国不能独断专行》一书中,重点强调了软实力资源中的对外政策的合法性和道义性。由于9·11之后,在政治上占据上风的新保守主义(neo-conservatism)认为:美国所谓"反恐战争"的合法性和道义性是来自于其关注与追求民主、人权这些"普世"价值观,而试图以此为借口摆脱国际规则和国际组织的束缚。因此,Nye重点从对外政策的合法性和道义性入手来探讨软实力在实现美国国家利益上的重要作用,认为这种热衷于"事后合法化"(post hoc legitimization),倡导单边主义、霸权主义而独断专行的行为"挥霍"和伤害了美国的"软实力",必须以多边主义的合作方式取而代之(Nye,2002)。

第三阶段:软实力的作用方式及其效果评估

2003年"伊拉克战争"的结局印证了Nye在《美国霸权的困惑》一书中所得出的结论,美国在军事上的胜利并没有掩盖其在"合法性和道义性"上的短板,美国的"软实力",尤其是在阿拉伯国家中的形象被极大地削弱。

在此背景下，Nye（2004）出版了《软实力：国际政治的成功之道》，对其以往的"软实力"研究进行了系统总结和修正，并第一次针对学术界的部分争议和质疑给予了回应。这本书一方面成为了当今欧美学术界软实力研究的阶段性总汇；另一方面也着力在之前未得到深度开掘的软实力转化和效果评估等方面进行探讨。

Nye援引了伊拉克战争作为凸显软实力在当下国际政治研究领域重要性的背景，他认为在当下国际政治中持续变化的权力特性使得"软实力"比以往任何时候都显得重要，因为赢得和平比赢得一场战争更为艰难，而"软实力"就是赢得和平的关键所在。成功的政府需要将硬实力和软实力很好地结合在一起，既具有一定的强制能力，也具有形成长期态度和偏好的能力（Nye，2004）。

对于软实力的资源问题，Nye（2004）也在之前论述的基础之上进行了补充。他认为：软实力不仅存在于一国的文化、政治价值观和外交政策中，而且隐藏在包含着各种国际惯例、规则和制度的国际体系结构中。如果一个国家能塑造并有效管理国际事务的国际规则，使之与其国家利益和价值观相契合，其行为就更具合法性，如果能使别的国家资源追随这些制度和规则的话，就没有必要使用花费高昂的胡萝卜和大棒。因此，对一个国家有利的国际体系也是重要的软实力资源。

然而，拥有软实力的资源并不等于拥有了真正的软实力。在Nye（2004）看来，国家潜在力量和国家现实力量之间几乎总有一定的差距，而且并非所有的潜在力量均能被有效地动员起来并转换为现实力量。因此，如何将潜在的软实力资源转化成预期的政策效果，就成为Nye开始关注的问题。Nye（2004）认为软实力的转换方式有如下几种：

一是通过公共外交（public diplomacy）的方式。Nye按时间周期将公共外交分为三个层面：第一个层面是通过各种媒介保持日常沟通。第二个层面是在一定时间内规划具有象征意义的活动和交流的战略沟通。第三个层面是通过提供奖学金、学术交流、培训、研讨会来与精英人士发展长期的交流。

二是在提升软实力资源和同化能力方面投入更多资金，增强本国政治、文化的公开性和吸引力。

三是强化国家内部适应国际变化的能力，消除诸如政府腐败、经济衰退、教育科技落后等等阻碍软实力资源转变的国内因素。

Nye虽然在其软实力研究中以描述性研究为主，但是其并不排斥行为主义（behaviorism）方法论在软实力量化评估中的运用。对于软实力的传播效果评估，即如何测量的问题，Nye（2004）认为，民意调查（public opinion polls）是一个测量软实力的有意义的起点，同时可以通过焦点小组访谈（focus group）方法来评估外交政策影响。通过这些方法的运用，可以显示某一具体的外交政策决定、行动与态度是会增加抑或是削弱国家的软实力。Nye在其《软实力：国际政治的成功之道》一书中也多次引用 The Pew Global Attitudes Project、TNS Gallup 等相关统计数据，对美国和其他国家的软实力状况作了量化阐释。如他用数据显示了美国产生软实力的潜在资源的具体表现：美国吸引的外国移民的数量是全球排名第 2 的德国的 6 倍；美国是世界上最大的并遥遥领先的电影、电视节目出口国；全球 160 万海外留学生 28% 在美国，而英国只有 14%；美国比其他任何国家出版的书籍都多；音乐销售量高于全球排名第 2 的日本两倍多；互联网网站主机数量是日本的 13 倍；所获物理、化学和经济学诺贝尔奖最多；所获文学诺贝尔奖排名第 2；发表的科学及期刊文章数目几乎是排名第 2 的日本的 4 倍（2004）；等等。这就为软实力的评估提供了具有可行性的评估路径。

围绕着 Nye 不遗余力地建构起了软实力学说的本体理论研究框架，西方的软实力研究群体产生了大量的研究成果。总体来看，这些研究成果呈现出以下几个特征：

1. 在研究对象上，大多数的研究是将软实力这一概念纳入到对于某一特定国家、区域软实力的应用研究和案例研究，或多个主体的软实力的比较研究；这些研究中呈现出以下几个研究焦点：

一是对于美国、中国、日本、欧盟等具有全球影响力的国家和区域组织的软实力研究。对于美国的软实力传播研究都具有极强的全球策略意识和现实指向。如美国学者 Matthew Kroenig、Melissa McAdam 和 Steven Weber（2010）通过对于美国伊拉克战争和反恐战争进行案例探讨后指出：软实力生效的作用机制受到环境制约，只有当"观点的自由市场"（marketplace of ideas）能够正常运行，当传者与其所传信息具有公信力，当个体态度能够影响国际政治时，软实力传播才具有成功的可能性。鉴于此，他们对美国的软实力传播提出了两点建议：首先，美国应致力于在那些没有形成"观点的自由市场"社会中建构该市场；其次，当开展软实力活动时，华盛顿应寻求通过那些能够被目标受众信任的中介来传递信息而避免直接的传播。中国和日本无疑是世界上最为关注软实力传播的两个国家。西方学术界对于其软实力的研究也不胜枚举。美国丹佛大学的 Jing Sun 在其著作《日本与中国的魅力比拼：区域外交中的软实力》（2012）中对于这两个国家软实力资源及其效果进行了对比评估。他由 Nye 的软实力的三个资源衍生出可以更直观评估的三个"形象"：基于价值观的政府形象（state image）、基于对外政策合法性的外交形象（diplomatic image）、基于文化和商业产品的大众化形象（popular image）。通过对于两国在不同接受语境下的三个形象的分析，他指出：生成政府形象的价值观和提升外交形象的对外政策在软实力生成中是最为有效的，而中国正致力于快速发展的类似于孔子学院之类的全球文化机构以及日本的流行文化商品在生成软实力方面则效果并不显著。同时，由于中国的软实力发展目标是建立一个正在崛起但毫无威胁的"超级大国"的形象，而日本的目标却是希望证明其实际上仍然是一个"超级大国"，因此两者之间的软实力竞争虽然是显而易见的，但却很难评估谁将成为胜利者。

二是对于印度、希腊等具有悠久历史文化的国家的软实力研究。印度、希腊等国家不仅在地缘政治上，而且在世界文化版图中都具有重要地位，因此也是各国学者关注的焦点。Emmanuel Karagiannis（2013）认为：希腊受益于其广为流传的古代文化，古希腊是民主、哲学、戏剧和奥林匹克运动的诞生地,这些历史和文化遗产是西方世界中最具吸引力的价值观。虽然受制于经济危机所带来的资金短缺、国家间关系的复杂性和东正教内部之辩,然而,希腊通过软实力和硬实力战略的结合已经与黑海国家建立了可靠的纽带关系,其正逐渐成形的"黑海战略"显示出了其超越巴尔干地平线的雄心。对印度软实力的研究的数量相对较多,这些研究并未仅将研究视角局限于其悠久的历史,而是围绕其在地缘政治中的软实力资源和策略进行了不同角度的探讨。英国威斯敏斯特大学教授 Daya Thussu 在其著作《传播印度的软实力:从佛陀到宝莱坞》(2013)中指出:印度独具特色的"多元文化"、"多元宗教"社会和"宗教长期和平共处"的历史使印度具备了沟通西方世界和伊斯兰世界的能力。在他看来,印度巨大但仍未充分开发的软实力使其能够胜任不同文明之间仲裁者与和平使者的角色。这些软实力包括佛教及其巨大的影响力、"宝莱坞"及其未知的影响力、世界范围内的"瑜伽产业"、数量巨大和广泛分布的印度海外侨民。同时,圣雄甘地(Mahatma Gandhi)、泰戈尔(Rabindranth Tagore)和尼赫鲁(Jhawarlal Nehru)和他们所倡导的至今仍深具影响力的"非暴力"反抗、世界主义和不结盟运动都是印度软实力的重要资源。美国南加州大学的 Jcquese Hymans (2009) 则导入了一个和软实力相对的概念——软缺陷(soft vulnerability),也即是指造成他人基于对你的看法而做出的有悖于你愿望的因素。他在对于19世纪以来印度所经历的"前独立时期"、"甘地时期"、"冷战时期"、"美国世界秩序"等四个时期软实力和软缺陷变迁进行分析后指出:印度的软实力从根本上是取决于与开始是英国,其后是美国这些全球霸权国家的关系,但是在即将到来的"后美国时代",印度软实力的关键将会是"南南关系",特别是与中国的关系,这将是一个从历史当中发掘软实力价值的长期过程。

三是具有重要或独特战略地位的诸如土耳其、委内瑞拉、以色列、伊朗、阿联酋、卡塔尔等中小国家的研究。一个国家的国际战略地位一般由两个方面构成,一是自身的国家实力;二是对外所起的作用,也即地缘政治和国际关系中的影响力。不像美国之类的强权国家更喜欢诉诸于硬实力,中小国家在面对非安全事务时,别无选择地只能使用软实力(Oguzlu, 2007)。因此,对具有重要战略地位的中小国家的软实力的研究具有重要的意义。美国学者 Javier Corrales (2009) 对于委内瑞拉的外交政策进行了案例探讨。他认为,委内瑞拉挑战美国最为有效的外交政策工具是慷慨的发展援助、频繁的对内对外扶贫等所谓的社会力量外交(social power diplomacy),其采用了"软制衡"(soft balancing),即不是通过采用军事行动来挫败更强大国家的外交政策目标的方式来对抗美国。对此,美国并未形成一个有效的"反制战略"。

2. 在研究视角上,以国际政治关系为基点,从科技、教育、文化、体育、健康、宗教的不同层面切入。

同中国软实力研究的无限泛化相比,西方软实力研究更多地集中于国际政治领域,但同时并未单纯地局限于"文化软实力",而呈现出多元视角。如美国学者 Robert Huish、英国学者 Thomas

Carter、Simon Darnell（2013）对古巴的体育外交进行了研究。他们指出：古巴从国家层面上采用输出教练为其他国家培养顶尖运动员、在边缘国家组织开展社区体育发展项目和开展国际性的商业体育活动等体育外交形式来生成其软实力，从而成为实现南南发展合作的一个重要路径。同时，巴西的健康外交（health diplomacy）备受学者的关注。作为金砖国家之一，巴西在全球健康外交中的领导地位可以被视为其在国际关系领域的政治和经济优势的一部分。作为其提升软实力，谋求联合国安理会常任理事国以及在国际贸易和金融机构获得声望的整体战略的一部分，其致力于在全球健康领域与相关国家展开合作、游说国际政府组织、分享相关健康经验和技术。其在健康外交上的卓越表现为我们提供了极具研究价值的软实力传播的范例（Flynn，2013，Lee，Chagas & Novotny，2010）。

作为一个全球化的软实力，教育是国际关系中重要的一部分（Sayamov，2013）。丹麦奥尔堡大学的 Bertelsen Rasmus（2012）探讨了美国大学贝鲁特分校和美国大学开罗分校等美国私立驻外大学与美国国家软实力之间的关系。他认为，作为成功的跨国运作主体，这两个大学对于美国的国家软实力提升都起到了积极的作用。它们按照美国的教育的自由模式对当地的精英进行教育，使其接受了个人主义、批判性思维、性别平等、政治自由等价值观、知识和技能。它们也培养了当地精英的英语专业能力、对美国社会的理解能力和沟通能力。这些软实力的提升是来自于政府的鼎力支持，而并非依赖于为大学出资的私立机构的支持。然而，这些大学对美国软实力提升的作用也有明显的局限性：它们并不能对于不受欢迎的美国外交政策提供支持。

3. 在研究方法上，仍以定性思辨方法为主，但也受到了行为主义方法论的影响。

西方软实力研究受到了西方国际政治学传统主义研究方法的影响，大量的研究都是采用历史—哲学分析方法、法律—制度研究方法、权力政治理论等以历史经验为资料的人文研究方法，但也有一部分学者研究尝试将行为主义方法运用到软实力研究中去。英国牛津大学的 Nadia von Maltzahn（2009）在对于伊朗对叙利亚的文化外交的研究中，在叙利亚进行田野调查（field work），他通过访谈伊朗驻大马士革主管文化的外交官和获取文献资料的方法，以详实的第一手资料深入探析了伊朗政府推动其伊斯兰价值观的文化外交努力。美国学者 Satoshi Machida（2010）在其《美国软实力和"中国威胁"：多层次分析》一文中，通过从 The Pew Global Attitudes Project 2007 年春季对于全球 47 个国家的 40 000 名受访者的调研结果中抽取相关数据进行分析，发现在自变量（Independent Variable）美国软实力和因变量（Dependent Variables）"中国威胁"中存在显著的负相关关系，即美国在全球范围内的软实力传播有助于减少世界各国对于中国威胁论的认同，那些更能接受美国价值观、商品和科技的公众会更少地将中国视为严重的威胁。因此，在中美关系上，强调双方的分歧和竞争性将不是一个明智的外交政策。

四、软实力研究的近期发展

2004 年以来,随着美国的"反恐战争"走进泥潭和接踵而来的"金融危机"的爆发,美国实力走向衰落的说法在国际社会和美国朝野又一次盛行。以 Nye 为代表的一部分国际政治学者一方面继续持续研究国际社会中的权力分布和转移。另一方面也希望能将"软实力"真正转换为美国现实实力,从而延续美国在国际社会的领导地位。由此,他们提出了一个新的概念——"巧实力"(smart power)。Suzanne Nossel 在 2004 年初首次提出了"巧实力"的概念,他认为:9·11 以来美国在军事上和经济上的过度膨胀使其在推广民主、人权、自由等方面雄心勃勃的努力徒劳无功。美国现在对外政策的关键任务就是重拾自由主义和多边主义,重新弥合和修复罗斯福(Roosevelt)和杜鲁门(Truman)二战后所建立起来的国际体系,尊重"威尔逊传统"(The rightful heirs of Wilson),强调构建国际权力网络体系(power grid),巧妙地使用权力(smart use of power),以二战以来经过实践检验的传统战略面对新的挑战(Nossel,2004)。与此同时,Nye(2004)在《软实力:国际政治的成功之道》中也提到了"巧实力"这一概念,并在随后的研究中逐步推进对这一概念的解读。Nye(2005)对美国软实力进行了全面的评估,其结论是美国软实力的急剧衰落是显而易见的,而且短期之内难以恢复,现在是正视这一事实而重新塑造"巧实力"的时候了。他把巧实力明确定义为"将硬实力和软实力有效结合的能力"(Nye,2008a)。同 Nossel 一样,Nye 也极为推崇冷战中美国成功的外交传统,强调国际体系的重要性。他认为,美国在冷战中综合了其硬实力和软实力而成就了一种"巧实力",但现在似乎已经抛弃了这一宝贵遗产(Nye,2006)。2006 年秋,Nye 和美国前助理国务卿 Richard Armitage 作为联合主席共同主持成立了"巧实力委员会",全力投入到巧实力的研究中。在该委员会 2007 年提交的最终报告中,Nye 和 Armitage(2007)等人建议将巧实力战略视为一种美国未来的整体外交大战略。因为美国在世界上的地位对美国的安全与繁荣至关重要,而推行民主、人权和发展公民社会是无法通过武力实现的,只有非军事手段才能有效提升美国外交政策的合法性、有效性和持久性。基于此,美国的对外政策有 5 个要优先考虑的领域:一是加强联盟;二是全球发展;三是基于人际互动的公共外交;四是经济全球化背景下的经济一体化;五是在能源安全和应对全球气候变化方面扮演领导角色(Nye,2010a)。2011 年,Nye 出版了《权力的未来》一书,辟出专章来阐述和论证巧实力,他认为,巧实力不仅仅是一个学术概念,而也应该是一个具有可行性的战略。因此,美国需要一个结合硬实力和软实力的整体战略,这个整体战略应该将公共外交、发展援助、广播和其他软实力工具融合到目前还以硬实力为主的国家安全战略中。这个巧实力战略必须包括:既定目标;基于环境的可用资源;要对其施加影响的客体;最有可能成功的权力类型和成功的概率等方面的考量（Nye，2011）。通过导入巧实力的概念，Nye 就为巧实力战略，即软实力的现实转化提供了一个新的思考路径和研究框架，从而也为软实力理论的深度拓展开拓了更为广阔的空间。

五、软实力学说的理论缺陷

如前文所述，软实力这一命题自诞生之日起就既广为流传又饱受诟病。Nye（2010b）在回应各种批评时甚至也表示：软实力不是一个理论，而只是一个分析性概念（analytical concept）。虽然各种质疑不绝于耳，但 Nye 的软实力命题对于克服国际政治学中权力分析的"霍布斯"倾向，从而以更全面的视角来判断和分析国家在国际舞台上的权力与角色来说，无疑打开了一个具有极大开掘价值的学术领域。

另一方面也必须认识到的是，Nye 所建构的这一软实力大厦，在诸多细节方面还存在理论缺陷和局限性：

1. Nye 的软实力命题的理论基础和现实指向显示了"美国中心论"倾向

如前所述，Nye 是一个典型的具有"基辛格症候"的国际政治学者，学者加政客的身份使他更多地站在"美国的视角"观察和思考问题。因此，Nye 创造并不遗余力地论证"软实力"的这一新概念有着其清晰的目的：展示软实力在美国外交政策上的有效性和适用性（Bohas，2006）。

在软实力的论证过程中，Nye 始终在对抗着一个"假想敌"——"美国衰落论"。因此，就存在着这么一个论证逻辑：为了证明美国没有衰落，就必须重点论证软实力的重要性和美国所拥有的软实力资源仍然可以使其领导世界。这里面就隐含着一个价值前设：美国的文化和价值观是绝对优越的，也即是"美国中心论"倾向。实际上，Nye 虽然强调美国不是惟一拥有软实力的国家，全球化更不意味着美国化（2002）。但在 Nye 的诸多论述中，可以清楚地寻觅到 Francis Fukuyama（福山）所谓的"历史终结论"（the end of history）的影子，这种优越感体现在 Nye 对美国的流行文化和高雅文化以及民主、自由、人权等所谓"普世"文化、价值观的推崇上。他认为，即便美国的经济和文化优势可能在 21 世纪受到削弱，但美国人很可能发现他们仍旧生活在一个多少与美国民主、自由市场和人权的基本价值观相一致的世界里（2002）。因此，基于这种"美国功用"视角，Nye 对于软实力研究的注意力几乎全部集中在传播主体（特别是美国）的单向度传播及其传播效果的功能性研究上，而忽视了对接受者和解码者的社会文化语境和传授之间互动的深度探究，这也为以社会学、社会心理学、人类学、传播学的多学科融合视角切入，以建构主义（constructivism）、传播学的文化研究学派（cultural studies）等研究思路深描"软实力"的受众接受机制留下了探讨的可能性和空间。

2. 软实力的行为和资源层面的复杂性导致其概念表述不够清楚

如前所述，软实力的定义是受到攻讦最多的。正如 Eriksson 和 Norman（2011）所言：软实力是一个能被多种方式解释和应用的"模糊概念"。这种模糊性主要是缘于 Nye 的定义方法。虽然在不同的论著中对于"软实力"概念的文字表述不同，但 Nye 为"软实力"所下的定义基本上包含着两个层面：权力行为层面和权力资源层面。Nye 采用了将软实力和硬实力相区别的"两分法"（dichotomy）：在权力行为层面上，软实力是通过议程设置、说服、吸引等非强制手段来合作，硬实力对应的行为是强迫和利诱（induce）的行为来命令；在资源层面上，软实力来自于文化、价值观和外交政策、制定国际规则的能力等无形（intangible）或非物质资源，硬实力对应的资源是军事和经济等有形（tangible）或物质资源。但实际上，这些行为和资源显然不是一一对应的，Nye 并没有清楚地描绘软实力和硬实力的区别以及两者的关系（Fan，2008）。Zahran 和 Ramos（2010）举例说：一国政府可以通过多边机构制定规则去使用软实力强迫其他国家按其意愿行事，行使命令性权利；或者它也可以采用合作的行为去创造如军事联盟般的硬实力资源，也即是说，无形（非物质）资源可以用于操控（manipulate），而合作和吸引行为也可以被用于生成硬实力。同理，经济资源中物质与资本也会产生巨大的吸引力，一国的吸引力往往可能来自于其军事和经济上的成功；如文化创意产业在带来有形的经济收益的同时也会裹挟着文化和价值观这些软实力的扩张。反之，文化和价值观、外交政策这些软实力资源可能会造成军事、经济上的冲突，产生如 Samuel Huntington（1968）所言的"文明的冲突"（The Clash of Civilizations）；而军事上和经济的合作可能也并非源自文化和价值观的沛莫能御……诸此之类的软实力和硬实力关系的复杂问题是 Nye 的软实力概念所无法解答的。实际上，Nye 在其论著中也在试图面对这些质疑。他承认：成功的经济毫无疑问是吸引力的重要来源。现实世界的很多情况，有时很难区分经济关系中到底哪一部分为硬权力，哪一部分为软权力。一个国家决定加入欧盟也很难判断是受到了市场准入的经济诱惑，还是受到了欧洲成功的政治经济制度体系的吸引。军事力量通常被视为硬实力的资源，但是有时也会生成软实力，一个运行良好的军队会成为吸引力的来源，军队间的合作和培训项目可以提升国家的软实力，军队在灾后的人道主义救援中的出色表现也可以提高国家的吸引力（2006）。虽然 Nye 明确地将有形的经济与军事资源纳入了软实力的分析范畴内，但是正如 Layne（2010）所指出的那样，这种回应缺乏必要的理论建构和相应的解释。Hynek（2010）指出：Nye 的软实力总是建立在吸引之上，硬实力总是建立在强迫之上的论断为软实力的所有概念设置了一个错误的起点，而更好定义软实力的方法是描绘其运行方式。软实力实质是一种观念或信息的传播，因此，以信息传播视角观照软实力的运行方式，即对于其传播过程和传播目的进行规律性探讨，考察相关资源生成的信息如何被不同传播主体以各种传播媒介和形式进行传播，最终塑和改变一国的国家形象的整体传播过程将为软实力这一命题的持续深入开掘提供更为广阔的论域。

3. 对传播主体多元复杂性的研究不够深入

Nye（2004）虽然指出非政府资源及其构成的网络对于政府追逐软实力具有越来越重要的作用，但其并未清晰地阐释不同传播主体间的关系是什么，特别是在政府和公民社会（civil society）这两个重要的软实力主体之间的关系。比如非政府组织（NGO）是可被政府利用的软实力的重要传播者，但是两者之间的关系在某种程度上决定了软实力不同的议程和传播形式的使用，换句话说，NGO 的偏好和目标能够影响国家软实力（和巧实力）战略（Zahran & Ramos，2010）。

在此方面，一些学者通过个案研究视角进行了分析。Hynek（2010）分析了在加拿大"人类安全"（human security）外交政策下的政府和 NGO 之间的互动关系。在他的研究中，并没有阐释软实力的总体的运行机制，而是聚焦于考察 NGO 和政府之间在软实力传播中的关系。Hynek（2010）发现，NGO 影响着政府的偏好和政策，政府也影响着 NGO 能做什么不能做什么，因此，软实力可以以双向的方式运作，从 NGO 流向政府或者从政府流向 NGO（或者同时）。而这种关系会随着时间和语境的变化呈现出不同的形式。虽然 NGO 和政府并非是软实力中仅有的传播主体，但 Hynek 的研究为我们展示了如何将空泛的软实力的概念具体化到不同传播主体以不同的方式互相影响这些生成机制上的可行路径。

4. 在软实力的生成机制方面缺乏明确而有说服力的模式

在晚近的研究中，Nye 越来越多地着墨于对软实力的运行机制的探讨，但总体上，Nye 把更多的注意力放在政府通过公共外交来说服的狭小论域中（Bertelsen，2012）。在 Nye（2008b）看来，公共外交是软实力军火库（arsenal）中重要的工具，在某种意义上，软实力只能通过公共外交来实现。基于此，Nye 并未致力于以清晰和富有逻辑性的方法来解释软实力究竟是如何运作的（Layne，2010）。显然，软实力的生成和传播并不能仅仅将其简单化为公共外交的过程，而是存在着大量的有待探讨的问题，如：一个国家如何将潜在的软实力资源转化为现实实力来改变他人的行为？通过什么战略可以使一个观念富有吸引力？怎样通过促进人权或者某一电影树立一个国家的正面形象来增加国家的软实力？软实力传播的效果如何（Layne，2010）？软实力是要在根据目标的已有喜好来使用还是积极改变目标的喜好？软实力应该在何时、在什么条件下发挥作用（Lukes，2005）？社交媒体的使用对于软实力传播具有哪些影响？不同的文化类型对于软实力的传播接受会有哪些不同？各个软实力资源之间是否存在互相作用？媒介事件、危机事件会对软实力构成哪些影响；等等，这些问题都是软实力研究中亟须厘清的。

实际上，诸多学者也从不同视角对于软实力的运行机制进行了探讨，希望能勾画出更为清晰的理论框架。如 Bohas（2006）指出，美国的软实力是通过美国生活方式的扩散而对别国公众施加影响的。如伊拉克战争之后，尽管对美国的外交政策普遍不满，大多数国家的民众并没有像预期的那样抵制美国的商品，因为他们已经被美国的文化软实力所控制而不能够离开美国的产品而生活。Bohas（2006）采用了和 Nye 完全不同的视角，将软实力限制在依托社会经济结构（socio-economic structures）的文化元素中来解读其运作机制和效果。

　　虽然存在着一定的理论缺陷，但总体来看，软实力这一富有生命力的命题为我们打开了一扇更为透彻地认识国家间政治的窗口。随着问题的不断深入，它的包容性和衍生性将会为我们呈现出多学科交叉视角、多主体、多国家层次、多资源整合、多种媒介、多种传播方式、多元社会文化语境等更多的值得探讨的问题。

◇ 参考文献 ◇

- Armitage, R., & Nye, J. (2007). CSIS Commission on Smart Power: A Smarter, More Secure America. *A Report for the Center for Strategic & International Studies*.
- Bachrach, P., & Baratz, m. (1962). Two Faces of Power. *The American Political Science Review*, 56(4): 947-952.
- Bertelsen, R. G. (2012). Private Foreign-Affiliated Universities, the State, and Soft Power: The American University of Beirut and the American University in Cairo. *Foreign Policy Analysis*, 8: 293-311.
- Bohas, A. (2006). The Paradox of Anti-Americanism: Reflection on the Shallow Concept of Soft Power. *Global Society*, 20(4): 395-414.
- Carr, E. (1939). *The Twenty Years Crisis, 1919-1939: an Introduction to the Study of International Relations*, London: Macmillan.
- Cline, R. (1980). *Power Trends and US Foreign Policy for the 1980s*. Boulder, CO: Westview Press.
- Corrales, J. (2009). Using Social Power to Balance Soft Power: Venezuela's Foreign Policy Copyright. *The Washington Quarterly*, 32(4): 97-114.
- Eriksson, J., & Norman, L. (2011). Political Utilization of Scholarly Ideas: the "Clash of Civilizations" vs. "Soft Power" in US Foreign Policy. *Review of International Studies*, 37: 417-436.
- Fan, Y. (2008). Soft Power: Power of Attraction or Confusion? *Place Branding and Public Diplomacy*, 4(2): 147-158.
- Flynn, M. (2013). Brazilian Pharmaceutical Diplomacy: Socia Democratic Principles Verse Soft Power Interests. *International Journal of Health Services*, 43(1): 67-89.
- Gramsci, A. (1996). *Prison Notebooks*. New York: Columbia University Press.
- Hoffmann, S. (1987). *Hans Morgenthau: The Limits and Influence of Realism*. In Janus and Minerva. Boulder, CO: Westview.
- Huish, R., Carter, T., & Darnell, S. (2013). The (Soft) Power of Sport: The Comprehensive and Contradictory Strategies of Cuba's Sport-based Internationalism. *International Journal of Cuba Studies*, 5(1): 26-40.

- Hungtington, S. P. (1968). *Political Order in Changing Societies*. New Haven, CT: Yale University Press.
- Hymans, J. (2009). India's Soft Power and Vulnerability, *India Review*, 8(3): 234-265.
- Hynek, N. (2010). How "Soft" is Canada's Soft Power in the Field of Human Security? In *Canada's Foreign and Security Policy: Soft and Hard Strategies of a Middle Power*, 61-80. Oxford and New York: Oxford University Press.
- Karagiannis, E. (2013). Greek Foreign Policy toward the Black Sea Region: Combining Hard and Soft Power. *Mediterranean Quarterly*, 24(4): 74-101.
- Kennedy, P. (1987). *The Rise and Fall of the Great Power: Economic Change and Military Conflict from 1500 to 2000*. New York: Random House.
- Keohane, R. O., & Nye, J. (1977). *Power and Interdependence: World Politics in Transition*. Boston and Toronto: Little, Brown and Company. Especially Chapter 1-3.
- Keohane, R. O., & Nye, J. (1998). Power and Interdependence in the Information Age, *Foreign Affairs*, September-October: 81-94.
- Kroenig, M., McAdam, M., & Weber, S. (2010). Taking Soft Power Seriously, *Comparative Strategy*, 29: 412-431.
- Layne, C. (2010). The Unbearable Lightness of Soft Power. In *Soft Power and US Foreign Policy: Theoretical, Historical, and Contemporary Perspectives*, 51-82. New York: Routledge.
- Lee, K., Chagas, L. C., & Novotny, T. E. (2010). Brazil and the Framework Convention on Tobacco Control: Global Health Diplomacy as Soft Power. *PLoS Medicine*, 7(4): e1000232.
- Lukes, S. (1974). *Power: A Radical View*. London: Macmillan Press.
- Lukes, S. (2005). Power and the Battle for Hearts and Minds. *Millennium*, 33(3): 477-494.
- Machida, S. (2010). U. S. Soft Power and the "China Threat": Multilevel Analyses. *Asian Politics & Policy*, 2(3): 351-370.
- Morgenthau, H. J. (1985). *Politics among Nations: the Struggle for Power and Peace*, (6th ed), revised by Kenneth W. Thompson. New York: McGraw-Hill.
- Nossel, S. (2004). Smart Power, *Foreign Affairs*, March-April: 31-42.
- Nye, J. (1990a). Soft Power. *Foreign Policy*, 90(80): 153-171.
- Nye, J. (1990b). *Bound to Lead: The Changing Nature of American Power*. New York: Basic Books.
- Nye, J. (1990c). The Changing Nature of world Power. *Political Science Quarterly*, 105(2): 177-192.
- Nye, J., & Owens, W. A. (1996). America's Information Edge, *Foreign Affairs*, March-April: 20-36.
- Nye, J. (1999). Redefining the National Interest, *Foreign Affairs*, July-August: 22-31.
- Nye, J. (2002). *The Paradox of American Power: Why the World's Only Superpower Can't Go It Alone*. New York: Oxford University Press.
- Nye, J. (2004a). *Soft Power: The Means to Success in World Politics*. New York: Public Affairs.
- Nye, J. (2005). On the Rise and Fall of American Soft Power. *New Perspectives Quarterly*, 22(3): 75-77.
- Nye, J. (2006). Smart Power: In Search of the Balance between Hard and Soft Power. *Democracy: A Journal of Ideas*, No. 2 (Fall).
- Nye, J. (2006). Think Again: Soft Power. *Foreign Policy* (February), from http://www.foreignpolicy.com/articles/2006/02/22/think_again_soft_power#sthash.syz4KinJ.dpbs.
- Nye, J. (2008a). *The Powers to Lead*. Oxford and New York: Oxford University Press.
- Nye, J. (2008b). Public Diplomacy and Soft Power. *Annals of the American Academy of Political & Social Science*, 616(1): 94-109.

- Nye, J. (2010a). The Future of Soft Power in US Foreign Policy. In *Soft Power and US Foreign Policy: Theoretical, Historical, and Contemporary Perspectives*, 42-64. New York: Routledge.
- Nye, J. (2010b). Responding to My Critics and Concluding Thoughts. In *Soft Power and US Foreign Policy: Theoretical, Historical, and Contemporary Perspectives*, 215-227. New York: Routledge.
- Nye, J. (2011). *The Future of Power*. New York: Public Affairs.
- Oguzlu, T. (2007). Soft Power in Turkish Foreign Policy. *Australian Journal of International Affairs*, 61(1): 81-97.
- Sayamov, Y. N. (2013). Education as a Global "Soft Power" for Sustainable Development. *Campus-Wide Information Systems*, 30(5): 346-357.
- Sun, J. (2012). *Japan and China as Charm Rivals: Soft Power in Regional Diplomacy*. Ann Arbor: University of Michigan Press.
- Thussu, D. (2013). *Communicating India's Soft Power: Buddha to Bollywood*. New York: Palgrave Macmillan.
- von Maltzahn, N. (2009). The Case of Iranian Cultural Diplomacy in Syria. *Middle East Journal of Culture and Communication*, 2: 33-50.
- Waltz, K. N. (1979). *Theory of International Politics*. Mass: Addison-Wesley.
- Wrong. D. H. (1979). *Power: Its Forms, Bases and Uses*. Oxford: Basil Blackwell.
- Zahran, G., & Ramos, L. (2010). From Hegemony to Soft Power: Implications of a Conceptual Change. In *Soft Power and US Foreign Policy: Theoretical, Historical, and Contemporary Perspectives*, 12-31. New York: Routledge.

传播与公共外交研究

李红梅[①] 汤潞[②]

一、公共外交领域及其发展历史

公共外交的历史沿革

当今的外交已经从传统外交转向到公共外交（Manheim，1990，1994；Melissen，2005b；Signitzer & Coombs，1992）。传统外交由政府主导，强调政府与政府之间的关系；广义上的公共外交，则是指执政者关注自己在他国公众中的形象。这一概念由来已久（Arndt，2007；Melissen，2005a）。历史上，欧洲的君王，中国的皇帝都曾关注自己在他国臣民中的形象。明朝大臣郑和下西洋就是一个传播中国文化，拉近与当地民众距离的公共外交的例子。法国在大革命之前的君主制时期，比其他欧洲国家更注重其在国外的形象，并认为国家的声誉是"一个民族最重要的实力之一"（Melissen，2005a，p.3）。美国的大陆会议和乔治·华盛顿将军在反抗英国殖民统治的非对等抗争中，也可以看到公众外交的影子（Waller，2007）。

现代意义上的公共外交和两次世界大战息息相关（Brown，2002）。在第一次世界大战期间，当时美国由威尔逊（Woodrow Wilson）主政，美国开始讨论并系统收集、传播有关外国的信息（Pilon，2007），并成立了公共信息委员会（the Committee on Public Information，1917—1919）。一战结束以后，美国意识到自己需要向别国人民传播美国的观点，但是后来美国国内的孤立主义还是占了上风。直到第二次世界大战期间，美国成立了战争信息办公室（the Office of War Information，1942—1945）。同时，CBS 负责欧洲事务的记者 Edward R. Murrow 因为对希特勒在欧洲战场的战况进行广播而名声大噪。他大部分时间驻在伦敦报道欧洲战况，他经典的开头就是："This is London（这里是伦敦）。"在结束时，他会道"晚安，好运"。Murrow 的战地报道很快使他成了一个明星，也

[①] 李红梅现任美国佐治亚州立大学（Georgia State University）传播系助理教授、国际媒体教育中心副主任，2006 年获美国南加利福尼亚大学（University of Southern California）传播学博士学位，2008—2010 年为美国宾夕法尼亚大学（University of Pennsylvanian）博士后，主要教学和研究领域包括国际传播、公共外交、广告与消费文化等。

[②] 汤潞现任美国阿拉巴马大学（University of Alabama）传播系助理教授，2007 年获美国南加利福尼亚大学（University of Southern California）传播学博士学位，主要研究方向包括组织传播、企业社会责任和健康传播等。

由此开启了美国用广播进行公众外交的先河。

在"二战"期间，美国开始系统地对别国进行广播，成立美国之音电台。"二战"结束以后，美国和苏联两大政营对抗，公共外交被认为是绕过苏联政府的控制，让敌营人民了解并喜欢美国的途径。在美国之音之后，美国政府陆续资助成立了自由欧洲电台，自由亚洲电台，Radio and TV Marti，Alhurra TV，Radio Sawa（针对阿拉伯世界）等。现在美国在 100 多个国家用 59 种语言进行广播（Metzgar，2012）。其他国家也成立了各种对外广播机构，比如中国国际广播电台，BBC World Service，Radio Moscow/ Voice of Russia，Deutsche Welle，All India Radio 等。

学术界一般认为公共外交这个词是由塔夫茨大学（Tufts University）的弗乐切尔法律与外交学院（Fletcher School of Law and Diplomacy）的前院长 Edmund Gullion 最早提出的。Edmund Gullion 是一位有名的对外事务官员（foreign service officer），他在塔夫茨大学成立了 Edward R. Murrow Center of Public Diplomacy. Nicholas J. Cull（n/a）研究了 "public diplomacy" 这个词的来历，认为 Edmund Gullion 并没有创造 public diplomacy 这个词，但是他是第一个将 public diplomacy 赋予现有意义的人。在 Edmund Gullion 之前，很多现在可以归结为公共外交的活动被称之为公开外交（open diplomacy）。1965 年 Edmund Gullion 将这个词赋予新的意义有其特殊的历史背景。当时，于 1953 在艾森豪威尔总统时期创立的美国信息机构（The United States Information Agency，简称 USIA）迫切需要某个词来区别其自身的活动和政治宣传（propaganda），因为后者已经被赋予了很多负面意义。

Edmund Gullion 领导下的 Murrow Center 在早期的宣传册中是这样定义公共外交的："公共外交……关注公众的态度如何影响外交政策的形成和执行，包括：超越传统外交的国际关系；政府在其他国家对公共舆论的栽培（cultivation）；一个国家的民间组织与利益集团和别国相应团体之间的交往；外交事务的报道及对政策的影响；那些主要工作是传播的专业人士之间的交流传播，比如外交人员和外国记者之间的交流；以及跨文化交流的过程"（Edward R. Murrow Center of Public Diplomacy，n/a）。由此，Edmund Gullion 将公共外交与政治宣传区别开来。他定义的公共外交囊括了所有的 USIA 以及美国国务院（U. S. Department of State）管辖的文化和交流方面的活动。公共外交于是成为另一种外交活动，这样 USIA 外交事务人员的地位也得到了相应提升（Cull，n/a）。在此后的三十多年，公共外交和 USIA 发展成一种相互依存的关系。

里根主政时期公共外交的花销增加，同时在学术、新闻、国会听证方面更加频繁地被提及（Cull，2009）。当时，公共外交被视作是一种抵制共产主义的工具（Alexandre，1987）。USIA 也因此得到了更多的拨款，以期对外国尤其是敌对国家的公众传播美国的观点，具体的项目包括美国之音，学生学者交流计划，政府和外国记者的 video telecomferencing 等。Alexandre（1987）认为美国的公共外交其实也就是一种政治宣传，只不过是披上了一个更加华丽的外衣。里根公共外交的核心是有效地掌控传播交流（effective manipulation of communication）(p. 45)。随着柏林墙倒掉以及苏联的垮台，美国反共宣传的紧迫性降低。美国和俄罗斯都大幅度地削减公共外交的费用（Cull, 2009）。1999 年，美国信息机构被解散，它广播的功能被转移到新成立的 Broadcasting Board of Governors 组织，而它以前交流和其他信息功能则由美国国务院下属的公共事务和公共外交副国务卿（Under Secretary of State for Public Affairs and Public Diplomacy）管辖。

2001 年 9 月 11 日，美国本土遭到了惨重的恐怖袭击，美国开始重新审视自己的公共外交策略，对公共外交也开始受到空前关注。美国公共外交的两大主要任务是反恐战争和逐渐消除美国在全球，尤其是在中东存在的反美情绪和激进主义。很多国家也开始关注公共外交以期待在全球树立更好的形象、争取发展空间、吸引外资、创造更好的发展环境等。对新兴经济体，如中国、印度、巴西、俄罗斯等国家来说，尤其如此。在全球化的背景下，公众外交不仅重要性得到更大的凸显，并且公共外交的内涵和外延得到了更大的扩展。

公共外交的定义

在美国，公共外交的定义和范围与国内、国际环境的变化密切相关。Waller 在 2007 年出版的《公共外交读本》（*The Public Diplomacy Reader*）中列出了一些有关公众外交的定义（Waller, 2007, pp. 23-39）。总体上来说，在冷战时期，公共外交作为与苏联政治宣传对抗的工具，是对外政策传播和执行的一部分，目的是服务于国家利益和国家安全。公共外交的渠道是政府资助的各种媒体，如出版物、电影、广播和电视等。另外，文化交流也是一个重要的方面，同时也强调公众的参与，比如美国总统艾森豪威尔推行了公民外交（citizen diplomacy），并推动成立了民间机构 人与人国际组织（People to People International）和姐妹城市国际组织（Sister Cities International）。这个时期的公共外交一个非常明显的特征是政府的绝对主导作用。比如，Hans Tuch（1990）将公共外交定义为"一个政府和外国公众交流的过程，目的是促进对其想法、理想、制度、文化以及国家的目标和政策的理解"(p. 3)。

冷战结束以后，新自由主义被大多数国家所接受。美国对公共外交的理解也发生了变化，更多地强调理解、信息传播和交流。1991 年美国公共外交咨询委员会（U.S. Advisory Commission on Public Diplomacy）认为公共外交是"自由地交换思想和信息"，是"国家利益及世界理想和领袖力的不可分割的一部分"（Waller, 2007, pp. 24-25）。[①]

自 20 世纪 90 年代以来，由于非政府组织、公民社会，及新传媒技术的兴起和广泛应用，国家

[①] 美国公共外交咨询委员会 1948 年成立，由 7 个成员组成。这 7 个成员由总统题名，并由参议院确认。这个委员会的目的是评价美国政府的公共外交活动，并争取对这些活动的支持。

在对外传播方面的控制力量逐渐被削弱，不论学者还是政策决策者开始更多地强调民间组织在公共外交中的作用。因此，公共外交的概念得到进一步拓展，被理解为面对外国公众的外交。这一时期的公共外交有三个主要的特点：(1) 公共外交的主体除了政府以外，还包括个人、民间组织、国际机构、商业机构等；(2) 公共外交的目的是通过影响他国的公众舆论来影响公共政策，有别于致力于影响对方外交人员的传统外交；(3) 公共外交的主要的渠道是通过大众传媒，与不同国家在商业、旅游、教育、文化等方面的交往，来促进国家形象和软实力的构建，而不是传统的闭门秘密外交。这样公共外交的外延就比传统的外交扩展了很多；个人、非政府组织、商业机构，和传媒的作用就得到很大的提升。

9·11 以后，美国公共外交的重心发生了很大的改变。如前所说，国家安全，反对恐怖主义和激进主义成为主要目的。在美国国务院 2007 年发布的公共外交战略中，"施加影响力"已经不是公共外交的核心功能，公共外交的目的被认为是"促进和平，让世界人民过更好的生活创造条件，同时使激进主义没有市场"（Waller，2007，p. 39）。

Bruce Gregory (2011) 很好地总结了公共外交的发展："在 20 世纪，公共外交被视为外交部和其他政府机构和外国公众对话以及说服他们的工具，其目的是为了影响这些'外国'政府。今天，公共外交已经成为一个国家、政府协会、一些半官方和非官方组织及人员的工具，用以理解文化、态度和行为；建立和管理关系；影响想法和动员行动以推进利益和价值"（p. 353）。

对转型中的国家而言，国家的公共外交政策往往是为了与此相关的利益，大多数与经济活动相关，或者是为了应对一些具体的事件（Melissen，2005a）。Melissen (2005a) 指出"在西欧以外，公共外交通常被视为支持最重要的国家利益的'工具'"（p. 9）。比如在中国，公共外交的目的就是为了建设一个和平的经济发展环境。保加利亚，罗马尼亚和克罗地亚，土耳其的公共外交是为了加入欧洲一体化，以及随之而来的利益。印尼巴厘岛爆炸后，宣传安全问题以便进一步的留住游客就是一个重要的任务。

二、该领域的研究内容，理论方法

公共外交研究关注的议题和国际、国内社会的政治经济环境、传播环境和文化交流密切相关。公共外交很大一部分是政策驱动的，并且成为外交政策的"结构和过程的一部分"（Wang，2006）。公共外交三个主要的功能是：信息传播、教育和文化（Brown，2002）。这三个方面都和媒体直接相关。

公共外交与大众传播

现代意义上的公共外交从一开始，就和大众媒体息息相关。总体上来说，在传播学领域，公共外交通常被作为一种战略传播工具（Cull，2009；Entman，2004，2008；Gilboa，1998，2005a，2005b；Gregory，2008；Melissen，2005a，2005b；Seib，2010；Van Ham，2008）。很多情况下，学者在研究媒体在公共外交中的作用时，一方面看国家如何运用媒体及其他资源来促进公共外交；另一方面是看传播效果。美国各种智囊团发表了很多如何进行战略传播促进美国国家利益和国家形象的报告，比如美国的 the Brookings Institution, Rand Corporation, Carnegie International Endowment for Peace, the Council on Foreign Relations, the Foreign Policy Centre 等。学者也研究外国媒体如何报道某个国家，其领导人的国事访问（Manheim，1994；Wang & Chang，2004），或者媒体在重大国际事件中的作用，并且运用各种媒体效果理论来预测媒体报道对公众的影响。比如框架理论（framing theory）学者 Robert Entman（2004）建立了理论模式来研究美国媒体在什么情境下会接受或者是抵制白宫的"视角"，由此来研究媒体在外交政策方面的作用。有关外国媒体对其他国家报道的研究非常众多。学者也关注具体的议题。比如 Li 和 Tang（2009）运用框架理论比较研究了美国的主流媒体（包括《纽约时报》和《今日美国》）和美国南方的 6 大媒体如何报道中国的产品安全问题，以及这些报道对于中国在美国公众心目中的形象有可能的影响。

很多国家在进行公共外交时，还是依赖 international broadcasting，比如美国 Broadcasting Board of Governors 管辖的各个传媒机构，中国的国际广播电台，中央电视台的对外广播，英国的 BBC，卡塔尔政府资助的半岛电视台（Al-Jazeera）等。有意思的是，近期全球的媒体都在紧缩、削减在国外的机构和费用，而中国却加大了在对外媒体方面的投入。中国最近投入了 450 亿人民币打造中国媒体传播实力，包括新华社，中央电视台，人民日报三大网络（Glaser & Murphy，2009）。另外，中央电视台 2012 年在华盛顿建立了一个新闻制作中心，希望在全球的新闻中发出自己的声音。中国媒体尤其加紧了对非洲的传播，比如在肯尼亚，民众可以接收新华社，中央电视台，中国新华新闻电视网英语电视台和国际广播电台的新闻（Jacob，2012）。由于国际广播和影视的作用，一些学者研究政府资助的媒体在国际政治和公共外交中的角色，比如对 BBC 的研究（如 Hill & Alshaer，2010；Rawnsley，1996；Sreberny, Gillespie, & Baumann，2010；Toynbee & Vis，2010），对 VOA 在实现美国在伊朗的外交政策中的角色的研究（Izadi，2009），Al Jazeera 和跨国新闻（Seib，2010），以及新华社在非洲的研究（Xin，2009）等。现在，各国的外交机构也非常重视运用社交媒体如 twitter, facebook, youtube 等和国外的意见领袖和网上用户交流。

其他全球商业媒体比如 CNN，NBC，New York Times 等媒体在塑造国家形象、影响公众舆论方面可以比政府资助的媒体起到更大的作用。自 90 年代以来，学者就对国际媒体对外交决策的影响比较关注，这一影响通常被称为 CNN effect，即美国有线新闻网效果（Livingston，2002；Gilboa，2005a，2005b），这个理论指出全球 24 小时"实时"新闻和新兴的信息媒体影响了记者和官员之间的关系，政府对信息控制，并且"挑战了政府决策者塑造观点和成为参照系的能力"（Livington，2002，p. 113）。

对媒体效果的研究，通常是基于一些假设：（1）大众媒体对公众舆论有强大的影响；（2）大众媒体是公众获取信息的渠道；（3）公众在消费媒体时，是被动的，他们会相信媒体报道。尽管传播和媒体研究的学者在研究媒体消费时早就指出消费者在消费媒体时是积极的、有主观能动性的、报道的内容和消费者阐释的意义之间存在巨大的差异。比如，使用与满足理论（uses and gratifications theory）指出媒体消费者选择媒体是为了满足某些需要，比如增加知识的需要、放松、社会交往或者是逃避的需要等（McQuail，1994）。互联网的出现使得探讨使用与满足理论更加盛行。Stuart Hall（1973）指出人们在消费信息时，对意义的阐释有三种可能性：（1）与信息发布者发布的意义一致；（2）与信息发布者所期望的意义完全相反；（3）消费者得出的意义在（1）和（2）之间。现在，认为观众具有能动性已经成为常识了。并且，公众的观点受到很多因素的影响，短期的正面媒体报道和长期的效果之间也不能划等号。但是，不论是有意还是无意，学者在研究公共外交和他国的公众舆论时，往往还是将媒体报道看作一个重要方面。

由于媒体的重要作用，很多国家在进行公共外交时，往往运用自己的媒体或者是当地的媒体进行宣传。比如 9·11 事件以后，美国先是入侵阿富汗，后来又借口萨达姆拥有大规模杀伤性武器入侵伊拉克。全球的反战行动，以及一系列的战后后遗症使得美国在全球的形象大打折扣，中东地区的反美情绪尤其强烈。2002 年，布什任命广告经理人 Charlotte L. Beers 为主管公共外交和事务的副国务卿，Beers 马上实施了一个耗资 1 千 5 百万元的名为"Shared Values Initiative"项目，包括 5 个纪录片形式的广告，用来在主要的穆斯林国家的电视、广播还有纸质媒体上宣传在 9·11 以后美国的穆斯林的幸福生活，由此来宣扬美国"新"的价值观。Beers 的宣传项目遭到了各种各样的批评，美国很快就停止了这种宣传。但是这用单向的传播方式（one-way communication）在很多国家的政府宣传中仍然非常普遍。比如，2011 年，在胡锦涛访美前夕，中国在纽约时代广场做广告，展示中国各行各业的人为中国的建设作出了巨大贡献，同时也力求展示中国人既传统又现代的形象。尽管美国的报纸，如《纽约时报》和《华尔街日报》在博客上报道了这次媒体宣传，中国媒体也对此进行了热烈讨论，但是很难说这样的广告对改变外国公众对中国的看法有长期效果。

近年来，由于网络媒体尤其是社交媒体的兴起，公众获取信息的渠道更加的多样化。但是，渠道和信息的多样化不代表公众一定会主动去获取不同的信息。有学者研究表明，媒体消费者在获取信息时倾向于消费自己感兴趣的信息，即 Negroponte（1995，p. 153）所说的"Daily Me."例如，Sunstein（2007）指出个人因为可以选择性地在网上获取信息，使得他们只是关注和自己观点符合的信息；Star（2010）也指出个人更多的关注自己感兴趣的网上信息，也从而降低了他们对其他事务的兴趣。尽管这些研究并没有定论，但是它们表明基于传统的大众媒体的传播形式在公共外交应用方面有很大的局限。要想真正地产生效果，从事公共外交的人员必须从以前的信息传递（information delivery）模式转到新的模式。在后面讨论"新公共外交"会得到进一步讨论。

需要指出的是，公共外交一个最主要的方面是可信度的问题（Nye，2004）。当一国的公共外交和其外交政策一致时，可信度比较高；当一国的媒体独立于政府的权力时，在国际社会中的可信度较高。

从社会科学的角度上来研究公共舆论也是公共外交一个重要的方面。有各种各样的研究机构进行公共舆论调查和研究。英美两国比较重要的研究全球舆论的机构有 Pew Global Attitudes Project，Gallup，Chicago Council Surveys，BBC World Service Poll，以及 World Public Opinion 出版的各种公共舆论研究报告，还有各种各样的商业机构进行的调研等。这些调查研究为关注公共外交的传播学者提供了解别国舆情的渠道，并且可以将这些数据和媒体报道以及事件结合进行研究。Cull（n/a，2009，2010）将这种系统性地收集他国的民意，并在政策上做出调整看作是一种倾听（listening）。

公共外交与文化传播（cultural diplomacy）

Arndt（2005）将文化外交追溯到青铜器时代，认为文化外交是向往文明的人类交往的常态。他梳理了 20 世纪美国文化外交的历史，详细介绍了那些在宣传美国民主、教育、艺术和文学的职业人士的经历，并与其他国家做对比。他认为美国在伊拉克战争以后必须重新回复文化外交的传统，将其作为一种长期投资。

由政府主导成立的官方或者半官方的文化交流传播机构在最近的公共外交中的作用越来越被提及，这些机构包括英国的 British Council，德国的歌德学院（the Goethe-Institut），法国的法兰西学院（the Institut de France）等。Pamment（2013）通过案例分析研究了美国国务院，英国的外交部门和 British Council，瑞典外交部和 Swedish Institute 等官方和半官方机构的公共外交政策的动机、目标、活动以及评估体系。他指出尽管"新外交"强调对话，并从媒体效果转到"文化传统"，但是在实际执行方面，往往还是短期的利益驱动。

中国的孔子学院是近年来中国政府在公共外交上的一个大的举动。根据汉办的官方网站信息，自从汉办在韩国创办第一所孔子学院，到 2010 年为止，中国已经在 96 个国家建立了 322 孔子学院，369 个孔子教室，并有 50 多个国家的约 250 个机构表示有兴趣申请成立孔子学院。中国在非洲也投入巨资，以减缓国际社会对中国发展的担忧，创造一个有利于中国发展的环境。

文化外交研究不仅涉及国家的文化政策，具体的文化交流，并且从更宏观的角度批判性地看待文化全球化。Schneider（2010）指出美国需要一个更加"具有整体性的，公共机构和私立机构合作的一个战略来进行文化外交"。Pamment（2013）提出学者不仅仅要关注效果，而且要看受众对信息意义的阐释。因此，文化研究可以为新外交提供新的见地。比如，James Carey，Jurgen Harbermas，Ien Ang 和 Stuart Hall 等文化研究的学者在这方面应该可以提供很多参考。

从美国来看，文化交流、交换学者项目、旅游项目、展览等一直是公共外交的一部分。历史上，USIA 不仅管辖国际广播，也管理文化交流活动。1999 年以后主要由美国国务院管辖文化交流等方面的活动。当然更多的文化传播不仅仅是官方资助的传播活动，商业机构和个人在对外交往时也会传播的一个国家的文化。比如，美国的好莱坞（Hollywood）和印度的宝莱坞（Bollywood）在宣扬美国文化和印度文化方面起到了很大的作用。韩国的各种文化机构在宣传韩国文化，导致"韩流"的形成起到了很大的作用。当然，"韩流"的成功与韩国政府的推动和鼓励也是分不开的。各种旅游机构在别国吸引游客，游客旅游的经历、自身体验以及美国大学的各种国外学习计划（study abroad program）在很大程度上也是文化外交的一部分。

由于宗教跨越国界的属性，它在某种程度上也可以作为公共外交的工具。

综上所述，文化外交的外延几乎可以包括所有政府、非政府组织和个人的跨文化活动。这种过度延伸文化外交范围的问题在于：（1）是否需要协调这些活动？如果是，如何协调这些活动？谁来协调这些活动？（2）很多从事文化交流活动的个人和团体往往不愿意被视为公共外交的一部分。如果文化活动一旦打上公共外交的烙印，就可能被批评为"伪教育"，"伪文化"。比如，Nelles（2004）指出美国的公共外交在很大的程度上是基于军事实力的单边工具，在 9·11 以后在中东表现得更加明显，它服务美国的利益，因此美国的文化项目并非真正具有"教育性，"而是一种"伪教育"，反而侵蚀了真正的双向交流，"合作，和多元文化理解"。比如孔子学院在美国引起了一些争议，一些学校基于学术独立自由还有其他考虑 不愿意成立孔子学院（Guttenplan，2012）。

公共外交与国家品牌

自 80 年代起，始于美国的新自由主义（neoliberalism）被大部分国家所接受。90 年代的西方充满了乐观主义，这一思潮的代表作是 Francis Fukuyama 在 1992 年出版的《历史的终结和最后一个人》（*The End of History and the Last Man*）一书。此书是他在 1989 年出版的文章 *The End of History*（Fukuyama，1989）的扩充。他认为冷战结束代表了"人类历史意识形态进化史的结束以及西方的自由民主的普适化，它将成为人类史上的终极政体"（Fukuyama，1989，p. 4）。此书代表在 20 世纪 90 年代美国自由市场成为世界的一种主流意识形态；自由竞争和市场被认为是可以解决很多问题的良药。

在过去几十年中，跨国公司得到突飞猛进的发展，随之而来的是在商界、学界和媒体上对全球化理论的各种探索，一方面支持全球化的人士谈论全球化带来的各种利益、时间和空间的压缩以及由此产生的对普世价值的接受；而对全球化持怀疑态度的人更多的强调全球化带来的问题、断裂、文化多样性、民族主义等（For a detailed review of the globalization literature, see Held et al., 2000）。与新自由主义密切相关的，营销文化和品牌（branding）的概念得到了很大的发展。Naomi Klein（2000）在其畅销书 No Logo 中详细地分析了西方从20世纪90年代以来变本加厉的品牌文化，她认为，商业空间压缩公共空间，商业文化和促销文化无处不在。这种对品牌文化的关注拓展了公共外交的领域，不仅商品可以是品牌，个人和国家也可以被看作品牌。国家品牌化（nation branding）也称为近年来最流行的词语之一。

Simon Anholt 对国家品牌的研究非常具有影响力，他自己对于国家品牌的定义也几经改变（Szondi，2010）。Anholt（2003）最初提出了国家的品牌战略包括五个维度：旅游宣传、文化展示（representing culture）、出口品牌产品、吸引投资和外交政策。后来，他提出国家品牌战略用竞争指数（competitive index）将其定为"品牌管理和公共外交，以及贸易、投资、旅游和出口宣传的综合"（Anholt，2007，p. 3）。

在传播学领域，形象构建在公共外交中是一个最重要的主题（Kunczik，1997；Yang, Klyueva & Taylor，2012）。国家和政府雇佣国际公关机构在国外宣传其政治经济、文化和社会政策很常见（Manheim，1994）。公关（public relations）对于国家品牌的建设的贡献至少包括两个方面：一方面是公关常常被认为是比广告更有效可信的一种推销方式；另一方面在危机处理时，公关能发生很大作用（Szondi，2010）。尽管目前公关在 nation branding 方面被提及的不多，Szondi（2006）指出公关在创造一个有利的建设国家品牌的环境、让国内的民众接受品牌项目、和国内国际媒体对话等许多方面有重大作用。Szondi（2010）认为 Anholt 的国家品牌指数是基于国家形象管理的一种范式，其主要的特点是双方的相互理解和对话，而现在需要关注则是各种关系的建立、维持和发展。

政治传播学者 Jarol Manheim（1994，1997）指出不同国家在美国"go public"时会遇到不同的问题而需要采取不同的策略。国家形象的两个主要的维度是：总体形象（正面 vs. 负面），可见度（高 vs. 低），由此，国家形象有四种模式，如果国家 A 在 B 国的公众中总体上可见度较高，但是整体上的形象是负面的，那么 A 国传递的信息就很有可能被视为政治宣传。Manheim 建议 A 国应该变得更加低调（go less public），以此来管理国家形象。比如中国2008年的奥运会全球火炬传递在西方遭到抵制时，中国正是这样管理自己的形象的（Li，2010）。又例如，2008年元旦，洛杉矶的华人为了庆祝北京的奥运会赞助了一个以北京奥运会为主体的花车。当其遭到法轮功和一些人权组织的抵制时，洛杉矶支持中国的华人也是淡化低调处理花车（Li，2012）。

公共外交与公共关系

传统上，研究公共外交的主要是国际关系的学者以及部分政治学者（Macnamara，2011）。他们主要关注两个方面的问题：首先是关注传统外交、公共外交与政策的关系；其次是媒体在公共外交中的作用。这些学者和公共外交人员通常不屑于将公共外交与公共关系联系起来。他们认为公共外交和公共关系截然不同（Macnamara，2011）。比如，美国公共外交顾问 Matt Armstrong（2009）认为"和全球观众对话的实力是国家安全方面的迫切议题，而不仅仅是公共关系"。Nye（2010）强调公共外交与公共关系不同，因为"传播信息和贩卖正面形象只是公共外交的一部分，公共外交还包括建立长期的关系，建立一个有助于政府政策的环境"（p. 338）。

尽管公共外交的学者通常希望自己的领域不要和公共关系领域混淆，实际上很多公共关系的学者试图从公共关系的角度理解研究公共外交，并认为公共外交和公共关系有密切的关系（如 Grunig，1993；Rasmussen & Merkelsen，2012；Signitzer, & Coombs，1992；van Ham，2002；Wang，2006；Yang，Klyueva & Taylor，2012）。James Grunig（1993, p. 143）认为"公共外交领域在根本上就是将公共关系应用到和国际公众打交道的组织的战略关系上去"。Grunig 及同事（Grunig，1993；Grunig & Hunt，1984）由于强调公共关系中的最佳实践（best practice）是对等双向交流，共同创造意义而成为公共关系领域被最广泛应用的理论（McKie & Munshi，2007）。基于他们的理论，公共关系和公共外交的紧密联系就是显而易见的。

Signitzer 和 Coombs（1992）将公共关系和公共外交联系起来，指出这两者之间的异同。他们认为，公共外交的强硬派是用"说服和宣传的方式"改变公众的看法，而温和派则认为公共外交必须越过外交政策的藩篱，促进不同文化和国家的人的"共同理解"。他们将这两派的观点以及 Peisert 讲述的 4 种传播形式——包括单向交流，公共信息，非对等的双向交流，对等的双向交流——结合起来，指出公共外交和公共关系有着共同的目标和共同的工具；这两个领域可以融合起来。

Signitzer 和 Wamser（2006）认为公共外交和公关都是国家或组织的战略传播功能，渠道是信息传播，以用于游说和关系构建等。Nancy Snow（2009）在 *Routledge Handbook of Public Diplomacy* 一书中也认为"公共外交是根源于公关、营销和广告的说服产业"，她因此呼吁重新认识"公关和公共外交之间的共同点和相互依存的关系"（p. 9）。Snow 同时指出"公关经常被视为一种不负责任的行业，同时被认为是现在公共外交的遭遇所在"（p. 9）。之所以国际关系和研究国际政治的学者不认为公关是公共外交是因为他们通常将公共关系视为一种单向的传播，同时也认为公共关系是一种政治宣传（Macnamara，2011）。但是 Signitzer 及其同事，还有 Grunig 的研究指出好的公共关系应该是双向的、平衡的传播方式。

无可非议，对国家的形象的研究是公共关系学者比较关注的话题。对他们来说，国家形象不仅是一种推动公共外交的资源，同时也是一种潜在的风险。这样就使得公共外交的管理从"主要的风险管理"转到"次要风险管理"（Rasmussen & Merkelsen，2012）。Rasmussen 和 Merkelsen（2012）认为当安全危机（security risks）被重新定义为声誉危机（reputational risks）时，公共外交人员就会用市场经济的方式来管理这些危机。并且公共关系的"建立关系的属性"就让位于"品牌管理属性",这样新公共外交就成为"对国家进行营销而不是国家的公共关系"(the marketing of states rather than the public relations of states)(Rasmussen & Merkelsen, 2012)。

需要指出的是,尽管有学者强调公共外交就是政治宣传,但是 Nye(2010)指出"公共外交不是政治宣传的隐晦说法"因为政治宣传"缺乏可信度",对公共外交"反而有害"(p. 338)。Pamment(2013)也认为政治宣传是利益驱使,同时是为了维护"这些利益支持的权力关系"(power relations)(Pamment, 2013, p. 5),而公共外交基于自由思想的"对话",因此二者的机制、动机和运用的工具不一样。

软实力

在外交政策方面,公共外交从来没有起到过主导作用,而只是起到辅助作用。在外交和政治学领域对公共外交的研究一个非常著名的理论是曾任哈佛大学肯尼迪学院院长的 Joseph Nye 提出的软实力(soft power)。Nye 在 1990 年出版的书 *Bound to Lead: The Changing Nature of American Power* 一书中首次提出软实力这个概念,他在 2004 年出版的 *Soft Power: The Means to Success in World Politics* 一书中进一步发展了他的想法。Nye 将软实力定义为通过吸引力而不是武力或者是胁迫来影响公共舆论。软实力的来源有三个方面:文化、政治价值和对外政策。一个国家的文化是否体现了国际社会的主流价值观;在多大的程度上,政治价值在国际社会获得认同;同时,对外政策在多大的程度上能获得别国的认可。

软实力的核心就是影响力:影响他人,使他们做自己本不愿意做的事情;使得另外的观点看来"无关紧要";运用"想法、信仰和文化来塑造基本的信仰、看法和偏好"。一个国家软实力的一个指标就是看它是否能够影响国际规则的制定和执行。而硬实力指的是军事力量,经济制裁等。软实力和硬实力相互影响。软实力需要硬实力支持,并且可以促进硬实力的实施。当时,对于软实力这一概念一种批评的声音就是硬实力和软实力的关系究竟是什么样的,以及二者如何互相转化(Li, 2009)。Nye 后来又提出了"巧实力"(smart power)的概念(Nye & Armitage, 2007)。Nye 认为"巧实力……指的是我们如何能够让别的国家分享我们的目标而不诉诸武力"(p. 34)。Nye 并且指出美国冷战的胜利是正确综合了美国的基于民主和自由的理想主义和美国能够抵御苏联的军事实力,因此巧实力也将软实力和硬实力融为一体。

Nye 提出的软实力概念在世界范围对于学者和决策者都有很大的影响。在本世纪初,美国由于反恐斗争,很大的程度上疏忽了自己软实力的建设,在同一时期,中国经济的迅速发展,使中国的影响力大增。中国的软实力也成为很多学者的研究对象(如 Kurlantzick, 2007, Li, 2009; Wang, 2010)。Kurlantzick(2007)认为中国在东南亚邻国的实力增加了很多,而美国的相对实力下降,因此呼吁美国应该更重视亚洲。但是，李明江（2009）编著的书则指出，除了在全球气候变暖方面，中国提出了自己的规则以外，中国的软实力更多体现在对国际规则的遵从，而不是主动地去影响国际规则。因此，李明江提出中国获得的赞誉更多地来自其"对实力的软应用"（the soft use of power）。并且，中国的吸引力更多是基于中国经济发展，即 Nye 所说的硬实力而不是软实力。尽管美国的学者传统上认为软实力只是针对外国的公众，但是复旦大学的王义桅认为中国的软实力还包括政府说服自己的国民支持外交政策的实力，即将软实力看作一种国内公共的事务（Wang, 2008）。

Wang（2010）编著的 *Soft power in China: Public Diplomacy through Communication* 一书则从不同的角度讲述了中国如何通过公共外交和国际传播，打造软实力，重新塑造自己的国际形象。书中不仅探索了政府的作用，还有其他非政府组织、团体和个人在国际传播中的作用，政府推行的各种公共外交计划的影响以及中国在塑造国际形象中遇到的挑战。

在中国的学者往往从如何帮助中国政府提高国际形象，增加软实力的实用主义的立场上去研究软实力。他们的研究往往与中国的外交政策、国际传播、和国家领导人的治国理念明显地联系在一起，比如江泽民的"三个代表"，胡锦涛的"和谐社会"，以及习近平最近提出的"中国梦"。最明显的是，中国的学者意识到尽管中国的经济实力持续增长，现在已经成为第二大经济体，但是中国在国际上的软实力和其经济实力并不相称。由于中国政体的不同以及一些来自国际社会的不解和偏见，中国在打造软实力方面遇到很大的挑战。而海外的研究者相对多样化一些，而且对中国的批判性声音也多一些。

d'Hooghe（2005）指出，中国在打造国际吸引力方面最大的资产来自"其（古代）文化和经济成功"，而中国最不利的方面在与"人权问题，包括法轮功问题；少数民族政策（包括西藏问题）；和中国的统一问题（即台湾问题）"（p. 94）。d'Hooghe（2005）的评论在中国举办北京奥运会期间也得到了证实，比如张艺谋主导的奥运会开幕式显现了中国辉煌的古代文化和现代社会科技的结合。同时，我们也看到人权组织，海外藏人还有法轮功对北京奥运会的抵制（deLisle, 2008; Li, 2010, 2012）。但是另外一方面，中国的海外华人，留学生也成为了一股支持中国的不可忽视的力量（Li, 2010, 2012）。

移民和侨民社区

在研究公共外交的非政府组织、团体和个人时，对移民和侨民群体的研究是一个非常重要的方面。在英文中，往往使用离散群体（the diaspora）这个词。离散群体的概念最开始指的是散居世界的犹太人，他们仍然维持一种特有的身份并且想回到自己的家园（Anand, 2003; Cohen, 1997; Miller-Loessi & Kilic, 2001）。后来这个概念被延伸到希腊和亚美尼亚的离散社群和任何不在母国生活的移民社区。离散群体通常被认为能在所在国和母国之间起到非常重要的作用，影响到两个国家的政治和对外事务（如 Shain，1994—1995；Thuno，2001；Cano ＆Delano，2007）。同时离散社区（diaspora community）也成为 international activism 的参与者和目标（如 Hagel ＆Peretz，p. 2005）。在美国，离散人群在美国的外交事务中起到非常大的作用，而且它们参与到美国的内政和外交事务的讨论通常被认为代表了美国最基本的民主原则（Shain，1994—1995）。

海外华人在中国的国际传播、经济发展和塑造中国的国家身份认同方面起到了非常大的作用。现在 3500 百万华人居住在 151 个国家，澳大利亚，欧洲和北美是它们的主要居住地（*China Daily*，2007，Feb. 12）。历史上，他们为中国推翻清朝，抗日和中国的解放起到了很到的作用。从 90 年代以来，中国政府认为"新移民"，包括留学生，劳工和移民基于文化认同而不是国籍对中国有着特殊的感情（Nyiri，2001；Thuno，2001）。中国成立了国务院侨务办公室和侨联处理有关华人华侨的事务。海外华人也积极地参与到奥运会中。Shain（1994—1995）认为，离散群体和故国的关系在很大程度上受到其住在国和故国关系的影响：如果故国和驻在国两国具有良好的关系，移民在两国的作用和影响更大；但是如果故国是非民主国家，移民和故国站在一边会影响美国社会对他们的看法，并引起美国社会对他们的猜疑。由于中美之间还存在很多猜忌，新移民很少积极地参与两国之间的政治事务，而是更多地关注经济往来和文化交流（Li，2012）。但是不管怎么说，移民由于它们文化和身份的双重性，在公共外交中的重要作用常被提及。

三、公共外交存在的问题，争议及未来的方向

由以上陈述可以看出，公共外交研究所涉及的议题非常广泛，所使用的研究方法也具有多样性：量化的、质化的、批判性研究等。研究的角度可以是政策研究、案例分析，媒体效果、媒体报道、文化受众研究等。研究的多样性一方面使得这个领域充满了活力；另一方面也使得研究比较难以达成共识。

公共外交的研究现在还是西方中心主义。但是近年的情形有所改变。中国经济的腾飞，还有新兴经济体的兴起，尤其是金砖五国的兴起，为研究其他国家的公共外交范式提供了条件。华人学者李红梅和同事在 2013 年伦敦组织的有关金砖五国的国际传播和国家品牌就是一个最新的例子。现在也陆续有很多关于其他国家国家公共外交的研究（如 Kurlantzick，2007；Melissen，2005b；Lee＆Melissen，2011；Li，2009）。

由于公共外交和对外政策的紧密联系，很多研究提出的是一种应然状态而不是基于实证研究得出的模式。比如，很多学者指出，公共外交不是政治宣传，很多情况下是基于一种应该的状态，而不是实际的情形。这样，公共外交的研究就称为了一种"公共外交应该是什么"而不是"公共外交

是什么"。

公共外交的研究通常是基于国家中心主义，即将单个的国家看成自成一体。无可否认，国家现在仍然是国际社会最重要的行动主体，但是非政府组织和个人的作用逐渐彰显。尤其是随着新媒体的出现，国家控制信息流的能力遇到很大的挑战。本世纪以来，随着全球化的进一步深化，各国之间官方和民间交流的进一步增多，国际旅游和商务往来更加频繁，同时新的传媒形式的出现，尤其是各种各样的数字化媒体和社交媒体（social media）的出现，使得现在的社会已经不是传统的社会形态。而是像 Manuel Castells（1996）所说的网络社会，这样就需要我们用新的范式去研究公共外交。现在的传播环境越来越复杂，同时针对国内的传播和针对外国的传播的界限已经不是像早期那样明确。

新公共外交

新公共外交这一概念是由位于华盛顿的智库（Council on Foreign Relations）首先提出来的，他们指出美国需要"新公共外交范式,"并指出"美国的挑战不仅仅是调整公共外交，而是要进行革命性改变"（Pamment，2013，p. 8）。新公共外交侧重于常态的建立，而不仅仅是评价现在的项目的效果等。所以它从一开始，就有非常明显的政策的导向性。9·11 以后出现的一些理论不仅仅是研究公共外交政策如何再实施，而是提供一种理想状态。

2005 年 Jan Melissen 编著了 *The New Public Diplomacy: Soft Power in International Relations* 一书。该书探讨了对新公共外交的理解，包括三个主要部分：（1）新的主体；（2）通过和日益相互联系的外国公众对话来进行公共外交；（3）对话和交流而不是单向的信息传播。首先，新公共外交的主体发生了巨大的变化。政府机构、非政府非赢利机构、商业组织、跨国组织、国际非政府组织等都有可能有意识或是无意识地在公共外交方面发挥巨大的作用。不仅仅是官员，个人也能发挥重要作用。所以以与外国公众的直接对话就变得非常有意义。同时，以前的公共外交被视为传统媒体环境下的产物，主要特点时单向交流，信息的发送者和接受者之间有一种不平等的权力关系，而伴随着互联网的产生，公共外交的环境再也不是一个以国家为主体的等级化的一种交流模式。相反，现在的媒体沟通的环境体现为去中心化，双向交流，任何组织和个人都无法控制信息等。由于新媒体在新外交中的作用，以至于有些学者将新外交等同于新媒体外交（Pamment, 2013）。

Manuel Castells（2008）认为在信息时代和网络社会存在一个"全球公民社会"，让国家和民间团体够相互交流共同决定和管理公共事务。这是一种公共事务管理模式的转型，国家不再只是"宣告"自己的权力，而是使和不同的团体共同探讨共享治理成为一种可能。Castells 指出公共外交的目的是"创造（induce）一种交流空间，以至于可以出现一种新的语言为外交创造前提"（p. 91）。对中国来说，就是让国内国际的民间组织真正享有治理社会和管理公共事务的权力和空间。这个和前一段事件兴起的对"公民社会"和"全球公民社会"的研究息息相关。

在奥巴马当政时期，美国政府的外交政策也出现了很大的改变，现行的公共外交政策是以"对话"为中心，而"施加影响力"不再是公共外交的核心内容。但是对话政策如果没有政策支持的话可能适得其反。比如，Comor 和 Bean（2012）指出奥巴马政府在穆斯林国家运用社交媒体和数字传播技术来强调"倾听"和"对话"的政策并不能生效，反而会增加"警惕的外国公众"对美国的不信任。因为这种"对话"被认为是做作的，并且对话本身和美国的政策没有有效结合，并不能改变国际社会中的实力不平等的现实。如大多数国家一样，美国不会承认和外国公众的对话会改变其自主的外交政策，因此美国的对话会被认为是虚伪的。这个和一贯的将公共外交批评为一种政治宣传的思路是一致的。

最近，普林斯顿大学政治学和国际事务教授 Anne-Marie Slaughter（2011）提出了"合作实力"（collaborative power）的概念。她讲述了她如何通过在 Twitter 上的合作，使一个在阿拉伯之春中被逮捕的埃及裔美国博客主和活动人士获救。Slaughter 所说的"合作实力"和 Nye 所说的硬实力和软实力相对应。这种实力是自下而上而不是自上而下的。它不是强调对他人实施实力（power over）而是和他人一起合同实施实力（power with）。她将合作实力定义为"许多人一起做一个人不能单独做的事情"。她指出合作实力不被任何一个人或一个地方拥有。她提出的概念非常有意思，和 Zaharna, R. S., Fisher, A. & Arsenault, A.（2013）提出的从"关系的、网络的和合作的视角来研究公共外交"（Relational, Networked and Collaborative Approaches to Public Diplomacy）的观点相似。这种观点强调多中心，多方向的传播形式和传播环境，与传统意义上强调"控制信息"非常不同，对我们理解新公共外交范式有借鉴意义。

不论是新公共外交还是传统的公共外交，Cull（2010, p. 11）总结的 7 点都比较有借鉴意义。这些教训包括：（1）公共外交始于倾听；（2）它应该和政策结合起来；（3）它不是为了服务"国内消费'目的'的表演"；（4）有效的公共外交是建立在可信度上面的；（5）有时最有效的公共外交的声音不是自己的声音；（6）公共外交并不总是以自己为关注点；（7）公共外交与每个人相关。

结论

由此可见，对公共外交的研究和媒体环境，国内、国际政治、经济大气候息息相关。在第一阶段，在美国的公共外交主要的工具是大众传媒，文化外交作为一个辅助工具，而且主体是国家，主要的议题是反共。苏联解体以后，由于互联网的兴起，媒体环境开始更加的多元化，而且由于全球化的进一步深入，个人、国家、组织之间不仅交流越来越频繁，越来越容易，并且交流模式也发生了巨大的变化。如果说以前国家还在某种程度上可以控制对外传播和交流的话，现在则不再能控制交流的渠道、方向和内容，因此新的外交模式开始出现。

在每个阶段，公共外交都与政策密切相关。美国 9·11 以后，将重心转入反恐，这样在对外交往，塑造国际形象方面受到了很大的影响。尤其在是在阿拉伯世界，反美情绪一直很盛。中国的强势崛起，成为第二大经济体，同时其他新兴经济体的崛起，比如金砖国家的兴起，导致整个全球体系变化，力量和财富重新分配，对以前的国际局势产生影响，也使得美国的模式不再是一个唯一的模式。对公共外交的研究也是要放在这样一个变化的国际政治经济的大框架下进行。

另外，由于国际交流的增加，个人的作用凸显。但是也必须意识到，个人也可能起到非常坏的作用。比如，2012 年美国加州一个年轻人发布在 Youtube 上的一个名为 *Innocence of Muslims* 的微电影，经过网上的用户加工，加入更多的反穆斯林的内容，从而引发了全球的穆斯林游行。并且导致美国驻利比亚大使被示威人士杀害。我们认为在研究公共外交时应该更多地关注传播伦理和责任方面的问题。随着新媒体的出现，更多的人能够参与到公共外交中来，发出他们自己的声音。可是正如前文的例子那样，个人的行为却有可能对公共外交、国与国之间、不同文化的种族之间、产生极大的负面影响。个人和民间社团参与公共外交，是否应该遵守一些共同的行为规范，如果是，那么这些行为规范该由谁来制定，就成了公共外交研究者所面临的新问题。

具体到中国方面，中国在非洲的战略尤其引人关注。中国主要是从帮助非洲经济发展，同时自身也获益的角度来看待中非关系。但是，西方的媒体和研究者也会从新殖民主义的角度来看待中国和非洲的关系，认为中国掠夺非洲资源，以建立一种不平等的关系。Tang 和 Li（2010）对华为在非洲的企业社会责任传播的研究表明，华为确实输出了中国主导的发展主义（developmentalism），一切以发展为中心，这样就可能导致忽略其他的社会不公平现象。由于现在内政和外交已经不存在严格的界限，国家已经不再是唯一的公共外交主体，我们认为要提高中国的吸引力，中国政府必须真正地创造一个公平自由的社会，善待国民，离散群体和其他国家的弱势群体，鼓励创新，真正关注环境和发展过程中的一系列问题。粉饰形象的项目没有可持续性。我们不要忘记，强调形象往往使我们忘记真正的问题所在（Arndt, 2007）。

◇ **参考文献** ◇

- Alexandre, L. (1987). In the Service of the State: Public Diplomacy, Government Media and Ronald Reagan. *Media, Culture & Society*, 9(1): 29-46.
- Anand, D. (2003). A contemporary story of "Diaspora": The Tibetan version. *Diaspora* 12(2): 211-229.

- Anholt, S. (2003). *Brand New Justice: the upside of global branding* (paperback ed.). Oxford: butterworth-Heinemann.
- Anholt, S. (2007). *Competitive identity: The new brand management for nations, cities and regions*. Basingstoke, UK: Palgrave Macmillan.
- Armstrong, M. (2009). Public diplomacy is not public relations. http://mountainrunner.us/2009/01/public_diplomacy_is_not_public_relations/#.UbgA6OtO87A(accessed April 2, 2013).
- Arndt, R. (2007). *The first resort of kings*. Potomac Books.
- Brown, J. (2002). The purpose and cross-purposes of public diplomacy. http://www.unc.edu/depts/diplomat/archives_roll/2002_07-09/brown_pubdipl/brown_pubdipl.html(accessed April 2, 2013).
- Cano, G. & Delano, A. (2007). The Mexican government and organised Mexican immigrants in the United States. *Journal of Ethnic and Migration Studies*, 33(5): 695-725.
- Castells, M. (1996). *The rise of the network society*. Wiley-Blackwell.
- Castells, M. (2008). The new public sphere: Global Civil Society, Communication Networks, and Global Governance. *Annals of theAmerican Academy Of Political And Social Science*, 616: 78-93.
- *China Daily*(2007, Feb. 12). Number of overseas Chinese. http://www.chinadaily.com.cn/china/2007-02/12/content_807738.htm(accessed Jan. 2, 2008).
- Comor, E., & Bean, H. (2012). America's "engagement" delusion: Critiquing a public diplomacy consensus. *International Communication Gazette*, 74(3): 203-220.
- Cohen, R. (1997). *Global diasporas: An introduction*. Seattle: University of Washington Press.
- Cull, N. J. (n/a). "Public diplomacy" before Gullion: The evolution of a phrase. USC Center on Public Diplomacy. http://uscpublicdiplomacy.org/pdfs/gullion.pdf.
- Cull, N. J. (2009). How we got here. In P. Seib (ed.), *Toward a new public diplomacy: Redirecting U.S. foreign policy*. New York: Palgrave MacMillan.
- Cull, N. J. (2010). Public diplomacy: Seven lessons for its future from its past. *Place Branding & Public Diplomacy*, 6(1): 11-17.
- deLisle, J. (2008) "One world, different dreams": The Contest to Define the Beijing Olympics', In M. E. Price and D. Dayan (eds.), *Owning the Olympics*, 17-66. Ann Arbor: The University of Michigan Press.
- D'Hooghe, I. (2005). Public diplomacy in the People's Republic of China. In J. Melissen (ed.), *The new public diplomacy*. New York: Palgrave Macmillan.
- Edward R. Murrow Center of Public Diplomacy (n/a). What is public diplomacy? http://fletcher.tufts.edu/Murrow/Diplomacy.
- Entman, R. (2004). *Projections of power: Framing news, public opinion and U.S. foreign policy*. The University of Chicago Press.
- Entman R (2008) Theorizing mediated public diplomacy: The U.S. Case. *Press Politics*. 13(2): 87-102
- Fukuyama, F. (1989). The end of history. *TheNational Interest*, Summer, 2-18.
- Fukuyama, F. (1992). *The end of history and the last man*. New York: Free Press.
- Gilboa, E. (1998). Media diplomacy. *Harvard International Journal Of Press/Politics*, 3(3): 56.
- Gilboa, E. (2005a). Media-Broker Diplomacy: When Journalists Become Mediators. *Critical Studies In Media Communication*, 22(2): 99-120.
- Gilboa, E. (2005b). The CNN effect: The search for a communication theory of international relations. *Political Communication*, 22(1): 27-44.
- Gregory, B. (2008). Public diplomacy: Sunrise of an academic field. *The ANNALS of the*

- *American Academy of Political and Social Science*, March, 616: 274-290
- Gregory, B. (2011). American pubic diplomacy: Enduring characteristics, elusive transformation. *The Hague Journal of Diplomacy*, V. 6: 351-372.
- Grunig, J. E. (1993). Public relations and international affairs: Effects, ethics and responsibility. *Journal of International Affairs*, 47(1): 137-162.
- Grunig J. E. & Hunt, T. (1984). *Managing public relations*. New York: Holt, Rinehart and Winston.
- Guttenplan, D. D. (2012). Critics worry about influence of Chinese Institutes on U. S. campuses. New York Times, March 4, http://www.nytimes.com/2012/03/05/us/critics-worry-about-influence-of-chinese-institutes-on-us-campuses.html?pagewanted=all&_r=0.
- Hägel, P. & Peretz, P. (2005). States and transnational actors: Who's influencing whom? *European Journal of International Relations*, 11: 467-493.
- Hall, S. (1973). *Encoding anddecoding in thetelevisiondiscourse*. Birmingham: Centrefor Contemporary Cultural Studies.
- Held, D., et al. (2000). *Global transformations: politics, economics and culture*. Cambridge: Polity Press.
- Hill, A., & Alshaer, A. (2010). BBC Arabic TV: Participation and the question of public diplomacy. *Middle East Journal of Culture & Communication*, 3(2): 152-170.
- Izadi, F. (2009). U. S. international broadcasting: The Case of Iran. *Journal of Arts Management, Law & Society*, 39(2): 132-148.
- Jacob, A. (2012). Pursuing soft power, China puts stamp on Africa's news. *New York Times*, August 16 http://www.nytimes.com/2012/08/17/world/africa/chinas-news-media-make-inroads-in-africa.html?pagewanted=all&_r=0.
- Klein, N. (2000). *No logo*. Picador.
- Kunczik, M. (1997). *Images of nations and international public relations*. Mahwah, NJ: Routledge Communication.
- Kurlantzick, J. (2007). *Charm offensive: How China's soft power is transforming the world*. New Haven & London: Yale University Press.
- Lee, S. J. & Melissen, J. (2011). *Public diplomacy and soft power in East Asia*. New York: Palgrave Macmillan.
- Li, H. (2010). Chinese diaspora, the Internet, and the image of China: A case study of the Beijing Olympic torch relay. In J. Wang (ed.), *Soft power in China: Public diplomacy through communication*, 135-156. New York: Palgrave Macmillan.
- Li, H. (2012). The Chinese diaspora and China's public diplomacy: Contentious politics for the Beijing olympic float, *International Journal of Communication*, 6: 2245-2279
- Li, H. & Tang, L. (2009). The representation of Chinese product crisis in national and local newspapers in the United States. *Public Relations Review*, 35: 219-225.
- Li, M. (2009) (ed.). *Soft power: China's emerging strategy in international politics*. Lanham, MA: Lexington Book.
- Livingston, S. (2002). The new media and transparency: What are theconsequences for diplomacy? In E. H. Potter (ed.) *Cyber-diplomacy: Managing foreign policy in the twenty-first century*, 110-127. Montreal:McGill-Queen's University Press.
- Macnamara, J. (2011). Corporate and organizational diplomacy: An alternative paradigm to PR. *Journal of Communication Management*, 16(3): 312-325.
- Manheim, J. B. (1994). Strategic public diplomacy and american foreign policy: The evolution of influence. New York: Oxford University Press.
- Manheim, J. B. (1997). Going less public. In S. Iyengar and R. Reeves (eds.), *Do the media*

- govern?, 379-390, Thousand Oakes: SAGE.
- McKie, D. & Munshi, D. (2007). *Reconfiguring public relations: ecology, equity, and enterprise*. London: Routledge.
- McQuail, D. (1994). *Mass communication theory: An introduction*. Sage Publications.
- Melissen, J. (2005a). The new public diplomacy: Between theory and practice. In J. Melissen (ed), *The new public diplomacy: Soft power in international relations*, 3-27. New York: Palgrave Macmillan.
- Melissen, J. (2005b). (ed). *The new public diplomacy: Soft power in international relations*. New York: Palgrave Macmillan.
- Metzgar, E. T. (2012). Public diplomacy, Smith-Mundt and the American public. *Communication Law & Policy*, 17(1): 67-101.
- Miller-Loessi, K., & Kilic, Z. (2001). A unique diaspora? The case of adopted girls from the People's Republic of China. *Diaspora*, 10(2): 243-260.
- Negroponte N (1995). *Being digital*. New York: Knopf.
- Nelles, W. (2004). American public diplomacy as pseudo-education: Aproblematic national security and counter-terrorism instrument. *InternationalPolitics*, 41: 65-93.
- Nye, J. S. (2004). *Soft power: The means to success in world politics*. New York: Public Affairs.
- Nye, J. S. (2010). Public diplomacy and soft power. In D. Thussu (ed.), *International communication: A reader*, 332-344. London & New York: Routledge.
- Nye, J. S., & Armitage, R. (2007). Smart Power. *American Interest*, 3(2): 34-41.
- Nyiri, P. (2001). Expatriating is patriotic? The discourse on "new migrants" in the People's Republic of China and identity construction among recent migrants from the PRC. *Journal of Ethnic and Migration Studies* 27 (4): 635-653.
- Pamment, J. (2013). *New public diplomacy in the 21st century: A comparative study of policy and practice*. New York: Routledge.
- Pilon, J. G. (2007). An asset built in fits and starts, and not always seriously. In J. M. Waller (ed.), *The public diplomacy reader*, 35-36. Washington, D. C. : The Institute of World Politics Press.
- Rasmussen, R., & Merkelsen, H. (2012). The new PR of states: How nation branding practices affect the security function of public diplomacy. *Public Relations Review*, 38(5): 810-818.
- Rawnsley, G. D. (1996). *Radio diplomacy and propaganda: The BBC and VOA in international politics*, 1956-1964. New York St. Martin'sPress.
- Schneider, C. P. (2009). The unrealized potential of cultural diplomacy: "Best Practices" and what could be, If Only. *Journal Of Arts Management, Law & Society*, 39(4): 260-279.
- Seib, P. (2010). Transnational journalism, public diplomacy, and virtual states. *Journalism Studies*, 11(5): 734-744.
- Shain, Y. (1994-1995). Ethnic diasporas and U. S. foreign policy. *Political Science Quarterly*, 109(5): 811-841.
- Signitzer, B. H., & Coombs, T. (1992). Public relations and public diplomacy: Conceptual convergences. *Public Relations Review*, 18(2): 137.
- Slaughter, A.-M. (2011). A new theory for the foreign policy frontier: Collaborative power. The Atlantic, November 30. http://www.theatlantic.com/international/archive/2011/11/a-new-theory-for-the-foreign-policy-frontier-collaborative-power/249260/.
- Snow, N. (2009). Rethinking public diplomacy. In N. Snow and P. M. Taylor (eds.) Routledge handbook of public diplomacy, 3-11. New York & London: Routledge.
- Sreberny, A., Gillespie, M., & Baumann, G. (2010). Epilogue The BBC world service and the Middle East-Past, present, and future dilemmas. *Middle East Journal of Culture &*

Communication, 3(2): 279-285.
- Star, P. (2010). The liberal state in a digital world. *Governance: An International Journal of Policy, Administration and Institutions*. 23(1): 1-6.
- Sunstein, C. R. (2007). *Republic.com 2.0*. Princeton, NJ: Princeton University Press.
- Szondi, G. (2010). From image management to relationship building: A public relations approach to nation branding. *Place Branding & Public Diplomacy*, 6(4): 333-343.
- Tang, L. & Li, H. (2010). Chinese corporate diplomacy: Huawei's CSR discourse in Africa. In J. Wang(ed.), *Soft power in China: Public diplomacy through communication*, 95-115. New York: Palgrave Macmillan.
- Thunø, M. (2001). Reaching out and incorporating Chinese overseas. *The China Quarterly*, 168: 910-929.
- Toynbee, J. & Vis, F. (2010). World music at the BBC World Service, 1942-2008: public diplomacy, cosmopolitanism, contradiction. *Media, Culture & Society*, 32(4): 547-564.
- Tuch, H. N. (1990). *Communicating with the world: US public diplomacy overseas*. New York: St Martin's Press.
- Van Ham, P. (2008). Place branding: The state of the art. Annuals of the American Academy of Political and Social Science, 616: 126-149. Waller, J. M. (2007) (ed.). *The public diplomacy reader*. Washington, D. C.: The Institute of World Politics Press.
- Wang, J. (2006). Managing national reputation and international relations in the global era: Public diplomacy revisited. *Public Relations Review*, 32(2): 91-96.
- Wang, J. (2010). *Soft power in China: Public diplomacy through communication*. New York: Palgrave Macmillan.
- Wang, J., & Chang, T. K. (2004). Strategic public diplomacy and local press: How a high-profile "head-of-state" visit was covered in America's heartland. *Public Relations Review*, 30: 11-24.
- Wang, Y. W. (2008). Public diplomacy and the rise of Chinese soft power. *Annals of the American Academy of Political and Social Science*, March, 616: 257-273.
- Xin, X. (2009). Xinhua news agency in Africa. *Journal of African Media Studies*, 1(3): 363-377.
- Yang, A., Klyueva, A., & Taylor, M. (2012). Beyond a dyadic approach to public diplomacy: Understanding relationships in multipolar world. *Public Relations Review*, 38(5): 652-664.
- Zaharna, R. S., Fisher, A. & Arsenault, A. (2013). Introduction: The Connective minshift. In *Relational, networked and collaborative approaches to public diplomacy: The Connective Mindshift*. New York: Routledge.

对外媒体研究的理论发展

王绍蓉[①]　洪浚浩[②]

对外媒体（External Media）在世界权力的集中、意识形态的霸权，以及跨越国际的身份认同，长期以来位居主导地位，在两次世界大战以及冷战时期，对于瞬息万变的国际局势以及世界权力版图的扩展与位移，更扮演着举足轻重的角色，在后冷战以及反恐战争时期，对外媒体在公共外交与政策上，不但被赋予了新的使命和意义，更与大众传播、政治和国际关系有着密不可分之关系。而从传播的本质而言，由文字、印刷、广播、电影、电视，乃至于网际网络，传播媒体的发展皆随着时代的变迁和科技的演进与时俱进，对外媒体因其兼具时代的意涵以及传播科技的发展脉络，亦成为国际传播领域中极为重要的研究范畴。

对外媒体的定义

对外媒体早期泛指针对海外阅听众播送的广播节目，通常透过长、短、中波收音机传递信息，而近年来由于传播科技的发展，亦透过卫星以及网际网络以传送信息给阅听人。尽管以一般常态而言，电视和广播节目讯号跨越国际界线传送到海外多属意外，然而对外媒体的讯号传输则绝非偶然，事实上对外媒体可谓是以优雅的词汇来描述复杂的意义，对外媒体是将国家资助的新闻、信息和娱乐直接传送给海外的阅听众，以形塑舆论风向，并且左右意见领袖之意识形态（Price, Haas, & Margolin, 2008），早期则被称之为政治宣传（propaganda）（Martin, 1958），意指信息发送国将其宗教、政治、教育等信仰，传递给信息接收国，抑或者是过去用来作为殖民国与殖民地联系的管道，以巩固殖民国地位和国家威信的媒体服务，近年来对外媒体则多与公共外交相提并论，公共外交是

[①] 王绍蓉现为台湾中山大学行销传播管理研究所助理教授，2010年获美国布法罗纽约州立大学（State University of New York at Buffalo）传播学博士学位，研究着重于新传播科技对人类社会及心理之影响。

[②] 洪浚浩现任美国布法罗纽约州立大学（State University of New York at Buffalo）传播系教授，哈佛大学费正清研究中心研究员，1995年获美国奥斯汀得克萨斯大学（The University of Texas at Austin）传播学博士学位，主要研究方向包括国际传播、媒介与社会、信息与传播新技术的影响等。

透过信息及文化交流,以影响国际舆论以及他国民众对本国之看法的外交模式(Nye Jr, 2004; Peterson, 2002)。

对外媒体的发展则可从跨国广播的发展脉络言之,跨国广播具有特殊时代意义和历史背景,起始于世界权力在具有鲜明边界的国家间不断谈判的20世纪20年代,而当时广播则被视为透过收音机,多半以短波为媒介,传送特定信息给海外广大听众的信息传递工具(Wood, 1994)。随着科技的不断演进,信息传递给阅听人的管道则越来越多元,透过网际网络、直播卫星、录像带、博客、播客,以及越来越具备行动本质的媒体接收和使用模式,对外媒体因此不再具备既定的信息传送技术或形式,更重要的是对外媒体逐渐以非政府组织的方式经营,以透过媒体的对话和符号的传递,跨越国际疆域的界线,以达成政治目的(Price et al., 2008)。以此脉络而言,印度国家广播电台Doordarshan、英国的国家广播公司(British Broadcasting Corporation, BBC)、黎巴嫩的Al Manar、阿拉伯语系的Al Jazeera和美国的有线新闻网(Cable News Network, CNN)等,皆属于为达意识形态和文化霸权目的,而发展出的对外媒体。然而若以此广泛定义下泛指的跨国媒体来描述对外媒体,则不免流于范围太广,且难以精准描述其特质的谬误。

事实上,如果单以国际情势的诡谲多变来解释对外媒体的演进过程,自从冷战和后冷战时期泾渭分明的西方与共产主义国家权力角力逐渐褪去,新的反恐长期战争概念兴起,则又模糊了对外媒体的定义和界线。因此,大体而言,一般对于对外媒体的定义会以消息来源的透明性以及信息的公正客观性,相对于信息的偏颇和从政府立场发言来作界定;另一种区分方式则是以一般跨国媒体与对外媒体来区别,着眼于媒体组织本身的架构和资金来源,相对于一般跨国媒体,对外媒体亦常被指为隐秘(clandestine)或黑色(black)电台,是由政府秘密、情报单位,或与秘密资助政府相关的政治活动有紧密关联的媒体单位(Pronay & Taylor, 1984; Soley, 1982)。

而在美国针对对外媒体的分野则更形复杂,以历史角度而言,对外媒体与国务院而非国防部的关系较紧密,然而有时为因应紧急事故,为求内部和外部可信性,亦可能模糊此界线。此外,美国的对外媒体还有所谓的代理(surrogate)媒体服务,像是"自由欧洲"(Radio Free Europe/Radio Liberty, RFE/RL)、"自由亚洲"(Radio Free Asia, RFA)及其姐妹台,这些电台的节目主要针对特定国家的听众,以在地的语言展现自由和独立媒体的样貌(Johnson & Dale, 2003),这些代理媒体服务与美国之音(Voice of America, VOA)不同之处在于,美国之音属于一般的媒体网,主要播送新闻给全世界,并且传送关于美国形象的消息,不过自从1999年起国家传播理事会(Broadcasting Board of Governors, BBG)成立,将所有的对外媒体纳入管辖范围后,此对外代理媒体与美国之音的分野亦开始逐渐拉近(Price et al., 2008)。

对外媒体的定义包含层面极广,而任何一点混淆或是理念上的误解,皆有可能对于信息播送方的传播策略以及接受方的解读和响应产生莫大影响,举例而言,信息传送的技术、管道以及对于新闻中立和公平性的认知，阅听人如何解读对外媒体传入的信息，资助对外媒体的幕后政府或组织，对于对外媒体所应当扮演的角色，乃至于目标阅听人的母国政府如何看待和因应等，均显示对外媒体定义的复杂与挑战性，而其复杂性来自于对外媒体产生的时代背景脉络，因此若要深入了解对外媒体，则必须先了解其在世界局势和历史演变历程中所扮演的角色。

对外媒体的发展和演变历程

自从1920年位于美国匹兹堡的一家小广播电台播放了美国总统大选结果，1922年英国的BBC广播电台成立，广播对于印刷媒体产生了空前的震撼与冲击。德国早在第一次世界大战之际，即开始用广播来传递政治宣传信息，苏联亦是从20世纪20年代开始，即有系统地利用广播作为政治宣传的工具（Krasner，1991）。最早的广播使用摩斯码，因而讯号能传送的距离有限（Krasner，1991），而短波讯号的发现，开启了全球广播的无限可能，短波广播在美洲成为将娱乐传递到中美洲等偏远地区的管道。短波广播的运用在欧洲则完全是另一番用途，刚开始对外广播被用来维系与遥远殖民地，像是加拿大对澳洲的联系管道（Wood，1994），而自1936年起又开启了另一番面貌，BBC电台开始运用跨国信息传送的技术，向阿拉伯世界传递政治宣传信息，以达英国的殖民目的；而此举另一方面则是为了对抗对于殖民该地域有同样高度兴趣的意大利，这也可以说是点燃两边阵营政治宣传竞争的开始。

20世纪30年代共产党和法西斯党也透过媒体宣传有利自己的形象给海外其他地区的民众，纳粹德国甚至还偏好采用政治宣传影片。英国当时的外相Anthony Eden在1937年意识到此一新跨国传播模式的重要性，因而指出，尽管好的文化宣传无法弥补外交政策所造成的错误，但是如果忽略了解释与说服的工作，再好的外交政策都可能会失败（Nye，2008）。到了20世纪30年代晚期，美国的罗斯福（Franklin Roosevelt）政府特别介意德国对拉丁美洲的政治宣传，认为美洲的安全仰赖美国能对他国民众发言，并且赢得他国支持的能力，因此1938年国务院设立了文化关系部门，两年后该部门由美洲事务办公室所取代（Pells，1997）。到了1939年，德国和苏俄也大举加入了透过对外媒体传递政治文宣的行列（Bumpus & Skelt，1984；Wood，1994），直至1939年，约有25国开始加入国际广播的行列，利用跨国对外广播作为政治宣传手段，在接下来的十几年间迅速发展（Krasner，1991）。

美国虽然早在20世纪初威尔森总统（Woodrow Wilson）时代即创立了公共信息委员会（Committee on Public Information），以在第一次世界大战期间对海外传递宣传美国正面形象的信息（Epstein，2005）。然而在第二次世界大战前，主要仍是依靠商用电台传送信息，第二次世界大战则是真正点燃对外媒体战火的开端，为了因应战局以及国际情势，于 1942 年在战时新闻局（Office of War Information, OWI）之下创立了美国之音（Heil, 2003；Krasner, 1991），第一个美国之音节目于 1942 年 2 月 24 日于欧洲开播（Epstein, 2005），VOA 可谓是指针性的对外媒体，成为"二战"时期美国政府的文宣机器（Krugler, 2000；Wang & Hong, 2011）。第二次世界大战之时，对外媒体成为各大政营强而有力的武器，不过大体而言是同盟国用来颠覆、对抗、困惑占领国的策略性工具，在入侵欧洲后则在德国用以制造恐怖氛围（Bernhard, 2003；Krasner, 1991；Wood, 1994）。

20 世纪 40 年代末期，第二次世界大战结束，对外广播并未随之走向终点，反之，在冷战时期对外广播在以美国和苏联为首的两大阵营中，其作为政治宣传的策略与功能仍持续扩充，在当时欧洲以至于全世界，不再以武力相互攻击，而是主要以语言文字彼此攻讦，只不过当年防范纳粹的威胁，已经变成与共产主义的对抗，而对外广播再次证明了自 1945 年世界大战结束后，其依然可作为强而有力的政治武器，以政治宣传为目的的对外广播，成功的在东、西对抗的局势中，扮演了重要的角色（Bernhard, 2003；Nicholas John Cull, 2008；Hixson, 1997；Schwalbe, 2005）。

透过广播传送政治宣传是语言艺术与科学的结合，对于听众的影响不容忽视，口语传播是一个非常复杂的传播过程，是透过信息传送、接收以及阅听人感知的多重元素而结合，对外广播自 1936 年开始成为各国政治宣传主力后，从 20 世纪 30 年代末期历经了二次大战，对外媒体传递了对其对手国家严厉、苛刻、非难的攻讦内容，到了冷战时期，对外广播更成为西方资本主义国家阵营用来对抗共产阵营的利器，而苏联政府则以消极的干扰讯号方式来阻挡来自西方阵营信息的传入。

全球信息传播的不平等长期以来一直是国际传播的重要议题，美国媒体学者早在 20 世纪 60 年代即已注意到国际间彼此新闻的流通十分薄弱，而且大部分的关注多给了已开发国家，对于开发较落后国家的报道，则不但被忽略，且经常扭曲新闻事实（Schramm, 1964），学者 Schiller（1971）关注于 1963 年日内瓦会议中，针对卫星电波频率分配的关键议题上，发展中国家几乎没有决策权，因而提出更激进的看法，Shiller（1971）认为，许多卫星上都有军用配备，专为国际间共同运作的卫星通信 Intelsat 则是由美国所主宰，而这也造成了发展中国家对于西方国家，尤其是对美国，所产生信息霸权的质疑与反击，自 1970 年代开始，国际间因加深了对传播媒体的关注，因而"不结盟国家"（Non-Aligned Movement）分别于 1973 年在阿尔及尔（Algiers）、1976 年在突尼斯（Tunis），以及 1976 年在新德里（New Delhi）召开会议，可谓是日后传播新秩序的滥觞。

"新秩序"的计划于突尼斯的会议上起草，并且呈送至麦克布莱委员会（MacBride Commission），这些提案于 1978 年命名为"大众媒体宣言"（Mass Media Declaration）（Padovani, 2005；Pickard, 2007）。因当时的时代背景与氛围对国际传播展开的关注，联合国以及联合国教科文组织（UNESCO）开始一连串针对国际传播议题开启了激烈的讨论，并发表了"多种声音，一个世界"的报告，该报告又被称作"麦克布莱报告"，主张传播科技与技术的跨国交流与共享，鼓励第三世界国家出版发行,改善已开发与开发中国家信息分配不均的状况(Mastrini & de Charras, 2005)。

大体而言,"世界信息及传播新秩序"(New World Information and Communication Order, NWICO)的争论就是从1974年的"国际信息经济新秩序"(New International Economic Order)延伸而来,到了1976至1978年间NWICO则以"世界信息新秩序"(New World Information Order)或"国际信息新秩序"(New International Information Order)简称(Nordenstreng, 2013)。NWICO的倡议者认为,当时的国际传播不过是旧时代殖民主义的延伸,强化了国与国之间业已存在的不平等,且加剧了发达国家与发展中国家的落差,传播信息的流通不平等,建构型塑了南北间的依存关系,加深南对北的依赖(McPhail & McPhail, 1987; Pasquali, 2005)。

尽管联合国教科文组织的领导阶层刻意回避南北传播资源分配不均的议题,直至20世纪80年代传播新秩序运动仍然持续发展中,且召开了几次麦克布莱圆桌会议,甚至在30年后的今天,传播信息流通不平等的问题,仍是国际传播学界关注的重点(Nordenstreng, 2013)。事实上,战争无论是实际上的武力热战,抑或是语言文字上的文宣冷战,随着科技的发展,金钱财力永远是战争最得力的武器,二次大战时英国是全球最大的对外广播拥有国,其对外广播每周以46种语言播送850小时的节目,比美国和苏联加起来的播放小时还多,然而由于战争让英国欠下大笔债务,在20世纪50年代英国对外广播的播送量锐减至每周650小时,尽管如此,仍旧高于美、苏两国的播送总和,不过到了20世纪80年代英国则落至对外广播国的第5位,远远落后于美、苏、中国以及西德(Rawnsley, 1996; Wood, 1994)。

对外广播势力的此消彼长,也说明了对外广播力量的不容小觑,世界各国纷纷争相挹注资金发展,对外媒体的数量在40年内大增,从1939年拥有此类媒体的国家只有4个,至20世纪80年代则增加至大约80至一百多国(Krasner, 1991; Wood, 1994),而传输功率也从1936年的10千瓦增强到1985年的500千瓦,甚至到1989年已经达到1 000千瓦,而讯号发射机的数量亦在全球都有惊人的成长(Wood, 1994)。

到了20世纪80年代,对外媒体的信息内涵和本质虽然稍有缓和,然而对外媒体的重要性又在1991年海湾战争之际更为凸显,美国的CNN电视台在伊拉克现场实况转播,引起很大的讨论和批判,学者(Livingston, 1997)将媒体扩张其能力以影响美国外交和对外政策的现象,以"CNN效果"而称之。如今随着时代演进,已有一百多国拥有对外媒体,对外媒体扮演的角色更已重新提炼、精化,成为各国外交政策的工具(Wood, 1994),亦即专门管理对外媒体的机构、对外媒体本身皆对此知之甚深,因而在面临来自内、外部的挑战之际,各国对于其对外媒体组织皆历经多次整顿与变革。

以美国而言,美国于1948年即签署了《史密斯条款》(*Smith-Mundt Act*),首度针对广播和文化活动制定规范,1953年艾森豪总统根据《史密斯条款》创设了美国国际开发总署(U. S. Agency for International Development，USIA），主要执行广播和信息传递的工作，在当时则被称做政治宣传活动，也大约在同一时期，RFE/RL 于 20 世纪 50 年代成立，在中央情报局（Central Intelligence Agency，CIA）的秘密支持下开始播送节目，国际传播理事会（Board for International Broadcasting，BIB）于 1973 年成立，以资助并管理 RFE/RL，RFE/RL 自始成为私人、非营利组织，透过 BIB 接受来自政府的资助。BIB 的成立主要是为了在美国政府，更确切而言也就是 CIA，在对东欧国家以及前苏联广播的 RFE/RL 之间，筑下一道防火墙，期望在切割 RFE/RL 与美国政府的关系之后，能提升 RFE/RL 的信息可信度（Epstein，2005）。

RFE/RL 更于 1993 年创立了南斯拉夫服务处（South Slavic Service），期间美国又历经了对外媒体组织的重组。1994 年美国签署了《国际传播法规》（*International Broadcasting Act*），创立了国家广播理事会（Johnson & Dale，2003），由来自民主党和共和党各 4 位，一共 8 位公民，以及 USIA 的主席所组成，USIA 主席的工作主要是确保组织中新闻记者的道德与公正性，以及维持 VOA 在组织中的正常运作（Johnson & Dale，2003；Kaufman，2002）。

而针对亚洲国家，美国政府早在韩战以及越战时期即兴起对亚洲国家广播的念头，尤其在 1989 天安门事件之后，美国便更积极筹划，欲以对外媒体处理亚洲国家的人权问题，并针对中国以及朝鲜传递自由民主信息，不但于 1992 年起即加强 VOA 对中国的节目播送，增加华语节目时数，并于 1996 年 3 月 11 日正式成立亚太媒体网（Asia Pacific Network），自由亚洲之名亦立法通过，RFA 于 1996 年 9 月 29 日正式开播（Epstein，1997）。

在 1998 年中期，VOA 和 RFE/RL 使用短波讯号，每日传递超过四十多小时的节目至阿尔巴尼亚、波西尼亚、克罗地亚、塞尔维亚-克罗地亚、塞尔维亚等地区，当地的 AM 和 FM 电台则让播送范围更为广阔，资料显示当时 VOA 是最大的对外媒体，在目标地区拥有 14% 的听众，然而当美国与南斯拉夫的冲突日益激烈，南斯拉夫总统米洛塞维奇（Slobodan Milošević）关掉了对外媒体的播送管道，却仍难以阻挡 VOA 或 RFE/RL，美国开始扩张其对外媒体的播送技术，透过对外短波、中波以及网络传递信息，美国国务院和美国国际开发总署在该区域加强了 FM 的广播，让该区域形成了著名的"环状塞尔维亚"（Ring of Serbia）区块（Kaufman，2002）。美国政府资助的 BBG 于 1999 年十月成为独立的联邦机构，USIA 主席在理事会的位置则由美国国务卿所取代（Kaufman，2002）。

VOA 自从 1943 年起就以目标国家的语言播送节目，传递美国政府的信息，美国的主要对外广播机构除了上述的 RFE/RL 以及 RFA，还包括于 1985 年成立的马蒂之音（Radio Marti）以及马蒂电视（TV Marti），专门针对古巴的阅听众传递美国的信息（Johnson & Dale，2003），而在其他国家虽不像美国有多个对外媒体，然并未忽视对外媒体的经营，例如英国有 BBC，德国有 Deutsche Welle（DW），法国有法国国家广播电台（Radio France Internationale，RFI），俄国有俄罗斯之音（Voice of Russia），中国则有中国国际广播电台（China Radio International，CRI），这也呼应了学者所言，对外媒体大体而言可谓是公共外交和外交政策的工具（Browne，1983），而且甚至可以担任主导性角色，在冲突解决的脉络中促进双方的谈判和协议（Zöllner，2006），亦即学者所言之"媒体外交"（Media Diplomacy）（Gilboa，2000，2001，2002），在学术界受到很大的重视，历年来关于对外媒体的研究和理论，亦有成熟的发展脉络可循。

对外媒体的研究脉络与理论基础

政治、社会、文化、经济与外交，与奠基于国际基础上的信息的创造与交换密不可分（Taylor，1997），对外媒体长期以来对于外交政策和国际关系具有举足轻重之影响。从18世纪末受法国大革命之启发，而有了现代国家的概念后，外交即开始成为国家发展的一部分，传统外交在本质概念与定义下，属于国家政府运作过程中的精英和高度专业活动，一直是国与国之间关系发展的主力（Zöllner，2006）。然而作为国与国之间对于彼此关系和谈判的正式规范，建立于国家对国家基础上的外交多半是在封闭的状态下，关起门处理，除了一些诸如高峰会、正式国际拜访，以及一些"握手"的重要时机，在媒体系统的运作下，具有新闻价值或符号象征性意义之外，一般大众对于外交活动、外交官员或是政府对外组织机构的了解微乎其微（Gilboa，2008）。

然而，代表并推广一个国家的价值、文化和语言一直是国与国之间凝聚共识的一部分，文化是创造社会整体意义的一系列实践，可以分成高尚文化，像是文学、艺术和教育，吸引的是精英族群，文化亦可分成聚焦于大众娱乐的大众文化（Nye，2008）。普法战败之后，法国政府为了修补其国家声望，于1883年开始组织了推广其语言和文学的法语联盟（Alliance Francaise），在海外推广法国文化因而成为法国外交的重要部分（Maack，2001；Pells，1997）。意大利和德国也很快的跟进法国的脚步，第一次世界大战后各国更是加速扩展政府机关组织或办公室，以宣传各自的理念，美国不但成立自己的对外宣传机构，也是各国对外宣传的目标国，英国和德国在美国加入战争前，已经彼此激烈竞争以求博取美国公共意见的青睐（Nye，2008）。

相较于其他国家，美国算是较晚加入利用信息和文化达成外交目的的行列，1917年威尔森总统成立了公共信息委员会，该委员会由他在报业的朋友George Creel所主导，Creel当时就表示，其所领导的该委员会是最大的销售企业，担负全球最大的广告任务，并坚称该委员会的工作并非政治宣传，而是教育和信息传递（Rosenberg，2011）。然而事实却是Creel组织巡回宣传"美国化福音"（Gospel of Americanism），成立政府经营的新闻服务，确认电影制作人收到战时稀有补给品的配额，且所拍的影片都正面描绘美国（Nye，2008），因为该委员会引起太大争议，甚至在当时受到立普曼（Walter Lippmann）严厉的批判（Steel，1980），战后很快便遭废除。

随着广播技术于20世纪20年代有了长足的进展，各国政府纷纷投入对外广播的行列，到了1939年，德国每周对拉丁美洲播送7小时的节目，美国则播送约12小时，到了1941年，美国则开始全天候播送节目，美国按照英国BBC模式成立的VOA，到了1943年之际，已有23个发送器，每天以27种语言播送新闻（Nye，2008）。而美国于1942年"二战"时期成立的OWI，不但负责处理信息传递的正确性，甚至将好莱坞影片塑造成有效的政治宣传工具，建议在许多影片中增减内容，甚至拒发执照给不符合要求的影片，而好莱坞的高层当时基于爱国心或是自身利益考量，对此政策亦都欣然接受，直至冷战前，好莱坞的电影制片公司对全世界贩卖的不但只是他们的影片，更是美国文化与价值（Pells，1997）。

自20世纪60年代起，因冷战期间以美国为首的西方国家阵营，有感于共产苏联的威胁加剧，公共外交成为补强和支持国际关系发展的重要策略。"公共"一词代表了与过去传统秘密进行的外交有了本质上的不同，广义而言，公共外交意味着政府机构与第三方国家的人民之间的关系，公共外交着重在国家与个人，或透过文化领域中介的互动，以求产生共识、了解与认同，甚至支持对方国家的政策、政体或政治（Fortner，1993）。可以透过平面或电子媒体、网络、演说、文化或学术交流等，中介或非中介的传播平台而达成外交目的，若从系统性的理论而言，公共外交则指在国家外交系统中特定的传播功能，是国际关系中达成外交政策任务的一个过程（Signitzer & Coombs，1992）。

然而，随着各国在公共外交策略和运用上的持续扩增，国际间传播资源的分配不均，南和北、贫和富的对峙，尤其针对被美国政府所支配和资助的传播媒体，除了VOA之外，特定针对东欧国家所创设的RFE/RL，是否能独立代表美国文化，在国际间引起很大的争议，在学术界亦发展出相关的研究脉络。总体而言，随着冷战的发展，对于公共外交的形式亦有两派论点，一派主张使用书、文化和交流等"慢媒介"，以产生潜移默化效果；另一派则主张采用广播、电影和新闻影片等，可快速传递信息的媒体，以对目标观众和听众产生即刻可见的效果。尽管双方的争议并未获得完全的解决，至少公共外交对于侵蚀了铁幕后的共产信念，产生了效果，1989年柏林围墙不因战争和军队而倒塌，即是一个实例，所谓的"软实力"（soft power）成为公共外交的主要研究重点（Nye Jr，2004；Nye，2008）。

整体而言，针对对外媒体的研究，根据时代的发展和演进，亦大体可分成意识形态与政治宣传、信息自由流通以及软实力三个时期。兹将此三个时期的主要研究脉络分述如下：

意识形态与政治宣传（Ideology and Propaganda）

针对冷战时期的对外媒体研究，大致可分成美苏对峙的历史性冲突（Cowan & Cull，2008），以及在冷战的国际情势脉络下，从政经观点出发探讨的公共外交，旨在解释意识形态和国家权力的关系（Frederick，1986），重新诠释阿图舍（Althusser，1971）所谓的意识形态国家机器概念。政治宣传模型（Herman & Chomsky，2008）是由媒体的结构出发，指出媒体是紧密镶嵌于市场系统，并且受制于主宰者意识形态之下，会为了媒体拥有者的利益、广告收入与消息人士之关系等因素，而做出有偏见的报道。

政治宣传本身是价值中立的概念，没有所谓的好、坏之分，亦不等同于误导的信息或掩盖的信息（Snow & Taylor，2006），只是一种信息传递过程中的特殊说服手法，就像是广告与教育一样，主要取决于意图，说服过程中的手段或许寻常，然而若目标是使说服的对象按照信息来源者的意图而思考和行为，则就是政治宣传，而意图本身亦不一定是负面，政治宣传也不尽然是谎言的传递（Powell，1982；Taylor，1997）。在此脉络之下，学者因而从政治宣传论点探究对外媒体的意涵与运作（Hale，1975；Lisann，1975；Mowlana，1997；Pronay & Taylor，1984）。

为了达到特定意识形态、政治或军事目的而传递的信息，被视为政治宣传以及心理战，此在一次世界大战期间广为运用，其中透过传播媒体来影响受众，以维系政治权力的研究，亦早在20世纪20年代即开始发展，拉斯威尔在《世界大战中之政治宣传技巧》（*Propaganda Technique in the World War*）中即指出，政府与人民无可避免的会在自己权限内插手他国事务，而世界公民的形成则是受到政治宣传的蓄意煽动所产生，政治宣传已在本质上改变了国际间互动的模式（Lasswell，1927）。

拉扎斯菲尔德在后续的实证研究中延伸了拉斯威尔的观点，在《人民的选择》（*People's Choice*）中分析大众媒体如何影响团体中的决策（Lazarsfeld，Berelson，& Gaudet，1944），并且提出了"二级传播论"（Two-step flow of communication），该理论的重点即在于，大众媒体传递的意见，透过社会中被视为意见领袖者，再传给一般受众，将能产生最大的传播效果（Lazarsfeld & Katz，1955）。据此脉络，任何的信息宣传活动，透过当地意见领袖的传递，能达到最佳的传播目的，而意见领袖就是主要的中介管道。二级传播论的概念，最早被美国运用在二次大战时的政治宣传活动，并且透过战时新闻局、美洲事务办公室，以及国务院的文化关系部，展开一系列的心理战，以影响目标国家的公共意见（Ninkovich，1998；Winkler，1978）。

公共意见和信息是组成权力不可或缺的元素，其内涵可分为工具性传播与论述性传播（Wang & Hong，2011）。以工具性传播而言，政治人物以此博取大众的兴趣和喜好，寻找共同点，建立信任感和权威性符号，并创造共识（Lippmann，1997），而杜威以论述为基础的政治传播则挑战了立普曼的精英主导的传播模式，论述性的传播改变了媒体和公民社会的理念，强调以非操弄的方式让人民达成共同的了解和集体的行动（Dewey & Rogers，2012）。论述性的传播亦影响了日后哈伯玛斯（Habermas，1989）对于公共领域的分析与理论。在此脉络下，用亲近的声音和熟悉的语言，以传递信息或将信息最大化的方式，来对抗反对势力和敌对的想法，对于影响或说服海外民意，具有举足轻重的作用。

有关信息自由流通（Free Flow of Information）的研究

随着传播技术的发达，信息的传递跨越了地理的疆界，然而非西方以及相对较不工业化国家，对于西方国家主宰广播、电视和卫星等传播资源的愤慨与不平，引发了信息自由与传播资源分配的问题，20世纪70年代掀起的NWICO议题，可说是联合国和经济与媒体领域非政府组织所引领的指针性辩论，包含了学术、国际政治与大众媒体的意义。当时是由"不结盟国家"组织大力推动此议题，所谓的"不结盟国家"组织成立于冷战时期，其成员国奉行独立自主的外交政策，不与美、苏两大超级阵营的任何一边结盟，该组织要求全球经济和媒体资源应该平均分配，尤其有鉴于南北在信息流通本质上的不平等，以及贫富日益不均，主张媒体自由化，以及让全球多元的声音能有传播的平等机会（Mowlana，1993）。

国际传播学者有鉴于南北传播资源的分配不均，展开一系列的探究。全球传播的管理，在强大西方国家与企业联盟所主张的新自由主义必要性进展，以及开发中国家和民权社会团体所倡言的传播权，两方的势力下不断拉扯，亦即学者所言，国际传播持续为全球信息和娱乐产业所主宰，由少数且大多为西方国家和跨国企业总部所在国所掌控，经由广播、有线电视、或是网络持续将信息传递给全球的阅听人（Thussu，2000）。同样针对经济强权以及公民社会的冲突，学者指出，最明显的矛盾即在于全球层级对于媒体和传播的控制，一边是人民、社会、政治和文化权，以及那些站在人民立场发声的社运组织或团体；另一边则是被少数以营利为目的而主导的经济强权，主要受到更强大的经济强国所掌控，全球脉络的转变让状似无懈可击的信息流动变得复杂，其中牵涉的议题包括技术层面、地理政治重组，以及跨国资本主义的进阶层级，而这其中并无法有所交集，也没有简单的公式可以简化其复杂的程度（Girard & Siochrú，2003）。

从20世纪70年代中期到20世纪80年代中期的NWICO争论，可谓是首度将电信传播以及媒体相关议题全面搬上国际舞台的讨论，由冷战时期两大国际势力的对立情势开始，联合国的不结盟国在去殖民化之后会员数大增，这些所谓的第三世界国家势力的突然扩张，在联合国形成第三势力，也让联合国过去由美、苏领导两极对立的权力版图重组（Singham，1978）。相对较穷困的第三世界国家权力的扩张，或者可说这些国家在世界舞台上有了较大的声音，其所推动的"世界信息新秩序"的诉求，即是要求国际间政经主权和经济资源的平等分配（Carlsson，2003）。

NWICO背后最重要的议题就是"大众媒体宣言"，该议题1972年提出，于1978年在UNECO正式进入议程讨论，其中最大的争议即是所谓的信息自由流通，这也是西方媒体所谓的在非生即死的商业媒体自由中挣扎的矛盾。然而除了外交上的争论之外，随之起的最终产物即是关于信息自由流通的讨论，并将自由流通的基本教义修改为信息能更加平衡的分配，并且包括媒体内容上质的改善，麦克布莱委员会1980年在UNESCO的报告中提出了对于传播议题的广泛建议，其中包括对于电视影像、广播接收者，以及记者对于回复和修正的权力等（Calabrese，2004）。

在 NWICO 的争议中，苏联阵营和不结盟国事实上亦有一共同的论点，即是针对美国帝国主义的批判，而对外媒体，尤其当年以广播为主体的传播，成为信息自由流通的一部分，然而，跨越地理边境的信息传递模式，让一个国家的文化价值和身份定位，透过媒体传递到境外（Hoffmann-Riem，1987；Marks，1983），在学术界因而针对全球化过程中，统治与附属本质的文化帝国主义有诸多的讨论和批判。所谓文化帝国主义的概念是指一个社会被导入现代世界组织的过程，以及该社会的主导阶层如何吸引、强迫、压迫其他社会来形塑其社会机构，以配合甚至推广其所主宰的中心结构与系统，而媒体，尤其在广电商业化之后，承载了渗透与主宰文化入侵的力量（Schiller，1975）。随着全球化脚步的演进，学者日后针对文化帝国主义的讨论，更扩及对于文化的多元性，在地文化抵抗外来文化而多所延伸与辩证（Tomlinson，1999）。

对外媒体的主要目的即在影响信息接收国的阅听众，以改变其信仰与想法，文化影响对于接收者而言乃一体之两面，既可视为丰富，又可视为侵略了原来的文化主体。学者认为，随着新传播科技的发展，延续并扩展了全球文化议题，引发跨国大媒体企业垄断全球文化的争议，尤其针对以美国为总部的媒体文化霸权而多所讨论，并且提出了软实力的论点。

有关软实力（Soft Power）的研究

权力是影响他人以达自己目的的能力，个人有三种方式可以影响他人：威胁强迫（棒子）、引诱和利诱（胡萝卜），以及吸引力，以此来让他人跟自己的想法一致，以国家而言，一国也能因他国愿意跟随、景仰其价值观、以其为榜样并且模仿，或因其富裕与开放而受到启发，而在世界政治体系中得到想获得的结果，在此概念下，设定议题并在世界政治体系中吸引他人，而非以威胁、武力或经济制裁来强迫他国，更形重要，这也就是所谓的以软实力来使他国合作而非以武力胁迫以达目的的重要（Nye，2004）。

软实力在于改变他人喜好的能力，在个人层面，诱惑和吸引力的力量强大，政治人物长久以来便了解议题设定并且决定辩证架构的重要性，软实力在民主政体中的意义重大，而建立他人对自己的偏好，多与具吸引力的人格特质、文化、政治价值，以及具有立法或道德权威的政府机关和政策等无形资产相关（Nye，2008）。软实力不仅只是影响力，更是诱惑与吸引的能力，若以行为层面而言，软实力即是吸引的力量，而其资源则是指产制吸引力的资产，就国际政体而言，产制软实力的资源大多来自于组织或国家所能表达其文化的价值，公共外交即是政府用来动员资源以和他国沟通或吸引他国的工具，公共外交试图经由对外媒体传播、文化产业外销以及交流等潜在资源，以吸引他国人民，获得好感（Nye，1990，2004，2008）。

以美国为例，随着冷战的结束，美国政府试图在世界政治体系中，跳脱与苏联的二极对立，而能自我诠释自己的定位（Nye，1990），对外媒体的信息传播、好莱坞电影的外销以及国际交流活动等，皆可视为软实力的扩张（De Zoysa & Newman，2002；Nye，2008）。除了美国，中国过去将公共外交误解为外部政治宣传的一部分，然而近年来有鉴于有效公共外交政策以及善用媒体的重要，其软实力在亚洲影响力日益显著（Gill & Huang，2006；Kurlantzick，2007），除了经济的快速成长，中国更积极的推销文化价值，成为美国潜在的竞争者，并且建立24小时的中文电视和广播电台，专门对南亚播送节目（Cho & Jeong，2008；Kurlantzick，2007；Y. Wang，2008）。同样地，在其它国家诸如加拿大（Potter，2008）、日本（Otmazgin，2008；Watanabe & McConnell，2008）和英国（Nicholas J Cull，2008；Keohane & Nye Jr，1998）、俄罗斯（Popescu，2006），德、法以至于整个欧盟（Matlary，2006）等，皆有感于武力的扩张，或是以意识形态为基础发展策略性文化等强制外交的模式，逐渐不适用于现代国际局势，因而对于软实力的发展更形重视。然而，若一味地赞扬政策，像是透过VOA代美国政府发言，则会为他国阅听众所忽视，视为政治宣传，而无法产生软实力的吸引效果（Nye，2008）。

对外媒体运用广播、电视、网络等传播科技，以吸引海外阅听众，对外媒体能配合政府政策和公共外交的功能，像是包括追踪阅听众的研究、拥护政策并重新编辑信息、加入文化内容以进行文化外交，以及和其他对外媒体彼此交换人员或节目等，以影响目标社会的阅听人，并达成外交目的，而其中对外媒体与其它公共外交功能，在制度和道德上最大的分野即是，在对外媒体的所有功能中，新闻为其最重要的元素，且长期以来运用新闻，尤其是客观公正的新闻内容，成为对外媒体最为重要的一部分，然而过去从20世纪20年代中期，由于苏联和荷兰等国对于对外媒体的运用，不难找到政府资助新闻的痕迹，直到BBC全球新闻的发展成熟，成为英国公共外交的重要元素，才稍稍改变对外媒体操弄新闻的负面形象，BBC亦可谓是对外媒体的一个典范（Nicholas J Cull，2008）。然而传播科技的日新月异，20世纪90年代之后探讨的对外媒体信息传递的模式，更不能忽视网际网络的力量，学者因而针对新科技的发展对于对外媒体的影响（Price et al.，2008），乃至于信息革命、网络新媒体，作为软实力扩张的元素多所探讨（Nye Jr，2002；Wang & Hong，2011）。

信息即是力量，而新信息通信科技更前所未有的能将信息传递到过往无法或者难以进入的地域（Nye，2004），正如所有的媒体机构，对外媒体的改变与演进，紧密镶嵌于科技发展的脉络中，科技的变化是新媒体版图的一部分，因此也让过去对于对外媒体的定义和理解起了变化，而科技之所以重要，在于其具备将信息传递给目标众的能力，而同样的，科技亦让受众保有抗拒信息流入的权力，因此可谓是一体之两面（Price et al.，2008），因而成为21世纪对外媒体的发展与软实力的运用之研究重点。

对外媒体研究的未来走向

对外媒体由第二次世界大战以及冷战时期充满意识形态的政令宣传工具，演进为国际间对于信息自由流通以及文化霸权的争论，乃至于时至今日，其作为软实力的重要元素，成为各国竞逐国际影响力的另一个舞台，学术界对于对外媒体的研究亦循着时代脉络而已发展出一成熟的研究领域。对外媒体之功能与表现与外交政策和国际局势的诡谲多变，无疑的有不可分割之关系，然而，从机构和组织的层面来看对外媒体的功能和结构，其所面对的挑战在于科技的变迁太过迅速，对于对外媒体的任务、功能，以至于整个组织架构的生命周期都造成极大的冲击（Price et al.，2008）。

自从麦克鲁汉于 20 世纪 60 年代有鉴于卫星电信传播网的发展，提出了"地球村"的概念（McLuhan，1964），信息的传播随着科技的发展，长久以来都与全球化的概念有着紧密的连结，全球化是由现存彼此互连的系统，能让资料和信息传递与交换（Castells，1996），然而在全球化的概念下，信息的重要性在于全球社会已经急遽扩张，信息的分享对于个人乃至于其与他人的关系，无疑都有了更大的影响力，而网络社会的形成，来自于传播科技带动下的全球公共领域的理念，让信息得以因网络系统的交互连结而传递，挑战了传统家国的概念。

软实力着眼于其不靠武力威胁或利诱，而能影响他国公民，达到公共外交目的的理想，因而与全球化意涵有着紧密连结，然而，也是因为全球化，凭借软实力达到国际的注意力和吸引力更面临严厉的冲击，由于国际政治氛围的改变，文化在地化意识的崛起，尤其新兴国际势力的扩张，美国乃至于西方文化霸权受到严峻挑战，因此，冷战虽已结束，在后冷战时代，对外媒体仍是各国势力竞逐的舞台，虽不以战争为名，实质上仍是一场媒体竞逐赛，竞逐的是国际的影响力和吸引力。

然而，对外媒体本身，不但面临传统信息可信度的质疑、组织架构随时代脉络的调整，甚至新传播科技更是双面刃，其传播效果尽管受益于日新月异的传播科技，然而传播科技的发达，亦可能降低对外媒体的传播效果，针对网际网络对于对外媒体的影响，学术界已有丰富的研究成果，然而，网际网络已从 Web 1.0 的内容单向由内容制造者传入阅听众的模式，进入了使用者共创（User Generated Content，UGC），使用者亦是信息产制者的社群媒体时代，强调协同创作（Kaplan & Haenlein，2010），并且透过绵密的社群网络形成虚拟社群的概念（Rheingold，2000），对外媒体扮演单一信息传送者的角色，已逐渐不符合时代需求，对外媒体如何因应社群媒体时代，信息网状传送的快捷与绵密，UGC 的自由与丰富内涵，进而凭借社群媒体的特质，以达成其对目标阅听众的影响力和吸引力，目前仍是一个研究缺口，有待补足。

此外，从有线网络、固网与设备、人机接口到无线网络与行动通信器材，传播科技已历经多次典范型的转变，对人类社会产生无远弗届的影响。行动通信的发达，改变了传统时间、空间的概念，冲击了人类对于空间的感知，空间、领域和地点因传播科技而相互交织，城市的概念因传播科技而被重新塑造和诠释（Aurigi & De Cindio, 2008）。正如电报与传真融合了接口与实体通信设备架构，让人类的社交生活与国际网络通信得以交集，个体所在地或有形的社区，与通信网络系统或设备呈现的分离状态，引领出20世纪90年代后期，全球电信传播系统具备转换空间，使之与定点社区区隔的理念风潮，亦即传播学者Manuel Castells（1996）在其"网络社会"（Network Society）三部曲中提出的"流动空间"概念，以此来解析传播科技对现今社会带来跨越时空的影响。

新传播科技的普及，隐含着全球流动的空间与在地的日常生活已然汇流的意涵，当世界透过行动通信科技转换了传统时空的概念，当空间与时间已然交织，政治与经济的界线必然被重新检视。行动通信带来了空间的无边界性、时间的无限制性，改变了人类的社交习惯与生活，信息传递的方式与速度、深度与广度亦有很大的突破，对外媒体在面临行动通信发达，地理疆界更加模糊，信息传输更快速、更广泛、更深远的现代社会，该如何因应新传播科技带来的转变，亦是未来值得关注的焦点。

◇ 参考文献 ◇

- Althusser, L. (1971). Ideology and ideological state apparatuses (notes towards an investigation). *Lenin and philosophy and other essays*. 1127-1986.
- Aurigi, A., & De Cindio, F. (2008). *Augmented urban spaces: articulating the physical and electronic city*. Surrey, UK: Ashgate Publishing, Ltd.
- Bernhard, N. (2003). *US television news and Cold War propaganda*, 1947-1960. Cambridge: Cambridge University Press.
- Browne, D. R. (1983). The international newsroom: A study of practices at the voice of America, BBC and Deutsche Welle. *Journal of Broadcasting & Electronic Media*, 27(3): 205-231.
- Bumpus, B., & Skelt, B. (1984). Seventy Years of International Broadcasting. *Communication and Society*, 14.
- Calabrese, A. (2004). The promise of civil society: A global movement for communication rights. *Continuum: Journal of Media & Cultural Studies*, 18(3): 317-329.
- Carlsson, U. (2003). The rise and fall of NWICO: From a vision of international regulation to a reality of multilevel governance. *Nordicom Review*, 2(2003): 31-68.
- Castells, M. (1996). *The Rise of the Network Society*. Volume I of The Information Age: Economy, Society and Culture. Massachusetts: Blackwell Publishing.
- Cho, Y. N., & Jeong, J. H. (2008). China's soft power: Discussions, resources, and prospects. *Asian Survey*, 48(3): 453-472.
- Cowan, G., & Cull, N. J. (2008). Diplomacy in a Changing World. *The Annals of the American*

- *Academy of Political and Social Science*, 616, 6.
- Cull, N. J. (2008). *The Cold War and the United States Information Agency: American Propaganda and Public Diplomacy*, 1945-1989. Cambridge: Cambridge University Press.
- Cull, N. J. (2008). Public diplomacy: Taxonomies and histories. *The ANNALS of the American Academy of Political and Social Science*, 616(1): 31-54.
- De Zoysa, R., & Newman, O. (2002). Globalization, soft power and the challenge of Hollywood. *Contemporary politics*, 8(3): 185-202.
- Dewey, J., & Rogers, M. L. (2012). *The public and its problems: An essay in political inquiry*. University Park, PA: Penn State Press.
- Epstein, S. B. (1997). *Radio Free Asia*.
- Epstein, S. B. (2005). US public diplomacy: Background and the 9/11 commission recommendations.
- Fortner, R. S. (1993). *International communication: History, conflict, and control of the global metropolis*. Belmont, CA: Wadsworth Publishing Company.
- Frederick, H. H. (1986). *Cuban-American radio wars: Ideology in international telecommunications*. Norwood, N. J.: Ablex Pub. Corporation.
- Gilboa, E. (2000). Mass communication and diplomacy: A theoretical framework. *Communication theory*, 10(3): 275-309.
- Gilboa, E. (2001). Diplomacy in the media age: Three models of uses and effects. *Diplomacy and statecraft*, 12(2): 1-28.
- Gilboa, E. (2002). Global communication and foreign policy. *Journal of communication*, 52(4): 731-748.
- Gilboa, E. (2008). Searching for a theory of public diplomacy. *The Annals of the American Academy of Political and Social Science*, 616(1): 55-77.
- Gill, B., & Huang, Y. (2006). Sources and limits of Chinese 'soft power'. *Survival*, 48(2): 17-36.
- Girard, B., & Siochr, S. Ó. (2003). *Communicating in the information society*. United Nations Research Institute for Social Development.
- Habermas, J. (1989). The Structural Transformation of the Public Sphere, trans. Thomas Burger. Cambridge: MIT Press, 85, 85-92.
- Hale, J. (1975). *Radio power: propaganda and international broadcasting*. Elek.
- Heil, A. L. (2003). *Voice of America: A history*. New York: Columbia University Press.
- Herman, E. S., & Chomsky, N. (2008). *Manufacturing consent: The political economy of the mass media*. London: Bodley Head.
- Hixson, W. L. (1997). *Parting the curtain: Propaganda, culture, and the Cold War*. New York: St. Martin's Press.
- Hoffmann-Riem, W. (1987). National identity and cultural values: Broadcasting safeguards. *Journal of Broadcasting & Electronic Media*, 31(1): 57-72.
- Johnson, S., & Dale, H. (2003). *How to reinvigorate US public diplomacy*: Heritage Foundation.
- Kaplan, A. M., & Haenlein, M. (2010). Users of the world, unite! The challenges and opportunities of Social Media. *Business horizons*, 53(1): 59-68.
- Kaufman, E. (2002). A broadcasting strategy to win media wars. *Washington Quarterly*, 25(2): 115-127.
- Keohane, R. O., & Nye Jr, J. S. (1998). Power and interdependence in the information age. *Foreign Affairs*, 81-94.
- Krasner, S. D. (1991). Global communications and national power. *World politics*, 43(3):

336-366.
- Krugler, D. F. (2000). *Voice of America and the Domestic Propaganda Battles*, 1945-1953. University of Missouri.
- Kurlantzick, J. (2007). *Charm offensive: How China's soft power is transforming the world*. London: Yale University Press.
- Lasswell, H. D. (1927). *Propaganda technique in the world war*. New York: Alfred A. Knopf.
- Lazarsfeld, P. F., Berelson, B., & Gaudet, H. (1944). The people's choice: how the voter makes up his mind in a presidential campaign.
- Lazarsfeld, P. F., & Katz, E. (1955). Personal influence. *New York*, 174.
- Lippmann, W. (1997). *Public opinion*: Transaction Pub.
- Lisann, M. (1975). *Broadcasting to the Soviet Union: International politics and radio*. New York: Praeger.
- Livingston, S. (1997). Clarifying the CNN effect: An examination of media effects according to type of military intervention: Joan Shorenstein Center on the Press, Politics and Public Policy, John F. Kennedy School of Government, Harvard University.
- Maack, M. N. (2001). Books and libraries as instruments of cultural diplomacy in Francophone Africa during the Cold War. *Libraries & culture*, 36(1): 58-86.
- Marks, D. (1983). Broadcasting across the wall: the free flow of information between East and West Germany. *Journal of communication*, 33(1): 46-55.
- Martin, L. J. (1958). *International propaganda: Its legal and diplomatic control*. Minneapolis: University of Minnesota Press.
- Mastrini, G., & de Charras, D. (2005). Twenty years mean nothing. *Global Media and Communication*, 1(3): 273-288.
- Matlary, J. H. (2006). When soft power turns hard: Is an EU strategic culture possible? *Security Dialogue*, 37(1): 105-121.
- McLuhan, M. (1964). The medium is the message. *Media and cultural studies*, 107.
- McPhail, T. L., & McPhail, B. (1987). The international politics of telecommunications: resolving the North-South dilemma. *International Journal*, 42(2): 289-319.
- Mowlana, H. (1993). Toward a NWICO for the Twenty-first Century? *Journal of INternational Affairs-Columbia University*, 47, 59-59.
- Mowlana, H. (1997). *Global information and world communication: New frontiers in international relations*. SAGE Publications Limited.
- Ninkovich, F. (1998). Walter L. Hixson. Parting the Curtain: Propaganda, Culture, and the Cold War, 1945-1961. New York: St. Martin's. xvi, 283. *The American Historical Review*, 103(3): 998-999.
- Nordenstreng, K. (2013). The history of NWICO and its lessons. *From Nwico to Wsis: 30 Years of Communication Geopolitics: Actors and Flows, Structures and Divides*, 29.
- Nye Jr, J. S. (2002). The information revolution and American soft power. *Asia Pacific Review*, 9(1): 60-76.
- Nye Jr, J. S. (2004). Decline of America's Soft Power-Why Washington Should Worry. *Foreign Aff.*, 83, 16.
- Nye, J. S. (1990). Soft power. *Foreign policy*(80): 153-171.
- Nye, J. S. (2004). Soft power: The means to success in world politics: *Public affairs*.
- Nye, J. S. (2008). Public diplomacy and soft power. *The Annals of the American Academy of Political and Social Science*, 616(1): 94-109.
- Otmazgin, N. K. (2008). Contesting soft power: Japanese popular culture in East and Southeast Asia. *International Relations of the Asia-Pacific*, 8(1): 73-101.

- Padovani, C. (2005). Debating communication imbalances from the MacBride Report to the World Summit on the Information Society: an analysis of a changing discourse. *Global Media and Communication*, 1(3): 316-338.
- Pasquali, A. (2005). The South and the imbalance in communication. *Global Media and Communication*, 1(3): 289-300.
- Pells, R. H. (1997). *Not like us: How Europeans have loved, hated, and transformed American culture since World War II*. Basic Books.
- Peterson, P. G. (2002). Public diplomacy and the war on terrorism. *Foreign Affairs*, 74-94.
- Pickard, V. (2007). Neoliberal visions and revisions in global communications policy from NWICO to WSIS. *Journal of Communication Inquiry*, 31(2): 118-139.
- Popescu, N. (2006). Russia's Soft Power Ambitions. *CEPS Policy Briefs*(1-12): 1-3.
- Potter, E. H. (2008). *Branding Canada: Projecting Canada's soft power through public diplomacy*. Montreal: McGill Queens University Press.
- Powell, J. T. (1982). Towards a negotiable definition of propaganda for international agreements related to direct broadcast satellites. *Law and Contemporary Problems*, 45(1): 3-35.
- Price, M. E., Haas, S., & Margolin, D. (2008). New technologies and international broadcasting: reflections on adaptations and transformations. *The Annals of the American Academy of Political and Social Science*, 616(1): 150-172.
- Pronay, N., & Taylor, P. M. (1984). "An Improper Use of Broadcasting ..." The British Government and Clandestine Radio Propaganda Operations against Germany during the Munich Crisis and after. *Journal of Contemporary History*, 19(3): 357-384.
- Rawnsley, G. D. (1996). *Radio diplomacy and propaganda: the BBC and VOA in international politics*, 1956-64. London: Macmillan.
- Rheingold, H. (2000). *The virtual community: Homesteading on the electronic frontier*. Cambridge: MIT press.
- Rosenberg, E. (2011). *Spreading the American dream: American economic and cultural expansion*, 1890-1945. New York: Hill and Wang.
- Schiller, H. I. (1971). *Mass communications and American empire*.
- Schiller, H. I. (1975). Communication and Cultural Domination. *International Journal of Politics*, 5(4): 1-127.
- Schramm, W. L. (1964). *Mass media and national development: The role of information in the developing countries*. Stanford, Calif.: Stanford University Press.
- Schwalbe, C. B. (2005). Jacqueline Kennedy and Cold War Propaganda. *Journal of Broadcasting & Electronic Media*, 49(1): 111-127.
- Signitzer, B. H., & Coombs, T. (1992). Public relations and public diplomacy: Conceptual covergences. *Public Relations Review*, 18(2): 137-147.
- Singham, A. W. (1978). *The nonaligned movement in world politics*. Chicago: Lawrence Hill & Co.
- Snow, N., & Taylor, P. M. (2006). The Revival of the Propaganda State US Propaganda at Home and Abroad since 9/11. *International Communication Gazette*, 68(5-6): 389-407.
- Soley, L. (1982). Radio: Clandestine broadcasting, 1948-1967. *Journal of communication*, 32(1): 165-180.
- Steel, R. (1980). *Walter Lippmann and the American century*. Piscatauay, NJ: Transaction Publishers.
- Taylor, P. M. (1997). *Global Communications, International Affairs and the Media Since* 1945: *Philip M. Taylor*. London: Psychology Press.
- Thussu, D. K. (2000). *International communication: Continuity and change*: Arnold London.

- Tomlinson, J. (1999). *Globalization and culture*. Chicago: University of Chicago Press.
- Wang, S. S., & Hong, J. (2011). Voice of America in the post-Cold War era: Opportunities and challenges to external media services via new information and communication technology. *International Communication Gazette*, 73(4): 343-358.
- Wang, Y. (2008). Public diplomacy and the rise of Chinese soft power. *The Annals of the American Academy of Political and Social Science*, 616(1): 257-273.
- Watanabe, Y., & McConnell, D. L. (2008). *Soft Power Superpowers: Cultural and National Assets of Japan and the US*. New York: ME Sharpe Incorporated.
- Winkler, A. M. (1978). The Politics of Propaganda: The Office of War Information, 1942-1945.
- Wood, J. (1994). *History of international broadcasting*. Iet.
- Zöllner, O. (2006). A quest for dialogue in international broadcasting Germany's public diplomacy targeting Arab audiences. *Global Media and Communication*, 2(2): 160-182.

全球传媒产品流通研究

达亚·屠苏[①]

随着传媒产业的内部联系得到不断加强、数字化程度得到不断发展,全球媒体流和媒体回流的现象日益增多,鉴于此,本文通过分析国际传媒领域相关学者的作品,在回顾主导媒体流和次级媒体流的基础上提出这样的观点:随着全球经济政治的发展,源于非西方世界的全球媒体流在新闻节目和娱乐节目上都取得了重大进展,这就为建立与媒体回流相关的理论提供了新的可能;不管是韩国还是印度,是土耳其还是卡塔尔,其官方公共媒体和私有商业媒体的出现就是最好的例证。此外,本文还认为中国和印度等文明古国的媒体产业的崛起让人们看到了媒体产业深入国际化发展的必要以及对此问题进行研究的必要。

一、国际传播与全球媒体流

全球化、自由化以及数字化的发展不仅改变了国际传媒的格局,还使媒体信息在世界各地的产生、消费和传播取得了巨大进步。随着电视与互联网的融合以及宽带与移动互联网的广泛应用,世界各地的人们都能够随时观看到时事报道——不管是自然灾害或人为事故,还是两方的冲突与对抗,抑或是辉煌盛典与体育赛事。而加拿大媒介学者 Marshall McLuhan 在 20 世纪 60 年代后期提出的"地球村"的梦想似乎已变成了现实。

全球媒体市场的创建不仅促进了西方的全球化发展——更准确的说,是美国节目在世界范围内的传播,才使来自南半球国家的媒体回流成为了现实。在至今仍受严格规范的中国和印度,全球化所积极拥护的自由市场观念则进一步打开了媒体传播领域的大门。在此基础上,来自这些国家的传

---

① 达亚·屠苏(Daya Thussu),现任英国威斯敏斯特大学(University of Westminster)国际传播学教授和印度媒体研究中心联合主任,1992 年获印度尼赫鲁大学(Jawaharlal Nehru University)国际关系学博士学位,《国际媒体与传播》期刊创始人、执行编辑,主要作品包括:《畅谈印度软实力:从佛教到宝莱坞》(Palgrave/Macmillan, 2013)、《全球视角下的媒体与恐怖主义》(Sage, 2012)、《国际化媒体的研究》(Routledge, 2009)、《新闻娱乐化:全球资讯娱乐节目的崛起》(Sage, 2007)、《移动的媒体:全球媒体流与媒体回流》(Routledge, 2007)、《国际传播的持续与变更》(第三版)(Bloomsbury)、《电子帝国——全球媒体流与本地化的抵抗》(Arnold, 1998)等。主要研究兴趣包括国际新闻流通、国际化媒体、印度和南亚侨民媒体等,至今已编著出版了 16 本书。

媒产品则创造出了更为复杂的全球资讯娱乐信息。此外，消费者不仅能够分享众多媒体信息，还能在移动数码设备的帮助下创作并发布自己的信息。

国际范围内发布的信息（其实是指西方，更准确地说是美国发布的信息）与国家、地区范围内发布的信息进行互动，进而创造出融合多种特色的"全球"媒体信息，而这正是后现代文化敏感性的典型特征。然而，这种互动并不总是一帆风顺，对国际范围内发布的信息进行接受、改编和拒绝的情况仍然大量存在。只有媒体信息的产生和消费在政治、经济、文化背景下趋向全球化发展时，图像与信息的全球流动才能重新调整。此外，以消费者为导向的商业媒体环境还会产生多种媒体流向：中国观众可以看到巴西节目，阿拉伯世界的观众则能够看到印度电影。因此，为了充分理解这种媒体流在速度、容量和质量等方面的重大变化，我们需要考虑其背后的政治、经济、文化因素（Sinclair，Jacka and Cunningham 1996）。而在多种声音共同出现的国际媒体领域，传媒力量很可能不再局限于一个地点，而是在各区域中心形成诸多小型的传播点。

而在广为流传的三部曲《信息时代》（The Information Age）中，Manuel Castells 提出了这样的观点："当今社会主要是围绕各种内容的流动建立起来的"，他写道，"具体说来，就是资金流、信息流、科技流、组织互动流、声像符号流等"（Castells，2000：442）。在这样一个全球网络联系日益密切的社会，这些内容的流动在方向、容量和速度方面都有了显著增长。

我在其他文章中曾提出将主要的媒体流向分为三大类：全球媒体流（global）、跨国媒体流（transnational）和地域文化媒体流（geo-cultural）。第一类全球媒体流主要发源于北半球国家（the global North），它以美国为核心，是"占主导地位的媒体流"，如今在传播产业的各领域中仍扮演着重要角色。从传统的全球媒体产业边缘发展而来的媒体回流被称为"次级媒体流"（subaltern flows），主要包括跨国媒体流和地域文化媒体流两类，涉及私人发展与国有支持两个方向。在商业环境下运作的跨国媒体流中，印度的电影产业（通常是指宝莱坞）和拉丁美洲地区的浪漫电视肥皂剧是最典型的例子。在南非建立的泛非洲网络 M-Net 是跨国界地区交流的又一个范例。而在国家支持下不断发展起来的媒体流中，欧洲新闻电视台（Euronews）（欧洲公共服务广播业负责 24 小时多语言播出节目的新闻集团）、法国电视五台（TV5）以及法国国际广播电台（Radio France Internationale）（重点关注讲法语的观众）的存在让人不容忽视。其他跨国媒体还包括阿拉伯世界的新闻网半岛电视台（Al-Jazeera），泛拉丁美洲地区的电视频道南方电视台（Television of the South）以及成立于 2005 年的今日俄罗斯电视台（Russia Today）（这个全天 24 小时播出的国际频道旨在从"俄罗斯的角度"播报新闻）。此外，中国中央电视台英语频道（CCTV News）的拓展则反映出了中国政府对英语的重视，因为这种语言不仅是国际贸易与国际传播走向成功的关键，还是中国向世界观众呈现其外交策略的重要方式。虽然这些跨国媒体流的发起者在本地区发挥着重要作用，但他们并不局限于此，而是将海外观众作为自己重点发展的首要观众。而在地域文化媒体流中，有 1/3 的媒体只适合特定的文化语言群体,而这些观众都零散地分布在世界各个地区。中国的电视频道凤凰卫视(Phoenix)以及泛阿拉伯地区的娱乐网中东广播中心(MBC)算是"地域文化媒体流"的典型代表,它们的目标观众是海外侨民,但这又不能仅用语言来界定——比如说,印度电视台 Zee TV 的观众可能包括亚裔英国人的后代,但他们并不会讲印度语。因此,跨国媒体和地域文化媒体的兴起不仅代表着媒体回流的发展,它们还可能从两个维度进行运作(Thussu, 2007a: 12-13)。

美国媒体、广告和通信网络的深入发展推动了消费主义信息的全球传播,这就帮助美国利用自己的"软实力"进一步改善了本国的经济政治利益(Nye, 2004)。随着跨国电视台逐渐超越语言和地理的界线进入他国,国际电视节目对媒体流的重要影响日益显现。电视也逐渐成为"全球大众文化"——一种"由大众广告中的形象、意象和风格主导"的文化——的核心组成部分(Hall, 1991: 27)。联合国教科文组织的研究(Nordenstreng, Varis, 1974; Varis, 1985)记录显示,在这个多频道电视共存的时代,虽然也有小部分非西方世界的媒体回流存在,但国际电视节目从西方国家(主要是美国)流向世界其他国家仍是主流趋势。下面将具体分析这一问题。

全球信息与通信新秩序的出现曾在 20 世纪 70 年代和 80 年代引发激烈讨论,联合国教科文组织的研究就是针对这一问题展开的,随后的研究结果显示,在以娱乐为主的节目中一般只存在单向的媒体流,即从西方国家出口到世界其他地区。

而在全球化时代,随着次级媒体在地域文化市场上的兴起,这种单向的纵向媒体流正逐步让位于多向的横向媒体流。可即便如此,美国媒体信息的传播仍然主导着"全球媒体流"的方向。不过,这些信息如何在跨文化的背景下进行消费也引发了一系列争议,再加上缺乏充分有效的实证研究,这些问题就更难回答了。有人提出,全球媒体流与地区媒体流的互动产生了"相互分离的多样性文化",而不是全球一致的统一文化(Appadurai, 1990)。另外一些人则支持文化混杂性的出现,认为这种融合是西方媒体体裁为适应当地的语言、风格与习俗进行改编的结果(Robertson, 1992; Martin-Barbero, 1993; Kraidy, 2005)。

还有一些理论家从另一个角度出发对此进行了批判,他们认为跨国公司在其政府的支持下对发展中国家的市场、资源、产品和劳动力实施了间接控制。在此过程中,他们削弱了南半球国家的文化自治权,并使其对媒体传播的软硬件产生了依赖,Herbert Schiller 将这种现象称为"跨国公司的文化主导"(transnational corporate cultural domination)(Schiller, 1992: 39)。Galtung 认为信息流在其传播方向上出现了严重的依赖综合征:南半球边缘国家的主流精英在其兴趣、价值观和态度等方面与北半球核心国家的精英群体完全一致(Galtung, 1971)。然而在对全球媒体流进行分析时,观众和媒体内容在很大程度上都被忽略了:比如说,不同观众对同一内容有不同的解读方式,而所谓的边缘国家也有可能对核心国家产生影响。因此,这些理论在很大程度上只局限于讨论世界其他国家如何在与西方媒体的体裁产生联系后接受、改编或是适应它们的发展,很少有人谈论"次级媒体流"如何产生新的跨国影响，以及如何与逐渐本土化的全球"主导媒体流"产生联系。

在西方媒体流或西方化媒体流逐渐风靡全球的过程中，全球化发挥了至关重要的作用。一种带有全球本土化特色的媒体内容正逐步兴起，而这与索尼公司的"全球本土化"特色基本吻合：它们都针对特定文化群体创造特定的媒体内容和服务，而这一切都是基于商业规则的考虑，而非对国家文化的特殊考虑。因此，全球本土化战略的实施论证了全球媒体流为维持其主导地位所采取的方法，即通过与当地媒体流合作，将跨国媒体流与地域文化媒体流纳入其中。事实上，随着西方的报纸杂志，或者更准确的说是美国的报纸杂志逐渐发行地区版，这种本土化的趋势就显得越来越明晰了；使用本土语言播放电视节目、甚至直接创作本土节目、推出本土语言的网站服务等也都是出现这种趋势的有力证明。

伴随着美国化的全球化发展——不管是带有其最初的特色还是融合了其他特色——跨国广播电视网也逐步兴起，正如某位评论员所言，这就促进了"东方化和南南媒体流的发展"（Nederveen Pieterse，2004：122）。事实证明，虽然全球媒体的分配并不均匀，甚至是有所偏重，但全球媒体流并不只有一个方向——从西方世界（以美国为核心）传向其他地区。这些全新的广播电视网从开罗、中国香港、孟买等南半球的城市创意中心发展而来，主要进行文化产品的交易活动（Curtin，2003），因而它们就是"次级传媒流"的代表。在过去的十年间，传媒界见证了多语言媒体内容的快速发展，而这些内容就源自各个地区的创意中心（Banerjee，2002）。此外，数字技术、私有化卫星传播网络的广泛应用也加快了南半球的媒体内容流向北半球的速度。媒体产品得以广泛传播的一个原因就是人们从一个地理位置到另一个地理位置的空间移动，这就是García Canclini所说的"非领土扩张化"过程，即逐步丧失文化与地理、社会领土的"自然"联系（1995：229）。"次级媒体流"进行跨国传播的另一个典型例子是拉丁美洲电视剧的发展，如今这种浪漫电视肥皂剧正逐步走向全球化（Martínez，2005；Miller，2010），而它的跨国化发展凭借的媒介则是这种体裁的领军者——墨西哥传播集团、委内瑞拉的委内瑞拉电视台以及巴西的环球电视台。其中，巴西传媒业巨头环球电视台（每年向130个国家出口2.6万小时的节目）和墨西哥的传播集团（世界上最大的西班牙语节目制片商）已成为这种电视剧在全球最主要的出口商。截至2013年，浪漫电视肥皂剧已经发展成了一个价值两百万美元的产业，它借助50多种语言或方言远播至南欧、东欧、亚洲、非洲甚至是阿拉伯世界的100多个国家（Martínez，2005；Miller，2010）。正如委内瑞拉学者Daniel Mato所言，除了商业上的成功，浪漫电视肥皂剧在建构跨国界的"拉丁裔"身份时发挥了重要作用（Mato，2005）。其实，这种电视剧的吸引力就在于其通俗易懂的叙述方式，这就让众多不同文化背景下的观众都能尽享其中（Sinclair，1999）。Bielby和Harrington则提出，这种回流现象还影响到了美国肥皂剧的创作，甚至使其白天档的电视剧发生了"体裁上的转变"（Bielby and Harrington，2005）。

浪漫电视肥皂剧在西班牙语和葡萄牙语以外的"地域语言市场"上大获成功说明了媒体消费模式的复杂性。随着《富人也哭泣》（*The Rich Also Cry*）这样的电视剧在20世纪90年代的俄国大获成功，索尼公司在2003年向俄罗斯广播电视网推出了自己的第一部浪漫电视肥皂剧——《可怜的阿娜斯塔西娅》（*Poor Anastasia*）（Martínez，2005）。这种体裁的电视剧甚至在西欧国家也受到了广泛欢迎：一家德国公司据此创作出了自己的浪漫电视肥皂剧《比恩卡的幸福之路》（*Bianca：Road to Happiness*），并于2004年在公共频道德国电视二台播出。此外，索尼公司还将哥伦比亚的电视剧《丑女贝蒂》（*Betty la Fea*）成功地改编成了印度语版本的《非凡的杰茜》（*Jassi Jaissi Koi Nahin*），随后这部电视剧成了印度电视台最受欢迎的一个节目（Miller，2010）。由此看来，浪漫电视肥皂剧的跨国化发展则是电视节目回流的有力证明。正如某位评论员所言，"全球约有两百万人在看浪漫电视肥皂剧，不管怎样，这些节目已经在全球文化市场上占据了一席之地，而它们的成功也指出了全球化发展的又一种秘密方式。对那些厌倦了好莱坞或者美国电视产业主导甚至定义全球化发展的人来说，浪漫电视肥皂剧这一现象的出现就说明了总会有意想不到的事发生"（Martínez，2005）。

二、有关全球媒体流的调查

如今，虽然媒体与传播产业在以中国、印度和巴西为主的南半球国家获得了前所未有的发展，但全球媒体行业的领军者仍是美国。鉴于其强大的政治、经济、科技和军事力量，美国媒体或美国化媒体利用英语或其他编译过的本土语言风靡全球。不管是卫星发射还是通信网络，是网络空间还是现实世界，美国媒体凭借其对诸多网络领域及生产设施的控制，在全球传播领域产生了重大影响，这就给它带来了重大优势。与20世纪大部分时间一样，今天的美国仍然是全球最大的娱乐综合节目以及计算机软硬件出口商，在相互联系日益紧密、数字化不断发展的国际背景下，前者通过后者得到迅速传播。

如表1所示，2012年全球5家大型娱乐公司有4家都在美国（剩余一家与美国传媒公司联系密切），这就是美式和平（Pax-America）——数字与网络娱乐领域业已形成的发展趋势——存在的有力证据。随着巴西、中国、印度等南半球大国的兴起，这些娱乐公司不断从中获利。因为几乎所有的媒体领域里，美国媒体巨头都让国际同行难以望其项背：从娱乐体育媒体（好莱坞、MTV、迪士尼、ESPN）到新闻时事媒体（CNN、探索频道、《时代周刊》），再到大肆宣传的社交媒体（Google、YouTube、Facebook、Twitter），一切皆是如此（UNESCO，2009；Thussu，2014）。因此我们可以很公平地说，美国这些娱乐信息网络正是全球传媒与文化产业的推动者和塑造者，如今它已成为全球增长速度最快的产业。

表 1　全球五大传媒娱乐公司

公　　司	所在地	财富 500 强排名	2012 年年度收入（单位：十亿美元）
华特-迪士尼公司	美国	248	42.3
维旺迪集团	法国	289	37.3
新闻集团	美国	332	33.7
DirecTV	美国	386	29.7
时代华纳公司	美国	402	28.7

来源：2013 年 7 月《财富》杂志

作为全球最强大的经济、政治、军事国，美国在全球范围内拥有一千多个军事基地，而其大规模的国防预算更是让其他国家难以匹敌，而其媒体软实力的发展很难脱离这些硬实力的影响。事实上，美国正是通过自己的硬实力使其软实力得到了发展，这不仅成就了好莱坞等娱乐巨头，还出现了互联网时代的数字帝国。在此基础上，美国逐渐对其他国家产生影响，使自己的生活方式在当地实现了合法化。正如 Joseph Nye 所言，美国文化"不仅有好莱坞还有哈佛，它的国际影响很难让人企及"（Nye，2004：7）。其实，这种影响早已有之："二战"以后，作为抗击欧洲法西斯的战胜国，美国凭借自己的优势吸引了众多惨遭战争影响的欧洲人。当时，美国传递的自由民主观念让人十分艳羡，因为它多姿多彩的消费者文化与冷战时期苏联平淡无味的社会主义宣传截然不同。在亚洲、中东和非洲等地，这种强调自由的观点得到了众多新兴独立国家的响应。

作为重商主义、广告产业以及公关产业的发源地，美国早就通过私人企业和国家政府建立起了复杂多样的传播模式，这就给塑造公共话语、改良个人行为带来了深远影响。正如 Nicholas Cull 在阐述冷战时期美国的政治宣传手段时所言，这一时期美国公共外交的核心就是"出售美国信息"。1953 年美国新闻署的成立就是为了选取自由、民主、平等、积极进取的素材"向世界讲述美国的故事"（Cull，2009）。Schwoch 指出，在宣传美国的价值观方面视听媒体的作用尤为显著（Schwoch，2009）。1942 年成立的美国第一家无线广播电台美国之声（VOA）在"二战"时期的政治宣传中发挥了重要作用，随着冷战时代的到来它又逐渐演变成了美国公共外交的重要工具（Cull，2009）。随后，通过建立全球网络中继站 VOA 实现了向国际听众宣传"美式生活"的目的。因此，作为冷战时期美国文化宣传的重点，传播内容美国化在今天仍是国际传媒领域的主旋律。

美国广播理事会（BBG）是监管该国所有非军事类国际传播节目的重要联邦政府机构，通过美国之声（VOA）、自由欧洲广播电台（Radio Free Europe）、马蒂广播电台（Radio Martí）、马蒂电视台（TV Martí）、自由亚洲电台（Radio Free Asi）、中东广播网自由一号（Alhurra TV）以及萨瓦电台（Radio Sawa），该理事会在宣传国际地缘政治等敏感方面一直表现得十分活跃。2012 年，它通过各种传播方式覆盖了 1.87 亿观众，仅美国之声一家媒体每周就要用 45 种语言播出近 1 500 小时的节目，内容涉及流行文化、主流名人、体育运动等，观众人数估计可达 1.34 亿。除了在 Facebook 上拥有成千上万个粉丝之外，美国之声还在 TouTube 和 Twitter 上占有重要的席位（BBG，2012）。

美国之所以能够主导全球媒体的发展，其中最重要的一点就是它能时刻紧跟媒体产业的潮流创造自己的商业模式，不仅如此，美国历届政府的支持也是一个重要因素。不管是广播传播还是电视传播，它们从诞生之日起就开始追求商业利益。正如 Robert McChesney 所言，1927 年颁布的美国广播法将广播传播定义为通过广告获取经济来源的商业企业。当时人们认为，公众利益只能通过拥有最大自由的私有广播产业来实现，因此该法案并不支持发展非商业性的传播模式。随后，电视传播的发展毫不犹豫地遵照了这一先例，三大广播网——哥伦比亚广播公司（CBS）、美国全国广播公司（NBC）以及美国广播公司（ABC）——由此诞生，它们的主要任务就是提供大众娱乐新闻与公共信息。随着三大广播网的发展，娱乐信息的分量逐渐加重，才艺展示节目以及魅力名人秀等成了主旋律：《美国小姐》（*Miss America*）于 1954 年首次播出后影响一直没有减弱，同年播出的《今夜脱口秀》（*The Tonight Show*）则在全国广播公司中一直遥遥领先（McChesney，1999）。然而，这种重商主义却在一定程度上影响了公众对媒体的回应，可以这样说，在公共服务与市场驱动的私人服务的全球争夺战中，广播行业的商业传播模式占据了上风，Hallin 和 Mancici 将这种现象称为"自由模式的胜利"（Hallin and Mancini，2004：251）。他们认为，"各国传媒体系间的差异正逐渐消失，一种接近于自由模式的全球传媒文化正逐渐兴起"，而美国传媒体系的核心特色就是其重要代表（Ibid：294）。如今，这种"自由模式"很有可能风靡全球，因为"它在全球范围内产生了重要影响，而且新自由主义和全球化发展也会进一步传播自由媒体的结构和思想"（Ibid：205）。此外，随着电视在世界各地的普及以及市场资本主义在 20 世纪 90 年代取得的"胜利"，国家主导的公共传播模式难免受到影响。市场化的发展虽然为传播领域注入了全新的活力，可它也使新闻信息变得日益商业化，其中最明显的一点就是全球资讯娱乐节目获得了飞速发展。

商业模式实现全球化发展的重要表现就是，源于美国的以资讯娱乐节目为主导的电视风格严重影响了世界其他地区电视新闻的播放方式。在这种传媒自由化的模式下，新闻与其他商品并无太大差异，它随时都可以在人头攒动的竞争商场上进行交易（McChesney，1999；Baker，2007）。因此，随着追求排名的 24 小时新闻频道以及拥有全球化观点的观众逐渐增多，人们很容易在强调名人、体育、娱乐等内容的传媒大潮中发现"软"新闻的存在。我在其他文章中将这种现象定义为"全球信息娱乐化"，即"美国文化下追求排名的电视新闻风格正逐步风靡全球，它牺牲了播报政治、民事、公共事件等领域新闻的时间，将人们的关注点吸引到了私人化的软新闻身上，具体包括名人轶事、犯罪案件、贪污受贿、暴力袭击等"（Thussu，2007b：8）。

与传播产业的商业化趋势截然不同的是，公共服务广播则带有明显的民族气质，这种特点甚至塑造了西欧国家以及日本韩国等国的新闻业，就连对印度都产生了影响。根据联合国教科文组织的定义:"公共服务广播(PSB)是一种由公共创造、支持和控制的广播产业,其最终目的是服务公众。它既非商业化也非国有,不受政治干预的影响,也没有商业竞争的压力。通过公共服务广播,公民不仅能获取信息、接受教育,也能进行娱乐。在多元主义、节目多样性、编辑独立性、适度的经济资助、合理的会计处理以及公开透明等诸多因素的共同保障下,公共服务广播成了发扬民主精神的重要基石"(UNESCO,2006)。

即便是在拥有英国广播公司这样的传媒机构的英国,资讯娱乐节目也会对新闻传播产生影响:"以公民为主的新闻资讯正逐渐消失,取而代之的尽是些煽动娱乐观众的节目,而它们的最终目的就是为了保证收视率;此外,人们的专业新闻素养也不断遭到侵蚀,取而代之的尽是些用可视化技术创作出来的内容,难免会出现哗众取宠、扭曲变形、歪曲误传的情况"(Barnett,2011:169)。在西欧诸国,电视新闻在20世纪80年代后期逐步走向私有化,与之相关的管制也在逐步减少。在这种环境下,社会上不断涌现出全新的私有频道,它们通过改进资讯娱乐节目的播出方式获取利益,这就在一定程度上损害了公众服务广播的发展。与此同时,资讯娱乐节目强调个性的特点也让政治家们看到了机会:意大利前总理Silvio Berlusconi曾借助电视广播网在1994年大选中一举获胜,实现了从商人到总理的完美转型,在2001年与2008年的大选中他同样获得了胜利,一直到2011年才卸任。此外,法国前总统Nicolas Sarkozy与妻子Carla Bruni的私生活也一直是媒体关注的焦点,而接连不断的新闻报道更是为法国电视新闻频道吸引了众多观众,对那些商业运作的节目来说情况更是如此。然而,这种强调人性利益的故事却遭到了法国著名社会学家Pierre Bourdieu的批判。在撰写法国电视新闻时,Bourdieu提到:"在争夺市场份额的高压竞争下,电视广播网对通俗新闻的依赖性越来越强,其核心内容就是对人性利益冲突或体育赛事的挖掘(事实上这些内容并不是新闻报道的全部)"。他还指出,这种新闻报道的重点"在于发掘能够激起人们好奇心的内容,并不需要深入的分析,这在政治领域尤甚"(Bourdieu,1998:51)。

事实上,追求市场排名的媒体经济与广告产业的发展紧密相关;在全球媒体市场中,电视产业掌握着广告收入的大部分份额。许多国家的新闻节目中有近四分之一的时间都在播放广告。大部分情况下,大型广告商都是规模庞大的跨国公司,这种由广告推动发展的媒介生态难免更容易受到商业规则的影响,正如Michael Tracey所言:"在公共体系中,电视制片人是筹钱做节目;而在商业模式下,他们则是拍节目赚钱(Tracey,1998:18)。"即便是今日俄罗斯、法国24小时、新闻电视台(伊朗)、中央电视台(中国)、半岛电视台英语频道这样的国有电视新闻网,也开始借用商业频道的规则和惯例了。不仅如此,全球商务与传播的通用语——英语也得到了广泛应用,而这一切都是为了在全球媒体领域获得新的发展。

大众传播的支持者认为,资讯娱乐节目的兴起扩大了公众话语权的范围,还使其不断往民主化方向发展。此外,他们还认为"通俗电视"以及不同类型的资讯娱乐节目不仅扩大了争论的范围,还为人们在公众领域创造了新的选择（Williams and Delli-Carpini，2011）。在对美国媒体如何报道军事冲突进行研究后，Matthew Baum 提出，以娱乐为导向的准新闻节目——例如 Jon Stewart 的《每日秀》节目（*The Daily Show*）——正吸引越来越多的美国人关注国内外政治问题，他将这种现象定义为"传媒软新闻"（soft news media）（Baum，2003）。近来，由丹麦、英国、西班牙等国共同主持的跨国研究发现，资讯娱乐节目的影响已经波及了政治犬儒主义上（Jebril，2013）。

与欧洲不同的是，拉丁美洲地区的电视新闻从一开始就采用了商业模式，其中最典型的多媒体信息娱乐集团要数巴西的环球电视台（Globo）和墨西哥的传播集团（Televisa）了。它们主要播出浪漫的电视连续剧和足球比赛，近来流行的电视真人秀节目逐渐获得了它们的关注。而在阿拉伯世界，电视新闻通常是由不具代表性的政府进行控制，传播产业的全球化发展则让当地的电视新闻频道在经历了暴风雨般的洗礼后呈现了全新的面貌，半岛电视台（Al-Jazeera）的出现就是其中的典范。然而事实上，这些新闻机构在获得前所未有的发展的同时，难免也会加剧相互之间的竞争。虽然半岛电视台这样的机构竭力顺应以政治为导向的编辑政策，努力规避资讯娱乐节目的影响，但仍有众多同行在追求轰动效应的道路上奋然前行。随着全球传媒产业的竞争日趋激烈，这一情况在 2003 年美国入侵伊拉克（全球新闻饱和度最高的地区之一）之后变得更加突出了。

在 1991 年之前，印度的传播产业一直处于国家高度垄断的状态。随着近年的发展，印度在电视新闻方面也发生了翻天覆地的变化：截至 2013 年，印度国内共有 200 多个专门从事新闻时事播报的广播网，规模之大让世界上任何一个国家都难以匹敌。然而，随着这些广播网的数量不断增加，观众之间的兴趣也有了明显细分，这就迫使新闻记者不断降低节目内容的品味，创造出更具平民性的内容来迎合观众，因为只有这样才能在竞争日趋激烈的市场上生存下来。如今，电影节目和体育赛事占据了印度电视新闻节目的半壁江山，它们最突出的特点就是基本上所有的新闻频道都对名人文化情有独钟，而这也反映了世界其他地区的娱乐趋势。作为全球最大的电影厂，宝莱坞（Bollywood）在印度占有举足轻重的地位，虽然当今国际传媒领域仍以美国传媒巨头为主，但宝莱坞已逐渐融入其中（Thussu，2007b）。

而在中国，从毛泽东时代过渡而来的社会主义市场经济在发展过程中形成了自己的中国特色，而由共产党监管的传媒产业也逐渐走上了软化"政治宣传边缘"的道路，取而代之的是一种去政治化的娱乐"软"新闻模式，有观点认为这会对大众产生极大的吸引力。可尽管如此，政府对新闻媒体的控制仍然处于一种难以挑战的地位。与对待新闻事实的态度不同，中国共产党领导下的管理机制对资讯娱乐节目并不敏感——由《美国偶像》（*American Idol*）改编的电视节目《超级女声》（*Super Girl*）在中国广受欢迎就是最好的证明。

随着电视新闻与网络新闻的报道不断增加，资讯娱乐节目获得了更多的观众，越来越多的人，尤其是随着数字信息时代成长起来的新一代选择用互联网来了解新闻。在这样一个数字化与全球化不断发展的新闻市场里，新闻媒体机构必须及时满足观众对不同信息的要求。而新闻搜索引擎谷歌（Google）和飞丽博（Flipboard）、社交媒体脸谱网（FaceBook）和推特（Twitter）以及数目繁多的应用程序都能为感兴趣的观众及时带来最新报道。随着博客数量不断攀升，《赫芬顿邮报》（Huffington Post）等创办的新闻门户网站也开始对新闻业产生了影响，因为这些博主可以借助微博客这样的方式来表达自己不同的甚至有些偏执的观点（van Dijck，2013；Thussu，2014）。

此外，平板电脑和智能手机的广泛应用让用户能够随时随地上网的需求变成了现实。在这样一个由网络建构起的媒体世界里，消费者可以随时将新闻和评论发布到网络上，而新闻记者也经常从中选取素材进行报道。然而通常情况下，这样的信息主要以资讯娱乐为主，集中在名人文化上。目前，随着 Twitter、Facebook、YouTube 等全球数字网络逐渐对新闻媒体产生影响，社交媒体的存在开始受到越来越多人的关注。而在塑造大众话语权方面，美国的卓奇新闻网站（Drudge Report）、掴客网（Gawker）和美国名人消息网（TMC）等新闻与名人网站逐渐在该领域上取得了一席之地，并产生了重要影响。

通过重塑国际媒体的生产、传播和消费模式，这种前所未有的全球化联合为国际多媒体的融合提供了极大的可能性，可它同时也对新闻信息流的质量提出了质疑。毫无疑问，这些自由媒体为新闻业的民主化发展提供了前所未有的机遇，也为媒体传播的国际化发展提供了帮助。根据国际电信联盟（ITU）的数据，截至 2013 年中期，世界上仅有 40% 的人口能接触到互联网，而其中绝大部分都集中在少数富裕国家。在诸多发展中国家，虽然网络媒体已获得了巨大发展，但互联网在很大程度上仍然是一个以精英群体为主导的媒介。从 ITU 发布的数据来看，非洲地区仅有 16% 的民众能接触到网络，这与欧洲近 75% 的比例形成了极其鲜明的对比。

三、全球媒体回流

1977 年，英国媒体社会学家 Jeremy Tunstall 出版了一本广为流传的图书——《全球媒体在美国》（The Media are American）。然而 30 年后他发现，当年的观点已经不符合现状了，虽然美国仍然占据主导地位，但它不再是世界唯一的主导者，鉴于此，他将自己的新书命名为《逝去的媒体美国化时代》（The Media were American）（Tunstall，1977 and 2008）。正如上文所言，一种以消费者为导向的广播文化在最近几十年间风靡全球，而这种文化的根源就是发源于美国的电视商业模式。随着这种自由化广播模式走向全球，国家广播公司很难再对电视广播实施垄断控制。这种充满活力的媒体不仅对国家审核制度提出了挑战，还大大拓宽了社会的公共领域，与此同时，它还将媒体力量集中到了私人企业当中。而在视听媒体全球化发展的过程中，通讯卫星的广泛应用就发挥着不容忽视的作用：通过在通信方面达成国际协定，各国仅在20世纪90年代发射的地球同步卫星的数量就超过了先前30年的总和（Thussu，2014）。

随着全球卫星数量的增加和有线电视的推广，电视广播网出现了前所未有的发展（Sinclair, Jacka and Cunningham 1996）。例如，拉丁美洲地区第一家提供卫星服务的公司——泛美卫星（PanAmSat）通过提供直接到户（Direct-to-Home）的电视服务彻底改变了当地的广播模式（Sinclair，1999）。而在亚洲地区，总部设在中国香港的亚洲卫星公司（AsiaSat）则通过1990年发射的卫星为多家广播公司提供服务，其中就包括新闻集团旗下的星空传媒。这个由Rupert Murdoch拥有的传媒帝国声称，它仅用了不到10年的时间就将自己的电视节目播送到了亚洲地区的53个国家。此外，通过中东广播中心和阿拉伯世界第一家24小时全天候新闻网——半岛电视台这样的泛阿拉伯娱乐网络，区域卫星运营商阿拉伯卫星通信组织（ArabSat）也将电视节目带到了阿拉伯人民和阿拉伯侨民身边（Thussu，2007a）。

随着多频道网络的指数式增长，全球媒体逐渐呈现出了跨文化、跨语言、跨国界的局面，而数字通信技术在广播和宽带上的进步不仅能让多国观众有机会同时观看到本地和本国的节目，还能让他们接触到其他地区甚至国际电台的节目。下面，我将重点关注媒体回流的两个主要内容，先是分析新闻时事，接着是分析娱乐节目。

新闻时事的回流

在提高全球影响力的诸多工具中，媒体尤其是广播节目一直占据着重要地位，而且，自国际广播在冷战时期成为对外政策议程的重要组成部分以来，与电视广播控制权有关的争夺就从未停止。在电视和通信实现全球化发展以前，国际广播公司一直填补着信息缺失的空白，这种现象在媒体处于政府严格控制下的国家尤其明显。随着传播数字化的发展以及大型私人供应商的出现，广播业的格局发生了重大变化，新的机遇和挑战同时出现。不仅如此，这还衍生出了各种新型媒体流，其中有些兴起于欧洲殖民国家，更多的则是发源于南半球国家。

在这个历史帝国里，英国广播公司国际广播电台是最重要的组织机构，而全球传播与全球贸易的通用语——英语的广泛使用则是英国超越其竞争对手的主要优势。虽然全球媒体领域的竞争日益加剧，可英国广播公司仍然是世界上最可靠的广播公司。仅2012年一年，它就为全球140多个国家的2.7亿家庭带去了电视节目。其他具有国际影响力的英国媒体还包括《经济学人》（世界上历时最久的新闻周刊）、《泰晤士报》、《卫报》以及《金融时报》等。

相比之下，法国的海外广播业务则是通过法国国际广播电台来完成。目前，它主要用20种语言向全球74个国家的3 600万听众播送节目。2005年，法国24小时的开播使法国海外传播产业得到了重大发展，这个24小时全天候播放的国际新闻频道主要使用法语、英语和阿拉伯语，其任务就是

"从法国的角度出发播报国际时事新闻,以此向世界各国宣传法国的价值观"。事实上,这个频道重点关注的是法语圈观众,因为包括法语区 77 个成员国在内,全世界约有 2.2 亿人讲法语。而在德国,国际广播公司德国之声的节目主要分为广播、电视和互联网三类,其中德国之声电视台主要利用德语、英语和西班牙语播送节目,德国之声广播电台涉及德语及其他 29 种语言,而德国之声网站则通过提供 31 种语言服务使其每周的访问量接近 8 600 万人次。此外,作为欧洲地区公共服务广播公司大联盟的欧盟欧洲新闻电视台,主要通过其 24 小时多语言服务影响泛欧洲地区新闻流的发展。

通过在 2005 年创办今日俄罗斯电视台,俄罗斯在国际广播领域的影响力得到了不断提升。除了英语新闻,该电视台还全天 24 小时用西班牙语和阿拉伯语播放节目,据称已在全球范围内获得了 5.5 亿观众的收看。正如其网站内容所言:"我们这些特别节目就是专门为那些关注俄罗斯的观众准备的。"然而让人觉得极具讽刺的是,网站主页末端的版块"更多问题"通常都是从反美国的角度来播报国际新闻,是对主流西方媒体话语的质疑;可一旦涉及国内的政治问题,该网站就变得十分谨慎,因为它不想让拥有最终编辑控制权的克里姆林宫感到失望。此外,该电视台还有一个纪录片频道,它在 YouTube 网站上也拥有一席之地(Thussu, 2013 and 2014)。

在印度,用英语播报新闻的历史可谓非常悠久。如今,印度国内共有 200 多个 24 小时不间断播放节目的新闻频道,人们可以通过印度新闻等频道来了解印度对国际事务的看法。

近年来,沙特阿拉伯的阿拉伯电视台(24 小时阿拉伯语新闻网)、卡塔尔的半岛电视台以及伊朗的英语广播网——新闻电视台逐渐兴起。准确说来,除了半岛电视台外,其余两家都是其政府进行政治宣传的工具。

在新闻回流的浪潮中,由卡塔尔的埃米尔于 1996 年斥资 1.5 亿美元创办的半岛电视台无疑是其中最典型的例子。截至 2010 年,这家广播网对其多个频道的年度支出累计已达 6.5 亿美元,已然成了不容忽视的全球广播公司(Al-Qassemi, 2012)。目前,总部设在多哈的半岛电视台主要使用阿拉伯语、英语、土耳其语和塞尔维亚-克罗地亚语播报新闻时事。在 2011 年的皇家电视协会颁奖典礼上,半岛电视台英语频道斩获年度最佳新闻频道奖。如今,它的电视节目已传至全球 130 多个国家的 2.6 亿家庭。而在 2013 年,并购完新闻电视台的半岛电视台又创办了美国半岛电视台,至此打开了利润丰厚的美国电视市场(Figenschou, 2014)。

虽然卡塔尔的人口只有区区 200 万,且其中仅有 25 万属于本国公民,但它凭借半岛电视台在该地区扮演了重要的地缘政治角色。2011 年北约入侵利比亚、2012 年至 2013 年反抗叙利亚政府运动以及声援伊斯兰抵抗运动,半岛电视台对这些事件的报道充分显示了卡塔尔如何利用它的媒体力量来影响中东地区的政治局势。正如 Seib 所言:"对世界各国讲英语的人来说,半岛电视台是个不可或缺的存在,它深入突尼斯、开罗、萨那以及其他反抗突发地的街道,为人们带来最新的实时报道

(Seib，2012：1)。2010 年至 2011 年阿拉伯爆发起义时，深入当地的半岛电视台新闻团队不仅有着丰富的工作经验，还对当地情况十分了解，他们与其他阿拉伯语频道的同仁展开合作，获取了众多实况信息。"当众多国际同行站在当地旅店的屋顶上或新闻直播间外播送报道时，半岛电视台的记者已经深入反抗队伍为观众带来了现场报道（Figenschou，2014：18）。"

半岛电视台英语频道声称，在有关国际事务的报道中会重点关注南半球国家的利益；而它作为一家具有重要意义的广播公司，不仅改变了本地区的新闻传播文化，还为人们研究国际传播提供了更广阔的对话空间（Seib，2012；Figenschou，2014）。最新研究表明，半岛电视台英语频道的出现是"战略性媒体回流"的典范，"作为卡塔尔媒体自由化的范例，半岛电视台正是通过其卫星新闻回流的身份保障了卡塔尔的战略利益"（Figenschou，2014：164）。

针对全球观众开通的中央电视台英语频道是国际新闻界的又一重要角色，Joshua Kurlantzick 将其称为中国的"魅力攻势"，因为它旨在通过深刻而又广泛的对外传播节目来宣传中国的发展模式："随着中国逐渐将其目光投向海外，它不断改变着自己在全球众多地区的国家形象，如今在人们眼中，它不再是带有威胁的危险之地，而是充满机遇与利益的圣地（Kurlantzick，2007：5）。"中国国家形象的转变与其作为国际大国的不断崛起紧密相关，其根源在于官方希望借此让那些不了解中国传播文化的国家和地区改变对中国的认识，从而建立起良好的国际关系（Wang，2010）。

近年来，中国在跨国广播方面取得的进步是国际传播领域的一大重要发展（Stockman，2013）。作为一个文化连绵数千年的文明国度，中国希望自己能向世界呈现一个和平进取的国家形象，而非西方眼中的限制言论自由与个人人权的一党专制国家。为此，中国斥巨资支持包括国际广播和国际网络在内的对外传播产业的发展（Kurlantzick，2007；Wang，2008）。正如朱所言，"'走出去'战略还包括提升中国的国际地位和改善中国的国际形象，而中国国家新闻办与各媒体组织相互合作的目的就是推广这个'走出去'战略，让中国在国际舞台上立足"（Zhu，2012：16）。2009 年，胡锦涛主席宣布了斥资 700 亿支持中国走出去的计划，经过两年的发展，中国中央电视台英语频道不断聘用英语流利的外国记者来发展自己的国际频道，中国广播产业的全球业务因此得到了进一步拓展。如今，拥有 1 万多名员工、107 个办事处的新华社已然是世界上规模最大的新闻机构，在发展中国家中拥有广泛的影响。与西方新闻同行不同的是，新华社很少播报南半球国家的负面新闻。当前，以英语为主的新华社世界新闻电视台正计划将自己的节目播送到 100 个国家去（Xin，2012）。

2011 年，新华社在纽约成立了全新的北美总分社，并在时代广场上树立起了自己的标识；2012 年，中国中央电视台在华盛顿成立了自己的新闻中心，该中心的 80 名记者主要负责用英语为美国观众播报中国新闻（Pasternack，2012）。截至 2012 年，中央电视台英语频道主要用包括阿拉伯语在内的六种语言向 2 亿海外观众播放节目。同一年，中国中央电视台还在肯尼亚首都内罗毕创建了新的工作室，并计划在 2016 年之前大幅调升其海外员工的规模。与此同时，欧洲地区、亚太地区、中东地区的新闻中心也处于进一步的筹办之中。虽然中央电视台的广告垄断地位每年为其增加近 200 万的收入，可是对其实施严格编辑控制的政府仍是其重要的财政支柱。正如朱所言，"对中国中央电视台来说，它很难推掉其作为中国政府政治宣传推动器的身份"。如今，中国中央电视台完全代表着中国政府的国际权威，不用说，除英国广播公司、美国有线电视新闻网络和半岛电视台以外，它已成为人们关注国际事务的又一个值得信赖的选择（Zhu, 2012, 194）。

上述有关新闻回流的分析为人们从另外一个角度研究国际新闻提供了有趣的思路：例如，今日俄罗斯电视台有关叙利亚冲突事件的报道就与英美主流媒体的分析截然不同（俄罗斯在中东地区唯一一个具有重要战略意义的军事基地就在叙利亚）。同样地，法国 24 小时在其国际频道中进一步改善了对非洲法语国家的报道。然而从观众的角度来讲，新闻网络对国际媒体回流的影响相对较小，因为其中大多数都集中在娱乐媒体上，而这一领域目前仍由美国在主导。

娱乐节目的回流

目前，虽然源于好莱坞的节目在国际娱乐媒体中仍然占据统领地位（Miller et al, 2005；European Audiovisual Observatory, 2013），但是其他国家在这一领域的兴起也不容忽视。作为一个在奥斯曼帝国基础上发展起来的现代民主穆斯林国家，土耳其对中亚地区、巴尔干半岛地区以及部分中东地区的历史影响仍然存在。因为与中亚、高加索地区和阿拉伯世界的诸多国家拥有同样的语言、宗教、文化传统，土耳其得以利用大众媒体的力量来维护自己的地缘政治和文化利益。目前在阿拉伯世界（之前，该地区的传播产业一直由埃及和黎巴嫩主导），它的电视节目和历史题材的电视剧深受众人欢迎。其中，由 175 集电视剧《银光》（*Silver*）编译而成的阿拉伯语电视剧《亮光》（*Light*）在 2008 年播出后获得了巨大成功，它还吸引了 8 500 万阿拉伯游客前往影片拍摄地伊斯坦布尔进行观光，引发了阿拉伯世界的新一轮旅游热潮。截至 2012 年，逾 20 个国家引进了土耳其的电视剧作品，其中不乏土耳其国际频道这样的国有广播公司和众多私有广播网。此外，土耳其政府还创立了自己的阿拉伯语电视台，其中以苏莱曼的奥斯曼帝国为背景的大型古装剧《辉煌世纪》（*Magnificent Century*）就曾在 47 个国家播出（William, 2013）。

文化产品从南半球回流至北半球或从南半球回流至南半球的情况在巴西和墨西哥尤为明显。Straubhaar（1991）认为，巴西是与他国存在非对称依赖关系最明显的国家，早在 20 世纪 60 年代巴西就曾效仿美国的商业电视模式建立起了自己的电视产业，而这都是在环球电视台这家近似垄断的企业的基础上发展起来的（Porto, 2012）。与墨西哥相似的是，巴西电视产业的成功主要依赖于自己内容浪漫的肥皂剧，因为这些电视剧不仅在拉丁美洲的大部分地区播放，甚至还远播欧洲等地。从 20 世纪 70 年代开始，这些电视剧就开始远播海外，如今全球已有 100 多个国家引进了它们的作品，甚至还据此改编创作出了许多其他的电视剧。

环球电视台在黄金时段播放的电视剧《印度爱情故事》(*India-A Love Story*)就是其中的翘楚，它甚至还摘得了2009年国际艾美奖最佳电视连续剧奖的桂冠。作为环球电视台有史以来成本最高的作品，《印度爱情故事》在巴西播放最后一集时获得了81%的收视率。不仅如此，它还远播韩国、印度尼西亚、澳大利亚、俄罗斯、葡萄牙等地。这足以证明深受宝莱坞影响的巴西与印度之间的媒体文化流充满了活力（如下所示）：这部由巴西演员主演的206集电视剧取景于印度、巴西两地，涉及种姓、性别、等级等诸多带有印度特色的主题。不仅如此，该剧借用了众多宝莱坞式文化道具，如乐谱等。因此，只有当传播方式不断走向全球化，社会中出现多种声音、多个方向、多个层次的媒体流，以及信息传播能从精英团体扩展到普通大众时，人们才能充分理解如此复杂多样的媒体模式（Thussu，2007a）。

亚洲的媒体回流现象

虽然历史上的日本帝国曾对其亚洲邻国实行军国主义文化战略，但今天的日本即便位居世界经济强国前列，仍需在提高其媒体力量时采取谨慎的态度。作为视觉文化和大众娱乐的重要组成部分，日本动漫有着巨大的国际影响力，它不仅是该国最具创新力的文化产业，还是为其带来丰厚利润的博彩产业（Iwabuchi，2002）。此外，从20世纪90年代起，包括电视剧、流行歌曲和电影在内的韩国流行文化逐渐在亚洲甚至全球范围内升温，这不仅引发了全球韩流热潮（Kim，2013），还使"韩国媒体文化产品的出口量出现了惊人的增长"。根据韩国政府发布的信息，仅在2000—2010年的10年间，韩国文化产品的出口额增幅达11倍之多。

当前，以韩国文化广播公司（MBC）、韩国广播公司（KBS）和首尔广播公司（SBS）为主的韩国三大电视台凭借各自的电视剧——通常是16至24集的短剧——在海外市场上遥遥领先，其中中国是其在文化产业领域最大的出口国。2003年，日本广播协会在国内首次播放浪漫爱情剧《冬日恋歌》，该剧一经播出便广受欢迎，并在国内重播了四次（Kim，2013：6）；随后播出的历史剧《大长今》更是风靡全球，远播120多个国家和地区。正如Kim所言："混杂了文化产品、文化流、观众和民族认同感的韩流不可避免地引发了这样一个问题：它到底代表了哪一种文化？韩流中的韩到底是什么？事实上，韩国流行文化并不是韩国传统价值观的延续，而是一个受多种文化影响的混合体，因此，如果从这个方面来看，它并不是真正意义上的韩国文化。虽然事实证明这种回流模式具有重大的商业价值，但其混杂性也在一定程度上损害了本国的民族认同感（Kim，2013：17）。"

为了促进本国电影的出口，韩国政府大力支持其在柏林、戛纳、威尼斯等重大国际电影节上的放映，不仅如此，它还在国内积极组织国际电影节，其中最有名的就是釜山国际电影节。2009年，韩国还创立起了自己的韩国文化产业振兴院，用以支持国内文化产业的发展。作为本国最重要的文化出口产品，韩国网络游戏产业在 2010 年也创造出了巨大的经济价值。此外，三星（全球移动与在线交流领域的领头者）这样的电子行业巨头也开始投资本国的文化产业，这就为韩国提升其国际影响力做出了重大贡献。2012 年，由韩国艺人鸟叔创作的《江南 Style》风靡全球，这个 YouTube 网站上下载量最大的音乐视频充分证明了韩国流行音乐的国际影响力。正如 Kim 所言："20 世纪 90 年代，卫星广播技术加速了韩流的传播；如今，YouTube、Facebook、Twitter 等社交网络正逐步取代卫星广播成为'数字韩流'风靡亚洲、美国、欧洲等地的首要方式"（Kim，2013：2）。

韩国媒体出口的成功让中国看到了发展"创新产业"的希望，因为这种现象对后者而言仍然很新鲜。目前，有着世界上最多人口的中国已然成了全球最大的移动手机市场，不仅如此，它还是全球最大的电子产品、媒体通信设备出口商（UNESCO，2009；Stockman，2013）。鉴于其电视观众不仅覆盖了拥有全球最多侨胞的中华区，还涵盖了中国香港、中国台北、新加坡等区域中心，中国的影视产业已经获得了巨大的国际市场（Curtin，2007；Sun，2009）。《卧虎藏龙》（*Crouching Tiger, Hidden Dragon*）（2000）、《英雄》（*Hero*）（2002）、《十面埋伏》（*House of Flying Daggers*）（2004）等诸多国际巨作的出现就为中国在全球娱乐圈赢得了一席之地。这些作品都是中国与好莱坞营销传播团队进行合作的最好证明，而且随着中国逐渐成为好莱坞电影公司的重要市场，双方的合作也在不断加强。

宝莱坞市场

如果提起全球娱乐项目回流，以宝莱坞著称的印度电影业算得上是其中最有名的例子。作为世界上人口规模最大的民主国家，印度媒体和文化产业的自由化、私有化发展与数字传输技术的广泛应用为印度产品在全球媒体领域的发展提供了重要保障（Athique，2012）。印度在全球媒体行业的影响日益升温的最有力证据就是其电影产业为本国创造了 35 亿美元的经济价值，这不仅促使印度成为了吸引众多游客的旅游胜地，还使它成了吸引投资者的投资地。目前，就产量与观众数量而言，宝莱坞已是全球最大的电影工厂；每年买票观看印度电影的观众要比观看好莱坞电影的观众多出 100 万人。印度电影正逐渐成为全球 70 多个国家的电影观众的宠儿（Gera Roy，2012；Dudrah，2012；Schaefer and Karan，2013；Thussu，2013）。

事实上早在 20 世纪 30 年代印度就开始了海外出口电影之旅，然而直到 90 年代宝莱坞才成为全球流行文化的一部分（Gera Roy，2012；Dudrah，2012；Schaefer and Karan，2013）。随着诸多需要付费的专用电影频道的出现，印度的电视节目在过去的 20 年里出现了前所未有的增长，从 1991 年之前的国家垄断模式一直发展到了 2013 年的 800 多个频道，这就进一步促进了该国电影产业的发展。不仅如此，数字化的发展和卫星有线电视的广泛应用也为印度电影在海外的传播提供了重要保障。而且随着新兴数字传播机制的发展，在遍布世界各地的 3 500 万南亚侨民中重新定义流行文化的印度电影最终得以借助不同模式进行传播（Athique，2012）。

这种现象带来的结果就是，Mira Nair（宝莱坞 2001 年度喜剧《季风婚宴》的导演）和 Gurvinder Chaddha（2002 年喜剧《我爱贝克汉姆》和 2003 年电影《爱斗气爱上你》）已经开始着手创作连接西方与印度流行剧院的电影作品了（Dudrah，2012）。促使宝莱坞电影逐渐流行的另一个因素是西方演员开始主演印度电影。此外，印度电影也在俄罗斯、德国等地深受欢迎，就连德国主流电视台 RTL 也经常将宝莱坞电影编译成德语进行播放。除了这些侨民市场和西方市场，宝莱坞电影一直以来也在亚洲、中东、非洲等发展中国家深受欢迎。在尼日利亚，印度爱好者协会的音乐家们常常将印度电影中的谐音改编成豪萨语进行演奏，而印度尼西亚的本土音乐一直以来都深受印度音乐的影响（Gera Roy，2012）。此外，宝莱坞电影在拉丁美洲等未经许可的领地上进行播放则说明金砖四国之间的文化交流并未停止，而且印度流行文化所代表的软实力也在逐步得到认可（Thussu，2013）。

根据业内人士估计，印度娱乐媒体产业的价值约在 290 亿美元，而其信息技术和科技服务的产值可达 1 480 亿美元（UNCTAD，2012；FICCI/KPMG Report，2013）。除了本土化的媒体产品，印度还是重要的跨国传媒公司——主要是美国公司——的产品生产地，而它在动漫、好莱坞电影后期制作以及其他媒体产业领域的作用也在不断提高。通过与以美国为主的跨国传媒公司展开合作，印度也为本国产品的营销与传播提供了便利。随着媒体领域的国际投资逐渐升温，好莱坞和宝莱坞将会在跨媒体合作的规则逐步放松后出现新的协同效应；印度传媒公司也对好莱坞电影进行投资（Kohli-Khandekar，2013）。由此看来，亚洲地缘政治格局的演变不仅促使华盛顿与新德里形成更为密切的经济战略关系，还会进一步促进这个进程的发展。

四、"中印"媒体流日益发展带来的挑战——是新的选择还是背道而驰？

鉴于中印两国的影响正不断扩大，本文最后一章将从中国播报的国际电视新闻和印度宝莱坞的全球化发展这两个角度出发，重点分析中印两国媒体内容的全球化发展如何为全球媒体流带来新的变化。它们会与美国主导的媒体流背道而驰还是会经历多年发展成为人们的新选择呢？事实上，中印两国的崛起以及它们在国际传播和媒体话语权上越来越重要的地位都为媒体与传播研究带来了新的挑战。传统的国际媒体比较研究主要以美英两国为主，然而随着各国实力的不断变化，人们有必要重新审视与之密切相关的媒体回流现象。正如 Fareed Zakaria 所言："除了军事力量以外，工业、经济、社会、文化等方面的力量正逐渐从以美国为主导向其他地方发生转移。这并不是说我们进入了一个反美国时代,事实上这是一个后美国时代,一个由众多国家和民族共同主导和定义的时代(Zakaria,2008)。"作为当今世界发展速度最快的经济体,中国的和平"崛起"对研究国际媒体与传播产生了深远影响,因为中国在政治、跨文化、组织企业等方面与国际传媒的变革取得了同步的发展。

自2006年以来,中国一直是世界上持有外汇储备最多的国家,预期2012年将达到3.3万亿美元。从国际货币基金组织发布的数据来看(见表2),如果按购买力平价(Purchasing Power Parity)来计算,中国的国内生产总值(Gross Domestic Product)将在2016年超过美国,成为世界最大经济体。

表2 中国与美国的竞争

(根据购买力平价核算国内生产总值,单位:万亿美元)

	2010	2011	2012	2013	2014	2015	2016
中国	10.11	11.31	12.46	13.74	15.16	16.8	18.67
美国	14.52	15.06	15.49	15.99	16.62	17.39	18.25

鉴于中国迈入经济主导行列后所带来的全球影响的规模和范围,深入研究全球媒体回流就具有非常深刻的意义。早在20世纪80年代中国刚打开国门开展国际贸易时,中国企业在国际舞台上的地位还很微不足道,然而截至2012年,中国共有89家企业入围财富世界500强(Fortune Global 500)——长期以来,一直是西方企业榜上有名——仅次于美国(132家企业入围)位居第二。不仅如此,2012年的全球十大企业有三家来自中国。据此,有些经济学家发表言论称,中国已经超越美国成了全球经济主导国,人民币很快就会代替美元成为世界储备货币(Subramanian,2011)。至此,拥有数十亿人口的中国在没有经历重大社会经济动荡的情况下,就从自给自足的小农社会转变成了全球最大的消费者市场。中国的成功自然引来了众多赞赏者,这在发展中国家尤甚,为此人们专门提出了"北京共识"这一说法用以取代之前的"华盛顿共识"(Halper,2010)。

根据购买力平价的测算,印度将在2013年成为世界第三大经济体,但是它的经济增长速度仍然难以与中国抗衡。那么,这两个世界上最古老的文明国度——两个国家的人口规模和经济增长速度都位居世界前列——的关系又如何呢?根据中印两国在后美国时代成为后起之秀这一现象,现任印度农村发展部部长Jairam Ramesh提出了"中印共同体"(Chindia)的概念(Ramesh,2005;Zakaria,2008)。如今,这一新词所包含的思想似乎已引发了广泛关注——在谷歌中输入"中印共同体"会出现逾80万条链接。因此,鉴于中印两国的发展深刻影响着当今国际格局的形成,我们在对国际媒体研究进行深入探讨时必须综合考虑这两个大国日益增长的影响力(Khanna,2007;Sharma,2009;Bardhan,2010,详见《全球媒体与传播》2010年特刊)。正如Bardhan所言:"早在1820年时，中印两国的总收入约占世界的一半；到了1950年，这个数字仅不到1/10；如今它是1/5，因此到2025年时，它将增长至1/3（Bardhan，2010：1）。"

随着以美国为主的西方资本主义在新自由模式下出现危机，西方的强国势力逐渐发生转移，中印两国的崛起不仅在其他领域对其提出了挑战，还对其研究国际媒体与传播的思想和范式提出了挑战。有人评论说："如今，随着中印两国的区域影响和国际影响不断扩大，全球经济和政治力量的重心也在发生重大转移（Sharma，2009：9）。"此外，随着中印两国的海外侨民规模不断扩大，它们在经济和文化方面的影响势必会产生一种以亚洲语言和爱好为主的新兴全球化模式（Sun，2009；Kapur，2010；Amrith，2011）。

事实上，中印两国数千年的邦交关系已经产生了一种影响力甚广的文化交际维度，其互动往来的核心便是佛教。以玄奘为代表的中国学者不仅对佛教哲学深感兴趣，他们还亲自前往印度那烂陀寺（5世纪至12世纪印度东部著名的佛学圣地）等地就法律、哲学、政治等内容交流意见；而印度僧侣也常常前往中国进行交流，使得众多梵文经书翻译成了汉语（Sen，2005）。这种思想与意识的交流行为一直持续了数个世纪，直至今天，佛教仍是连接两个古老文明的重要纽带。

西藏达赖喇嘛逃亡印度事件以及1962年发生的边境战争使中印两国的关系发生了严重分裂，而且长期以来一直影响着两国的决策者和公众舆论。除了备受争议的边界争端外，中印两国还在资源以及南半球领导权等方面存在分歧（Cheru and Obi，2010；Pant，2012）。尽管如此，两国之间的贸易与文化往来仍在继续：至2012年，印度的东邻居——中国已成为其最重要的一位贸易伙伴。然而事实上，这样的经济往来以及中印共同体的发展却很少得到国际媒体甚至是中印两国媒体的关注。

而在大众娱乐方面，印度作品在经历了数十年的缺位之后又重新获得了中国市场的关注。冷战时期，印度电影曾在中国广为流传，因为在中国共产党看来，印度的消遣式音乐情景剧不仅是政府进行政治宣传的绝佳方式，还是替代好莱坞作品最廉价的手段。曾在中国25家剧院上映的《印度往事》（*Lagaan*）是中国电影集团公司引进的首部印度电影，担任这部电影音乐指导的A. R. Rahman也是2004年入围好莱坞的中国电影《天地英雄》的作曲者。2009年印度学院派喜剧电影《三傻大闹宝莱坞》（*Three Idiots*）在中国上映后取得了票房上的巨大成功，这足以说明印度电影在它的邻国不乏观众。

不管传统的以西方为导向的媒体理论带有自由主义观点还是批判性观点，人们在研究相关问题都能据此提出深刻见解，然而在分析中印两国的交际问题时，这些理论却并不奏效（Hallin and Mancini，2012）。因此，这就需要在充分考虑历史、文化以及社会心理等因素的基础上提出新的研究模式、方式方法、理论假设以及评定教育参数的根本方法。事实上，中印共同体的出现对研究发展传播学具有重大意义。虽然两国经济都获得了飞速发展——近10年来中国的经济都是以两位数的速度在增长，但那里仍然存在大量的贫困人口与弱势群体（Zhao，2008；Kohli，2012）。20 世纪 70 年代，印度通过开展 SITE 项目（卫星教学电视试验）成了世界上第一个利用电视普及教育的国家。随着新数字媒体技术的发展和应用，甘地所倡导的社会生活以及可持续发展的观念得到了深入推广。而中国在电讯等领域对亚非发展中国家的支援让比更多人了解到了中国对发展的阐释。回顾历史我们知道，人们习惯采用西方设计的发展模式，而且这些模式都符合西方世界对发展的认知，那么曾为殖民地的中印两国在提出自己的发展观时会减少这种历史身份带来的影响吗？

其实真正的问题在于，当带有中印特色的全球化发展模式对已有的国际媒体传播理论发出挑战时，这样的模式是否从理论和实际上都能让人理解其中的复杂性。在这样一个全球网络化与数字化不断发展的时代，南南文化流以及日益增长的南北文化流正瓦解着以美国为主导的文化霸权格局，而媒体与传播研究也随之发生了重大变化。因此，当近 90％的中国人和基本上同样比例的印度人开始接触网络时，深入观察互联网中广为流传的内容及其所用的语言将会是很有意思的事（根据互联网世界统计发布的信息，2013 年中国的 13 亿人口中有 40％经常上网，而印度的 12 亿人口中则有 14％常使用网络）。在这种情况下，印度的"人口红利"现象（demographic dividend）就更加引人注目了：目前已有超过 70％的印度人年龄在 30 岁以下（Nilekani，2009）。随着个人财富的积累，越来越多的印度年轻人将会增加他们的上网时间，不仅如此，他们还会借助国际传播的推动器——英语来创造并消费更多的数字媒体。事实上，2013 年 YouTube 网站中与宝莱坞有关的视频材料已经超过了好莱坞。

那么，带有中印两国特色的媒体回流到底是人们在美国主导的媒体流之外的新选择还是全球媒体流的补充呢？保险地说，国际媒体在短期内仍将呈现以美国为主的多方共同发展的格局，这也就是我在其他地方提到的"带有美国特色的全球本土化"（glocal American）（Thussu，2007a）。不过，Jack Goody 却认为，"虽然在全球范围内的知识与文化领域西方的主导地位仍然存在，但与之前相比已有了明显下降。全球化不再是专属于西方化的产物了"（Goody，2010：125）。这就说明，那些渴望在国际舞台上一展新貌的历史大国正在日渐兴起的全球媒体回流中发挥着重要作用。

◇ 参考文献 ◇

- Al-Qassemi, Sultan (2012). Breaking the Arab News: Egypt made al Jazeera-and Syria's destroying it. *Foreign Policy*, 8(2).
- Amrith, Sunil (2011). *Migration and Diaspora in Modern Asia*. Cambridge: Cambridge University Press.

- Appadurai, Arjun (1990). Disjuncture and difference in the global cultural economy, *Public Culture*, 2 (2): 1-24.
- Appadurai, Arjun (1996). *Modernity at Large: Cultural Dimensions of Globalisation*. Minneapolis: University of Minnesota Press.
- Athique, Adrian (2012). *Indian Media-Global Approaches*, Cambridge: Polity.
- BBG (2012). *U. S. International Broadcasting: Impact through Innovation and Integration, Broadcasting Board of Governors, 2011 Annual Report*. Washington: Broadcasting Board of Governors.
- Baker, Edwin (2007). *Media Concentration and Democracy: Why Ownership Matters*. Cambridge: Cambridge University Press.
- Banerjee, Indrajit (2002). The locals strike back? Media globalization and localization in the new Asian television landscape, *Gazette*, 64 (6): 517-35.
- Barnett, Steven (2012). *The Rise and Fall of Television Journalism*. London: Bloomsbury Academic.
- Bardhan, Pranab (2010). *Awakening Giants, Feet of Clay*. Princeton: Princeton University Press.
- Baum, Matthew (2003). *Soft News Goes to War: Public Opinion and American Foreign Policy in the New Media Age*. Princeton: Princeton University Press.
- Bielby, Denise and Lee Harrington (2005). Opening America? The telenovelaization of US soap operas, *Television & New Media*, 6(4): 383-99.
- Castells, Manuel (2000). *The Rise of the Network Society: The Information Age: Economy, Society and Culture*, vol. 1 (2nd ed.). Oxford: Blackwell.
- Cheru, Fantuand Obi, Cyril (eds.) (2010). *The Rise of China and India in Africa: Challenges, Opportunities and Critical Interventions*. London: Zed Books.
- Cull, Nicholas (2009). *The Cold War and the United States Information Agency: American Propaganda and Public Diplomacy 1945-1989*. Cambridge: Cambridge University Press.
- Curtin, Michael (2003). Media capital: towards the study of spatial flows, *International Journal of Cultural Studies*, 6 (2): 202-28.
- Curtin, Michael (2007). *Playing to the World's Biggest Audience: The Globalization of Chinese Film and TV*. Berkeley: University of California Press.
- Curtin, Michael and Shah, Hemant (eds.) (2010). *Reorienting Global Communication: Indian and Chinese Media Beyond Borders*. Chicago: University of Illinois Press.
- Dudrah, Rajinder (2012). *Bollywood Travels: Culture, Diaspora and Border Crossings in Popular Hindi Cinema*. London: Routledge.
- European Audiovisual Observatory (2013). *Focus 2012: World Film Market Trends*. Strasbourg: European Audiovisual Observatory.
- FICCI-KPMG Report (2013). *The Power of a Billion: Realizing the Indian Dream*. FICCI-KPMG Indian Media and Entertainment Industry Report 2013. Mumbai: Federation of Indian Chambers of Commerce and Industry.
- Figenschou, Tine Ustad (2014). *AlJazeera and the Global Media Landscape: The South is Talking Back*. New York: Routledge.
- Fortune (2013). Fortune Global 500, July.
- Galtung, Johan (1971). A structural theory of imperialism, *Journal of Peace Research*, 8(2): 81-117.
- García Canclini, Nestor (1995). *Hybrid Cultures: Strategies for Entering and Leaving Modernity*. Minneapolis: University of Minnesota Press.
- Gera Roy, Anjali (ed.) (2012). *The Magic of Bollywood: At Home and Abroad*. New Delhi: Sage.

- Global Media and Communication(2010). "Chindia" and Global Communication. *Global Media and Communication*, Special themed issue, 6(3): 243-389.
- Goody, Jack(2010). *The Eurasian Miracle*. Cambridge: Polity.
- Hall, Stuart(1991). The local and the global: globalization and ethnicity, in A. King (ed.) *Culture, Globalization and the World-System-Contemporary Conditions for the Representation of Identity*. London: Macmillan.
- Halper, Stefan(2010). *The Beijing Consensus: How China's Authoritarian Model Will Dominate the Twenty-first Century*. New York: Basic Books.
- Hallin, Daniel and Mancini, Poulo(2004). *Comparing Media Systems*. Cambridge: Cambridge University Press.
- Hallin, Daniel and Mancini, Paolo(eds.) (2012). *Comparing Media Systems: Beyond the Western World*. Cambridge: Cambridge University Press.
- Iwabuchi, Koichi (2002). *Recentering Globalization: Popular Culture and Japanese Transnationalism*. Durham: Duke University Press.
- Jebril, Nael; Albaek, Erik and De Vreese, Claes(2013). Infotainment, cynicism and democracy: The effects of privatization vs. personalization in the news, *European Journal of Communication*, 28(2): 105-121.
- Kapur, Devesh (2010). *Diaspora, Development, and Democracy: The Domestic Impact of International Migration from India*. Princeton: Princeton University Press.
- Khanna, Tarun(2007). *Billions of Entrepreneurs: How China and India are Reshaping Their Futures-and Yours*. Cambridge (Mass): Harvard Business School Press.
- Kim, Youna(ed.) (2013). *The Korean Wave: Korean Media Go Global*. London: Routledge.
- Kohli, Atul(2012). *Poverty Amid Plenty in the New India*. Cambridge: Cambridge University Press.
- Kohli-Khandekar, Vanita(2013). *The Indian Media Business*. (4th ed). New Delhi: Sage.
- Kraidy, Marwan (2005). *Hybridity, or, the Cultural Logic of Globalisation*. Philadelphia: Temple University Press.
- Kurlantzick, Joshua(2007). *Charm Offensive: How China's Soft Power is Transforming the World*. New Haven: Yale University Press.
- Martin-Barbero, Jesus (1993). *Communication, Culture and Hegemony: From Media to Mediations*, trans. E. Fox. London: Sage.
- Mart nez, Ibsen(2005). Romancing the globe, *Foreign Policy*, November.
- Mato, Daniel(2005). The transnationalization of the telenovela industry, territorial references, and the production of markets and representations of transnational identities, *Television & New Media*, 6 (4):423 44.
- McChesney, Robert (1999). *Rich Media, Poor Democracy-Communication Politics in Dubious Times*. Champaign, IL. : University of Illinois Press.
- Miller, Toby, Nitin Govil, Richard Maxwell and John McMurria(2005). *Global Holly-wood* (2nd ed.). London: British Film Institute.
- Miller, Jade(2010). Ugly Betty Goes Global: Global Networks of Localized Content in the Telenovela Industry. *Global Media and Communication*, 6(2): 198-217.
- Nederveen Pieterse, Jan(2004). *Globalization or Empire?* London: Routledge.
- Nilekani, Nandan(2009). *Imaging India: Ideas for the New Century* (revised and updated edition). New Delhi: Penguin.
- Nordenstreng, Kaarle and Tapio Varis(1974). *Television Traffic-A One-Way Street? A Survey and Analysis of the International Flow of Television Programme Material*, Reports and Papers on Mass Communication, no. 70. Paris: UNESCO.

- Nye, Joseph(2004). *Power in the Global Information Age: From Realism to Globalization*. London: Routledge.
- Pant, Harsh(ed.) (2012). *The Rise of China: Implications for India*. New Delhi: Cambridge University Press.
- Pasternack, Alex(2012). Coming to America: China wants to buy its way onto your TV screen. Will it work?, *Foreign Policy*, 11(2).
- Porto, Mauro(2012). *Media Power and Democratization in Brazil: TV Globo and the Dilemmas of Political Accountability*. London: Routledge.
- Ramesh, Jairam(2005). *Making Sense of Chindia: Reflections on China and India*. New Delhi: India Research Press.
- Robertson, Roland(1992). *Globalization: Social Theory and Global Culture*. London: Sage.
- Schaefer, David and Karan, Kavita (eds.) (2013). *Bollywood and Globalization: The global power of popular Hindi cinema*. London: Routledge.
- Schiller, Herbert(1992). *Mass Communications and American Empire* (2nd ed.). New York: Westview Press.
- Schwoch, James(2009). *Global TV: New Media and the Cold War, 1946-1969*. Chicago: University of Illinois Press.
- Seib, Philip(ed.) (2012). *Aljazeera English: Global News in a Changing World*. New York: Palgrave Macmillan.
- Sen, Amartya(2005). *The Argumentative Indian*. London: Penguin.
- Sinclair, John(1999). *Latin American Television: A Global View*. Oxford: Oxford University Press.
- Sinclair, John, Elizabeth Jacka and Stuart Cunningham(eds.) (1996). *New Patterns in Global Television-Peripheral Vision*. Oxford: Oxford University Press.
- Sharma, Shalendra(2009). *China and India in the Age of Globalization*. Cambridge: Cambridge University Press.
- Straubhaar, Joseph (1991). Beyond Media Imperialism: Asymmetrical Interdependence and Cultural Proximity. *Critical Studies in Mass Communication*, 8(1): 39-59.
- Stockman, Danicla(2013). *Media Commercialization and Authoritarian Rule in China*. New York: Cambridge University Press.
- Subramanian, Arvind(2011). *Eclipse: Living in the Shadow of China's Economic Dominance*. Washington: Institute of International Economics.
- Sun, Wanning(ed.) (2009). *Media and the Chinese Diaspora: Community, Communications and Commerce*. London: Routledge.
- Thussu, Daya(2007a). *News as Entertainment: The Rise of Global Infotainment*. London: Sage.
- Thussu, Daya(2007b). "Mapping Global Media Flow and Contra-Flow", 11-32, in Thussu, Daya (ed.) *Media on the Move: Global Flow and Contra-Flow*, London: Routledge.
- Thussu, Daya (2009). "Why internationalize media studies and how", 13-31, in Thussu, Daya (ed.) *Internationalising Media Studies*, London: Routledge.
- Thussu, Daya(2013). *Communicating India's Soft Power: Buddha to Bollywood*. New York: Palgrave/Macmillan.
- Thussu, Daya(2014). *International Communication-Continuity and Change*. (3rd ed.), London: Bloomsbury Academic.
- Tracey, Michael(1998). *The Decline and Fall of Public Service Broadcasting*. Oxford: Oxford University Press.
- Tunstall, Jeremy(1977). *The Media Are American*. London: Constable.
- Tunstall, Jeremy(2008). *The Media Were American*. Oxford: Oxford University Press.

- UNCTAD(2012). *Information Economy Report 2012: The Software Industry and Developing Countries*. New York: United Nations Conference on Trade and Development.
- UNESCO(1998). *World Culture Report 1998: Culture, Creativity and Markets*. Paris: United Nations Educational, Scientific and Cultural Organization.
- UNESCO(2005). *International Flows of Selected Cultural Goods and Services 1994-2003*, UNESCO Institute for Statistics. Paris: United Nations Educational, Scientific and Cultural Organization.
- UNESCO(2006). *What is public service broadcasting?* Paris: United Nations Educational, Scientific and Cultural Organization. http://portal.unesco.org/ci/en/ev.php.
- UNESCO(2009). *World Culture Report*. Paris: United Nations Educational, Scientific and Cultural Organization.
- Van Dijck, Jose(2013). *The Culture of Connectivity: A Critical History of Social Media*. New York: Oxford University Press.
- Varis, Tapio(1985). *International Flow of Television Programmes, Reports and Papers on Mass Communication*, No. 100. Paris: UNESCO.
- Wang, Jian(ed.) (2010). *Soft Power in China: Public Diplomacy through Communication*, New York: Palgrave Macmillan.
- Wang, Georgette(ed.) (2011). *De-Westernizing Communication Research: Altering Questions and Changing Frameworks*. London: Routledge.
- Williams, Nathan(2013). *The rise of Turkish soap power*, BBC News, 28 June.
- Williams, Bruce and DelliCarpini, Michael (2011). *After Broadcast News: Media Regimes, Democracy, and the New Information Environment*. Cambridge: Cambridge University Press.
- Xin, Xin(2012). *How the Market is Changing China's News: The Case of Xinhua News Agency*. Lanham: Lexington Books.
- Zakaria, Fareed(2008). *The Post-American World*. London: Allen Lane.
- Zhao, Yuezhi (2008). *Communication in China: Political Economy, Power and Conflict*. Lanham, MD: Rowman & Littlefield.
- Zhu, Ying(2012). *Two Billion Eyes: The Story of China Central Television*. New York: The New Press.

国际商务传播研究

迈克尔·亨勒[①]

序言

人们通常认为，商务活动具有普遍性且遵循自身的规则和方针。毕竟，企业从事商务活动的目的是赚取利润，而这也可以说是得到了普遍认可，因为从长期来看，没有盈利的商业活动很难在市场上维持下去。而且，随着全球化的不断发展，众多商业活动在过去 30 年间逐步实现了标准化进程。尤其是互联网的深入推广和英语作为国际商务贸易通用语言的广泛应用，不仅促使生产活动进入了标准化时代，还使经营管理活动实现了标准化发展。这种现象足以用事实来进一步说明：全球诸多公司选择同样的银行服务，运用同样的会计处理方法，使用同样的计算机系统与软件，在全球范围内选取最佳产地供应其他市场，与追求相同目标、遵循同一损益原则的国际贸易伙伴随时互动交流等（Cox, 2001; Gibson, 2000; Harris & Moran, 1996; Hoecklin, 1995; Hofstede, 1991, 2001, 2010; Oetzel, 2009; Schneider & Barsoux, 2003; Trompenaars & Hampden-Turner, 1998）。首个提出"全球化"（globalization）这一概念的 Theodore Levitt（1983）认为，标准化是在全球范围内开展商务活动最切实有效的方法，这种观点一经提出便备受称赞。于是，在 20 世纪 80 年代，众多大型跨国公司纷纷展开尝试。但它们很快就意识到，当地消费者并不会永远青睐这些全球标准化产品，而这也是麦当劳（McDonald's）或者美国有线电视新闻网（CNN）这些公司逐渐走向本土化的原因。与此同时，商务交际的方法显然也需要因地制宜进行调整（Harris & Moran, 1996; Hofstede, 2001, 2010; Schneider & Baroux, 2003; Trompenaars & Hampden-Turner, 1998）。

虽然从表面上来看商业活动是围着数字在运作，比如说产量、销售额、利润、损失等，但是如果没有人的参与，这种活动很难维持下去。而这些人与他人的互动会出现在各种各样的情境下，比

[①] 迈克尔·亨勒（Michael Hinner），现任德国德累斯顿国际大学弗莱贝格工业大学工商管理学院（Faculty of Business Administration at the TU Bergakademie Freiberg affiliated with Dresden International University）教授，1985 年获美国纽约州立大学石溪分校（State University of New York at Stony Brook）比较研究学博士学位，主要研究兴趣包括商务与组织传播和商务语境下的跨文化传播等。

如说工作场所、贸易展会或收货处等。与他人互动的时候，人们需要进行交际，因为没有交际就没有互动。同时，人与人之间的互动也需要行为模式、准则制度等进行规范制约。比如说，礼仪规则指导互动双方如何在特殊场合相互问候，这样，谙熟准则制度的人就知道哪一方先行问候，哪些手势能和语言同步，以及仪式如何进入尾声。通常，熟悉这些细节的互动双方能预先了解仪式如何进行，比如说，在不同的场合与不同的对象进行交际时选择的剧本（script）和图式（schemata）也会恰如其分（Adler & Rodman, 2003; Bovée & Thill, 2010; DeFleur, Kearney, & Plax, 1998; DeVito, 2006; Gamble & Gamble, 2005; Hinner, 2007; Klopf, 1998; Lustig & Koester, 2006; Oetzel, 2009; Tubbs & Moss, 2003）剧本是指对"即将进行的某件事情"有大体的了解，是"控制事情正常发展的规则制度"（De Vito, 2006, p. 59）；而图式是指人类头脑中能帮自己组织信息并赋予其意义的已有模式（De Vito, 2006; DeFleur et al, 1998）。通常情况下，剧本和图式能使很多互动行为程序化。如果互动双方非常了解特定场合下的剧本和图式，那么他们就会很自然地表现出某种行为（De Vito, 2006）。事实上，很多社交场合都是由这样的交际模式和礼制规范而成的。因此，如果互动双方不了解预期的交际模式，这就很容易出现问题，因为双方遵循的是不同的剧本，给予同一情境的意义也各不相同，即呈现不同的图式。在这种情况下，由于互动行为没有按照预期的模式进行，结果就产生了一定程度的不确定性，使双方的关系变得更加紧张。而且，文化相隔的越远，即互动双方的文化距离越大，就越有可能产生误解（Adler & Rodman, 2003; Hoecklin, 1995; Klopf, 1998; Lustig & Koester, 2006; Oetzel, 2009; Schneider & Barsoux, 2003; Trompenaars & Hampden-Turner, 1998）。

这样的道理同样适用于商务活动，因为从事商务活动的时候人们必须进行沟通交际（Bovée & Thill, 2010; DeFleur et al, 1998; Hinner, 2005）。这种情况下，交际分为言语交际和非言语交际，它与特定商务情境下的剧本紧密相连。然而，即便是相同的商务情境，不同的文化也需要不同的剧本。因此，在特定的商务情境下，商人之间如何进行互动沟通深受双方文化的影响（Gibson, 2000; Harris & Moran, 1996; Hoecklin, 1995; Hofstede, 1980, 1991, 2001, 2010; Oetzel, 2009; Schneider & Barsoux, 2003; Trompenaars & Hampden-Turner, 1998）。比如说，在有些地方的文化中，双方做生意之前建立起稳固的私人关系至关重要，而在其他地方的文化中，生意关系则要与私人关系严格区分开（Gibson, 2000; Hofstede, 1980, 1991, 2001, 2010; Lustig & Koester, 2006; Oetzel, 2009; Trompenaars & Hampden-Turner, 1998）。因此，在跨文化背景下开展商务活动时，充分考虑文化差异就显得很有必要，因为不同的文化包含着不同的礼制和沟通模式。如果人们没有注意到这些文化差异或者对其置之不理，那么商务环境下的误解必然存在（Gibson, 2000; Klopf, 1998; Lustig & Koester, 2006; Oetzel, 2009）。毕竟，真空环境下并不存在人类活动，这样的空缺只能由文化来填充。这也是商业活动除了围着数字转，还要考虑文化和沟通交际的原因。

然而值得注意的是，在跨文化背景下，即便是数字也蕴含着不同的意义（Gibson，2000；Klopf，1998；Lustig & Koester，2006；Oetzel，2009）。

文化

在人类互动的情形下，文化被定义为"一种意义学习体系，它会在群体成员间建立起一种特殊的身份感、群体感，是一种复杂的理念，具体包括传统、信仰、价值观、规范、符号、意义等内容，其认可度会通过群体成员的互动行为反映出来"（Ting-Toomey & Takai，2006，p. 691）。Bidney 认为文化包括三个相互关联的维度（Klopf，1998）：

- 人造物品（artifacts），即提高人们生活水平的东西
- 社会事实（sociofacts），即规范人们日常生活的礼制
- 心理事实（mentifacts），即影响人类思考的认知、情感因素

因此，文化包括物品、礼制、思想、信息、情感、信仰、价值观、态度等特定人类群体成员相互交流的内容，可以从客观和主观两个方面进行测定（Chaney & Martin，2004）。文化的客观方面具有无形性，包括人类制造的物品，穿着的衣物类型，居住的房屋，使用的语言等。这些人类物品很容易辨别分析，这也是不难将它们与某一文化相联系的原因。此外，这些物品中有很多都带有实用目的，因而很容易确认它们的功能。比如说，房子能为居住者提供庇护的场所。然而，人们在设计房屋时也要考虑自然环境产生的影响。如果要把房子建到冰雹量少的地区，那么屋顶可以设计得平缓些，因为它不需要承担更大的负重。不过从另一个角度来看，大规模降雪则会给平缓的屋顶带来麻烦，而这也是降雪量大的地区需要提高屋顶负重量的原因。此外，房屋的建筑材料常常取自当地盛产的物品，因而人们能够见到用石板、木材、稻草等建造的屋顶。不仅如此，当地的文化偏好还会影响房屋建造的美学基础，房屋颜色的选择或者其他装饰的搭配都与之相关。

社会事实是指人们的行为模式、礼仪制度、特定场合的角色等，即前面提到的剧本。虽然这样的礼仪制度处处可见，可关于特定的场合要有特定的行为这一点，其背后的原因却并不那么显而易见，这也是社会事实同时具备客观性与主观性的原因。例如，关于谁在什么场合下怎么跟人打招呼这一点，不同文化就有不同的要求，而且初看之下很难发现其中的原因。心理事实则是指知识、信仰、精神活动、感觉等，即上文提到的图式。通常情况下，心理事实可主观测定（Chaney & Martin，2004）。例如，人们看到了什么，如何对其进行阐释以及赋予其什么样的意义等。具体说来，对于同一件事情，如果两个人的关注点从一开始就各不相同，那么他们解读出来的内容也不尽相同，赋予这件事情的意义自然也就大不相同了（Adler & Rodman，2003）。比如说同一头牛，有

的人只将它看作家畜，能做出美味的牛排；而有的人则认为这是一种神圣的动物，应该受人礼拜。

作为一种理念规范，文化对其社会成员来讲具有重要意义，以致他们能让周围的世界变得更有意义。通常，同一文化背景下的社会成员通过沟通交际形成一种意义体系，并在此基础上创造出该社会的理念规范（Klopf, 1998；Martin & Nakayama, 1997；Oetzel, 2009）。比如，父母会将信息传递给孩子，人们在工作场合也会相互交流互动等。正是在这样的信息交流过程中，人们逐渐发现自己对特定场合下准确性的容忍度。因此，人们明白了按时上班可能意味着要比规定的时间早到五分钟或者晚到45分钟等。此外，有些理念规范是法律条文明确规定的，比如什么情况算是偷税；而有些则是通过行为准则确定下来的，比如什么时候利用幽默烘托气氛（DeFleur et al, 1998），也就是要在恰当的场合跟恰当的对象开恰当的玩笑。不仅如此，人们往往还会因为自己恰当的行为得到褒奖，因为自己不当的行为引起他人的不悦；而这些社会反应则会促使人们改善自己的不良行为从而采取恰当的表现方式（DeFleur et al, 1998；Adler & Rodman, 2003）。在这种情况下，这些理念准则或者行为规范就会使人们的行为举止符合特定情境下的预期，进而减少交际中的不确定性（Adler & Rodman, 2003；De Vito, 2006）。不仅如此，通过在某一特定场合下说某句话或做某个动作，人们就能对他人的反应有个大体上的了解，这就使特定场合下的互动行为得到了规范。比如说，如果有人说了句"这个想法真有意思"，这不就可以判定说话者对这个想法的态度了吗？由此看来，文化群体中的成员通过在特定情境中与他人沟通交际形成意义体系，并在此基础上建立起这些理念规范（Adler & Rodman, 2003；Klopf, 1998, Lustig & Koester, 2006；Martin & Nakayama, 1997；Oetzel, 2009）。

因此，文化创造的是一种身份认同感，这种认同感通常只在遭人质疑或受到挑战时才显现出来，或者说只有与来自不同文化背景中的人进行互动时才会显现出来。人们往往通过语言、信仰、价值观、规范等来共享这种认同感。但是，就这一共同身份的认可程度来说，同一文化背景下的社会成员也会有不同的表现：有些方面大家认可的多一些，有些方面认可的少一些；有些人认可的范围大一些，有些人则小一些。当然，这是再自然不过的事了，毕竟在同一文化群体中，并不是每个人的信仰、规范、价值观、态度等都会跟其他人完全一样，因为即便家庭成员间也会存在差异。这就是Hofstede用右图来描述人性、文化以及个性之间相互关系的原因：

主观文化（subjective culture）是个人对与文化有关的信仰、价值观和准则的阐释（Triandis, 1972）。换句话说，每个个体对文化的认识都有细微的不同，而这也是在不同文化环境下有的人喜欢在银行工作，有的人却指责银行家的原因。然而正是通过与他人的

来源：Hofstede, 1991.

互动，同一文化环境下的社会成员才创造出了信仰、意义和传统，而这正是群体认同感的重要组成部分。因此，文化的形成得益于人与人之间的互动和核心信仰与核心价值观的不断强化。

文化符号指的是文字或代表文化中某一事物的物体，它主要存在于社会认知的形成过程中，比如说（Chaney & Martin, 2004）：

- 信息处理
- 劝说策略的选择
- 冲突处理模式
- 个性
- 社会关系
- 自我认知

比如说，在一个承认甚至鼓励竞争行为的文化环境中，人们在商务谈判过程中表现出求胜心是可以接受的，然而在崇尚群体和谐的文化中，这种竞争行为很可能会引起他人的不悦，因为它打破了整个谈判的和谐氛围。再比如说，某一文化可能赋予不同性别以不同的角色，因而在这种文化环境下，人们希望不同性别的人都承担起自己应扮演的角色，或者至少是尊重这种规定。就社会认知过程而言，它同样要受规范、制度、角色、社会关系网、语言等的影响，而这些因素彼此之间也会相互影响。例如，语言就会对自我认知和社会关系产生影响（Adler & Rodman, 2003）。对于一个坐轮椅的人来说，被划分为"残疾"（cripple）和被称为"特殊"[①]（exceptionality）之间就存在着巨大差异，因为它会对个人的认知以及他人对此人的态度产生重要影响。通常情况下，人们会歧视残疾人，因为残疾的定义中就包括没有能力这一点，即不适合或不能完成某件事，而特殊一词则会让人产生积极的联想，即因有超出常人的能力或品质而与众不同（Webster's, 2001）。人在年轻时习得的文化模式代表着最深层次的认识，因此它很难改变；而其他的文化模式，尤其是那些个人并不认可的模式，只要存在合适的机遇就很容易发生改变。

上文已经提到，并不是每个人都完全一样——即便他们是一家人。可即便如此，人们身上仍带有明显的群体关系，而且这种关系拥有重要的文化意义（Cox, 1993）。这种带有重要文化意义的群体关系被称作微观文化（microculture），具体包括以下各方面内容：

- 年龄
- 种族根源
- 特殊性
- 性别

---

① 特殊是对那些身体不健全或精神紊乱的人的官方称呼。

- 地理区域
- 宗教
- 社会阶层/职务
- 城市/郊区/农村

值得注意的是，这些微观文化群体通常拥有自己的剧本和图式，而我们每个人则同属于多个微观文化群体。通常情况下，文化身份的强与弱取决于互动的背景（Oetzel，2009）。比如说，性别在私人环境中扮演着重要角色而在商业环境中则不然。再比如说，一个人的经理身份只与其工作有关而与其家庭生活无关，因为在家庭生活中父母这一角色显然更为重要。不过，有些身份的特点确实要比其他身份的特点显得更为明显（Martin & Nakayama，1997），例如，谈及个人的性别或种族与个人信仰的宗教时，人们肯定会发现个人的宗教行为并不需要特定服装或发型这样的显性特质。

文化维度

研究表明，价值观模式和交际行为可以用作跨文化背景下的文化理念（Klopf，1998；Kluckhohn & Strodtbeck，1961；Lustig & Koester，2006；Oetzel，2009），因为这些模式或行为会在一定程度上影响社会成员对周围世界的看法以及与他人互动的方式，即剧本和图式。显然，这些文化模式很难描述或解释文化的方方面面，但它能让人们通过比较分析同一事件在不同文化中的表现来对其进行了解。例如，某一文化对人类是性本善还是性本恶或是居于二者之间的看法就属于这种情况。这就是人们应该理解需要扩大文化理念的范畴的原因，因为就像上文说的那样，个体差异无处不在。事实上，由于自身的刻板性这些文化理念曾一度遭到人们的批判，因为它们将文化缩减到具体的特征中，而这些特征只能通过存在于这一文化中的个人体现出来。比如说，如果拿某一特定文化中的青年人和老年人进行对比，我们就会发现这两个群体对音乐、服饰的品味或对风险的态度可能截然不同。与此同时，不同的环境也会对这些文化理念产生影响。例如，身为财经顾问的人会冒险投资高收益的项目，然而在与自己年幼的孩子相处时，这个人就会变得极为谨慎。

多年来，研究者们已经提出了各种各样的文化模式或者说是文化维度，其中人们最常引用的是Edward T. Hall 和 Geert Hofstede 的研究理论（Klopf，1998；Lustig & Koester，2006；Martin & Nakayama，1997；Oetzel，2009）。虽然上文中我们已经提到过研究的局限性，但是我们仍能借助这些文化维度来大体推测不同文化的相对距离或者接近度，来预测交际时可能出现误解的地方。

Hall 的文化维度理论

Hall 从不同角度出发对言语交际和非言语交际进行了研究，最终确定了以下四个维度（Hall & Hall，1990）：

1. 语境——人们交流时使用了多少言语表达？
2. 时间——人们倾向于一次完成某件事情还是分多次完成？
3. 空间——人们交流时与对方的距离有多近或有多远？
4. 信息流——信息传递到对方那里需要花费多长时间？

通常，在阐释如何运用这几个维度的时候需要综合考虑语境和时间这两个因素。Hall（1976）将语境分为"低语境"和"高语境"两类。当人们在特定文化情境下与他人交流的时候，他们会对听众对相关论题的知晓情况有大体的了解。通常认为，低语境交际文化中的听众对相关话题知之甚少，所有事情都需要他人告知。有时，这种假设是在修辞传统或法律传统的基础上建立起来的。相比之下，高语境交际文化中的听众深谙一切，并不需要他人介绍相关背景信息。因此，低语境文化中的人倾向于使用直接言语表达，而高语境文化中的人则倾向于选择间接表达。鉴于此，这些维度是指大多数情况下预期可能出现的行为特性。然而并非每个人都会表现出这些特性，也并不是每种情境都需要同一种交际方式。这就是高语境文化也需要低语境的原因，比如说，人们交流如何使用一台复杂的机器时的情境就是如此。

根据 Hall（1976）的观点，低语境交际有以下四个特点：

1. 情境语境并未得到强调；
2. 通常以明确的话语传播重要信息；
3. 重视自我表达能力、言语流畅性以及雄辩能力；
4. 倾向于直接表达观点，并希望说服他人接受自己的观点。

低语境交际的这些特点与高语境交际的特点完全不同（Hall，1976）：

1. 并不强调明确的话语；
2. 重要信息通常暗含在语境线索中；
3. 高度重视融洽的交际，倾向于在互动过程中使用模糊的言语并保持缄默；
4. 倾向于绕圈子说话，避免直接对他人说"不"。

通过对高语境交际与低语境交际的特点进行比较，我们发现可以对交际进行逆向分析。比如说，某个人视若珍宝的东西在他人眼中可能微不足道（从好的方面来说）甚至难以接受（从坏的方面来说），于是，这就产生了误解。

除了上述四个特点，低语境文化往往（Hall，1976）：

1. 重视个人特性；
2. 建立短暂的人际关系；
3. 强调线性思维；
4. 注重间接言语互动，能够明白非言语线索；
5. 表达观点时注重运用情感；
6. 传达简单、模糊的非情境信息。

谈及第二个维度——时间，Hall（1959）将其划分为单一时间和多元时间两类。在单一时间系统下，人们往往在某一时间只做一件事；这种情况下的时间被视作一个经由过去、现在、将来的线性过程。人们在不同的时间段只专注于完成一项任务。因此，人们能够划分时间、安排时间。根据Hall的观点（1959），在单一时间观文化中：

- 一个时间段只做一件事
- 专注于手边的工作
- 时间观念强，信守承诺（期限、行程安排等）
- 低语境，需要他人提供信息
- 严格遵循计划安排
- 担心是否打扰到双方谈话
- 强调及时性

而在多元时间系统下，人们更多关注的是能否完成相关事务而非是否严格遵循行程安排。这种情况下，人们认为时间很难触碰，更像是一个简单的时间点。因而，在多元时间观文化中（Hall，1959）：

- 同时做多件事情
- 容易分神，易被打扰
- 将时间承诺视为需要完成的目标
- 高语境，已经拥有触手可得的信息
- 致力于人际交往和人际关系的建立
- 经常随意更改计划

通常情况下，德国和美国被视为单一时间文化的典范，而中国和意大利则是多元时间文化的代表（Schneider & Barsoux，2003）。研究表明，不同的微观文化会呈现出不同的时间偏好。

显然，语境和时间这两个维度在商业活动中起着重要作用。在不清楚某一特定文化是高语境还是低语境、是单一时间观还是多元时间观的情况下,如果互动双方恰巧处在这些维度的两个极端,这就很容易惹怒双方、产生误解。比如说,低语境文化中的人(例如,一名德国业务经理)往往期待高语境文化中的人(例如,一名中国经理)在传递信息时呈现更多的细节;而高语境文化中的人则会对低语境文化中的人传递出的诸多细节感到厌烦。同样地,单一时间观下的人(例如,一个德国经理)希望精确安排各项事宜,严格执行各项计划;而多元时间观下的人(例如,一个中国业务经理)则认为严格遵循日程安排有碍于灵活变通。

Hofstede's 的文化维度理论

在 1968 年和 1972 年,通过研究分析四十多个国家的 10 万余名 IBM 员工,Geert Hofstede 提出了 4 个相互联系的文化维度,并在指定数值的基础上对其进行了比较研究。最初的 4 个文化维度包括(Hofstede,1980):

1. 权力距离(power distance)——拥有较少权力的社会成员接受权力分配不平等这一事实的程度;

2. 不确定性规避(uncertainty avoidance)——社会成员感受到不确定事件或未知情形的威胁程度,以及力图规避这些情况的程度;

3. 个人主义与集体主义(individualism vs. collectivism)——个人自治被视为有利或不利的程度;

4. 男性气质与女性气质(masculinity vs. femininity)——社会强调成就或自然的程度。

随后,在分析其他国家的文化语境时,初始的研究理论中又逐渐添加了第五个和第六个维度。其中第五个维度是 1991 年添加进去的,当时 Michael Bond 正在利用初始的调查问卷研究中国学生,可最终的反馈却揭示出了初始研究理论中不存在的值群。于是,这个新的文化维度就被称作"儒家动力论"(Confucian dynamism),随后它又更名为"长期取向与短期取向"(long-term orientation versus short-term orientation)。第六个维度则是 Michael Minkov 在进行世界价值观调查时发现的,即"放纵与节制"(indulgence vs. restraint)(Values Survey Module,2008)。

5. 长期取向与短期取向——社会崇尚的美德偏好未来回报还是当期回报;

6. 放纵与节制——社会对个人放纵自己与否的容忍程度。

此处,我们只对权力距离和不确定性规避这两个维度进行举例阐释。权力距离较大的文化接受权力的存在,且每个人都有自己的社会地位(Hofstede,2013)。根据 Hofstede 的观点,在这样的文化中:

- 人们期待并渴望人与人之间的不平等
- 社会推崇管理者的特权和社会地位
- 组织中高层和底层的薪水存在较大差距
- 有权者拥有特权
- 人们尊重权威,而权威本身有利可图、让人艳羡

与之相比,权力距离较低的文化认为,权力应在合乎法律规定的范围内得以运用。因此,这样的文化中(Hofstede,1991):

- 人与人之间的不平等地位应降到最低
- 社会并不推崇特权和社会地位
- 组织中高层与低层的薪水存在较小差距
- 人人享有平等的权利和机会
- 社会成员并不完全信任权威

根据 Hofstede(2013)的观点,如果把 50 看作极端对立的分界线,按照从 0 到 100 这样由低到高的顺序进行排列,那么中国则是权力距离较大的国家(分值为 80),而德国(分值为 35)和美国(分值为 40)则是权力距离相对较小的国家。很显然,这些维度所代表的特点会对管理者和下属如何进行互动交流产生重大影响——他们是彼此可以自由交流的伙伴关系还是身处不同阶层、互不交流的上下级关系。

在不确定性规避程度较高的文化中,社会成员更需要正式的规则和绝对的真理,他们很难接受那些思想怪异的人,倾向于相信专家的言论。根据 Hofstede(1991)的观点,在这样的文化中:

- 人们认为差异即是危险
- 存在众多精准的规则制度
- 人们容易接受熟悉的风险挑战,畏惧不确定的情形和未知的风险
- 人们压力较大,容易产生焦虑感
- 即便规则制度不起作用,但人们仍从心里对其产生依赖需求

与上述文化中人们倾向于相信专家言论不同的是,不确定性规避程度较低的文化更容易相信通晓多方面知识的通才,面对冲突和竞争时他们也不会感到有威胁。因此,在这样的文化中(Hofstede,1991):

- 人们对差异很感兴趣
- 存在较少的规则制度
- 人们习惯于不确定情形和未知风险
- 人们压力较小,感觉良好

- 除非绝对必要，一般认为不需要制定那么多的规则

根据 Hofstede（2013）的观点，法国（分值为86）和德国（分值为67）是不确定性规避程度较高的国家，而中国（分值为30）和美国（分值为46）的不确定性规避程度则相对较低。因此，不确定性规避程度的差异很容易让互动双方的关系变得紧张。因为一方希望制定更多的规章制度；而另一方则试图尽可能多地去减少它们的约束。

应用

文化对商业活动的影响涉及企业管理（Hofstede，2010）、广告营销（De Mooij，2005，2007）等各个方面。下面我们分别从组织结构和冲突处理模式这两个角度来举例阐释文化的影响。

通过利用权力距离和不确定性规避程度这两个维度，我们可以建立一个矩阵来阐释特定国家文化所偏好的企业组织结构（Hofstede，1991；Schneider & Barsoux，2003）。根据 Schneider 和 Barsoux（2003）的观点，相关研究结果表明大多数文化都对组织模式有特定的偏好。比如说，当涉及决策判断这一点时，中国企业倾向于选择不太正式但是权力相对集中的模式，而德国企业则偏好相对正式但权力不太集中的模式。因此，德国经理并不习惯干涉公司事务，因为组织结构的设置和规则的制定已经解决了大部分潜在的问题。相比之下，等级分明但并不正式的中国公司则通过不容置疑的权威当局来解决问题。

根据 Schneider 和 Barsoux（2003）的观点，我们可以通过以下矩阵来阐释不同文化中组织模式的差异：

因此，我们可以借助上述分析来预测特定国家的企业组织结构。虽然并不是每家企业都完全符合这些模式，但是整体的趋势还是能反映出企业最可能使用的组织结构的。研究表明，与母体文化中的微观文化差异一样，所处产业的不同也会对企业的组织结构产生不同的影响（DeFleur et al，1998；Trompenaars & Hampden-Turner，1998）。例如，与广告业或计算机软件业相比，银行或者汽车行业的企业拥有等级制度更为分明的组织结构。

文化同样也会对企业的冲突处理模式产生影响（Oetzel，2009）。通常，人们在其文化或种族群体的社会化进程中习得冲突处理模式，知道哪种模式比较好、哪种模式不能让人接受等。例如，在体育竞技或工作业绩等方面，人们期待并重视竞争，而这样的竞争模式很可能在解决冲突和冲突处理中发挥重要作用，因为在这种情况下人们会高度赞扬成功者。

Thomas-Kilmann 冲突模型（1974）可谓是管理学中的经典，是在综合考虑关注自己与关注他人

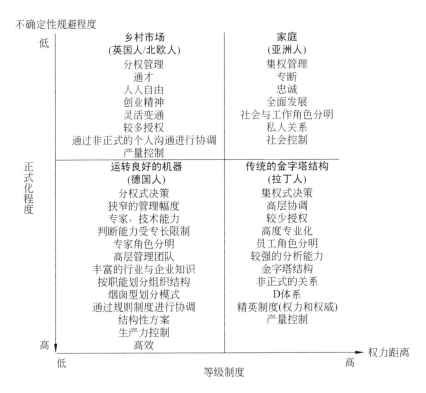

来源：Schneider and Barsoux，2003.

这两个因素的基础上进行冲突管理，下面利用矩阵对其进行阐释：

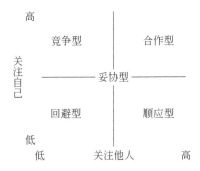

上述矩阵划分出了5种冲突处理模式（Thomas & Kilmann，1974，2007）：

1. 合作型冲突处理模式反映出人们对封闭式解决方案的要求，在冲突处理过程中同时包含对自己和对他人的关心；

2. 妥协型冲突处理模式是一种给予与索取并存的让步方法，力求在中间点上寻求解决方案；

3. 竞争型冲突处理模式的特点是个人的利益或目标高于他人；

4. 顺应型冲突处理模式的特点是他人的利益高于自己；

5. 回避型冲突处理模式的特点是逃避问题、规避对方及现状。

根据 Thomas 和 Kilmann（1974，2007）以及西方冲突管理学的观点（Oetzel，2009），顺应型与回避型属于消极型冲突处理模式，因为两者都主动忽略冲突的存在。如果我们在分析这种情况的时候结合 Hofstede 的个人主义与集体主义这一文化维度，很显然会发现像中国这样注重集体主义文化的国家并不像西方社会那样认为顺应型与回避型属于消极的冲突处理模式，这恰好与推崇个人主义文化的国家相反（毕竟，Thomas 和 Kilmann 都来自个人主义文化国度，即美国），因为前者注重群体和谐的创造而后者注重个人目标的实现（Oetzel，2009）。这也是注重关系与和谐的集体主义文化常常运用顺应型和回避型冲突处理模式来维持双方关系和利益网的原因（Oetzel，2009）。在这种情况下，人们虽然互不赞同对方的观点，但绝不会公开表达否定意见。根据 Oetzel（2009）的观点，我们可以在调整 Thomas-Kilmann 矩阵的基础上阐释集体主义文化，如下所示：

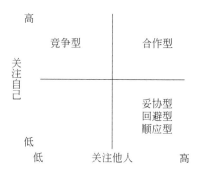

矩阵模型的轻微变动反映出关注他人这一因素在集体主义文化中的重要意义，但它在个人主义文化中并不突出。此外，文化价值观的差异（即剧本和图式的差异）通常也会使人们对冲突处理模式产生不同的预期（Oetzel，2009）。个人主义文化偏好竞争型与合作型冲突处理模式，因为这两者注重强调个人目标的实现。总之，个人主义文化与集体主义文化都倾向于使用建设性的方法来处理冲突（Oetzel & Ting-Toomey，2003），其中的原因也很简单，因为在商业环境下人们并不想疏远自己的顾客或商业伙伴，而是希望能与他们在未来继续合作。同样地，对于一家资金投入规模和时间投入量相对较大的企业来说，员工本身就是一笔宝贵的资产。然而，在第二种策略的选择上，个人主义文化通常选用竞争型模式而集体主义文化则选用回避型模式（Oetzel & Ting-Toomey，2003）。这也就是文化能够通过人们从事的商业活动来影响商业界的重要原因。

跨文化交际能力

跨文化交际能力是指从文化的角度上选择合适有效的交际方式的能力（Ting-Toomey & Oetzel, 2001）。此处所说的合适是指沟通交流恰当合理，且符合不同文化背景的交际双方的预期。换句话说，它指的是在合适的场合、合适的时间谈论合适的话题、使用预期的非言语线索，比如说如何恰当地问候他人。有效则是指互动双方理解彼此的意思并在追求各自目标的基础上取得成果。因此，我们可以通过互动双方交换的信息以及由此产生的结果来判断沟通交际的合适性与有效性，例如，剧本和图式具有一定的相似性。足够的信息交换意味着，互动双方已经意识到对方在合适的情境下理解了自己的意思，并且达到了预期效果。这就减少了互动过程中的不确定性，进而减少了伴随着这种不确定性而存在的潜在压力。此外，这还有可能减少双方的误解，使其建立起互利共赢的平等关系（Canary, 2003）。反过来，这也是双方建立信任关系的基础，因为信任与可靠性和可预测性紧密相关（Gamble & Gamble, 2005）。这就是信任在成功的合作关系中至关重要的原因，因为只有这样，互动双方才能可靠预测对方的行为。

因此，要想在跨文化背景下建立起包括商务关系在内的积极的人际关系，充分认识对方的文化背景、正确解读言语信息和非言语信息以及包含在线索背后的预期信息（比如，解读剧本和图式）就显得至关重要，这也是充分认识并学习其他文化对成功产生重要作用的原因（Klopf, 1998; Lustig & Koester, 2006; Martin & Nakayama, 1997; Oetzel, 2009）。

结论

通过上述分析我们不难发现，跨文化交际能力在商业活动中发挥着重要作用，究其原因就在于商务本身涉及人类活动以及人与人之间的互动。此外，这种互动还涉及人与人之间的沟通交际，因为没有沟通交际就没有互动；而文化则通过提供相关的参考来管理这样的互动交际行为。这也就是人们难以将商务活动与文化和沟通交际区分开来的原因，因为商务活动同时也需要围绕着沟通交际展开。鉴于此，充分认识并掌握必要的剧本和图式在商务活动中就显得至关重要。例如，德国商人和中国商人在洽谈生意时就需要进行互动。因此，企业在派送员工出国洽谈国际业务时需要充分考虑这些沟通技巧和能力，这个人不一定是企业内最好的工程师或者最佳销售代表，但他或她一定要具备良好的跨文化交际能力。所以，企业在招聘雇用员工时也应当在面试、测评等环节考虑申请者的"软"技巧和"软"能力。

◇ **参考文献** ◇

- Adler, R. B., & Rodman, G. (2003). *Understanding human communication* (8th ed.). New York: Oxford University Press.
- Bovée, C. L., & Thill, J. V. (2010). *Business communication today* (10th ed.). Upper Saddle River, NJ: Prentice Hall.
- Canary, D. J. (2003). "Managing interpersonal conflict: A model of events related to strategic choices". In J. O. Greene & B. R. Burleson (eds.), *Handbook of communication and social interaction skills*, 515-549. Mahwah, NJ: Lawrence Erlbaum Associates.
- Chaney, L. H. & Martin, J. S. (2004). *Intercultural business communication* (3rd ed.). Upper Saddle River, NJ: Pearson Education.
- Cox, T. H. (1993). *Cultural diversity in organizations: Theory, research, and practice*. SanFrancisco: Berrett-Koehler.
- Cox, T. (2001). *Creating the multicultural organization: A strategy for capturing the power of diversity*. San Francisco, CA: Jossey Bass.
- DeFleur, M. L.; Kearney, P.; & Plax, T. (1998). *Fundamentals of human communication* (2nd ed.). Mountain View, CA: Mayfield Publishing Company.
- De Mooij, M. (2005). "Convergence and divergence in consumer behaviour: Implications for global advertising". In M. B. Hinner (ed.), *Introduction to business communication*, 289-307. Frankfurt am Main: Peter Lang.
- De Mooij, M. (2007). "The reflection of culture in global business and marketing strategy." In M. B. Hinner (ed.), *The influence of culture in the world of business*, 343-356. Frankfurt am Main: Peter Lang.
- De Vito, J. A. (2006). *Human communication: The basic course* (10th ed.). Boston: Pearson Education.
- Gamble, T. K., & Gamble, M. (2005). *Communication works* (8th ed.). Boston: McGraw Hill.
- Gibson, R. (2000). *Intercultural business communication*. Berlin: Cornelsen & Oxford University Press GmbH & Co.
- Hall, E. T. (1959). *The silent language*. Greenwich, CT: Fawcett.
- Hall, E. T. (1976). *Beyond culture*. New York: Doubleday.
- Hall, E. T. & Hall, M. R. (1990). *Understanding cultural differences: Germans, French and Americans*. Yarmouth, ME: Intercultural Press.
- Harris, P. R., Moran, R. T. (1996). *Memaging cultural differences* (4th ed.). Houston, TX: Gulf Publishing Company.
- Hinner, M. B. (2005). "General introduction: Can quality communication improve business relationships?" In M. B. Hinner (ed.), *Introduction to business communication*, 15-40. Frankfurt am Main: Peter Lang GmbH.
- Hinner, M. B. (2007). "General introduction: Some thoughts on perceiving business trans-actions and relationships." In M. B. Hinner (ed.), *The role of communication inbusiness transactions and*

- *relationships*, 13-53. Frankfurt am Main: Peter Lang GmbH.
- Hoecklin, L. (1995). *Managing cultural differences: Strategies for competitive advantages*. Harlow: Pearson Education Limited.
- Hofstede, G. (1980). *Culture's consequence: International differences in work-related values*. Beverly Hills, CA: Sage.
- Hofstede, G. (1991). *Culture and organizations: Software of the mind*. London: McGraw Hill.
- Hofstede, G. (2001). *Culture's consequences: Comparing values, behaviors, institutions, and organizations* (2nd ed.). Thousand Oaks, CA: Sage.
- Hofstede, G. (2010). "Business goals and corporate governance." In M. B. Hinner(ed.), *The interface of business and culture*, 67-79. Frankfurt am Main: Peter Lang.
- Hofstede, G. (2013). The Hofstede Centre. (2013-09-07). http://www.geert-hostede.com.
- Klopf, D. W. (1998). *Intercultural encounters: The fundamentals of intercultural communication* (4th ed.). Englewood, CO: Morton Publishing Company.
- Kluckhohn, F. R. & Strodtbeck, F. L. (1961). *Variations in value orientations*. Evanston, IL: Row, Peterson.
- Levitt, T. (1983, May/June). *The globalization of markets*. Harvard Business Review, 92-102.
- Lustig, M. W. & Koester, J. (2006). *Intercultural competence: Interpersonal communication across cultures* (5th ed.). Boston: Pearson Education.
- Martin, J. N. & Nakayama, T. K. (1997). *Intercultural communication in contexts*. Mountain View, CA: Mayfield Publishing Company.
- Oetzel, J. G. (2009). *Intercultural communication: A layered approach*. New York: Vango Books.
- Oetzel, J. G., & Ting-Toomey, S. (2003). Face concerns in interpersonal conflict: A cross-cultural empirical test of the face negotiation theory. *Communication Research*. 30, 599-624.
- Schneider, S. C. & Barsoux, J.-L. (2003). *Managing across cultures* (2nd ed.). Harlow: Pearson Education.
- Thomas, K. W. & Kilmann, R. H. (1974, 2007). *Thomas-Kilmann conflict mode instrument*. Mountain View, CA: Xicom.
- Ting-Toomey, S., & Oetzel, J. G. (2001). *Managing intercultural conflict effectively*. Thousand Oaks, CA: Sage.
- Ting-Toomey, S. & Takai, J. (2006). "Explaining intercultural conflict: Promising approaches and future directions." In J. G. Oetzel & S. Ting-Toomey(eds.), *The Sage handbook of conflict communication*, 691-723. Thousand Oaks, CA: Sage.
- Triandis, H. C. (1972). *The analysis of subjective culture*. New York: John Wiley & Sons.
- Trompenaars, F. & Hampden-Turner, C. (1998). *Riding the waves of culture: Under-standing diversity in global business* (2nd ed.). New York: McGraw Hill.
- Tubbs, S. T. & Moss, S. (2003). *Human communication: Principles and contexts* (9th ed.). Boston: McGraw-Hill.
- Values Survey Module. (2008). (2011-10-31). http://sjdm.org/dmidi/Values％20Survey％20Module.html.
- Webster's new world college dictionary (4th ed.). (2001). *Foster City*, CA: IDG Books Worldwide.

国际传播研究的新重点

洪浚浩[①]

国际传播，有时也被称为全球传播，字面上的意思主要指的是国与国之间的传播及其相关的一些议题。但是作为一个相对而言比较新，在最近几十年间逐渐形成的，在研究内容上相对独立的传播学的一个分支领域，这些年来它的研究范围一直在不断扩大，研究内容涉及的面也越来越广。

一般而言，对国际新闻报道的研究是国际传播研究中最基本和最主要的内容之一。但是最近几十年来，除了在国际新闻报道方面，国际传播研究的内容已经涵盖了许多新出现及迅速发展并受到各国广泛重视的议题，比如，国际传播政策，国际传播与国际关系和国际政治，国际信息流通的结构，传播与全球化之间的相互影响，全球文化产业，各国之间传播与文化产品的交流和消费，跨国传媒公司的运作，传播新技术对国际传播各方面的积极和消极影响等。同时，国际传媒研究的具体对象也从报纸、通信社、电视、新闻杂志的国际新闻报道，扩展到了包括网络、电影、各类电视节目、音乐、各种形式的文化产品以及体育等各个方面。

不过，国际传播研究的核心内容依然集中在不同国家之间新闻和信息的流通，特别是这种流通的严重失衡以及与此相关的一系列问题，比如，对文化和媒体霸权主义问题的辩论以及对跨国媒体所产生的政治影响的研究等。

从 20 世纪 60 年代起至今，在国际传播研究中的不同的具体领域产生了一大批知名学者，其中包括 Wilbur Schramm，Ithiel de Sola Pool，Johan Galtung，Anthony Smith，Robert Stevenson，Jeremy Tunstall，Armand Mattelart，Tom McPhail，Oliver Boyd-Barrett，Ali Mohammadi，John Downing，Annabelle Sreberny，Cees Hamelink，Daya Thussu 和 Chris Paterson 等人。他们对国际传播研究的发展产生了重要的影响。与此同时，在最近 20 年左右，随着国际政治格局的大改变，世界经济结构的大重组，传播新技术的大发展，以及传播与文化产业的大规模、大范围的日益全球化，国际传播研究出现了不少重要的新趋势和新的研究关注点。这篇文章将分析和探讨国际传播研究重点的三个最主要的转变和这些转变发生的原因。

[①] 洪浚浩现任美国布法罗纽约州立大学（State University of New York at Buffalo）传播系教授，哈佛大学费正清研究中心研究员，1995 年获美国奥斯汀德克萨斯大学（The University of Texas at Austin）传播学博士学位，主要研究方向包括国际传播、媒介与社会和信息与传播新技术的影响等。

一、从关于文化帝国主义的辩论到对文化全球化的关注

有关文化帝国主义（Cultural Imperialism）的辩论

文化帝国主义可以简单定义为文化领域内的帝国主义。在这里，帝国主义指的是在各种文明中，那些强势文明或文化对相对不那么强势的文明或文化所占有的一种不平等的关系。文化帝国主义可以有各种不同的形式，比如态度上的，政策上的，甚至军事行动上的等，只要目的是为了加强在文化领域内的霸权。

文化帝国主义这一提法最早出现在20世纪60年代。从70年代起，它一直是国际传播研究的一个重点。其它一些相类似的提法，比如媒介帝国主义，结构帝国主义，文化依赖和垄断，文化同步，电子殖民主义，意识形态帝国主义等，都表述了与文化帝国主义的基本相同的概念。

文化帝国主义这一理论认为全球经济体系是被一些核心的发达国家所控制，而第三世界的欠发达国家仍处于这一体系的边缘，并且对其自身的经济和政治发展缺乏有效的控制力量。多国或者跨国机构是文化帝国主义体系的核心肩负者，它们以相似的技术和手段来生产产品，控制市场，传播产品。在这一理论框架中，文化帝国主义观点认为文化影响的来源是西方文明，而非西方和欠发达国家处于边缘位置，只能被动地接受西方文明所带来的影响。文化帝国主义是一些强国对于弱国在文化上的统治。这一统治被认为是故意的并且是有蓄谋的，因为它迎合了美国和其他一些强大的资本主义社会的政治兴趣。这种文化统治的结果，反映了西方国家、尤其是美国式的资本主义社会的价值观念。文化帝国主义的结果会导致全球文化的同化。正如一位澳大利亚学者所指出的，当一个社会最基本的国家认同已经在美国化的进程中被改变为美国式的理念的时候，美国化也因此正变得越来越让人畏惧。

不同学派对文化帝国主义这个术语有着不同的具体定义。比如，美国媒体评论家 Herbert Schiller 写道："如今文化帝国主义的概念最好地描述了社会进入现代世界体系的所有过程以及社会支配阶层如何被吸引、压迫、强迫、有时被收买去塑造一个和该体系主导中心价值和结构相对应甚至促进的社会机构。媒体就是在这个渗透过程中经营企业的一个最明显的例子。为了大范围地渗透，媒体本身必须要有统治力和渗透力。这种能力大部分通过媒体的商业化得以实现。"另一位很有影响的美国国际传播研究学者 Tom McPhail 认为，电子殖民主义是通过传播硬件、软件以及传播相关技术的引入而产生的相互依赖的关系。这种引进建立了一套外来的规范、价值观和期望，并在不同程度上可能改变输入国国内的文化和社会进程。电子殖民主义的理论延伸到了对全球文化议题和跨国媒体集团影响的研究，包括对时代华纳、迪士尼、维亚康姆、新闻公司、索尼以及谷歌和微软这些

世界主要传播巨头的文化霸权主义的批判性研究。Sui-Nam Lee 则指出，文化帝国主义可以定义为一个国家对大众媒体软硬件和其他传播方式的拥有和控制单独地或共同地被另一个国家所主导的过程。这种过程对本土价值观、行为准则和文化会产生极为有害的影响。Christina Ogan 从经济学的角度认为，媒介帝国主义通常是指美国和西欧国家生产的大部分媒体产品，先在国内销售市场获取第一份利润，然后出口给第三世界国家获取第二份利润的过程。John Downing 和 Sreberny-Mohammadi 从历史学的角度指出，帝国主义是更有实力的国家对另一个国家的征服和控制。文化帝国主义增加了这个征服和控制过程的广度，从影响上讲甚至超越了经济剥削和军事力量。在殖民主义的历史中，即殖民地的政府直接由外国人统治的这种帝国主义的表现形式，许多第三世界国家已经建立起了和美国、英国或法国相似的教育和媒介系统，并继存了这些国家的价值观。由此，西方文化优于第三世界国家文化的观念，已经悄悄地并广泛地潜移默化了人们的思想。

虽然文化帝国主义的话题主要来自于传播学领域，特别是国际传播学的研究领域，但是有关文化帝国主义的讨论作为一个理论框架已被各个学科的学者用来研究国际关系学、人类学、教育学、历史学、文学以及体育运动学领域中的相关现象。不过尽管如此，对文化帝国主义这一说法的正当性和有效性一直存在着争议。比如，一些学者认为，这种"文化帝国主义"实际上来自于一个国家的"软实力"。John Tomlinson 则进一步从几个重要方面对文化帝国主义这个提法进行了批判。他指出，文化帝国主义的一个基本性概念错误在于认为文化商品与文化统治是等同的。他对文化和媒介的消费者只是信息的被动接受者这一观点也持怀疑态度。其他主要的批评则认为文化帝国主义的具体标准是很难衡量的。比如，有些学者认为，"帝国主义"这一词体现的是强国对于弱国的政治控制，但是这是已经不存在的现象。不过，尽管这一观点存在着缺陷，但是文化帝国主义，也就是被重新概念化之后的媒体帝国主义，仍然可以被用来检视哪些国家对于世界文化更有影响力，并且在对文化观念、文化认同和文化理解进行塑造和重组方面具有更大的影响。

文化全球化成为国际传播研究的一个新重点

文化全球化是指思想、意识和价值观念的全球性跨国界传播。文化全球化的标志是标准化的文化产品和意识形态的全球性传播。通过发达的科学技术，文化产品进而文化理念已经可以跨越国界得到世界性的传播。随着一个文化体系的思想和价值传播进入到另外一种文化，不同文化、不同人群最终形成了一种共联性。由于全球化对于文化领域的影响被普遍认为是消极的，文化全球化也经常被认为与文化特征的消亡、加速的文化入侵与同化以及西方化和消费文化的广泛出现相关联。比如，Shepard 和 Hayduk 认为，文化全球化实际上是一种悄无声息的西方文化帝国主义的扩张过程。Lull，Thompson 和 Tomlinson 认为，这种文化全球化所带来的文化认同和对文化的合理解读比其所带来的危害要多得多，它正在将全世界多种多样的文化变为西方流行的消费文化。他们认为，美国文化在全球范围内的统治地位最终将导致世界文化多样性的消亡。一些美国商业巨头，比如麦当劳和可口可乐，在美国文化的全球传播过程中扮演了重要的角色。一些新出现的词汇，比如"可口可乐化"，不但反映了美国产品在国际市场的统治地位，更反映了世界文化西方化的这一现象。这一现象是对世界文化多样性的威胁。

与文化全球化紧密相关联的是媒体全球化。一些跨国媒体机构控制了媒体的全球化过程。很小数量的西方国家的大型媒体集团控制了全球的电影、电视节目、流行音乐和书籍的生产和国际市场。美国和一些西欧国家的卫星电视正在向世界大多数国家迅速蔓延。很多的美国电视节目频道已经渗透到了全球各个角落，比如 CNN，MTV，HBO，ESPN，TNT，Nickelodeon，the Carton Network，Discovery 和 Disney 等，每天向全球许多国家播出，甚至这些频道中不少都推出了适应当地语言和文化的本土化频道。媒体全球化可以使得十分不同的社会体系变得一体化，并将它们融合和整合为一个世界。

但是在另一些学者看来，"全球性媒体"并不是一个自然存在的东西。比如，就 Sparks 认为，没有任何媒体是真正的自然意义上的全球性的，并且所谓的"全球性媒体"的观众数量其实很小，而且由于它们太英语化以至于并不具备代表性。事实上，也几乎没有证据可以支持全球性媒体体系的存在或者一个媒体体系可以保持大范围影响的状态的存在。毫无疑问，如果没有本土和国际市场的大众传媒的支持，所有这些全球化趋势都将不可能形成。换句话说，媒体全球化或文化全球化并不是正常的人类和文化交流所必然会产生的后果。然而，客观上，媒体全球化现象已经成为当下最普遍的媒体模式，尤其是媒体机构的组成和发展。

一个值得关注的现象是，虽然美国媒体当前在全球范围内扮演着十分重要的角色，但是其他一些国家的媒体的国际性作用也正在变得越来越突出。比如，当美国的媒体在向全球大规模出口的时候，不少国家的媒体机构也已经在开始突破本土市场的限制而走向国际市场。墨西哥、巴西和委内瑞拉三国的相关行业已经开始统治了拉丁美洲的电影、电视和音乐市场；在亚洲的电影、电视剧以及流行音乐市场，中国香港的产品占据了统治地位。韩国、印度、中国大陆、中国台湾、印度尼西亚和日本等近年来在文化产品出口方面的崛起，也正在改变传播、媒体和文化全球化的面貌。

因而，从 20 世纪八九十年代起，媒体帝国主义和文化帝国主义观点进一步受到各种批评。认为世界媒体是单向传播并且由西方影响整个世界的观点受到了多种反驳。这些反驳者认为，世界信息的流动事实上是多方向的。简单的说西方统治世界的观点掩盖了几个世纪以来的东方和西方文化之间的越来越复杂的相互的联系。巴西电视节目出口到葡萄牙以及美国南加利福尼亚所导致的这些地区的"拉美化"，可以看作当代传媒"逆向殖民"的一个典型例证。

正如 Straubhaar，LaRose，Sinclair，Jacka 和 Cunningham 所认为的，这个世界上只有一个由美国统治的媒体市场的观点太过于简单化。恰恰相反，世界上存在着很多基于各种不同语言的区域性的电视节目市场。这些市场的主要参与者是国家地位日益提高的传媒与文化产品生产中心，比如巴西、墨西哥、印度、埃及、中国大陆、中国台湾和香港地区。但他们同时也认为，世界文化目前总体上还仍然处在一个庞大的超级统治力量的控制之下。这个庞大的全球文化的超级统治力量仍然是以西方英语国家为主体。当这一统治力量面对不同文化的时候，它也常常想要在一个更大的、包罗万象的美国式的世界观的框架体系内，识别并且尽量吸收不同文化之间的差异。

而媒体是文化的核心载体和全球性的符号资源，因此媒体经常被当作文化运动和象征性力量的代表。Hall 认为媒体机构结合了经济、技术、社会和文化等各个方面的资源，因此，从质量上和数量上讲，媒体都是文化体系中最具决定性并且基础性的阶层。关于全球化媒体的研究之所以如此重要，是因为通过研究，人们可以将全球化媒体在国际间的流通和力量的问题结合起来。Thompson 将力量定义为"追求自身目标的兴趣的行动能力和干预事件的过程并且改变事件结果的能力"。

媒体机构主要在两个市场运行。第一，创意内容市场。创意内容市场是指创造和传播承载着创意内容的物体能力。第二，金融市场。金融市场是指为媒体机构的运作提供经济支持，并且为媒体技术、媒体传播平台或者区域性扩张行为提供投资的能力。对于媒体力量和媒体市场的研究必然要对媒体政策予以关注。媒体政策，在大多数情况下是各国政府监管媒体结构、行为和表现的治理机制，其作用十分重要。大规模的媒体机构自 20 世纪以来开始参与绝大多数的经济区域，并且通过吞并吸收小型媒体机构和开设经销商等手段不断壮大。在这一过程中，这些大规模媒体机构开始统治媒体行业以及其他相关行业。

当下，传播领域最重大的国际性问题依然主要是许多国家所担忧的不平等的媒体互动。这种不平等的媒体互动在不同的层面上困扰着很多国家，特别是众多的发展中国家。一些学者更关注暗藏在媒体互动之下的经济因素。当许多国家因此而制订计划增加自己生产的传媒和文化产品，如电视、电影和音乐等的数量和类型的时候，人们对于文化帝国主义和媒体帝国主义的争论平缓了一些。

二、从关注 NWICO 到关注 Soft Power

关于构建世界传播新秩序（NWICO）的运动

世界信息和传播新秩序（New World Information and Communication Order，NWICO 或 New World Information Order，NWIO），是一个受到多年关注也备受争议的话题。这个议题主要围绕 20 世纪 70 年代末和 80 年代初，发展中国家在联合国教科文组织的有关世界媒体的发展情况展开的。这个词被广泛使用在由诺贝尔和平奖得主 Seán MacBride 主持的麦克布赖德委员会上。这一会议旨在使全球媒体的代表性更加平衡。麦克布赖德委员会发表了一份题为《多种声音，一个世界》（One

World, Many Voices）的报告。这一报告概述了有关构建世界信息和传播新秩序的主要哲学理念和政治及学术观点。

其实，关于全球信息传播失衡的问题早已被讨论。著名的美国传播学者 Wilbur Schramm 早在 1964 年就指出，国家之间信息的流通不但很薄弱，而且过多地关注在发达国家之间而忽视了欠发达国家。更为严重的是，很多重要事件的报道都被忽略甚至被扭曲。另一位著名的美国传播学者 Herbert Schiller 也早在 1969 年就指出，从一个更激进的角度来看，发展中国家在卫星无线电频率分配方面不占主动权。他进一步指出，旨在通过卫星通信来加强国际间合作的国际通信卫星组织实质上是由美国掌控着的。20 世纪 70 年代，这些问题在不结盟运动峰会上被不断提出，并在联合国教科文组织中受到广泛讨论。

世界信息和传播新秩序（NWICO）的正式提法是从 1974 年提出的国际经济新秩序（New International Economic Order，简称 NIEO）上衍生出来的。但是有关世界信息和传播秩序的讨论则早在 1973 年于阿尔及尔举办的不结盟国家会议中就开始了，并于 1976 年在突尼斯和于 1976 年在新德里举办的不结盟国家部长会议中形成文字决议。这些决议被称为"大众媒体声明"（The Mass Media Declaration of UNESCO）。

NWICO 运动起起落落，一直持续到 20 世纪末。为了实现 NWICO 的目标，特别是为了改善和解决全球大众媒体的失衡问题，联合国教科文组织在 2005 年的文化多样性大会上决定将 NWICO 其中部分建议付诸实施生效。然而，这些建议并没有得到美国的支持。因此，它并没有能像世界贸易组织协议中有关实施大众媒体传播全球化那样产生强有力的影响和约束力。

NWICO 的研究涉及很多议题。其中一些议题涉及发展中国家媒体长期存在的问题，特别是各国媒体影响力的不平衡。其它议题还包括具有重要军事意义和商业价值的新传播技术的使用问题。发展中国家正越来越面临着在与传播相关的卫星和计算机技术上逐渐被边缘化的局面。比如，这些具体问题包括：

- 发展中国家的新闻报道反映了设在纽约、伦敦和巴黎的新闻机构的优先权。美联社、合众国际社、路透社和法新社这四大新闻机构，控制了全球 80% 以上的新闻源。
- 发达国家（尤其是美国）与发展中国家的传播行为呈一边倒的格局。美国的电影和电视节目在全世界占据垄断地位，受众群遍及世界各个角落、各个族群。
- 无线电频率的分配不均。少数西方国家控制着世界 90% 的无线电频率。
- 卫星的地球静止轨道的分配（即置放空间）也严重不均。当前只有少数西方发达国家有卫星，因而发展中国家不可能得到卫星置放空间。这意味着若干年之后发展中国家将会面临着更多困难和更高昂的代价去获得卫星置放空间。

美国对于 NWICO 运动一直抱着敌意的态度。美国认为这些问题是干涉信息传播和美国媒体公司利益的壁垒。它不赞同麦克布赖德的报告。美国认为 NWICO 的实行将会产生一个由政府控制的组织来控制全球媒体，而这在很大程度上将为审查制度开通一条阳光大道，从而严重威胁新闻传播的自由度，并将触碰美国法律对言论自由的保护。

对传播与软实力（Soft Power）的关注

软实力是由哈佛大学的 Joseph Nye 教授提出的概念，指通过包括如外交和公共外交、战略援助、公民交流、文化传播等各种方式而不是通过军事力量或经济和物质的力量来达到说服和影响其它国家的能力。软实力的主要表现是一种价值观、文化理念和政策。这个观点最初是由 Joseph Nye 在 1990 年出版的一本名为《美国权力的改变实质》的著作中提出的。后来，他在 2004 年的另一本名为《软权力：取得世界政治成功的方法》一书中进一步发展了这个概念。现在，这个概念已经被各相关学科的学者和各国政治家在国际事务中广泛使用。中国也于 2007 年正式表示需要增强其软实力。胡锦涛在中国共产党第 17 次全国大会上指出，中国需要更多地投入软实力的资源。胡锦涛在 2012 年又发表一篇重要文章，明确表示中国正受到西方软实力的攻击——通过说服和吸引而非胁迫的态度去实现它们的目标。因此，中国必须全力反击。

但是软实力的概念也引起了不少争议，并收到不少批评。新现实主义派的学者和其它理性主义学派的学者通常都对软实力这一概念提出质疑，因为他们认为在国际关系中只有两种真正起作用的实力：经济实力和军事实力。另外，软实力作为一种"力量"的概念，在实际的国际事务中，通常很难区分是软实力的影响还是其他因素的结果。

近几年来，一大批学者围绕软实力的概念展开了辩论。这些学者包括 Joseph Nye，Giulio Gallarotti，Niall Ferguson，Josef Joffe，Robert Kagan，Ken Waltz，Mearsheimer，Katzenstein，Janice Mattern，Jacques Hymans，Alexander Vuving，Jan Mellisen，Duvall，Barnet，Wohlforth，Brooks，Walt，Ian Manners，Ciambra，Thomas Diez，Hyde Pryce 和 Richard Whitman 等。他们辩论的内容涉及了软实力的实用性，软实力与硬实力之间如何互相影响，软实力是否可以强制实行或被操纵，软实力的结构和软实力的执行机构的关系，是否各种软实力可以得到平衡，以及软实力与道德力量之间的关系等各个方面，以及传播与软实力之间的关系和相互作用。

三、从关注传播对社会发展的影响到关注新媒体在社会变革中的作用

关于传播对欠发达国家社会发展的影响的研究

发展传播学（Development Communication）的理念与实践，最早可以追溯到 20 世纪 40 年代一

些传播学者与政府官员的种种努力。然而，它的大范围应用是由第二次世界大战产生的影响引起的。Daniel Lerner，Wilbur Schramm 和 Everett Rogers 是这一领域最早的有影响力的倡导者。但发展传播学的说法，具体则是由 Nora Quebral 在 1972 年正式提出的。他把该领域定义为：传播作为"一种人类通信的艺术与科学，紧密联系在社会从贫困状态到更多财富和更大人类潜能开发的动态社会经济发展状态的转变之中"。

发展传播学的要点是强调系统地运用传播的过程、战略和原则，来推进社会朝积极方面的变化。它的特点是概念的灵活性以及用以解决问题的传播方式和技术的多样性，其中包括信息传播的教育，人们传播行为方式的改变，社会营销，社会动员，媒体倡导，社会变革传播和参与式发展及沟通等。

发展传播学的理论与实践始于 20 世纪以社会发展为导向的各种机构的发展带来的各种挑战与机遇中。由于这些机构背景不同，发展传播学在不同地方和在不同的时期，发展了不同的学术派系。发展传播学的理论和实践一直延续至今，有着不同的研究方法以及适应各种发展背景下的各种视角。其中一个领域是传播与社会的可持续发展。可持续发展是指在保证现在以及未来长期福祉的条件下，最大限度地使用可用资源的过程。可持续发展是一个持续的进程，旨在维护由社会机构和社会体系所保持的一个社会中的建设性的生存状态。主要说来，可持续发展需要三个方面的条件：1）经济可持续发展；2）社会可持续发展；3）文化（包括传播）可持续发展。

发展传播学是人们以实现对社会发展提出产生积极影响的建议的一个研究领域。它不仅是有关信息的有效传播，而更是辅助平复社会政治风险与提供平等机遇的重要管理工具。发展传播学通过提倡信息交流去弥补分歧并采取行动对社会进行改变以成功达到社会可持续发展的目标。

发展中国家不同程度地存在着各种社会经济问题，诸如高贫困率及失业率，低生活水平（在贫困线以下的人民生活），社会基本服务严重缺乏，各类技术支持严重短缺，信息及获得信息的渠道高度不健全，卫生服务差，教育与技能培训严重不足，各项基础设施严重缺失等。按照发展传播学的理论假设，自由获取信息和公众参与，可以帮助发展中国家改进以上这些社会问题。在如今社会变化不断加快的新形势下，信息交流可以为促进人类发展起到一个决定性的作用。在世界向民主化、分权化和经济高度市场化迈进的过程中，信息对于那些开始注重自身改变的人们变得更为有利。然而，激发他们的意识、提高他们的参与能力则更为重要。但是，目前这些方面还远未得到充分的重视和实施。发展中国家需要制定具体的政策，来鼓励有效的规划和这些项目的执行。发展传播学进一步认为，传播政策和实践的应用需要在涉及每个国家的社会、经济、科学、教育和外交事务中采取联合行动，而公众参与传播政策和规划的形成和执行至关重要。

发展传播学也可以定义为向特定目标的群体进行有目的的传播并促使信息转化成行动，进而带来更高品质的生活。它强调传播作为社会发展催化剂的功效，并提倡利用目前已有的传播技术和应用方式为社会进步和发展提供积极效果为导向的战略。它和可持续发展的概念紧密相连。如果说可持续发展可以简化定义为通过利用信息、科学技术以及社会能力去发展社会从而达到一种理想的状态，发展传播学则可以简化定义为通过有效的信息交流和传播从而促使人们付诸行动去促进一个社会在政治、经济、道德、环境等各个方面产生积极的发展与变化。因而，发展传播学涵盖了对发展方案和项目的信息传播方面的研究，对能产生积极变化的传播互动性方面的研究，对社会发展问题的反馈的研究，对逆向传播方面的研究等。

关于新媒体在社会变革中作用的研究

新媒体在媒体研究中是一个广义的概念，出现在上世纪的后半叶，指的是随时随地在任何数码设备以及交互式用户反馈平台上创造性地参与和围绕媒体内容的社区的形成。社交媒体包括基于网络和手机技术的媒体，用于把传播转变成在组织、社区和个人间的互动对话。2012年，像Twitter和Facebook这样的社交媒体平台已经成为新闻不断实时更新的最强大的来源之一。社交媒体的一个基本理论概念是你可以在虚拟社区中参与"对话"并在谈话中实现你的影响力并从而影响他人和社会。

新媒体的一个最重要的特点是其创作、出版、发行和媒体内容消费的"民主化"，特别是它随时随地不受监管的实时性传播内容的产生。大多数被称为"新媒体"的技术是数码式的，伴有易操作和互动等特点。例如互联网、网站、多媒体、视频游戏、光盘和DVD等。Facebook则是新媒体中的社交媒体的一个典型模式，大多数使用者同时也是参与者。

新媒体的崛起增加了世界各地人们之间通过互联网的沟通。它允许人们通过博客、网站、图片和其他媒体形式来表达自己。Flew表示，新媒体技术的不断演变以及全球化的快速进程，从根本上打破了物理和社会的距离和联系，使物理位置对人们的社交关系已经变得越来越不那么重要。

新媒体的社会和政治意义在于"虚拟社区"得以诞生。这种"虚拟社区"超越了地理边界和社会限制。Howard Rheingold描述这种"全球性的社会"为自发形成的网络社会。"人们在虚拟社区使用单词在屏幕上互相寒暄、辩论、演讲、贸易、制定计划、洗脑、八卦、恋爱或者迸发出高雅的艺术和趣味横生的闲谈"。Sherry Turkle则表示，新媒体已经成了人类生存的另一种十分重要关系。这个观点表明科学技术驱动是全球化进程中的一个决定性因素。在新媒体中，每个公民都可以构建自己的生活方式和选择他们的意识形态。

自新媒体问世以来，它就被认为是对社会变革具有重要作用或重大影响的工具。1994年，墨西哥恰帕斯国际解放军的萨帕塔军队是第一个充分认识并利用新媒体进行组织和宣传运动的组织。自那时以后，新媒体被广泛地运用在社会运动中进行教育、组织、交流和建立联盟等目的。1999年的世界贸易组织部长级会议的抗议活动，是新媒体作为社会变革武器的另一个里程碑。世贸组织利用媒体进行组织、沟通和教育参与者，并被用于可选择的媒体资源。另外，新媒体也已成为信息民主化运动的一个极为重要的工具。这一运动是新媒体运动的代表。一些学者认为这种信息民主化是社会民主化的表现。人们正在利用互联网去创造一个草根全球化，这种全球化是关注大众的而非着重资本流通的。然而，有些学者对新媒体在社会变革中的巨大作用持怀疑态度。他们指出，不同人群对于新媒体的不平等进入，是"群众性运动"的一大基本障碍。即使对于那些有机会进入"新媒体世界"的人群来说，新媒体到底有多"民主"或多有用，也值得怀疑。

国际传播研究重点转变的原因

需要指出的是，国际传播研究的三个传统重点与它的三个新的重点并不是相互排斥的；恰恰相反，它们是并存的，相互之间是有着紧密联系的，是你中有我、我中有你的。上述提到的国际传播研究的这三个传统重点和三个新的重点，目前都依然存在，都有学者在继续从事这6个方面的研究。但是，国际传播研究的重点已经从20世纪60年代起占主导地位的三个传统重点逐渐地转变为20世纪90年代起开始占主导地位的三个新的重点之上，大部分从事国际传播研究的学者也将他们研究和关注的重点更多地放到了三个新的研究重点之上。

国际传播研究重点转变的原因是多方面的。首先，文化帝国主义的这一概念已被越来越多的学者认为太过于政治化。而且，把西方国家文化产品的输出完全从消极的角度来看待也有失偏颇。更重要的是，应该如何在新的国际形势下对"帝国主义"进行定义。比如说，随着上世纪末世界政治和经济格局出现的重大改变和不少发展中国家在文化、科技上的快速发展，文化产品的输出其实已经远远不再是发达国家的专利了。许多发展中国家，包括中国在内，这些年都在推进文化产品的出口和国际交流。显然，对凡是文化产品的输出国再一概都冠以"帝国主义"是非常不切合实际的。与此同时，文化全球化无论是作为一种客观存在的现象还是作为一种学术观点，则受到大多数学者关注和认同，尽管对涉及文化全球化的种种议题，学者们的看法不尽相同。

构建世界信息和传播新秩序（NWICO）虽然是一个很好的理念和一个伟大的追求，但是经过三起三落的辩论，多数学者和第三世界国家已经意识到这是一个不切实际的追求，也是经过多年和多种努力后，被实践证明这是一个无法达到的目标。事实上也是如此。构建世界信息和传播新秩序需要多个方面的系统性的条件的成熟，需要发达国家和发展中国家具有共同的愿望和一起去实施共同的努力，而不是单单依靠在信息和传播流通方面作些技术性努力就可能会实现的。相比较而言，传播与软实力，特别是通过发展传播以增强一个国家的软实力，则显得更加迫切与切实可行。随着世界政治、经济和军事力量结构的不断变化，一个国家的软实力的力量越来越显示出它的重要性。因而，对软实力的研究以及对传播与软实力关系的研究也越来越显示出它们的重要性。

关于传播对欠发达国家社会发展和现代化的影响与作用的研究，曾在国际传播学的研究领域风靡一时。尽管经过大量研究，在一定程度上也显示了传播对欠发达国家的社会发展和现代化确实具有一定的积极影响与促进作用，但是这种学术理念已逐渐被大多数学者认为，一是太过于理想主义，二是太强调和夸大了传播技术这个单一因素在社会发展和实现现代化过程中的作用。事实上，几乎没有什么第三世界国家是可以主要依靠发展传播从而达到社会发展和实现现代化的。"技术决定论"的观点是对这一理论学派的主要批评。相反，最近十多年来，基于新传播技术上快速发展起来并在全世界范围内得到大规模使用的新媒体，则不断显示出了它们在社会变革中的巨大的催化剂作用。无论是在第一世界国家，还是在第三世界国家，无论是在一些所谓的最先进、最富有的西方民主国家，还是在很多贫穷落后的专制国家，传播新技术和新媒体在社会变革中的巨大的催化剂作用，都在越来越得到广泛的体现。学者们对这些方面的研究也越来越受到重视。

可以肯定的是，随着国际政治、经济、文化、技术等各个方面的不断变化，国际传播研究的重点仍会继续不断发生变化，各种新的理论观点也会不断被提出。中国正在以前所未有的一个世界大国、世界强国的姿态进入国际事务，对国际传播研究重点的及时了解和对国际传播研究的积极参与，是一件有义务要做的、也是必须要做的事情。

◇ **参考文献** ◇

- Downing, John; Ali Mohammadi, Annabelle Sreberny-Mohammadi. (1995). *Questioning the Media: A Critical Introduction*. London: SAGE.
- Flor, Alexander. (1993). *Upstream and Downstream Interventions in Environmental Communication*. Institute of Development Communication.
- Fortner, R. (1993). *International Communication: History, Conflict, and Control of the Global Metropolis*. Belment, CA: Wadsworth.
- Ghosh, Biswajit. (2011). Cultural Changes in the Era of Globalization, *Journal of Developing Societies*, 27(2): 153-175.
- Herbert I Schiller. (1969). *Mass Communications and American Empire*, Beacon Press.
- Hopper, Paul. (2007). *Understanding cultural globalization*. Cambridge: Polity Press.
- Inda, Rosaldo., & Jonathan, Renato. (2002). *The Anthropology of Globalization*. Wiley-Blackwell.
- Jan Pieterse. (2003). *Globalization and Culture*. Lanham: Rowman & Littlefield.
- Janice, Mattern. (2005). Why "Soft Power" Isn't So Soft: Representational Force and the Sociolinguistic Construction of Attraction in World Politics, *Millennium: Journal of International Studies*, 33: 3.
- Kraidy, Marwan. (2005). *Hybridity or the Cultural Logic of Globalization*, Temple University Press.
- Lee, Siu-Nam. (1988). Communication imperialism and dependency: A conceptual clarification, *International Communication Gazette*, (41).

- Librero, F. (2008). Development communication Los Ba os style: A story behind the history, *Development Communication: Looking Back, Moving Forward*. Symposium conducted at the meeting of the UP Alliance of Development Communication Students, UPLB College of Development Communication, Los Ba os, Laguna, Philippines.
- Lord, Carnes. (2008). "Public Diplomacy and Soft Power", in Waller, (ed.), *Strategic Influence: Public Diplomacy, Counterpropaganda and Political Warfare*. IWP Press.
- Manovich, Lev. (2003). "New Media from Borges to HTML", *The New Media Reader*, (Ed.). Noah Wardrip-Fruin & Nick Montfort, Cambridge, 13-25.
- *Many Voices, One World*, UNESCO, Paris, 1984.
- Manyozo, Linje. (2006). Manifesto for Development Communication: Nora C. Quebral and the Los Ba os School of Development Communication, *Asian Journal of Communication*, 16(1): 79-99.
- McPhail, Thomas. (1987). *Electronic Colonialism: The Future of International Broadcasting and Communication*. Sage.
- Mefalopulos, Paolo. (2008). *Development Communication Sourcebook: Broadening the Boundaries of Communication*. International Bank for Reconstruction and Development/The World Bank.
- Nye, Joseph. (1990). *Bound to Lead: The Changing Nature of American Power*. New York: Basic Books.
- Nye, Joseph. (2004). *Soft Power: The Means to Success in World Politics. Public Affairs*.
- Ogan C. (1982). Development journalism/communication: The status of the concept. *International Communication Gazette*, 29(3): 1-13.
- Ongkiko, Virginia. (1998). *Introduction to Development Communication*. SEAMEO Regional Center for Graduate Study and Research and Agriculture and University of the Philippines Open University.
- Quebral, Nora. (1975). Development communication: Where does it stand today? *Media Asia* 2 (4): 197-202.
- Quebral, Nora. (1973). What Do We Mean by "Development Communication"?. *International Development Review*, 15(2): 25-28.
- Quebral, Nora. (2001). Development Communication in a Borderless World. Continuing Education Center, UP Los Baños: Department of Science Communication, College of Development Communication, University of the Philippines Los Baños.
- Salwen, Michael. (1991). Cultural imperialism: A media effects approach. *Critical Studies in Media Communication* 8(1): 29-38.
- Schiller, Herbert. (1976). *Communication and Cultural Domination*. International Arts and Sciences Press.
- Schramm, Wilbur. (1964). *Mass Media and National Development: The Role of Information in the Developing Countries*. Redwood, CA: Stanford University Press.
- Semati, Mehdi. (2004). *New Frontiers in International Communication Theory*. Lanham: Rowman & Littlefield.
- Stevenson, R. (1992). "Defining international communication as a field", *Journalism Quarterly* (69): 543-553.
- Thompson, John. (1995). *The Media and Modernity*. Cambridge: Polity Press.
- Thussu, Daya. (2006). *International Communication: Continuity and Change*. London: Hodder.

第二部分

媒介批评研究

亚瑟·伯格①

　　首先我阐释一下对两个术语的理解，这些术语将在媒介批评的讨论中用到。从学术上讲，媒介（medium）是促进两人或多人沟通的一种手段。和朋友聊天时，我们利用话语媒介来交流想法。在过去大约五十年间，大众传播的新技术不断进步，现在我们对媒介的理解有所变化。我们在小数目人群的传播中利用媒介，这些人创造并执行大众媒介中的文本；在大批人（即受众）的传播中也利用媒介，他们接收大众媒介化的传播。随着互联网的发展，沟通有了极大的变化，现在每个人都能通过博客或Facebook和Twitter这样的社交媒体和许多人沟通交流。一个人可能拥有成千上万的"好友"，这些"好友"可以通过博客、Twitter和Facebook来接收消息。

　　第二个术语批评（criticism）最先指文学文本的评价，但如今已有所延伸。涉及媒介时，批评指在社会、经济、精神分析、政治、美学和文化的层面上对各类传播的重要性的分析，更具体说来，这里的传播是指大众媒介化传播，也称大众媒介化文化。批评家通常使用一些理论来帮助他们分析。比如在电影研究中，有讲电影理论的书籍，也有电影评论家用这些理论所写的书。可以这么说，批评家总有一些构成他们的分析的理论。有些时候，批评家使用来自不同学科领域的理论，衍生出一门新的元学科——文化研究。本文的焦点在于影响了媒介批评的重要理论和媒介批评中需要仔细考量的文本。在此我给出了媒介发展的时间线，展示最为重要的媒介技术诞生的时间。

媒介发展时间线

　　1833　大量发行的报纸
　　1876　电话

---

① 亚瑟·伯格（Arthur Berger）为美国旧金山州立大学（San Francisco State University）广播与电子传播艺术系荣誉退休教授，曾于1965—2003年在该系从事教学科研工作，1965年获美国明尼苏达大学（University of Minnesota）美国学博士学位，1983—1984年为美国南加州大学（University of Southern California）安妮伯格传播学院的访问教授，已在媒介研究、大众文化和传播学等领域发表了70余本著作和130余篇论文。
② 本文由叶珊翻译。

1926　第一家广播电台
1927　第一部有声电影
1933　调频收音机
1962　第一颗通讯卫星
1969　互联网
1972　第一个电子游戏"乒"
1975　个人电脑
1978　蜂窝电话服务
1981　音乐电视
1991　万维网
1995　数码手机
1996　谷歌
2001　MP3 技术
2002　卫星广播电视，网络广播电视
2004　Facebook
2006　Twitter

美国人的媒介使用

从时间线中可以看出，新技术的发展和近几年旧的媒介技术的改进在我们的日常生活中扮演了重要角色，特别是改变了我们对时间的利用方式。下面的数据显示，在美国平均每人每天看电视 4 小时以上，听广播 1 个半小时以上，使用手机大约 1 小时。其他国家的媒介使用数据可能是相似的。媒介批评的重要性在于人们在媒介及其文本上花了很多时间。美国的媒介使用数据值得引起我们的注意，2011 年为平均每天大约 12 小时，较 2008 年增长了一个多小时。

接下来我将列出年轻人的媒介使用数据，数据来自凯萨家庭基金会的研究"8~18 岁人群使用媒介的时间"。

五年前，我们的报告宣称年轻人平均一天花 6.5 个小时在媒介上，通过多任务浏览他们能"打包"获得 8.5 个小时的媒介内容。当时看来年轻人的生活似乎已被媒介充斥满溢，但现在这一水平已被超越。在过去的五年，年轻人每天花在媒介上的时间增加了 1 小时 17 分钟，从 6 小时 21 分钟增加到了 7 小时 38 分钟，几乎相当于成年人每天的工作时间，不过年轻人每周使用媒介 7 天而不是

5天。此外，根据他们同时使用不止一种媒介所用的时间，如今年轻人每天使用媒介的 7.5 个小时相当于 10 小时 45 分钟的媒介内容，增加了大约 2.25 个小时。

美国成人每天花在主要媒介上的平均时间（分钟）

媒 介	2008	2009	2010	2011
电视、视频	254	267	264	274
互联网	137	146	155	167
广播	102	98	96	94
移动电话	32	39	50	65
报纸	38	33	30	26
杂志	25	22	20	18
其他	48	41	46	48
总和	635	650	660	693
（小时）	10.58	10.83	11.00	11.55

来源：eMarketer.com，2012.10

如果每天年轻人和成年人花这么多时间在媒介上，自然就有这样一个问题——媒介对我们个人、对社会有怎样的影响？

媒介批评家中存在大众传媒对个体和社会影响的争论。一些批评家认为如今的媒介带来艺术和信息，使我们变得更文雅，强化我们对政治和社会其他方面的理解。他们还认为渗透在大众媒介中的暴力是无害的。因为它发挥了"宣泄"的作用。因此，媒介中的暴力并没有使个体变得更暴力，而是宣泄并涤除了暴力。他们被称为"宣泄"批评家，这一术语最早来自 Aristotle 的作品。意见的反方认为媒介的影响远比"宣泄"批评家想的更强大更持久，同时，尽管社会科学家没法证明接触暴力和暴力行为有关联，但两者的联系总是会引起我们的重视。在一些心理不稳定的个体中存在一种传染效应，他们在电视、电影中接触了暴力，继而进行模仿。因此近几年，在美国发生了一系列的大屠杀，最可怕的一起要数 2012 年 12 月 14 日一心智失常的 20 岁男人在学校里杀死了 20 个儿童和 6 个成年人，此前美国还发生了另一起大屠杀。

媒介研究中的焦点

我认为，探讨媒介时有 4 个可以关注的焦点。

（1）媒介本身，每个媒介对其文本具有一定限制，且提供许多可能。对全世界人来说最重要的媒介是电视。正如上面数据显示，许多美国人每天看4个小时电视。

（2）我们可以考虑文本，在电视的例子中就是电视节目，我将它们称作"艺术作品"。艺术作品由作者、导演和表演者完成，我称他们为"艺术家"。电视中的节目和其他文本被许多不同的"受众"所消费。

（3）"受众"是一个更大实体即社会的一部分。在美国，我称之为"美国人"。下面的图表说明了焦点之间的关系。所有的焦点之间都有双向的箭头，说明它们相互影响同时也被影响。

Abrams区分了作为"镜子"的作品，反映了作为"灯"的社会及作品，并表达了一个作家（或任何创造性艺术家）对社会中事物的看法。他还讨论了"实用论"（pragmatic theories）和"情绪论"（emotive theories）。前者认为艺术是重要的因为它能够用来做事情（如销售产品）；后者则阐述艺术作品怎样在受众中产生强烈的情绪。这4种艺术理论如下：

实用　　　一种工具，有用，具有功能

客观　　　一种记录，表达艺术家的社会观

情绪　　　激发受众的情绪

模仿　　　反映社会（来自Aristotle的模仿论）

在Abrams的图表内有4个项目，即宇宙、作品、艺术家和受众。图中缺少媒介的一席之地是因为他探讨的是出版的文学作品，所以媒介在他看来并不十分重要。我的图表中包含了媒介，因为媒介在我们的考量中扮演了重要角色，而且很多媒介可能成为我们研究的一部分，例如印刷业、电视、广播、视频和摄影（注：各项目间共8条含双向箭头的线条）。

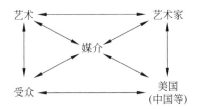

我们可以探究任意两者之间的关系——艺术家和媒介、艺术家和社会、艺术品和艺术家、艺术品和媒介、艺术品和社会等，其中有无限的可能。此外，批评家可以探讨三个甚至四个焦点。Marshall McLuhan在他的著作 *Understanding Media* 中主要关注了媒介本身，尽管在其他著作例如 *The Mechanical Bride* 中，他探讨了广告和连环画等艺术流派展现了怎样的美国文化和社会。关注创作者及其文本的批评家倾向于做传记性研究。关注文本对受众或对美国（或其他社会）的影响的批评家倾向于社会学研究。很多批评家更多地关注文本、承载文本的媒介及其对受众和社会的总体影响。以我的理解，媒介批评探究这些焦点中的一个或多个，且并不局限于某一特定媒体，例如电视、电影、电子游戏。

McLuhan 区分了他所说的"热"媒介和"冷"媒介,前者包含丰富信息而后者信息较少。

他在 Understanding Media 中写道(1965:22-23):

一条基本原则将热媒介和冷媒介区分开来,例如区分作为热媒介的广播、电影和作为冷媒介的电话、电视。热媒介指在"高清晰度"中输出单一感官的媒介,"高清晰度"是指数据饱和的状态,照片在视觉上处于"高清晰度"状态(high definition),而一幅漫画处于"低清晰度"状态(low definition),因为它传达的视觉信息十分有限。电话是一种低清晰度的冷媒介,因为耳朵只能接收到有限的信息……因此,受众在热媒介中的参与度低,而在冷媒介中的参与度较高。

我用下表总结了他的观点(来自 Understanding Media 第二章对此话题的讨论)。

热媒介	冷媒介	热媒介	冷媒介
高清晰度(充满信息)	低清晰度(信息少)	照片	漫画
低参与度(排除)	高参与度(包含)	印刷文字	演讲
电影	电视节目	讲座	研讨会
广播	电话	城市	小城镇

McLuhan 认为媒介比其包含的文本或信息更重要,他在 Understanding Media(1965:18)中写道,因为"技术的影响不发生于观点或概念的层面,而是稳定而顺畅地改变感官配给或感知模式"。这也是为什么他能够不可思议地宣称"媒介即是信息"。对 McLuhan 来说最重要的是媒介塑造我们认知的方式。在这方面,他讨论了线性的纸质媒介(我们阅读线性的文字),他认为这促进了理性、统一性、连续性、个人主义和民族主义。他对比了纸媒和电了媒介,后者无所不包且即时迅捷。McLuhan 一度不被众多学者所接受,但随着社交媒体的兴起,他的"地球村"理念变得十分重要,他在学界也越来越受欢迎。

Aristotle,第一位媒介批评家

Aristotle 赋予了我们许多用来评价和解读大众媒介化文本的重要思想。他写的是诗歌和戏剧,但其方法值得借鉴。他著于公元前 330 年左右的 Poetics 是有关文学和传播学最具影响力的分析著作之一,在一千多年间影响了批评家、文学理论家和修辞学家的思想。他认为文学作品是对现实世界的模拟,我们必须考虑到有关模仿的因素——模仿的媒介、模仿的对象和模仿的方式。这一理论被称作"模仿论"(the mimetic theory of art),在对 M. H. Abrams 的观点进行讨论时会涉及。

Aristotle 探讨了单纯依赖文字的艺术和采用多种媒介的艺术,探讨了二者的区别。举个例子,

比如一部小说和由小说改编的电影。然后，关于模仿的对象他这样写道：

> 因为模仿的对象是具有行为的人，这些人的品格有高尚和低下之分（因为主要涉及道德品质，好和坏是道德的区分标志），所以我们要么把人塑造得比真实生活更好、更差，或展现其本来面目。(Aristotle, 1941, in Smith, J. H. & Parks, E. W. (eds.) *The Great Critics: An Anthology of Literary Criticism*, 1951, p. 30)

Aristotle 后来指出"人的行为"是定义情节的一种途径。他区分了喜剧和悲剧，认为喜剧是"对低下的人的模仿，但不是完全'坏'的意思，滑稽的主人公只是丑陋的人中的一部分。它包含了一些缺陷或丑陋的一面，但并不是痛苦或毁灭性的"（p. 33），认为悲剧"是对严肃的完整的具有一定重要程度的行为的模仿"。

接下来他讨论了悲剧应该怎样呈现。他提出了一些悲剧怎样演绎呈现的建议（p. 34）：

> 因为悲剧性的模仿包含了人的行为，那么首先壮观的道具是悲剧的一部分。其次是歌曲和舞蹈，这两者是模仿的媒介。"Aristotle 呈现的是叙述中更为重要的因素，包含情节、人物甚至是制片效果。最基础的考量有情节、文本和人物的事件安排、人物的品质。他还区分了简单情节和复杂情节，简单情节中的事件变化没有逆转或识别，而复杂情节则包含两者或其中之一。

叙事理论很重要，因为很多电视节目就是叙述。Martin Esslin 在 *The Age of Television* （1982：7）中写道：

> 显而易见，电视是一种戏剧化的媒介，因为其播出的许多内容都以传统戏剧的形式由演员模仿呈现，并使用了情节、对话、人物、手势、服装——戏剧表现方式中的全套华丽服饰……据 1980 年版的 *The Media Book* 的数据显示，1989 年春季，美国男性平均每周看电视 21 小时以上，美国女性则为 25 小时以上。由此，美国成年男性平均每周花在电视中戏剧化内容上的时间是 12 小时以上，女性则为 16 小时，这相当于每个美国成年人平均每周看 5~6 小时的完整舞台戏！

我们需要认识到，勤跑戏院的人也做不到一个星期看一场。另外，很多不是戏剧或小说的文本仍采用叙述体，所以叙述在大多数大众媒介化的文本中扮演了重要角色。亚里士多德对叙述有深刻洞见，另外在对喜剧和悲剧的讨论中也有另一个重要话题的探究——流派。

流派 Genres

流派是一些类型的文本，人们看电影或电视通常是因为这是一种他们喜欢的流派：悬疑、科幻小说、言情、新闻、体育，等等。在"Television Images, Codes and Messages"中，批评家 Douglas Kellner 讨论了流派和流派在大众媒介化的文化中扮演的角色：

一种流派由一套编码的规则和惯例组成，表明了文化上被人们接受的一种方式或将材料整合成独特的模式。一旦建立起来，流派主宰了文化产品和接收的基本状况。比如，罪案片不可避免地包含暴力犯罪、寻找罪犯，而且通常还有一场追逐、打斗或血腥除掉罪犯，传达出"犯罪没有好下场"的信息。观众看前便预期这些可以预见的消遣内容，罪案片的"代码"在成品、工作室文本和实践中得到发展和保留。(*Televisions*，7，4，1974)

他解释说，这些惯例让受众更容易预见并理解文本中发生的事情，也让作者更容易创作文本。那是因为我们可以假定一些受众的预期，利用规则做些许调整来达到这些预期。如果要区分传统文本，像经典的侦探悬疑小说（比如 Sherlock Holmes 和 Hercule Poirot）和具有许多创新的先锋文本（比如 James Joyce 的 *Ulysses*），流派将被认作是非常传统的文本。我们必须认识到，*Ulysses* 基于 Homer 的 *The Odyssey*，是互文性（intertextuality）的重要例子。

在此提供一个我制作的图表，来描述较为重要的流派。该图探讨了文本发生的时间、地点、男女主人公、文本中的恶人、推动文本的主题以及其他有关项目。

流 派	言 情	西 部	科 幻	间 谍
时间	20世纪初	19世纪初	未来	当下
地点	英格兰乡村	文明边缘	外太空	全世界
男主角	贵族，上层阶级	牛仔	宇航员	间谍
女主角	贫困的少女	女教师	女宇航员	女间谍
配角	女主角的朋友	镇上的居民，印第安人	技工	间谍助手
恶人	装成朋友的撒谎者	逃犯	外星人	内奸
情节	女主角找到了真爱	恢复法律和秩序	反抗外星人	找出内奸
主题	真爱战胜一切	司法和进步	拯救人类	拯救自由世界
服装	华美的裙子	牛仔帽	太空舱	军用防水短上衣
交通工具	车，马，马车	马	火箭飞船	跑车
武器	拳头	六响枪	射线枪、激光枪	消音手枪

现在，我将"使用和满足"理论和媒介批评联系起来，该理论并不关注媒介和大众媒介化文本对个人和社会的所谓的效果，而是关注受众利用特定文本和流派的方式以及他们从中获得的满足。

我们必须记住，流派变化不定、瞬息即逝。某一时期，美国电视网络上播出30多部西部片，但现在一部也没有。如今言情小说非常受欢迎，科幻小说、间谍小说及电影也是如此。而且，新的流派在不断应运而生，比如新人选秀表演（歌唱及舞蹈表演）是"真人实镜秀"的一部分。

对该领域研究最早的 Katz、Blumler 和 Gurevich 这样描述（1979：215）：

Herzog（1942）研究了问答节目和看肥皂剧获得的满足；Suchman（1942）调查了对广播中的严肃音乐产生兴趣的动机；Wolfe 和 Fiske（1949）探寻了儿童对漫画的兴趣的发展……这些调查都列出了特定内容或存在疑问的媒介的功能：和别人拼智力，得到日常生活的信息或建议，为一天的生活定调，为了满足上进的需要而进行文化积累，或重新定位个人角色的尊严和效用。

使用和满足研究对一些媒介批评家来说是有问题的，因为它不适于量化，而且因为批评家并不苟同研究文本中事件所用的方法，可以决定一个事件给予受众哪些满足。下面的列表展示了一些重要的使用和满足以及在我的理解中哪些流派提供了哪些"满足"。

使用和满足	流派
满足好奇心并提供信息	纪录片，新闻节目，脱口秀，智力竞赛节目
被逗乐	情景喜剧，喜剧表演
认同神性	宗教表演
加强司法信念	警察节目，法律节目
加强对爱情的信念	言情小说，肥皂剧
间接参与历史	媒介事件，体育节目
围观恶行	警察节目，动作冒险节目
在没有罪疚感的情境中获得性冲动的发泄	色情文学，时装秀，软调色情商业广告，肥皂剧
审丑	恐怖秀
获得用以模仿的偶像	脱口秀，动作秀，颁奖节目，体育节目，商业广告
审美	旅游节目，艺术节目，文化节目（交响乐音乐会，歌剧，芭蕾舞剧）

我们发现流派在个人要消费哪些文本和流派的决策中扮演了重要角色——在书籍、漫画书、电视、电影和电子游戏之类的媒介中。任何一种媒介中，大多数流行文化的作品是某种流派的作品，它们被很多批评家看不起，因为是为了"最低下的普通人"所作的。这些文本是"大众的文化"的一部分，而精英文化文本是"上层阶级的文化"（文化精英阶层）的一部分。之后我将解释，后现代主义者不认为精英文化或流行文化的作品有什么重要的区别。

媒介理论和批评的层次

现在我将从 Aristotle 穿越到现代，探讨媒介批评的一些重要方法，尤其是媒介中的文本。我认为媒介理论和批评有三个层次。

在最高层次，一些理论家形成了许多现代关于媒介的争论。

第一层次：原创思想家

亚里士多德，卡尔·马克思（以及其他马克思主义思想家），西格蒙德·弗洛伊德，卡尔·荣格，费迪南德·德·索绪尔，查尔斯·S. 皮尔斯，米哈伊尔·巴赫汀，埃米尔·涂尔干，克洛德·列维·斯特劳斯，马歇尔·麦克卢汉，弗拉基米尔·普洛普。

第二层次是将原创思想家的理论应用推广，但他们本身也是非常重要的思想家。我指的是巧妙应用原创思想家的想法并添加了新观点的理论家：

第二层次：伟人——应用了原创思想家的理念的重要思想家

罗兰·巴特，翁贝托·艾柯，斯图亚特·霍尔（和伯明翰大学的同事），让·鲍德里亚，米歇尔·德·塞杜，安东尼奥·葛兰西，布鲁诺·贝托汉，西奥多·阿多诺（和法兰克福学派）。

第三层次：其他所有媒介批评家

第三层次是受原创思想家和第二层次的"伟人"影响的所有现代媒介批评家和学者。

非常重要的媒介批评家往往受原创思想家的影响。比如，在 1970 版 *Mythologie* 的前言中，Roland Barthes 写道（1972：9）：

"该书有双重理论框架：一方面，与所谓大众文化的话语有关的思想批评；另一方面，以符号学来分析这种话语的结构的首次尝试。我刚研读了 Saussure 的书，深信只要将'集体表征'当做符号系统，我们就能更进一步，而不是执着地去结构其本身，详细阐述神秘化怎样将小资产阶级文化转变为全世界的文化。"

在这段引用中，Barthes 提到了 Ferdinand de Saussure 和 Karl Marx，同时提到"集体表征"时也涉及了著名法国社会学家 Emile Durkheim。反过来，Barthes 的 *Mythologies* 有很大的影响，它将许多媒介学者的注意力转向了广告、摔跤（Barthes 认为其实质是戏剧表演）、物质文化和流行文化。

媒介批评理论的地理分布

考虑重要的批评家来自哪里是件有趣的事。接下来是一组最有影响力的媒介批评家的列表。有些学者可能会在这些分类中选取不同的人，但我所选的这些对媒介批评都很重要。你经常可以在学术周刊和书籍中看到这些名字。

美 国	奥地利	加拿大	英 国
C. S. 皮尔斯	西格蒙德·弗洛伊德	马歇尔·麦克卢汉	雷蒙·威廉斯
罗曼·雅各布逊	赫塔·赫佐格	H. 英尼斯	斯图亚特·霍尔
弗雷德里克·詹姆逊		诺思洛·普弗莱	理查德·霍加特
道格拉斯·凯尔纳			
法 国	德 国	意大利	俄罗斯
罗兰·巴特	卡尔·马克思	安东尼奥·葛兰西	M. M. 巴赫金
米歇尔·福柯	沃尔特·本杰明	安伯托·艾柯	弗拉基米尔·普洛普
安德烈·巴赞	西奥多·阿多诺		尤里·洛特曼
克劳德·列维-斯特劳斯	赫伯特·马尔库塞		谢尔盖·爱森斯坦
路易·阿尔都塞	马克斯·霍克海默		维克多·什克洛夫斯基
雅各·拉冈	沃尔夫冈·伊瑟尔		
亨利·勒菲弗	尤尔根·哈贝马斯		
让·弗朗索瓦·利奥塔	马克斯·韦伯		
瑞 士			
费迪南德·德·索绪尔			
卡尔·荣格			

此列表显示出法国、德国和俄罗斯都有较多的重要媒介理论家和文化批评家，和其他相比不成比例。媒介产生大概只有过去几百年时间，因此可以推断重要的媒介理论家和批评家都是同时期的，都在过去的几百年间做了他们的工作。他们中有些人没有写关于大众媒介的著作但他们的思想是很有用的。

接下来我列出了媒介批评家所利用的重要学科。我们必须认识到许多批评家同时使用了好几个学科；而且，清楚地知道每个理论所处的位置是很困难的。叙述理论属于符号学还是文学理论呢？Roland Barthes 在 *Mythologies* 开头的一段引用是批评家综合利用学科的方式的一个例子，同样，元学科文化研究也是。

符号学 Semiotics

符号学是指符号的科学，符号学家使用 Ferdinand de Saussure 和 Charles S. Peirce 的理论，这二者是符号学的奠基人。多年来符号学得到了长足的发展，在文化研究中扮演了重要的角色，我将在下文中进行讨论。现代使用符号学的最重要的媒介批评家有意大利学者 Umberto Eco 和 Yuri Lotman，后者成立了 Tartu 符号学学院。

符号学者探究什么是符号，符号怎样运作，在他们的著作中使用一些概念，例如隐喻

(metaphor)、转喻（metonymy）、指示（denotation）、涵义（connotation）、后现代主义和互文性。我认为符号学是文化研究中的核心学科。

精神分析理论 Psychoanalytic Theory

Freud 的许多著作中都讲到了精神分析理论，很多媒介批评家在他们的作品中用到了 Freud 和 Jung 的思想。精神分析理论的基础是一些概念，比如潜意识（the unconscious）、恋母情结（the Oedipus complex）、心理防御机制（defense mechanisms）、梦和性。Bruno Bettelheim 是一位很有意思的精神分析理论家，他在对童话故事的分析 *The Uses of Enchantment* 中使用了精神分析理论。Jung 的书 *Man and His Symbols* 是一本对其理论及应用有很好指导的书。精神分析理论丰富了民俗研究学者 Alan Dundes 的研究。

马克思主义/意识形态理论 Marxist/Ideological Theory

Marx 对媒介批评家的影响犹存，尽管他的经济理论已经并不那么重要。Marx 和其他重要的意识形态理论家写过异化、阶级冲突、唯物主义、经济基础和上层建筑的关系以及我们现在所说的消费主义文化。可以这么说，Marx 的理论孕育了意大利理论家 Gramsci、法兰克福学派和伯明翰学派。

社会学理论 Sociological Theories

媒介批评家经常使用 Georg Simmel 和 Emile Durkheim 等社会学家的理论，也使用许多现代社会学家的理论。他们在研究中应用的概念有失范（anomie）、功能主义（functionalism）、刻板印象（stereotyping）、内容分析（content analysis）、使用与满足（uses and gratifications）、大众社会（mass society）等。

Leo Lowenthal 关于传记的文章于 1944 年发表于美国流行杂志上，是内容分析和批评理论的一个例子。他发现在第一次世界大战之前，很多传记都是关于政治家、商人和有名的作品。第一次世界大战后则转变为演艺人员、电影明星、名人和有名的消费品。其他重要的使用社会学的媒介批评家有 Elihu Katz 和 Herbert Gans。

美学理论 Aesthetic Theory

媒介美学探讨大众媒介化文本的创作者是怎样达到他们想要的效果——利用摄像、色彩、编辑技巧和音乐对受众产生他们想要的效果。Sergei Eisenstein 的书 *Film Sense* 和 *Film Form* 是美学批评的重要例子。在 *Film Form* 中，"视觉文化"是 Eisenstein 蒙太奇的概念的延伸，他用到了美学理论，如今蒙太奇的概念仍影响着电影创作者。

人类学理论 Anthropological Theory

人类学的核心概念是"文化",尽管大多数人类学家并不直接涉及大众媒介,他们的思想经常被批评家使用。媒介批评家使用了法国人类学家 Claude Lévi-Strauss 的思想,尤其是他关于神话和结构主义的部分。他关于俄狄浦斯神话的分析为媒介批评家提供了一种可以应用于大众媒介化文本的方法论。

文学理论 Literary Theory

之前我讨论了重要的文化理论家 M. H. Abrams。文化理论讨论了作者达到效果所用的方法。从 Aristotle 开始,相当多的文学作品和文学理论家关注的问题有关。很多批评家有文学理论的背景,他们借用了各领域的现代理论家的概念。文学理论家感兴趣的话题有叙事的性质、流派、接受理论(也称读者回响理论)等,接受理论认为读者这个重要角色使文本变得生动有趣,而且读者已有的知识储备形成了他们对作品的理解。Vladimir Propp 的著作 *The Morphology of the Folktale* 于 1928 年出版,对叙事的分析独具创意。

女性主义理论 Feminist Theory

近年来,女性主义学者发展了一种写作的体裁,关注性别以及各种大众媒介化文本怎样刻画女性的形象。女性主义批评家中曾出现两股浪潮,但这两次的焦点都是女性在社会中受到压迫,反映在了这些社会的媒介中,女性主义评论家认为这是一种父权社会、男权社会。在很多叙述体的文本中女性扮演的角色遭到身体剥削和性剥削,而且大体上媒介支持性不平等。一些重要的女性主义研究有:Susan Gubar, *The Madwoman in the Attic:The Woman Writer and the Nineteenth-Century Literary Imagination*;Toril Moi, *Sexual/Textual Politics:Feminist Literary Theory*。

酷儿理论 Queer Theory

Judith Butler 的 *Gender Theory* 是酷儿理论的重要文献之一。"酷儿"一词是一个俚语,常被异性恋者用来形容女同性恋、男同性恋及其他双性恋和变性者。现在这个词语已经为同性恋、双性恋和变性者所专用。酷儿理论认为性别是由社会形塑而成的,并不完全由先天决定。接下来这段引言描述了酷儿理论:

性别研究和酷儿理论探讨了文学和文化中的性、权力、边缘化人口(不包括女性)。性别研究和酷儿理论受到了女性主义批评的影响,但其产生来自于对碎片化去中心化知识建构的后结构主义兴趣(Nietzsche, Derrida, Foucault)、语言(符号记号的分解)和精神分析(Lacan)。详见 http://

owl. english. purdue. edu/owl/resource/722/12/。

我们可以发现酷儿理论结合了许多不同方法，来对抗男权社会及其产生的文本的歧视。

Casablanca 中有一幕很精彩，Humphrey Bogart 开枪打死了一个德国警官，警察局长 Claude Rains 对一个助手说"追捕那些寻常的嫌疑人"。这是我自己想要做批评的一处文本。"哪些分析技巧的组合能够使分析最有意思呢？"这经常涉及不同的方法论，来分析一个给定文本的不同片段和不同层面。

媒介批评家面对的问题：正确使用概念

我们在做大众媒介化文本的批评时遇到的一个问题（我认为实际上批评、分析和解释都是一回事）是，我们对概念的自如使用是否得力、我们的分析是否完整。如果我们因为某些原因忽略了文本的重要部分，我们对文本做出的分析可能远远不足。如果我们错误应用了概念，我们的分析就是值得怀疑的。此外还有尽可能合理地使用一些技巧，这样我们能涵盖文本的所有重要方面。

Yuri Lotman 是一位符号学家，来自爱沙尼亚的塔尔图，他在 *The Structure of the Artistic Text*（1977：17）一书中写道："我们非常倾向于将艺术文本中的每个词都看做是有意义的而去解释每个词，我们可能理所当然地认为艺术作品中没有哪个词是碰巧出现的。"紧接着，他解释了为什么。他写道（1977：23）：

"因为艺术文本能够在非常短小的文本的'区域'中集中大量的信息（比较：Cexov 的短篇故事和心理学课本的长度），艺术文本还有另一个特点：它向不同读者传送符合每个人理解的不同信息；他为读者提供一种语言，连续的信息块能通过重复阅读而吸收。艺术文本像一种有生命的有机体，它对读者有一条反馈渠道从而指导读者。"

Lotman 让我们学会两个重点：首先，文本中的每个词都是有意义的，没有什么是偶然的；其次，你知道的越多，在文本中能领悟到也就越多。艺术文本是如此的丰富，我们可以重复阅读或重复观看，每一次重复我们都能从中收获更多不同的东西。

我将 Lotman 的理论应用到一个虚构的广告中，广告里有一名男性和两名女性。我们可以问一问这些问题（利用了我在 *Ads, Fads and Consumer Culture* 中对此的讨论），对视觉图像和视觉文化感兴趣的人来说这些是入门问题：我将以一张虚构的印刷广告为开始，广告中有一名男性和两名女性的照片以及一些文字材料。以下是一些分析此广告时可以考虑的话题。

1. 广告的平面设计是怎样的？广告中的元素是轴向平衡还是对称关系？这样的设计为什么重要？

2. 有多少模仿和插图资料的数量有关？这样的关系在任何方面来说都是重要的吗？

3. 在广告中是否有大量的空白（白色）的部分？还是充满了图像或文字材料？总体上说，广告中空白部分越多，广告中的产品越是迎合高层次消费者。

4. 照片是从哪个角度拍的？我们是抬头看广告中的人物、从高处往下看还是平视？从什么角度拍摄有什么重要性？广告中人物是否直视我们？如果是，有什么意义？

5. 照片的光线怎样？光线很足还是光线很暗阴影很重（明暗对比光线）？广告产生了怎样的气氛？为什么使用这样的气氛？

6. 如果照片是彩色的，哪些颜色为主导？这些颜色有什么重要性？

7. 怎样形容广告中的三个人物？考虑一下面部表情、头发颜色、头发长度、头发风格、时尚（衣服、鞋子、眼镜和珠宝）、各种道具（手杖、雨伞）、体型、肢体语言、年龄、性别、种族、民族、职业的体现、教育程度的体现、男性和女性之间的关系、背景的物品，等等。

8. 广告中发生了什么？照片里的"动作"说明了什么？假设我们在进行中的叙述里看到了这一幕，这是什么叙述，关于三个人物揭示了什么？

9. 在照片中有没有记号或符号？如果有，它们起到了什么作用？

10. 在文字材料中，语言是怎样使用的？关于人物和产品传达了什么观点？或者说，使用了什么修辞手法来吸引读者并刺激他们购买产品或服务？是否使用了联想或类比或其他方法来达到效果？

11. 广告的文字部分使用了什么字体？这些不同字体有什么重要性？（为什么用这些字体而不是其他？）

12. 广告的基本"主题"是什么？这些主题怎样和广告中的故事以及推销的产品或服务联系起来？

13. 广告宣传了什么产品或服务？目标受众是谁？该产品或服务在美国文化和社会中扮演了什么角色？

14. 广告反映了怎样的价值观和信仰？性嫉妒？爱国主义？母爱？兄弟之情？成功？权力？好品位？

15. 要读懂广告需要了解什么背景信息？语境怎样构成我们对广告的理解？

16. 广告有什么"独特的卖点"吗？如果有，是什么？

17. 如果广告有商标，商标是什么样的？记号学家会怎样解读这个商标？

这些问题并没有覆盖广告的方方面面，但把我们的注意力导向了广告的许多层面，我们在解读报纸或杂志上的印刷广告时可能会考虑到这些。你可以发现广告可以是非常复杂的文本，尽管很多时尚广告除了模特和公司商标外，很少有其他内容，而且几乎没有文字。

媒介批评家面临的问题：理论和实践的教学

2012年我有幸在阿根廷任教，和阿根廷的教授谈了不少，我发现他们都有同样的抱怨。他们告诉我他们可以教会学生理论和方法论，比如符号学，学生也能学会这些方法论并通过考试，但他们一点也不知道如何应用。一个原因是理论是很诱人的，比如说教授喜欢教符号学的理论，但没有教学生如何在文本或其他内容中如何应用，而且他们也不知道如何教。也就是说，教授教出了许多很懂符号学但不知道怎么运用符号学的学生。这个问题我多年前就遇到过，我花了几年时间设计学习活动，要求学生在具体的文本中实际应用学到的概念。

我是这样回答阿根廷的教授的："少理论，多实践。"我和一些教授做了一项学习活动，在活动中他们需要分析"百货商店是一座大教堂"的隐喻。我把他们分成三个组，让他们讨论为什么百货商店像大教堂，他们很享受这样的活动。我解释说他们需要设计出一些学习活动或练习，来帮助学生应用学到的理论。我认为学生不光学媒介批评的理论并且应用这些理论也是非常重要的。这也是为什么我的文章和书通常分两个部分：一部分讲理论；另一部分讲应用。

媒介批评家面对的问题：将自己的想法读进文本

分析媒介文本时我们会遇到一个问题，叫作"上帝的真理和魔术戏法"的两难境地。"上帝的真理"是指批评家从文本中发现的东西存在于文本中但不明显。"魔术戏法"指的是批评家从文本中读出的东西不在文本中而在他们自己脑中，他们将其读进了文本里。

举例来说，一些批评家擅长在叙述文本中（电影、电视节目和小说）发现神话主题。我们必须问的是：这些神话材料出现在文本中吗？文本的创作者有意识地加入了这些材料还是无意的？文本的创作者的意图有什么意义？发现互文性联系的批评家总被认为是他们自己在文本中强加了这些联系，这就产生了这样一个问题：媒介批评家怎样才能证明他们的分析是正确的或有意义的，他们能做到吗？

在此我们讨论一下 Vladimir Propp 的经典作品 *Morphology of the Folktale*。Propp 研究了一些同一类型的俄国民间故事，发现了其中的结构性成分。他解释说，他发展了其类型学，因为其他研究民间故事的方法都不充分，比如研究主题、情节、主旨或将它们分类。Propp 解释说（1928/1968：6）："神话故事有一种特定的结构，让人一看就能马上将其归为神话故事，尽管我们可能并没有意识到这一点。"他给出了一个最初状态和 31 个局中人的作用,他认为这些充满了神话故事——从一开始的缺席(家族中一员离家出走)到最后(主人公结了婚并登上王位)。在此给出 Propp 的列表,摘自我的作品 *Media Analysis Techniques the fifth*。

	最初状态	介绍家族成员或主人公
	缺席	家族中一员离家出走
	禁令	主人公被禁止做某事
	违反	主人公违反了禁令
—	侦查	反派试图侦查主人公
	信息传递	反派得到了关于受害人的信息
	诡计	反派试图欺骗受害人
	共谋	受害人被骗,帮助了他的敌人
A	恶行	反派对家族一员造成了伤害
A	缺少	家族一员缺少或想要得到某样东西
B	调解	不幸被发现,主人公被流放
C	抵抗	寻找者同意抵抗
↑	离开	主人公离开家乡
D	施主的第一个作用	主人公被考验,得到了魔法中介或魔法帮助
E	主人公的反应	主人公对捐赠者的行为作出反应
F	接受魔法中介	主人公获得了魔法中介的使用
G	空间转换	主人公开始寻找
H	挣扎	主人公和反派正面对抗
J	烙印	主人公被打上烙印
I	胜利	反派被打败
K	清算	最初的不幸或缺失被清算
↓	回归	主人公回归
Pr	追捕	主人公被追赶
Rs	解救	主人公被解救
O	匿名到达	主人公匿名回到家乡或到达另一个国家,没被人认出
L	没有根据的说法	假冒的主人公提出没有根据的说法
M	困难的任务	主人公被要求完成困难的任务

续表

	最初状态	介绍家族成员或主人公
N	解决	任务完成
Q	认出	主人公被认出
Ex	揭露	假冒的主人公或反派被揭露
T	变形	主人公得到了新的容貌
U	惩罚	反派被惩罚
W	婚礼	主人公结婚并登上王位

Propp 的形态学（morphology）很重要，因为他的功能列表能应用于很多现代文本，比如 James Bond 系列小说、电影和几乎所有叙述。Alan Dundes 在 Propp 的书中写道（1968：xiv）：

文化模式通常在多种文化材料中显现。Propp 的分析对文学形式的结构（比如小说和戏剧）、连环画、电影、电视情节等的分析是有用的。要理解民间传说和文学、民间传说和大众媒介的相互关系，重点在于内容。Propp 的形态学认为可以有结构借用和内容借用。

我应该指出 Propp 的突破来自对同一流派的文本做一考察。只看一则民间故事不足以让他发现故事的结构。

Propp 的著作对媒介文本的语段分析（syntagmatic analysis）有很大帮助。语段（syntagm）是一条链子，叙述可以看作是一条链或事件的序列。另一个重要的文本分析方法基于 Lévi-Strauss 的研究，称为范式分析（paradigmatic analysis）。该方法寻找一组产生意义的两极对立。Saussure 写道（1915/1966）："语言中只存在不同。"该方法的基础观点是，意义基于联系，语言中意义的产生里最重要的联系是二元对立。Jonathan Culler 在他的 *Structuralist Poetics：Structuralism，Literature and the Study of Literature* 中解释（1976：15）："结构主义者一般依照 Jakobson，将二元对立作为人类思想产生意义的基础运作。"

那么理论上，所有的文本中都有相互关联的二元对立，批评家的任务就是找出这些对立。有一个问题是，不同的媒介批评家往往会找出不同的二元对立。这产生了他们找出的对立存在于文本中还是来自他们脑中的问题。我来举一个批评家之间会产生分歧的例子。著名的意大利符号学家 Umberto Eco 分析了 Ian Fleming 的 *Dr. No*，他认为 *Dr. No* 中的基本对立是 James Bond 和 Dr. No，女主人公 Honeychile Rider 起到了调解的作用。我认为另一组对立更好地解释了这本书和书里的各种关系。在我对该书的分析中，我认为 Dr. No 和 Honeychile Rider 是一对对立，James Bond 是调解人物。让我给出我在书中找出的对立。

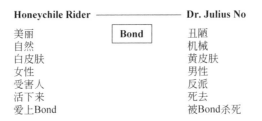

我认为这些对立在书中占主导地位：男性/女性，美丽/丑陋，白色/黄色，等等。James Bond 在两人之间调解，通过杀死 Dr. No 化解了对立。我可能会问，当批评家有不同的范式分析时，谁才是正确的呢？我认为正确的那一位提出的对立能更好地解读一书。

媒介批评的新方向：手机使用

在收录于 *Convergence: The International Journal of Research into New Media* 中的 *New Media, Networking and Phatic Culture* 一文中，Vincent Miller 写道：(2008)：

通过考量新媒体的形式比如博客、社交网络和微博以及相关实践，我认为"个人化"和"网络社会性"以及和通信普及、联系存在相关的技术进步导致网络媒介文化被交际性沟通主导，即只有社交意图而没有交流信息或发起对话意图的沟通。我最后将讨论该文化潜在的虚无主义结果。

交际性沟通本质上讲就是人们发出的一些声音，比如"嗯嗯"、"好"，表示他们在注意听但没有实际的内容。如果青少年平均每天发一百条手机短信（通常这需要花大约 9 分钟），他们并没有交流很多实质内容，可以推断大多数这些短信只是交际性的。9 分钟时间里的大部分是用来发短信的，现在一小部分青少年会发一种新的色情短信（sexting），他们有时把自己半裸或全裸的图像发给朋友或其他人。当然，图片通过手机发送后，其他人就可以再转发，甚至可以上传到 Facebook 或 YouTube 视频网站上，上百万的人也能看到图片。

媒介批评的新方向：社交媒体

年轻人每天约收看 5 小时的视频节目，大约使用 34 千兆的流量，这些视频节目主要来源于电脑、手机、电子游戏机和电视。Nick Bilton 在其发表于 *New York Times* 的一篇文章（2009）提到，加利福尼亚大学圣地亚哥分校的一项研究发现，每个美国人平均每天从网络、广播、电视和其他媒介中获取十万字的信息，且过去的 30 年间媒介的消费增长了 350%。所以说，尽管我们减少了纸质媒介的消费量，但我们平时花不少时间收看视频。据估算，很多美国人每天收看 8 小时以上的视频，主要来源于手机、电脑和电视。

从社会学的角度来看，我们具有很多美国及其他国家的媒介使用者的人口统计学数据，我们可以根据国际、种族、性别、社会经济、年龄等标准给他们分类。比如，我们知道每一个组别的媒介使用在过去十年间都有所上升。我们无法给出确切答案的问题是，这样的媒介使用对我们个人和社会有什么影响？我们来看看 Facebook 的例子，Facebook 是近年来最重要的社交媒介。目前 Facebook 的使用人数超过了十亿，且还在不断上升。下面的表格显示了 2011 年 Facebook 最受欢迎的地区。

1	美国	168 100 440	6	英国	33 773 300
2	巴西	63 390 320	7	土耳其	32 038 040
3	印度	61 208 100	8	菲律宾	30 014 180
4	印度尼西亚	50 876 120	9	法国	25 447 480
5	墨西哥	39 909 620	10	德国	2 532 162

来源：http://www.checkfacebook.com/

就我的理解来说，社交媒介是指 Facebook、Twitter、LinkedIn 和 YouTube 这样的网站，人们在网站上能发送信息、图像和视频，而很多人也能够看到。我们能够在电脑、笔记本和手机上通过因特网登录这些社交媒介网站。在本章的开头引用了 Vincent Miller（2008）的一段话，他假设我们通过社交媒介的沟通很多是"交际性的"。这些信息也被称为"闲聊"，就像我在前面解释的，这些"闲聊"只说明我们在场或在听，并没有传达具体信息。年轻人之间发送大量的短信，他们并不是为了传递信息，而是为了保持朋友圈子、增加和朋友的亲密度。

媒介学者曾认为大众媒介是由一小群"发送者"（senders）（作者、演员、导演、电影制作人等）组成的，他们创作出文本并通过传统大众媒介比如印刷业、广播和电视传送给"接收者"（receivers），即组成受众的人群。随着社交媒介的发展，发送者—接收者（创作者—受众）模式已经消亡，因为现在上百万的人都是各种各样文本的创作者，无论是短信、色情短信、图像或视频，他们可以把这些文本上传到 YouTube、Facebook 或其他社交媒介网站上。只要有数码照相机或能拍视频的手机或摄像机，任何人可以制作视频，将他们的视频图像传到 YouTube 这样为人们提供传播作品的网站上。YouTube、Twitter 和 Facebook 如此火爆、用户很多的现象应当引起媒介和传播学者的注意。如果社交媒介如此受欢迎，那么对它们的用户来说一定非常重要（让用户非常满意）。

我们可能会问，为什么人们花这么多时间用电脑和手机上网、发送信息、在社交媒介网络上上传图片文本？我认为一个原因是这些设备让人们联系更紧密，消减了目前后现代社会人们普遍存在的疏离感和孤独感。对青少年来说尤其是这样，他们具有强烈的归属需求，对他们要成为怎样的人倍感焦虑，而且他们对于父母、其他家庭成员以及这个社会常有疏远感。

根据精神分析学家 Erik H. Erikson 的说法（1963），所有的青少年都必须应对他们快速成长以及突然出现的身份困惑问题。他在 *Childhood and Society*（第二版，经过修订和扩充）中解释道：

我们无法把困扰年轻人的问题归结于职业身份。为了能处于一个群体中，他们有时会过分识别身份，导致他们完全丧失了其身份，处于一个小圈子和一群人当中。这引发了"坠入爱河"的第一阶段，这绝不完全是或主要是一个关于性的问题，除了涉及道德观念的部分。在很大程度上，青少年的恋爱是为了确定自己的身份，他们通过把不确定的自我形象投射到另一个人身上，慢慢看清自我的投影来做到这一点。这也是为什么年轻人谈恋爱时总是聊天对话。(p. 262)

Erikson 的这部作品发表于 1963 年，那时手机还没有飞速发展，但他对于青少年的需求和身份认同的评价十分正确，而且至今仍适用。他还在关于人生中面对的危机的理论中指出，手机对于我们的欲望来说是重要的，当人们慢慢老去，都要面对他提到的各种危机，他的理论为手机之于人类的心灵的重要性提供了另外的洞见。Erikson 认为，人们在不同的人生阶段都面对一些特定的发展性危机。下面我以两极对立的模式列出了他指出的危机，对手机在危机中起到的作用进行假设。此表来源于 *Childhood and Society* 中的"人生的八个阶段"章节，其中并未涉及婴儿时期，因为婴儿不使用手机，表中的前两个阶段在婴儿期也存在。

阶段	危 机	手机的功能
儿童	主动权/内疚	和家人保持联系、玩耍
学龄	勤奋/自卑	社交、完成作业
青春期	身份/角色困惑	和同龄人交往、作业、恋爱
年轻人	亲密感/疏离感	恋爱、事业、创始
成年人	繁育/滞留	事业、社区
晚年	自我完善/绝望	联络、社区

Erikson 认为，我们从婴儿到老年的过程中都要面对并解决这些危机，关于青少年的危机即身份/角色困惑特别有趣。Erikson 解释说，在这个阶段，年轻人无法将身份集中到某个职业上而感到困扰，并且"过分识别身份，导致他们完全丧失了其身份，处于一个小圈子和一群人当中"(p. 261)。他在 *Childhood and Society*（1963）对"年轻人的爱情"的分析富有洞见，正如前面提到的，他说：

在很大程度上，青少年的恋爱是为了确定自己的身份，他们通过把不确定的自我形象投射到另一个人身上，慢慢看清自我的投影来达到这一目的。这也是为什么年轻人谈恋爱时总是聊天对话。(p. 261)

因此，年轻人发送的大量短信息比我们想的更具意义，因为这可以看作是对自我身份认同的尝试。

Erikson 认为，那些成为 Madonna 或 Lady Gaga 或者帅气的吸血鬼男演员粉丝的年轻女孩儿和崇拜足球及其他体育明星的男孩儿，都在经历一个确定自我身份的阶段，他们通过自己的偶像来完成身份的确定。

但为什么是发短信而不是交谈？一个原因是发短信更为私密；另外短信不是那么直接。如果打电话时旁边有别人在，他们会听到讲话的内容。另外，发短信不限接收者的地点，也不用担心他们正在做什么。发短信还避免了在真实情况下需要引导对话的麻烦。发短信的目的是进行一般性的对话，而 Erikson 认为对话在青少年的生活中十分重要。

可以这么说，社交媒介创造了人工或虚拟的社区。我们可以在 Facebook 和 Twitter 上得到"好友"或者"关注"，在其他社交网络上也是如此。此外，在社交媒介上有关于艺术、旅行或其他各种方面的社区。现在我在 Facebook 上的"好友"超过 200 人，大多数我都不认识也不会见面。我的半子有超过 7 000 的 Facebook 好友，有些人的好友甚至上万。我的一位熟人写幽默博客，其好友已达 19.5 万人。有一些人在 Facebook 或其他网站上尽可能多地加"好友"，但这些"好友"是真的好友吗？显然不是。在 Facebook 上加很多"好友"是一种收集，和收集邮票、钢笔或其他东西是一样的。这种收集来自于人们在某些方面超常或具有控制力的心理需要。

手机和社交媒介代表着社会运作的一大改变，它们现今如此流行，意味着一种新的社会秩序的产生，几乎所有人都可以通过发送信息、照片和视频让很多人看到，同时让人知道自己的存在。这改变了利用传统纸媒和电子媒介等大众媒介传输信息时的单向性。手机和社交媒介的流行也反映出现代社会产生的孤独疏离感，两者的使用代表了一种"逃离尝试"（escape attempts），我们尝试着创造一种电子媒介上的团结或虚拟的社区。现在新媒体在本质上是全球性的，因此很难说新媒体对美国社会和其他社会会有什么长期的影响。很多媒介批评家和理论家将新媒体和后现代主义联系起来，这也是我要讲的最后一个话题。

媒介批评的新方向：后现代主义

Jean-Francois Lyotard 认为，后现代主义可以定义为"将怀疑融入元叙述中"。元叙述是现代思想中包含一切的哲学系统。Lyotard 在他的著作 *The Postmodern Condition: A Report on Knowledge* (1984xxiii, xxiv) 中写道：

此研究的对象是大多数高度发达社会中知识的状况。我用"后现代"一词来描述这种状况。这个词在美洲的社会学家和批评家中广为使用，它指出了转变之后的文化状态，这些转变自19世纪末以来改变了科学、文学和艺术的游戏规则。现在的研究将这些转变放入叙述危机的情境当中……非常简单地讲，我将"后现代"定义为对元叙述的怀疑……合法化的元叙述机制的退化主要与形而上学和高校机构的危机是相对应的，后者在过去依赖于前者。

Lyotard 说，在后现代社会中存在相互矛盾的叙述，有很多了解世界的不同方式，导致了他所说的合法化的危机。我们不知道什么是对的什么是错的，除了我们不知道该相信什么以外，很多后现代理论家认为不管我们相信什么都没有差别。现在普遍认为后现代主义在19世纪60年代盛行，当时人们的信仰和价值观发生了文化的异变和重要的转变。

后现代主义和现代主义有很多不同。如果说现代主义的区分在于歌剧和芭蕾等精英艺术，后现代主义则打破了其界限并在大众文化中狂欢。现代主义对生活采取"高度严谨"的姿态，而后现代主义则包含了游戏人生和戏谑的态度以及一种开玩笑的姿态。在后现代主义社会中人们"玩弄"自己的身份，厌倦的时候就换一个身份。Baudrillard 认为后现代主义的突出特点是幻想和模拟，而现实被超现实所取代，超现实是指符号比符号代表的事物本身更重要的情况。Peter Brooker 在 *Cultural Theory：A Glossary* 中解释说（1999：121-12）：超现实（Hyperreality），和批量生产及复制品有关的一个术语，认为一个事物、事件、经历的复制品可以取代或优于其原版；其复制品"比真实更真实"。法国社会哲学家、后现代主义评论家 Jean Baudrillard（1929—2007）和 Umberto Eco（1932—）认为，超现实尤其和现代美国社会中的文化倾向、普遍的认识相关联。Baudrillard 认为超现实和模仿最成熟的形式是一样的，即自主拟像（autonomous simulacra），它不受真实的任何限制。

这就解释了 Baudrillard 所说的模仿比现实更重要也更为真实，他甚至认为迪士尼乐园是终极的现实而美国只是对迪士尼乐园的模仿！随着迪士尼传媒公司发展壮大（它最近收购了惊奇漫画系列和星球大战系列），一些理论家认为迪士尼公司在我们的集体意识的形成中起主要作用。

我以对后现代主义的浅析作为这篇报告的结尾（关于后现代主义有很多书籍）。在谷歌上有3.03亿媒介批评的网站，1 390万关于大众媒介批评的网站。媒介批评是一个很宽泛的话题，它对理解现代文化社会非常重要，在过去的55年中我都在钻研这个话题。

◇ 参考文献 ◇

http://www.kff.org/entmedia/upload/8010.pdf.
http://owl.english.purdue.edu/owl/resource/722/12/.

- Aristotle (1941) in Smith, J. H. & Parks, E. W. (eds.) *The Great Critics: An Anthology of Literary Criticism*. New York: W. W. Norton.
- Abrams, M. H. (1958). *The Mirror and the Lamp: Romantic Theory and the Critical Condition*. New York: W. W. Norton.
- Barthes, R. (1972). *Mythologies*. (Trans. A. Lavers.) New York: Hill & Wang.
- Berger, A. A. (2011) *Ads, Fads and Consumer Culture*. (4th ed.). Lanham, MD: Rowman & Littlefield.
- Brooker, P. (1999). *Cultural Theory: A Glossary*. London: Arnold.
- Culler, J. (1975). *Structuralist Poetics*. Ithaca, New York: Cornell University Press.
- Eisenstein, S. (1942) *The Film Sense*. New York: Harcourt Brace Jovanovich.
- Eisenstein, S. (1949). *Film Form*. New York: Harcourt Brace Jovanovich.
- Erikson, E. H. (1963). *Childhood and Society*. Second Edition Revised and Enlarged. New York: W. W. Norton.
- Esslin, M. (1982). *The Age of Television*. San Francisco, CA: W. H. Freeman.
- Katz, E., Blumler, J, & Gurevitch, M. (1979). Utilization of mass communication by the individual. In G. Gumpert & R. Cathcart (eds.) *Inter/Media*. New York: Oxford University Press.
- Kellner, D. (1980). Television Images, Codes and Messages. *Televisions*, 7(4): 1974.
- Lotman, Y. (1977). *The Structure of the Artistic Text*. Ann Arbor: Michigan Slavic Contributions.
- Lyotard, J-F. (1984). *The Postmodern Condition: A Report on Knowledge*. Minneapolis: University of Minnesota Press.
- McLuhan, M. (1951). *The Mechanical Bride*. Boston: Beacon.
- McLuhan, M. (1965). *Understanding Media: The Extensions of Man*. New York: McGraw-Hill.
- Miller, V. (2008). New Media, Networking and Phatic Culture. *Convergence: The International Journal of Research into New Media*.
- Propp, V. (1968). *Morphology of the Folktale*. (2nd ed.). Austin: University of Texas Press. (Original work published in 1928).

新闻伦理研究

罗文辉[①] 李 淼[②] 安晓静[③]

一、伦理的含义

伦理（ethics）是引导人类行为的系列道德原则（Foreman，2010）。剑桥哲学字典（The Cambridge Dictionary of Philosophy）把伦理界定为"道德的哲学研究"。换言之，伦理是哲学的一个分支，涉及道德思考与道德判断，反映社会对某种行为的是非对错标准（Day，2008）。伦理学家Michael Josephson（2002）把伦理称为依据道德原则正当为人处世必须付出的代价与面临的挑战。

伦理一词源自希腊文"ethos"，意指"品格"（character）。希腊人认为伦理必须建立在人的德行与品格之上（Foreman，2010）。伦理包括两个层面，一个层面是区分是非善恶的能力；另一层面涉及正当、良善、适当行事的承诺（Foreman，2010）。从这两个层面来看，伦理不仅是个人的道德哲学基础，也是个人面临道德抉择时的判断标准与行为准则。

在当代社会中，伦理是一个行业中工作人员的行为基础与道德原则，不仅涉及从业人员的道德操守，也关系整个行业的道德水准，因此是社会各行各业共同关切的问题（罗文辉，陈韬文，2004）。

二、新闻伦理的理论基础

就新闻界而言，新闻伦理是一系列引导新闻人员执行新闻工作的伦理原则、规范与标准（Ward，2004），这些伦理原则与规范可能是新闻人员个人的行为准则，也可能是一个新闻机构、甚

[①] 罗文辉现为中国香港中文大学新闻与传播学院教授，《传播与社会学刊》主编，1985年获美国密苏里大学（University of Missouri）新闻学院博士学位，曾任中国台湾政治大学传播学院院长及新闻系教授，主要研究兴趣为新闻分析、政治传播及传播效果等。

[②] 李淼现为中国香港中文大学新闻与传播学院硕士研究生，研究领域为政治传播及传播效果。

[③] 安晓静现为中国香港中文大学新闻与传播学院博士研究生。研究领域包括新媒体与健康传播和媒介与身份政治。

至整个新闻专业共同接受的道德标准。Day（2008）指出，伦理有三种理论：道义理论（deontological theories）、目的理论（teleological theories）与德行理论（virtue theories）。

1. 道义理论

道义理论强调人类行为必须以道德原则为基础，并以意图与动机作为判断人类行为善恶的标准。因此，道义理论认为应以行为的动机与意图，而非行为的结果来判断人类行为的善恶。道义伦理论者强调规则与责任，重视行为的动机与意图，而非行为造成的结果。依据道义理论发展出的新闻伦理观称为"绝对主义者伦理"（absolutist ethics），这种伦理观把道德原则视为法律条文，任何人均不得违犯。例如，说谎是不道德的行为，因此在任何情况下新闻人员都不得说谎；欺骗是不道德的，因此在任何情况下，记者都不应该欺骗受访对象；收贿是违反新闻伦理的行为，因此新闻人员在任何情况下，都不得接受消息来源赠送的红包或礼物。

2. 目的理论

目的理论认为一种行为是否合乎伦理，应视该行为是否能产生最好的结果。目的理论不考虑动机与意图，只要能产生好的结果，就是符合伦理的行为。因此，目的理论主张结果可以使手段合理化，行为是否能带来最大利益，才是判断行为善恶的标准。依据目的理论发展出的新闻伦理称为"反规范者伦理"（antinomian ethics），持这种伦理观的新闻人员，拒绝所有的道德规范与原则，亦无事先设定的行为标准，只考虑行为是否能产生好的结果。因此，为获得具有新闻价值的消息，他们可能接受消息来源的款待，也可能假扮他人化身采访，甚至侵犯他人隐私或付钱购买新闻。

3. 德行理论：亚里士多德的黄金中庸（Golden Mean）

虽然道义理论和目的理论有许多不同之处，但两者都是评估道德行为的标准和原则，也都强调什么是人们应该做的事，所关切的并非人的品格。德行理论关切的则是人的品格，强调好的品格会产生好的决定，因此培养良好的品格是伦理的基础。德行理论源自希腊哲学家亚里士多德的黄金中庸。亚里士多德关注品格的培养，他认为培养与建立良好的德行才是道德的基础。他认为良好的品格应避免极端，凡事应采取中庸之道，才能避免冲突与对抗。依据德行理论，新闻人员应培养良善的品格，具有良善品格的人面临伦理困境时，通常会作出正确的抉择。

虽然道义论、目的论与德行论是最受人瞩目的伦理理论，但这三种伦理理论均不适合作为新闻伦理的理论基础，因为新闻工作并无一套能放诸四海皆准的伦理原则，也没有所有新闻人员均能遵守的道德规范，而新闻决策也不一定会面临两种极端选择。因此，有些学者认为情境伦理可能才是较为适合新闻工作的伦理理论（Brooks et al., 1992）。

情境伦理认为道德标准并非一成不变，而是需要视情境变化而有所不同。情境伦理论者接受伦理原则，但强调伦理原则的实践需要依据个案的情境而作调整。换言之，人们必须考虑事件的特殊情境，才能决定行为是否符合伦理原则。例如，说谎是不道德的，但如果坦诚直言可能伤害他人，为避免伤害他人，善意说谎就成为可以接受的行为。就新闻伦理而言，欺骗是违反伦理的行为，但为了揭发社会黑幕，持情境伦理的新闻人员，可能支持记者用假身份欺骗受访者，进行化身采访。换言之，情境伦理认为道德原则应随情境变化而作调整。诚如美联社执行编辑协会的伦理规范指出："没有任何伦理规范能预先判断如何处理每一种状况。新闻记者需要运用常识或良好的判断力，把伦理规范的原则应用到报业运作的实际状况中。"

三、新闻伦理的发展

尽管新闻伦理这个名词和新闻伦理规范在 19 世纪末才在美国出现（Dicken-Garcia，1989），但传播学者 Stephen J. A. Ward（2004）认为新闻伦理的历史最早可追溯至 17 世纪。英国在 17 世纪开始发行周报及双周报，新闻伦理也随着这些定期发行新闻刊物的出现而产生。

Ward（2004）认为 17 世纪新闻人员对不偏不倚（impartiality）的追求是新闻伦理萌发的重要原因。彼时启蒙运动的曙光照耀欧洲大地，其缔造的科学与理性的文化和社会氛围鼓励新闻人员追求不偏不倚的事实与真相。当时英国政府对媒体管控严厉，为了确保新闻刊物能够继续发行，新闻人员必须让统治者相信他们发行的新闻刊物对于政府统治和社会都无负面的影响，因此特别强调新闻报道的是不偏不倚的事实，借以获取统治者的信任。此外，新闻刊物定期发行意味着出版商需要与读者建立并维持稳定的关系，不偏不倚、中立、可靠的新闻报道则是增加新闻刊物可信度，维持稳定关系，保证读者忠诚的基石。为了建立新闻不偏不倚的形象，新闻人员在新闻中报道事件发生的时间、地点、尝试平衡报道，强调正确报道，这些实际新闻操作方式对新闻伦理的规范与原则影响深远。一直到今天，不偏不倚、平衡、正确仍然是新闻伦理的重要原则。

进入 18 世纪，新闻自由与公共领域（public sphere）的发展，使公共伦理成为新闻伦理的核心理念。英国于 1695 年废除新闻刊物须经注册许可方可发行的制度，美国也在 1791 年的宪法第一修正案中保障言论与新闻自由，大量新闻出版物如雨后春笋般随之涌现。另外，言论自由也使得公共领域迅速发展，民众在公共领域交流信息、发表意见、讨论时局，新闻媒体成为大众获取信息的重要来源。新闻人员开始意识到新闻刊物对舆论和民意可能产生的重大影响，因而使公共伦理（public ethic）成为这一时期的重要新闻伦理理念（Ward，2004）。公共伦理强调新闻刊物是为读者而发行，因而有责任向大众提供真实可靠的新闻。当读者成为公共领域的参与者，新闻媒体也自认为是民意的代言人，民主的论坛及捍卫自由的堡垒。到 18 世纪末，新闻媒体已经成为广受社会各界认可的社会机构（social institution）。Edmund Burke 把媒体称为第四阶层（the fourth estate），这一称谓也成为新闻媒体实践公共伦理、为民喉舌的标志。

到了 19 世纪，随着民主制度在西方主要国家的确立，自由主义理论的影响与日俱增，新闻伦理的主要理念也随之转变（Siebert，1956）。自由主义理论认为，经过民众理性思考与讨论凝聚而成的民意是民主政治的基石，而民众的理性思考则需建基于客观、真实的信息之上。所以，公共领域不应仅是观点的自由市场，更应有充分的事实帮助民众做出理性判断。因此，新闻人员应当以超然、独立、平衡的方式报道新闻，唯有自由独立的媒体才能用公正平衡的报道捍卫民主政治与公民自由。因为民主政治与自由主义的理念，19 世纪的新闻伦理特别强调事实性（factuality）、独立性（independence）和专业性（professionalism）（Ward，2004）。事实性指新闻应报道准确且相关的事实（Westerståhl，1983）。独立性要求新闻媒体在不同政治观点、经济势力、宗教信仰和社会阶层间保持独立。专业性则要求新闻人员为大众及社会公义服务，并且不会被个人兴趣、情绪、利益干扰新闻判断（Carey，1969）。这一时期传播科技的进步也为这些新闻伦理原则提供了发展的良机，例如，电报的发明使得信息可以被准确而迅速地传递，摄影技术的出现则使人类能够记录并呈现客观真实的影像。而相较于文字，照片更能客观反映社会现实，使读者产生较高的真实感。

20 世纪初期，客观性（objectivity）成为最重要的新闻伦理原则。沿袭不偏不倚、事实性、独立性的传统，客观性成为新闻伦理的核心理念似乎是水到渠成。但在 19 世纪，自由主义除了认为新闻媒体应基于事实、维持独立性与专业性以外，更强调尊重自由市场，认为政府不应对媒体有任何形式的干预和管理。但在商业化与市场化的影响下，不受监管、过分自由的新闻界使耸动报道（sensationalism）与黄色新闻（yellow journalism）在 19 世纪末及 20 世纪初盛行一时。为了应对这一局面，许多新闻组织开始订立从业者行为规范，树立新闻伦理的客观性原则。社会契约论（social contract）为新闻报道的客观性提供了理论基础。社会契约论认为，大众赋予新闻人员自由、不受限制地报道新闻的权利，是为了换取他们对重要社会公共议题进行负责任的报道，为大众提供客观、真实的信息（Klaidman & Beauchamp，1987；Scanlon，1982）。到 20 世纪 20 年代，主要的新闻组织都在其行为守则中订立客观报道的相关原则（如美国新闻编辑协会"American Society of News Editors"于 1923 年订立的新闻规范"Canons of Journalism"和 Sigma Delta Chi 于 1926 年制定的伦理守则"Code of Ethics"）。客观性要求新闻对事实（fact）和意见（opinion）加以严格区分，新闻人员报道的应是事实，新闻不应该包括评论（comment）和解释（interpretation）；为了确保报道的客观，新闻媒体应避免受到政治和商业利益的影响。

随着时间的推移，传播科技不断进步。到 20 世纪中期，广播与电视逐渐在主要西方国家普及，加上传统的报纸与杂志，新闻媒体的力量日渐壮大，影响无远弗届，新闻伦理的社会责任理论（social responsibility theory）也就应运而生。客观性仅要求新闻媒体报道事实，客观反映社会现实；社会责任理论则更进一步认为新闻人员应在社会中扮演更积极、主动及富创造性的角色（Christians，1977）。对新闻媒体社会责任理论集大成的诠释，是时任芝加哥大学校长 Robert Hutchins 领导的新闻自由委员会（The Commission on Freedom of the Press，又称 Hutchins Commission）所发表的著名报告：《一个自由而负责的新闻界》（*A free and responsible press*）。这份在 1947 年发表的报告明确指出，新闻媒体除了对新闻事件进行真实、全面的报道外，更应成为交流评论和批评的论坛，详实反映社会各类团体的情况，并帮助厘清与呈现社会的目标与价值。

对新闻伦理客观性原则的批评不仅来自于社会责任理论，也来自解释性新闻学（interpretive journalism）和行动主义新闻学（activist journalism）。解释性新闻学认为，现代社会纷繁复杂，读者对新闻事件的理解不仅需要客观的事实，也需要对背景情境的介绍、分析与解释。面对大量来自陌生地区或不熟悉领域的新闻，读者的理解在很大程度上依赖新闻人员对新闻的解释。与此同时，行动主义新闻学则提倡新闻媒体应当引导舆论、凝聚民意以对抗政府或民营部门的不当行为。而受到 20 世纪六七十年代美国反越战与黑人平权运动等混乱时局的影响，越来越多的新闻人员认为新闻媒体不应只是反映社会现实的镜子，更应传递民意、捍卫社会正义，这些都和社会责任理论的精神前后呼应。

到了 20 世纪八九十年代，新闻伦理的发展进入了一个新的阶段，社群伦理（communitarian ethics）（Christians，Ferré，& Frackler，1993）和女性主义的关怀伦理（feminist ethics of care）（Gilligan，1982；Noddings，1984）的影响使得新闻伦理的发展呈现出截然不同的面貌。无论是早期的公共伦理，后来的客观性原则，还是社会责任理论，它们都强调新闻媒体的主动性原则（proactive principles），即新闻媒体应当报道事实、保持独立、为民喉舌并维护公义。而社群伦理和关怀伦理则强调新闻媒体应当注重抑制性原则（restraining principles），尽可能地减少对读者或是他人的伤害。社群和关怀伦理认为新闻媒体应该避免刊登可能对某一性别、种族、文化造成伤害的内容，也不应该用不恰当的方式获取信息。传统的新闻伦理较重视新闻报道的内容，社群伦理和关怀伦理则较关注新闻对受访者和读者的影响，特别重视隐私、保护消息来源以及报道内容对特定社会群体的影响。

到了 21 世纪，全球新闻伦理（global journalism ethics）成为学者们最关切的新闻伦理议题。随着网络、数字科技的发展，国家间文化经济壁垒日渐削弱，新闻实践也进入全球化的时代。在全球化及媒介融合趋势的影响下，大型的全球媒介公司兴起，许多国家的媒介也被这些大型的媒介公司收购。媒介的全球化，使新闻影响力也跨越国界，对世界各国民众造成巨大的影响。面对媒介的全球化发展，构建全新闻伦理成为新闻传播学者关切的课题。

新闻伦理无论在理论及应用上，都和一地的文化社会背景与新闻实践息息相关。学者们对全球新闻伦理的关注，除了受科技发展与全球化浪潮的影响外，也反映文化多元主义（multiculturalism）逐渐受到学术界重视。在对全球伦理的论辩话语中，推动全球伦理构建的学者认为文化间存在共通的普世价值，但普世价值的实现并非靠强制手段，而是需要用批判性、彼此尊重的跨文化对话，才可能推动发展全球性的伦理观念与准则。例如，不同的文化政治背景，使得各国对"隐私"及"言论自由"等新闻伦理核心内容的界定存在着一定差异。如何尊重不同文化的差异，建立普世的新闻伦理准则，就需要靠睿智的跨文化对话。

依据全球伦理的思路，新闻伦理研究学者 Christians（2011）提出"批判对话伦理""critical dialogic ethics"的概念，认为全球媒介伦理的建构不应脱离历史语境与日常生活经验，也不应强制推行统一的标准化信条，而应在建构过程中考量各国、各地区的历史文化背景，关注本土声音，展开对话。通过在具体情境中与"他者"的批判性对话，逐步实现全球媒介伦理的建构。

四、新闻伦理的重要研究著作

新闻伦理的发展长达四百余年，相对而言，新闻伦理相关学术研究的历史则较为简短。20世纪20年代至30年代初，是现代新闻伦理研究的发端，也是研究成果集中涌现的时代。Nelson A. Crawford 于 1924 年所著的《新闻伦理》（*The ethics of journalism*），是第一部关于新闻伦理的专著。Crawford 在书中批评新闻媒体道德的缺失，强调新闻媒体客观性及建立专业标准的重要性。Leon Nelson Flint（1925）的《报纸的良知》（*The conscience of the newspaper*）一书，则针对报纸在采访、编辑及刊登广告等不同活动，提出对不同伦理问题的应对方案。William Futhey Gibbons（1926）的著作《报纸的伦理：研讨新闻人员的良好实践》（*Newspaper Ethics: A Discussion of Good Practice for Journalists*），将新闻界视为同医疗界和法律界相当的专业界别，从职业行为与实践的角度讨论设立新闻人员行为准则的标准问题。Albert F. Henning（1932）则在《新闻伦理与实践》（*Ethics and Practices in Journalism*）一书中，以他四十年的新闻从业经验，强调新闻人员的道德责任以及新闻伦理原则如何在新闻实践中运作。这 4 部著作都是以教科书的形式出版，它们既为大学新闻专业教育提供了教材，也帮助建立了早期新闻伦理研究中的客观性原则，并初步探讨了新闻媒体的社会责任。

此后 30 年，再无有关新闻伦理研究的专著出版，但这并不意味着新闻伦理研究的发展止步不前。如前文所述，新闻自由委员会于 1947 年发表的《一个自由而负责任的新闻界》，这份报告从新闻实践的角度提出了新闻伦理的社会责任理念。Edward J. Gerald 于 1963 年所著的《新闻界的社会责任》（The social responsibility of the press）则代表社会责任正式成为新闻伦理的学术理论基础。

到了 20 世纪 70 年代，新闻伦理再度受到新闻学者的重视，这段时间有三本重要的新闻伦理著作。John C. Merrill 与 Ralph D. Barney（1975）编辑的《伦理与新闻：大众媒介道德读本》（Ethics and the Press: Readings in Mass Media Morality），既深入探讨了新闻伦理的哲学根基和理论基础，又展现了日常新闻实践中会遇到的种种道德困境。

另外两本著作则以翔实生动的个案丰富了新闻伦理研究的内容。William C. Heine（1975）所著的《新闻伦理：个案专书》（Journalism Ethics: A Case Book），选取了来自英国和加拿大报业评议会（press council）的 12 项案例，分析侵犯隐私、刊登秘密文件、煽情图片以及报道丑闻等伦理相关议题，部分案例涵盖了官方的响应和法律意见。John L. Hulteng（1976）在其著作《信差的动机：新闻媒介的伦理问题》（The Messenger's Motives: Ethical Problems of the News Media）中，更收集了 150 个曾在新闻界引起争议的案例，剖析当时的新闻伦理标准，并分析媒体是否能够履行这些从新闻人员行为规范和新闻实践中萃取出的道德原则。

总括而言，在 20 世纪 80 年代以前，新闻伦理研究的问题并未出现明显变化。从 1926 年 William Futhey Gibbons 的《报纸伦理：研讨新闻人员的良好实践》到 1976 年 John L. Hulteng 的《信息的动机》，诸如正直、准确、隐私权、与司法的关系、广告的压力、与消息来源的关系等，都是典型的新闻伦理问题，五十年间新闻伦理研究的问题大致相同。到 80 年代以后，新闻伦理相关著作数量大幅增加，新闻伦理研究的议题也扩展至包括正确性、媒介偏差、媒介品味、利益冲突、真实与欺瞒、多元性、抄袭、侵犯隐私权、记者与消息来源之关系、视觉伦理问题、舆论压力与社会责任、媒介与反社会行为、媒介与社会正义、媒介与刻板印象、媒介与青少年保护以及媒介与大众文化等。

80 年代以后，新闻伦理相关著作涌现。著名的专书有：《媒介伦理：个案与道德思考》（Media ethics: cases and moral reasoning）（Christians, Rotzoll, Fackler, 1991）；《媒介传播伦理：个案与争论》（Ethics in media communications: cases and controversies）（Day, 1998）；《新闻室内外的媒介伦理》（Media ethics in the newsroom and beyond）（Fink, 1988）；《新闻伦理之整合》（Grouping for ethics in journalism）（Goodwin, 1989）；《承诺的新闻业：一种专业之伦理》（Committed journalism: An ethics for the profession）（Lambeth, 1986）；《伦理的新闻界：学生、实践者及消费者指南》（Ethical journalism: A guide for students, practitioners, and consumers）（Meyer, 1989）；《正直的新闻人员》（The virtuous journalist）（Klaidman & Beauchamp, 1989）；《执行新闻伦理》（Doing ethics in journalism）（Black, Steels, & Barney）；《新闻人员之伦理》（Ethics for journalists）（Keeble, 2001）；《伦理的新闻人员：在追求真实时作负责任的决定》（The ethical journalist:

Making responsible decisions in the pursuit of news）（Foreman，2010）。

除了著作数量增加，主题更为多元化，新闻伦理研究的另一特色是大型量化研究的出现。最重要的研究之一，是 Philip Meyer 教授在 1982 年为"美国报纸编辑人协会"（American Society of Newspaper Editors）进行的调查。这项调查访问 300 位报纸编辑，结果发现侵犯隐私是最严重的伦理问题，有 72% 的受访者指出他们在一年内至少看过几次新闻侵犯隐私的行为；其次是同意不透露消息来源（71%）、使用耸动的照片（68%）与受到广告客户的压力（46%）。这项研究也同时发现，打压新闻（16%）、化身采访（26%）及接受礼物（33%）是较不常见的违反伦理行为（Meyer，1983）。

另一项重要的研究，是两位印地安那大学教授 David Weaver 和 G. Cleveland Wilhoit 在 1982—1983 年进行的美国全国性调查，这项调查在全美各地访问了 1 001 位新闻人员，探讨他们对争议性报道手法的态度，结果发现，受访新闻人员对隐瞒身份卧底采访及擅用政府及企业机密文件的接受度较高，分别有 67% 及 55% 的受访者认为这些是可以接受的行为。但受访新闻人员对违诺透露消息来源、假扮他人获取资料及擅用私人文件资料的接受度较低。

Weaver 和 Wilhoit（1986，1996）是从事新闻人员研究最重要的学者，他们出版的《美国新闻人员：美国新闻工作者和他们的工作之描绘》，对后来的新闻人员及新闻伦理研究有极为深远的影响。Weaver 更在 90 年代中期召集全球各地数十位学者合力完成一本分析全球新闻人员的重要著作《全球新闻人员：世界各地的新闻工作者》（Weaver，1998）。这本书主要分析新闻人的背景、工作状况、专业角色及伦理价值观。在伦理价值观方面，这本书比较 21 个国家新闻人员对争议性报道手法的态度，可说是全球新闻人员及新闻伦理研究最重要的著作。

在 2012 年，Weaver 和另一位印地安那大学教授 Lars Willnat 又出版了一本专著《21 世纪的全球新闻人员》，这本书进一步比较全球 31 个国家新闻人员对争议性报道手法的态度，可以说，Weaver 与 Wilhoit 教授构思的新闻人员对争议性报道手法态度，是 20 世纪及 21 世纪全球最重要、最多学者研究的新闻伦理议题。

受到 Weaver 及 Wilhoit 的影响，中国的传播学者也在 90 年代中期开始进行大规模的新闻人员研究。其中罗文辉、陈韬文（2004）和其他 5 位学者合作完成的《变迁中的大陆、香港、台湾》是最具代表性的研究。他们的这项研究，分别在中国大陆、中国香港、中国台湾三地进行问卷调查，总共访问了三千多位新闻人员，探讨三地新闻人员的社会经济背景、教育训练、工作状况、对媒介角色的认知及专业伦理态度。他们特别比较中国大陆、中国香港、中国台湾三地新闻人的伦理认知与态度，其中一个部分探讨三地新闻人员对免费馈赠的认知与态度；另一部分分析三地新闻人员对争议性报道手法的态度。表 1 显示三地新闻人员对免费馈赠的认知与态度。可以看出，几乎所有的新闻人员都认为新闻人员不应该接受消息来源赠送的现金（三地同意的人数比例都不到 3%），也不应该接受消息来源赠送的礼品（三地同意的人数比例也都在20%以下）。但受访的三地新闻人员同意新闻人员可以接受消息来源安排的免费旅游及餐宴的比例较高，均在30%以上。

表1 中国大陆、中国香港、中国台湾新闻人员对免费馈赠的态度与认知　　　%

	中国大陆 同意/非常同意	中国香港 同意/非常同意	中国台湾 同意/非常同意
新闻人员可以接受：			
消息来源赠送的礼品	10.2	18.9	16.0
消息来源安排的免费旅游	30.3	38.6	31.1
消息来源的招待用餐	40.5	49.0	29.3
消息来源的现金馈赠	2.5	1.9	1.6
新闻人员接受：			
消息来源赠送的礼品是否普遍	58.7	47.6	71.1
消息来源安排的免费旅游是否普遍	35.0	45.1	66.1
消息来源的招待用餐是否普遍	79.9	70.4	83.5
消息来源的现金馈赠是否普遍	38.4	7.9	32.6

注：测量三地新闻人员对免费馈赠态度的方法，是询问受访新闻人员是否同意。新闻人员可以接受表中所列的各项免费馈赠（1=非常不同意，2=不同意，3=中立，4=同意，5=非常同意），表中的数字为新闻人员表示非常同意和同意的百分比。测量三地新闻人员对免费馈赠认知的方法，是询问受访者，新闻人员接受表中的各项免费馈赠在当地是否很普遍，表中的数字为三地新闻人员非常同意或同意接受各项免费馈赠在当地新闻界很普遍的百分比。

虽然三地新闻人员普遍认为新闻人员不应接受免费馈赠，但他们却同时认为接受消息来源的免费馈赠是三地新闻界普遍的现象。从表一可以看出，三地新闻人员认为，接受消息来源安排的餐宴招待是非常普遍的现象，而接受消息来源赠送的礼物，以及参加消息来源安排的免费旅游也是新闻界相当普遍的现象。更令人惊讶的是，中国大陆及中国台湾受访新闻人员甚至认为接受消息来源赠送的红包（现金）在两地新闻界也相当普遍，只有中国香港新闻人员认为收受红包在中国香港新闻界并不普遍。

在新闻人员对争议报道手法的态度方面，表2显示，中国大陆、中国香港、中国台湾新闻人员接受度较高的是"为获消息纠缠对方"、"隐瞒身份卧底采访"及"未经允许偷拍偷录"。而美国新闻人员接受度较高的为"擅用单位机密文件"、"未经允许偷拍偷录"、"隐瞒身份卧底采访"及"为获消息纠缠对方"。

中国大陆、中国香港、中国台湾三地新闻人员较接受度较低的是"违诺透露消息来源"、"擅用私人文件"、"擅用单位机密文件"及"出钱购买机密消息"。美国新闻人员接受度较低的是"违诺透露消息来源"、"假扮他人获取资料"及"出钱购买机密文件"。

表 2 美国、中国大陆、中国香港、中国台湾新闻人员对争议性报道手法的接受程度　　%

	美国	中国大陆	中国香港	中国台湾
出钱购买机密消息	17	14.10	21.00	36.70
擅用单位机密文件	78	7.50	21.80	40.70
擅用私人文件资料	41	7.70	26.90	15.30
假扮他人获取资料	14	16.60	24.80	34.80
为获消息纠缠对方	52	45.50	67.60	73.10
未经允许偷拍偷录	60	39.00	51.70	35.90
隐瞒身份卧地采访	54	47.50	48.90	46
违诺透露消息来源	8	10.30	7.70	8.60

注：表中数字为可能接受的百分比。美国的数据来自 Weaver、Beam、Brownlee、Voakeo 及 Wilhoit 等人在 2002 年进行的调查。

从表 2 中可以看出，美国及两岸三地新闻人员对争议性报道手法的态度有相同与相异之处。相同之处是几乎所有地区的新闻人员都无法接受"违诺透露消息来源"，但对"隐瞒身份卧底采访"及"为获消息纠缠对方"的接受度较高；相异之处是美国新闻人员对"擅用单位机密文件"及"擅用私人文件资料"的接受度远比中国三地记者高，而中国大陆新闻人员对"擅用单位机密文件"及"擅用私人文件资料"的接受程度非常低。这些发现显示，新闻体制及国情文化对新闻人员的伦理标准有显著的影响。

五、新闻伦理研究的现状与未来展望

1. 新闻伦理研究的现状

到目前为止，新闻伦理研究的专书及研究论文数量非常多，研究成果也相当丰盛。为了解新闻伦理研究的发展趋势、研究主题、研究方法及研究水准，作者选择两份美国期刊，两份中国大陆期刊、一份中国香港期刊及一份中国台湾期刊，分析这 6 份期刊从 2003—2013 年刊登的所有以新闻伦理为主题的论文。

表 3 列出本研究选择分析的 6 份期刊，其中《大众媒介伦理学刊》（*Journal of Mass Media Ethics*）与《新闻与大众传播季刊》（*Journalism and Mass Communication Quarterly*）是美国发行有关新闻伦理最重要期刊；《新闻大学》与《新闻与传播研究》是中国大陆的顶尖新闻传播学刊；《新闻学研究》是中国台湾最权威的新闻传播学刊；《传播与社会学刊》则是中国香港发行的高水平新闻

传播学刊。本研究选择这 6 份期刊进行分析，因为这些期刊在美国及中国三地均具有相当的代表性，应该能适度反映这些地区的新闻伦理研究论文数量、理论运用、研究方法及研究主题。

表 3　美国与中国 6 份期刊在 2003—2013 年刊登的新闻伦理论文

学术期刊	合计		学术期刊	合计	
	论文数目	百分/%		论文数目	百分比/%
《大众媒介伦理学刊》	58	60.4	《新闻学研究》	6	6.3
《新闻与大众媒介季刊》	10	10.4	《传播与社会学刊》	2	2.1
《新闻大学》	11	11.5	合计	96	100
《新闻与传播研究》	9	9.4			

a. 论文数量

在 2003—2013 年间，这 6 本期刊共发表以新闻伦理相关论文 96 篇。以大众传媒伦理为核心内容的《大众媒介伦理学刊》刊登的研究论文数量最多，占总体的 60.6%。其它学刊刊登的论文数量很少。

总体而言，新闻伦理相关研究主要刊登在美国发行的两本学刊上，占 70.8%；中国大陆发行的两本学刊居次，占 20.8%。这一分布和美国拥有专门关注新闻伦理的学刊有关，也可反映新闻伦理在美国新闻传播学界较受重视。中国大陆发行的两份学刊，平均每年只刊登一篇新闻伦理相关论文，中国香港、中国台湾两地的两份学刊刊登的新闻伦理论文数量更少，显示两地学者很少进行新闻伦理研究。

b. 理论运用

理论建构是学术研究的最重要目标，因此验证及建立理论应该是任何领域学术研究的重要目的。分析新闻伦理论文采用与验证理论的情形，可以看出新闻伦理研究的趋势、学术水准与理论价值。

从表 4 中可以看出，在 2003—2013 年间，6 本刊物所发表的新闻伦理论文中，有 28.1% 使用理论进行分析；38.5% 的论文在论述中引述相关理论辅助探讨，但未引用理论进行分析，有 33.3% 的论文未引用理论。

整体而言，在美国刊物上发表的论文较为重视理论。其中 29.41% 的论文曾引用理论，47.6% 虽未引用理论进行分析，但在相关文献或评论中引述相关理论。中国台湾、中国香港刊发论文总量较少，但对于理论运用颇为重视；62.5% 相关研究有清晰完整的理论框架，25% 在论文中引述相关理论。中国大陆刊物上的论文，引用理论运的数量非常少，运用理论进行分析的论文仅占 10%，引述理论的也只有 15%，有 75% 的论文既未使用理论也未有引述任何理论。

表 4 新闻伦理研究运用理论的情况

理论运用	美国		中国台湾、中国香港		中国大陆		合计	
	频率	%	频率	%	频率	%	频率	%
未引用理论	16	23.53	1	12.50	15	75.00	32	33.3
引用理论	20	29.41	5	62.50	2	10.00	27	28.1
引述相关理论，但未运用理论进行分析	32	47.60	2	25.00	3	15.00	37	38.5
合计	68	100.00	8	100.00	20	100	96	100

c. 研究方法

论文中采用的研究方法也可以看出某一领域的研究趋势。过去的研究显示，调查与内容分析是传播研究最常采用的两种研究方法（Graber & Smith, 2005; Lo & Wei, 2010）。本研究发现，新闻伦理研究最常采用个案研究（占 19.79%），其次才是问卷调查（占 12.5%）。此外，也有一些论文采用文献综述（占 9.38%）、深度访谈（占 7.29%）与内容分析法（占 6.25%），另外有四篇论文采用多种研究方法（占 4.17%）。值得注意的是（参见表 5），本研究分析的 96 篇所选论文中，有 30.21% 并无明确研究方法。主要原因是新闻伦理论文有 30% 以上为论述式论文，这些论文只广泛地讨论新闻伦理问题，并未采用任何研究方法。

表 5 新闻伦理研究采用的研究方法

研究方法			合计	
			频率	百分比/%
个案研究			19	19.79
问卷调查			12	12.50
文献综述			9	9.38
个人访谈			7	7.29
内容分析			6	6.25
多种研究方法			4	4.17
实验			3	3.13
话语分析			2	2.08
历史分析			1	1.04
参与观察			1	1.04

续表

研究方法			合计	
			频率	百分比/%
焦点小组			1	1.04
其他			1	1.04
无研究方法			31	32.29
合计			96	100

如果把研究方法分成量化、质化、多种方法与文献综述四种，表6显示，无论美国或中国的新闻伦理研究都以质化研究数量最多，量化研究以美国及中国香港、中国台湾两地较多，中国大陆学刊刊登的新闻伦理论文只有两篇（10%）采用量化方法。此外，中国大陆的论文未指出研究方法的比例多达60%（参见表6）。

表6 新闻伦理研究采用的研究方法

研究方法	美国		中国台湾、中国香港		中国大陆		合计	
	频率	%	频率	%	频率	%	频率	%
量化研究	17	25	2	25	2	10	21	21.90
质化研究	24	35.30	3	37.50	4	20	31	32.30
多种研究方法	1	1.50	3	37.50	0	0	4	4.20
文献综述	7	10.30	0	0	2	10	9	9.40
无研究方法	19	27.90	0	0	12	60	31	32.30
合计	68	100.00	8	100.00	20	100	96	100

d. 研究主题

研究主题可以反映某一领域的研究趋势和学者的研究兴趣。本文将研究主题分为四大类：精确公正、利益冲突、隐私侵犯、争议性报道手法。总体而言，在2003—2013年间，6本学刊发表的相关研究多聚焦于新闻报道的精确公正（58.3%），其次为新闻人员面临的利益冲突（24%），也有16.7%与15.6%的论文涉及"争议性报道手法"与"隐私侵犯"。各地区分别来看，美国与中国大陆对于新闻报道精确公正最为关注（分别占文章总体比例的42.6%和40%）；中国香港、中国台湾两地学者对4种新闻伦理主题的关注度相当平均，但中国大陆与中国香港、中国台湾的学者对利益冲突与侵犯隐私问题的关注度比美国学者高，这种发现显示利益冲突与侵犯隐私可能是两岸三地较为严重的新闻伦理问题。

表 7 新闻伦理研究的主题

研 究 主 题	美 国		中国台湾、中国香港		中国大陆		合 计	
	频率	%	频率	%	频率	%	频率	%
精确公正	29	42.60	3	37.50	8	40.00	56	58.3
隐私侵犯	8	11.80	3	37.50	4	20.00	15	24.00
利益冲突	14	20.60	3	37.50	6	30.00	23	16.10
争议性报道手法	10	14.70	3	37.50	3	15.00	16	15.60

（部分论文同时涉及多个主题，各主题百分比独立计算，总和大于100%）

2. 新闻伦理研究的未来展望

本研究的资料分析显示，新闻伦理研究面临的主要问题是理论性研究的比例偏低；描述性或论述式（essay）论文的比例太高。理论建构是学术研究的基本目标，理论性研究太少，将使理论知识无法累积，也将使新闻伦理研究无法建立理论体系。目前的新闻伦理研究有非常高比例的研究未引用任何理论，也有不少论文只在相关文献中介绍一些相关理论，但并未运用这些理论进行假设验证或分析资料。未来的研究，尤其是大陆学者，应尝试针对新闻伦理问题，援引新闻传播理论或其他学术理论进行具有原创性的理论研究，才能提升新闻伦理研究的学术水准与理论价值。

在研究方法方面，新闻伦理研究大多采用质化研究方法，采用量化研究的比例较低。这种现象可能和新闻伦理研究较重视个案研究有关，虽然个案研究有相当的理论与实用价值，但个案研究如能采用多种方法如内容分析与深度访谈，将能对新闻伦理个案进行更深入、细致的分析。未来的个案研究应尝试采用多种研究方法，以提升研究的品质。

此外，本研究也发现有相当高比例的新闻伦理研究主要进行文献综述。严格地说，文献综述应该只是研究的一部分，学者们应尝试依据文献综述提出研究问题或研究假设，并采用量化或质化研究方法，回答研究问题或验证研究假设，这样的研究才有较高的学术理论价值。

当然，新闻伦理研究最值得关注的问题，是有非常高比例的论文没有研究方法。这些论文大多是论述式论文，论述式论文太多可能显示新闻伦理研究较关切新闻伦理事件、议题或个案，但论述式论文对提升学术水准、建立新闻伦理理论帮助不大。未来的研究，应采用较严谨的研究方法来分析新闻伦理问题。新闻传播学术期刊也应采取较严格地审稿标准，要求投稿论文必须援引理论依据相关文献及理论，提出研究问题或假设、说明研究方法，并且采用适当的分析方法回答研究问题或进行假设验证，这样才能提升新闻伦理研究的整体研究水平与学术价值。

◇ 参考文献 ◇

- 罗文辉、陈韬文(2004). 变迁中的大陆、香港、台湾新闻人员. 台北：巨流.
- Black, J., Steele, B., & Barney, R. (1995). *Doing ethics in journalism: A handbook with case studies*. Boston: Allyn and Bacon.
- Brooks, B. S., Kennedy, G., Moen, D. R., & Ranly, D. (1992). News reporting and Writing. New York: St. Martin's Press.
- Carey, J. W. (1969). "The communications revolution and the professional communicator." In P. Halmos (ed.), *The sociology of the mass-media communicators*, 23-38. Keele: University of Keele.
- Christians, C. G. (1977). Fifty years of scholarship in media ethics. *Journal of Communication*, 27(4): 19-29.
- Christians, C. G., Rotzoll, K. B., & Fackler, P. M. (1983). *Media ethics: Cases and moral reasoning*. New York: Longman.
- Christians, C. G., Ferr, J. P., & Fackler, P. M. (1993). *Good news: Social ethics and the press*. New York: Oxford University Press.
- Christians, C. G (2008). *The ethics of universal being*. In S. J. A. Ward & H. Wasserman (eds.), *Media ethics beyond borders: A global perspective*, 6-23. Johannesburg, South Africa: Heinemann.
- Christians, C. G (2011) Journalism Ethics for a New Era, *Journal of Mass Media Ethics: Exploring Questions of Media Morality*, 26: 1, 84-88.
- Crawford. N. A. (1924). *The ethics of Journalism*. New York: Alfred A. Knopf.
- Day, L. A. (1998). *Ethics in media communication: Cases and controversies*. Belmont, CA: Wadsworth.
- Dicken-Garcia, H. (1989). *Journalistic standards in nineteenth-century America*. Madison: University of Wisconsin Press.
- Flint, L. N. (1925). *The conscience of the newspaper*. New York: D. Appleton.
- Gerald, E. J. (1963). *The social responsibility of the press*. Minneapolis: University of Minnesota Press.
- Gibbons, W. F. (1926). *Newspaper ethics: A discussion of good practice for journalists*. Ann Arbor, MI: Edwards Brothers.
- Gilligan, C. (1982). *In a different voice: Psychological theory and women's development*. Cambridge, MA: Harvard University Press.
- Goodwin, H. E. (1983). *Grouping for ethics in journalism*. Ames: Iowa State University Press.
- Foreman, G. (2010). *The ethical journalist: Making responsible decisions in the pursuit of news*. Oxford: Wiley-Blackwell.
- Heine, W. C. (1975). *Journalism ethics: A case book*. London, ON: University of Western Ontario Library.
- Henning, A. F. (1932). *Ethics and practices in journalism*. New York: Long and Smith.
- Herman W. (2011). Towards a global journalism ethics via local narratives, *Journalism Studies*, 12(6): 791-803.
- Hulteng, J. L. (1976). *The messenger's motives: Ethical problems of the news media*. Englewood

Cliffs, NJ: Prentice Hall.
- James P. (2011). Negotiating global and local journalism ethics, *Journalism Studies*, 12(6): 816-825.
- Kai H. (2002). Journalism Ethics Revisited: A Comparison of Ethics Codes in Europe, North Africa, the Middle East, and Muslim Asia, *Political Communication*, 19(2): 225-250.
- Keeble, R. (2001). *Ethics for journalists*. New York: Routledge.
- Klaidman S., & Beauchamp, T. L. (1987). *The virtuous journalist*. New York: Oxford University Press.
- Lambeth, E. B. (1986). *Committed journalism: An ethic for the profession*. Bloomington: Indiana University Press.
- Merrill, J. C., & Barney, R. D. (1973). (eds.). *Ethics and the press: Readings in mass media morality*. New York: Hastings House.
- Meyer, P. (1987). *Ethical journalism: A guide for students, practitioners, and consumers*. New York: Longman.
- Noddings, N. (1984). *Caring: A feminine approach to ethics and moral education*. Berkeley: University of California Press.
- Scanlon, T. M. (1982). Contractualism and utilitarianism. In A. Sen & B. Williams (eds.), *Utilitarianism and beyond*, 103-128. Cambridge: Cambridge University Press.
- Siebert, F. S. (1956). The liberatarian theory of the press. In F. S. Siebert, T. Peterson, & W. Schramm, *Four theories of the press: The authoritarian, libertarian, social responsibility and Soviet communist concepts of what the press should be and do*, 39-71. Urbana: University of Illinois Press.
- The Commission on Freedom of the Press. (1947). *A free and responsible press: A general report on mass communication: Newspapers, radio, motion pictures, magazines, and books*. Chicago: The University of Chicago Press.
- Ward, S. J. A. (2004). *The invention of journalism ethics: The path to objectivity and beyond*. Montreal & Kingston: McGill-Queens University Press.
- Ward, S. J. A. (2010) Summary of "Toward a Global Media Ethics: Theoretical Perspectives", *Journal of Mass Media Ethics: Exploring Questions of Media Morality*, 25(1): 65-68.
- Weaver, D. (1998). *The global journalist: News people around the world*. Cresskill, N. J.: Hampton Press.
- Weaver, D., & Wilhoit, C. G. (1986). *The American journalist: A portrait of U. S. news people and their work*. Bloomington: Indiana University Press.
- Weaver, D., Beam, R. A., Voakes, P. S., & Wilhoit, C. G. (2007). *The American journalist in the 21 century: U. S. news people at the dawn of a new millennium*. Mahwah, N. J.: L. Erlbaum.
- Weaver, D. & Willnat, L. (2012). *The global journalist in the 21^s century*. New York: Routledge.
- Westerst & hl, J. (1983). Objective news reporting: General Premises. *Communication Research*, 10(3): 403-424.

危机传播研究

吴国华[①]

21世纪的人类迈进了一个充满机遇和挑战的"地球村"。这"地球村"的机遇当然不可胜数,比如全球化推动了市场一体化让更多的地球人脱去贫穷,享受较好的物质生活水平,科技发展日新月异让更多的普通地球人逐渐摆脱了时间和空间的束缚而能更及时更经济地获取信息、沟通参与、交流开拓视野。但是,伴随着机遇带来的这些"好处",全球化、信息化的地球人对物质和娱乐的无限追求给地球的资源和环境来了许多意想不到的"坏处",比如大型化工厂、核电站和水电站的建立随时威胁着空气和水质的安全,地球加剧变暖使得飓风等自然灾害的爆发日益频繁、反复无常。同时,地球人本身的精神面貌也经历了所谓后现代的危机,极端主义和思想借助互联网和手机等现代传播工具的"东风"迅速蔓延全球,比如恐怖主义已不再是各个单独的事件,对恐怖分子而言是一种意识形态,而"反恐"对普通人而言却成了正常生活的一部分。人类正面临着一系列前所未有的严峻挑战,各种各样的危机此起彼伏,这也许印证了德国学者 Ulrich Beck(1986)的"人类生活在文明的火山口上"的观点。因此,全世界各个国家政府和组织一直都在重点研究如何预防、应对并处理形形色色的自然或人为的危机事件,比如经历了2001年"911"恐怖事件的美国、2003年公共健康危机 SARS 的中国。以美国为代表的西方国家和组织对危机事件的重视程度和研究深度相对高一些,他们的文献积累了许多颇具价值的理论框架和实践真知,可以说是"他山之石"。这点从中国危机传播学者已陆陆续续地介绍并应用了一些"他山之石"可见一斑。

本章旨在从4个方面介绍英文学术文献中的危机传播研究:(一)危机和危机传播概念的定义;(二)危机传播的历史和各个发展阶段的特点及现状;(三)危机传播所运用的主要理论及其主要研究方法;(四)危机传播研究存在的问题、争议和不足以及动向与发展趋势。

[①] 吴国华,现任美国加利福尼亚州立大学福勒顿分校(California State University Fullerton)传播系副教授、广告学科主任及品牌价值传播研究中心主任,2000年获美国奥斯汀德克萨斯大学(The University of Texas at Austin)传播学博士学位,主要教学与研究领域包括网络广告和消费者行为等。

一、危机和危机传播概念的定义

1. 定义危机

一个研究领域的发生、发展和未来趋势同精准地定义该领域的核心概念密不可分。尽管西方危机管理和危机传播在过去 50 多年之中在理论与实践两方面取得了令人瞩目的成果，但阻碍其继续发展的瓶颈之一是危机这一概念本身的定义纷繁复杂，莫衷一是（Jacques，2009）。下面先介绍西方学者对危机的众多定义并试图探讨一些成因。

英文词"Crisis"源于希腊词"Krinein"，意思是指"分离"、"选择"、"决定"或"判断"。它最初只是一个医学术语，指病人处于"病情急转期"、"危机"，决定生死之际，医生决定病情是否往好还是坏的方向发展。中文把 Crisis 译为危机极为吻合（没有译为"危急"或"危际"），因为危机暗含了危险（坏）和机会（好）两方面，这一中文解释被 Fink（1986）借来引用以说明危机的双重性。回溯到 Crisis 的医学源头，用医学比喻定义危机极其形象恰当。难怪 Mark Friedman（2002）的名著起名为"每天危机管理：像急诊室医生那样想"。可不是吗？小到个人，中到家庭和组织，大到国家及地球，都有个"生病和健康"的问题。大病是小病的积累，但大病往往让人警醒、注意，让人或"组织"学习。实际上，美国的许多法律的制定都和危机爆发之后的反思和学习有直接的关系。比如，1906 年，芝加哥屠宰加工厂被曝严重的卫生问题引起美国公众愤怒，美国政府通过了《美国肉类检验法》及《美国食品药品法》；2011 年，9·11 恐怖事件促成了《美国爱国者法》。从这个意义上看，危机不是"好事"，但不一定都是"坏事"。

尽管危机这词本身的意义容易明白，但学界的定义却众多繁杂，令人眼花缭乱，应接不暇。许多学者都注意到这个问题（Jaques，2009，2010；McKendree，2011；Rockett，1999；Shrivastava，1993），但却奈何不得，Jacques（2009）感叹道，定义危机陷入了定义风景区里的"流沙陷阱"。笔者认为造成这样不幸的局面主要有两大原因。

第一，研究危机的学者横跨众多学科或子学科，而每个学科/子学科都有各自的视角和规范，这似乎像"盲人摸象"，不同学科/子学科的学者关注危机的某个层面，包括管理学、社会学、心理系、组织发展学、工程学、公共关系学/传播学等。

管理学聚焦在组织的决策过程、政策与方针。因此，从管理学角度看危机，首要任务是建立健全预防、应对危机、危机后恢复的一套行之有效的机制和程序，包括如何利用组织内部的危机知识来妥善制定应对危机的各种策略、如何把危机的伤害控制到最小、如何确定对组织生存至关重要的活动以确保组织能尽快恢复正常，服务于关键公众和各利益相关人以及如何迅速准确地把信息传送给组织内外的受众。Mitroff、Shrivastava 和 Udwadia（1987）的四阶段危机管理模型可以说是管理学取向的代表。社会学聚焦在社会行为，考虑到危机的经济、政治、文化和宗教意义。比如 Kirschenbaum（2004）研究受灾社区和社交网络之间的关系，研究的问题包括社交紧密社区是否影响到人们灾害防备的能力高低、社交网络中种族和教育程度是否影响灾害防备行为。心理学聚焦在了解组织内部的个人如何处理因组织危机而引起的个人危机，比如有的组织成员在危机后会感到自己是危机牺牲品或受害者，心理遭受精神创伤而引起对人生的意义和价值的怀疑甚至破灭，最终导致精神崩溃（Janoff-Bulman，1992）。组织发展学聚焦在了解组织如何从危机中学习反思，比如 Pearson 和 Mitroff（1993）的研究表明：尽管从危机中吸取经验教训对预防类似危机事件的爆发极为重要，但大多数组织常常忽略这一重要阶段。工程学聚焦在结构和技术缺陷，研究的问题和基础设施（如信息技术、信息网络安全、生物医药、核技术、塑料、制造、设计等）的风险有关。比如，LePree（2007）提出如果化学处理设施不具备危机防范，恐怖事件、自然灾害和基础设施的故障会引发灾难性的后果。公共关系学聚焦在如何处理媒体关系，定位并影响媒体可能选择的议题，目的是保护组织声誉或减少形象受损。比如 Heath（2004）从"叙事"视角对传播的研究很能代表公共关系学的观点，他相信叙事是人们对危机组织的角色化、诠释及反应的基础，公关人员如果把叙事角度引进危机传播会对危机反应言语的恰当性有更深的认识，从而更好地处理危机。

关于危机研究的多视角问题，值得关注的是：Pearson & Clair（1998）运用 Shrivastava（1993）的 4C 框架（原因 Causes，结果 Consequences，预防措施 Caution，应对措施 Coping）系统地总结了研究危机的三个不同的视角，即心理学视角、社会政治学视角及技术-机构视角。首先，她们发现心理学视角的危机研究显示个人在组织危机中扮演非常重要的角色，其中危机的原因可能是组织内部的某个成员或小组（包括领导层）在与组织机构或技术互动之中的行为、徒劳无益的目标或其他认知缺陷；危机的后果可能是组织成员因危机事件从生理或心理上觉得是牺牲品、粉碎了对自己基本的假定、感受到个人价值系统的组合或构建处于威胁之中。危机的预防措施可能是从根本上意识到容易成为牺牲品及其后续反应。应对措施涉及通过组织支持关怀系统对假定的、行为的、情感的反应进行认知调节。其次，她们发现社会政治视角下的危机原因是意义建构和角色结构的集体崩溃，危机后果是社会秩序、服从精神、共同拥有的价值和信念的彻底瓦解，以至于个人主义、粗鲁行为和暴力行径大行其道；为了防止组织的崩溃，可以采取相应的措施，如即兴表演、建立虚拟角色系统、倡导智慧态度和文明互动；危机应对措施似乎涉及集体性行为、认知、情感的改变，以修正或扭转在共同生活意义、社会秩序及领导信任方面的崩溃局面。最后，她们发现技术—结构视角下的危机原因是高度互动连接的技术和组织内外部的管理、结构及其他因素千变万化、无法理解地相互作用；有时不可避免地需用技术，应当采取预防措施首先保证不全然依靠高风险的技术，或者增强系统设计以确保组织处于危机准备状态；危机造成的后果可能是大规模的毁坏，包括生命和生计的损失及技术系统的沉重打击；危机应对措施包括根据受伤人员的情况决定施救及恢复组织的有形和无形资产（如组织声誉、顾客忠诚度、设备和厂房）。

第二，危机研究学者的多样性决定了他们看待危机的高度或者眼光不同。有的学者聚焦在微观层面，即危机事件本身，重点是研究如何预防、应对、处理危机事件，最小化危机损失与伤害。这些学者的共同点是把危机看成一个组织在其生命中的孤立但重大的事件，其核心是"现在做什么"和"现在如何做"，换句话说，这种取向更具策略性。表1显示大多数学者是这样看待危机的。这和危机管理和危机传播的实用性或应用性紧密相关，因为就组织而言，当务之急是如何在最短的时间里用最少的资源化解危机，让危机对组织及其利益相关者的损害降低到最低。如 Benoit 的形象修复理论（image repair theory）、Coombs 的情景危机传播理论（situational crisis communication theory）都有具体的菜单式的策略。还有的学者聚焦在组织文化层面，他们超越危机事件本身，视危机为一个组织在其生命中的有机的发展过程，这种更具战略性。尽管其核心仍是"现在做什么"、"现在怎么办"，但不同的是"将来做什么"和"将来怎么做"已孕育其中。比如 Seeger（2002）提出把混沌理论嫁接到危机传播，Gilpin 和 Murphy（2008）提倡从复杂性理论视角研究危机传播，Marra（1998）通过对 AT&T 个案分析研究得出这样的结论：危机管理计划是卓越公共关系的一个低劣的预测变量。当然，还有少数学者聚焦在社会宏观层面，他们不仅超越危机事件本身，而且超越组织生命本身，把眼光放在发生危机的组织的外部生存环境及其他利益相关者，从社会、政治、经济、文化、意识形态等角度深挖危机的深层原因，他们把组织危机过程放到宏大复杂的社会环境中去，其核心问题是"为什么"。文化理论的植入对危机的看法升华到了崭新的高度。比如 McHale 等学者（2007）提出的危机传播霸权模型可以说是从根本上探究耐克公司的"血汗工厂劳工危机事件"的深刻意识形态的张力相争。

表1　危机定义一览表

定　义	定义取向	作　者
危机是变革的手段，而这变革可能和极端行为有关；危机的三个层面是：威胁组织的重要价值、给组织有限的时间做出反应、组织无法预期或预测。	事件	Herman，1963
危机是感知的；感知危机是由感知损失的价值、损失的概率、时间压力所决定。	事件	Billings、Wilburn 和 Schaalman，1980
危机是向更好或更坏方向发展的转折点。	过程	Fink，1986
对一个社会系统的基本价值和行为准则架构产生严重威胁，并且在时间压力和不确定性极高的情况下必须对其作出关键决策的事件。	过程	Rosenthal、Charles 和 Hart（1989）
危机是组织生命的转折点。	事件	Regester，1989

续表

定　　义	定义取向	作　　者
危机是连续体，由突发事件开始、由意外事件延续、再由冲突事件跟随，最后是危机，最严重的中断形式。	过程	Pauchant 和 Mitroff，1992
危机不是事件，而是延伸于时空的过程。	过程	Shrivastava，1995
危机是可能引发影响组织、公司、或行业及公众、产品、服务或好名声的重大事件；危机干扰公司的正常交易，有时会威胁组织的生存。	事件	Fear-Banks，1996
危机是败坏或可能败坏组织声誉的、威胁组织今后盈利率、增长及生存的事件。	事件	Lerbringer，1997
危机是特定的、不可预期的、非常规的事件或者一系列事件；该事件会对组织造成高度不确定性和威胁性或感知的威胁性。	事件	Seeger、Sellnow 和 Ulmer，1998
危机是威胁组织生存能力的强力冲击事件，其特点是前因后果和解决方案的模糊性以及决定抉择的迅速性。	事件	Pearson 和 Clair，1998
危机是具有重大威胁并不可预测的事件；如果处理不当，该事件会给组织、行业或利益攸关者产生消极影响。	事件	Coombs，1999
危机是不可预期的、负面的、势不可挡的事件。	事件	Barton，2001
危机是影响或具有潜力影响整个组织的事件。	事件	Mitroff 和 Anagnos，2001
危机不一定是件坏事；它可能是引起或好或坏的剧烈变化。	事件	Friedman，2002
危机是早于触发事件之前的孵化过程。	过程	Roux-Dufort，2007

这一梳理不仅对眼花缭乱的各种危机定义的现状有所认识，而且有助于进一步了解危机的性质及拓展危机传播研究的新思路。举个例子。Lee（2005）通过对众多危机定义的分析归纳，总结出危机三大核心元素：（1）重大威胁性；（2）不可预知性或突发性；（3）紧迫性或即时性。同时，她注意到，鉴于几乎所有的危机定义都是以组织为中心，不管是管理学还是传播学都忽视了"受众"，不同的受众对同一危机的信息加工、感知、认知、情感和态度及行为皆可能不同，最明显的是跨文化的差异，这一点对全球危机传播及管理研究意义极为深远。

2. 定义危机传播

既然危机的定义如此错综复杂，那么定义危机传播的艰难性也就可想而知了。本节重点介绍美国著名学者 W. Timothy Coombs 和美国健康与人类服务部出版的《危机、紧急事件及风险传播》一书对危机传播的界定。

（1）翻开当今危机传播学术文献，学者 Coombs 和 Holladay 的名字一再出现，特别是危机传播的理论研究领域，Coombs 和 Hollday（1996，2001）的情境危机传播理论在众多理论之中脱颖而出，成为危机传播理论实证研究的主要理论框架。一项对两大学术期刊《公共关系评论》和《公共关系研究期刊》30 年（1975—2006）的定量分析表明，情境危机传播理论排名第一（An 和 Chen，2010）。另外，最近 Coombs 和 Holladay 主编出版的《危机传播手册》（2010）更是研究危机传播学者必不可少的工具书。Coombs（2010）给危机传播的相关领域作了界定，包括议题管理、风险管理和传播、声誉管理、灾害传播及组织运行连续管理。这里重点介绍危机传播和议题管理、危机传播和风险传播与管理的相互关系。

议题是一个有待解决的问题，通常涉及政策的决定。议题管理就是为找到解决问题所做的努力，其目标是缓解负面影响或创造正面效果，正如著名议题管理专家 Heath（2005）所说，议题管理是为了减少组织和组织公众就公共政策方面所产生的摩擦并促进和谐的一整套功能体系。议题管理与危机管理相互影响。议题会引发危机，比如政府禁止使用某种化学品，而这种化学品是某个工厂生产或产品中必需的，这一政策议题给该工厂带来了危机。同时，危机会触动议题。如当年美国公众对食品的信任危机引发议题辩论，最终催生了美国食品药品法。有效的议题管理可以从战略角度影响公共政策的形成，这有助于预防危机的爆发，但道德原则必须贯彻其中。

风险是造成伤害的潜力，或者广义上可能面临损失的潜力。风险与危机也是相互影响的。风险会发展成危机，所以在危机爆发之前应该探测风险所在之处、及时采取行动预防危机。危机可以暴露出被忽视的或低估的风险。风险传播是一项社区基础设施，是个人和组织之间就风险的性质、原因、程度、重要性、不可确定性、控制及总体感知（Palenchar，2005）。风险传播的核心是产生风险的组织与必须承受风险的利益相关之人的对话。风险传播让那些必须承担风险后果的人们对风险变得更加舒服一些。风险传播可以运用到危机爆发之前的准备、危机爆发之中的应对以及危机爆发之后的恢复和调整。危机爆发之前，一个组织通过危机传播同风险承受者分享危机准备的内容，包括征集他们的意见；这样做会使得风险承担者感觉该组织对风险进行规避，是个尽责的组织。危机爆发之中，组织提供遭受危机的人们应当如何从身体上对危机做出反应的指导信息，比如核电站泄漏时告诉人们该怎么做；同时，组织提供遭受危机的人们应当如何从心理上对危机做出反应的调整信息，比如告诉人们如何面对因核电站泄漏引起的对空气、水质、食品的安全恐惧（Sturges，1994）。

Coombs（2010）定义危机传播为"为了解决危机的情境而收集、处理和发布信息"。他基本上遵循了危机管理传统的"阶段论"，把危机分成三个阶段：危机爆发前、危机爆发中、危机爆发后。在危机爆发前阶段，危机传播围绕着收集分析评估潜在的风险、确定如何预防危机的爆发、管理危机知识、培训危机管理人员。培训包括建立危机管理团队，特别是明确危机代言人。在危机爆发中阶段，危机传播的重点是充分运用组织内部的危机管理知识并迅速收集各方面的信息以帮助危机决策和对各种公众、利益相关者的信息发布和沟通。其中，收集公众和利益相关者对危机责任归因以确定组织目前面对的是哪种危机是极为关键，因为这决定了组织会采取哪种危机应对策略。这点在下面介绍情境危机传播理论时会详细讨论。在危机爆发后阶段，危机传播集中在评估危机管理工作的得失，通过同组织内部成员及外部有关利益相关者直接的沟通来帮助组织从危机中吸取教训。

（2）美国健康与人类服务部《危机、紧急事件及风险传播》（2012）一书汇集了当今美国危机传播和管理学者的集体智慧，具有很高的实践参考价值。该书也对与危机传播紧密相连的风险传播、议题管理和传播加以区分并提出一个整合概念——危机与紧急事件风险传播。首先，关于危机传播的定义，该书讨论了危机传播这个概念在实践中的两方面的运用情况：1）危机传播描述一个组织或机构面对危机针对内外各种受众所从事的传播活动，危机的特点为：（a）意想不到地发生；（b）可能超出组织的掌控能力；（c）需要马上应对；（d）对组织的声誉、形象或生存能力造成损害，比如1984年发生在印度的博帕尔毒气泄漏事件。2）危机传播同紧急事件管理相联系，需要就某个事件告知并警示公众，比如社区领导在飓风到来之前需要疏散社区。这两种意义上的危机传播的共同特点是：不可预期的、具有威胁性并需要即时反应。确定传播的内容、形式和时机至关重要，因为其效果可能有助于减少或控制损害的规模，但也有可能使危机恶化。其次，关于风险传播，该书的作者认为环境健康领域突显了风险传播的重要性。通过风险传播，传播者希望给受众提供有关某种行为或处境所造成后果的预期好坏及程度强弱的信息。通常风险传播讨论的都是负面结果，包括结果发生的概率大小。有些情形下，风险传播用于帮助个人做出决定。比如"我应该去就诊吗"、"居住在核电站附近有哪些风险"、"我要不要给健康婴儿接种百日咳疫苗"。再次，关于议题管理传播，该书的作者认为，议题管理传播和危机传播相似。议题是由利益相关者引发兴趣的公共问题。比如疫苗安全问题引起一些群体关注，他们的担心激起了大量的公共辩论。议题管理是运用传播来影响组织如何应对并可能解决议题。在某些情况下，议题会蜕变成危机。议题管理者对议题的发展具有预警，因为议题可能发展更缓慢，并持续相当长的时间。因此，议题管理者比危机管理者的反应时间较多。最后，关于危机与紧急事件风险传播（CERC），该书的作者把紧急事件反应过程中所使用的危机传播和风险传播要素整合起来。危机与紧急事件风险传播围绕着专家如何把信息提供给个人或整个社区让他们作出符合自身利益的最佳决定。传播者必须让危机中的人们接受决定选项不尽完美的性质。与风险传播有所不同的是，危机与紧急事件风险传播的决定必须在很短的时间内完成。所做的决定可能是不可更改的，决定的后果是不确定的，而且当时所拥有的信息是不完美或不全面的。传播者必须告知并说服公众，期望他们会妥善计划、安排应对面临的风险和威胁。

二、危机传播的历史演变和现状

危机传播根植于危机管理。随着传播作为管理之中一个日益关键的环节,危机传播作为一个独立的学科渐渐形成了。尽管有学者认为现代危机管理和传播的诞生关键点是1962年古巴导弹危机(Allison & Zeliknow, 1999),但学界和业界普遍认同真正意义上的危机传播始于1982年美国著名制药企业强生公司的泰诺(Tylenol)胶囊危机事件(Mitroff & Anagnos, 2001)。尽管当时强生公司还没有正规意义上的危机管理机制,但公司却能转危为安、化险为夷,这一成功的故事一直被学界和业界津津乐道并分析解剖,希望能从中找到化解危机的灵丹妙药。根据当时负责应对处理该事件的集团公司公共关系副总裁 Laurence G. Foster 的分析,他认为有三点:(1)向新闻媒体公开;(2)不惜一切代价召回产品;(3)诉诸美国人的公平感——请求公众相信强生。这一标志性的事件突显了传播在危机管理的重要性,特别是强生公司以其优秀的以人为本的企业文化精神①为依托,公司最高管理层在第一时间亲自部署,坦诚地与包括媒体在内的各种利益相关者沟通交流,让泰诺品牌起死回生,很快重拾失去的市场份额。

从此,危机传播发展迈进了第一阶段——策略导向期。大致的时间为20世纪70年代和80年代。在这一阶段,危机传播聚焦在"怎么做"的策略层面,包括制定各种各样的危机传播管理方案和清单,特别是起初的危机传播研究知识是由从业人员根据案例和个人经验提炼而成,包含许多建议如"该做什么"或"不该做什么"(Coombs, 2010)。另外,这一发展特点具有一定的时代背景。20世纪80年代期间爆发了一系列巨大危机事件,包括美国1979年"三英里岛"核泄漏事件、美国1982年"泰诺"中毒事件、印度1984年博帕尔毒气泄漏事件、美国1986年"挑战者"号航天飞机爆炸事件、前苏联1986年的切尔诺贝利核灾难、美国1989年埃克森瓦尔迪兹号油轮泄漏事件。这一系列危机事件激发了危机管理人员忙于制定危机传播方案或危机管理计划。也许是公众对于危机事件的日益关注,危机传播强调如何发布信息,主要是媒体关系的处理、撰写措辞严密的新闻稿件、收集整理媒体联系人名单、培训发言人。尽管这些危机传播计划的活动是必要的,但过分地注重策略不免带有"只见树木,不见森林"之嫌。这和当时的危机管理学还处于描述的发展初期有关。危机管理理论详见本章第三部分的中观理论/模型部分,这里先提及一下。

Fink(1986)的《危机管理:策划必然事件的到来》是危机管理学的开创性成果(Coombs, 2010)。Fink 的阶段论理论影响了后来的理论,如 Smith(1990)的三步危机管理模型(危机孵化期

---

① 强生的企业文化精神在于诚恳公平地依次对四大相关者负责:(1)消费者;(2)员工;(3)社区;(4)股东。

管理、危机爆发期管理、组织合法性管理），Mitroff（1994）的五阶段模型（危机预警信号探测期、危机风险因素搜索防范期、危机损害遏制期、危机恢复期、危机学习期）、Sturges（1994）的五阶段模型（危机形成前、危机形成期、危机爆发期、危机减弱期、危机结束期）、Gonzalez-Herrero 和 Pratt（1996）的"危机生命周期论"（诞生、成长、成熟、衰退），Burnett（1998）的整合危机管理模型以及最近的 Coombs 的三阶段论（危机前、危机中、危机后）。

另外，这一时期学者开始运用特定的理论框架或原则来分析危机案例，不仅给个案研究注入了新的活力，而且分析更加严谨扎实，更趋向于从战略角度看危机事件。比如 Ice（1991）分析了辩解学中的修辞策略如何成功地运用于修复印度博帕尔毒气泄漏事件中所损害的公司关系。Benoit（1995）的形象修复理论形成是另一个成功的例子。与此同时，危机传播和危机管理的实践也非常强调战略取向。危机不再只是个单独事件，而被看作是个过程，超越事件本身的过程，是组织生命发展中必然的组成部分。危机是一个循环往复、永不停止的过程。一个危机的终点是下一个危机的起点。这点真知灼见早在 1986 年 Fink 就曾提及，只是一度被忽略。这种战略取向把危机后的总结评估和学习放在重要地位，以期吸取经验教训，增强危机知识管理能力，为将来处理危机作准备；同时，这种战略取向有未雨绸缪的心态，注重危机前的预警信号探测，尽量把危机的风险和发生概率降低到最低程度，达到危机管理的最高境界，即把危机消灭在萌芽状态。基于这样一种战略导向和危机意识，危机计划自然就成为组织战略规划的一个有机组成部分（Burnett，1998）。

危机传播的第二阶段——关系互动导向，时间从 20 世纪 90 年代末到现在。这一阶段是危机传播发展的黄金时机。主要有两大特点。首先，更多的学者注意到组织与其利益相关者之间发展变化的互动关系，强调从"受众"角度看危机传播及管理（Coombs，2000；Gonazalez & Pratt，1995），研究危机的文化驱动因素，危机的社会构建。这里举三个例子。第一个例子是 Coombs（2000）提出的理论分析框架，其中应对危机策略可以根据这样几个因素而做出相应的调整：与关键利益相关者之间的关系历史、危机引发事件的责任点、相对稳定性或危机发生的频率。第二个例子是 Cameron 和他的合作者提出的权变理论：危机中的组织对于公众的立场选择（从为组织辩解到与公众通融）受到诸多组织内部和外部因素的影响，从法律问题到决策者的性格特征再到内外利益相关者信任程度（Cancel，Cameron，Sallot，& Mitrook，1997）。他们认为组织与其各公众之间的互动受到当时危机情境之中的众多变量相互复杂多变的影响，因此危机之中的决策是受到整个"矩阵"的变量（共 87 个）而非单个或几个变量的线性影响。第三个例子是学者们从意义构建这个角度来研究受众对危机感知和反应，比如分析受众对组织所采取行动的动机和效果的解读（Thomas，Clark，& Gioria，1993）。实际上，危机传播发展的这一阶段可以概括为从单向传播向双向传播的转变，这很有可能和以 90 年代中后期互联网为代表的互动媒体的迅速崛起有关，但值得注意的是，公共关系著名理论家 Grunig 和他的合作者早在 1984 年从系统论视角出发，提出公共关系的四个模型中（传媒炒作模型、公共信息模型、双向不对称模型、双向对称模型），两个双向模型的基础是建立在对受众的了解和认识的基础之上的，可惜的是关于两个双向模型中的"对称与否"备受争议，但"双向"传播这一关键概念却被忽略了。更令人遗憾的是，尽管泰诺危机事件被封为危机管理的优秀典范，除了一篇学术文章（Trujilo & Toth，1987）和 Fink（1986）书中匆匆带过，泰诺危机处理成功的主要深层动力——强生公司传承的以人为本的企业文化精神却没有得到应有的挖掘，因为该企业精神和双向传播（双向不对称模型目的"科学说服"和双向对称模型目的"相互了解"）的理念不谋而合。在危机过程中，强生公司坚持坦诚公平地依次对消费者、员工、社区、股东负责。把企业精神落实到实处，比如考虑消费者的切身安全利益，经济损失[①]再大也决定从货架上撤回所以泰诺产品；对待员工也从他们的切身利益考虑，视他们为强生家庭成员一般，即使没有工作可做，也创造机会让员工有活可做；向媒体开放，说实话；运用市场调研了解公众的意见、想法和态度，播出电视广告、投放报纸广告及购物优惠券以期再度赢得公众的信任（Fink，1986）。这实际上也回答了为什么没有危机管理方案的强生公司能够顺利转危为安，而且是游刃有余，达到老子所说的"无为而无所不为"的最高境界。

危机传播发展第二阶段的"互动关系"导向的第二个特点是：危机传播理论构建开始从单一的个案研究入手转变为运用实证方法对理论的各种假设进行严密的论证。研究者有些学者认为，案件分析得无论多深入，都还是带有很强的主观揣摩和臆测的成分，应当有更多的理论构建，把个案研究中提出的建议付诸实证的研究（Seeger，Sellnow，& Ulmer，1998）。刚才该发展阶段的第一特点是"互动关系"取向，这特点让研究者自然而然地从组织和受众相互作用的角度看待危机预防、危机应对及危机回复和学习，新的理论如防疫信息理论（Wan & Pfau，2004）和情境危机传播理论（Coombs，2007）把危机传播带入了定量研究的崭新领域。本章的第三部分会重点介绍包括这些新理论在内的危机传播理论。

三、危机传播主要理论及研究方法

本章前两部分提到部分危机管理和危机传播理论/模型，危机传播理论受到危机管理理论的影响，而危机管理理论又受到其他各个学科、研究视角及研究方法的影响。因此，梳理危机传播理论需要一个框架。笔者提出把各种各样的危机传播理论运用两个维度进行概括整理：第一维度是理论/模型的种类——微观理论（micro theory）、中观理论（meso theory）和宏观理论（macro theory）。

[①] 泰诺事件产品召回的经济损失是一亿美元（Fink，1986）。

微观理论界定为根据危机生命周期的某个特定的阶段的特点而形成的理论,如危机前的与预防有关的"防疫理论"(Wan & Pfau, 2004);中观理论界定为根据危机生命周期各个阶段而制定的理论,如"危机传播整合对称模型"(Gonzalez-Herrero & Hunt, 1996)。宏观理论界定为超越危机本事件及危机整个过程,而从宏观的视角如组织生存环境而形成的理论,如复杂性危机理论(Gilpin & Murphy, 2008)。第二维度是理论/模型的重点在哪里——危机前、危机中、危机后。表2显示了危机传播的主要理论/模型。以下首先讨论微观理论/模型,分成危机前、危机中、危机后三个部分(Coombs, 2010),然后再讨论中观理论/模型,针对危机的各个不同的阶段,最后讨论宏观理论/模型。

表2 危机传播理论分类

微观理论	针对危机爆发前阶段	声誉管理理论(Coombs & Holladay, 2002, 2006) 防疫信息理论(Wan & Pfau, 2004;Wigley & Pfau, 2010)
	针对危机爆发中阶段	企业辩护理论(Hearit, 1995, 2001, 2006) 形象修复理论(Benoit, 1995, 2005) 情境危机传播理论(Coombs, 1995, 2007a, 2007b, 2010;Coombs & Holladay, 1996, 2001, 2002) 整合危机图绘模型(Jin, Pang, & Cameron, 2007, 2012)
	针对危机爆发后阶段	新生话语理论(Ulmer, Seeger, & Sellnow, 2007;Seeger & Padgett, 2010)
中观理论		Fink 四阶段论(Fink, 1986) Sturges 五阶段论(Sturges, 1994) Gonzalez-Herrero & Pratt (1996) Burnett 整合危机管理(Burnett1998)
宏观理论		复杂性危机理论(Gilpin & Murphy, 2008) 杰出公共关系理论(Grunig & Hunt, 1984;Grunig & Grunig, 1992) 权变理论(Cameron 等)

1. 危机传播管理主要理论

a. 微观理论

针对危机爆发前阶段的危机传播理论

危机传播和危机管理的学术文献和业界经验表明,组织可以采取各种措施和策略在危机前进行预防准备工作。最好的危机管理是把危机消灭在"萌芽状态"。如果不能阻止危机的发生,那么组织能做到的是如何充分准备危机的到来,以便打有备之战,把对组织及其利益相关者的损失和伤害降低到最低点。下面介绍针对这一准备阶段的两个理论:

(1) 声誉管理理论（reputation management）。一个组织的声誉是无形资产。组织声誉的形成是建立在组织和其利益相关者之间的互动交流基础之上的。Ulmer（2001）运用利益相关者理论（Freeman，1984）提出在危机之前和危机之后组织必须同其利益相关者发展牢固的关系。Heath（1997）更是强调组织在危机到来之前同利益相关者建立"互惠互利"的关系，他提出企业应当重视社会责任。危机事件对组织的声誉是个巨大的威胁，而良好的组织声誉对组织处理应对危机是个非常有利的因素。声誉资本这个概念准确形象地道出了声誉的本质（Fomrun，1996）。组织与其利益相关者的正面互动交流等于给声誉账户存款，而负面互动交流就是给声誉账户提款（Coombs & Holladay，2006）。危机管理专家都直觉地信任优良声誉组织拥有"光环效应"。这"光环效应"具有两个基本假设：1) 无罪推定，意思是一个组织的利益相关者通常会在确定危机责任时给具有优良声誉的组织更好的待遇，即他们会弱化这些优良声誉组织应负的责任，这无形之中会降低危机事件对组织声誉的伤害；2) 屏蔽保护，意思是一个组织的利益相关者面对遭受危机的组织所带来的负面信息，采取轻描淡写或不管不问的态度，坚持他们原先对这些优良声誉组织的正面看法，从而也缓冲了危机事件对组织声誉的伤害。但实证研究并没有完全验证这两个假设。Coombs 和 Holladay（2006）的实证研究发现只有那些拥有优秀声誉的组织才具有屏蔽保护的光环效应，而仅仅拥有良好声誉的组织却没有。同时他们没有发现无罪推定的光环效应。显然，有待进一步的研究以便验证优秀声誉的光环效应。

(2) 信息防疫理论（message inoculation）。信息防疫的想法最初由 McQuire 在 1961 年提出，这和医学的"疫苗接种"是同一原理。防疫信息的两个基本过程是：1) 发出预警威胁信息，挑战受众现有的态度；2) 对预警信息进行先发制人式地反驳。在态度和说服研究方面已经证明防疫信息在受众面临和原有态度相矛盾的信息时对原有正面态度的下滑起到抵抗作用。Pfau 和他的合作者（Wan & Pfau，2004；Wigley & Pfau，2010）把这个概念运用到危机传播中，他们的研究基本证实了防疫信息可以减缓危机事件给公司声誉所带来的伤害，但他们也发现并非所有防疫信息都有效，只有在诉诸情感和产品/服务的质量、价值和革新方面有效（Wigley & Pfau，2010）。

针对危机爆发中的理论

(1) 企业辩护理论（Corporate Apologia）。当一个人的品格由于牵涉到某件错事被质疑时，这人就应该为自己申辩，而且可以选择四种策略之一为己辩护：1) 否认（没有这人做这件事）；2) 强化正面形象（提醒他人这人以前做的好事）；3) 区别对待（把这件错事脱离负面场景）；4) 转移框架（把这件原被认为是错事的情况转移到一个更加有利的场景去讨论）。Keith Hearit 的一系列研究成果（1994，1995a，1995b，2001，2006）把辩护学应用到了危机传播之中。

2) 形象修复理论（Image Repair Theory）。形象修复理论（Benoit，1995，1997）认为遭受危机的企业形象会受到攻击或投诉的威胁。认识、了解威胁企业形象的攻击或投诉的性质是正确理解形象修复策略的关键所在。攻击或投诉有两个基本要素：第一，被控者是否对行为负责；第二，被控者的该行为是否具有伤害性。另外，相关受众的感知比事实本身更为重要。不管被控者是否应该负责，但只要受众感觉到应该是，那就是；也不管该行为事实上是否具有伤害性，只要相关受众觉得是，那就是。自然，只要受众认为是被控者的错，企业的形象就有风险。而如果企业的行为实实在在不具有伤害性，那么企业可以为之辩解。最后，要细分企业的受众，对其就重要性进行优先排序。了解不同的受众特点和重要性对确定合适的形象修复策略尤为关键。表3列出了5种策略。前三种策略又有子策略之分。

表 3 基于形象修复理论的危机应对策略

策略		关键特点
否认	简单否认	没有做这件事
	转移责任	别人做了这件事
逃避责任	受到挑衅	做了这件事是应对他人的行动
	超出掌控	做了这件事是因为缺乏信息或能力
	意外事故	做了这件事纯属意外
	出于好心	做了这件事动机是好的
降低事件伤害性	强化好形象	强调企业的优异特性
	弱化伤害性	这件事不严重
	区别对待	这件事比其他同类事件伤害小
	转换思维框架	不能就事论事，这件事意义广大
	反击攻击或投诉者	贬损攻击或投诉者的可信度
	补偿	金钱补偿受害者
修正行为		计划解决问题或预防事件发生
认错悔改		道歉

（3）情境危机传播理论（Situational Crisis Communication Theory）情境危机传播理论（SCCT）是 Coombs 和他的合作者们（Coombs，1995；Coombs & Holladay，1996，2001，2002；Coombs，2007，2010）根据社会心理学的归因论（Weiner，1986）而提出的应对危机的模型。SCCT 理论的前提很简单：危机事件是负面的，会对组织造成威胁，其利益相关者会对危机事件归因判断，而这些归因判断将影响到利益相关者如何与组织在危机中的互动。SCCT 理论是受众导向的，因为它试图了解受众是如何感知危机的、受众是如何对组织应对策略反应的以及受众又是如何看待危机中的组织的。危机的性质决定了受众对危机的感知和责任归因。SCCT 理论是想了解受众对危机责任的

归因和这些不同责任归因对组织声誉、受众态度和行为意图的影响效果,其核心是责任归因。

SCCT 提出评估危机威胁的过程分两步:第一步,首先确定利益相关者采用何种框架/类别判断危机。SCCT 把危机分成三类:1) 受害者型,遭受危机事件的组织本身是受害者,如自然灾害、谣言、工作场所暴力、产品破坏等,这类危机对组织威胁低,利益相关人认为组织应承担的责任较小;2) 意外事故型,组织的行为不是故意的,如利益相关者的挑战、技术错误引起的事故、技术错误造成的产品伤害,这类危机对组织威胁威胁最低,利益相关人认为组织应承担的责任最小;3) 故意型,组织蓄意将人置于风险之中,采取的行动不妥当违反规章或法律,如人为错误造成的事故、人为错误造成的产品伤害、未造成伤害的组织犯罪行为、组织管理层渎职、造成伤害的组织犯罪行为这类危机对组织威胁威胁较强,利益相关人认为组织应承担的责任较大。第二步,确定是否有其他因素影响利益相关者的归因危机责任。SCCT 认为有两个重要因素:组织危机历史和危机前的声誉。如果遭遇本次危机的组织曾经发生过类似的危机事件,利益相关者会觉得该组织应该承担更多责任。另外,同样一件危机事件,利益相关者会觉得声誉好的组织比声誉差的组织承担更小的责任。图 1 显示 SCCT 理论的各个变量及其相互关系。Coombs 和他的合作者用实验法对各个变量之间的关系进行实证研究,这对增强危机传播理论的发展起了有力的推动作用。根据一项对公共关系学两份主要期刊上从 1976 到 2006 年间危机传播研究文章的内容分析,SCCT 是被采用最广的理论(Ang & Cheng,2010)。

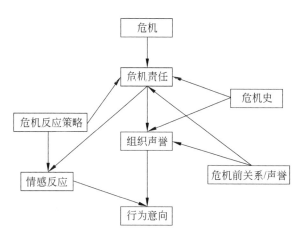

图 1 情境危机传播理论模型

SCCT 理论不仅强化了危机传播理论,而且根据理论提供了一系列实用的策略,以指导危机传播管理实践。SCCT 认为危机管理人员的首要任务是给利益相关者提供指导性信息和调整性信息,其次才是决定如何修复组织声誉。这个次序很重要,因为提供指导性信息和调整性信息是遭受危机的关乎利益相关者的安全和健康。SCCT 理论提供了三种主要策略和一种辅助策略来达到这个目的。

三种主要策略是：1）否认型策略试图证明该组织对危机不应负责任；2）弱化型策略致力于让组织所承担的责任最小化；3）重建型策略试图通过补偿措施或道歉来改善受众对组织的感知。表 4 列出了三种主要策略的各子策略，共计 10 种。辅助型策略亦指增强型策略——通过赞扬他人（迎合）或提醒他人该组织的好行为（强化正面形象）。

表 4 基于 SCCT 理论的危机应对策略

策略		解释
否认型	否认	管理层声称根本没有发生危机
	寻找替罪羊	管理层把危机责任推卸到外界
	攻击指控者	管理层直接面对个人或群体，声称他们是完全错误的
弱化型	找借口	管理层试图最小化危机责任，声称危机的发生或者是超出掌控能力，或者并非组织有意伤害
	正当化	管理层试图最小化危机造成的损害
重建型	迎合	管理层赞扬利益相关者并提醒他们组织曾经做过的好事
	关心	管理层对受害者表示关切
	同情	管理层对受害者表示同情
	遗憾	管理层对危机的发生表示遗憾
	道歉	管理层对危机负全责，并请求利益相关者原谅

（4）整合危机情感反应投射模型（Integrated Crisis Mapping Model）。该模型（Jin，Pang，& Cameron，2007，2012）基于 Larzarus（1991）的认知评估情感理论，结合危机传播和管理的特点，聚焦在公众对危机的四种情感反应——愤怒、恐惧、焦虑、悲伤。这四种情感反应投射在以两个变量构成的四个不同的象限中，公众应对危机方式在横坐标上（行为应对—认知应对），而组织参与度（高—低）在纵坐标上。公众应当危机方式分两类：1）聚焦问题式，意思是通过实践的行动和措施改变公众与组织之间的关系；2）聚焦认知式，意思是仅仅改变公众对关系的解读。组织参与度是指该组织对危机的关注程度，具体表现在各种资源（人力、物力、财力）如何配置到应对危机事件，参与度的高低取决于组织对危机归因的判断、组织对危机处理的战略目标。该模型实际上还有一个变量，即危机的类别。危机的分类取决于三个标准：1）内部—外部；2）个人—公众；3）非自然—自然。每个象限中的两种情感反应又分成主要和次要之分，主要情感反应是公众对危机的立刻反应，而次要情感反应是公众随后的反应，很大程度取决于组织对危机的反应，次要情感反应可能衍生于主要情感或同主要情感相互并存。模型象限一：高参与度/行动应对。如果公众认为组织应付责任，他们会感到愤怒；另外，如果公众认为组织应对处理不尽力，公众会感到焦虑。这时公众觉得他们

可以而且必须采取行动。模型象限二：高参与度/认知应对。如果公众只能在认知层面上，主要情感反应是悲伤，次要情感反应是恐惧。模型象限三：低参与度/认知应对。如果主要公众意识到组织无能为力应对危机或该投入更多资源应对危机的时候，主要情感反应是恐惧，次要情感反应是悲伤。模型象限四：低高参与度/行动应对。如果公众感到组织参与度低，甚至是几乎没有的时候，公众的即刻情感反应是焦虑，随后就是愤怒，而愤怒会导致他们想自己采取行动。

尽管整合危机情感反应投射模型是最新提出的应对危机的理论，但已有一系列的实验证明了它的合理性。这必定对更深地认识了解危机情感反应，特别是从公众和组织互动的视角看待危机处理对组织本身及各种公众的影响，从而更有效地处理危机，起到了积极的推进作用。

针对危机后的危机传播理论

（1）新生话语框架（Discourse of Renewal）。新生话语理论是以 Ulmer、Seeger 和 Sellnow 等学者为代表的危机传播学者提出的一种针对危机爆发后组织如何摆脱危机的阴影，化危机为组织再生的契机的理论。他们分析了针对危机爆发之中的企业辩护学理论、形象修复理论和情境危机传播理论的三大弱点：第一，这些以形象修复为目的的理论常常不能充分反映危机事件的复杂性和动态性；第二，这些理论把修辞手法当成策略，倾向于把犯罪指控看成形象问题，而不看成具有实质内容的问题。给受众无形之中造成一种实质问题形象化、表面化、"公关化"，加深人们对公共关系行业的误解。第三，在危机爆发后，面对造成的伤害和损失，人们对组织恢复形象的策略行为会更加反感。如果说组织因过于重视在危机中的声誉和形象而更多地关注危机的原因、责任的归因，那么，新生话语框架把重心放在重建、恢复、更新上面。新生话语框架的理论依据来源于利益相关者理论、混沌理论、恢复性修辞理论。该框架根植于组织、社区和利益相关者的价值观念以及他们危机后的需要之中。新生话语框架具有四个关键因素：1) 组织应当从危机中学习经验教训；2) 组织应当从事符合道德的传播行为；3) 组织应当面向未来而不沉迷于过去；4) 组织管理层应当展卓有成效的演讲以激发、鼓励、启发组织成员的工作热情和乐观向上的精神。

b. 中观理论

中观理论/模型中观理论界定为就危机生命周期各个阶段而制定的理论。危机管理理论文献有不少这样的理论。这里介绍几个有代表性的。

（1）Fink 四阶段论（Fink, 1986）。被誉为危机管理经典的图书《危机管理：为不可避免的危机而计划》首先提出危机管理阶段论。Fink 把危机比作疾病，有四个阶段。第一阶段是危机潜伏期。这阶段会发出一些预警信号，如果管理层及时抓住，那危机可能就会避免，但往往是管理层忽视这些关键信号。第二阶段是危机爆发期。这个阶段的主要特征是，危机爆发的突然性和时间紧迫性使得组织管理人员受到强烈的挑战，而且随着危机的情势不断恶化，引发了媒体和更广大的社会公众的注意，危及组织的形象甚至生存的可能。第三阶段是危机延伸期。这个阶段的长短取决于危机管理者和组织管理层处理危机的能力和技巧。如果组织管理层善于、勇于分析危机的内因和外因，处理得力得当，危机延长时间会缩短。相反，如果危机处理不当，危机会延长。第四阶段是危机解决期。这一阶段组织从危机中解脱出来，又进入了下一轮的危机潜伏期。如果组织没有居安思危的心态，类似的危机可能会卷土重来。如上文提到的，Fink 的四阶段危机论是危机管理学的开创性成果，但从现在看来，它比较明显的弱点是，所提出的建议更多的是基于主观经验，而且各个阶段的机制不明确。这也为后来的理论研究提供了机会。

（2）Sturges 五阶段论（1994）。该模型由四个部分组成：1）因变量是传播效果，即因危机干预对受众的行为造成的影响；2）危机情境层面，包括三个变量的测量——重要性、紧迫性、不确定性；3）危机传播策略；4）危机传播执行。该模型的特点是危机过程分成五个阶段，其中每一个阶段传播策略不同：1）危机形成前；2）危机形成期；3）危机爆发期；4）危机减弱期；5）危机结束期。危机传播内容分成三种：1）指导性信息，即组织告诉遭受危机的人员如何从身体上应对危机，如飓风到来是如何迅速撤离；2）调整性信息，即组织告诉受危机影响的人员如何从心理上应对危机，如面对危机的生命和财产损失引起的情感反应；3）内化性信息，即告诉人们如何感知遭受危机的组织，如公司形象广告。同时，危机传播内容三种信息的分量在不同危机阶段有所不同。如果危机分量在 1~10 的量表上，1 代表最少，10 代表最大，则各个危机阶段的内容分量为：危机形成前，指导性信息为 1.2，调整性信息为 1，内化性信息为 3；危机形成期，指导性信息为 3，调整性信息为 1，内化性信息为 8；危机爆发期，指导性信息为 10，调整性信息为 9，内化性信息为 3；危机减弱期，指导性信息为 1，调整性信息为 8，内化性信息为 6；危机结束期，指导性信息为 1.2，调整性信息为 1.0，内化性信息为 10。

这个五阶段理论对危机传播管理者提供了颇具操作性的建议，尤其是所提出的三种传播信息，影响了最近广泛使用的情境危机传播理论（SCCT）。

i. Gonzalez-Herrero 和 Pratt（1995）通过对麦当劳的咖啡烫伤事件和英特尔的中央处理器瑕疵事件的个案研究，提出的"危机生命周期论"（诞生、成长、成熟、衰退）。该理论为危机管理者提出了四个步骤：1）议题管理：包括环境扫描、收集资料、制定传播策略并集中力量预防危机事件的发生或者扭转危机的走向。2）预防准备：这个阶段中继续对议题进行监控，也是危机管理的起点，准备危机的随时到来，因此，这时候应当：(a) 就该议题确定积极主动的方针政策；(b) 重新分析组织与其各种利益相关者的关系；(c) 制定一般或特定的应急方案；(d) 确定危机管理团队的潜在成员；(e) 指定处理媒体关系的公司代表；(f) 确定危机传播方案的信息、目标受众和媒体渠道。同时，在这阶段中，公司应当充分利用调研从各种角度评估目前的问题所在，确定公司对情境的掌控程度，研究公司危机管理方案的各种决定选项。如果公司在这个阶段有效地管理议题，就有可能避免危机的全面爆发，至少可以把负面后果降低到最大程度。3）危机爆发。这个阶段已经从公司主动预防到被动应对，公司应当：(a) 评估公司对危机的应对策略、抢先在负面媒体报道之前和公众沟通；(b) 告诉公司的利益相关者公司正在采取行动解决问题；(c) 确定公司对各种不同的受众的信息，获得第三方专家的支持，并执行公司内部传播方案。4) 危机爆发后。在这个阶段，组织必须(a) 继续关注各种不同的公众；(b) 继续监控议题直到严重性降低为止；(c) 继续和媒体保持联系通报采取的有关行动；(d) 评估危机方案的得失以及管理层和员工的反应；(e) 把这些反馈融合到危机方案之中，为防止将来危机；(f) 制定一项长远的传播策略，以便降低危机所造成的损失。

和其他一些阶段论相比，该理论非常重视议题管理在危机各个阶段所起的积极作用，而其缺点是缺乏理论性，提出的条条框框偏向主观，需得到进一步的实证。

ii. 整合危机管理理论（Burnett，1998）的构架建立在 Burnett 所提出的危机管理过程的五个基本要素和危机的四大特点（见图2）。五个基本要素是：1) 决定组织对其环境和遭受危机可能性的掌控程度的一系列内在和外在的条件；2) 用于初始危机监控系统的危机分类法（根据遭受危机的可能性、可控性、正面或负面的后果、结构相似性；3) 考虑到以下评估标准的危机评估机制：(a) 相对危险程度；(b) 时间限制；(c) 有关决策者；(d) 信息的质量和数量；(e) 如果采取行动或不采取行动的近期和长期的影响后果。4) 应对危机的组织机构的建立，并提供个人和组织层面上的应对模式。5) 评估危机解决的机制。危机四大特点是：1) 危机取决于个人的感知而不是客观的事实；2) 危机经常在短时间内解决；3) 由于对环境掌控有限，危机难于管理；4) 组织的一个部门的危机

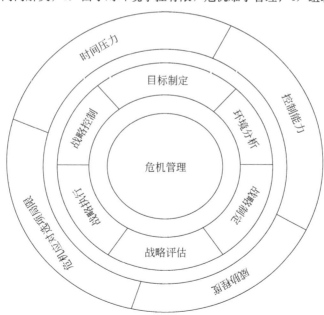

图 2　危机管理的战略考量

会对其他各部门具有影响。危机管理人员需积极地面对六大战略任务：1）制定目标；2）分析环境；3）制定战略；4）评估战略；5）战略执行；6）战略控制。制约这六大战略任务实现的有四个因素：1）时间压力；2）控制能力；3）威胁程度；4）危机应对选项局限。整合危机管理理论根据四个影响危机战略任务的制约因素（时间压力的大小、控制能力的高低、威胁程度大小、应对选项的多少），分成16种可能出现的情形（见表5），并给这16种可能分成零级、一级、二级、三级、四级。比如，四级危机的特点是时间压力大、控制能力低、危险程度大、应对选项少。被列为零级和一级的情形不应当当场进行危机处理。表6列出了各种危机的实际例子。

表5　危机分类矩阵

威胁程度	应对选项	时间压力 大 控制程度 小	时间压力 大 控制程度 大	时间压力 小 控制程度 小	时间压力 小 控制程度 大
低	多	（4）二级	（3）一级	（2）一级	（1）零级
低	少	（8）三级	（7）二级	（6）二级	（5）一级
高	多	（12）三级	（11）二级	（10）二级	（9）一级
高	少	（16）四级	（15）三级	（14）三级	（13）二级

表6　危机分类矩阵举例

威胁程度	应对选项	时间压力 非常紧迫 控制程度 小	时间压力 非常紧迫 控制程度 大	时间压力 不紧迫 控制程度 小	时间压力 不紧迫 控制程度 大
低	多	顾客投诉	管理人员丑闻		
低	少	罢工	股票下滑	性骚扰事件	
高	多	水灾	英特尔芯片瑕疵	执行长退休	
高	少	Jack in the Box 大肠杆菌	泰诺中毒	埃克森瓦尔迪兹号泄漏	宝洁公司品牌标志谣言

整合危机管理理论还提出了根据不同危机管理要素提出了实际的目标、公关人员面临的挑战以及组织从营销管理角度所能提供的工具（见表7）。

表 7 危机管理模型

危机管理模型要素	目标	关键公关挑战	营销工具
认识（目标确定，环境分析）	了解	对危机敏感的营销信息系统	基本市场调研，致命弱点的严格审查
面对（战略制定，战略评估）	风险最小化，应急方案制定	遵守公关基本原则	市场细分和目标营销公关组合
重组（战略执行，战略控制）	解决、学习、控制	内部传播环境管理	应变计划 以组织内部为主的基本市场调研

整合危机管理理论给组织高层管理提出了一个战略决策的理论框架，而且还形成了危机分类矩阵，让管理者能够纵观全局、运筹帷幄，这的确比其他阶段性危机理论高出一筹。

c. 宏观理论

宏观理论界定为超越危机本事件及危机整个过程，而从宏观的视角如组织整体生存环境/系统等看待危机而形成的理论。

（1）杰出公关理论（Excellence Theory of Public Relations，Grunig & Hunt，1984；Grunig & Grunig，1989，1992）。该理论的核心是起先的四个传播模型加上后来的第五模型：模型一：新闻媒体炒作型。在该模型中，公共关系人员旨在不遗余力地为其所代理的组织、产品或个人利用各种媒体吸引观众注意。几乎不作任何调查研究，有时使用不太真实的小道消息。这种做法在当今的娱乐界、体育界很盛行，因为在那种行业名人的坏消息，像离婚、吸毒等危机事件都被公众所消费，被视为潜在的获得公众注意力的一种机会。信息传播是单向的。模型二：公共信息模型。该模型的典型特征是通过媒体进行信息发布，但其真实性是很重要的，大多数政府公共关系机构都采用这种模型，尽管对所发布的信息做过研究，但很少去调查受众。这一模型在危机管理中也有应用。比如组织代言人提供媒体及时通报灾情。这种模型依然是一种单向传播。模型三：双向非对称模型。这个模型又被称为科学劝说模型。公共关系人员运用社会科学理论和调查方法，例如问卷、焦点访谈等去帮助组织劝说公众信服组织的观点。这实际上是广告模型，尽管这种模型存在一定的反馈，但组织不因传播的结果而发生任何改变，因为其目的是改变受众的态度和行为。这一模型在危机管理中会被批评为操控公众舆论达到组织的目的。模型四：双向对称模型。这一模型又被称为相互理解模型。公共关系人员设法与公众进行对话，担当组织与公众之间的中介和桥梁角色。在相互沟通之后，组织与公众都会根据沟通结果而进行相应的改变。这个模型在危机管理中的成功应用会让遭受危机的组织和其利益相关者共赢。模型五：混合动机型，这是 Grunig、Grunig 和 Dozier（2002）采用 Murphy（1991）的混合动机连续体（mixed-motive continuum）的概念而提出的附件模型。混合动机连续体的一边是代表主要联盟的立场，而另一边是代表公众的立场，中间代表双方达成的双赢对称区。这混合动机连续体的两侧代表了双方各自的非对称区，不是组织联盟占上风，就是公众占上风。在正常情况下，公关人员对组织的各种公众有个清楚的了解，这样危机来临时就会能够和公众进行公开、坦诚、稳妥的沟通。在危机中，公关人员不仅为组织的利益倡导而且为具有战略意义的公众说话。当然，这对公关人员是一大挑战，因为他们会面临组织管理层不愿看到的为公众说话。

该理论历经多年的发展改进，也饱受公关学界和业界的批评，但其对当今公关理论和实践的指导意义还是不可否认的。杰出公关理论所提出的四种公关传播模型至今仍可在公关实践中找到印证。不仅如此，该理论起源于系统论，强调了双向对称模型的重要性。这一重要见解对于当今的危机理论进展有卓越的贡献。比如以受众及其关系为导向的情景危机传播理论。值得注意的是，尽管杰出公关理论影响力公关实践，但有趣的是这一理论在危机学术文献中很少被采用。笔者于 2013 年 4 月初对 ABI-Inform 数据库进行搜索，发现少量的几篇论文运用了杰出公关理论，这也是将来研究应该关注的。

（2）权变理论。该理论是公共关系的一个宏观理论，它可以解释组织与利益相关者之间发生冲突时组织可以在一系列立场选项中（立场连续体）根据内在和外部环境的综合因素考量确定其反应立场。一个组织的立场定义为该组织面对和其他组织竞争和冲突时是如何反应的。这一系列立场选项中的两个极端是：完全从组织角度考虑的纯粹辩护到完全从利益相关者考虑的纯粹通融（如，Cancel，Cameron，Sallot，& Motrook 1997；Cameron，Pang，& Jin 2008）。权变理论的主要倡导人是 Cameron。这一理论试图解释公共关系总体上如何运作的。具体来说，该理论有助于了解一个组织是怎样就它的目标、组织机构、伦理道德、与公众之间的关系以及其他环境因素做出政策方面的决定的。该理论列出了 87 个变量。权变理论运用到危机管理中这一研究领域已取得不少成果（Hwang & Cameron 2008；Jin & Cameron 2007；Jin，Pang，& Cameron 2007）。最近，Cameron 和他的合作者们就权变理论给予危机传播管理的启示做了五点点评：1）如果说危机是动态变化的，则危机中的传播应当起码是动态变化的。因此，危机传播者应当放弃双向对称模型，而从立场连续体的两个极端（完全从组织角度考虑的纯粹辩护到完全从利益相关者考虑的纯粹通融）上选择组织的立场。这样做的好处是让危机管理者从模型思维中解放出来，发挥他们的创造性而更有效地管理危机。2）危机传播作为决策过程的一部分时才会最有效。在组织采取一个立场之前，决策者必须研究各种组织内部的因素，如组织特点、意图、动机以及外在制约因素、要求、危机的现实情况。这样的见解会让组织在危机传播之前对各种可能的立场——分析各种制约因素及其复杂的相互作用和相互联系，从而能够在危机处理阶段中给立场的随时变化提供具有充分的准备。3）如果管理公众对于危机管理尤为重要，危机管理者应当充分认识危机的威胁程度、公众的组成和影响力，并且在展开危机传播之前和危机传播之中了解各种因素的相互影响。这一见解表明，了解公众的组成，公共关系的制度化，高出管理的决定性作用，都应当对公众重要性的评估起到关键作用。公关人员具有专业知识和技能，他们能给高层管理人员就利益相关者关系的价值提出建议。4）如果组织管理了解其受众是责无旁贷的话，危机管理议程应当成为管理层的首要任务。这一见解表明，组织高层管理关键人物的品格和能力是管理演变中的事件及危机运动最重要的决定因素之一。公司领导如能积极参与危机管理，抱着不怕变革和利他心态，支持公共关系，并和各种公众保持频发接触，则他或她更具有领导危机管理的才能。5）面对千变万化的危机情境，组织在危机中的任何时间可以针对不同公众灵活地采用不同的立场。这一见解表明，组织可以随时随地灵活地选择辩解和通融之间的任何一种立场。在某些情形下，组织不得不通融，而在另一些情形下，在一个层面上通融，而在另一层面上辩护，只要选择的立场不是用于避免披露不太令人舒服的信息或是阻断进一步沟通。在某些议题上，危机传播最后停留在通融态度之上，而在另一些议题上（如受到伦理道德、法律法规约束的禁止性变量），危机传播可以永远地处于辩护态度之中。危机传播不见得一定总是双赢，也不一定是一方赢而另一方输。危机传播是对话和协商的动态过程。

权变理论给危机传播和管理带来了新的思想，比起传统的杰出公关理论更强调危机情形的动态变化过程，让危机管理高层站在更为宏观全局的角度，同时又不被一个具体的框架所束缚。这种高屋建瓴的思想对于充分发挥高层管理者的主观能动性并创造性地解决危机提供了理论依据。这就像将军指挥战役一般，考虑进攻还是防守是决定胜负的最重要战略。但该理论的弱点也暴露了出来。采用辩护或通融之中的任何组合，受制于当时、当地各种繁杂因素的综合制约，而危机时间紧迫和危机威胁严重性让了解这些综合制约变得非常艰难。高层决策者必须具有大将的风范和胆略，才能在这两极之间游刃有余。所以，这一宏观理论让人觉得有点"玄"。

（3）复杂性危机模型。Gilpin 和 Murphy（2008）把复杂性理论运用于危机管理，提出了一系列对传统危机管理理论假定的挑战，形成了基于复杂性思维基础上的危机管理模型。他们是这样看待复杂性理论的：许多单个参与者为了适应他们各自当时当地的情景而互相作用，这些当地的适应性结果日积月累而形成更大规模的模式，进而影响到广阔的社会，同时这些影响结果是不可预测的。复杂性理论认为复杂系统有五个特点：1）复杂系统由各个参与者组成，他们的互动渐渐改变系统本身，而这种变化源于当地的自我组织过程而不是宏观的管理结果。2）复杂系统是动态的，其行为和结果是不稳定/不可预测的。3）复杂系统通过取样或图式而简化会让大部分意义丧失殆尽。4）复杂系统依赖于其自身历史。5）复杂系统没有明显的界线来划分一个系统和它的环境。显然，复杂性理论视角下的危机管理理论和传统危机管理理论大有不同，甚至是南辕北辙。比如，许多专家一致同意危机会把组织的两大资产置于危险境地：组织的感知合法性和与各利益相关者的关系。如果组织的关键利益相关者对组织失去信任，对其合法性持怀疑，则会遭到制裁或者商业损失，这些都会严重威胁组织的生存。组织对此采取战略反应通常致力于把关系和合法性恢复甚至超越危机前的水平。

相比之下，复杂性危机模型强调危机是表象，需要在组织内部和其生存环境中寻找危机的根本原因。如果说危机反映了功能失调系统的正常运行，那么危机之后更合理的结果应该是组织的彻底改造而不仅仅是恢复常态。另外，复杂性理论视角对传统的线性策划危机管理模式特别是阶段论提出了挑战，全方位看待危机，试图从新闻报道、受众关系及文化期盼等方面梳理出关系的全局，以帮助决策者在信息不全的情况下更清晰地了解情境。最后，传统危机传播管理程序往往偏好量化环境扫描和危机后评估，而复杂性理论视角允许模糊性，鼓励适应性学习和意义构建。

复杂性危机模型的优点在于把危机方在一个复杂动态多变的宏观系统内具有超强的战略前瞻性，对于危机前和危机后的危机管理具有战略指导意义。但这也是其弱点，对于时间及其紧迫关系到组织存亡的危机应对方面，复杂性危机模型显然过于理想化和超然化。一个组织如果在短时间内不复存在（如Enron），对于组织本身而言复杂性理论模型是毫无意义的，尽管对该组织的其他成员和系统是个很好的学习范式机会。复杂性危机模型更准确地说是一种思维方式，对特定的危机管理而言缺乏可操作性，这也是其弱点之一。

2. 危机传播研究方法

危机传播方法从广义上分为——定性研究方法和定量研究方法。定量研究方法假定有个唯一客观现实或真理，人们可以用数学或统计工具找到这一唯一客观现实或真理，而定性研究方法假定客观现实或真理并非唯一，可以是多重，只是因人因时因地而异，特别强调人类主观的解释或判断。危机传播使用的定性方法包括个案研究，而定量方法包括文本分析、内容分析、问卷调查、实验法。根据一项对1976—2006年间两大公共关系期刊上发表的有关危机传播的文章的文本分析发现（An & Cheng, 2012），1996年前没有任何一项危机传播研究运用研究问题和假设，表明1996年前大量使用的研究方法大多数是定性研究，而从1996年后理论化研究迅速增长，但总体而言，危机传播还是呈现出缺乏理论导向。尽管这份研究的数据止于2006年，而且只选取了两份期刊，但这份研究从某种程度上反映出危机传播研究的弱点。值得注意的是，从2006到现在，有更多的学者开始重视采用理论框架对危机传播进行更多的定量研究。

四、危机传播研究存在的问题、争议和不足及动向与发展趋势

本章前三部分分别介绍了危机传播的定义、危机传播研究的历史演变及危机传播主要理论及研究方法。这三部分的内容可以折射出危机传播研究领域所存在的问题、争议、不足，也为将来的发展趋势指出了一些思路。笔者认为：

第一、危机概念定义需要统一以利于跨学科研究。本章表1的各种定义说明了学界和业界无法统一界定危机的内涵和外延。危机是单独事件，也是渐进的发展过程，更是系统问题的总爆发。难怪危机管理学奠基人 Ian Mitroff (2011) 在其最新著作中把危机通俗地称作"乱七八糟"（mess）。由于危机定义不一，危机管理和危机传播自然就更模糊不清。加上危机传播和危机管理学者却因来自不同的学科各自带上"学科眼镜"独立而非合作地探讨危机的性质、特点、意义和解决危机的方略。显然，危机学者们应该突破本身学科的羁绊对危机管理和传播从事跨学科研究。传播学本身是交叉学科，危机传播学者可以主动和其他学科的学者协同公关。

第二、危机传播研究理论研究需加强。危机传播作为一门应用性很强的交叉学科，借用其他学科的理论来开拓危机传播理论或模式值得推广。这种"借用"法也催生了实用的理论或模式，比如 Coombs 运用了 Weiner (1986) 归因论提出了"情境危机传播模式"；Jin 等学者运用 Lazarus (1991) 情感论提出了"整合危机图绘模型"。可以想见，会有更多的学者把其他学科理论嫁接于危机传播，并提出新的危机传播模型。但是，危机传播学本身能否超越实用性的禁锢，借助传播学平台，提出一套真正跨学科的理论，这将是一大挑战。另外，危机传播理论或模型的实证往往依赖于不具代表性的学生样本，这使得理论的外在效度（external validity）值得商榷。现实世界中，参与危机管理和决策的人员往往是组织员工，他们在实际危机中的认知和反应可能同实验室里的学生面临的实验环境大有差异。所以，这些理论需要用真正的样本（组织员工）在实际模拟演习中加以推敲。

第三、危机传播研究需更多地采用定量方法研究传播的各个环节/部分在危机爆发之前的预防与准备、危机爆发过程之中的应对、危机爆发之后的恢复再生的效果。目前学术文献已积累了一些问卷调查或实验法作的定量研究，但数量还远远不够。笔者在此提议针对传播的8个环节对危机传播进行系统化的研究。

尽管 Lasswell 提出的传统传播模式（Who says what to whom in which channel with what effect）在当今的网络互动时代往往被认为因没有考虑"反馈"（feeback）和"噪声"（noise）及"线性单向"（linear）而"落后"了，但该模型提到的五个组成部分（communicator 传播者，message 信息，medium 媒介，receiver 受者，及 effect 效果）对每一次单项传播活动仍具有很好的指导意义。实际上，该模型暗含传者对受者的认识与理解以及预设的效果，否则传播者是无法确定想为什么要说，说什么（及怎么说），什么时候在什么地方说。这样，传播的5个部分就变成了8个部分：1）传者是谁，组织需充分认识自己及所处的境况，包括组织的声誉、市场地位等；2）说什么，组织需确定受者能感知的信息；3）怎么说，组织需确定诉诸情感或理性；4）受者是谁，组织的利益相关者众多，不同的利益相关者会影响传播的其他任何一个环节；5）在什么地方说，组织需选择不同的媒介，包括人际传播；6）什么时候说，组织需决定说的时机，包括保持沉默；7）为什么说，组织需确定预设的传播效果；8）说的实际效果，组织需确定如何测量评估传播的效果，以找出与预设效果的差距并尽快调整下一步传播的各个环节/部分。

第四、危机传播研究需全球化。全球化的今天，风险社会的世界，危机种类五花八门，形形色色，危机爆发的频率、扩散的速度及可能造成的危害也是前所未有的。危机传播研究需要全世界的学者携起手来，共同探讨危机的成因和后果及过程，共享资源以促进人类的可持续发展。西方的理论和实践能否适用于东方的社会和文化，西方能否借鉴东方的经验。这些问题都值得更多更深层次地探索。

◇ 参考文献 ◇

- Allison, G., & Zelikow, P. (1999). *Essence of decision: Explaining the Cuban missile crisis*. New York: Longman.
- Alpaslan, C. M., & Mitroff, I. I. (2011). Swans, Swine, and Swindlers: Coping with the growing threat of mega-crises and mega-mess. Standford, CA: Stanford University Press.
- An, S-K, & Cheng, I-H (2010). Crisis communication research in public relations journals: Tracking research trends over thirty years. In Coombs, W. T., & Holladay, S. J. (eds.) *The handbook of crisis communication*, 65-90. Wiley-Blackwell Publishing.
- Barton, L. (2001). *Crisis in organizations II* (2nd ed.). Cincinnati: College Divisions South-Western.
- Beck, Ulrich (1992). *Risk Society: Towards a New Modernity*. Thousand Oaks: Sage Publications.
- Benoit, W. L. (1995). *Accounts, excuses, and apologies: A theory of image restoration*. Albany: State University of New York Press.
- Benoit, W. L. (2005). Image restoration theory. In R. L. Heath (ed.), *Encyclopedia of public relations: Volume* 1, 407-410. Thousand Oaks, CA: Sage.
- Billings, R. S., Milburn, T. W., & Schaalman, M. L. (1980). A model of crisis perception: A theoretical and empirical analysis. *Administrative Science Quarterly*, 25: 300-316.
- Burnett, J. J. (1998). A strategic approach to managing crisis. *Public Relations Reviews*, 24(4): 475-488.
- Cancel, A. E., Cameron, G. T., Sallot, L. M., & Motrook, M. A. (1997). It depends: A contingency theory of accommodation in public relations. *Journal of Public Relations Research*, 9: 31-63.
- Centers for Disease Control and Prevention (2012). Crisis and emergency risk communication. http://emergency.cdc.gov/cerc/pdf/CERC_2012edition.pdf.
- Coombs, W. T. (1995). Choosing the right words: The development of guidelines for the selection of the "appropriate" crisis response strategies. *Management Communication Quarterly*, 8: 447-476.

- Coombs, W. T. (1999). *Ongoing crisis communication: Planning, managing, and responding.* Thousand Oaks, CA: Sage.
- Coombs, W. T. (2007a). Attribution theory as a guide for post-crisis communication research. *Public Relations Review*, 33: 135-139.
- Coombs, W. T. (2007b). Protecting organization reputations during a crisis: The development and application of situational crisis communication theory. *Corporate Reputation Review*, 10(3): 163-177.
- Coombs, W. T., & Holladay, S. J. (1996). Communication and attributions in a crisis: An experimental study of crisis communication. *Journal of Public Relations Research*, 8(4): 279-295.
- Coombs, W. T., & Holladay, S. J. (2001). An extended examination of the crisis situation: A fusion of the relational management and symbolic approaches. *Journal of Public Relations Research*, 13: 321-340.
- Coombs, W. T., & Holladay, S. J. (2002). Helping crisis managers protect reputational assets: Initial tests of the situational crisis communication theory. *Management Communication Quarterly*, 16: 165-186.
- Coombs, W. T., & Holladay, S. J. (2006). Unpacking the halo effect: Reputation and crisis management. *Journal of Communication Management*, 10(2): 123-137.
- Coombs, W. T., & Holladay, S. J. (2010). *The handbook of crisis communication.* Wiley-Blackwell Publishing.
- Fearn-Banks, K. (1996). *Crisis communication: A casebook approach.* Mahwah, NJ: Lawrence Erlbaum Associates.
- Fink, S. (1986). *Crisis management: Planning for the inevitable.* New York: AMACOM.
- Fombrun, C. J. (1996). *Reputation: Realizing value from corporate image.* Boston: Harvard Business School Press.
- Freeman, R. E. (1984). *Strategic management: A stakeholder approach.* Boston: Pitman.
- Friedman, M. (2002). *Everyday crisis management: How to think like an emergency physician.* Naperville, IL: First Decision Press.
- Gilpin, D. R. & Murphy, P. J. (2008). *Crisis Management in a Complex World.* New York: Oxford University Press.
- Gonzlez-Herrero, A., & Pratt, C. B. (1996). An integrated symmetrical model for crisis communications.
- Grunig, J. E., & Hunt, T. (1984). *Managing public relations.* New York: Holt, Rinehart & Winston.
- Grunig, J. E., & Grunig, L. A. (1989). Toward a theory of the public relations behavior of organziations. *Public Relations Research Journal Annual*, 1: 27-66.
- Grunig, J. E., & Grunig, L. A. (1992). Models of public relations and communication. In J. E. Grunig (ed), *Excellence in public relations and communication management*, 285-325. Hillsdale, NJ: Lawrence Erlbaum Associates.
- Grunig, L. A., Grunig, J. E., & Dozier, D. M. (2002). *Excellent public relations and effective organizations.* Mahwah, NJ: Lawrence Erlbaum.
- Hearit, K. M. (1995). "Mistakes were made": Organizations, apologia, and crises of social legitimacy. *Communication Studies*, 46: 1-17.
- Hearit, K. M. (2001). Corporate apologia: When an organization speaks in defense of itself. In R. L. Heath (ed.), *Handbook of public relations*, 501-511. Thousand Oaks, CA: Sage.
- Hearit, K. M. (2006). *Crisis management by apology: Corporate response to allegations of wrongdoing.* Mahwah, NJ: Lawrence Erlbaum Associates.

- Heath, R. L. (2004). Telling a story: A narrative approach to communication during crisis. In D. P. Millar & R. L. Heath (eds.), *Responding to crisis: A rhetorical approach to crisis communication*, 201-212. Mahwah, NJ: Lawrence Erlbaum.
- Heath, R. L. (2005). Issues management. In R. L. Heath (ed.), *Encyclopedia of public relations I*, 460-463. Thousand Oaks, CA: Sage.
- Herman, C. F. (1963). Some consequences of crisis which limit the viability of organizations. *Administrative Science Quarterly*, 8(1): 61-82.
- Hwang, S., & Cameron, G. T. (2008). Public's expectation about an organization's stance in crisis communication based on perceived leadership and perceived severity of threats. *Public Relations Review*, 34: 70-73.
- Ice, R. (1991). Corporate publics and rhetorical strategies: The case of Union Carbide's Bhopal crisis. *Management Communication Quarterly*, 3: 41-62.
- Janoff-Bulman, R. (1992). *Shattered assumptions*. New York: Free Press.
- Jaques, T (2009). Issue and crisis management: Quicksand in the definitional landscape. *Public Relations Review*, 35(3): 280-286.
- Jaques, T. (2010). Reshaping crisis management: The challenge for organizational design. *Organizational Development Journal*, 28(1): 9-17.
- Jin, Y., & Cameron, G. T. (2007). The effects of threat type and duration on public relations practitioners' cognitive, affective, and conative responses to crisis situations. *Journal of Public Relations Research*, 19: 255-281.
- Jin, Y., Pang, A., & Cameron, G. T. (2012): Toward a publics-driven, emotion-based conceptualization in crisis communication: Unearthing dominant emotions in multi-staged testing of the integrated crisis mapping (ICM) model, *Journal of Public Relations Research*, 24(3): 266-298.
- Jin, Y., Pang, A., & Cameron, G. T. (2007). Integrated crisis mapping: Towards a public-based, emotion-driven conceptualization in crisis communication. *Sphera Publica*, 7: 81-96.
- Kirschenbaum, A. (2004). Generic sources of disaster communities: A social network approach. International Journal of Sociology and Social Policy, 24(10/11): 94-129.
- Lazarus, R. S. (1991). Cognition and motivation in emotion. *The American psychologist* 46(4): 352-67.
- Lebringer, O. (1997). *The crisis manager: Facing risk and responsibility*. Mahwah, NJ: Lawrence Erlbaum Associates.
- Lee, B. K. (2005). Crisis, Culture, Community. In Kalbfleisch, P. J. (ed.), Communication Yearbook 29, 275-309. Mahwah, NJ: Lawrence Erlbaum.
- LePree, J. (2007). Will you be ready when disaster strikes? How to develop a plan that will help avoid, manage and survive a crisis. *Chemical Engineering*, 114: 23-27.
- LePree, J. (2007). Will you be ready when disaster strikes? How to develop a plan that will help avoid, manage and survive a crisis. *Chemical Engineering*, 114: 23-27.
- Marra, F. J. (1998). Crisis communication plans: Poor predictors of excellent crisis public relations. *Public Relations Review*, 24(4): 461-474.
- McHale, J. P., Zompetti, J. P., & Moffit, M. A. (2007). A hegemonic model of crisis communication. *Journal of Business Communication*, 44(4): 374-402.
- McKendree, A. G. (2011). Synthesizing and integrating crisis literature: A reflective practice. *The Review of Communication*, 11(3): 177-192.
- Mitroff, I. I. (1994). Crisis management and environmentalism: A natural fit. *California Management Review*, 36(2): 101-113.

- Mitroff, I. I., & Anagnos, G. (2001). *Managing crises before they happen: What every executive and manager needs to know about crisis management*. New York: AMACOM.
- Mitroff, I. I., Shrivastav, P., & Udwadia, F. E. (1987). Effective crisis management. *The Academy of Management Executive*, 1(4): 283-292.
- Murphy, P. (1991). The limits of symmetry: A game theory approach to symmetric and asymmetric public relations. *Public Relations Research Journal*, 3(1-4): 115-131.
- Palenchar, M. J. (2005). Risk Communication. In R. L. Heath (ed.), *Encyclopedia of public relations*, 752-755. Thousand Oaks, Sage: CA.
- Pauchant, T. C., & Mitroff, I. (1992). *Transforming the crisis-prone organization*. San Francisco: Jossey-Bass.
- Pearson, C. M., & Clair, J. A. (1998). Reframing crisis management. *Academy of Management Review*, 23(1): 59-76.
- Pearson, C. R. & Mitroff, I. I. (1993). From crisis prone to crisis prepared: A framework for crisis management. *Academy of Management Executive*, 7(1): 48-59.
- Pearson, C., & Mitroff, I. I. (1993). From crisis prone to crisis prepared: A framework for crisis management. Academy of Management Executive, 71: 48-59.
- Regester, M. (1989). *Crisis management: What to do when the unthinkable happens*. London: Hutchinson Business.
- Rockett, J. P. (1999). Definitions are not what they seem. *Risk Management: An International Journal*, 1(3): 37-47.
- Rosenthal, U., Charles, M. T., & Hart, P. T. (1989). *Coping with crises: The management of disasters, riots, and terrorism*. Charles C Thomas Pub Ltd.
- Roux-Dufort, C. (2000). Why organizations don't learn from crises: The perverse power of normalization. *Review of Business*, 21: 25-30.
- Seeger, M. W. (2002). Chaos and crisis: Propositions for a general theory of crisis communication. *Public Relations Review*, 28: 329-337.
- Seeger, M. W., & Padgett, D. R. G. (2010). From image restoration to renewal: Approaches to understanding postcrisis communication. *The Review of Communication*, 10(2): 127-141.
- Seeger, M. W., Sellnow, T. L., & Ulmer, R. R. (1998). Communication, organization and crisis. In M. E. Roloff (ed.), *Communication Yearbook* 21, 231-275. Thousand Oaks, CA: Sage.
- Shrivastava, P. (1993). Crisis theory/practice: Towards a sustainable future. *Industrial and Environmental Crisis Quarterly*, 7(1): 23-42.
- Shrivastava, P. (1995). "Ecocentric management for a globally changing crisis society." In 54*th Meeting of the Academy of Management*. BC, Canada: Vancouver.
- Sturges, D. L. (1994). Communicating through crisis: A strategy for organizational survival. *Management Communication Quarterly*, 7(3): 297-316.
- Thomas, J. B. Clark, S. M., & Gioria, D. A. (1993). Strategic sensemaking and organizational performance: Linkages among scanning, interpretation, action, and outcomes. *Academy of Management*, 36(2): 239-270.
- Trujilo, N., & Toth, E. L. (1987). Organizational perspectives for public relations research and practice. *Management Communication Quarterly*, 1(2): 199-281.
- Ulmer, R. R. (2001). Effective crisis management through established stakeholder relationships. *Management Communication Quarterly*, 14: 590-615.
- Ulmer, R. R., Seeger, M. W., & Sellnow, T. L. (2007). Post-crisis communication and renewal: Expanding the parameters of post-crisis discourse. *Public Relations Review*, 33(2): 130-134.

- Wan, H. H., & Pfau, M. (2004). The relative effectiveness of inoculation, bolstering, and combined approaches in crisis communication. *Journal of Public Relations Research*, 16(3): 301-328.
- Weiner, B. (1986). An attributional theory of motivation and emotion. New York: Springer-Verlag.
- Wigley, S., & Pfau, Michael (2010). Communication before a crisis: An exploration of bolstering, CSR, and Inoculation practices. In Coombs, W. T., & Holladay, S. J. (eds.) *The handbook of crisis communication*, 568-590. Wiley-Blackwell Publishing.

传播心理研究

林淑芳[①]

一、领域定义

跨领域（interdisciplinarity）为传播学的特色之一。检视学科的历史发展、领域范畴、研究典范及方法，传播学研究深受其他学科如：社会学、政治学、心理学、人类学等影响。在众多研究学科中，心理学（尤其社会心理学）提供从个人或人际角度了解传播效果与过程的研究途径。Robert Craig 将社会心理学的研究途径视为传播学的传统领域之一（Craig, 1999），并认为社会心理传统着重于探讨"社会行为的原因与效果（causes and effects of social behavior, p. 143）"。上述定义，充分彰显 Chaffee 与 Burger（1987）"传播科学"（communication science）的特色，即传播科学为"追求了解符号及信号系统的产制、处理、与效果"。Craig 认为，20 世纪的社会心理传统对于传播科学具有支配性的强势影响。虽然社会心理传统对于传播研究影响重大，但至今日，学界对于使用社会心理学观点的传播研究或于 80 年代始出现的"媒介心理学"（media psychology）领域，仍无一致的定义。此类研究的关怀主题及研究内容，也随着时间、科学典范转移（尤其为心理学典范）、及研究学者背景而有所转变。

从 20 世纪 30 年代开始，学界开始大量运用社会心理学的观点研究传播现象（参见 Delia, 1987）。Delia（1987）认为社会心理学研究将实验方法引进传播研究，重在了解效果，且将传播视为具有"复杂的中介过程（meditational processes）"（p. 39）。因此社会心理观点的传播研究倾向验证对于信息接收与反应的个体差异，而非将媒介信信息的影响视为直接且一致的。此时研究认为传播行为（如看电影）会因为个人特质、年龄、态度、社会影响等因素不同而有个人差异。

随着心理学自 60 年代于认知科学的发展，传播学者开始于 70 年代采用社会认知方法探讨传播过程。社会认知研究着重在了解人们如何看待及理解这个世界，研究包括知觉、预测、判断、记忆、处理社会信息等议题。结合社会认知与传播议题，Roloff 与 Berger（1982）编辑的专书《社会认知

[①] 林淑芳现任中国台湾中正大学传播学系副教授，2005 年获美国俄亥俄州立大学（The Ohio State University）传播学院博士学位，主要研究领域包括媒介心理、娱乐媒介和新传播科技等。

与传播》（*Social Cognition and Communication*）受到传播与社会认知学界高度重视。他们将社会认知的传播研究定义为"人们对于人类互动的组织性想法"（p. 21）。换言之，社会认知为研究人们对于人类的想法及其相关心智历程（mental process）。这个定义将社会认知的研究重心摆在人际关系的探讨，而缺乏对大众传播现象的讨论。25 年后，Roskos-Ewoldsen 与 Monahan（2007）扩展 Roloff 与 Berger 定义，将大众传播纳入领域，提供四种研究传播的社会认知过程方向：影响信息产制（message production）的过程、信息及社会信息（social information）处理、心智模型（mental models）的产生及储存以及分享认知（shared cognition）的产生及知觉（perception）。

美国心理学会（American Psychological Association）于 1987 年成立了媒介心理分组（Media Psychology Division），正式将大众传播研究纳入心理学研究领域。强调媒介心理学为研究人类使用媒介、科技及与其互动的心理过程。至今日，媒介心理学领域已有许多来自心理学及传播学者致力了解媒介传播的许多面向如：使用与效果、媒介内容、性别差异与新传播科技等。

针对这些研究面向，现有学者提供他们对于媒介心理学的定义。加州大学圣塔芭芭拉分校心理系教授 Dill（2013）提出较广义的定义："人类在媒介使用及创造情境下的行为、想法、感受之科学研究"。荷兰媒介研究教授 Konijn（2013）则将媒介心理学定义为："研究以使用者为中心的媒介效果，研究媒体如何、为何、被谁及在哪里使用；分析处理媒介信息机制；以及理解特定效果可能会在哪一种情况下发生。"媒介心理学领域重要期刊 *Media Psychology* 使用类似定义，将媒介心理定义为有关媒介使用、过程及效果的研究。美国密苏里大学心理系教授 Bruce D. Bartholow 与新闻系教授 Paul Bolls（2013）使用心理生理测量（psychophysiological measures）研究媒介信息处理过程，他们认为媒介心理学为"研究媒介对大脑的影响"，他们认为领域焦点应摆在解开处理媒介信息过程与机制的"黑盒子"（black box）。美国印第安纳大学电信传播系教授 Annie Lang 认为传播心理学研究至今仍有分歧而无一致定义，使领域研究无法聚焦深入，此为媒介心理学未来所需努力的方向（Derwin & Merode，2013）。

二、历史缘由与回顾

传播研究缘起和大众媒介发展密不可分。自 19 世纪始，新、旧传播科技，如：报纸、电报、电话、电影、广播的发明与兴起，对当时人们与社会影响重大。不同领域学者，如：心理学、社会学、政治学家，对于大众媒介在社会上的意义及带给人们的改变，开始表示关怀及兴趣。社会心理学者 Charles Horton Cooley 为其代表人物。Cooley（1902）认为观察人类沟通模式是了解社会现象的重要元素。他相信新媒介与人际传播的效果一致，无太大本质上的差异。他并提出新媒介比旧媒介更能有效改变社会的四个原因：新媒介能够传送思想和情感的范围较宽广（表达性，expressiveness）；新媒介能克服时间的限制（记录永久性，permanence of record）；新媒介能克服空间限制（敏捷性，swiftness）；新媒介能传达信息到各阶层的人（分布性，diffusion）。Cooley 相信新科技可以帮助提升人的素质，如智能或同情心，但是信息的快速传递与变迁也可能让人类没有时间思考或仔细了解事物本质。

传播的研究与理论发展从平面广告开始展开。20 世纪初，广告商开始在报纸与杂志里面放置广告，因而刺激广告信息及消费者使用的研究。尔后于 20 世纪 20 年代起，电影院在各大城市普及，更吸引大量对电影效果的研究。此一时期，心理学开始影响传播研究（Delia，1987）。尔后随着心理学研究典范的兴起与转移，传播研究所关心议题、理论架构、研究方法也随之改变。

在心理学开始对传播研究有所影响的 20 世纪 20 年代，心理学主流典范为行为主义。主要代表人物有 Ivan Pavlov、John B. Watson 及 Burrhus Frederic Skinner。俄国心理学家 Ivan Pavlov 提出的古典制约（classical conditioning）对行为主义影响重大（Pavlov，1927）。最著名的例子，为 Pavlov 研究狗在看到食物后分泌唾液的实验。实验分为四部分，第一部分为狗看到食物会分泌唾液，此为自然反应；第二部分让狗听见铃声，而狗不会分泌唾液；第三部分对狗发出铃声，然后立即给予食物，则狗会分泌唾液；最后，重复数次之后，即使只有听到铃声，狗还是会分泌唾液。Pavlov 认为狗经由学习可以将食物与铃声产生联结，因此原本中性的铃声成为制约刺激（conditioned stimulus），而使狗产生分泌唾液的制约反应（conditioned response）。Pavlov 经由这个实验证明，经由制约，动物可以对特定的制约刺激产生反应（Pavlov，1927）。之后，Watson 以 Pavlov 的研究为理论基础，创立行为主义。他主张心理学的对象是行为，而非传统心理学所认定的心理或意识，人类的行为则是刺激与反应的结果。在研究方法上，Watson 主张应以实验法研究心理学，反对内省（introspection）的研究方法（Watson，1913）。Skinner 则为新行为主义的代表。他认为心理学只能研究可观察的行为，无须了解生物的内心状态。人类可经由外在环境刺激塑造新行为，被鼓励的行为会被强化持续发生，不被鼓励的行为则会消失（Skinner，1938）。

此阶段的传播效果研究，大多受行为主义典范影响，认为媒介信息能直接影响阅听众，如同刺激与反应关系一般，其影响力是直接且强大的。Harold Lasswell（1927）著名的传播公式"谁；说了什么；透过什么管道；传播给谁；产生什么效果"为其代表，认为信息对阅听人的影响为线性且有效的。McQuail 与 Windahl（1993）曾评论 Lasswell 的公式"认为传播者具有影响接受者的意图……公式假设信息永远有其效果"（p. 14）。Shannon 及 Weaver（1949）的传播数学模式（Mathematical theory of communications），认为信息来源产生信息，由传送者将信息转成信号，再由接受者接收。接受者将信号转成信息后，赋予意义，再传送至目的地。Shannon 及 Weaver 的传播数学模式仍呈现和行为主义刺激与反应模式类似的概念（Potter & Bolls，2012）。

20世纪30年代，为了了解电影对儿童的影响，电影研究委员会（Motion Picture Research Council）集合大批研究者，在潘恩基金会（The Payne Fund）的赞助下执行一连串的研究。研究者使用丰富的研究方法，包括：实验法、调查法、访谈法、内容分析法、生理测量、量表等，测量多种效果，包括：情绪、态度等（Delia, 1987）。研究结果发现，成人和孩童能长时间记忆电影信息；电影信息会引起人们情绪反应、改变儿童态度；常看电影者通常道德感较低、较常出现犯罪行为。虽然当时学者无法证实看电影与其负面影响的因果关系，也在某种程度上承认个人差异，但研究显示仍依循行为主义原则，认为电影对于人们有广泛的影响力。

1940年，社会心理学家Hadley Cantril出版《火星人进攻记》（*The Invasion from Mars: A Study in the Psychology of Panic*），探讨因广播剧引起大众恐慌心理的原因。事件起因源于美国哥伦比亚广播网在1938年播出广播剧《Mercury Theater on The Air》，叙述外星人入侵地球的过程。虽然广播剧在播出期间多次说明剧情为杜撰故事，但许多在广播中途听到广播剧的听众，以为播出内容为真而造成大量民众恐慌。Cantril和在Princeton University's Office of Radio Research的同僚，使用了面访、问卷调查法以及内容分析法了解人们对于广播内容的反应。他们尝试从人们的反应来了解是否外在刺激会造成人们不同的反应。如同行为主义所重视的，Cantril的研究仍然重视行为层面的观察，同时他也主张外在环境因素如失业、政治压迫、经济萧条，都有可能影响大众媒介对人们的影响（Cantril, 1940）。

第二次世界大战期间，"耶鲁学派"行为主义学者Carl Hovland参与美国陆军的研究工作，了解如何以媒介内容影响士兵的意见、态度、想法，以提升士气。Hovland和Cantril的研究不一样之处，在于Hovland强调研究说服的定律及准则，以及如何建构信息以影响意见。战后，Hovland回到耶鲁大学研究传播与态度改变，在1953年出版《传播与说服》一书。Hovland对当时传播研究影响重大，被Schramm推崇为传播学的奠基者之一。Hovland并带起实验方法的潮流，到60年代起，实验法已成为研究传播议题盛行的方法（Delia, 1987）。

自Pavlov以来的行为主义学者，认为客观的科学必须奠基于行为的法则。但行为主义除了探讨刺激与反应的线性式关系外，对于了解、解释这些关系发生的原因，以及预测特定事件发生是否会引起特定效果，并不能提供令人满意的答案，因而无法达到社会科学研究的三大基本目标：预测、解释与了解（Potter & Bolls, 2012）。针对行为主义的限制，Miller（2003）认为"如果科学心理学要成功，则需用心智概念（mentalistic concepts）整合及解释行为数据"（p. 142）。因此，1956年始，学者开始研究刺激与反应关系背后的心智过程及机制，研究包括了知觉、信息处理、记忆等的研究。Miller（2003）称此过程为心理学的认知革命，这个科学典范被称为"认知科学"、或是"信息处理心理学"（information processing），为一个跨领域的学门包含：心理学、哲学、语言学、人工智能、神经科学、人类学等。

至 20 世纪 70 年代，社会心理学已成为美国研究传播议题主流途径（Delia，1987），学者开始使用认知心理学探讨传播的机制与过程。在这个阶段，常见议题有：了解沟通过程中，个体产制信息的认知过程；个人如何透过媒体或是人际信息形成态度、信念、行为（如探讨刻板印象的形成）；个人如何透过沟通与他人形成一致的意见与认知；解读媒介信息及人际互动等。许多认知心理学的理论与概念也广泛应用在各传播领域研究上。例如：人际传播学者使用归因理论（attribution theory）来了解人际关系（Harvey & Weary，1985）。团体传播（group communication）学者研究分享认知（shared cognition）对于团体决策（group decision making）与协商（negotiation）的影响（Weick，1993）。在研究健康传播议题中，使用社会认知方法推动健康促进（health promotion）（Bandura，2004）。在政治传播领域，预示作用（priming）及框架作用（framing）则用来了解新闻对于阅听众态度的影响（Eveland & Seo，2007）。评估理论（appraisal theory）、目标（goals）、情绪等概念也被传播学者运用在了解辩论（argument）及信息产生（message production）的过程（Dillar, Kinney, & Cruz, 1996; Gilbert, 1997）。在这个阶段，传播学者也因应社会的需求发展传播理论，如：涵化理论（cultivation theory）、知沟理论（knowledge gap theory）、议题设定理论（agenda-setting theory）、媒介促发理论（media priming theory）等。

传播研究的起源大多因政治或政策目的，研究用以了解大众传播媒介是否为改变人们态度、想法的有效方法，或用来印证大众媒介为影响人们的重要工具。后期因媒介科技的发达与盛行，学界开始尝试了解媒介对于人们的影响及相关机制。美国心理学会（American Psychological Association）于 1987 成立了媒介心理分组（Media Psychology Division），正式将传播媒介研究纳入心理学研究领域之一。1999 年，媒介心理期刊（Media Psychology, Taylor & Francis）正式创刊，旨在刊登结合心理及媒介传播领域的学术论文。2003 年，David Giles 正式出版了名为媒介心理学（*Media Psychology*）专书，虽然书中缺乏对媒介心理的明确定义，但是书中列举了各类媒介心理学所关心的议题如：媒介暴力、广告、媒介与儿童、媒介再现（media representation）等（Giles, 2003）。媒介心理学于近几年的研究大量增加，相关期刊、书目也相继出版，反映出学界对于媒介心理学的重视程度及社会对于了解媒介心理相关议题的需求。

三、媒介心理学相关研究与研究方法

大众传播领域，为传播研究中社会心理研究传统的起始。而自媒介心理学领域的创立，更有来自心理学与传播学界学者致力了解关于媒介经验的心理历程。20 世纪起，传播媒介与新传播科技发展，也引发众多社会与公众关怀，开拓媒介心理学蓬勃的研究发展空间。下面章节针对媒介心理学

重要研究、理论、研究方法以及未来发展加以讨论。

检视媒介心理学科发展历程，可以发现心理学、传播学等多项学科对于媒介心理学的影响。因此，在相关领域研究中，我们可以观察到有研究应用旧的心理学理论探讨媒介传播现象，有研究尝试整合各学科不同理论，也有研究对于传播的独特现象提出新理论。Bryant 与 Miron（2004）曾分析从 1956—2000 年，三份具影响力的传播期刊 *Journal of Broadcasting & Electronic Media*、*Journalism & Mass Communication Quarterly*、*Journal of Communication* 中所发表的研究论文。他们发现在这些论文中，有 59.22% 论文使用源自传播学科的理论，有 12.42% 使用心理学理论，接下来的 9.55% 则为跨领域学科组成。Bryant 与 Miron 另加进核心传播期刊 *Communication Research*、*Mass Communication & Society*、*Media psychology* 以分析理论的使用情况。他们整理出大众传播研究在 21 世纪最常使用的理论包括：框架理论（framing）、中介模型/理论（mediation models/theories）、议题设定（agenda setting）、涵化理论（cultivation）、第三人效果（third-person effects）、使用与满足（uses and gratifications）、社会认知/学习（social cognitive/learning）、选择性暴露（selective exposure）。

在研究取向上，Potter 与 Riddle（2007）分析 16 本传播领域期刊（包含 *Media Psychology*）从 1993—2005 年发表的论文。在这些研究中，探讨认知效果的研究占了 27.6%、行为效果 24.3%、态度效果 21%、信念 15.1%、情绪 9.4%、最后生理研究占了 0.7%。

针对媒介心理学的相关研究，Derwin 与 Merode（2013）探讨 Media Psychology 期刊从 1999 年至 2010 年发表论文主题。他们首先将关键词分成 23 大类，结果发现与心理学紧密相关的类别如认知、情绪、态度以及生理/健康为经常出现的研究类别。尤其认知、情绪、行为及态度相关主题在 2006 年起的出现频率有增加的趋势。另外，近几年研究频率逐渐增加的类别，还有计算机/数据处理/网络/科技（computer/data processing/ Internet/ technology）、虚拟实境/电玩（virtual reality/video games）、认同（identity）、叙事/阅读（narrative/reading）、多样性（diversity）、政治（politics）等议题，大致符合传播科技发展趋势及人们对于社会及公众议题的关心程度。此外，从研究论文所使用的关键词来看，电视（television）、广播（broadcasting）与社会（social）为最常出现的关键词。Derwin 与 Merode 对研究关键词的分析，另反映了两大研究趋势："计算机"、"电玩"、"网络"等关键词出现频率增加，此类关键词反映新科技与媒介的创新；"性（sex）""色情（sexual）""政治的（political）"的研究关键词也有增加的现象，反映出研究主题会随着公共关怀的方向作修正。

传播心理学重要研究与理论

媒介心理学研究议题相当广泛，本章根据重要研究方向，将其分为：学习与教育、媒介信息选择及处理、社会文化与公众关怀等议题。各议题下分别讨论常见理论、聚焦的概念、与相关议题。

学习与教育

社会认知论（Social cognitive theory）

Bandura（1977）的社会学习论（social learning theory）及后来延伸出来的社会认知论（social cognitive theory），以观察儿童如何学习侵略行为，提出人类的学习被外在环境、个人对环境的认知以及个人行为三种因素所影响。Bandura强调观察学习（observational learning），认为人类可以借由观察与模仿学到行为法则或从事所学习到的行为。观察学习包含下列四个历程：（一）注意阶段：个体注意楷模行为，并了解行为意义；（二）保持阶段：个体将观察楷模行为转换为符号式的影像或语言，以保留在记忆中；（三）再生阶段：将所记忆的楷模行为，以行为表现出来；（四）动机阶段：行为结果会影响个体行为，例如行为如果产生正面的结果会提高这个行为未来发生的几率。此外，虽然个体可以从观察别人学习行为，但也需要具有自我效能（self-efficacy）才能执行行动。自我效能即个人对于自身是否具有达成行为目的能力的信念。

社会认知论在媒介心理领域，常被用来解释媒介使用如何影响阅听众的行为。应用上可以分成两类：非预期性媒介效果（unintended media effect）、预期性媒介效果（intended media effect）。非预期性媒介效果为阅听众非预期的从媒介内容学习到负面的行为，例如：抽烟、侵略行为等（如Huesmann, Moise-Titus, Podolski, & Eron, 2003）。Huesmann等人（2003）以社会认知理论为架构，以纵贯式研究方法探讨电视暴力与儿童侵略行为的关系。结果发现，儿童时期若暴露于电视暴力内容下，会增加成年时期侵略行为。预期性的效果则探讨媒介对于阅听人的正面影响，例如社会认知理论应用在探讨娱乐教育节目效果或健康宣导如：药物滥用、HIV/AIDS防治、安全性行为等相关议题（Bandura, 2004），以促进阅听人的利社会行为。应用社会认知论的研究，大多采用社会认知论来解释媒介对于行为的影响或是单纯应用理论中的某一概念来解释行为效果，较少测试理论本身或是探讨理论概念间的机制。

数位素养（Digital literacy）

互联网的使用，为人类带来了便利性及利益，并与现今人们日常生活紧密结合。大量的数字信息因互联网的盛行而得以流通传递，而人类处理信息及执行工作的认知、社会能力及技巧也需随之改变。在此数字时代中，具有能力且有效的使用网络并能以此解决问题之人，便得以在这世代中拥有优势。因此网络素养也成为媒体教育中重要的一环。

网络素养的定义相当多元且分歧。在各家的看法中，有学者给予较狭义的定义，认为网络素养单指网络资料存取、使用超级链接、汇集知识以及评估内容的能力。较广义的说法，则认为网络素养为有效存取网络资料、判断资料真伪及品质以及能传达沟通的能力。最广义对于网络素养的看法，认为网络素养为个人对于数字工具中所有功能的觉醒、态度、能力，并能运用数字工具帮助个人的社会行动。对于上述分歧的定义及语汇，有学者认为执著于概念间的差距并无太大意义，且多数的差异只为语汇上的争论。Koltay（2011）则指出，数字素养原本即为一个复杂的概念，包含了许多"素养"的面向，不需要刻意比较与其他素养概念的差别。

尽管对于网络素养的定义相当多元，但大多文献的定义均包含了存取、理解与创造网络信息的概念，并以"技巧"（skill）与"自我效能"（self-efficacy）来测量网络使用能力。Livingstone 和 Helsper（2010）对网络素养下的定义即为代表，他们认为网络素养为"多维度的概念，包含使用、分析、评论、创造网络内容的能力"。这四种能力，均以技巧为基础（skill-based），和以往"媒介素养"定义有相呼应之处［媒体素养的定义中，最被为广泛使用者为"对于不同形式信息的使用、分析、评论以及产制的能力"（Christ & Potter, 1998）］。此外，Livingstone 和 Helsper 指出，技巧的养成，和使用者的自我效能相辅相成，使用者对于网络使用的自信心可培养网络技巧，而提升的网络技巧也能转而增进网络使用的自信心。因此，欲了解网络素养，必须与自我效能一同探讨。

媒介信息选择及处理

媒介使用（media use）、选择性暴露（selective exposure）

使用与满足（uses and gratifications）研究通常应用于了解媒介的使用与选择。其基本假设认为阅听人具主动性，依照自身心理、社会需求选择媒介内容，人们并会评估媒介内容可以满足人们需求的程度（e. g., Katz, Blumler, & Gurevitch, 1974）。使用与满足被大量使用在探讨各类媒介（如电视、网络等）及内容（如实境节目）的使用与选择。但是也有许多对使用与满足研究的批评，认为使用与满足研究缺乏清楚的理论架构、对于概念间的关系及使用媒介动机解释不清、且缺乏清楚的预测使得理论很难被否证（falsification）等。

对于媒介选择的原因，Zillmann（1988）提出情绪管理理论（mood management theory），认为阅听众选择特定的媒介内容是为了提升自己的情绪。Zillmann 认为人们会倾向回避让人不舒服的情绪如无聊、压力大、或负面情绪。而选择特定的媒介内容，可以帮助人们管理提升情绪。以 Bryant 和 Zillmann（1984）的实验为例，受试者首先被分成两组，一组执行无聊的作业而另一组需要在时间压力下完成智力测验。这个程序用意在操弄受试者的情绪，使其感到无聊或有压力。受试者接着被领到一间备有电视的休息室，在未告知受试者的情况下，实验者监测不同情绪的受试者是否收看不同电视节目。结果发现，感到无聊的受试者花大部分时间观赏刺激的电视内容。

媒介娱乐（Media entertainment）

媒介的娱乐功能在社会中扮演了很重要的角色，McQuail（1983）将娱乐功能视为媒介使用的常见五大因素之一。但是相较于其他形式媒介内容的研究如：说服、新闻，媒介娱乐的研究相对稀少，直到 20 世纪 90 年代后期才开始受到重视。

早期媒介娱乐的研究常应用使用与满足架构来了解娱乐内容的使用。Rubin（1983）以使用与满足观点观察电视使用，发现和娱乐相关的使用理由为想要放松、消磨时间及想从中得到乐趣。Vorderer、Klimmt 与 Ritterfeld（2004）提出一个整合性的媒介娱乐模型，说明媒介娱乐的核心概念为愉悦感（enjoyment），影响愉悦感的面向有使用者先决条件［包含兴趣、拟社会互动（parasocial interaction）、同理（empathy）、临场感（presence）、中止怀疑能力（suspension of disbelief）］、动机（包含情绪管理、逃避（escapism）、成就或竞争）、媒介先决条件（包括内容、科技或设计层面）。产生的娱乐效果有：兴奋转移（excitation transfer）、学习、净化作用（catharsis）。Vorderer 等人（2004）认为媒介娱乐经验可以经由阅听人所展现出的情绪、行为、或信念观察得到，如：兴奋、悲伤、笑声、自我效能（self-efficacy）、成就感。

记忆（memory）、理解（comprehension）

著名默剧大师卓别林在电影"城市之光"中的一个桥段：卓别林所饰演的流浪汉角色站在人行道上前后欣赏橱窗内的模特儿，却浑然不知身后的工地升降梯正在下降，形成一个大洞。过程中，卓别林好几次就要跌到洞里，但最后都刚好躲过厄运。当人们在观看这部电影时，首要条件要先理解电影内容，了解主角所处情境及故事情节。在观看橱窗桥段时，我们会记起以前看过的喜剧桥段，担心主角会狼狈地跌到洞里。事实上，卓别林喜剧吸引人之处，就在于操弄观众的记忆，在大家常见的剧情中设计和以往不一样的桥段，使观众有惊喜的感觉。我们从这个案例中可以发现，在观看电影或节目时，理解与记忆可影响观众的媒介经验，理解与记忆也为阅听众是否能欣赏媒介内容重要的关键之一。在早期研究中，关于理解与记忆的概念经常被忽略。近几年，随着认知心理学的发展，学者开始探讨记忆与理解如何影响媒介经验与反应。

Atkinson 与 Shiffrin（1968）依照记忆的储存时间分为：感官记忆、短期记忆（依其不同定义，也可称为工作记忆）、长期记忆。个体凭感觉器官接受外界环境信息，首先把这些信息存放在感官记忆。感官记忆仅维持非常短暂的时间，只有少部分受到注意的储存信息会传送到短期记忆。短期记忆或工作记忆可在进行认知作业时，保留信息、理解及处理新信息或活化长期记忆的一部分并储存以解决问题。短期记忆所储存的信息在几秒内便会被遗忘（衰退），但如果经过复诵（rehearsal）或与以往知识产生连接，可将信息转到长期记忆。长期记忆所储存的信息可以保持几天到几年，并具有无限的储存容量。长期记忆信息须靠提取（retrieval）历程取得。将记忆的研究应用到电影或节目观赏经验中，我们可以得知过去看影片的经验，若存进长期记忆中，会影响对于正在观赏影片的理解与反应。相对而言，对于影片内容的理解也能帮助记忆，加速提取过程（Harris, Cady, & Tran, 2006）。

研究指出，理解在儿童的媒介使用经验扮演重要的角色。Fisch（2000）认为如果儿童教育节目中的故事情节与教育性质的内容能结合在一起，例如：故事主角在解决一项数学问题后才可以进到下一个故事情节，如此可以帮助儿童增加理解程度，使教育节目达到最好的功效。

传播学界近年来对于媒介使用与记忆的探讨，还包括了自传式记忆（autobiographical memory）的研究。自传式记忆为"个人生活事件的记忆"（Conway & Rubin, 1993, p. 103），如记得自己小学时期最喜欢看的一部卡通、第一次去听演唱会的经验或是去年圣诞节和好朋友一起聚餐。学者指出看电影及听音乐都可以成功触发（trigger）自传式记忆（McDonald, Sarge, Lin, Collier, & Potocki, forthcoming; Schulkind, Hennis, & Rubin, 1999），如看电影"铁达尼号"可能触发观众以往搭邮轮的记忆。

电动游戏议题

近年来，电玩已成为人们主要的休闲娱乐之一。根据 Entertainment Software Association（2011）统计，有72%的美国家庭有玩过游戏机游戏或计算机游戏。平均电玩使用年龄为37岁，有18%低于18岁，29%超过50岁；38%为男性，42%为女性。有33%的电玩使用者认为电玩为他们最喜欢的娱乐活动，成年使用者的平均电玩经历为12年，有65%的使用者与其他玩家一起玩游戏。不可讳言，电玩使用的成长，已逐渐改变人们的生活模式，包括：社交、娱乐、教育、沟通……方面。针对这个现象，许多学者尝试了解电玩的使用、动机与各种影响（Anderson & Bushman, 2001; Eastin, 2006; Lin, 2010）。

电玩研究中最受瞩目的研究取向之一，为电玩使用与暴力的关系，尤其是暴力电玩对于青少年的负面影响。心理学与传播学领域已累积了大量的研究成果，不同的研究方法：实验法、调查法、内容分析、后设分析（meta-analysis）等也被应用在了解是否电玩使用会导致暴力倾向。此类研究的理论基础有：Bandura 的社会认知论，预示作用（priming），Zillmann 的兴奋转移理论（excitation transfer theory, 1978），以及通用侵略模型（general aggression model, Anderson, & Bushman, 2001）。Bandura 社会认知论被应用于解释电玩玩家经由观察学习暴力的电玩内容而有侵略行为、想法、或情绪。预示作用解释暴力与电玩的关系为：人们暴露在暴力电玩内容下，会使得记忆中的侵略想法更容易取得，最后导致侵略行为。兴奋转移理论强调人们对于媒介刺激会留有残值，这些残余的兴奋感会增强对于下一个刺激（媒介内容或是现实场景）的刺激感。Anderson 提出了通用侵略模型并整合上述理论，用来说明暴力电玩内容对于人们长期与短期的影响。电玩与暴力研究是一个具有争议性的议题。有许多实证研究发现暴力电玩的使用会提高侵略倾向（Anderson & Bushman, 2001）。但有许多学者认为两者的关联性薄弱，甚至有学者质疑电玩暴力研究方法上的正当性，认为现今尚不能推论出电玩使用与暴力倾向的关系（Sherry, 2007）。

社会文化、公众关心议题

此类研究探讨人类对于社会文化的感知及大众关心的议题。涵化理论（cultivation theory）为其代表（Gerbner, Gross, Morgan, & Signorielli, 1986）。涵化理论基本假设为当人们花较多时间收看电视时，他们对于真实世界的感知会较接近电视中所呈现的世界。涵化理论累积了非常大量的文献，也为传播学界经常引用的理论。但是涵化理论也受到许多批评，包括对于涵化线性关系的质疑、使用方法正当性以及将所有电视内容视为一致的概念（请见 Shanahan & Morgan, 1999）。

另外，负面媒介影响的相关议题一直为社会大众关注的焦点。传播学界对于种族刻板印象、性的呈现及身体意象等议题均有众多讨论。大部分研究聚焦于媒体内容如何呈现上述议题、是否影响阅听人对此类议题的态度与想法、产生何种效果。如：研究发现观看情境喜剧较多的人们会认为非裔美国人的社会经济地位较高，看戏剧类节目较多的人会认为非裔美国人的教育程度较低（Busselle & Crandall, 2002）。关于身体意向方面，研究发现电视上的演员有很多未达标准体重，而且瘦的演员常会得到称赞，胖的演员常会被贬抑（Greenberg, Eastin, Hofshire, Lachlan, & Brownell, 2003）。另外，对于性的呈现，研究发现媒介经常将女性塑造成非常性感的形象，这个现象不只存在电视内容中，在新娱乐媒介如电玩中也常见到性感的角色（Burgess, Stermer, & Burgess, 2007）。

常见研究方法

根据 Potter 与 Riddle（2007）的调查，在 1993—2005 年传播核心期刊发表的文章，有 32% 使用调查法，28.8% 使用实验法。以下对于调查法与实验法加以介绍。

调查法

调查法使用一系列的标准题项，提供受访者作答，而受访者可以依照自己的媒介经验、对事物的感知、态度加以回答。调查法可以有效率并大规模的搜集资料，因此研究者可以针对母体作统计上的推论。和实验法不同的是，调查法无法操弄个别变项并依此探讨因果关系。大部分调查法使用相关分析（correlational analysis）。相关分析能够帮助了解变项间的关系，但是无法解释一个变项对于另一个变项的影响。另外，就算有时两个变项间的关系被确认了，但是这个关系也有可能是虚假的（spurious）（Pearl, 2000）。常见的虚假关系例子如：当冰激凌的销售量达到高峰时，城市之中游泳池的溺水人数也最多。我们不能依上述关系认为冰激凌销售量导致人们溺水，因为这两者的关系是虚假的。事实上，最有可能的情况是天气炎热会同时导致冰激凌销售量增加及溺水人数的增多。

调查法可以在某个时间点或是短期间内执行，用来了解数个变项间的关系，又称为横段式研究法（cross-sectional study）。学者经常使用横段式研究法探讨媒介暴力对于青少年攻击行为、想法以及情绪的关系（Anderson et al, 2003）。另一种方法为"纵贯式研究"（longitudinal study），针对某一群个体研究，观察其行为的变化。例如：Ostrov、Gentile 与 Crick（2006）研究收看暴力或教育类节目对学龄前儿童暴力及利社会行为的影响。历经两年的研究，他们发现儿童收看节目内容不同会影响他们以后的暴力或利社会行为。Lee、Bartolic 与 Vandewater（2009）的研究同样探讨儿童的媒介使用。他们使用美国"国家儿童健康与发展局"（NICHD）赞助的补充样本调查（Child Development Supplement，简称CDS），同时采用横断式及纵贯式方式来探讨于1997年介于0～12岁的美国儿童及在2002年介于5～18岁儿童的媒介使用。他们发现，不管在单一时间点上或是跨时间而言，居住环境品质、父母限制以及家庭中的冲突为儿童媒介使用的重要预测变项。他们同时发现，儿童看电视及阅读习惯在早期便养成，且会随着时间加强原有的媒介使用习惯。

实验法

自行为主义开始，实验法在媒介效果上的应用便非常广泛。使用实验法可以帮助我们探讨精确的研究假设，推断因果关系。在使用实验法时，研究者可以决定要研究的变项为何，并且直接操弄变项。Heinberg与Thompson（1995）使用实验法探讨媒介内容对阅听众情绪的影响。他们认为观看电视上又瘦又漂亮的模特儿会影响观众的情绪。在实验设计中，他们控制电视广告的内容：一则广告里有漂亮身材的模特儿，另一则广告则和模特儿无关。接下来，将139位女性受试者随机分配观赏其中一则广告。实验结果发现，看完有漂亮身材模特儿广告的女性受试者比另外一组的受试者还要觉得沮丧（depressed）。在日常生活中，我们很难确认广告内容不同对阅听众身体意象会造成何种的影响，但使用实验法，便可以让我们操弄受试者看到的广告内容，比较不同广告内容对身体意象的效果。

实验法另外的优点为，实验者可以控制其他会影响应变项的变数。因此实验者可以排除其他因素的影响，确认应变项（如：行为、想法、情绪）的改变即是受依变项的影响。例如：在上述的研究中，观赏广告环境、受试者性别或是受试者本身的身材都可能影响看完广告后的情绪（例如：广告播放过程中电视信号收讯不佳，可能会导致阅听众产生负面情绪），而实验法可以排除这些因素的影响。

实验法也有可能存在下列缺点。研究者对于实验法最常见的批判之一，为缺乏"外部效度"。外部效度为研究结果可以推论到研究以外的受试者或外部环境的程度。受试者在实验室中的收视环境以及所看到的媒介内容，可能和在现实生活中的收视经验及习惯会有差距。因此在实验环境中所得到的资料，有可能偏离现实。针对外部效度的质疑，Mook（1983）则指出，类似的质疑都有下列假设，即"在真实世界中预测真实生活行为"（predicting real-life behavior in the real world, p. 124）。但大部分实验目的多是测试概念间的关系以验证理论，因此不需担心这个问题。

另外，实验研究须符合研究伦理，不能执行会对受试者造成危害的实验。Prot与Anderson（2013）针对暴力内容及侵略（aggression）的相关研究举例，指出研究者不能执行下列相关研究：如果实验过程可能引起受试者负面的行为，如攻击行为或是自杀；研究者不能为了要测量暴力行为，而测量受试者拿到枪后射杀了多少人。针对此项缺点，可以寻找替代的测量方法，例如使用假设性的情境故事测量侵略反应（Prot & Anderson, 2013）。但无可厚非的，实验法仍有可能无法被使用在观察一些日常生活中可能发生的媒介效果，例如：虽然儿童在日常生活中可能接触到非常暴力的影片，但研究者不能执行实验让儿童暴露在严重暴力影片之中使儿童受到可能的负面影响。

早期使用实验法可回溯至 Lasswell（1927）及 Hovland（1954）的说服及宣传研究。Albert Bandura 使用实验法观察儿童暴露在暴力影片后的行为（Bandura, 1977）。至今日，实验法经常应用在媒介心理学的各个领域，例如：在互动式与新传播科技研究上，如：电玩、网络及互动性研究；在媒介与社会层面的议题上，如：涵化理论的相关研究、媒介框架分析、议题设定；在媒介信息选择及处理方面，如：媒介与促发作用（priming）、娱乐性媒介、记忆、注意力及情绪；在媒介内容方面，如：媒介与性别刻板印象、媒介与种族刻板印象……

随着研究方法及设备的发展，学者开始应用生理测量（physiological measurement）来了解人们对于媒介的反应。经常使用的生理测量方式包括：心跳或脉搏、脑波（Electroencephalography；EEG）、肤电活动（electrodermal activity）、脸部肌电反应（facial EMG）。心跳及脑波可以帮助了解人们使用媒介时的认知处理过程，而情绪可以由肤电活动及脸部肌电反应来得知。相关的研究如：Potter（2009）使用心跳测量了解广播广告数量及长度对听众的影响；Ravaja（2009）测量肤电反应了解人们玩线上电玩时的激发程度（arousal）；Lee 与 Lang（2009）探讨脸部肌电反应以了解观赏不同情绪类别影片时的正、负向情绪反应。生理测量可以使研究者同时探讨多项生理反应，而我们可以经由这些生理反应了解人们对媒介内容的认知与心理反应。因此相关研究可以帮助我们了解人类心智与媒介内容的互动并提供对媒介反应机制的解释。随着认知心理与神经科学的发展，传播心理学者也尝试应用新的生理测量方式，例如：眨眼惊吓反应（the eye-blink startle response）、功能性磁核造影（fMARI）。例如：Bradley（2007）研究在观影情况下，惊吓反应与情绪的关系。

在执行生理测量时，需要特别注意有时仪器设备会引起受试者紧张，如：在受试者身上涂上导电胶、放置电极片可能让受试者不适。另外，人们在日常生活中并不会在身上放置生理感应器同时看电视或看报纸，因此在实验室使用生理测量的方法观察媒介反应，会和现实生活中的使用情况有所差距，造成生态效度（ecological validity）的质疑（请见 Berkowitz & Donnerstein（1982）的讨论）。

四、未来发展及建议

理论发展与延伸

著名社会心理学者 Kurt Lewin（1951）曾说："好的理论是最实用的"（there is nothing so practical as a good theory）。好的理论可以帮助我们了解并解释现象、组织现有知识、并预测相关变化。我们在前面几节讨论了不少媒介心理学科的研究重点与重要理论，但如同 Potter（2013）所述"很讽刺的是，虽然在大众媒介的相关文献中记载了许多理论，但是从理论出发的研究却如此之少"（p. 425）。Kamhawi 和 Weaver（2003）检视 1980—1999 年间所发表的大众传播研究，他们发现理论的应用与发展相较于其他学科缺乏，因而建议大众传播领域学者应该致力于发展及验证理论，并以此说明大众传播过程及效果。这个趋势随着大众传播研究领域的发展越显重要，因为理论发展为评估一个学科的学术地位的重要因素。Potter 与 Riddle 在 2007 观察到类似的趋势，在 1993—2005 年间所发表的大众传播研究，只有 35% 为理论导向。Potter 和 Riddle 认为这个现象造成了传播研究的分裂（fragmented），因为传播研究中缺乏整体的理论凝聚学界对于重要议题的焦点，以致无法对于领域或概念的定义进行整合、达成共识，并累积研究能量。

许多学者呼应此点，认为对于各类的传播科学研究，包括媒介心理学，都应致力推动理论引导（Bryant & Miron，2004；Dill，2013；Nabi & Oliver，2010；Potter，2013）。根据 Berger 与 Chaffee（1987）所言"那些没有基于理论原则，而使用自己的词汇来解释某一传播事件的研究，虽然常常很有价值，但我们不把这些研究归类为传播科学"（p. 17），因为"传播科学的旨趣在解释，而解释的要点在于理论发展"（Berger, Roloff, & Roskos-Ewoldsen，2010，p. 7）。未来传播与媒介心理学研究应该尝试发展自身理论，以帮助学科领域聚焦与深入发展。

情绪与媒介经验

相较于对认知的研究，学界对于情绪（emotion）研究的发展相对较晚。但近十几年，心理学界对于情绪的研究数量持续增加。此趋势一方面反映现代人们期待改善心理与精神生活层面的需求；另一方面也因为研究工具如：FMRI 的创新，使得情绪的测量与研究得以有重大的进展。学界对于情绪定义并没有一致共识，但是普遍认为情绪为短暂的、对于外在刺激所产生的反应。Scherer（2000）认为情绪包含下列 5 种成分：对于事物的认知评估（cognitive appraisal）、生理成分（physiological component）、主观感觉（subjective feeling）、运动反应（motor response）以及产生运动反应及意图的动机成分（motivational component）。

传播与媒介心理学于近几年也呼应心理学对于情绪研究的潮流，研究情绪在媒介使用经验与效果上所扮演的角色。兴奋转移理论（Zilmann，1978）认为接触媒介内容而产生的生理唤起（arousal）会有暂留现象，因此对下一则接收的媒介内容，阅听众的情绪反应会更强烈。Knobloch（2003）情绪调整理论（mood adjustment theory）提出人们认为拥有某种情绪可以使自己较容易完成某项工作，因此人们会使用媒介来拥有某种情绪进而达成工作目标。Raney 与 Bryant（2002）提出戏剧倾向理论（disposition theory of drama），认为人们会基于对于角色的情感倾向（如喜爱）而影响对某戏剧的喜爱程度。

虽然相关研究已慢慢累积，但学界对于情绪在媒介使用经验中的角色仍有许多未知之处。未来学界应多致力于了解情绪在媒介使用中的各种功能、情绪在信息处理过程中的角色、个别情绪（如：悲伤、快乐、沮丧、兴奋）对媒介使用及效果的影响以及情绪对新传播科技使用的影响。

正向心理学（positive psychology）与媒介使用

传统心理学研究通常围绕在了解不健康、负面的情绪及心理疾病的防治。Martin Seligman 和 Mihaly Csikszentmihalyi 在 2000 年主张"心理学家现在应该大量征求对于人类长处与美德的研究"（p.8），认为"在这新世纪，正向心理学可以帮助心理学家了解并建立可以让个人、社群及社会兴盛的原因"（p.13）。正向心理学所关心的主题为"有价值的主观经验"包括：幸福（well-being），满足（contentment），满意（satisfaction），希望与乐观（hope and optimism），心流与快乐（flow and happiness）、正面个人特质、公民道德（civic virtue）等议题（p.5）。

媒介研究在过去常聚焦在媒介使用可能带来的负面影响，如：媒体暴力、科技上瘾、色情媒介内容、种族及性别刻板印象等。这些研究议题可以帮助解决社会所关心的公众议题，使人们避免媒介可能带来的负面效果，有其重要性。近年来，学者开始强调了解媒体的正面效果及如何使用媒体帮助人们得到幸福感（well-being）。研究显示，接触具有利社会内容的电玩游戏及电视节目会帮助儿童较具有利社会行为（Gentile et al., 2009）；使用社交媒介可以增强社会资本（social capital），提升幸福感（Ellison, Steinfield, & Lampe, 2007）。未来研究可以继续探讨媒介对社会与个人的正面效果，探讨如何设计合适的媒介内容帮助各年龄层的人们提升幸福感。

人际传播与影响

虽然传统媒介研究较少讨论人际互动与沟通的影响，但是不可否认的，我们的媒介经验大部分都是在与人互动的情况下产生的。与朋友一起看电影、陪伴家人玩电玩游戏、在社交媒体上与网友互动等，这些都是日常生活中常见的例子。在媒介研究中，父母介入（parental mediation）研究为结合人际互动及媒介使用的例子。此类研究探讨父母亲对于子女电视收视介入情况，是否会对子女媒介经验有所影响。Nathanson（2001）发现当父母与子女一起收看电视节目，子女会觉得父母认可该节目内容。另外有研究针对媒介收视的社会环境作观察，如：Denham（2004）认为人们喜欢观赏转播球赛的原因之一为可以和喜好相同的朋友一起收看节目，因此增加社会认同感。McDonald 和 Fredin（2001）应用心理学情绪传染（emotional contagion）的概念研究共视环境。他们认为人们互动时，会在无意识的情况下，被对方的情绪所传染。因此在观赏喜剧时，人们除了对节目有趣内容产生反应外，也会被同伴的笑声影响而觉得开心。McDonald 和 Fredin（2001）的研究指出，传统所研究的媒介反应研究，只能反应一部分的影响变项，他们建议相关研究应考虑关于人际互动面向的影响。

综合人际互动及媒介使用的相关研究至今仍相当缺乏。未来研究应该广泛考虑人际互动及传播在媒介使用前、中、后所扮演的角色，人际传播对于阅听人的认知、心理、与行为反应的影响，并整合人际传播与媒介传播的相关理论。

◇ 参考文献 ◇

- Anderson, C. A., Berkowitz, L., Donnerstein, E., Huesmann, R. L., Johnson, J., Linz, D., Malamuth, N., & Wartella, E. (2003). *Psychological Science in the Public Interest*, 4: 81-110.
- Anderson, C. A., & Bushman, B. J. (2001). Effects of violent video games on aggressive behavior, aggressive cognition, aggressive affect, physiological arousal and prosocial behavior: A meta-analytic review of the scientific literature. *Psychological Science*, 12: 353-359.
- Atkinson, R. C., & Shiffrin, R. M. (1968). Human memory: A proposed system and its control processes. In K. W. Spence & J. T. Spence (eds.). *The Psychology of learning and motivation* (Vol. 2), 89-195. New York: Academic Press.
- Bandura, A. (1977). *Social Learning Theory*. Englewood Cliffs, NJ: Prentice Hall.
- Bandura, A. (2004). Health promotion by social cognitive means. *Health Education & Behavior*, 31(2): 143-164.
- Bartholow, B. D., & Bolls, P. (2013). Media psychophysiology: The train and beyond. In K. E. Dill (ed.), 474-495. New York: Oxford University Press.
- Berger, C. R., & Chaffee, S. H. (eds.). (1987). *Handbook of communication science*. CA: Sage.
- Berger, C. R., Roloff, M. E., & Roskos-Ewoldsen, D. R. (2010). What is communication science? In C. R. Berger, M. E. Roloff, & D. R. Roskos-Ewoldsen (eds.), *The handbook of communication science*, 3-20. CA: Sage.
- Berkowitz, L., & Donnerstein, E. (1982). External validity is more than skin deep: Some answers to criticisms of laboratory experiments. *American Psychologist*, 37: 245-257.
- Bradley, S. D. (2007). Examining the eyeblink startle reflex as a measure of emotion and motivation to television programming. *Communication Methods and Measures*, 1(1): 7-30.
- Bryant, J., & Miron, D. (2004). Theory and research in mass communication. *Journal of Communication*, 54(4): 662-704.
- Bryant, J., & Zillmann, D. (1984). Using television to alleviate boredom and stress: Selective exposure as a function of induced excitational states. *Journal of Broadcasting*, 28: 1-20.
- Burgess, M. C. R., Stermer, S. P., & Burgess, S. R. (2007). Sex, lies, and video games: The portrayal of male and female characters on video game covers. *Sex Roles*, 57(5-6): 419-433.
- Busselle, R., & Crandall, H. (2002). Television viewing and perceptions about race differences in socioeconomic success. *Journal of Broadcasting & Electronic Media*, 46: 256-282.
- Cantril, H., Gaudet, H., & Herzog, H. (1940). *The invasion from Mars: A study in the psychology of panic*. Princeton, NJ: Princeton University Press.

- Chaffee, S. H., & Berger, C. R. (1987). What communication scientists do. In C. R. Berger & S. H. Chaffee (eds.), *Handbook of communication science*, 99-122. Newbury Park, CA: Sage.
- Christ, W. G., & Potter, W. J. (1998). Media literacy, media education, and the academy. *Journal of Communication*, 48: 5-15.
- Conway, M. A., & Rubin, D. C. (1993). The structure of autobiographical memory. In A. F. Collins, S. E. Gathercole, M. A. Conway, & P. E. Morris (eds.), Theories of memory, 103-137. Hillsdale, NJ: Lawrence Erlbaum Associates.
- Cooley, C. H. (1902). *Human nature and the social order*. New York: C. Scribner's sons.
- Craig, R. T. (1999). Communication theory as a field. *Communication Theory*, 9(2): 119-161.
- Delia, J. G. (1987). Communication research: A history. In C. R. Berger, & S. H. Chaffee (eds.), *Handbook of communication science*, 20-98. Newbury Park, CA: Sage.
- Denham, B. E. (2004). Toward an explication of media enjoyment: The synergy of social norms, viewing situations, and program content. *Communication Theory*, 14(4): 370-387.
- Dill, K. E. (2013). Introduction. In K. E. Dill (ed.), 3-12. New York: Oxford University Press.
- Dillar, J. P., Kinney, T. A., & Cruz, M. G. (1996). Influence, appraisals, and emotions in close relationships. *Communication Monographs*, 63: 105-130.
- Derwin, E. B., & Merode, J. D. (2013). Inside media psychology: The story of an emerging discipline as told by a leading journal. In K. E. Dill (ed.), 75-95. New York: Oxford University Press.
- Eastin, M. S. (2006). Video game violence and the female game player: Self-and opponent gender effects on presence and aggressive thoughts. *Human Communication Research*, 32: 351-372.
- Ellison, N. B., Steinfield, C., & Lampe, C. (2007), The benefits of facebook "friends:" Social capital and college students' use of online social network sites. *Journal of Computer-Mediated Communication*, 12: 1143-1168.
- Entertainment Software Association. (2011). Essential facts about the computer and video game industry. Retrieved from http://www.theesa.com/facts/pdfs/ESA_EF_2011.pdf.
- Eveland, W. P., Jr., & Seo, M. (2007). News and politics. In D. Roskos-Ewoldsen, & J. Monahan (eds.),. Mahwah, NJ: Lawrence Erlbaum.
- Fisch, S. M. (2000). A capacity model of children's comprehension of educational content on television. *Media Psychology*, 2: 63-91.
- Greenberg, B. S., Eastin, M., Hofschire, L., Lachlan, K., & Brownell, K. D. (2003). Portrayals of overweight and obese individuals on commercial television. *American Journal of Public Health*, 93(8): 1342-1348.
- Gentile, D. A., & Anderson, C. A., Yukawa, S., Ihori, N. Saleem, M., Ming, L. K., et al. Sakamoto, A. (2009). The effects of prosocial video games on prosocial behaviors: international evidence from correlational, longitudinal, and experimental studies. *Personality and Social Psychology Bulletin*, 35(6): 752-763.
- Gerbner, G., Gross, L., Morgan, M., & Signorielli, N. (1986). Living with television: The dynamics of the cultivation process. In J. Bryant & D. Zillmann (eds.), *Perspectives on media effects*, 17-40. Hilldale, NJ: Lawrence Erlbaum Associates.
- Giles, D. (2003). *Media psychology*. Mahwah, NJ: Lawrence Erlbaum Associates.
- Harris, R. J., Cady, E. T., & Tran, T. Q. (2006). Comprehension and memory. In J. Bryant, & P. Vorderer (eds.), *Psychology of entertainment*, 71-84. Mahwah NJ: Lawrence Erlbaum Associates.
- Harvey, J. H., & Weary, G. (eds.). (1985). *Attribution: Basic issues and applications*. San Diego: Academic press.
- Heinberg, L. J., & Thompson, J. K. (1995). Body image and televised images of thinness and

- attractiveness: A controlled laboratory investigation. *Journal of Social and Clinical Psychology*, 14(4): 325-338.
- Hovland, C. I. (1954). The effects of the mass media of communication. In G., Lindzey (ed.), *Handbook of social psychology* (vol. 2), 1062-1103. Reading, MA: Addison-Wesley.
- Kamhawi, R., & Weaver, D. (2003). Mass communication research trends from 1980 to 1999. *Journalism & Mass Communication Quarterly*, 80: 7-27.
- Katz, E., Blumler, J. G., & Gurevitch, M. (1974). Utilization of mass communication by the individual. In J. G. Blumler, & E. Katz (eds.), *The uses of mass communications: Current perspectives on gratifications research*, 19-32. Beverly Hills: Sage.
- Knobloch, S. (2003). Mood adjustment via mass communication. *Journal of Communication*, 53: 233-250.
- Konijn, E. A. (2013). The role of emotion in media use and effects. In K. E. Dill (ed.), The oxford handbook of media psychology 186-211. New York: Oxford University Press.
- Koltay, T. (2011). The media and the literacies: media literacy, information literacy, digital literacy. *Media Culture & Society*, 33(2): 211-221.
- Huesmann, L. R., Moise-Titus, J., Podolski, C., & Eron, L. D. (2003). Longitudinal relations between children's exposure to TV violence and their aggressive and violent behavior in young adulthood: 1977-1992. *Developmental Psychology*, 39: 201-221.
- (1927). *Propaganda Technique in World War*. Cambridge, Mass: M. I. T. Press.
- Lee, S.-J., Bartolic, S., & Vandewater, E. A. (2009). Predicting children's media use in the USA: Differences in cross-sectional and longitudinal analysis. *British Journal of Developmental Psychology*, 27: 123-143.
- Lee, S., & Lang, A. (2009). Discrete emotion and motivation: Relative activation in the appetitive and aversive motivational systems as a function of anger, sadness, fear and joy during televised information campaigns. *Media Psychology*, 12: 148-170.
- Lewin, K. (1951). Problems of research in social psychology. In D. Carwright (ed.), *Field theory in social science*, 155-169. New York: Harper, & Row.
- Lin, S.-F. (2010). Gender differences and the effect of contextual features on game enjoyment and responses. *CyberPsychology, Behavior, and Social Networking*, 13: 533-537.
- Livingstone, S., & Helsper, E. J. (2010). Balancing opportunities and risks in teenagers' use of the internet: the role of online skills and internet self-efficacy. *New Media & Society*, 12(2): 309-329.
- McDonald, D. G., & Fredin, E. S. (2001). *Primitive emotional contagion in coviewing*. Paper presented at a meeting of the International Communication Association, Washington, D. C..
- McDonald, D. G., Sarge, M. A., Lin, S. F., Collier, J. G., & Potocki, B. (in press). A role for the self: Media content as a trigger for involuntary autobiographical memories. *Communication Research*.
- McQuail, D. (1983). *Mass Communication Theory* (1st ed.). London: Sage.
- McQuail, D. & Windahl, S. (1993). *Communication models for the study of mass communications*. London, Longman.
- Miller, G. A. (2003). The cognitive revolution: A historical perspective. *Trends in Cognitive Sciences*, 7(3): 141-144.
- Mook, D. G. (1983). In defense of external invalidity. *American Psychologist*, 38: 379-387.
- Nabi, R. L., & Oliver, M. B. (2010). Mass media effects. In C. R. Berger, M. E. Roloff, & D. R. Roskos-Ewoldsen (eds.), *The handbook of communication science*, 255-272. CA: Sage.
- Nathanson, A. I. (2001). Parent and child perspectives on the presence and meaning of parental television mediation. *Journal of Broadcasting & electronic Media*, 45: 201-220.

- Ostrov, J. M., Gentile, D. A., & Crick, N. R. (2006). Media exposure, aggression, and prosocial behavior during early childhood: A longitudinal study. *Social Development*, 15: 612-627.
- Pavlov, I. P. (1927). Conditioned Reflexes: An Investigation of the Physiological Activity of the Cerebral Cortex. Translated and Edited by G. V. Anrep. London: Oxford University Press.
- Pearl, J. (2000). *Causality: Models, Reasoning and Inference*. Cambridge: Cambridge University Press.
- Potter, R. F. (2009). Double the units: How increasing the number of advertisements while keeping the overall duration of commercial breaks constant affects radio listeners. *Journal of Broadcasting & Electronic Media*, 53(4): 584-598.
- Potter, W. J. (1994). Cultivation theory and research: A methodological critique. *Journalism Monographs*, 147: 1-35.
- Potter, W. J. (2013). A general framework for media psychology scholarship. In E. Tulving, & F. I. L. M. Craik (eds.), *The Oxford handbook of memory*, 423-448. New York: Oxford University Press.
- Potter, R. F., & Bolls, P. D. (2012). *Psychophysiological Measurement and Meaning: Cognitive and Emotional Processing of Media*. New York, NY: Routledge.
- Potter, W. J., & Riddle, K. (2007). A content analysis of the media effects literature. *Journalism and Mass Communication Quarterly*, 84(1): 90-104.
- Prot, S., & Anderson, C. A. (2013). Research methods, design, and statistics in media psychology. In K. E. Dill (ed.), *The Oxford handbook of media psychology*, 109-136. New York: Oxford University Press.
- Raney, A. A., & Bryant, J. (2002). Moral judgment and crime drama: An integrated theory of enjoyment. *Journal of Communication*, 52: 402-415.
- Ravaja, N. (2009). The psychophysiology of digital gaming: The effect of a non co-located opponent. *Media Psychology*, 12(3): 268-294.
- Roloff, M., & Berger, C. R. (eds). (1982). *Social cognition and communication*. Beverly Hills, CA: Sage.
- Roskos-Ewoldsen, D. R., & Monahan, J. L. (eds). (2007). *Communication and social cognition: Theories and methods*. Mahwah, NJ: Lawrence Erlbaum Associates.
- Scherer, K. R. (2000). Psychological models of emotion. In J. C. Borod (ed.), *The neuropsychology of emotion*, 137-162. Oxford/New York: Oxford University Press.
- Schulkind, M. D., Hennis, L. K., & Rubin, D. C. (1999). Music, emotion, and autobiographical memory: They're playing your song., 27(6): 948-955.
- Seligman, M. E. P., & Csikszentmihalyi, M., & (2000). Positive psychology: an introduction. *American psychologist*, 55 (1): 5-14.
- Shanahan, J., & Morgan, M. (1999). *Television and its viewers: Cultivation theory and research*. Cambridge/ New York: Cambridge University Press.
- Shannon, C. E., & Weaver, W. (1949). *The mathematical theory of communication*. Urbana: University of Illinois Press.
- Sherry, J. (2007). Violent video games and aggression: Why can't we find links? In R. Preiss, B. Gayle, N. Burrell, M. Allen, & J. Bryant (eds.), *Mass media effects research: advances through meta-analysis*, 231-248. Mahwah, NJ: L. Erlbaum.
- Skinner, B. F. (1938). *The behavior of organisms: An experimental analysis*. New York: Appleton-Century-Crofts.
- Vorderer, P., Klimmt, C., & Ritterfeld, U. (2004). Enjoyment: At the heart of media entertainment. *Communication Theory*, 14: 388-408.
- Watson, J. B. (1913). Psychology as the behaviorist views it. *Psychological Review*, 20:

158-177.
- Weick, K. E. (1993). The collapse of sense-making in organizations: The Mann Gulch disaster. *Administrative Science Quarterly*, 38: 628-652.
- Zillmann, D. (1978). Attribution and misattribution of excitatory reactions. In J. H. Harvey, W. J. Ickes, & R. F. Kidd (eds.), New directions in attribution research. Hillsdale, NJ: Erlbaum.
- Zillmann, D. (1988). Mood management: Using entertainment to full advantage. In L. Donohew, H. E. Sypher, & E. T. Higgins (eds.), *Communication, social cognition, and affect*, 147-171. Hillsdale, NJ: Lawrence Erlbaum Associates.

健康传播研究的框架与走向

张巍元[①]

一、对健康传播领域的界定

在过去 40 年间，健康传播已成为一个非常活跃的传播研究次领域，本领域探讨传播于健康与医疗保健过程中的角色。健康传播提供了真实的社会情境，让传播学者与实务人员得以测试与应用既有之传播理论。健康传播研究促进了产官学界进一步了解人类沟通对健康与医疗保健的复杂影响。它让其他学门了解人类传播存在于不同阶段——如自我传播、人际传播、小团体传播、组织传播、公众与大众传播。健康传播展现了学者如何具体运用传播研究成果以促进公众福利、了解健康之社会文化意涵、检视医疗资源配置之合理性并提升医疗服务品质。除此之外，健康传播的实用特性与应用价值亦巩固了传播研究作为独立学门的合理性（Kreps，2010）。

"健康"乍听之下为一个稀松平常之日常生活词汇，然而，这个概念却相当不易以学术角度定义。不同个体可以因为不同生活体验与文化背景而对健康产生不同诠释与理解。因此，在界定何谓健康传播时，学者面临相当大的挑战。一方面，过度广义的定义将无法对健康传播的未来发展提供任何实质指引。另一方面，过度狭义的定义，则有可能令研究者画地自限，而将具研究价值的相关议题排除在外。

早期许多健康传播研究采用的理论，多源自于传统传播理论、社会心理学与考古学（Atkin & Marshall，1996）。晚近亦有学者采用批判取向、诠释取向与文化取向研究健康与传播间的联结（Ellingson，2005；Lupton，1995）。这些理论架构反映了不同学者之研究焦点与他们对健康传播之不同定义。

Costello（1977）是最早对健康传播提出定义的学者之一。在第一期的传播年鉴里他引用世界卫生组织的定义，将健康界定为："体格、精神与社会的完全良好状态。"Costello 同时引用 Thayer（1968）对传播的定义——传播是个人获得事件资料并将之转化为有意义或可消化信息之过程——而

[①] 张巍元，现任新加坡国立大学传播与新媒介系助理教授，2007 年获美国天普大学（Temple University）媒体与传播学博士学位，主要教学和研究领域包括健康传播、健康与文化和传播与社会变迁等。

将健康传播界定为这两个概念的联结。

随着时代变迁与健康传播领域的多元发展，Costello 的定义已渐无法涵盖此领域的全貌。由于健康传播涵盖范围过大，传播学者现今多选择由研究议题的角度切入分析健康传播的意义，而非尝试给予健康传播一个广泛的定义。大抵而言，关于健康传播的界定，可以区分为两派。一派倾向于以不同人类传播阶段界定健康传播；另一派则倾向以操作化定义界定健康传播。

传播阶段定义下的健康传播

早期当学界仍为"传播是否为一专门学门"而争论不已时，Berger（1991）即曾建议，为了促进传播学门的整合，健康传播学者进行研究时，应遵循传播学门已有的分类架构，即：（1）自身传播（intrapersonal communication）强调的是个人对自身健康的认知与管理；（2）人际传播（interpersonal communication）强调的是关系对健康实践的影响；（3）小团体传播（small-group communication）着眼于医疗专业人员间或与病人或彼此间的沟通；（4）组织传播（organizational communication）着眼于医疗组织的内部沟通；（5）大众传播（mass communication）着眼于媒体对大众健康的影响；（6）公众传播（public communication）的焦点则为总体健康教育与健康促进。

在早期的健康传播研究中，最受瞩目的当为健康与人际传播和大众传播的联结。早期研究健康的人际传播学者，多从医病关系切入，探讨沟通如何影响病人对医疗过程的满意度与顺从度（Arntson, Droge, & Fassl, 1978; Street & Wiemann, 1987）。例如 Costello（1977）便认为关系为健康传播研究之核心客题。健康传播的研究重点，在于了解医疗专业人员与病人如何透过互动而建立及维系他们之间的关系。Korsch（1989）亦发现，随着医疗科技与日进步，当医疗人员愈加依靠医疗新科技协助诊断的同时，他们愈倾向减少与病人之沟通。然而，只要多透过谈话了解病人的病史以及给予病人更多支持，便能有效改变医病关系与医疗效果。

由大众传播角度切入的学者，专注于健康信息如何透过媒体与政策制定而有效地传达给大众（Jackson, 1992）。从大众传播的角度而言，健康传播在疾病防治与健康宣导活动里扮演极重要的角色。健康传播乃为利用大众传播媒体维护与促进健康的社会过程。在此过程中，媒体将有用且具说服力的健康信息传递给民众，借此教育他们采取行动以保障自身健康。美国疾病控制与预防中心（Centers for Disease Control and Prevention, CDC）便将健康传播定义为"根据消费者研究，制造和传递信息与策略以促进个体与社群健康"的学问。

然而，单由人际传播或大众传播的角度去界定健康传播不但无法涵盖健康传播的丰富内容，同时亦容易陷入大众传播/人际传播的二分法陷阱（Ratzan, Payne, & Bishop, 1996）。因此后期不少学者改以操作取向界定健康传播。

操作化定义下的健康传播

采用操作取向定义健康传播的学者，较关注健康传播所适用的情境（context）与主题（topic）。对这些学者而言，研究健康传播的目的，在于深入了解人们如何做出健康决定，以及如何透过不同传播管道协助人们增进健康知识并维持健康。

着眼于健康传播的应用特质，Cassata（1980）将健康传播定义为"了解传播阶段、功能与方法如何应用于不同医疗保健情境中的研究"。Kreps & Thornton（1992）则将健康与传播的关系定义为"医疗保健过程中的人类互动"。这些学者将焦点放在影响健康传播的情境，而非健康传播的结果。

另一方面，学者如 Northouse & Northouse（1992）则从健康传播研究的主题来定义这个领域。他们认为健康传播是"人类传播的分支，侧重于个体在社会中如何寻求健康以及如何处理与健康有关的议题"。Ratzan, Payne, & Bishop（1996）认为健康传播在于"研究如何以具道德说服力的手法，影响人类医疗保健之决策过程与效果"。1994 年美国 Tufts 大学成立第一个健康传播硕士学程时，对健康传播的描述为："健康传播是告知、影响以及鼓舞个人、机关与公众了解健康议题之艺术与技巧。它的涵盖范围包括疾病预防、健康促进、健康法规、商务以及社群成员健康与生活品质的提升。"Rogers（1994）则干脆将健康传播定义为"任何涉及健康内容之人类传播型态"。大抵而言，操作化取向赋予研究者较宽广的空间去定义健康传播。然而健康传播的具体内涵，亦深受学者所采取的理论取向影响。这点将于下文论及健康传播的四种理论取向时，有更详尽的描述。

历史

健康与传播，这两个主题，一直是人类生活经验的一部分。然而，直至 20 世纪 60 年代晚期，传播学者才逐渐展开对健康与传播的系统性学术研究（Thompson, Robinson, Anderson, & Federowicz, 2008）。在人本主义心理学运动（humanistic psychology movement）的风潮带领下，说服与社会影响文献奠定了早期健康传播研究的理论建构。与此同时，受到医疗社会学（medical sociology）的影响，亦有传播学者从结构与文化的角度分析医疗保健议题。然而，除了 Barbara Korsch 与其研究团队曾零星发表数篇健康传播研究报告之外（Korsch & Negrete, 1972），多数关于健康的研究，均由护理、医学或社会学的角度切入，较少着墨传播与卫生保健的关系。Korsch 和 Negrete 于 1972 年出版于期刊 *Scientific American* 的 "Doctor-Patient Communication"，至今仍被许多学者视为健康传播研究的起始点。

传播学者 Everett Rogers（1994）认为，健康传播这个领域的缘起，亦可追溯至 1971 年的史丹福心脏病预防计划（Stanford Heart Disease Prevention Program，SHDPP）。当年此计划由美国国家心脏、肺与血液研究中心出资，斯坦福大学的两名教授 Jack Farquahar 与 Nathan Maccoby 主导，于两个加州小区执行了一系列健康促进宣传活动。其中的说服信息，着重于强调运动、戒烟、均衡饮食与减压的重要性。学者们设定了两个实验组与一个对照组，以田野实验法评估成效。在发现宣传活动能有效降低心脏疾病的风险之后，从20世纪80年代开始，研究者陆续将此心脏病预防计划复制于加州其他小区、明尼苏达州、罗得岛以及芬兰。同时，这一系列宣传活动的主题也逐渐由心脏病预防延伸至戒烟以及其他种类的物质滥用预防计划。

经费是健康传播此领域能快速成长的主要原因之一（Atkin & Marshall, 1996）。20世纪80年代，美国政府为反药物滥用，提拨大笔经费研究健康传播，此举鼓舞了许多传播学者与来自公共卫生与医学院的学者合作研究各项药物滥用防治计划及其效果。而随着各国国民医疗支出的增加，更多学者致力于预防医学与健康传播的研究。这股风潮吸引许多学校开立健康传播学门或提供健康传播课程以满足社会对健康传播人才的需求。此外，艾滋病于20世纪80年代开始盛行，它仅能预防不可根治的特性，促使行政部门将许多医疗行政资源分配至艾滋病预防之沟通与宣导。随着大笔研究经费流入艾滋病防预计划，研究人员的广泛参与，政府与跨国组织的重视，以及诸多健康传播学者进入医疗决策与行政单位发挥影响力，健康传播此领域终获快速成长。

另一导致健康传播能在20世纪70年代之后迅速成长的原因，则与国际研讨会的举行与出版品流通有关（Ratzan, Payne, & Bishop, 1996）。1975年，国际传播学会（International Communication Association, ICA）首度成立健康传播分会（Health Communication Division），健康传播研究开始出现于ICA每年发行的刊物——传播年鉴内。而口语传播学会（后来更名为美国传播学会，National Communication Association, NCA）则于1985年成立健康传播分会。每年此两大传播学会举办之国际研讨会，提供传播学者许多学术交流机会，而健康传播分会的成立，吸引了更多学者投入相关研究领域。1989年，第一本以健康传播研究为主题的期刊：*Health Communication* 首度发行；1996年，第二本健康传播期刊：*Journal of Health Communication* 亦问世。这两本专门性期刊提供了分享健康传播研究的平台。近年来，健康传播研究除可发表于 *Health Communication* 与 *Journal of Health Communication*，亦可见于一般性传播期刊如 *Journal of Communication*、*Communication Research*、*Communication Theory*、*Communication Monographs*、*Human Communication Research*；或社会心理学、公共卫生与医学期刊，例如 *Social Sciences & Medicine*、*Health Education & Behavior*、*American Journal of Public Health*、*Health Psychology*、*Journal of the American Medical Association*（*JAMA*）等。

过去40年，健康传播持续朝向多元化方向发展。许多早期的研究主题——例如医病关系（doctor-patient relationship）、媒体与健康宣导活动（health campaigns），至今仍为此学科的研究核心，但在此同时，亦有更多新的主题浮现，例如医疗科技与健康传播、健康信息寻求与管理、文化与健康、健康识能（health literacy）与社会支持（social support），等等。若非得在看似不相同的研究中寻求它们的共同点，那么可能是健康传播的研究主题多与真实世界的健康议题息息相关（Wright, Sparks, & O'Hair, 2013）。

1977年当Costello调查当年仍为数甚少的健康传播研究时，他仅发现四种健康传播研究主题，分别为传播与诊断，传播与合作，传播与咨询以及传播与卫生教育。2008年，Thompson, Robinson, Anderson, & Federowicz分析了 *Health Communication* 此期刊从1989年创刊至2003年这15年间出版之文章，他们发现最常出现的三大健康主题分别为癌症、物质滥用（烟、酒和药物）以及性相关议题（如性传播感染、艾滋病与家庭计划）。其他主题如心脏病与高血压防治、健康饮食、器官移植、更年期与妇产科医学等，相形之下出现于期刊内的频率相当稀少。

若 *Health Communication* 这本期刊代表了健康传播研究的发展史，那么Thompson等人对此期刊所做的内容分析，呈现了健康传播领域从20世纪80年代末期至21世纪初的发展历程。从研究方法而言，他们发现若以5年为一单位（1989—1993；1994—1998；1999—2003），于1989年至1993年之间，多数文章系以论述、评论、文献探讨及理论建构等研究方式呈现；其次盛行之研究方法为实验法、准实验法与田野实验法；再次则为问卷调查法与内容分析法。而于1994年至1998年，问卷调查成为健康传播学者最常使用之研究方法，其次为实验法，但仍有稳定数量文章着重于概念与理论层次之论述与评论。至1999年到2003年这个阶段，问卷调查仍为研究方法的主流，概念与理论探讨的文章比例大约持平，但采用实验法的文章却大量减少，取而代之的，为更多采用修辞学（rhetorical analysis）、述事法（narratives）、文本分析（textual analysis）、话语分析（discourse analysis）与会话分析（conversation analysis）之研究。综观之，在1989—2003年这15年间，使用问卷调查、话语分析与会话分析、行为编码（behavioral coding）以及多方法研究（multiple method studies）的文章呈显著增加的趋势，而采用实验法和内容分析法的文章则逐渐减少。

另一方面，若从研究主题的角度分析，Thompson等人发现，总体而言于1989—2003年间发表于 *Health Communication* 的文章里，有21%研究医病关系，13%的文章关注健康宣导活动，另12%探讨健康风险。它们是此期刊最常出版的三项研究主题。其他纵贯15年的研究主题，尚包括健康与语言、媒体与社会支持。至于随时间演变而显著增加的研究主题，则有老化、传播与医疗科技以及多元文化研究。

随着时间推进，健康传播研究的水平逐渐提升。当1984年Thompson首度检视此领域时，她发现研究者与医疗人员对人类沟通传播的过程缺乏精准的了解。多数研究由非传播学者执行，因而研究结论往往为："我们需有更多的沟通。"如此粗糙的建议，即使于多年前看来，也显得过度空洞简化。但随着更多传播学者的投入，当Thompson于2003年再度检视此领域时，她认为健康传播的内涵与定义，已显得更为细腻准确。

二、健康传播领域的代表研究取向与学术观点

要将发展 40 年为数众多的健康传播研究介绍给读者并非易事。不同的分类法可以将健康传播研究以不同样貌呈现。一种常用的分类法，系以健康传播之规模分类，例如 Thompson, Dorsey, Parrott, & Miller（2008）便采用此法，将健康传播研究分为微观（micro）、中观（meso）与宏观（macro）三个层次。此种分类法，呼应了本文稍早介绍之传播阶段定义下的健康传播。微观层次的健康传播研究多着眼于人际关系与健康之交互影响。代表研究主题为医病关系以及医病互动对个人健康决定与健康结果之影响。在中观层次，学者着眼于健康与小团体传播和组织传播的关系。此层级之健康传播研究议题包括医疗体系的内部对话、社会支持、环境与不同医疗保健单位对个人与群体的影响。至于宏观层次的健康传播，则探讨了社群健康促进与健康教育、媒体和政策法规对医疗保健的宏观影响。相关研究主题包括社群健康发展、大众媒体与健康宣传活动、媒体框架对身体意象（body image）与饮食疾患（eating disorders）的影响、健康法规的制定与执行、权力结构与健康资源分配近用等。

不同于 Thompson 等人以传播规模分类，Babrow & Mattson（2008）则提出以理论架构为基准的分类法。为了凸显健康传播与其他传播领域间的联结，Babrow & Mattson 采用了 Craig（1999）的传播理论 7 大传统，将健康传播研究区分为 7 类：修辞传统（rhetorical tradition）、符号学传统（semiotic tradition）、现象学传统（phenomenological tradition）、模控学传统（cybernetic tradition）、社会心理学传统（sociopsychological tradition）、社会文化传统（sociocultural tradition）与批判传统（critical tradition）。

本文倾向由认识论的角度，依据理论取向将健康传播研究加以分类。有感于 Craig 的 7 大传统分类较无法充分反映当前健康传播研究的发展方向，本文改采用 Dutta & Zoller（2008）的分类法，将当今健康传播研究区分为四种理论取向：后实证主义取向、诠释取向、批判取向以及文化取向。在健康传播发展的前 30 年，多数实务与研究计划的理论取向均植基于后实证主义（post-positivism）或 Babrow & Mattson（2008）所谓之社会心理学传统。后实证主义取向强调透过分析传播、社会与心理变项，以解释、控制和预测健康行为结果（Dutta & Zoller, 2008；Thompson et al., 2008）。这个取向被认为是健康传播研究的主流典范。然而在晚近 10 年，诠释、批判与文化学派快速兴起，至今亦在健康传播研究领域占有一席之地，与后实证主义共同对健康传播研究产生重大贡献。

相较之下，诠释、批判与文化取向有显著共同性，而它们与后实证主义亦较像光谱的两极，对健康传播的理论探讨、研究目的和实务定位有极其不同的主张。因此，本文接下来将分别介绍这两

大学术观点（后实证取向与诠释/批判/文化取向）之下的经典理论与研究框架，以方便读者入门。

后实证主义取向

传播在后实证主义或社会心理学的传统下，被理解为人类或其他有机体透过行为展现心理机制的运作状态。传播是人类或有机体经由与其他个体或有机体的互动，产生认知、情绪和行为效果的过程（Craig，1999）。根植于后实证主义取向与社会心理学传统的健康传播理论，多为行为改变理论（behavioral change theories）。这些理论的共同点，在于认同健康传播的目的，是创造或维持行为改变。而健康行为的改变，可以经由增加知识，改变态度与采取行动而达成（knowledge, attitude, practice，简称KAP）。此类行为改变理论的重点，在于探讨并测试那些变项可以在不同情境下有效预测人类行为的改变。多数健康行为研究采用量化方式测量结果，依变项通常为行为或行为意图，而自变项则根据不同理论而有所差异。

在后实证主义取向之下，有许多具代表性的健康传播理论以及一些广泛运用于健康传播的一般性传播理论。这些理论包括了健康信念模式（health belief model）；社会认知理论（social cognitive theory）；计划行为理论（theory of planned behavior）；跨理论模式/行为阶段改变模式（transtheoretical model/stages of change model）；新平行过程模式（extended parallel process model）。以下本章节将逐一介绍这些理论之主要内容及其运用于健康传播研究之概况。此外，本章节亦将介绍两种常见的健康宣导策略：社会营销（social marketing）与娱乐式教育（entertainment education）。应注意的是，社会营销与娱乐式教育为实用导向之健康宣导手法而非概念导向之传播理论。这两种宣导手法建基于不同健康行为理论，目的为促进个体或群体健康行为的改变。因它们的终极目的与多数健康行为理论一致，因此本文亦将它们纳于此章节内加以介绍。

健康信念模式：

健康信念模式首先于1974年为Rosenstock提出。此理论主张健康行为的产生受三大构件影响，分别为：威胁觉知（threat perception）、行动衡量（behavioral evaluation）以及行动诱因（cues to action）（Rosenstock, Strecher, & Becker, 1994）。威胁觉知包含两种信念变项：自觉罹患性（perceived susceptibility）与自觉严重性（perceived severity）。前者指的是个人自觉罹患某种疾病或发展出某种健康风险的可能性。后者指的是个人对某疾病或健康风险后果严重性的主观预期。行动衡量亦包含两种信念变项：自觉行动利益（perceived behavioral benefits）代表的是个人对从事某项行动所能带来之效能（efficacy）与利益（benefits）的觉知。而自觉行动障碍（perceived behavioral barriers）指的是个人对从事某项行动所需面对之困难与所需付出成本的预期。

不同于威胁觉知与行动衡量指的是个人内在信念觉知，行动诱因多为影响行动的外在诱因。这些诱因包含不同触发因子,例如环境、社会影响与健康宣导促进活动等。传统的健康信念模式认为这五大变项可以成功地预期健康行为,但在修正后的健康信念模式中,亦有学者主张健康动机(health motivation),即,个人对健康所愿付出的关注意愿,也会对健康行为产生影响(Rosenstock, Strecher, & Becker, 1994)。

根据 Abraham & Sheeran(2007)的研究,健康信念模式最常运用于三种健康研究:(1)预防式健康行为(preventive health behaviors)——例如健康促进活动、健康风险行为、疫苗与避孕措施;(2)病人角色行为(sick role behaviors)——尤指病人对疗程的服从度;(3)诊所使用(clinic use)——例如消费者基于何种理由去看诊。

多数使用健康信念模式的研究,采用横断研究法(cross-sectional designs)。Janz & Becker(1984)指出,超过40%健康信念研究的依变项是预期行为,而非回顾行为。关于行为的测量,大部分研究倚赖受试者的自我报告,另有少数使用生理测量(例如 Bradley, Gamsu, & Moses, 1987)、行为观察(例如 Hay et al., 2003)以及医疗报告(例如 Orbell et al., 1995)。至于研究方法,多数研究采用问卷调查法测量受访者的信念与行为,也有一些研究采取面对面访谈及电话访问(Abraham & Sheeran, 2007)。

整合分析(meta-analyses)研究结果显示,采用健康信念模式的健康传播研究,大致呈现两个共同点(Harrison, Mullen, & Green, 1992;Zimmerman & Vernberg, 1994)。其一是多数使用健康信念模式的研究发现,自觉罹患性、自觉严重性、自觉行动利益与自觉行动障碍这四个信念变项均能对健康行为产生显著预测性。然而,尽管这些变项总合起来可解释的变量相当显著,但它们各自能独立预测的变量其实相当少。第二个共同点在于,多数研究仍采用这四个信念变项去预测行为,真正使用行动诱因和健康动机去预测健康行为的研究其实为数不多。由于学者对后两项变相的操作性定义莫衷一是,导致在整合分析研究中,无法系统性地检验它们对健康行为的预测能力。

社会认知理论

社会认知理论由 Bandura(1986)整合前人对社会学习(social learning)的研究而提出。此理论主张人们透过观察学习行为。行为、环境(environment)和个人认知(cognition)三者之间具有交互影响的作用。从个人认知的角度,健康行为的学习主要受两大认知变项影响:自我效能(self-efficacy)与结果预期(outcome expectations)。自我效能是社会认知理论的核心概念,它指的是个人对自己能否组织执行步骤,进而实践行为之评估。此评估可对个人的思考过程、动机以及行动意念产生关键性影响(Bandura, 1997)。社会认知理论主张,健康行为的实践可以有效地经由提升人们的自我效能而达成。

至于结果预期,指的是个人对从事特定行为的后果预期。这项认知评估适用于三种结果预期:

(1) 物质结果（physical outcomes）指的是个人预期从事某项行为所产生的物质利益或损失；(2) 社会结果（social outcomes）指的是个人预期采取某项行为后，对人际关系的影响；(3) 自我管制结果（self-regulative outcomes）指的则是个人预期在采取行为后，对自己产生之正面或负面评估（Bandura，1997）。

Glanz & Bishop（2010）检视了千禧年以来 11 件对健康行为的系统研究，他们发现社会认知理论是健康行为研究最常用的理论之一。总体而言，自从社会认知理论被提出之后，已有无数文献探讨自我效能和结果预期这两个概念如何影响社区层次和大众传播层次的健康宣导活动，亦有许多学者将这两个概念融入他们所提出的健康行为改变模式。一些例子包括自我效能和结果预期如何影响健康信息寻求与行为改变（Afifi & Weiner，2006）；健康饮食和体重控制（Anderson, Winett, & Wojcik，2007）；规律运动（Rovniak, Anderson, Winett, & Stephens，2002）；医疗与复健顺从度分析（Murphy, Greenwell, & Hoffman，2002）；安全性行为（Dilorio et al.，2001）和物质滥用与上瘾行为（Bruvold，1993）。

然而，如同 Glanz, Rimer, & Viswanath（2008）指出，由于社会认知理论涵盖内容范围太广，研究者很难以同样方法去测试整个理论在不同健康行为上的运用。自我效能算是本理论中最常被测试的变项，而它的有效性亦获相当多研究结果支持。然除此之外，测试整体理论的研究至今不多，这形成探讨本理论实用性的主要限制。

计划行为理论

计划行为理论（Fishbein & Ajzen，2010）主张，人们之所以会从事某项行为，是因为他们有足够的行为意图（behavioral intention）。行为意图作为预测行为最有效的单一变项，又可由三个变相决定：(1) 对行为所产生之正面或负面态度（attitude）；(2) 相信自己能实践并控制行为之觉知行为控制（perceived behavioral control）；(3) 感知到必须从事此特定行为之觉察规范（perceived norms）。个人愈是对这三个变相有正面的评价，那么，他们就有愈强大的行为意图去从事这项行为，并付诸行动。

计划行为理论的前身为理性行动理论（theory of reasoned action），此理论同样为 Fishbein & Ajzen（1975）所提出。两个理论最主要的差别，在于计划行为理论加入了觉知行为控制此变相，以更有效地预测行为意图以及后续行动。觉知行为控制这个概念与 Bandura（1986）的自我效能十分相似，但 Fishbein 与 Ajzen（2010）认为，除了概念层次的相似性，觉知行为控制和自我效能在操作性定义上有显著的不同。前者的测量，通常涉及询问受访者是否觉知自己有能力可以实践某项行为。而后者的测量通常是在列出一系列情况后，再询问受访者是否自觉有信心能在那些情况下，实践该项行为。

计划行为理论属于一般性传播理论，而非起源于公卫、医学等相关领域之健康传播专门理论。然而由于它清楚的操作性定义与对认知与行为因果关系的明确界定，因而广泛为健康传播学者所使用。Godin & Kok（1996）发现计划行为理论对不同类型健康行为的预测能力略显不同。当运用于艾滋病相关行为研究时，计划行为理论显示出较佳的预测性，反之，此理论对临床与筛选行为的预测能力较弱。Sutton（2007a）检视了7个整合分析研究之后，发现态度、觉察规范与觉知行为控制这三个变相，平均能预测39%～50%行为意图的变异量。而行为意图平均能解释26%～34%的行为变异量。整体而言，计划行为理论对不同类型健康行为的预测能力，仍算相当一致。

跨理论模式/行为阶段改变模式

跨理论模式是起源于健康心理学与健康促进的理论，此模式于20世纪80年代由美国罗得岛大学的研究团队提出（Prochaska & DiClemente, 1983；Prochaska et al., 2002）。跨理论模式之所以称为"跨理论"，乃是因为它试图将来自不同健康行为理论的概念——例如阶段改变（stages of change）、决策平衡（decisional balance）、信心与诱惑（confidence & temptation）与改变过程（processes of change），整合为单一模式。这个理论最早被运用于戒烟研究，后来亦运用于多种健康行为研究，例如控制物质滥用、控制体重、促进身体活动等健康行为研究。

跨理论模式主张，健康行为的改变经由5个阶段达成：（1）意图前期（precontemplation），个人并没有产生改变行为的意图；（2）意图期（contemplation），个人意识到问题的存在并开始思考该如何解决问题，但尚未下决心采取行动；（3）准备期（preparation），个人有行为意图，并曾零星于过去一年内采取行动但尚未成功；（4）行动期（action），个人调整行为、经验或环境以克服问题。有明显的行为改变并且愿意付出时间与精力改变行为；（5）维持期（maintenance），此阶段个人持续保持新行为并防止旧习惯的故态复萌（relapse）。

这5个阶段是渐进的。达成行为改变意味着人们必须由前一个阶段进入下一个阶段，但在这过程中，也有可能会因为旧习惯的复发而回到前一个阶段。个体有可能会在这些阶段中反复循环数次，才能达到长期行为改变。

在过去曾有3组研究团队系统性地检视跨理论模式于实务操作的效果。Bridle et al.（2005）和Riemsma et al.（2003）各自发现此理论并无法对健康行为的改变提出显著有效的解释。而Spencer, Pagell, Hallion, & Adams（2002）则对此理论运用于戒烟的效果有较正面的评价。Sutton（2007b）认为，纵贯研究（longitudinal studies）和实验法应该是检验跨理论模式最有效的研究方法。根据他的整理，总共有11个研究曾采用纵贯研究检视健康行为的长期阶段改变，这些研究全部关于戒烟。然而，由于不同研究者对每个阶段时间点的界定不一，导致研究出来的阶段结果也不尽相同。另一方面，随机分组实验法或许是最能测试行为阶段改变的研究方法。但Sutton只发现三个研究曾采用实验组与对照组的方式测量跨理论模式在健康宣导与干预措施中引发的效果。

综观所有学者对跨理论模式的研究，可发现该理论虽然广泛运用于阶段性健康行为改变，但它对变相的定义与测量以及对因果关系的界定仍有改进的空间。晚近有不少学者对此理论提出概念与方法论上的质疑（Rosen，2000），亦有学者将注意力转移至提出新的行为阶段改变理论（Weinstein & Sandman，2002）。

新平行过程模式

恐惧诉求（fear appeal）是健康传播研究中颇具重要性与争议性的概念。支持者认为恐惧能有效刺激行为改变，反对者则质疑过多的恐惧激发恐会引起反效果。Witte（1994）的新平行过程模式是目前将恐惧激发（fear arousal）与行为改变解释得最详尽的健康行为理论。在新平行过程模式里有三个重要的元素，恐惧、自觉威胁（perceived threat）和自觉效能（perceived efficacy）。源自健康信念模式，自觉威胁这概念可又分为两种：（1）自觉罹患性——个人觉得受到健康威胁的可能性；（2）自觉严重性——威胁所可能带来的伤害规模。自觉效能来自社会认知理论，Witte 进一步将这个概念区分为两个变项：（1）自觉自我效能指的是个人相信自己有能力执行被推荐的健康行为；（2）自觉反应效能则指的是个人是否相信被推荐的行为能有效去除威胁。

根据新平行过程模式，当人们接收到含恐惧诉求的信息时，会开始评估信息所传递的威胁。若他们觉得这个威胁既不严重也不相关，他们便不会有动机进一步处理这个信息，而可能直接忽略这个挟带恐惧诉求的信息。然而，若人们觉得这个威胁既严重又攸关己身时，他们可能会感到害怕，并且想透过采取行动消弭恐惧。他们的效能分析将决定他们将采取何种行动去减轻恐惧。

减轻恐惧的行动有两种可能性。在第一种状况下，人们相信信息里所推荐的行为是有效的而他们也有能力去执行该行为（即，高自觉反应效能与高自觉自我效能）。此时，他们倾向听从信息的建议去控制危险（danger control）。在第二种状况下，人们不相信推荐的行为是有效的或不相信自己有能力执行该项行为。于是他们会倾向以消极的方式去控制恐惧（fear control）。例如他们可能会选择否认（我不觉得我会得癌症）、防御性回避（这太恐怖了，我不要再想下去）或是抵抗（他们只是想要操控我，我才不要听他们的）。新平行过程模式指出，当个人无法评估信息的反应效能时，他们会倾向依靠过去经验或预先的信念来评估行为的有效性。

恐惧诉求曾被大量运用于疾病预防及健康宣导，例如保险套的使用与艾滋病预防、戒酒、酒驾、牙线使用与口腔保健、防晒与皮肤癌预防、乳房自我检查等。采用恐惧诉求的研究者通常会采用实验法将受试者分为两组，一组接受具强烈恐惧诉求的信息；另一组接受较温和的信息，而后由研究者比较两组受访者对信息所推荐行为之接受与拒绝程度（Witte & Allen，2000）。

至今至少有 4 个整合分析曾检视恐惧诉求的效果。Boster & Mongeau（1984）和 Mongeau

(1998)发现,恐惧诉求信息的强度与态度改变和行为改变呈现正相关。Sutton(1982)发现当恐惧诉求增强时,个人亦会产生较高意图与行为。在Witte & Allen(2000)分析中,他们发现恐惧诉求信息与恐惧激发、自觉危险性和自觉罹患性皆呈正相关。至于自觉效能则对行为改变有极显著的预测效果。Witte & Allen以此结果反驳学界对恐惧诉求可能产生反效果的质疑。

然而,诚如Murray-Johnson & Witte(2003)所言,高度恐惧激发的信息只适用于当目标阅听人相信自己可以轻易履行被推荐的行为,并且认为那个信息所带来的威胁是严重且相关的。健康信息的设计者在从事健康宣导时,须小心分析他们的目标阅听人并且将恐惧诉求信息导向可以解决问题的方向,以避免阅听人产生否认与防御性回避等反应。

社会营销

社会营销是非常广泛使用的健康宣导策略。社会营销并非传播理论,而是一种宣导的手段、过程与工具。自从Wiebe(1951)提出了一个经典问题:"为什么不能像推销肥皂一样推销同伴情谊?"健康传播学者便对运用社会营销于健康促进与社会变迁计划产生无比兴趣。

Andreasen(2006)将社会营销定义为运用已知的营销手段与概念去推广行为的改变。社会营销讲求以"营销组合"(marketing mix)仔细设计信息,分析目标阅听人接受信息的原因,策略性推销信息,以达成有效营销健康行为的目的。这样的营销组合涵盖了4Ps,分别为产品(product),价格(price),通路(place)和销售推广(promotion)(Evans, 2006)。多数社会营销者使用大众媒介推广健康信息,但他们亦会结合人际传播和其他传播阶段模式。

Storey, Saffitz, & Rimon(2008)认为社会营销研究应遵循5大原则。第一,社会营销的目的不应止于改变态度或想法,所谓的产品必须是行为改变。第二,社会营销应将目标阅听人的利益置于组织利益之前。健康教育者需由目标阅听人的角度出发,设想如何协助他们提升健康与生活水平,而非由组织的角度出发,操纵阅听人行为。第三,既然名为"营销",社会营销应为消费者导向,设计对消费者有吸引力的产品(健康行为),并且研究市场竞争对产品接受度的影响。第四,社会营销应根据不同情境,调整营销组合与四个P的内容。第五,社会营销应注重阅听人分层(audience segmentation),深入了解不同族群阅听人的特定需求与信息接收模式,设计符合他们利益的产品与信息。

虽说社会营销的许多手段与概念,来自既存行为理论、说服心理学以及营销科学。然而当从业人员真正使用社会营销来推广健康时,他们的推广流程——例如前置作业、阅听人分析、信息设计、执行与监督和效果评估等,往往缺乏理论基础。Luca & Suggs(2013)便发现当实际执行时,仅有少数社会营销计划由理论指引。最常见的理论为跨理论模式与计划行为理论,其他理论尚包含健康信念模式、社会认知理论、社会网络理论与创新传播理论。Edgar, Volkman, & Logan(2011)建议，社会营销者应更加善用传播理论对人类传播的研究去推广健康行为，此外，他们亦可多关注其他相关传播理论概念，例如不确定性评估与信息管理、沟通能力、叙事与例证等，对健康宣导活动设计与执行之影响。

娱乐式教育

娱乐式教育是经由设计与传播具目的性之媒体信息，达到兼顾娱乐与教育效果的过程（Singhal & Rogers，1999）。娱乐式教育的目的在于增加阅听人对特定议题的知识，建立他们对该议题的正面态度，改变社会规范，以达到改变个人、群体及社会行为的效果（Singhal & Rogers，1999）。同社会营销，娱乐式教育并不是一个传播理论，而是一种促进行为与社会改变的传播策略。传统娱乐式教育主要依靠大众媒介（电视、电影、广播、录像带以及印刷品）的使用，晚近研究者与实务人员则开始研究如何透过新传播科技（例如网络）与其他创意媒介（例如工艺品、纺织品、壁画与玩具）传递娱乐式教育信息（Singhal & Rogers，2004）。

早期研究娱乐式教育的学者，多从认知和理性的角度分析娱乐式教育的效果。但近期娱乐式教育的应用，有更趋向娱乐而非理性教育的走势。透过叙事与故事推展，现今多数娱乐式教育计划着眼于人类传播情绪（emotion）与情感（affection）的面向（Zillerman & Vorderer，2000）。例如，当宣导预防艾滋病时，信息设计者可能不会以理性说教的方式强调使用保险套与安全性行为的重要性，而是透过描述故事主角如何历经家人过世及走过伤痛这样的叙事法达成效果。

根据 Singhal & Rogers（2004）的观察，自从 20 世纪 80 年代中期，已有超过 200 个娱乐式教育计划在亚、美、非洲等开发中国家以电视肥皂剧和广播剧的形式，推广健康行为。多数娱乐式教育研究系以社会认知理论为理论基础，透过提供阅听人正面与负面的角色模式（role model）去激发行为改变。晚近随着娱乐式教育的普及，亦有学者开始采用不同理论角度分析娱乐式教育的社会文化意涵。这些理论包括了深思可能性模式（elaboration likelihood model）、使用与满足理论（uses and gratifications）、阅听众参与（audience involvement）、知沟理论（knowledge gap）、议题设定理论（agenda setting）、社会建构论（social constructivism）、涵化分析（cultivation analysis）、创新传播理论（diffusion of innovations）以及哈伯马斯的沟通行动理论（theory of communicative action）（Jacobson & Storey，2004；Rogers，2003；Slater & Rouner，2002）。相关研究主题则包括了阅听人对信息的处理运用以及意义建构；社群参与；以及社群成员与卫生组织的对话等。

总结而言，娱乐式教育对健康教育与健康促进所产生的影响是显著的。但如同所有推广行为或态度改变的健康宣导活动，娱乐式教育亦面对一些道德上的考量。这些考量包括：所宣导的行为是否真为阅听人所需？所宣导的行为是否尊重阅听人原有的社会文化信仰？所宣导的行为是否真能改善目标阅听人的生活，抑或仅为激化社会差异？以及宣导行为改变的本身，是否形成了另一种意识形态与权力的操控（Singhal & Rogers，1999）？

诠释/批判/文化取向

批判诠释与文化学者主张，如果健康传播仅着眼于研究人们如何接受信息改变行为，而不对权力、文化与社会正义提出质问。那么健康传播研究的努力，极可能陷于持续深化而非消弭社会不平等的状态之中（Lupton，1995）。健康传播领域应融入对政治与批判文化理论的探讨并加强对话语的分析，以了解在医疗与卫生保健的过程中，语言与信息的使用，是否仅反映了某些特殊族群的利益（Airhihenbuwa，2007）。究竟在健康行为改变的典范下，是谁的利益经由信息被推广了？什么样的价值、信念与观点被发扬了？而又是那些被刻意淡化与忽略了？

批判诠释与文化学者质疑许多传统健康教育者对权力关系的认识不够深刻。在健康行为理论的引导下，健康与行为改变往往成为一种商品，而这种商品必须为人们所接受。传播成为一种由上而下、或甚父权宰制的单向过程。改变被预设为是好的、必须的。不论是医疗专业人员或健康教育者，他们均扮演着将正确的行为模式传递给大众的角色。而所谓的大众，往往被描绘成是冷淡的、对己身健康漠不关心的、必须被说服的、抗拒改变的、顽强的、犹豫的、欠缺自我效能的、缺乏知识的以及难以触达的（Freimuth & Mettger，1990）。然而，研究者与实务人员往往忽略了，当他们使用"难以触达"这个形容词的同时，他们也接受了权威比病人与公众更有权力决定何谓健康以及何谓正确价值的主流意识形态。

由于许多健康传播研究的经费，均来自政府部门、地方健康促进机构或跨国健康组织。这导致研究与实务人员往往受制于经费供给单位的意识形态与议题主导，而将研究重心置于开发设计健康教育宣导活动、成本效益与效果评估。"促进改变"成为一种不容置疑的前提。而何谓健康，则由机关组织定义。

在后实证主义典范之下，健康行为理论大量运用于健康宣导活动中。然而学者如 Stevenson & Burke（1991）质疑，健康促进往往将责任归咎于个人。即使多数健康行为理论试图将社会环境因素纳入考量，但大抵这些因素仍存在于认知层次，多数健康促进研究仍着重于促进个人知识、态度或行为的改变。相较之下，像文化这种难以量化测量的健康面向，反而较少受到重视。然而，文化并非仅为一种生活形态的选择，亦是共构健康经验的重要社会过程，它解释了健康知识、信念与行动是如何在微观（个人、家庭、社会）与宏观（国家、国际政治）层次中被产制与诠释。诠释/批判/文化取向主张，意义乃经由社会互动而产生，所谓的真实，建立于人们主观诠释之上。从这个角度，所谓的健康、疾病与医疗保健，皆是透过人类互动与意义建构而成的信念与现象（Lupton，1995）。

不同于后实证主义强调对健康宣导效果与行为结果的客观量化分析，诠释/批判/文化取向倾向以质化研究法了解、诠释与质疑健康的意义、决策与实践。对这些学者而言，他们并不认同以量化方式测量信息之正确性或错误性。相对的，他们在意的是深入了解人们的生活经验并探讨语言和沟通如何影响健康话语的诠释（Bartesaghi & Castor，2008）。

尽管诠释、批判与文化学派均强调对文化、权力、话语与意识形态的分析，它们亦有些许差异之处。以下为不同取向之主要诉求。

诠释取向

建基于诠释学（hermeneutics）、现象学（phenomenology）、民族志研究法（ethnomethodology）与符号互动论（symbolic interactionism），诠释学派的研究重心，在于了解健康和医疗的意义如何经由社会互动而产制（Harter, Japp, & Beck, 2005; Lindlof & Taylor, 2002）。采用诠释取向研究健康传播的学者，使用深度访谈、焦点团体、参与式观察、文本与修辞分析和民族志法，详细记录健康对受访者的意义以及此意义被建构与实践的过程（Ellingson, 2005; Sharf & Vandeford, 2003）。

诠释取向学者最常以叙事（narrative）的角度分析健康的脉络意义（contextual meanings）（Fisher, 1987; Frank, 1995; Greenhalgh & Hurwitz, 1998; Kleinman, 1988）。叙事研究的客体通常为话语及人际对话。这类研究分析人们如何运用叙事逻辑理解与解释自我认同、社会认同以及个体与环境的关系。叙事研究主张故事富含了各式仪式符号形式，并且能揭露主体如何运用能动性（agency）采取行动。

从叙事的角度，疾病（disease）与病痛（illness）是不同的。疾病指的是器官产生功能障碍，经由量化法则观察病因与症状的病理过程。病痛指的是病人经历疾病与不舒服的过程。Sharf & Kahler（1996）认为，病痛才是健康传播研究者应关注的现象。Sharf & Vanderford（2003）指出，叙事研究通常着眼于发掘健康故事的5种功能：（1）意义赋予功能（narrative as sense-making）——在叙事过程中，个人得以将随机事件、人物与行动以某种模式串联，创造出富含个人、社会与情境意义的故事；（2）宣示拥有控制权的功能（narrative as asserting control）——经由整理与陈述病痛过程、生理限制与自主感的剥夺，病人回到以"我"的角色看待故事，增加了对自我主权的掌握；（3）转换认同的功能（narrative as transforming identity）——个人得到机会诠释在病痛的过程中，自我、人际、社会网络与行动产生何种转变。经叙事而产生的自我知识，有助于个人重设身份认同；（4）合理化决定的功能（narrative as warranting decisions）——故事能揭露个人处理病痛的原因与价值。经由叙事，个人得以重新检视过去的决定，而他们的辩护亦将影响未来的健康决定；（5）建立社群的功能（narrative for building community）——当叙事于团体或大众传播层次进行时，能发挥多项社群巩固功能，例如让相同处境的病人得以互相支持援助、让大众了解病痛相关议题以及提供社会倡议（advocacy）的话语。

综合而言，叙事取向主张经由故事讲述（storytelling），研究者得以探讨在生物医学的客观解释之外，病人如何诠释病痛的意义。叙事研究者主张，病人所陈述的意义，可反映他们对自我认同、角色扮演以及人际关系的理解。同时，他们处理健康与病痛的经验，亦可揭露在特定脉络下，健康所承载之家庭、政治、社会、文化与宗教意涵（Sharf & Vandeford, 2003）。

批判取向

批判学者着重于了解健康传播如何建构与强化宰制权力关系（dominant power relationships），并且在此权力关系的建构过程中，边缘化某些社会族群。Deetz（2001）认为诠释取向和批判取向的差异在于前者强调"共识"（consensus）而后者强调"歧感"（dissensus）。诠释学者寻求了解自然与社会系统中秩序的产制，研究重点通常在于描述与理解。而批判学者认为斗争、冲突、紧张才是现象背后的本质，因此研究重点通常在于挑战与揭露被刻意遮盖的冲突。

同诠释学派，批判学者亦深受诠释学、现象学与修辞学的影响。但他们也向其他理论传统取火。这些理论传统包括 Antonio Gramsci 的霸权、Stuart Hall 的文化研究、Foucault 和 Derrida 的后现代主义研究、后殖民主义、女性主义以及酷儿理论（queer theory）（Dow & Condit, 2005; Lupton, 1995; Yep et al., 2003）。

批判学者所感兴趣的是社会正义。于是，当研究健康宣导活动时，他们会聚焦于低社经地位团体的边缘化、社会政治系统所造成的不平等差异以及健康教育者对个人责任之不当责难等议题（Zoller & Dutta, 2008）。当研究媒体时，他们重视的是优势健康意识形态如何经由媒体再制社会知识的过程，合理化既得利益者所享有的权力地位（Lupton, 1995）。而当研究边缘化团体时，他们在意的，是个人与群体如何运用能动性（agency）以拒绝、抵抗或转型的方式抗衡霸权的宰制（Sharf & Vandeford, 2003）。

文化取向

文化取向研究的重心，在于探讨文化、结构与权力三方互动下产制的健康意义，并检视能动性如何引导个体与群体做出健康决策与行动。在不同类别的文化取向研究中，最具代表性的研究框架，或为 Dutta（2008）所提出的文化中心取向（culture-centered approach）。Dutta 将文化定义为动态的意义网络。文化存在于文化参与者共构的意义之中，亦存在于与结构的对话里。文化中心取向强调使用对话、叙事共构以及参与式沟通去倾听、发掘与张显边缘团体的声音。健康传播研究的目的，在于提供边缘团体发声及阐述他们真实需求的场域。此种沟通模式不同于传统由上而下的健康促进手法，而是试图由下而上将文化符码与文化意义置于健康行动的核心。

文化中心取向主要分析三个元素——结构（structure）、文化（culture）与能动性（agency）以及它们的互动如何影响边缘团体理解健康、取得资源与采取行动。结构是决定健康资源配置与近用的制度性设定。它是政府组织、公民社会团体及利益组织的具体化。文化是能让文化参与者共构与接受健康意义的场域。而能动性则是个人或社群能在结构与文化交互影响下做决策的能力。

文化与结构的关系是交相影响的。一方面，文化形塑了结构并解释文化参与者如何在地方脉络中产制与协商健康与病痛的意义。另一方面，资源的配置与控制，亦会影响由文化参与者集体创造及共同遵循的意义与生活经验。文化中心取向分析结构如何影响文化参与者的健康选择。结构既限制也决定了不同社群所能使用的医疗保健资源与健康话语。这类偏向批判性的分析，在研究边缘化团体与开发中国家的健康教育计划时尤其重要（Zoller & Dutta, 2008）。

文化中心取向亦主张，文化参与者能在察觉结构限制与文化传统的情形下，运用能动性对结构提出挑战并协商健康选择（Dutta, 2008）。文化参与者并非被动的信息接收者，结构对文化和健康的限制亦非绝对。文化参与者的能动性展现在参与对话的过程中。在与学者、健康教育与实务人员、政策制定者和意见领袖对话的过程中，边缘团体得以参与解决健康问题的决策过程。

总结之，文化中心取向认为研究者的定位是反思的。他们参与社群成员与利害关系人的对话并协助社群成员将他们的真实健康需求表达出来。经由这样的过程，边缘化的声音得以被导入主流话语空间，而社群成员亦得以提出想法并实质参与社会结构的改变过程（Dutta, 2008）。

三、健康传播领域存在之争议与发展趋势

健康传播研究歧异性

综观以上介绍之两大理论取向——后实证主义取向与批判/诠释/文化取向，可以看出它们对健康的定义、健康传播研究的目的、研究者的角色与研究方法的使用不尽相同。如此的差异，与其说是凸显了健康传播研究领域内的争议，不如说是呈现了此领域的多元化发展与关注角度之丰富与广泛。

对行为学派学者而言，保持健康或增进健康主要取决于个人行为的实践。行为学派学者认同环境因素对个人的影响，但大抵此学派的研究兴趣为探索认知与社会心理因素如何影响个人的行为决定与实践。健康传播研究的目的，在于检验、掌握并改进这些元素，以促进个人或群体接受特定健康行为。对于健康与不健康，主流医学系统对此有客观明确的定义。研究者的角色，在于测试与探索行为理论于不同脉络下的适用性，根据具实证基础的研究结果，提出实用建议以引导健康宣导活动之设计、执行与评估；或提出理论性建议以进一步修正变项之概念化与操作化定义。为探讨不同理论变项对行为的预测能力以及理论本身的整体预测性，大量行为研究者倚赖量化研究法与统计分

析（Concato，2004）。晚近不少学者亦主张应采混合法（mixed methods）将质化研究法融入健康行为研究以增进研究结果之信度与效度。然通常此情况下质化研究所扮演的角色，是量化研究的前测以及设计情境化变项测量之工具，而非支撑整个研究计划与理论测试的主轴（Kreps，2008）。

另一方面，批评/诠释/文化学者主张，健康的意义应开放由文化参与者主观诠释。所谓的健康，不仅止于文化参与者对身体、心灵与精神的认识，亦包含社群对文化、历史、政治与社会结构的集体理解。健康传播研究的目的，在于探索文化参与者如何理解与诠释健康，并透过了解不同脉络下所产生的健康意义，揭露更深层的家庭文化价值、社会权力配置与意识形态。研究者一方面扮演观察者的角色，融入文化参与者的生活经验与叙事，从社群成员的角度，了解意义赋予、决定制定与行动的过程。另一方面，研究者亦扮演行动主义倡议者的角色，参与社群成员与利害关系人（政府、医疗专业人员、健康教育者等）的对话过程，并且承担协助少数族群发声、将长期隐匿的议题带入公共领域以及善用己身学术地位对主流典范提出质疑的责任。批判/诠释/文化学派感兴趣的，是发掘支撑现象的底层意义与构成意义之历史文化结构因素。因此，多数批判/诠释/文化学者采取理论论述、话语分析与文本分析、参与观察、深入访谈等质化研究法对文化参与者与其所处的情境脉络进行厚描（thick description）与深度了解。至于量化研究，由于其强调通则化（generalization）与可预测性（predictability）的特质，较少运用于此类型研究（Frey et al，2000）。

发展趋势

放眼健康传播的未来研究趋势，后实证主义、批判取向、诠释取向与文化取向等学术取向将继续引导学者深耕此领域，提出不同观点的概念论证与实务建议。在这些大方向的引导之下，健康传播领域需要更多理论与分析架构的注入。从后实证主义的角度而言，这表示新的理论需能开发解释新的健康结果，或以更简化、有效、概念清晰的模式与变项预测态度、意图及行为改变。而对批判/诠释/文化取向而言，虽已有愈来愈多学者从哲学思辨、叙事与文化中心的角度对主流健康话语与健康体系提出挑战，但健康传播领域仍期待新的理论架构对健康与传播主题提出专门、完整与系统化的论述。

可预见的是，健康传播领域的发展趋势，将是研究内容之持续深化与广化。这代表此领域将继续探讨更多反映当代健康现象之主题与形成更多跨领域合作。本节探讨健康传播研究于主题与跨领域合作发展之展望。

主题发展

在过去 40 年间，健康传播研究的主题，无论于人际传播、小团体传播、组织传播或大众/公众传播层次，均呈现更多元化且分工更细致的趋势，此趋势势将随着健康传播领域的蓬勃发展而继续下去。例如于微观层次,健康传播研究的主题,已由传统医病关系研究,扩展至家庭成员、同人、或亲密伴侣对健康决策的沟通;沟通技巧与因应策略于器官捐赠、物质滥用、安全性行为、家庭计划等主题的运用;信息寻求;健康风险管理;健康行为的认知与实践。在中观层次,更多学者将投入研究新科技如远距医疗对医疗团队人员的影响。经典主题如社会支持、社会网络等,亦将随时代变迁加入更多对新传播科技的探讨以及不同客体之研究。例如,除了病人之外,家属与医疗服务照护者又是如何寻求社会资源与支持。在宏观层次,除了健康促进与健康教育、媒体效果研究与健康政策宣导,有更多结构性、法规性与文化性的主题值得学者探讨。例如社会资本(social capital)、工作场域与社区健康将持续获得更多注意。由上而下的健康促进或由下而上的社会倡议行动将于更多社群发挥它们不同的影响力。其他值得注意的主题包括:媒体与健康话语的关系;媒体与歧视和认同的关联;新科技于健康宣导活动中的运用;病痛与健康意义之诠释;公众参与政策制定;主流与另类健康研究典范的对话;全球化与新科技对开发中国家健康发展之冲击等等(Rice & Katz, 2001; Thompson et al., 2008; Wright, Sparks, O'Hair, 2013; Zoller & Dutta, 2008)。

当健康传播研究主题持续扩展时,有两个未来发展方向特别值得留意。其一是健康传播对研究客体分层化的重视。其二是对研究客体自主性的强调。随着行为学派对阅听人分层的强调以及批判/诠释/文化学派对边缘团体的重视,更多学者将研究焦点锁定于特定次文化社群,例如妇女、疾病高危险群、低社经地位团体、弱势族群等,以增进对他们健康行为或意义诠释的了解。而近年随着医疗科技进步,愈来愈多国家迈入高龄化社会,可预期的是将有更多学者投入老化与年长者研究(Hummert & Nussbaum, 2001)。

当然,调查与观察公众与整体社群仍将是健康传播研究的重点之一,然此领域对次文化族群的重视亦将持续下去。切分次文化社群的标准,可能是人口统计特征,如年龄、性别、种族、宗教、地域、社经地位、教育程度、职业、收入、新传播科技使用能力、媒体使用状况;可能是健康状况,如物质使用、生活习惯、特定疾病或症状、疾病风险、健康照护或社会支持的有无;亦可能是其他任何具研究意义的分类标准,如个人特质(personal dispositions)、社会歧视、环境与文化因素等。值得注意的是,不管是近年来健康传播对年长族群的重视,或是此领域对不同次文化社群渐增之关注,皆反映了于不同理论架构下各自发展的健康传播研究,其实仍共同保有对现实生活议题的关怀与强调研究结果的实用价值。

另一个研究主题的发展趋势,是研究客体自主性(autonomy)的渐受重视。近年来,由于个人自立(self-reliance)与自我决定(self-determination)意识的觉醒,许多病人或医疗保健消费者在做健康决策时变得更自主。他们成为主动的信息寻求者(information seekers),透过网络、媒体或人际管道寻求信息以提升自我对健康相关主题的知识并增进对医疗保健选择的了解。此自主意识提高的风气,不只影响病人或消费者与医护人员的互动及对医疗保健品质的要求,亦会影响他们的健康决定过程与最终选择（Murero & Rice，2006）。

由自主性提高而衍生出来的研究趋势，强调从病人与消费者的视野研究健康传播相关主题。晚近已有不少学者投入此类研究，例如探讨个人或团体如何成为信息寻求者，利用传统及新媒体寻求与管理健康信息（Afifi & Weiner，2006；Johnson & Case，2012；Napoli，2001）；个人如何使用新传播科技——如网络、智能型手机等，维持己身健康或为家族成员提供健康信息与照护（Kreps，2010；Parker & Thorson，2009）；不同文化族群如何使用替代疗法（complementary & alternative medicine）辅助医疗过程并赋予替代医学不同以往的文化自主意义（Schreiber，2005）；社群成员的自主性与能动性如何经由对话与参与实践社会变迁（Airhihenbuwa，2007；Dutta，2008）；医疗保健流程如何由强调顺从（compliance）与接受（acceptance）到着重协商（negotiation）与合作（cooperation）；病人的主体性如何开展医病关系研究新取向（Babrow & Mattson，2008）。这些强调自主性的主题，势必将继续引领健康传播研究的多元化发展，值得更多研究者投入。

跨领域合作发展

同其他传播次领域，健康传播亦应持续强化与不同学科间的对话与合作。首先，健康传播领域应深化与公共卫生学的合作。健康传播与公卫间有极深的渊源却又各自发展出不同的中心理念。公共卫生学的主旨为研究威胁公共卫生的因素，发展干预措施以减少疾病、伤害与失能的发生，保障公众健康。而健康传播领域则重视人类沟通与中介传播在个人、群体与社会的健康保健中扮演的角色定位。由于公卫学者向以健康宣导活动作为促进公众健康的重要工具，这提供了两个领域密切合作的整合平台。跨领域合作能激发更有创意的研究设计、更灵活的资料收集与分享以及更合理的整合理论与实务的健康宣导策略。重视理论发展的健康传播可提供调查消费者需求、态度与行为的分析架构。而重视实用性的公共卫生则能设计、落实与评估健康干预措施对个人与群体的影响（Parrott & Kreuter，2008）。

其次，健康传播领域亦应增进与信息技术（information technology）相关学科的合作。新健康信息科技的兴起，创造了许多新的研究议题，包括如何使用健康传播科技以建立更方便及个人化的互动资源提供系统及社会支持的管道；如何协助医疗从业人员适应与使用健康信息新科技；如何以新科技强化公众与医疗从业人员的对话与资源共享；如何利用新科技设计更有效的健康宣导活动与干预措施；如何增进公众对新健康信息科技的使用与健康识能等等（Harris et al.，2008；Parker & Thorson，2009）。当健康传播将注意焦点置于传播与健康的联结时，信息技术相关学门如计算器工程与信息系统等领域，重视的是科技创新、传播与使用者回馈评估分析。跨领域的合作，可鼓励研究者设计出更符合消费者需求的科技创新产品，并更了解科技创新对个人、团体、组织与社会文化不同层次的影响。

其他可能合作的学科，尚包括商业管理学及法律与政治学等。前者对营销与公关的研究有助于健康宣导信息的设计、推广与评估（Andreasen，2006；Salmon，1989）。而后者对法律哲学、政策与合法性的研究，有助于健康传播学者检视健康法规的制定过程、公民参与和合法性之间的关系（Chang，Jacobson，& Zhang，2013；World Health Organization，2002）。值得注意的是，这并非一份完整的清单。如同传播这个学门将持续与其他领域对话一般，健康传播学者与不同学研究者的合作与相互学习亦将继续。

结论

健康传播领域的崛起，不只扩展了传播学的研究范围与内涵，同时亦影响了疾病防治与卫生保健的实务操作。健康传播关切与现实生活相关的实际议题，源自不同认识论传统的学者以不同角度分析何谓健康，传播于健康中扮演的角色以及健康传播研究的目的。本文介绍了健康传播的不同定义，健康传播领域的起源与发展轨迹，此领域的主要研究取向和理论模式之异同，以及此领域的未来发展方向。健康传播依循着由单一迈向多元的主轴发展，此种多元性不只反映于研究者对健康与传播的不同论述，亦反映于理论架构、议题成长和跨领域合作持续深化且广化的趋势。

◇ **参考文献** ◇

- Abraham, C., & Sheeran, P. (2007). The health belief model. In S. Ayers, A. Baum, C., McManus, S. Newman, K. Wallston, J. Weinman, & R. West (eds), *Cambridge handbook of psychology, health and medicine*, 97-102. Cambridge, England: Cambridge University Press.
- Afifi, W. A., & Weiner, J. L. (2006). Seeking information about sexual health: Applying the theory of motivated information management. *Human Communication Research*, 32(1): 35-57.
- Airhihenbuwa, C. O. (2007). *Healing our differences: The crisis of global health and the politics of identity*. Plymouth, UK: Rowman & Littlefield Publishers.
- Anderson, E. S., Winett, R. A., & Wojcik, J. R. (2007). Self-regulation, self-efficacy, outcome expectations, and social support: Social cognitive theory and nutrition behavior. *Annals of Behavioral Medicine*, 34(3): 304-312.
- Andreasen, A. R. (ed.). (2006). *Social marketing in the 21ˢᵗ century*. Thousand Oaks, CA: Sage.
- Arntson, P., Droge, D., & Fassl, H. E. (1978). Pediatrician-parent communication final report. In B. Ruben (ed.), *Communication Yearbook 2*, 505-522. New Brunswick, NJ: Transaction-International Communication Association.
- Atkin, C., & Marshall, A. (1996). Health communication. In M. B. Salwen & D. W. Stacks (eds.), *An integrated approach to communication theory and research*, 93-110. Mahwah, NJ:

- Lawrence Erlbaum Associates.
- Babrow, A. S., & Mattson, M. (2008). Building health communication theories in the 21st century. In T. L. Thompson, R. Parrott, & J. F. Nussbaum (eds.), *The Routledge handbook of health communication*, 18-35. New York: Routledge.
- Bandura, A. (1986) *Social foundations of thoughts and action: A social cognitive theory*. Englewood Cliffs, NJ: Prentice-Hall.
- Bandura, A. (1997). *Self-efficacy: The exercise of control*. New York: W. H. Freeman.
- Bartesaghi, M., & Castor, T. (2008). Social construction in communication: Reconstituting the conversation. In C. Beck (ed.), *Communication Yearbook* 32, 4-39. New York: Routledge.
- Berger, C. R. (1991). Chautauqua: Why are there so few communication theories? *Communication Monographs*, 58: 101-113.
- Boster, F. J., & Mongeau, P. (1984). Fear-arousing persuasive messages. In R. N. Bostrom & B. H. Westley (eds.), *Communication Yearbook* 8, 330-375. Beverly Hills, CA: Sage.
- Bradley, C., Gamsu, D. S., & Moses, S. L. (1987). The use of diabetes-specific perceived control and health belief measures to predict treatment choice and efficacy in a feasibility study of continuous subcutaneous insulin infusion pumps. *Psychology and Health*, 1: 133-146.
- Bridle, C., Riemsma, R. P., Pattenden, J., Sowden, A. J., Mather, L., Watt, I. S., & Walker, A. (2005). Systematic review of the effectiveness of health interventions based on the transtheoretical model. *Psychology & Health*, 20(3): 283-301.
- Bruvold, W. H. (1993). A meta-analysis of adolescent smoking prevention programs. *American Journal of Public Health*, 83(6): 872-880.
- Cassata, D. M. (1980). Health communication theory and research: A definitional overview. In D. Nimmo (ed.), *Communication Yearbook* 4, 583-589. Brunswick, NJ: Transaction-International Communication Association.
- Chang, L., Jacobson, T. L., & Zhang, W. (2013). A communicative action approach to evaluating citizen support for a government's smoking policies. *Journal of Communication*, 63(6): 1153-1174.
- Concato, J. (2004). Observational versus experimental studies: What's the evidence for a hierarchy? *NeuroRx*, 1(3): 341-347.
- Costello, D. E. (1977). Health communication theory and research: An overview. In B. D. Ruben (ed.), *Communication Yearbook* 1, 557-568. New Brunswick, NJ: Transaction Books.
- Craig, R. T. (1999). Communication theory as a field. *Communication Theory*, 9(2): 119-161.
- Deetz, S. A. (2001). Conceptual foundations. In F. M. Jablin & L. L. Putnam (eds.), *The new handbook of organizational communication*, 85-112. Thousand Oaks, CA: Sage.
- Dilorio, C., Dudley, W. N., Kelly, M., Soet, J. E., Mbwara, J., & Sharpe Potter, J. (2001). Social cognitive correlates of sexual experience and condom use among 13- through 15-year-old adolescents. *Journal of Adolescent Health*, 29(3): 208-216.
- Dow, B. J., & Condit, C. M. (2005). The state of the art in feminist scholarship in communication. *Journal of Communication*, 55(3): 448-478.
- Dutta, M. J. (2008). *Communicating health: A culture-centered approach*. Malden, MA: Polity Press.
- Dutta, M. J., & Zoller, H. M. (2008). Theoretical foundations: Interpretive, critical, and cultural approaches to health communication. In H. M. Zoller & M. J. Dutta (eds.), *Emerging perspectives in health communication*, 1-27. New York: Routledge.
- Edgar, T., Volkman, J. E., & Logan, A. M. B. (2011). Social marketing: Its meaning, use, and application for health communication. In T. L. Thompson, R. Parrott, & J. F. Nussbaum (eds.), *The Routledge handbook of health communication*, 235-251. New York: Routledge.

- Ellingson, L. (2005). *Communicating in the clinic: Negotiating frontstage and backstage teamwork*. Cresskill, NJ: Hampton Press.
- Evans, W. D. (2006). How social marketing works in health care. *British Medical Journal*, 332: 1207-1210.
- Fishbein, M., & Ajzen, I. (1975). *Belief, attitude, intention, and behavior: An introduction to theory and research*. Reading, MA: Addison-Wesley.
- Fishbein, M., & Ajzen, I. (2010). *Predicting and changing behavior: The reasoned action approach*. New York: Psychology Press.
- Frank, A. W. (1995). *The wounded storyteller: Body, illness, and ethics*. Chicago: University of Chicago Press.
- Freimuth, V., & Mettger, W. (1990). Is there a hard to reach audience? *Public Health Reports*, 105(3): 232-238.
- Frey, L. R., Botan, C. H., & Kreps, G. L. (2000). *Investigating communication*. New York: Allyn & Bacon.
- Glanz, K., & Bishop, D. B. (2010). The role of behavioral science theory in development and implementation of public health interventions. *Annual Review of Public Health*, 31: 399-418.
- Godin, G., & Kok, G. (1996). The theory of planned behavior: A review of its applications to health-related behaviors. *American Journal of Health Promotion*, 11: 87-98.
- Greenhalgh, T., & Hurwitz, B. (eds.) (1998). *Narrative based medicine: Dialogue and discourse in clinical practice*. London, England: BMJ Books.
- Harris, L. M., Baur, C., Donaldson, M. S., Lefebvre, R. C., Dugan, E., & Arayasirikul, S. (2008). Health communication and health information technology: Priority issues, policy implications, and research opportunities for Healthy People 2020. In T. L. Thompson, R. Parrott, & J. F. Nussbaum (eds.), *The Routledge handbook of health communication*, 482-497. New York: Routledge.
- Harrison, J. A., Mullen, P. D., & Green, L. W. (1992). A meta-analysis of studies of the health belief model with adults. *Health Education Research*, 7: 107-116.
- Harter, L. M., Japp, P. M., & Beck, C. (2005). *Narratives, health, & healing*. Mahwah, NJ: Lawrence Erlbaum Associates.
- Hay, J. L., Ford, J. S., Klein, D. et al., (2003). Adherence to colorectal cancer screening in mammography-adherent older women. *Journal of Behavioral Medicine*, 26: 553-576.
- Hummert, M. L., & Nussbaum, J. F. (eds.). (2001). *Aging, communication, and health: Linking research and practice for successful aging*. Mahwah, NJ: Lawrence Erlbaum Associates.
- Jackson, L. D. (1992). Information complexity and medical communication: The effects of technical language and amount of information in a medical message. *Health Communication*, 4(3): 197-210.
- Jacobson, T. L., & Storey, J. D. (2004). Development communication and participation: Applying Habermas to a case study of population programs in Nepal. *Communication Theory*, 14(2): 99-121.
- Johnson, J. D., & Case, D. O. (2012). *Health information seeking*. New York: Peter Lang.
- Kleinman, A. (1988). *The illness narratives: Suffering, healing and the human condition*. New York: Basic Books.
- Korsch, B. M. (1989). Current issues in communication research. *Health Communication*, 1(1): 5-9.
- Korsch, B. M., & Negrete, V. F. (1972). Doctor-patient communication. *Scientific American*, 227: 66-74.
- Kreps, G. L. (2008). Qualitative inquiry and the future of health communication research.

- *Qualitative Research Reports in Communication*, 9(1): 2-12.
- Kreps, G. L. (ed.). (2010). *Health communication*. Los Angeles, CA: Sage.
- Kreps, G. L., & Thornton, B. C. (1992). *Health communication: Theory and practice* (2nd ed.). Prospect Heights, IL: Waveland Press.
- Lindlof, T., & Taylor, B. (2002). *Qualitative communication research methods*. Thousand Oaks, CA: Sage.
- Luca, N. R., & Suggs, L. S. (2013). Theory and model use in social marketing health interventions. *Journal of Health Communication*, 18(1): 20-40.
- Lupton, D. (1995). *The imperative of health: Public health and the regulated body*. London, England: Sage.
- Mongeau, P. (1998). Another look at fear arousing messages. In M. Allen & R. Preiss (eds.), *Persuasion: Advances through meta-analysis*, 53-68. Cresskill, NJ: Hampton Press.
- Murero, M. & Rice, R. E. (eds.) (2006). *The Internet and health care: Theory, research, and practice*. Mahwah, NJ: Lawrence Erlbaum Associates.
- Murphy, D. A., Greenwell, L., & Hoffman, D. (2002). Factors associated with antiretroviral adherence among HIV-infected women with children. *Women & Health*, 36(1): 97-111.
- Murray-Johnson, L., & Witte, K. (2003). Looking toward the future: Health message design strategies. In T. L. Thompson, A. M. Dorsey, K. I. Miller, & R. Parrott (eds.), *Handbook of health communication*, 473-495. Mahwah, NJ: Lawrence Erlbaum Associates.
- Napoli, P. M. (2001). Consumer use of medical information from electronic and paper media: A literature review. In R. E. Rice, & J. E. Katz (eds.), *The Internet and health communication: Experiences and expectations*, 79-98. Thousand Oaks, CA: Sage.
- Northouse, P. G., & Northouse, L. L. (1992). *Health communication: Strategies for health professionals*. East Norwalk, CT: Appleton & Lange.
- Orbell, S., Crombie, I., & Johnston, G. (1995). Social cognition and social structure in the prediction of cervical screening uptake. *British Journal of Health Psychology*, 1: 35-50.
- Parker, J. C., & Thorson, E. (eds.). (2009). *Health communication in the new media landscape*. New York, NY: Springer.
- Parrott, R., & Kreuter, M. W. (2008). Multidisciplinary, interdisciplinary, and transdisciplinary approaches to health communication: Where do we draw the lines? In T. L. Thompson, R. Parrott, & J. F. Nussbaum (eds.), *The Routledge handbook of health communication*, 3-17. New York: Routledge.
- Prochaska, J. O., & DiClemente, C. C. (1983). Stages and processes of self-change of smoking: Toward an integrative model of change. *Journal of Consulting and Clinical Psychology*, 51: 390-395.
- Prochaska, J. O., Redding, C. A., & Evers, K. E. (2002). The transtheoretical model and stages of change. In K. Glanz, B. K. Rimer, & F. M. Lewis (eds.), *Health behavior and health education: Theory, research, and practice*, 99-120. San Francisco: Jossey-Bass.
- Ratzan, S. C., Payne, J. G., & Bishop, C. (1996). The status and scope of health communication. *Journal of Health Communication*, 1(1): 25-41.
- Riemsma, R. P., Pattenden, J., Bridle, C., Sowden, A. J., Mather, L., Watt, I. S., & Walker, A. (2003). Systematic review of the effectiveness of stage based interventions to promote smoking cessation. *British Medical Journal*, 326: 1175-1177.
- Rice, R. E., & Katz, J. E. (eds.). (2001). *The Internet and health communication: Experiences and expectations*. Thousand Oaks, CA: Sage.
- Rogers, E. M. (1994). The field of health communication today. *The American Behavioral Scientist*, 38(2): 208-214.

- Rogers, E. M. (2003). *Diffusion of Innovations*. New York: Free Press.
- Rosen, C. S. (2000). Is the sequencing of change processes by stage consistent across health problems? A meta-analysis. *Health Psychology*, 19: 593-604.
- Rosenstock, I. M. (1974). Historical origins of the health belief model. *Health Education Monographs*, 2: 1-8.
- Rosenstock, I. M., Strecher, V. J., & Becker, M. H. (1994). The health belief model and HIV risk behavior change. In R. J. DiClemente & J. L. Peterson (eds.), *Preventing AIDS: Theories and methods of behavioral interventions*, 5-24. New York: Plenum Press.
- Rovniak, L. S., Anderson, E. S., Winett, R. A., & Stephens, R. S. (2002). Social cognitive determinants of physical activity in young adults: A prospective structural equation analysis. *Annals of Behavioral Medicine*, 24(2): 149-156.
- Salmon, C. T. (ed.). (1989). *Information campaigns: Balancing social values and social change*. Newbury Park, CA: Sage.
- Schreiber, L. (2005). The importance of precision in language: Communication research and (so-called) alternative medicine. *Health Communication*, 17(2): 173-190.
- Sharf, B. F., & Kahler, J. (1996). Victims of the franchise: A culturally sensitive model for teaching patient-physician communication in the inner city. In E. B. Ray (ed.), *Communication and the disenfranchised: Social health issues and implications*, 95-115. Mahwah, NJ: Lawrence Erlbaum Associates.
- Sharf, B. F., & Vandeford, M. (2003). Illness narratives and the social construction of health. In T. L. Thompson, A. M. Dorsey, K. I. Miller, & R. Parrott (eds.), *Handbook of health communication*, 9-34. Mahwah, NJ: Lawrence Erlbaum Associates.
- Singhal, A., & Rogers, E. M. (1999). *Entertainment-education: A communication strategy for social change*. Mahwah, NJ: Lawrence Erlbaum Associates.
- Singhal, A., & Rogers, E. M. (2004). The status of entertainment-education worldwide. In A. Singhal, M. J. Cody, E. M. Rogers, & M. Sabido (eds.), *Entertainment-education and social change: History, research, and practice*, 3-20. Mahwah, NJ: Lawrence Erlbaum Associates.
- Slater, M., & Rouner, D. (2002). Entertainment-education and elaboration likelihood: Understanding the processing of narrative persuasion. *Communication Theory*, 12(2): 173-191.
- Spencer, L., Pagell, F., Hallion, M. E., & Adams, T. B. (2002). Applying the transtheoretical model to tobacco cessation and prevention: A review of the literature. *American Journal of Health Promotion*, 17: 7-71.
- Stevenson, H. M., & Burke, M. (1991). Bureaucratic logic in new social movement clothing: The limits of health promotion research. *Health Promotion International*, 6(4): 281-289.
- Storey, J. D., Saffitz, G. B., & Rimon, J. G. (2008). Social marketing. In K. Glanz, B. K. Rimer, & K. Viswanath (eds.), *Health behavior and health education: Theory, research, and practice*, 435-464. San Francisco, CA: Jossey-Bass.
- Street, R. L., & Wiemann, J. M. (1987). Patient satisfaction with physicians' interpersonal involvement, expressiveness and dominance. In M. McLaughlin (ed.), *Communication Yearbook* 10, 591-612. Newbury Park, CA: Sage.
- Sutton, S. R. (1982). Fear-arousing communications: A critical examination of theory and research. In J. R. Eiser (ed.), *Social psychology and behavioral medicine*, 303-337. London, England: Wiley.
- Sutton, S. (2007a). Theory of planned behaviour. In S. Ayers, A. Baum, C., McManus, S. Newman, K. Wallston, J. Weinman, & R. West (eds), *Cambridge handbook of psychology, health and medicine*, 223-228. Cambridge, England: Cambridge University Press.
- Sutton, S. (2007b). Transtheoretical model of behaviour change. In S. Ayers, A. Baum, C.,

McManus, S. Newman, K. Wallston, J. Weinman, & R. West (eds), *Cambridge handbook of psychology, health and medicine*, 228-232. Cambridge, England: Cambridge University Press.
- Thayer, L. (1968). *Communication and communication systems*. Homewood, IL: Irwin.
- Thompson, T. L., Dorsey, A. M., Parrott, R., & Miller, K. (eds.). (2008). *The Routledge handbook of health communication* (2nd ed.). New York, NY: Routledge.
- Thompson, T. L., Robinson, J. D., Anderson, D. J., & Federowicz, M. (2008). Health communication: Where have we been and where can we go? In K. Wright & S. Moore (eds.), *Applied health communication: A sourcebook*, 3-34. Boston: Allyn & Bacon.
- Weinstein, N. D., & Sandman, P. M. (2002). The precaution adoption process model. In K. Glanz, B. K. Rimer, & F. M. Lewis (eds.), *Health behavior and health education: Theory, research, and practice*, 121-143. San Francisco: Jossey-Bass.
- Wiebe, G. D. (1951). Merchandising commodities and citizenship on television. *Public Opinion Quarterly*, 15(4): 679-691.
- Witte, K. (1994). Fear control and danger control: A test of the extended parallel process model (EPPM). *Communication Monographs*, 61(4): 113-134.
- Witte, K., & Allen, K. (2000). A meta-analysis of fear appeals: Implications for effective public health campaigns. *Health Education & Behavior*, 27(5): 591-615.
- World Health Organization. (2002). *Community participation in local health and sustainable development: Approaches and techniques*. Geneva, Switzerland: Author.
- Wright, K. B., Sparks, L., & O'Hair, H. D. (2013). *Health communication in the 21st century*. Malden, MA: John Wiley & Sons.
- Yep, G. A., Lovaas, K., & Elia, J. P. (2003). *Queer theory and communication: From disciplining queers to queering the discipline*. Bingharton, NY: Harrington Park Press.
- Zillerman, D., & Vorderer, P. (eds.) (2000). *Media entertainment: The psychology of its appeal*. Mahwah, NJ: Lawrence Erlbaum Associates.
- Zimmerman, R. S., & Vernberg, D. (1994). Models of preventive health behavior: Comparison, critique, and meta-analysis. In G. L. Albrecht (ed.), *Advances in Medical Sociology*, Volume 4: *Health Behavior Models: A reformulation*, 45-67. Greenwich, CT: JAI Press.
- Zoller, H. M., & Dutta, M. J. (eds.). (2008). *Emerging perspectives in health communication: Meaning, culture, and power*. New York: Routledge.

传播与企业社会责任研究

汤潞[①] 李红梅[②]

一、企业社会责任（Corporate social responsibility）

当今世界，拥有无与伦比资源的企业对我们这个世界的政治、经济、社会、生态和文化有着史无前例的巨大影响（Castells，1997）。与之相对应的是企业的社会责任和义务。"企业社会责任是个很流行的概念，忽视企业社会责任则有巨大的风险"（Ihlen, Bartlett, & May, 2011, p. 3）。企业社会责任研究，是一个新兴的学术研究课题。学者们对于什么是企业社会责任则仁者见仁，智者见智。一般来说，对于企业社会责任的定义，有狭义和广义之分。从狭义上来看，企业社会责任是企业对公益和慈善的义务（Waddock&Googins, 2011），比如，企业对于文化、艺术、体育、教育等公益事业的支持，以及企业在扶贫，救灾等慈善事业方面的贡献。从广义上来说，企业社会责任指的是企业在运作时要遵循社会的价值观和伦理观，对于社会、环境、公众、员工等不同的利益相关者负责任（Carroll，1979）。

现今，企业社会责任已经成为了商业行为不可分割的一部分，得到了全世界大型公司、政府和各种民间团体的广泛关注（May，2011）。许多大公司每年都会发布企业社会责任报告（corporate social responsibility report），并有专门部门负责与之相关的工作。金融界也成立了关注企业社会责任的"社会责任投资基金"（socially responsible investment funds）。企业社会责任咨询公司也如雨后春笋般涌现。同时，各国政府和国际组织也开始提倡和推广企业社会责任，来帮助解决一些社会问题，例如：环境污染。媒体也越来越关注企业社会责任这一话题。

但是对于企业社会责任这一概念的批评一直都没有停止过。自由主义学者认为，企业只需要对市场和资本负责。除了遵纪守法以外，企业的唯一的社会责任就是盈利。例如，诺贝尔经济学奖获

[①] 汤潞，现任美国阿拉巴马大学（University of Alabama）传播系助理教授，2007年获美国南加利福尼亚大学（University of Southern California）传播学博士学位，主要研究方向包括组织传播、企业社会责任和健康传播等。

[②] 李红梅，现任美国佐治亚州立大学（Georgia State University）传播系助理教授、国际媒体教育中心副主任，2006年获美国南加利福尼亚大学（University of Southern California）传播学博士学位，2008—2010年为美国宾夕法尼亚大学（University of Pennsylvanian）博士后，主要教学和研究领域包括国际传播、公共外交和广告与消费文化等。

得者 Milton Friedman 认为,"在一个自由经济社会里,企业仅有一个社会责任,那就是利用它所有的资源从事经营活动,以增加利润"(1979)。而另一些学者则从另一个截然不同的角度对于企业社会责任这一概念提出批判。他们认为企业社会责任是资本主义人性化的面具,是企业用来欺骗公众,粉饰自身形象的工具(Ongkrutraksa,2007)。甚至有一些学者将企业社会责任称为为"漂绿"行为(greenwashing)(Munsh,&Kurian,2005)。

对于企业社会责任的学术探讨最初开始于商业伦理学领域。管理学、传播学、公关学等学科对于企业社会责任的系统研究则始于20世纪70年代。Lockett,Moon,&Visser(2006)在评述过去10年里对于企业社会责任的研究成果时表示,这是一个不断自我更新的领域(a continuing stage of emergence),也是一个没有范式的领域(a field without a paradigm)。尽管不同的学者对于什么是企业社会责任有着不同的定义,但是一般来说,这个课题包含了对于企业在社会中的职责,以及对企业与社会关系所进行实用性和批判性的研究。不同的学科对于企业社会责任的研究有不同的侧重点。商业伦理学最早开始提出最基本的问题:什么是企业的社会责任?管理学则关注企业社会责任的行为是否能提高企业竞争力和利润。传播学学者探求的问题主要是:企业如何对内和对外宣传及沟通它们有关于社会责任的原则与成就?在更宏观的层次上,传播学学者进一步提出以下问题:企业社会责任作为一个概念,是如何通过话语被构建起来的?这个构建的过程是否公平合理?

有关企业社会责任的学术研究常常是跨学科的。这方面的研究常常发表在很多管理学、商业伦理学、传播学、公关学的期刊上。其中比较有代表性的包括:*Business and Society*,*Journal of Corporate Citizenship*,*Journal of Business Ethics*,*Public Relations Review*,*Journal of Public Relations Research*,*Management Communication Quarterly*,等等。对这一领域的概括性的最新代表作包括2008年由牛津大学出版社出版的《牛津企业社会责任手册》(*The Oxford handbook of corporate social responsibility*)和2011年由Wiley-Blackwell出版社出版的《传播和企业社会责任手册》(*The handbook of communication and corporate social responsibility*)。

本文将回顾管理学、商业伦理学、社会学等领域对于企业社会责任研究的历史,尤其着重介绍传播学对于企业社会责任这一课题的研究。同时,本文也将进一步探讨了这一领域的未来的研究方向。

二、企业社会责任研究的历史与现状

1. 企业社会责任研究

在西方工业革命期间,就有一些学者批判当时早期的资本主义工厂里对女工和童工不人道的待遇，并且认为工厂制度是很多社会问题的根源（Wren，2005）。在19世纪后期，慈善的概念开始得到推广。这里说的慈善，不是指企业家和商业领袖的"个人慈善"，而是一种"商业慈善"（business philanthropy）。这种商业慈善，指的是企业作为一个整体，给社会上有困难的人以经济上的援助，所以它可以被认为是现代企业社会责任的雏形（Carroll，2008）。

对于企业社会责任的学术研究，最早开始于20世纪50年代（Carroll，2008）。Howard B. Bowen在1953年出版了第一本专著：《商人的社会责任》（*Social responsibility of the Businessman*）。在这本书中，Bowen开始探究商人对于社会到底有怎样的责任，并且提出了最早的对于企业社会责任的定义：企业社会责任是商人在实现社会的目标与价值方面的责任。他因此被称为是"企业社会责任之父"。

20世纪60年代，学者们继续关于企业社会责任的讨论和研究。著名学者William. C. Frederick在这一时期明确提出了企业的社会责任和商业责任的区别。企业的社会责任在于"企业利用经济和人力资源来达成超越个人和企业的狭窄利益的更宽泛的社会利益"（Frederick，1960，p. 60）。在这一时期，企业社会责任的实践拓展到包括了慈善事业、员工发展、客户关系和股东关系等（Heald，1970，p. 276）。

关于企业社会责任的研究在20世纪七八十年代得到了长足的发展。70年代末期，著名学者Archie B. Carroll提出了一个有关企业社会责任的影响深远的理论。他提出，企业社会责任可以被看作是一个金字塔形，自下而上有4层：包括经济责任（economic responsibility）、法律责任（legal responsibility）、伦理责任（ethical responsibility）和自愿责任（discretionary responsibility）（Carroll，1979）。经济责任指的是企业为社会提供产品和服务以及为投资者提供盈利的责任，这是企业对于社会的最基本的责任。法律责任是指企业遵纪守法的责任。伦理责任是指企业的运作和经营的过程中，对于环境、员工、客户等利益相关者需要遵循伦理的原则，不能为了盈利而伤害他们的利益。最后，自愿责任则是指企业在履行了它们的经济、法律和伦理责任之后，还要为社会的福利和进步作出贡献。当然，自愿责任不是必须的，而是建立在自愿的基础上的。在这个金字塔里，盈利不光是企业自身的目的，也是企业对于社会的责任。在这一阶段，学者们提出了企业社会反馈（corporate social responsiveness）、企业社会表现（corporate social performance）等，这两个概念和企业社会责任（corporate social responsibility）相关，但是又是不同的概念。

从20世纪90年代初到现在，企业社会责任的研究强调两方面的概念：企业公民（corporate citizenship）和可持续发展（sustainable development）（Carroll，2008）。企业公民这一概念兴起于20世纪90年代初特殊的历史环境下。当时，在全球化的大环境下，跨国企业不断扩张，拥有越来越多的资源以及随之而来的影响力，但是福利国家的政府遇到危机，不能有效处理很多社会问题，比如环境保护问题。这样的历史环境要求企业在社会中起到更大、更积极的作用。当然，企业公民和企业社会责任这两个概念,对于企业和社会的关系,有不同的表述。早先的企业社会责任理论,认为企业和社会是相对独立的,企业在追求盈利的过程中,要注意其社会影响,对于社会的要求作出回应,这是一种被动的社会责任。而企业公民这个概念,则认为企业是社会的一分子,所以对于社会的各个方面有着更多的责任和影响(Birch,2001)。企业公民的概念,代表了企业社会责任从消极被动到积极主动的变化。可持续发展是这一个时期对于企业社会责任的另一种表述。早期的可持续发展一般指环境可持续性。逐渐的,可持续发展的范围变得更加广泛。它不仅仅包括环境可持续性,还包括社会可持续性和利益相关者可持续性(Carroll,2008)。

利益相关者理论(Stakeholder theory)也在这一时期得到发展。利益相关者理论可能是当前企业社会责任研究中,应用最广泛、影响最深远的理论之一。所谓利益相关者,是指对于企业的运作有一定影响力,或者会被企业的运作影响的组织和群体。利益相关者又可以分为:主要利益相关者(primary stakeholder)和次要利益相关者(secondary stakeholder)。主要利益相关者对于企业的正常运作不可或缺,包括:顾客、投资者和员工。次要利益相关者,指的是被企业的行为所影响的组织和个人,比如企业所在的社区和居民;或者是对于企业行为有一定的影响的团体,例如:媒体、非政府组织(non-governmental organization)等。顾名思义,这些次要利益相关者对于企业的正常运作的重要性稍弱。Clarkson(1995)最早将利益相关者这个概念运用到对于企业社会责任的研究中。在这之前的企业社会责任的研究,将社会看作一个整体,探讨企业对于社会的责任。而利益相关者理论则对企业和社会之间的关系提出不同的表述,认为企业社会责任是企业对于不同的利益相关者分别的责任,所以它们可以并且应该对这些不同的利益相关者,实施不同的做法。

在21世纪最初的10年间,对于企业社会责任的研究的侧重点从理论性探讨转移到实用性研究(Carroll,2008)。一些学者开始从实用的角度,探讨企业该如何有效的处理社会责任的问题。例如,Philip Kotler 和 Nancy Lee 在 2005 出版了 *Corporate social responsibility*:*Doing the most good for your company and your cause*。该书以商业经理人为读者,介绍了企业社会责任的 25 个最佳实践做法,包括以下几大类:社会理念推广(social cause promotion)、社会理念营销(cause-related marketing)、企业社会营销(corporate social marketing)、企业慈善(corporate philanthropy)、社区义工(community volunteering)以及对社会负责的商业行为(socially responsible business practices)(Carroll,2008)。其中社会理念推广、社会理念营销和企业社会营销属于新兴的企业社会责任实践。

社会理念推广指的是公司在其广告中,向观众介绍不为人注意的社会问题,以增加公众对于这些问题的认识。社会理念营销,常常是指企业将营业额的一部分捐献给某个慈善机构。例如在 2007 年,新加坡航空公司为了宣传和支持医疗慈善组织——无国界医生组织(Doctors without borders),在他们的 A380 飞机的全球首航时,拍卖了所有的机票,收益捐献给了该组织。最后,企业社会营销指的是企业用自身的资源来宣传公共卫生、公共安全、环境保护和社区建设等方面的行为。这样企业不光提升了自身的形象,宣传了自己的产品,也同时推广了那些有利于公众的行为。例如,美国的连锁快餐公司赛百味(Subway)长期与美国心脏协会(American Heart Association)合作,向公众宣传和介绍心脏病相关的知识,推广健康饮食,就是企业社会营销的一个典型的范例。

2. 传播学对于企业社会责任的研究

虽然关于企业社会责任的研究由来已久,这个课题在传播学领域里的研究则是正处在起步阶段(Ihlen, Bartlett, & May, 2011)。对于企业社会责任的传播学研究,见于组织传播学、公关学、修辞学等分支学科(Ihlen, Bartlett, & May, 2011)。

传播学对于企业的社会责任的研究,有两个主要的方向:实用性研究(a functional approach)和批判性研究(a critical approach)。

对于企业社会责任的实用性研究主要关注企业如何运用不同的传播媒体,来更好地跟不同国家和文化里的利益相关者进行交流,从而建立和改善企业形象(corporate reputation),最终达到增加盈利的目的。在全球化的今天,大型企业和跨国企业都非常致力于宣传自己如何成功地履行了社会责任。但是,公众对于企业的信任,却处于一个历史的低点。所以,企业的社会业责任传播,常常会事与愿违地被怀疑,甚至被认为是一种虚伪的行为。当消费者怀疑一个企业关于自身社会责任信息的真实性的时候,他们反而会对这个企业产生负面印象。所以,企业面临着这样的一个挑战:它们怎么才能建立公众对于企业的信任。而建立信任,本身就是一个传播学的问题。

对于企业社会责任的批判性研究则是基于后现代主义(postmodernism),后结构主义(post-structuralism)理论家,例如 Foucault, Harbemas 和 Derrida,对于现实(reality)、话语(discourse)和知识(knowledge)之间的关系的论述(May, 2011)。对于企业社会责任进行批判研究的学者们,关注企业社会责任这一概念是如何通过社会和话语被构建的(socially constructed and discursively constructed)。接下来,本文将对于传播学对于企业社会责任的研究进行着重的介绍。

三、传播学关于企业社会责任的主要理论和研究方法

1. 对于企业社会责任的实用性研究

对于企业社会责任的实用性研究,可以被粗略的分为两类:企业社会责任在企业内部进行传播和企业社会责任在企业外部进行传播。

a. 企业内部传播的研究

将企业社会责任作为企业内部传播的研究常见于管理学（management）和组织传播学（organizational communication）等领域。这一类的研究探讨企业内部不同人群对于企业社会责任的态度和看法。例如，Swanson（2008）用道德领袖（moral leadership）这个概念，来研究企业高管对于企业社会责任的推动作用。企业经理人对于社会责任的观点可以分为两类：伦理角度和实用角度。Nielsen & Thomsen（2009）研究了丹麦中小型企业的经理人对于企业社会责任和企业社会责任传播的看法，发现他们倾向于把企业社会责任看作是一个伦理和道德的问题，而不是一个商业管理问题，也不是公共关系或者是名誉管理（reputation management）问题。相应的，企业经理人有关企业社会责任的行为的理解也是植根于个人价值观，而不是公司的整体战略。Arvidsson（2010）对于瑞典大型企业经理人进行了问卷调查和深度访谈，却得到了与 Nielson & Thomsen（2009）的结论完全相反的结果。Arvidsson 发现这些经理人对于企业社会责任，站在了实用主义的立场上：企业要注意自己的社会影响，来防止负面新闻损坏企业的形象。Wang 和 Chaudhri（2009）对中国企业的公关经理进行问卷调查发现，这些公关经理们认为，企业社会责任最重要的动力在于建立企业的形象和文化。类似的，Hine & Preuss（2009）对英国公司的经理人进行访谈，发现这些经理人认为，他们公司关注企业社会责任的原因在于政府的压力以及他们对于公司的品牌形象的关注。个人的道德观和价值观对于企业的社会责任并不重要。与之相应的，投资人是最重要的利益相关者。

尽管大多数这类的研究都着重讨论经理人对于企业社会责任的看法，个别学者也开始关注企业的一般员工的看法和行为。Seitanidi（2009）研究了英澳矿产公司 Rio Tinto 和环保组织 Earthwatch 的合作，发现合作的过程缺乏员工的参与。据此，他提出了一些建议来提高员工参与度，包括：在选择合作伙伴之前，要征求员工的意见；在设计合作方式的时候，要与员工进行双向的交流，充分听取他们的看法，等等。

有关企业经理人和员工对于企业社会责任的立场和看法的研究，为我们理解关于企业社会责任问题的决策提供了一些初步信息。但是现有的研究大多是描述性的研究，而未能对于企业内部关于企业社会责任的决策过程提出通用的理论。例如持有不同态度的经理人会如何处理与企业社会责任相关的问题？他们个人的观点或者说是公司的一般观点，会如何影响关于企业社会责任的决策？

b. 企业对外传播的研究

很多情况下，企业对于其社会责任的宣传，主要是对外的传播。当今的企业常常不遗余力地宣传自己对于社会的贡献，来提高自身的公众形象，从而增加自己的竞争力。很多企业对于其社会责任的宣传都十分重视。企业社会责任传播在美国大企业的公关广告部门是仅次于广告费和基金会以后的第三大开销（Hutton, Goodman, Alexander, & Genest, 2001）。

对于企业社会责任对外传播研究多见于公关学（public relations）。很多公关学学者注重研究企业如何与不同的利益相关者沟通以及传达企业自身的社会责任（Bartlett，2011）。这一研究有时被称为企业社会责任报告（CSR reporting）研究。很多大型企业通过自愿的或者强制的社会责任报告来介绍自己在社会、环境、慈善方面的成就。Fortune 500强的企业大多数都有独立于财政报告之外的企业社会责任报告（KPMG，2008）。这些报告的存在，给传播学学者们提供大量易于获得的研究资料，使得他们得以分析企业的社会责任报告的动机和策略。Crawford& Williams（2011）将企业社会责任报告归结于企业的三种动机：公共信息披露（public disclosure）、间接接触（indirect engagement）和直接接触（direct engagement）。公共信息披露指企业在报告中，披露政府要求的信息；直接接触指的是企业在社会责任报告中，直接回应某些有影响力的利益相关者的要求而报告某些信息；最后，间接接触指的是，一些缺乏权力或影响力的利益相关者，通过另一些有较高影响力的利益相关者，来要求企业披露某些信息。

由于现今几乎所有的大型企业和跨国企业都利用它们的企业网站来介绍它们对于社会的贡献，学者们开始关注企业如何利用它们的网站和社会媒体（social media）来宣传企业社会责任。一些学者关注企业网站上的社会责任传播策略。例如，Morsing&Schultz（2006）将企业网站对于企业社会责任的传播分成三类：（1）与利益相关者分享信息的策略（the stakeholder information strategy）；（2）对于利益相关者回应的策略（the stakeholder response strategy）；（3）支持利益相关者参与的策略（the stakeholder involvement strategy）。与利益相关者分享信息的策略的核心是企业自身，企业自己决定要与它的利益相关者分享哪些信息，如何分享。而对利益相关者回应的策略，则是企业在听取了利益相关者的诉求的基础上，对他们进行的回应。第三种策略则给予了利益相关者最多的权力。在使用这种策略时，企业的社会责任传播，不再是一个单方向的信息传递过程，而是一种双向对话的过程。

另一些学者则注重研究企业网站上企业社会责任的内容，并进行跨国或者跨行业的比较，来探讨哪些因素会对企业社会责任的传播产生影响。

跨行业比较

一个企业所在的行业，很大程度上会影响到它的社会责任的态度、表现和传播。Tang & Li（2009）研究了财富杂志排名前100的中国企业的网站和全球排名前100的外国企业在中国的网站，发现在2007年时其中的37个中国企业，29个全球企业的中文网站上有关于企业社会责任的表述。她们对这些表述进行分析，发现中国本土和外国企业在中文网站上对于企业社会责任的描述并没有明显的区别。相比之下，不同行业对于企业社会责任的定义有着更加明显的影响。与消费者有直接接触的行业的企业，例如银行、零售、电器行业的企业，常常将企业社会责任定义为临时性（ad-hoc philanthropy）和战略性（strategic philanthropy）的慈善活动。临时性慈善泛指为企业回应社会的需要而进行的慈善活动，包括扶贫、救灾、助学等，这样的慈善活动缺乏一个长期的目标和战略。

战略性慈善指企业投资于与其自身的行业和经营有关的慈善，例如汽车公司与工科大学建立长期合作关系，这样做企业不仅仅给教育事业给予资助，也便于其获得稳定的高质量的员工。企业通过战略性慈善不仅仅为社会做出贡献，也有助于其自身的长期可持续发展。而那些与消费者不直接接触的企业，比如远洋航运，能源类的企业，则更倾向于将企业社会责任定义为道德的商业活动（ethical business conduct）。强调对于员工、供货商、投资者和环境的责任。

与之相似，在 O'Connor & Schumate（2011）对美国的大企业的企业社会责任传播内容进行分析时，发现这些企业的社会责任传播主要取决于他们在价值链（value chain）中的位置。那些在价值链底部的行业的企业，例如，采矿、化工、原材料等行业的企业，倾向于强调它们对于员工和环境的责任；相反的，那些位于价值链顶端的企业，例如零售业，则更倾向于宣传它们在慈善和教育方面的成果。

跨国比较

很多学者对于不同国家的企业对于企业社会责任的传播进行了比较性的研究后发现：不同国家的企业对于企业社会责任的传播的差别取决与政治，经济，和文化等要素的影响。

从政治的角度看，一个国家的政治自由度和政府腐败程度会影响这个国家的企业社会责任传播（Baughn, Bodie, & McIntosh, 2007）。一个国家的政治自由度越高，腐败程度越低，企业越强调社会责任。Rodriguez, Uhlenbruck, & Eden（2005）认为，在这样的一种政治环境下，公众对于企业有很重要的作用，所以后者更加会强调其对公众和社会的责任。相反，在一个政治自由度较低，或者政府较腐败的国家里，对于企业来说，取悦政府比取悦公众更重要，更有回报，所以在这样的国家里，企业就不会太关注社会责任。

经济是决定一个国家的企业社会责任传播的另一个重要因素。学者们一般认为，一个国家的经济发展水平与其企业的社会责任正相关（positively correlated）。但是他们对此提出了不同的解释。有的学者认为，富有国家的企业拥有更多的资源，使它们得以更多地投资于社会责任（Baughn et al., 2007）。另一些学者则采用了利益相关者理论，指出富裕国家的消费者和公众对企业社会责任有较高的标准和要求，所以这些国家的企业会更加的重视企业社会责任（Ramasamy & Hung, 2004）。从法律的角度来解释，富裕国家通常有相对较为发达的法律体系来规范企业的行为，让它们履行社会责任（Nwabuzor, 2005）。另外，一个国家的经济自由度也会影响其企业对于社会责任的重视程度。如果一个国家的经济很大程度上被政府所控制，那么这个国家的企业不会太多强调对于社会责任，因为在这样的国家里，取悦政府比取悦公众更有回报（Kimber & Lipton, 2005）。同时，在一个经济被政府控制的国家，很多企业社会责任的领域，例如环境保护和社区发展，是政府而不是企业的责任，这样，企业就不太会关注这些领域（Maignan & Ralston, 2002；Weaver, 2001）。

有的学者认为文化也会影响到不同国家的企业对于企业社会责任的态度和企业社会责任传播。

例如，Waldman et al.（2006）发现，集体主义（collectivism）和权力距离（power distance）会影响企业社会责任。集体主义文化下的经理人，更倾向于关注股票持有人的价值。权力距离是荷兰学者Geert Hofstede（1984）在跨文化研究时提出的区别不同文化的一个维度，它指的是权力在一个社会和组织中的分配以及社会成员对不平等权力分配的接受程度。一般来说集体主义国家对不平等的权力的接受程度要高于崇尚个人主义的国家。权力距离越大，企业社会责任越低。

体制理论（institutional theory）对不同国家企业社会责任传播提出了完全不同的解释。它认为决定一个国家企业社会责任传播的不是这个国家的政治，经济和文化，而是其体制化的程度。体制理论指出，一个国家的企业社会责任的表现和传播受到体制规范（institutional norms）的影响。这一影响通过三种同态过程（isomorphic processes）来实现：强制同态（coercive isomorphism），模仿同态（mimetic isomorphism）和规范同态（normative isomorphism）（Campbell，2007）。强制同态指法律条文和规定使不同的企业采取相似的企业社会责任行为和传播。模仿同态是指，企业想要模仿其他的企业，从而导致类似的企业社会责任行为和传播。最后，规范同态是指由行业规范导致的趋同性。这些同态过程最后导致企业社会责任行为和传播的高度统一性（uniformity）（DiMaggio & Powell 1983）。体制规范对于企业社会责任传播的影响，得到一定程度上的证实。Muthuri & Gilbert（2011）发现肯迪亚本土公司和国际公司的企业社会责任的传播有明显区别，并认为不同的体制化程度导致了这样的区别。类似的，Tang, Gallagher, & Bie（2014）比较了中国的大企业在2007年和2012年的企业社会责任传播，并将之与美国的前100名的大公司相比较发现，在2007年时候，相较于中国公司，美国公司的企业社会责任传播更加的全面和标准化。但是到了2012年的时候，中国公司和美国公司的企业社会责任传播已经没有明显的区别了。在这期间，中国公司对于其自身社会责任的传播变得更加的全面系统，更像美国公司。她们认为中国公司企业社会责任的变化，是体制化过程的结果，尤其是强制同态和模仿同态这两个过程的结果。体制化的最终结果是尽管不同的国家有不同的政治、经济和文化，各个国家间企业社会责任的行为以及关于企业社会责任的传播方式和内容会逐渐趋同。

前文所探讨的对于企业社会责任的实用性研究的焦点是企业自身。对内传播的研究关注企业的经理人和员工们对企业社会责任的看法，而对外传播的研究则探讨企业如何向客户、社会、政府、及其他的利益相关者宣传和介绍自己的企业社会责任。而对于企业社会责任的批判性研究则更加宏观，关注企业社会责任这个概念是如何在特有的社会、文化、政治、经济背景下被构建起来的。

2. 对于企业社会责任的批判性研究

对于企业社会责任的批判性研究常见于组织传播学（organizational communication）领域。这一流派对于企业社会责任的批判，不同于前文提到的Milton Friedman对于企业社会责任这一概念的全盘拒绝，而是批判性的研究关于企业社会责任这一概念是如何在特定的社会、经济、文化、政治背景下被构建起来的（May，2011）。他们认为，企业社会责任是一种话语（discourse）。就像 Foucault 所说的，话语是知识，是人们讨论和思考某一个现象的方法的总和。所以，话语是政治性的，它只允许某一种特定的思维方式（Foucault，1995）。在这样的大环境下，企业也成了一个政治实体（political entity），不同的团体包企业、政府、公众互相斗争，通过界定意义来互相影响（Kuhn&Deetz，2008）。从这一角度来看，企业社会责任就不再是一个中性概念，而是一个政治概念。什么是企业社会责任？企业的社会责任应该由谁来决定？企业社会责任所基于的价值是什么？这些价值是谁的价值？这些问题的背后，都有着更深层次的，关于谁才有话语权的探讨。

对于企业社会责任持怀疑或者批判态度的学者们，认为企业社会责任这一概念，并不是对企业，或者对于资本主义制度的挑战。相反的，它代表在资本主义制度内部企业的小幅度微调，以掩饰资本主义制度内部的根本矛盾，确保企业继续控制社会。例如，McMillan（2007）研究了美国曾经的能源巨头 Enron 公司的企业社会责任。她发现，管理至上主义（managerialism）主导着企业社会责任。这样的企业社会责任完全被经理人所主导、控制，是一种自恋的社会责任。其他利益相关者对企业的社会责任的话语权非常有限。基于这样的情况，她提出真正的企业社会责任，应该基于企业与其各个利益相关者的对话和参与，要考虑到人力资本（human capital）和社会资本（social capital），要着眼于社会，而不是企业自身。Hanlon（2008）从另一个角度对企业社会责任提出批判，他指出企业社会责任这一概念，让人们的注意力从资本主义的政治问题转移到个别公司的行为问题。与之相似，Shamir（2008）提出，新自由主义思想，让社会和经济之间的界限慢慢的消失了，让经济凌驾于社会之上。这样将道德和伦理的责任推向企业，只能让企业变得更加随心所欲。

四、企业社会责任研究的未来方向

1. 全球化下的企业社会责任和非西方的企业社会责任理论范式

对于企业社会责任的学术研究，开始于西方，也主要由西方学者在进行。所以，企业社会责任的研究，难免会有西方的偏见。作为一个始于西方的概念，企业社会责任建立在三个基本概念之上：人权、公民权和自由主义（human rights, citizenship, and liberalism）（Tang & Li, 2010）。首先，企业要尊重利益相关者的人权。其次，企业作为企业公民，有权力和义务参与社会问题的讨论和解决。最后，企业的运作，遵循自由主义的原则，在这个自由的市场经济里，企业的运作不应该受制于除了市场以外的其他力量，比如政府的控制。但是，西方企业社会责任的哲学，经济和政治基础，并不是普遍适用的。

在全球化的今天，基于西方的企业社会责任的理论框架的合理性和可推广性值得商榷。Scherer&Palazzo（2008）指出，在全球化的大环境下，地方的、国家的、地区的和跨国的企业都处于一个新的既是全球性的又是分裂的（fragmented）的政治、经济和社会的框架之下，所以对企业社会责任的研究，也要有一个全球化的，区别于西方传统的理论范式。一方面，大型跨国企业已经渗透到世界的每一个角落，同时地方企业也越来越多地融入全球市场中去。在这种情况下，是否应该有全球统一的企业社会责任的标准，还是让企业自己决定如何在不同的环境下改变其社会责任的原则和做法，则成为一个问题。前者的危险性在于西方的统治权（western dominance），而后者的危险性则是逐底效应（race to the bottom），也就是说企业有可能在缺乏法律和公众监控的国家和地区不断的降低其企业社会责任的标准（Tang，Gallagher，&Bie，In press）。

在这样的大环境下，学者们需要研究非西方模式的企业社会责任。可是，现有的比较东西方对于社会责任的不同理念的研究，大多数还是基于西方的理论模式，所以它们只能将非西方国家的企业社会责任纳入西方理论的框架下，与传统西方国家的企业社会责任相比较，看前者是否有不同或者"不足"。这样的研究方式，虽然可以让我们了解不同国家企业社会责任的不同，却是有偏见的，因为这种研究认为西方的模式就是一个"默认"的模式。要真正的识别非西方的企业社会责任模式，要求学者们跳出西方的理论基础，基于对某个国家或行业的企业社会责任的深刻认识，提出与西方理论平行的新理论。

有一些学者研究刚刚开始这方面的研究。例如，Tang&Li（2010）研究了源自中国的跨国公司华为在非洲的企业社会责任的传播。非洲被称为是"中国的新边疆"，但是中国公司的社会责任表现，很大程度上影响中国在非洲的形象。而华为作为中国企业在非洲的领头羊，采取了一种可以被称之为"唯发展主义"（developmentalism）的企业社会责任模式。对于华为来说，企业和当地社会的共同发展，就是企业的最大的社会责任。这种企业社会责任的模式是一种有中国特色的企业社会责任。但是，值得指出的是，这种唯发展主义不是没有问题的，一味的追求发展，认为经济的发展能够解决一切问题，而缺乏对于环境保护，人权等问题的关注，也正是中国经济发展模式核心的问题。

2. 关于企业社会责任的决策过程的研究

现有的对于企业社会责任作为企业内部传播的研究，大多数都是描述性的。它们研究企业的经理人和员工对于企业社会责任的态度和想法。但是我们对于企业内部关于社会责任的决策过程知之甚少。下一步的研究，需要探究企业内部关于社会责任的决策过程。哪些人参与关于企业社会责任问题的决策？决策过程是怎样的？决策过程中用到什么样的价值观？

此外，现有的关于企业社会责任作为企业内部传播的研究，很大程度上有管理偏见（managerial bias），也就是说，它们过于关注经理人的看法和做法，而忽视了普通员工的看法。学者们对于企业的普通员工如何理解企业社会责任，如何在他们的日常工作中实现企业的社会责任几乎一无所知（May，2011，p. 96）。所以下一步研究可以探索普通员工对于企业社会责任的看法和对自己企业的社会责任表现的看法，以及这些看法是否会影响到他们对企业的认同感和工作积极性。

3. 企业社会责任的话语构建

传播学学者认为，企业社会责任这一概念是通过话语来构建的。那么很自然的，我们要问，在构建这一概念的过程中，话语权掌握在谁的手里？企业社会责任这一概念是如何通过不同的利益相关者的讨论和谈判被构建起来的？企业、政府、媒体、非政府组织等机构都在多大程度上参与了企业社会责任的话语构建？

非政府组织（NGO）在对企业社会责任的话语构建有很大的影响（Dempsey，2011）。对于非政府组织在这一过程中的作用已有了一些初步的研究。例如，Welford（1997）研究了企业与非政府环保组织对于企业社会责任的辩论和谈判，发现企业劫持了这一辩论，把它重置到自由主义经济的框架里去了。类似的，Ahlstrom（2010）关于民间团体和跨国服装企业H&M的企业社会责任话语的研究，发现当民间组织用"有责任感的企业"（responsible business）这个话语来挑战公司有关"盈利的企业"（profitable business）的话语时，公司将"有责任的企业"这一话语取为己用，尽管话语和公司的实际行动并不一致。但是传播学学者对于非政府组织在这一过程中的作用缺乏系统的研究。

媒体则是另一个能够影响企业社会责任话语构建的重要因素，但奇怪的是，作为媒体专家的传播学学者，还几乎没有开始研究这个课题。一个特例是：Tang（2012）分析了中国的报纸对于企业社会责任的报道，发现这些主流媒体并没有能够能够积极的促进整个社会对于企业社会责任的讨论，它们对这一话题的报道大多数是正面的，而缺乏对于企业不道德行为的揭露和批评，以及对于企业到底对社会有什么样的责任缺乏深入的探讨。而且在这些报道里，企业有着最大的话语权，很多的报道本身就是软广告或者公关文。传播学学者可以进一步，利用传播学，尤其是大众传播学的理论，来更深刻探讨媒体在构建企业社会责任这个话语的过程中所起的作用。

4. 企业社会责任传播的效果

很多现有的研究关注企业的传播的内容和方式，但是对于公众对这样的传播如何反应，则缺乏系统研究。我们已经知道，公众常常对于企业社会责任的行为和传播持怀疑态度，认为企业不是真诚的关注社会，而是为了打公关牌。那么，企业社会责任的传播到底取得了怎样的效果？公众如何看待这些传播？那些因素会影响公众对企业社会责任传播的看法吗？关于这些问题的研究已经在逐渐开始。

例如，Wagner，Lutz，&Weitz（2009）研究在怎样的情况下，公众会觉得企业的社会责任行为是一种伪善（hypocrisy）。他们发现，当企业的社会责任申明和它们的行为不符的时候，公众会认为企业是虚伪的。有趣的是，主动传播（公众先了解到企业的社会责任申明，再了解到企业的与之不符合的行为），比被动传播（公众先了解到企业的不负责行为，然后再了解企业的社会责任申明）更加容易让公众觉得企业的虚伪。他们还发现，企业社会责任申明越抽象，越有好的效果。Kim（2011）研究了公众对于企业社会责任的真诚性（sincerity）的看法。他发现，传播的途径和一个企业原有的声誉会影响公众对这个企业的社会责任表现的看法。相比企业对于社会责任表现的广告，公众更加倾向于相信来自第三方的信息。这个差别，对于那些本来名声就不好的公司来说更加明显。

下一步，传播学者可以利用关于社会影响（social influence）和媒体效果（media effect）的理论，来继续探讨企业社会责任传播对于不同的观众的影响过程及效果。传播的源头（source），内容（content），渠道（channel）和观众的特点，都有可能影响这个过程。全面综合考虑这些因素，才可能设计出最有效的企业社会责任传播。

综上所述，企业社会责任这一概念，与传播学息息相关。从微观的角度来看，企业需要对内和对外有效的介绍和宣传自己的社会责任原则和成就，来提高自身对内的凝聚力和对外的形象。传播学者可以进一步研究企业社会责任的对内和对外传播，并为企业提出切实有效的行动指南。从宏观的角度来看，企业社会责任这个现象的本身，就是社会这个层次上的传播、讨论和辩论的结果。不同的利益相关者都试图提出和推广它们自己对于企业社会责任的定义。传播学者可以研究企业社会责任的概念的话语构成，来理解它所包含的深层的有关于政治、权利和文化的关系。传播学者可以对企业社会责任的研究做出深远的贡献。

中国的传播学者应该更积极主动地研究在中国整个社会转型的过程中，企业和社会及政府关系的转变，以及从跨学科的角度研究中国的企业可以在如何处理与各种不同的利益相关者的关系中做出实质性的创新。考虑到中国部分企业在公众心目中的负面形象，以及部分企业破坏环境、官商勾结，一味地追求效率和发展的行为，中国学者一方面可以研究现阶段企业及其他利益相关者如何理解敦促实施企业社会责任；另一方面可以从战略的高度，批判性地构建一个有利于中国企业、公众、社会、非政府组织和政府之间平衡关系的模式，来真正地建立一个可持续发展的企业文化和环境。

◇ 参考文献 ◇

- Ahlstrom, J. (2010). Corporate response to CSO criticism: decoupling the corporate responsibility discourse from business practice. *Corporate Social Responsibility and Environmental Management*,

17(2): 70-80.
- Arvidsson, S. S. (2010). Communication of corporate social responsibility: A study of the views of management teams in large companies. *Journal of Business Ethics*, 96(3): 339-354. doi:10.1007/s10551-010-0469-2.
- Bartlett, J. L. (2011). Public relations and corporate social responsibility. In O. Ihlen, J. L. Bartlett, &S. May (eds). *The handbook of communication and corporate social responsibility*, 67-86. UK: Wiley-Blackwell.
- Bartlett, J. L., & Devin, B. Management, communication, and corporate social responsibility. In O. Ihlen, J. L. Bartlett, &S. May (eds). *The handbook of communication and corporate social responsibility*, 47-66. UK: Wiley-Blackwell.
- Baughn, C. C., Bodie, N. L., & McIntosh, J. C. (2007). Corporate social and environmental responsibility in Asian countries and other geographical regions. *Corporate Social Responsibility and Environmental Management*, 14(4): 189-205.
- Birch, D. (2001). Corporate citizenship-Rethinking business beyond social responsibility. In M. McIntosh (ed). *Perspectives on corporate citizenship*, 53-65. Sheffield: Greenleaf.
- Bowen, H. R. (1953). *Social responsibility of businessman*. New York: Harper and Brothers.
- Burchell, J., & Cook, J. (2008). It's good to talk? Examining attitudes towards corporate social responsibility dialogue and engagement processes. *Business Ethics: A European Review* 17(1): 154-170.
- Campbell, J. L. (2007). Why would corporations behave in socially responsible ways? An institutional theory of corporate social responsibility. *Academy of Management Review*. 32(2): 948-967.
- Castells, M. (1997). *The rise of the network society*. Malden, MA: Blackwell Publishing.
- Carroll, A. B. (1979). A three-dimensional model of corporate performance. *Academy of Management Review*, 4(4): 495-505.
- Carroll, A. B. (2008). A history of corporate social responsibility: Concepts and practices. In A. Crane, A. McWilliams, D. Matten, J. Moon & D. S. Siegel (eds.), *The Oxford handbook of corporate social responsibility*, 19-46. New York: Oxford University Press.
- Clarkson, M. B. E. (1995). A stakeholder framework for analyzing and evaluating corporate social performance. *Academy of Management Review*, 20(1): 92-117.
- Crawford, E. P., & Williams, C. C. (2011). Communicating corporate social responsibility through nonfinancial reports. In O. Ihlen, J. L. Bartlett, &S. May (eds). *The handbook of communication and corporate social responsibility*, 338-357. UK: Wiley-Blackwell.
- Dempsey, S. E. (2011). NGOs as communicative actors within corporate social responsibility efforts. In O. Ihlen, J. L. Bartlett, &S. May (eds). *The handbook of communication and corporate social responsibility*, 445-466. UK: Wiley-Blackwell.
- DiMaggio, P. J., & Powell, W. W. (1983). The iron cage revisited: Institutional isomorphism and collective rationale in organizational fields. *American Sociological Review*, 48: 147-160.
- Foucault, M. (1995). *Discipline and punish: The birth of the prison*. New York: Vintage.
- Frederick, W. C. (2006). *Corporation be good! The story of corporate social responsibility*. Indianapolis, IN: Dogear Publishing.
- Friedman, M. (1970, September 13). The social responsibility of business is to increase its profits. *New York Times Magazine*.
- Hanlon, G. (2008). Rethinking corporate social responsibility and the role of the firm: On the denial of politics. In A. Crane, A. McWilliams, D. Matten, J. Moon & D. S. Siegel (eds.), *The Oxford handbook of corporate social responsibility*, 156-172. New York: Oxford University Press.

- Heald, M. (1970). *The social responsibilities of business: Company and community, 1900-1960s*. Cleveland: The Press of Case Western Reserve University.
- Hine, J., & Preuss, L. (2009). "Society is out there, organisation is in here": On the perceptions of corporate social responsibility held by different managerial groups. *Journal of Business Ethics*, 88(2): 381-393. doi:10.1007/s10551-008-9970-2.
- Hofstede, G. (1984). *Culture's consequences: International differences in work-related values*. Sage Publications.
- Hutton, J., Goodman, M., Alexander, J., & Genest, C. (2001). Reputation management: The new face of corporate public relations? *Public Relations Review*, 27: 247-261.
- Ihlen, O, Bartlett, J. L., & May, S. (2011). Corporate social responsibility and communication. In O. Ihlen, J. L. Bartlett, & S. May (eds). *The handbook of communication and corporate social responsibility*, 3-22. UK: Wiley-Blackwell.
- Lockett, A., Moon, J., and Visser, W. (2006). Corporate social responsibly in management research: Focus, nature, salience and sources of influence. *Journal of Management Studies* 43(1): 115-136.
- Kotler, P., & Lee, N. (2005). *Corporate social responsibly: Doing the most good for your company and your cause*. Hoboken, NJ: John Wiley & Sons, Inc.
- KPMG Global Sustainability Services, & University of Amsterdam. (2008). *International survey of corporate social reporting* 2008. Amsterdam, the Netherlands: KPMG.
- Hyo-Sook, K. (2011). A reputational approach examining publics' attributions on corporate social responsibility motives. *Asian Journal of Communication*, 21(1): 84-101. doi:10.1080/01292986.2010.52423.
- Kimber, D., & Lipton, P. (2005). Corporate governance and business ethics in the Asia-Pacific region. *Business and Society*, 44(2): 178-210.
- KPMG (2008). LPMG international survey of corporate responsibility reporting. Available at: http://www.kpmg.com/EU/en/Documents/KPMG_International_survey_Corporate_responsibility_Survey_Reporting_2008.pdf.
- Kim, H. (2011). A reputational approach examining publics' attributions on corporate social responsibility motives. *Asian Journal of Communication*, 21(1): 84-101. doi:10.1080/01292986.2010.524230.
- Kuhn, T., & Deetz, S. (2008). Critical theory and corporate social responsibility. In A. Crane, A. McWilliams, D. Matten, J. Moon & D. S. Siegel (eds.), *The Oxford handbook of corporate social responsibility*, 172-196. Oxford, UK: Oxford University Press.
- Maignan, I., & Ralston, D. A. (2002). Corporate social responsibility in Europe and the U.S.: Insights from businesses' self-presentation. *Journal of International Business Studies*, 33(3): 497-514.
- May, S. (2011). Organizational communication and corporate social responsibility. In O. Ihlen, J. L. Bartlett, & S. May (eds). *The handbook of communication and corporate social responsibility*, 87-109. UK: Wiley-Blackwell.
- McMillan, J. (2007). Why corporate social responsibility? Why now? How? In S. May, G. Cheney, & J. Roper (eds), *The debate over corporate social responsibility*, 15-29. New York, NY: Oxford University Press.
- Morsing, M., & Schultz, M. (2006). Corporate social responsibility communication: Stakeholder information, response and involvement strategies. *Business Ethics: A European Review*, 15(4): 323-338.
- Munshi, D., & Kurian, P. (2005). Imperializing spin cycles: A postcolonial look at public relations, greenwashing, and the separation of publics. *Public Relations Review*, 31(4): 513-520.

doi:10.1016/j.pubrev.2005.08.010.
- Muthuri, J., & Gilbert, V. (2011). An institutional analysis of corporate social responsibility in Kenya. *Journal of Business Ethics*, 98(3): 467-483.
- Nielson, A., & Thomsen, C. (2009). CSR communication in small and medium-sized enterprises: A study of the attitudes and beliefs of middle managers. Corporate Communication: An international journal, 14(2): 176-189.
- Nwabuzor A. 2005. Corruption and development: new initiatives in economic openness and strengthened rule of law. *Journal of Business Ethics* 59: 121-138.
- O'Connor, A., & Shumate, M. (2010). As economic industry and institutional level of analysis of corporate social responsibility communication. *Management Communication Quarterly*, 24: 529-551.
- Ongkrutraksa, W. Y. (2007). Green marketing and advertising. In S. May, G. Cheney, & J. Roper (eds.), *The debate over corporate social responsibility*, 365-378. New York: Oxford University Press.
- Ramasamy B, Hung WT. 2004. A comparative analysis of corporate social responsibility awareness: Malaysian and Singaporean firms. *Journal of Corporate Citizenship* 13: 109 – 123.
- Rodriguez P, Uhlenbruck K, & Eden, L. (2005). Government corruption and the entry strategies of multinationals. *Academy of Management Review* 30(2): 383 – 396.
- Scherer, A. G., & Palazzo, G. (2008). Globalization and corporate social responsibility. In A. Crane, A. McWilliams, J. Moon & D. S. Siegel (eds.), *The Oxford handbook of corporate social responsibility*, 413-431. New York, NY: Oxford University Press.
- Seitanidi, M. (2009). Missed opportunities of employee involvement in implementing CSR in cross-sector social partnerships. *Corporate Reputation Review*, 12: 87-98.
- Shamir, R. (2008). The age of responsibilization: On market-embedded morality. *Economy and Society*, 37(1): 1-19.
- Swanson, D. L. (2008). Top managers as drivers for corporate social responsibility. In A. Crane, A. McWilliams, D. Matten, J. Moon & D. S. Siegel (eds.), *The Oxford handbook of corporate social responsibility*, 227-248. Oxford, UK: Oxford University Press.
- Tang, L. (2012). Corporate social responsibility reporting in China: A content analysis of newspapers. *Asian Journal of Communication*, 22(3): 270-288.
- Tang, L., Gallagher, C. C., &Bie, B. (2014). Corporate social responsibility communication through corporate websites: A comparison of leading corporations in the U. S. and China International. *Journal of Business Communication*.
- Tang, L., & Li, H. (2009). Published online. Corporate social responsibility in the context of globalization: An analysis of CSR self-presentation of Chinese and global corporations in China. *Public Relations Review*, 35: 199-212.
- Tang, L. & Li, H. (2010). Chinese corporate diplomacy: Huawei's CSR discourse in Africa. J. Wang (ed.) *Softpower in China: Public Diplomacy through Communication*, 95-115. New York, NY: Palgrave Macmillan.
- Waddock, S. &Googins, B. K. (2011). The paradox of communicating corporate social responsibility. In O. Ihlen, J. L. Bartlett, &S. May (eds). *The handbook of communication and corporate social responsibility*, 23-43. UK: Wiley-Blackwell.
- Wagner, T., Lutz, R., &Weitz, B. (2009). Corporate Hypocrisy: Overcoming the Threat of Inconsistent Corporate Social Responsibility Perceptions. *Journal of Marketing*, 73(6): 77-91. doi:10.1509/jmkg.73.6.77.
- Waldman, D. A., de Luque, M. S., Washburn, N., House, R. J., Adetoun, B., Barrasa, A., et al. (2006). Cultural and leadership predictors of corporate social responsibility valuesof top

management: A GLOBE study of 15 countries. *Journal of International Business Studies*, 37: 823-837.

- Wang, J., & Chaudhri, V. (2009). Corporate social responsibility engagement and communication by Chinese companies. *Public Relations Review*, 35(3): 247-250. doi: 10.1016/j.pubrev.2009.04.005.
- Weaver, G. R. (2001). Ethics programs in global businesses: Culture's role in managing ethics. *Journal of Business Ethics*, 30(1): 3-15.
- Welford, R. (1997). *Hijacking environmentalism: Corporate response to sustainable development*. London: Earthscan Publications.
- Wren, D. A. (2005). *The history of management thought* (5th ed.). Hoboken, NJ: John Wiley & Sons, Inc.

修辞传播学

肖小穗[①]

许多人不了解修辞在传播中的意义,中国的传播教育也没有把修辞列入重点之一,国内大部分传播院系的课目里没有修辞方面的课程。而在美国,当代传播学的发展与修辞学(rhetoric)有极大的关系。修辞学源远流长,与其说它是传播学的一个分支,不如说传播学是从修辞学中脱胎发展而来。修辞学者在美国传播学中创下的数个第一便是证明:1914 年成立第一个传播协会,"the National Association of Academic Teachers of Public Speaking"("全国公共演讲教师协会"),百年后已发展成今天西方传播学界的一个龙头协会"National Communication Association"("全国传播协会");1915 年召开第一次全国性的传播学术会议(地点芝加哥);同年创办第一份传播学刊 *Quarterly Journal of Public Speaking*(《公共演讲季刊》,1928 年后更名 *Quarterly Journal of Speech*(《言说季刊》))。事实上,修辞作为一门说服和言说的艺术,是西方最古老的人文学科之一,其历史可以追溯到古希腊的演讲术。在当时没有传播技术可以倚仗的情况下,演说家在公共场所发表激情澎湃和逻辑缜密的演说,说服听众投身某项公众事业。早期的修辞家以教授演说和辩论为业,享有崇高的社会地位,被尊称为"智者"。

在两千多年后的今天对这一历史悠久的学术领域作严格、详细的界定,谈何容易。鉴于修辞对公众思想和行动的潜在影响,如何规划它的活动或应用范围从来就不是一个纯学术的决定。柏拉图坚持修辞要有道德和哲学的准则,不能混同于伪劣的"骗术"、"诡辩术"、"逢迎术"。中世纪的基督教政权不鼓励自由、开放的公共演说,修辞学被迫屈居辩证学和逻辑学的门下,只负责检点演说家的语言风格和发表技巧。修辞学在 20 世纪迎来一个开放和发展的大好局面,学科重建和扩展也提到议事日程上来,但即使是排除了道德和政治的考虑,修辞学者也还要面对建设一个大一统的人文学科还是一个专门的修辞学科的两难选择。60 年代一批学者认为修辞研究的对象应该"包括任何形式的人类互动,因为在人类的互动中符号或符号系统被用于影响价值、态度、信念和行为"(Bitzer & Black, 1971, p. 214)。在这样一个"大修辞"(big rhetoric)的视野下,任何人类互动都可以看作

---

① 肖小穗现任中国香港浸会大学传播系教授,《传播与社会学刊》(*Journal of Communication and Society*)编辑,1992 年获美国俄亥俄州立大学(The Ohio State University)传播与修辞学博士,教学和研究领域包括修辞学、文化批评和中国传播学等。

是修辞活动（Bitzer，1997，p. 20）。如此一网打尽的定位不符合学科专门化的要求，故此也有学者提议回归一个"小修辞"（little rhetoric）的格局，着重研究如何构思、创作和发表有说服力的公共演说（刘亚猛，2008，页291）。

从研究的角度看，"大修辞"的取向似乎更能解释当今美国修辞研究多向发展的趋势。不否认公共演说仍旧是修辞学者的最爱，但我们也清楚地看到这些学者不再专注于某种话语形式（如公共演说）、某种象征手段（如口语或书面语言）和某种立竿见影的说服效果（例如认同修辞者的观点、采取修辞者所希望看到的行动）。从历史的角度看，这些视野的扩展，尤其是从修辞者个人的言说转向一个群体和文化的符号系统，反映了20世纪60年代以来修辞研究发展的新趋势，这时期来自欧洲的批判思想和Kenneth Burke，Chaim Perelman，Stephen Toulmin等人的新修辞观点为这一发展趋势提供了理论的依据。本章将探讨这些批判思想和新修辞观点的影响，尤其是它们对当代修辞批评发展的影响。为了能够从历史的脉络上来理解这一影响，让我们先简单回顾一下西方修辞学所经历的几次重大的范式转型。

范式转型

总的来说，西方修辞学共经历了三次脱胎换骨、浴火重生般的范式转型，这些范式转型与历史上几次重大的哲学转向有密切的关系，后者从根本上改变了人们原有的问题意识，对修辞说服的方式提出了新的要求，从而促成了修辞范式的转型。哲学转向，从根本上说是问题意识的转向。数千年来，人类曾先后反思过四个重大问题：这是什么？你如何知道？你说什么？你如何去说？它们代表了人类思想发展的四个重要阶段（参阅肖小穗，2011）。以下分别从这四个问题入手，追述西方修辞学的几次重大的改革。

西方人的哲学思索开始于一种本体论的追问："这是什么？"古希腊的自然哲学家追问宇宙的本原和基本形式是什么，苏格拉底追问人是什么，生命的意义是什么。而修辞学家则追问人性是什么，它的基本意向是什么，它对修辞提出了什么要求，修辞又如何来回应这一要求。古希腊的三个修辞学派就起源于对这些问题的不同回答。智者认为，人是跟着感觉走的，人（其实是我）是衡量万物的尺度，因此会接受任何让自己觉得有道理的言说。柏拉图认为人是理性的，人类理性表现为对"真善美"的不懈追寻，真正的修辞应该能够帮助人们去辨别真伪善恶，否则便是诡辩。亚里士多德也认为人是理性的，但这种理性只是表明人有判断什么是人类正常行为和人之常情的能力；人有七情六欲，又有自由意志，不会听命于某个外在的、绝对不变的法则，因此对亚里士多德来说，修辞应该帮助人去判断什么是可能发生的，而不是判断什么是必然发生的。

亚里士多德的修辞论证体系就是建立在他对人性的这一本体论思考的基础之上的。鉴于人类行动没有必然性的特点，亚里士多德将修辞限定为或然性论证，"只有或然式证明才属于修辞学范围，其他一切都是附属的"（1991，1354a）。或然性论证因此是亚里士多德为人类"度身订做"的基本修辞说服方案。在他的三种"艺术性证明方法"中，信誉证明（ethos）和情感证明（pathos）是针对人性的两个"缺憾"——信心不足和容易冲动——设置出来的；而逻辑证明（logos）则是亚里士多德为常人的理性专门设计的一套修辞推论程序，它包括修辞三段论（enthymeme）和例证法。亚里士多德的其他修辞理论，如关于话题部目、组织结构、语言风格和受众心理的理论，也都建立在他的人性分析的基础之上。

亚里士多德以后，西方人对于本体探索的热情仍持续了一千多年，直到17世纪培根、笛卡儿、休谟等人出来问一个严肃的认识论问题："你如何知道那件事是这样的？"近代学者的问题一下子把以前所有的问题给搁置了，在没有搞清楚"你如何知道"之前，解答"这是什么"是没有意义的。学术界于是转向人类的第二个重大问题："你如何知道？"这个转向，思想史上称作"认识论转向"（Epistemological turn）。在"如何知道"的问题上，培根、笛斯卡、休谟等人更倚重辩证和科学的手段，但他们也意识到辩证和科学知识不能直接转化为行动的意欲，要激发人们的兴趣、情感和意欲，还必须依靠修辞。培根于是重新界定修辞的功能："修辞的职责是理性地运用想象，以求更好地调动意欲。"（Bacon，1990，p. 629）。这一定义调整了修辞和辩证、科学的关系，修辞提供丰富的想象，而辩证和科学则提供理性的指引。在理性的指导下，修辞有了用武之地，它的作用就是把为什么要行动的道理生动地呈现在人面前，激发人行动的意欲。

以后，以George Campbell（1963/1776）、Huge Blair（1990/1783）和Richard Whatel（1990/1828）为首的认知修辞学家针对人类心智活动的特点，精心设置了一套用于说服的推论程序，这套程序把握两个原则：（1）推论的起点是最清楚自明的感性知识；（2）推论的过程符合人类心智活动的规律。近代修辞学家相信，如果推论的起点是可信的，而推论又合乎情理，听众无论从理智还是情感上都没有拒绝的理由。为此，他们要求修辞者使用具体生动的描述，让人如见其貌、如闻其声；同时还要求修辞是一个复杂的、多层次的论说过程。按照当时的认识，人类从理解到行动，要分别经过想象、情感、意欲等阶段，修辞因此要分阶段进行，针对不同的心智功能使用不同的语言手段。

20世纪初，发轫于英国，后来成为英美哲学主流的分析哲学发起了新一波的哲学运动。这个学派挑战西方的哲学传统，指出过去哲学上的种种争论至今未能得到解决，根本的原因不在于我们的认知，而在于我们的语言——我们在述说一些无法清楚述说的概念。因此，哲学的首要任务是"清理"语言。学术界于是再转向第三个重大问题："你在说什么？"这一转向被称作语言学转向（Linguistic turn）。这时候的修辞学者自然也要扪心自问，"我在说什么？""我是否知道自己在说什么？"在说服公众之前，他们需要反思自己使用的语言。

英国学者 I. A. Richards 是 20 世纪最早也是最自觉地致力于语言学转向的现代修辞学家，被称作 20 世纪新修辞和新批评的第一人。Richards 的语言学转向最突出地表现在他主张修辞研究从表达意义的最小单位开始，"探索字在话语中的作用"（1936，p. 8），这一微观取向显然是受到语言学研究方法的影响。此外，Richards 还主张修辞学是"对误解及误解消除方法的研究"（p. 3）。当分析哲学家致力于清理那些含混的、让人误会的语义时，Richards 则致力于解释这种含混、误会的由来。他认为意义不来自词语，也不来自词语所表达的事物，而是来自个人的主观解读；误会之所以产生，终其原因是对话双方的经验结构不相吻合。在 Richards 的新修辞理论中，修辞的主要功能不是说服，而是消除误解、增进理解。Richards 为此发展了一个互动的隐喻理论，用以解释人们在日常的交谈中如何使用隐喻来建构不同经验结构之间的联系（1936，p. 94）。

这时期修辞学的另一位杰出代表是美国的 Richard M. Weaver，他从另一个角度转向语言分析，他分析语句的逻辑结构，试图发现这些结构所承载的道德意涵。他认为语言总是寄寓一定的信念、理想、价值观和世界观，从这点上说，语言总是"载道"的。在 *Language is sermonic*（《语言是传道》，1970）一书中，Weaver 分析了不同种类的词汇和句子，目的是说明这些词汇和句子是如何与特定的价值观和世界观联系在一起的。

"二战"后的修辞理论

"二战"以后，"说什么"的问题意识逐步让位给"怎么说"的问题意识。过去，人们在乎说什么，是因为他们还习惯性地认为这个"什么"是某个客观存在的"现实"，而这个"说"可以传达某个确定的意义，可是这一信念在 20 世纪尤其是 50 年代以后受到了新一代欧洲哲学和语言学理论的挑战。

欧洲的批判思想[①]

最早是 Friedrich Wilhelm Nietzsche（尼采）出来批判语言可以反映现实的神话，认为语言只是一种符号，与客观现实没有必然的关系。"通常称为语言的，其实都是种比喻表达法。语言由个别言语艺术家创制出来，但由群众集体的趣味作出抉择，这一事实规定着语言"（尼采，2001，页 21-22）。20 世纪 30 年代，Ludwig Wittgenstein（维特根斯坦，1953）从原来的分析哲学阵营中分化出来，指出词语的意义并不来自它所代表的事物，而是来自它的用法。这一革命性的观点在 20 世纪后

---

① 有关这一部分的较为详细的讨论，可参阅肖小穗，2011，页 246-253。

半期引发了新一波的转向,哲学关注的重心由形式语言转向了日常语言,由语义学转向了语用学。随后 John Austin(1962)、John Searle(1969)等人追寻"言词用于行动"的思路,提出了一个语用学理论,即言语行为理论(speech-act theory)。他们认为言语不但召唤行动,言语本身就是行动;说话者的真实意思并不内含在他的话里面,而是表露在他"怎样说"的行为之中;要说话得体,就必须依循言语行为的规则。语言哲学发展到语用学和言语行为理论的阶段,已经开始转向一个传播学和修辞学的视角,后者要关注的正是一个"怎样说"的问题。

以后,一些后现代主义和后结构主义大师就经由语用学走向了修辞。在 1979 年发表的后现代主义名作 The postmodern condition(《后现代状态》,1984/1979)中,Jean-Francois Lyotard(利奥塔)指出知识是一种陈述,现代科学知识是由指示性陈述组合而成的话语。可是科学陈述不能从它所陈述的事实中获得任何正当性,在如何寻求正当性的问题上,Lyotard 转向了修辞,对他来说,知识(知识话语)的合法化其实是一个修辞的过程,科学知识要被接纳为合法的知识,必须诉诸某个宏大叙事。与此同时,Lyotard 也转向了后现代,因为在他看来,后现代意味着"对宏大叙事的质疑"(pp. xxiii-xxiv)。其实早在 10 年前,Michel Foucault(傅科)已经在 The archaeology of knowledge(《知识的考掘》,1972/1969)中探讨语用学与知识的关系,但他更关心知识的形构(formation)和管制。他发现除了言语行为的规则之外,还有其他一些更为宏大的话语规则在规范着人们的日常话语活动,比如一些规则规定了什么样的话题可以或者不可以在什么样的场合下说,一些规则规定了谁可以说,谁不可以说,等等。当他进一步探讨这些话语规则的权力机制时,Foucault 也明显地转向了修辞。很可能是受到语用学的"构成规则"(constitutive rules)的启发,Foucault 意识到权力不只是一些说"不"的制约规则(regulative rules),它还从事创造和生产,尤其是"形成知识,产生论述"(1980,p. 119),权力能够维持其持续影响的原因就在这里:它无须使用暴力,只需要让民众知道什么是可靠的知识和合法的言谈,就可以实行有效的控制。从这个角度看,知识形构(knowledge formation)和话语形构(discursive formation)都不过是权力维持自身运作的修辞手段。

另有一批后结构主义者如 Jacques Derrida(德里达)、Gilles Deleuze(德勒兹)、Jean Baudrillar(布什亚)、Paul de Man(保罗·德·曼)等,他们跨过了语用学的规则,直接采用修辞批评的方法来分析和解构传统文本。和当年的尼采一样,他们最终要说明那些看似确定无疑的陈述其实只是一些隐喻的权宜聚合,用 Jürgen Habermas 的话说,他们要"揭示哲学与科学文本中那些被压制的修辞意义,以否认对文本的明确理解"(1990,p. 191)。以上一个个后现代主义和后结构主义大师身上发生的修辞学转向(rhetorical turn)显示了新一波的哲学转向运动已经形成。

后现代修辞学的回应①

从 20 世纪 60 年代开始，美国修辞学也逐步进入了一个众声喧哗、兼容并蓄的新阶段，这一变化与稍早前在欧洲兴起的批判思潮有密切的关系。比较来说，我们看到修辞哲学的转变不如哲学上的修辞学转向来得那样波澜壮阔，也缺少颠覆的力度，这结果不出人意料，因为这里说的是两种不同的修辞，一是哲学家手中批评和否定的武器；一是修辞家从事说服和教化的工具，前者所破的正是后者所立的。修辞学一向以再现、影响和指导现实为天职，不可能采取全面怀疑的态度。修辞学家没有照单全收后现代主义的修辞观点，在尼采和维特根斯坦之间，他们更倾向于维特根斯坦；而在当代的后结构主义大师中，他们选择了多一点 Foucault，少一点 Derrida，所以 Derrida 在美国修辞学界的影响极为有限，只是引来一些断续的、不肯定的响应（如 Aune, 1983；McGee, 1990）。

尽管如此，美国的修辞学在 60 年代也经历了一个从单声道向多声道、从小修辞到大修辞的范式转型，我们可以把后来的发展称为后现代修辞学，以区别于以 Richards、Weaver 为代表的现代修辞学。之前，无论是 Richards 还是 Weaver 都相信有一个真正和理想的"现实"，而语言可以准确地反映这一"现实"；他们于是致力于解释诸如"真理"、"价值"、"理想"等概念的意义是如何可以被正确地理解的。新一代修辞学家则不再纠缠于语言是否准确反映现实的问题，他们更关心意义是如何建构起来的；他们认为"真理"、"价值"、"理想"等概念在实际应用中可以有多种含义，判断"真理"、"价值"、和"理想"也不是只有一个标准。在 Richards 和 Weaver 的时代，整个学术界还一味追求"客观"和"确凿无疑"的知识，修辞在整体上还受到逻辑演绎方法的挤压。新一代修辞学家则反客为主，宣称逻辑演绎不适用于解决人类问题。

要追寻这一重大转型的来由，我们不能不说到欧洲批判思想的影响，也不能不说到"二战"前已经沽跃在美国本土的一个博大精深的修辞批评传统。我们因此要认识两位"外籍学者"和一位本土学者，两位"外籍学者"Stephen Toulman（图们）和 Chaim Perelman（帕尔曼）带来了 Wittgenstein 的日常语言哲学，从而把修辞从语言学转向以来逻辑演绎方法的掣肘下解放出来；而美国学者 Kenneth Burke（伯克）则在当代语言学、文学、心理学、社会学等研究成果的基础上，开发了一个多面向和多功能的修辞理论体系。

Toulman 是英国哲学家，受 Wittgenstein 的影响，毕生探索道德论辩。他于 1958 年出版 *The uses of argument*（《论辩的使用》）时，只是想寻求实用论辩的适当方法，但当时的哲学界偏重形式逻辑，没有重视这部著作。该书后来在美国遇到知音，在美国修辞学界引起广泛注意。Toulman 考察以往的论辩，发现近代以来多数哲学家奉行一种抽象的、可以普遍应用的论辩模式，他们寻求普

---

① 有关这一部分的较为详细的讨论，可参阅肖小穗，2011，页 253-266。

遍不变的道德原则来支持自己的主张，而不是根据实际情况提出主张，Toulman 称这种模式为"理论论辩"（theoretical argument）或"分析性论辩"（analytic argument）（Toulmin, 1958; Jonsen & Toulmin, 1988）。作为 Wittgenstein 的追随者，Toulman 提倡日常的"实际论辩"（practical argument）或"实质性论辩"（substantial argument），这种论辩维持某个理性评判的客观标准之余，也允许这一标准随着实际情况的变化而有所调整。为了解决两者之间可能发生的冲突，Toulman 特别提出了"论辩领域"（argument fields）的概念，他认定论辩的某些面向受制于具体的论辩领域，属于"领域变数"（field-dependent），比如一项宣称的精确程度，在不同的领域有不同的要求，某些物理学宣称的精确度可能要达到 0.05%，这一要求明显高于我们对一项艺术宣称的精确度要求。另有一些论辩因素不受领域影响，Toulman 称它们为"领域常数"（field invariant）。比如"人必有一死"，"奥巴马可能成功连任"，这些话不管是从科学家还是从艺术家的口中说出，其宣称的力度和肯定程度是一样的（1958, pp. 11-43）。Toulman 认为一个完整的实际论辩应该包括领域变数和领域常数两个部分。就结构而言，完整的实际论辩应该包括宣称（claim）、理由（grounds）、保证（warrant）、支持（backing）、语气（modality）、反证（rebuttal）6 个要素（1958, pp. 94-145）

Perelman 是一名波兰裔法学家，担任过逻辑学和伦理学教授。他原本钻研正义概念的逻辑结构，曾试图采用分析哲学先驱 Gottlob Frege（弗雷格）的逻辑分析方法，从纯事实的判断中推论正义的法则，但没有成功。他于是追问如何可以推论价值，他和同事 Lucie Olbrechts-Tyteca（泰德嘉夫人）耗时数年，探询伦理学、政治学、哲学和美学等文献中有关价值问题的论述，结果意外地"重新发现"了亚里士多德的修辞理论，在修辞中 Perelman 找到了"人类用以形成价值、散播价值的方法"（廖义铭，1997，页 28-30）。他因而从逻辑推演转向修辞论辩，在他看来，逻辑推演是依照预订程序进行计算的过程，而"论辩则致力于赢取心灵的认同"（Perelman & Olbrechts-Tyteca, 1969, pp. 13-14）；前者使用人造的数学语言，后者使用自然和暧昧的日常语言。Perelman 由此得出结论：在科学证明和数理逻辑以外的所有领域，都属于修辞论辩和说服的范围。

Perelman 与 Olbrechts-Tyteca 于 1958 年合作发表了一部新修辞学的巨著《新修辞学》（*The New Rhetoric: A Treatise on Argumentation*，1969/1958），并因而成为了当代修辞理论发展史上最杰出的代表之一。Perelman 的新修辞学有以下特点：(1) 强调修辞要面向听众；(2) 强调要以听众信奉的"事实"和"意见"作为论辩的出发点；(3) 强调论辩的技巧在于将听众已有的信念转移到尚未接受的结论中去。Perelman 把论辩技巧分作"关联"（association）和"间隔"（dissociation）两大类。"关联技巧"旨在将前提和结论粘连在一起，而"间隔技巧"则反其道而行之。和 Toulman 一样，Perelman 也必须提供一个理性评判的标准。把论辩的裁决权移交听众之后，他必须指望听众有理性判断的能力，为此，Perelman 将听众分为特定听众（particular audience）和普遍听众（universal audience）。特定听众是演说者在演说现场试图影响的人，普遍听众则包括所有理性的、有沟通能力的人。Perelman 相信普遍听众能作出理性的判断，认同好的论辩，拒绝不好的论辩（Perelman & Olbrechts-Tyteca，1969，pp. 31-35）；即使不能马上作出判断，公共辩论也可以帮助他们做出理性的选择。

如 Toulman 所示，一切有实质意义的宣称都必须考虑具体情境的具体要求；又如 Perelman 所说，任何有说服力的推论都必须照顾听众已有的信念和喜好，那么宣称和推论就应该归属修辞。但即使这样，修辞也只是在收复它的失地，恢复它在经典时期的版图。当代意义上的"大修辞"其实是在 Burke 的手上完成的。Burke 是美国土生土长的修辞学家，他不是"科班出身"，大学辍学投身写作，以文学评论为主，他的写作处处显示出他对语言独具慧眼的体察和哲学洞见，这使他能够走出一般的文本和话语，看到修辞与人性以及人类行为的潜在联系。Burke 在"二战"后陆续发表了 *A grammar of motives*（《动机的语法》，1945）、*A rhetoric of motives*（《动机的修辞》，1950），*The rhetoric of religion*（《宗教的修辞》，1961）、*Language as symbolic action*（《语言是符号行动》，1966）等巨著，这些著作建构起一个广大悉备的修辞理论体系，由此确立了 Burke 在当代美国修辞学的泰斗地位，使他成为"最全面地体现了 20 世纪西方修辞发展格局的学者"（刘亚猛，页 336）。

Burke 的体系尽管广博，但最终还是统合在他对人和修辞的独特理解之上的。他界定人是"使用符号的动物"（Burke，1966，p. 16），修辞（或语言）是"一种符号手段，用于引导那些本性上要对符号作出回应的动物进行合作"（1969/1950，p. 43）。在另一场合，他指出"修辞的基本功能是使用语言形成某种态度或促使他人采取某种行动"（1969/1950，p. 41）。在这两个相关的定义中，Burke 交代了他的三个核心概念：人、符号、行动，这三个概念环环相扣。首先是人，因为使用符号来筹划自己的生活，从而走出了动物的自然状态。符号则是人类用以建构自己生活的手段。Burke 所说的行动（action）也有特别涵义，它不同于动作（motion），两者的分别在于符号性（symbolicity）和动物性（animality）的分别（Burke，1966，p. 28）。人饿了要吃，渴了要喝，这是动作，动作是本能的、与符号没有关系；但行动是有目的、有筹划、有符号意义的。人类行动总要展现一定的教养、习俗、政治体制、道德规范、宗教等，所以任何行动都是在特定的符号系统的框架内策划和进行的。

这样看来，人、符号和行动是三位一体的，缺一不可的。由此出发，Burke 着手调整人们对语言的基本看法。他在 *Language as symbolic action* 一书中指出，在如何看待语言之本质的问题上，人们存在两种对立的态度，Burke 称之为"科学主义"（scientism）和"戏剧主义"（dramatism）。科学主义重视语言的"命名或定义"（naming or definition）功能，而戏剧主义强调语言的"表态或劝勉"（attitudinal or hortatory）功能。科学主义关注这样的问题："这是什么，或不是什么。"戏剧主义则关注"你应该这样做，或不应该这样做"（1966，p. 44）。Burke 提倡的范式转变，即由关注语言如何指称事物到关注语言如何引发行动，让人想到不久前在维特根斯坦身上发生的转变。

语言如何引发行动？这是困扰了修辞学家两千多年的老问题。对 Burke 来说，答案在于如何解读人类行为的动力来源，即所谓的"动机"（motives）。在他看来，人类因为使用符号，才产生要采取某项行动的动机，人就是那个"本性上要对符号作出回应的动物"，人类的行为动机是被符号手段诱发起来的。语言主要通过表达行为的动机，来间接地影响人类的行动。事实上，我们无论如何来描述一个事物，都已经寄寓了我们对这一事物的行为动机。譬如说一个人"可疑"，已经预示了我们可能要采取某项行动（1984/1935，p. 31）。里根说利比亚是一个"邪恶轴心国"，不但暗示了他将采取的行动，更为此行动准备了正当的理由。

修辞学一旦把视线投向符号和符号行为，其研究的疆域便是无远弗届的。Burke 的修辞观把人们带入一个前所未有之深广的领域中去审视修辞的作用，在那里修辞远远不只是言说和说服的艺术，它还是人类活动和生活的基本依据。20 世纪 60 年代那批学者的"大修辞"观就是在这一观点的启发和鼓舞下形成的。三位学者之后，修辞理论再没有出现重大的突破，倒是修辞批评在三位学者的理论，尤其是 Burke 的戏剧主义理论的影响下有长足的发展，修辞研究的重心也随之转向了修辞批评。

60 年代以来的修辞批评理论

从柏拉图开始，西方学者就经常评点、分析修辞者的技巧和意图，但我们今天说的"修辞批评"（rhetorical criticism）是一个现代的学术概念。按照 Sonja Foss 的定义，修辞批评是"以理解修辞过程为目的，系统地分析和阐释符号行为及其作品的过程"（1996，pp. 6-7），它探讨言说和其他符号手段如何发挥作用，为何可以影响我们等问题。这一学术过程在美国是 20 世纪才开始的。之前，修辞学身世浮沉，没有一个明确的批评领域。自中世纪以来，修辞学遭受辩证学、逻辑学和科学的逐步吞并，到 19 世纪保留下来的只有"风格"（style）和"发表"（delivery），于是把修辞推向了文学。这时候的演说评论家大多关注演说的文学价值，他们在演说中寻找演说家丰富的想象力、活泼幽默的风格和独特的句法。1925 年，康乃尔大学教授 Herbert A. Wichelns 发表具有划时代意义的长文，"The literary criticism of oratory"（"演讲的文学批评"），宣称修辞学要有属于自己的修辞批评，"修辞批评研究的不是永恒，甚而也不是美。它研究的是效果。它把演讲看成是与某一具体观众的交流，它认为它的工作是分析和欣赏演讲者是如何将他的思想传达给他的听众的"（1998/1925，页 70）。自此，现代意义的修辞批评才正式启动。Wichelns 的贡献还在于他规定了修辞批评的范围，这范围涵盖了亚里士多德修辞学的所有重要的证明方法和说服手段。Wichelns 因此被认为是继承了亚里士多德的修辞传统，他的批评理论启发了后来一代人的修辞批评实践，后人称其为"新亚里士多德主义批评"（Neo-Aristotelian criticism）。新亚里士多德主义者独家经营美国的修辞批评长达 40 年之久，直到 1965 年 Edwin Black 发表 *Rhetorical criticism：A study of method*（《修辞学批评：方法之研究》），新亚里士多德主义批评一枝独秀的局面才告终结。Black 批评新亚里士多德主义者机械和被动地引用古典的修辞法则；只关注一个演说，忽略了它与历史上其他相关演说的关系；而且只关心演说对现场听众的"直接影响"，这一批评可以看作是后现代的大修辞观对现代的小修辞观的批评。

后现代修辞学兼容并蓄、多元发展的特点在 1965 年后的修辞批评实践中得到最充分的展现，Burke、Toulman、Perelman 等人的极其开放的大修辞观鼓励批评家对错综复杂的修辞现象作多角度的分析和阐释，结果在后来短短的 20 年间，各种修辞批评模式相继出现。本章只是选取其中有代表性的 8 种批评模式，并参阅一般的归类方法（如 Brocketal & Scott，1989；Burgchardt，1995；Foss，1996），把它们归入戏剧主义批评、修辞模式批评和意识形态批评三大类别。

戏剧主义批评（dramaturgical criticismm）

戏剧主义（dramaticism）是继新亚里士多德主义之后对修辞批评影响最大的修辞哲学流派，它直接或间接地催生了起码三种修辞批评方法，即"戏剧五元分析法"、"幻象主题分析法"和"叙事范式分析法"。这类批评方法主要源自 Burke 的戏剧主义语言观和修辞观，它有三个基本假设：（1）戏剧是人类安排和呈现自身经验的主要方式；（2）修辞者通过戏剧性的描述来展现行动的动机；（3）而我们一旦接受修辞者的戏剧性描述，便认同了他所建议的行动。戏剧主义批评家与新亚里士多德主义批评家不同的地方在于，他们关心的不是什么样的说服技巧可以引发什么样的修辞效果，而是修辞如何可以把听众带入一段戏剧性的描述中去，让听众去感受和认同某种行动的动机。

1. 戏剧五元分析（pentadic analysis）

戏剧五元分析法源自 Burke 的 *A rhetoric of motives*（《动机修辞学》，1969/1950）。Burke 认为人们描述某个环境时，不外乎是回答以下五个问题：谁（行动者），在什么时候或什么场合（场景），以何种方式（方法），为何目的（目的），做什么（行动）？行动者（agent）、场景（scene）、方法（agency）、目的（purpose）和行动（act）于是构成了"戏剧"的五个基本要素。如何排列这五个要素，可以反映出叙述者对环境的看法。譬如坚持人定胜天的人会把行动者置于中心的位置，而把其他要素置于从属的位置。也有人出于其他修辞动机，把场景、手段、目的或行动看作是头等重要的因素。这五个要素因此提供了一个分析说话人修辞动机的方法，称之为"五元"或"五因"分析法。

我们不妨来看一个案例分析。David Ling（1970）运用这个方法分析麻省参议员 Edward Kennedy（爱德华·肯尼迪）在 1969 年的一次重要演说。这年 Kennedy 驾车坠入河中，致使同车的一位年轻妇女丧生，而 Kennedy 在数小时后才向警方报案，民众不由质疑这位年青的政治明星的诚信和他继续参政的资格。7 月 25 日，Kennedy 向麻省人民发表演说，交代这一事件。根据 Ling 的分析，Kennedy 将整个事件的重心放在场景上，他先是解释事件的经过，把自己塑造成一个无法驾驭的场景的牺牲品;然后叙述眼下的处境,又再一次把自己塑造成另一个场景即流言蜚语的受害者。他于是把自己是否留任的决定权交给麻省民众,后者将决定是否相信这些流言蜚语。这时候 Kennedy 倒是希望民众走出这一流言蜚语的情景,采取明智的行动,相信他是清白的。这种诉求于无法控制的"场景力量"的修辞手法让他获得不少民众的谅解,但同时也在他以后步入白宫的政途上布下了阴影。正如 Ling 所说,"在美国,总统的形象身上常有一种神话式的东西,这就是总统能在不正常的场景中做出清楚而理智的决定。肯尼迪在讲话中,至少在一部分里,承认他不能应付这样的处境"(1970)。

2. 幻象主题分析(fantasy theme analysis)

幻象主题分析提供了另外一种分析修辞动机的方法。幻象主题分析关注的不是修辞者如何排列戏剧要素的先后关系,而是修辞者如何戏剧性地呈现这些要素。这一方法源自 Ernest Bormann 在1972 年的文章,"Fantasy and rhetorical vision: The rhetorical criticism of social reality"("幻象与修辞视野:社会现实的修辞批评")。Bormann 注意到社会心理学家 Robert Bales 及其助手的一项有趣的发现,他们研究小组活动时,发现小组成员在交流的过程中会突然进入一种戏剧化的"群体幻想"(group fantaszing)状态,这时候"对话的速度增快,大家往往变得激动起来,互相打断,脸红,忘乎所以地大笑。戏剧化之前往往是肃默紧张的会议气氛,然后会活跃生动噪嚷起来……"(Bormann,1972)。Bormann 对此有特别的解释,他认为这种连锁的情绪反应表明了某些幻象主题(fantasy theme)已经引进到群体的言谈中去,成为成员们反复讲述的对象。

这里说的"幻象"(fantasy)不同于虚幻的想象,它是对于事件的创造性和想象性解释(the creative and imaginative interpretation of events),这种创造性和想象性解释是在成员相互交流的过程中逐步确立起来的。在交流中成员们七嘴八舌地反复讲述一些戏剧情节,这便是 Bormann 所谓的"幻象主题"。幻象主题可以细分为场景主题(即有关场景的戏剧情节,如"股灾")、人物主题(如"幕后操盘者")和行动主题(如"托市"),幻象主题一般来自群体成员熟悉的故事,涉及某个共同关注的问题,所以能够成为成员热烈讲述或描述的对象,成员情绪热烈是因为他们在讲述中得到了某种心理或修辞的满足。讲述幻象主题还有一个特点,那就是成员会使用特定的语言符号,这些语言符号对群体成员有特定的意义,成员无须多费口舌,往往几个手势或只言片语便让对方心领神会。

这种戏剧性的交流和分享最终把群体带入一个共享的象征性现实中去,Bormann 称这一象征性现实为"修辞视野"(rhetorical vision。1972)。修辞视野其实是群体成员所熟悉的故事模式,它由一系列熟悉的幻想主题构成,由于耳熟能详,讲述者只需要说出故事大纲(譬如"中国香港正遭遇股灾"),其他成员便可以补上故事细节。修辞视野的确立标志了一个修辞社群(rhetorical community)已经形成,在修辞社群中成员会分享对世界的许多看法。Bormann 的文章发表后,立即在西方的修辞批评学界掀起了一股幻象主题分析的热潮,到 20 世纪末,仅仅是作为博士和硕士论文研究的幻象主题分析就有一百多例。

3. 叙事范式分析（narrative paradigmatic analysis）

叙事范式分析也是与戏剧主义批评密切相关的重要批评模式。尽管过去也有学者关注叙事的修辞说服功能，但要到20世纪80年代叙事分析才开始成为修辞批评的方法。Fisher是这一新方法的重要推手，他在1984年发表的文章（"Narration as human communication paradigm: The case of public moral argument"）中首次提出"叙事范式"的概念，这一概念为叙事修辞批评提供了主要的理论依据。在"叙事范式"概念的基础上发展起来的叙事分析与上述的幻象主题分析恰成一个有趣的对照，前者关注的不是修辞者的戏剧化手法中最富于想象和感染力的部分，而是这一手法中最理性和审慎的部分。

Fisher的叙事范式概念有以下假设：（1）人是说故事的动物；（2）我们生活在一系列故事的世界之中，我们选择其中某些故事作为生活的蓝本；（3）我们行动的依据是"好的理由"（good reasons）；（4）我们对"好理由"的认识受到历史、文化、个性等因素的影响；（5）我们根据一个故事的可能性（probability）和忠实性（fidelity）来推断它的合理性（1987, pp. 64-65）。

Fisher认为，与传播相关的理论如归属理论、平衡理论、建构主义、社会结合理论、强化理论、社会交换理论、象征互动主义等等都要依赖叙事，它们都提供某种"描绘性、说明性和预言性的知识"，而描绘、说明、预言本身就是一种叙事。比如平衡理论预言一个人心理不平衡时，会设法恢复平衡，这预言就是叙事。再说，恢复心理平衡也需要故事，一个人试着竞选某个职位而没有成功，就会找一些能为自己开脱的故事（1985）。

Fisher认为"叙事范式超越这些理论，为我们提供了一种评估故事的'逻辑'"（1985）。这"逻辑"就是Fisher所说的"叙事理性"（narrative rationality），后者"决定一个人是否应该接受某个故事，某个故事是否真正可信，是否可以作为信仰与行动的指南的一个相干的系统"（1985）。Fisher提出两个评判叙事理性的标准：叙述可能性（narrative probability）与叙述忠实性（narrative fidelity）。可能性指故事连贯一致的程度，忠实性指故事真实可靠的程度；前者着眼于叙事的形式，后者则着眼于叙事的内容。前者要求故事的结构（structure）、题材（materials）、角色（characters）等前后一致，即使发生了变化，也要顺理成章；后者则要求故事符合我们的观察和信仰（1987）。相对而言，故事的忠实性较难把握，因为我们的观察和信仰经常发生冲突。冲突发生时，我们往往选择信仰作为评判故事忠实性的更好理由。

和幻象主题概念一样，Fisher的叙事范式概念也指出了一个分析修辞动机的方法。在Fisher看来，令人信服的故事能够提供决策和行动的依据，"判定一个故事是不是掩盖着什么动机的唯一办法就是用叙事的可信性［可能性］和忠实性的原则对它进行测试"（1985）。

修辞模式批评（rhetorical pattern criticism）

新亚里士多德主义之后，与戏剧主义批评差不多同时发展起来的另外一个批评范式是修辞模式批评，顾名思义，这一范式关注修辞的模式，它包括"运动批评"和"样式批评"。这两种批评模式的出现可以说是对 Edwin Black 呼吁的响应，在 1965 年发表的 *Rhetorical criticism: A study in method* 中，Black 批评新亚里士多德主义对演说背景的理解过于褊狭，认为批评家要有更广阔的视野。在那些可望走出传统的局促视野的批评模式中，Black 特别提到了运动批评和样式批评，这两种模式都致力于在一系列的修辞事件中发现某种模式。具体来说，这两种模式有以下特点：（1）它们都强调社会情势的影响，认为修辞是对社会情势的回应；（2）它们关注修辞行为多于关注修辞者；（3）它们关注较大范围的修辞实践，而不是个别的修辞事件；（4）它们不局限于一种批评方法。两者不同的是，运动批评着眼于外部的修辞事件，而样式批评则着眼于内在的修辞形式。

1. 社会运动批评（social movement criticism）

最先提倡运动批评的修辞学者是 Leland Griffin，他在 1952 年发表的 "The rhetoric of historical movements"（"历史运动修辞学"）一文中，建议"我们把注意力从个别杰出的演讲者移开，转向研究产生众多演讲的事件和范围，进而研究形形色色的演讲者、演讲、听众和场合"。Griffin 本人则要求研究历史运动的修辞，在研究中发现"运动内部的修辞结构"，他相信类似的运动应该拥有类似的修辞结构（1952）。

20 世纪六、七十年代，美国爆发各种反建制的运动，如学生运动、女权运动、黑人运动和反战运动，着眼于这些运动的研究大量涌现，修辞批评的重心也随之从历史运动转向当代的社会运动。Herbert W. Simons 于 1970 年发表的文章 "Requirements, problems, and strategies: A theory of persuasion for social movements"（"要求、问题及策略：社会运动中的规劝理论"）反映了这一转向。Simons 发现过去的运动研究没有充分考虑社会运动的复杂性——例如社会运动跨越不同的阶段，使用若干不同的象征和媒介，加上参与者"不是一个领袖加一群随从，而是几批领袖加几批随从（他们又常常分成争斗的派系）"（1970）。他于是引入社会学的理论，并在结构功能主义批评的框架下整理出一个修辞学批评的理论。Simons 的基本思路是这样的：运动的修辞首先要满足社会运动的功能性需求，社会运动提出各种要求，要求之间的不协调产生了修辞的问题，而这一问题必须得到策略性的解决。具体来说，社会运动的领头人必须满足三项基本的修辞要求：（1）他们必须能吸引、鼓动和维持一定数量的追随者；（2）必须说服现有的体制接纳其变革的主张；（3）在体制不予合作时必须采取相应的应对策略。与此同时，运动中的种种因素和力量又向运动领袖提出各种不同的具体要求，这些要求往往相互抵触，这就决定了"社会运动的领导人必须在各种矛盾的要求中斡旋"，"他如何调整策略来适应要求便构成了评价他的修辞行动的主要依据"（1970）。

这时候，修辞批评仍附属于社会学或历史学研究，这种附属地位限制了修辞理论和方法的应用。

到了 1972 年，Robert S. Cathcart 发表了在 "New approaches to the study of movements: Defining movements rhetorically"（"研究运动的新取向：从修辞的角度界定运动"），这种附属的局面才得以改变。Cathcart 从定义入手，挑战过去的修辞批评理论，认为过去有关运动的定义均来自历史学或社会学（尤其是社会心理学），这些定义不能用来建构合适的修辞批评理论。修辞学者需要也应该有自己的定义，因为"运动本质上是修辞性的"（1972）。那么如何来理解这一修辞本质？Cathcart 在这个问题上转向了 Burke 的戏剧主义观点，他认为运动是一种戏剧的形式，需要某种冲突；政治或社会运动的冲突源自两种对抗的力量，一方面，有人不认为既定的秩序是"好秩序"，要求改革；另一方面，现行的制度认为这一改革要求是对既定秩序的恶意破坏。政治的对立导致了道德的冲突，对 Cathcart 来说，由此产生的"来自道德冲突的辩证张力"（a dialectical tension growing out of moral conflict）是运动最本质的属性，"没有这一辩证张力，便没有运动"（1972）。

2. 样式批评（genre criticism）

"样式"（genre），来自法语，意指组别、类型、范畴等。样式受到 20 世纪 60 年代以来修辞学者的关注，他们发现一再出现的社会情势要求大致相似的修辞回应，修辞回应的样式因此表达了修辞与社会现实的某种密切关系。样式批评家并不关心怎样一种具体情势影响怎样一种具体的修辞回应，他们致力于发现在类似的情势中反复出现的修辞形式或模式。由此，我们也可以把运动看作是一种情势，而把运动批评看作是一种样式批评。

早在亚里士多德的时代，修辞学者就根据情势的需求把演说划分为议事性（deliberative）、法庭性（forensic）和展示性（epideictic）演说三种类型；但到 20 世纪 60 年代中期样式批评才逐步发展成为修辞批评的重要模式。最早倡导样式批评模式的学者是 Edwin Black，他认为样式可以为批评家提供一个新的"参考框架"，原因是（1）影响修辞者的情势不是太多；（2）修辞者对任何一种情势的应对方式也不会太多；（3）因此批评家可以从某些反复出现的情势中，预知什么是可能的修辞回应方式（1978, p. 133）。

1976 年美国演讲协会举办了以 "'Significant Form' in Rhetorical Criticism"（"修辞批评领域的重要形式"）为主题的研讨会，会上宣读的重要论文随后结集出版，标题为 *Form and genre: Shaping rhetorical action*（《形式与样式：影响修辞行为》，1978）。编者 Karlyn K. Campbell 和 Kathleen H. Jamieson 为此撰写的《导论》被看作是样式批评的重要指导文献。她们与前人一样，认为样式是"享有共同的实体、风格和情境特征的话语群"；不同的是，她们更强调这一话语群内在的有机联系。对她们来说，样式是一个动态的、生成性的系统，这个系统得以维系的关键在于它通过某种内在机制把各个部分有机地联系在一起。在她们看来，"'批评家'一旦做出了一种文体论断，批评情境就发生重大变化，因为批评家现在是在论证所揭示的一系列事物有一个综合的核心，在这个核心中，诸如信仰体系、论证方法、风格选择以及对环境的感知等重要的修辞因素被融为一个不可分割的整体，对于批评家来说，这个形式的融合的重要性在于它提供了一个视角，一个窗口"（1978）。这一视角或窗口可以"使我们了解人类交流的特性，了解修辞怎样受到先前的修辞术的影响，受到文化中的语言习惯的影响，以及受到过去观点和问题的形成模式的影响"（1978）。

意识形态批评（ideological criticism）

20 世纪尽管从 70 年代开始 Philip C. Wander（1971a，1971b）、Michael C. McGee（1975，1978）等修辞学者就撰文评析美国的殖民主义、种族主义、反共产主义和民粹主义，意识形态批评成为一种流行的批评风气是 80 年代后的事，这要归功于 70 年代以来相继从欧洲引进的结构主义、新马克思主义、后结构主义、后现代主义、文化研究等批判思潮和批评方法的影响（Foss，1996，pp. 292-294）。转向意识形态批评的修辞学者重新解释戏剧主义，在 McGee 看来，"'修辞'、'社会戏剧'、'神话'、'修辞视野'、'政治脚本'等不是因为其虚幻、诗性的一面才变得重要的，而是因为其真实的一面，即通过某种心灵的把戏诱导人们去相信他们和某个社会机体'思想'在一起，或者为它去思想、或者通过它来思想"（1980，p. 15）。转向意识形态，还意味着他们从一个运动或一种样式的修辞模式转向一个更复杂、更隐蔽的影响模式，即一个文化或社会集团的"整套观点、预设、信念和价值的组合模式"，这一模式不可避免地反映在这个文化或社会集团的修辞话语之中（Foss，1996，p. 291）。对 Wander 来说，即使是伟大的修辞批评家如 Wichelns 和 Burke 也受到他们时代的流行的意识形态的影响，而意识形态分析可以帮助揭示这一影响（1983）。

意识形态批评被看作是最具后现代特色的修辞批评范式，这一取向的批评理论和批评方法仍在开发中，目前已有明确的理论和方法指导的意识形态批评包括"女性主义批评"、"表意批评"和"话语形构批评"（或"权力修辞批评"）。这三种批评也分享上述的修辞模式批评的主要特点，但对意识形态批评家来说，这些特点不过是反映了意识形态的无所不在的影响。具体来说：（1）意识形态批评家也关注修辞的模式，但会认为这些模式——无论是运动还是样式的修辞模式——不过是展示了意识形态协商或整合的策略考虑。（2）他们也强调社会情势的影响，但是更强调修辞作为意识形态的策略话语的现实建构作用。（3）他们也关注修辞行为，但关注的程度更高，乃至于认为修辞行为（话语）及其背后的利益集团才是真正的发言人，它决定了修辞者说什么和怎么说。

1. 女性主义批评（feminist criticism）

女性主义批评不是一种批评方法，而是一种批评角度（perspective），它针对的不是男人，而是男权主义。在各种意识形态批评中，女性主义批评发展得最早，也最成熟。在修辞学领域里，女性主义批评不像其他传播学领域的女性主义批评那样硕果累累，可能是因为修辞行为中的性别歧视来得没有像日常语言和交流行为中的性别歧视那样明显，但现有的研究显示西方的公共演说传统可能更自觉地传承了男性的经验。

最早开创女性主义修辞批评局面的是 Karlyn K. Campbell。她在 1973 年发表了"The rhetoric of women's liberation: An oxymoron"("妇女解放的修辞：一个矛盾")，在仔细分析了过去美国妇女解放运动的修辞文献之后，Campbell 指出"传统和现行的说服理论不能让人满意地解释妇女解放运动的修辞"(p. 84)。在她看来，妇女解放运动本身就是一个二难的修辞困局，按照公共说服的一贯做法，运动者要处理公共议题，分析运动走向，组织社会行动；但为了把妇女发动起来，运动者又必须诉诸个人和感性的说服手段。

后来的女性主义修辞批评仍在延续和发展 Campbell 的主要论点，批评者主要在以下方面批评西方修辞传统的男性倾向：(1) 传统学术将修辞定义为说服，但女性主义批评家 Sally M. Gearthart (1979) 认为这一定义需要重新评估，说服要改变他人，属于一种征服的模式（conquest model），这不符合女性的互动经验。(2) 传统修辞学偏重公共领域的演说，而公共领域多是男性发表言论的地方，女性主义批评家认为这种偏向忽略了"私人领域"中大量存在的女性言语，包括女性在电话上的谈话、与子女的交流、每天的日记等等（Rakow, 1987；Foss & Foss, 1991）。(3) 过去的公共演说关注与公众利益相关的政治议题，如政治经济、国际关系、战争与和平、不同政见、等等，这些议题，正如 Valerie Endress (1988) 所说，反映了男性的活动和言论。至于生育控制、堕胎、性别歧视等议题，则被看作只是与女性生活相关，属于"专门利益群体"的问题，与公众利益没有重大关系。(4) 传统修辞采用公众说服的策略，要求考虑公众的理解，照顾公众的情感，以便调动公众的社会化行动。但这些策略被认为是依据男性的经验发展起来的，它们忽略了女性的更为灵活的说服策略。Campbell 指出，女性没有太多公共分享的经历，所以会采用小众说服或互动的方式，通过讲述个人的遭遇、见证和情感经历来引发个人自发的行动（1973, pp. 79, 83-85）。(5) 传统的修辞理论重视伟大演说家的作用，但过去衡量伟大演说家的标准也被认为是排斥女性的。例如 Kathleen E. Kendall 和 Jeanne Y. Fisher (1974) 运用亚里士多德的"人格信用"概念（ethos）来分析美国第一位女性演说家 Francis Wright 的演说，结论是"'她'能言善道，但缺乏外在的人格可信度，所产生的是供博物馆陈列的演讲作品，而不是能影响历史进程的催化性作品"(p. 68)。

2. 表意批评（ideographic criticism）

在 1980 年发表的"The 'ideolograph': A link between rhetoric and ideology"("'表意构件'：连接修辞与意识形态的中介")一文中，M. C. McGee 提出了一个特别的意识形态批评方法，方法就是从表意构件（ideographs）入手分析修辞话语的意识形态。

McGee 把意识形态看作是控制大众意识的语言机制，"在实践中，意识形态是一种政治语言，它由口号般的词汇组合而成，这些口号般的词汇象征着我们对某种集体行动的承诺"(p. 15)，McGee 称这种口号般的词汇为"ideographs"。在一般的词典里，ideographs 指表意文字或表意符号；但在 McGee 的理论里，ideographs 有承载意识形态的特别功能，我翻译它为"表意构件"。表意构件是高度抽象的政治词汇，例如"平等"、"自由"、"财产"、"隐私权"、"言论自由"、"法规"、等等，这些政治词汇有个特点：它们的意思似乎很清楚，但其实没有一个清晰和固定的所指，譬如"平等"，可以指人人有均等的机会，也可以指社会资源平等分配。这样一种词汇是建构意识形态论点的理想材料，它以浓缩的方式呈现意识形态的基本论点，同时允许这一论点应用于各种具体的场合。在西方，"无人可以质疑表意构件的内在逻辑，人人都被引导去相信'法规'是一种理性的承诺，就像他们被教导去相信'每秒186,000英里'是光速的准确表述一样"（p. 7）。另一方面，表意构件也因为它的多义性特点——在不同的语境下有不同的含义，从而获得了一种修辞的力量。当它的某些含义被扩展到可以包容某种行动或状况时，这种行动或状况便有较大的机会获得民众的同情和支持。McGee举了这样一个例子，水门事件发生后，尼克松拒绝向国会呈交白宫办公室谈话的文件和录音资料，理由是："保密"（confidentiality），这样便违反了白宫行事的"法规"（rule of law）。"保密"和"法规"同是西方自由主义话语的表意构件，作为抽象的原则，两者其实不相矛盾；但在这件事上，尼克松利用了民众对保密原则的理解，并且扩展这一理解来包涵他的"违规"行为，声称保障机密是他更重要的义务和权利。

对McGee来说，意识形态的内在结构表现为表意构件之间的组合模式，意识形态批评家有必要同时分析表意构件的历时（或纵向）结构和共时（或模向）结构，历时结构指表意构件（如"平等"）在过去各个时段所经历的意义变化，McGee认为表意构件的意义会随着时势的变化而发生变化，但其基本的意义（the fundamental, categorical meaning）会得到延续（p. 10）。共时结构则指某个特定时期表意构件与表意构件之间的联系。在McGee看来，后一种结构需要时常调整以适应时势的变化，这种结构是修辞建构起来的，反映了意识形态的修辞结构。

3. 话语形构分析或权力分析 (discursive formation criticism or power rhetoric criticism)

Michel Foucault 在 *The archaeology of knowledge*（《知识的考掘》，1972/1969）中考察知识的形态和管制，考察的方法是从各种知识性陈述（statements）入手发掘蕴藏在这些话语行为背后的规则，这些规则决定了什么样的陈述可以用来表述知识。Foucault发现这些规则按照一定的顺序排列或交织在一起，构成他所说的"话语形构"（discursive formation），后者解释了"'知识'话语在其生产的过程中是如何被控制、筛选、组织和再分配的"（p. 216）。从这个角度上来看，这里说的"话语形构"起到了类似意识形态的作用。修辞学者发现，如果这个"话语形构"是可以借助修辞来建构的话，那么就可以顺理成章地把Foucault的方法转变为一种修辞批评的方法。Foucault的理论和方法在20世纪80年代由Dilip P. Gaonkar（1982）、Carole Blair（1983）、Martha Cooper（1984）等人引入修辞学和修辞批评领域。1987年，Sonja K. Foss和Ann Gill运用Foucault的批评方法分析佛罗里达州的迪斯尼乐园，被看作是话语形构分析或权力修辞分析的典型案例，这一案例也正好可以用来说明后现代的大修辞观点：修辞话语并不局限于书面和口头语言。在这一案例中迪斯尼被看作是"一套成熟的话语行为的系统，这一系统偏向了某一类型的知识和真理"（p. 392）。两位学者的批评框架是在 Foucault 的话语形构理论的基础之上建立起来的，它由话语实践（discursive practices）、规则（rules）、知识（knowledge）、权力（power）和角色（roles）5 个概念组合而成。这里说的话语实践并非指任何一种言语行为，而是指遵循了特定的规则而被特定的话语形构所接受的知识性陈述，譬如"就要下雨了"这句话，只有出自国家气象台的气象学者之口，而且相信是依据了相关的气象学理论时，才被认定是合适的、可信的，话语实践指这部分的言语行为。话语实践不限于书写和口语，它也包括那些以建筑、空间、机构行动、社会关系等形式出现的话语行为。规则在此指那些指导话语实践的原则或程序，它们决定了在特定的话语形构中哪些陈述可以接受，哪些不可以接受。知识，说到底就是合乎规则的话语，只有这种话语才被认为是真的、正确的、可信的。至于权力，在此表现为规则的力量，"它通过规范正确的话语行为来起作用"（p. 389）。对 Foucault 来说，这种权力不仅是压制性的，也是创造性的，"它不仅作为一种否定力量压制我们，同时也穿越和生产事物，它导致愉悦，形成知识，创造话语"（Foucault，1980，p. 119）。最后是角色，在此特指修辞者在话语形构中的角色，当代的话语形构似乎没有为修辞者准备一个高大的角色，因为"在这一新的话语形构中，把修辞者看成知识的组织者及创造者的观念将消失。知识的组织原则将不再是认知主体，而是代表一套正式关系、结构及行为的话语"（Foss & Gill，1987，p. 389）。在这种话语形构中，重要的不是修辞者个人的才能，而是他扮演修辞者这一角色所必须遵循的规则。

在迪士尼个案的研究中，两位学者分别从以上 5 个方面来分析迪士尼的话语形构，最后得出结论说，迪士尼精心策划的话语实践成功地让人去接受、甚至去欣赏通常不会接受、欣赏的东西，比如非自然、非原版、非真实的东西。迪士尼的话语实践、规则、角色和知识还处处体现了一种规范性的权力，这种权力以一种微妙的方式控制了游客的行为。此外，迪士尼还为修辞者创造了一个明确和一致的角色，那就是整洁、无性别、彬彬有礼、服从指令、不主动和不张扬个性（Foss & Gill，1987，pp. 392-398）。

发展趋势

美国修辞学的未来无疑有着更多发展的可能性，但本章最后只想强调一点，那就是学者们将继续走进一个宏大的修辞视野，过去半个世纪以来，无论是修辞理论的发展还是修辞批评的发展都指向了这个大视野。知道了修辞在这个社会上有更大的作为，比如参与意识形态、文化霸权、话语形构等运作之后，修辞学者就不能对此无动于衷。

但学者在大修辞的路上走下去，也意味着他们将进一步抛离修辞的初衷。修辞本是一项专门的话语行为，它产生于一个特定的情境，为了一个特定的目的，而要说服一群特定的听众，去采取一项特定的行动。从这个角度上看，修辞文本（比如一篇演辞）是独立的、自我完整的，是为了在某群特定听众身上制造某种特定效果而特意设计的。但是拿到历史修辞和社会修辞的高度上来看,情况就不同了,修辞文本不再是独立和独特的了,用 Michael Leff 的话说,它"只是更大的意识形态构成的一部分"(1992,p. 224)。

让我们来看一个例子,1912 年纽约牧师 John J. Chapman 在宾州的一个小镇,就一位黑人被一群白人歹徒活活烧死的种族惨案发表公开演讲,当时只有三个听众。演讲没有带来"直接影响",所以没有吸引当时的修辞批评家和后来的新亚里士多德主义者。但在 Rhetorical criticism:A study of method 一书中,Black 分析了这次演讲。他看中了这场演讲所涉及的种族议题,于是把它看作是过去三百年来由 Jefferson、Tocqueville、Lincoln、Melville、Henry Adams、Samuel Clemens、Santayana、Faulkner 等人参与的一场道德对话的延续,这样他就不必计较这次演讲在什么地方,有多少听众,以及演讲的结构在事实上有多么不严谨(1965,pp. 83-84)。Black 认为这一演说必须放置在一个广阔的历史场景上来理解,"地点要以一个大陆来衡量,时间要以几个世纪来考察。演说的直接听众是所有关心这个国家的历史和道德水平并希望得到有意义的解释的人;间接听众则是所有那些受直接观众影响的人"(p. 84),这样,演说的意义和价值才能得到充分的展现。

这个例子让我们看到了后现代修辞批评家的选择,他们首选的是互文本(intertextuality)而不是文本(text),是语境而不是话语。后现代的修辞批评家或多或少都有一种反文本的倾向,他们认为文本限制了他们的批评视野,局限了他们对整个社会和历史的关注,他们因此要跨越现有的文本界线。一些后现代主义批评家为这种反文本倾向准备了合法的理由,按照 McGee 的说法,"完整和谐"的文本在今天已经不复存在了,"我们有的只是构成我们语境的'信息'裂片"(1990,p. 287)。"裂片"(fragments)的提法表达了这样的愿望:批评家可以根据自己的需要重新建构文本。批评家毕竟需要适合自己批评的文本。那么,什么样的文本适合后现代的修辞批评呢?McGee 对这一问题的回答是"表意构件"。比如"平等"构件出现在多个文本中,在多个文本中出现的相关论述便可以互联成一个新的批评"文本"。表意构件在此提供了一个新的文本框架,它既保持了具体文本的独特性和完整性,同时也允许文本批评进入到互文的场域中去。

大修辞不仅忽略了文本,也忽略了文本的制作人即修辞者。意识形态(或表意构件)成为分析的基本单位之后,修辞者个人便只是它的被动的代言人,他的灵觉和创意便淹没在意识形态话语的滚滚洪流之中。从意识形态的角度上来分析牧师 Chapman 的演说,首先要关注的不是他个人的修辞能力和人权思想,而是他作为美国价值理念的捍卫者和代言人所必须承担的义务;在这场演讲中,真正出来说话的是美国的人权话语,Chapman 只是它的代言人。在这样一种观点下,修辞者是被动的,他个人的作为可以缩小到忽略不计。这就制造了一个两难困局:后现代的修辞批评家要在意识形态和有作为的修辞者之间作出选择。批评家不能用处理文本的方法处理修辞者,批评家也不能放弃他对"有作为的修辞者"的信念。要解决这一困局,批评家就要建构一个新的"修辞者"角色,他在大修辞的视角下要有所作为——这样一个角色能维持住一个大修辞的视野，同时也能照顾到修辞者个人的作用。

在迪士尼的个案分析中，两位批评家成功地建构起这样一个修辞者角色。本来在 Foucault 的话语世界里，谁在说话是不重要的，Foucault 关注的不是个人，而是角色，说话者的角色是被"话语形构"（discursive formation）所设定了的，"话语形构"规定了谁可以在什么问题上发言，担当某方面的发言人需要满足什么样的条件，等等。但与此同时，话语形构也提供了人们说话的机会，如果说人们只有处于话语形构所设定的某种角色时才有发言权的话，那么所有处于这种角色位置上的人都可以是合法的说话者，在这点上，话语形构是一视同仁的。话语形构尽管开列了诸多要遵循的规则，但也给了说话人一个承诺：他一旦满足了这些规则的要求，得到的便是权力和知识的双丰收。两位学者就在这里找到了修辞者可以有所作为的地方：修辞者要做的就是充分利用话语形构所提供的合法条件来陈述有知识和权力效力的观点。"当修辞者置于被认为是有权力的角色中从事象征性交流时，其表达的是话语构成的知识……这样他们的话语就是正确的、恰当的，因此也就是对的"（Foss & Gill，1987，p. 391）。Foucault 论述话语形构时还没有采用修辞的视角，所以 Foss 和 Gill 在这里与其说是解释 Foucault 的观点，不如说是在重新确立她们心目中的有作为的修辞者的适当位置。

Foss 和 Gill 从 Foucalt 的理论中看到的不只是修辞创造的新机会，还看到了全面和深入反思的可能性：

也许更重要的是，福柯（Foucalt）的理论给修辞者提供了在话语形构中创造变化所需的认识。一旦我们理解了话语形构的规则，我们就更能质问为什么在一个话语形构中有些话被认为是对的，我们是否需要这些规则来支配创造我们的知识的话语。一旦我们理解某个话语形构中具体的角色是如何产生，如何维持的，我们就更能在这一体系内改变我们修辞者的角色，同时去探索改变其他那些创造特殊知识的角色的可能性。同时，一旦我们掌握了某个话语形构中权力关系是如何运作的知识后，我们就更能决定是否接受这一体系中的权力的影响，如何在这一体系中作为修辞者去获得更大的权力，以及如何解开这种权力对我们的束缚（p.397）。

福柯本人没有准备要说这样的话，也许他没有想到有人可以穿越话语形构和权力关系。在今天，恐怕只有修辞批评家可以说这样的话，起码他们认为自己可以说这样的话。在确信一切知识和真理体系都是修辞的建构之后，说出这样的话并不奇怪。也许这就是修辞学经久不衰的力量来源：作为一门言说的艺术，它知道如何获得更大的权力；而作为一种批评的工具，它知道如何解脱权力的束缚。

◇ 参考文献 ◇

- 尼采(2001).《古修辞学描述(外一种)》. 屠友祥译. 上海：世纪出版集团.
- 廖义铭(1997).《佩雷尔曼——之新修辞学》. 台北：唐山出版社.
- 刘亚猛(2008).《西方修辞学史》. 北京：外语教学与研究出版社.
- 肖小穗(2011). 公共传播学,《传播理论》(陈国明、肖小穗、韦路、李佩雯、刘双、李美华著,页 197-272). 台北：五南.
- Austin, J. L. (1962). *How to do things with words*. Cambridge, Mass.：Harvard University Press.
- Bacon, F. (1990). Excerpt from *The advancement of learning*. In P. Bizzell & B. Herzberg (eds.), *The rhetorical tradition：Readins from classical times to the present*, 262-631. Boston：Bedford Books of Ts. Martin's Press.
- Bitzer, L. F. (1968). The rhetorical situation. *Philosophy and Rhetoric*, 1：1-14.
- Bitzer, L. F. (1997). Rhetoic's prospects：Past and future. In T. Enos, (ed.), *Making and unmaking the prospects of rhetoric*, 15-20. Mahwah, NJ：Lawrence Eribaum Associates.
- Bitzer, L. F., & Black, E. (eds.) (1971). *The prospect of rhetoric*. Englewood Cliffs：Prentice-Hall.
- Blair, C. (1983). *An archaeological critique of the history of rhetorical theory：Beyong historical-critical dualism in the analysis of theoretical discourse*. Ph. D. dissertation, The Pennsylvania State University.
- Blair, H. (1990). *Lectures on rhetoric and belles letters*. In J. L. Golden & E. P. J. Corbett (eds.), *The rhetoric of Blair, Campbell, and Whately, With pudated bibliographies*, 23-144. *The rhetoric of Blair, Campbell, and Whately, With pudated bibliographies*. (Original work published 1783)
- Bormann, E. G. (1972). Fantasy and rhetorical vision：The rhetorical criticism of social reality. *Quarterly Journal of Speech*, 58：396-407. 中译：欧内斯特·鲍曼,1998. 想象与修辞幻象[幻象与修辞视野]：社会现实的修辞批评.《当代西方修辞学：批评模式与方法》,王顺珠译,页 78-93. 北京：中国社会科学出版社.
- Brocketal, B. L., & Scott, R. L. (eds.). (1989). *Methods of rhetorical criticism：A twentieth-century perspective* (3rd ed.). Detroit：Wayne State University Press.
- Burgchardt, C. R. (ed.). (1995). *Readings in rhetorical criticism*. State College：Strata.
- Burke, K. (1969). *A grammar of motives*. Berkeley：University of California Press. (Original work published 1945)
- Burke, K. (1969). *A rhetoric of motives*. Berkeley：University of California Press. (Original work published 1950)
- Burke, K. (1966). *Language as symbolic action：Essays on life, literature, and method*. Berkeley：University of California Press.
- Burke, K. (1984). *Permanence and change：An anatomy of purpose* (3rd ed.). Berkeley：University of California Press. (Original work published 1935)
- Campbell, G. (1963). *The philosophy of rhetoric* (L. F. Bitzer, ed.) Trustees：Southern Illinois University. (Original work published 1776)
- Campbell, K. K. (1973). The rhetoric of women's liberation：An oxymoron. *Quarterly Journal of Speech*, 59：74-86.
- Campbell, K. K., $ Jemieson, K. H. (eds.) (1978). Introduction. *Form and genre：Shaping rhetorical action*. Falls Church, VA：The Speech Communication Association. 中译：卡尔琳·库尔斯·坎贝尔、凯瑟琳·赫尔·詹梅森,1998.《形式与文体[样式]》导论.《当代西方修辞学：批评模式与方法》,王顺珠译,页 132-150. 北京：中国社会科学出版社.

- Cathcart, R. S. (1972). New approaches to the study of movements: Defining movements rhetorically. *Western Journal of Speech Communication*, 36: 82-88.
- Cooper, M. (1984). *The implications of Foucault's archaeological theory of discourse for contemporary rhetorical theory and criticism*. Ph. D. dissertation, The Pennsylvania State University.
- Endress, V. A. (1988). Feminist theory and the concept of power in public address. In C. A. Valentine and N. H. Hoar (eds.), *Women and communicative power: Theory, research, and practice* (chpt. 8). Annandale, VA: Speech Communication Association.
- Fisher, W. R. (1984). Narration as human communication paradigm: The case of public moral argument. *Communication Monographs*, 51, 1 - 22.
- Fisher, W. R. (1985). The narrative paradigm: An elaboration. *Communication Monographs*, 52 (4): 347-367. 中译：华尔特·菲希尔,1998. 叙事范式详论.《当代西方修辞学：批评模式与方法》,王顺珠译,页 48-77. 北京：中国社会科学出版社.
- Fisher, W. R. (1987). *Human communication as narration: Toward a philosophy of reason, value, and action*. Columbia: University of South Carolina Press.
- Foss, S. K. (1996). *Rhetorical criticism: Exploration and practice* (2nd ed.). Long Grove, Ill.: Waveland Press.
- Foss, K. A., & Foss, S. K. (1991). *Women speak*. Prospect Heights, IL: Waveland Press.
- Foss, S. K., & Gill, A. (1987). Michel Foucault's theory of rhetoric as epistemic. *The Western Journal of Speech Communication*, 51: 384-401. 中译：索尼娅·福斯、安·吉尔,1998. 米歇尔·福柯的修辞认知理论.《当代西方修辞学：批评模式与方法》,顾宝桐译,页 193-216. 北京：中国社会科学出版社.
- Foucault, M. (1972). *The Archaeology of Knowledge*. London: Tavistock. (Original work published 1969)
- Foucault, M. (1980). *Power/knowledge: Selected interviews and other writings* 1972-1977 (C. Gordon, ed.; C. Gordon, L. Marshall, J. Mepham, and K. Soper, Trans.). New York: Pantheon.
- Gaonkar, D. P. (1982). Foucault on discourse: Methods and temptation. *Journal of the American Forensic Association*, 18: 246-257.
- Gearhart, S. M. (1979). The womanization of rhetoric. *Woman's Studies International Quarterly*, 2: 195-201.
- Griffin, L. (1952). The rhetoric of historical movements. *Quarterly Journal of Speech*, 38: 184-188. 中译：来伦德·格里芬,1998. 历史运动修辞学.《当代西方修辞学：批评模式与方法》,常昌富译,页 97-104. 北京：中国社会科学出版社.
- Habermas, J. (1990). *The philosophical discourse of modernity: Twelve lectures* (F. Lawrence, Trans.). Cambridge: Polity Press.
- Jonsen, A. R., & Toulmin, S. (1988). *The abuse of casuistry: A history of moral reasoning*. Berkeley: University of California Press.
- Kendall, K. E., & Fisher, J. Y. (1974). Frances Wright on women's right: Eloquence versus ethos. *Quarterly Journal of Speech*, 60: 58-68.
- Leff, M. (1992). Things made by words: Reflections on textual criticism. *Quarterly Journal of Speech*, 78: 223-231. 中译：迈克尔·雷夫,1998. 语言构成的世界.《当代西方修辞学：演讲与话语批评》,王顺珠译,页 284-298. 北京：中国社会科学出版社.
- Ling, D. (1970). A pentadic analysis of Senator Edward Kennedy's address to the people of Massachusetts, July25, 1969. *Central States Speech Journal*, 21: 81-86. 中译：大卫·宁,1998. 爱德华·肯尼迪议员于 1969 年 7 月 25 日对麻省人民演说的五要素分析.《当代西方修辞学：批评模式与方法》,常昌富译,页 39-47. 北京：中国社会科学出版社.

- Lyotard, Jean-Francois (1984). *The postmodern condition: A report on knowledge* (G. Bennington and B. Massumi, Trans.). Minneapolis: University of Minnesota Press. (Original work published 1979)
- McGee, M. C. (1975). In search of "The People": A rhetorical alternative. *Quarterly Journal of Speech*, 61: 235-249.
- McGee, M. C. (1978). "Not men, but messages": The origins and import of an ideological principle. *Quarterly Journal of Speech*, 64: 141-154.
- McGee, M. C. (1990). Text, context, and the fragmentation of contemporary culture. *Western Journal of Speech Communication*, 54: 274-289. 中译: 迈克尔·卡尔文·麦杰, 1998. 文本、泛文本与当代文化裂片.《当代西方修辞学: 演讲与话语批评》, 王顺珠译, 页 261-283. 北京: 中国社会科学出版社。
- McGee, M. C. (1980). The "ideolograph": A link between rhetoric and ideology. *Quarterly Journal of Speech*, 66: 1-16.
- Rakow, L. F. (1987). Looking to the future: Five questions for gendr research. *Women's Studies in Communication*, 10: 79-86.
- Richards, I. A. (1936). *The philosophy of rhetoric*. New York: Oxford University Press.
- Searle, J. (1969). *Speech acts: An essay in the philosophy of language*. Cambridge, Eng.: Cambridge University Press.
- Simons, H. (1998). (1970). Requirements, problems, and strategies: A theory of persuasion for social movements. *Quarterly Journal of Speech*, 56: 1-15. 中译: 赫伯特·西蒙斯, 1998. 要求、问题及策略: 社会运动中的规劝理论.《当代西方修辞学: 批评模式与方法》, 常昌富译, 页 105-122. 北京: 中国社会科学出版社。
- Perelman, C., & Olbrechts-Tyteca, L. (1969). *The New Rhetoric: A Treatise on argumentation* (J. Wilkinson & P. Weaver, Trans.). Notre Dame: University of Notre Dame Press. (Original work published 1958)
- Toulmin, S. (1958). *The uses of argument*. Cambridge: Cambridge University Press.
- Wander, p. (1971a). The John Birch and Martin Luther King symbols in the radical right. *Western Speech*, 35: 4-14.
- Wander, p. (1971b). Salvation through separation: The image of the Negro in the American Colonization Society. *Quarterly Journal of Speech*, 57: 57-67.
- Wander, P. (1983). The ideological turn in modern criticism. *Central States Speech Journal*. 34: 1-18. 中译: 菲力浦·汪德尔, 1998. 现代批评中的意识形态转变.《当代西方修辞学: 演讲与话语批评》, 王顺珠译, 页 228-260. 北京: 中国社会科学出版社。
- Weaver, R. M. (1970). *Language is sermonic: Richard M. Weaver on the nature of rhetoric* (R. L. Johannesen, R. Strickland, and R. T. Eubanks, eds.). Baton Rouge: Louisiana State University Press, 1970.
- Whately, R. (1990). *Elements of rhetoric*. In J. L. Golden & E. P. J. Corbett (eds.), *The rhetoric of Blair, Campbell, and Whately, With pudated bibliographies* (pp. 273-399). *The rhetoric of Blair, Campbell, and Whately, With pudated bibliographies*. (Original work published 1828)
- Wichelns, H. A. (1925). The literary criticism of oratory. In A. M. Drummond (ed.), *Rhetoric and public speaking in honor of James A. Winans*. New York: Century. 中译: 赫伯特·维切恩斯, 1998. 演讲的文学批评.《当代西方修辞学: 演讲与话语批评》, 傅玢玢译, 页 37-79. 北京: 中国社会科学出版社。
- Wittgenstein, L. (1953). *Philosophical investigations* (G. E. M. Anscombe, Trans.). Oxford: Basil Blackwell.

媒介社会学向传播社会学的转变

黄成炬[①]

一、什么是传播社会学?

本文试图用"传播社会学"这一概念对最近 10 多年来传播学界对人类传播最新发展的相关社会学研究进行一次初步的批判性的理论抽象和总结。从理论上讲,"传播社会学"(sociology of communication)的提出既是对传统的"媒介社会学"(media sociology)进行扬弃的结果,同时也是基于笔者对约 7 年前写就的《媒介社会学》一文(Huang,2007)的自我反省。在该文中,笔者写道:"大众传播媒介与社会大系统之间的关系以及媒介内部的组织关系可以从很多方面来探讨,媒介社会学可以被视为统筹这些探讨的一个重要的传播学分支领域"(p. 58)。这一描述在很大程度上恰好较为典型地反映了当时以及此前这一研究领域被"媒体中心论"所支配的状况。严格地说,这里所谓的"媒介社会学"其实应该被更准确地叫做"大众媒体社会学"或简称为"媒体社会学"。如果借用特定历史条件下的特定历史产物这句套话来解释这一现象可以让人略感安慰的话,那么今天当人类传播史翻开崭新一页之际,我们对传播学的社会学考察也必须与时俱进。迅速变化的社会传播现实和不那么尽如人意的理论跟进是驱使笔者应邀撰写此章的动因。鉴于这一领域的复杂性和本人的理论水平,所谓抛砖引玉,在此绝非客套。在对传播社会学的历史发展过程、研究内容、主要理论和研究方法以及有代表性的学者和他们的代表性著作及观点进行进一步评介之前,请允许我首先从尝试为传播社会学提供一个描述性的操作性定义开始,对该领域作一大致的介绍和界定。

笔者曾经指出(Huang,2007,pp. 56-58),西方学者在对大众传媒进行社会学考察时大都吝于明确地将其视为一门相对独立的传播学分支学科;相反,他们大都似乎更乐意在一个更为松散和不那么确定的理论框架下对其进行宽泛的社会学探讨。这种现象同样发生在对传播社会学的研究上。也正因为如此,要想在现有学术文献中找到有关传播社会学的定义并借此对该领域作一严格和详细的界定几乎是徒劳的。在笔者看来,这种"自由化"的研究风格虽有其开放性和包容性特点,但也

[①] 黄成炬现任澳大利亚皇家墨尔本理工大学(RMIT University)媒介与传播学院高级讲师及亚洲传媒与文化专业主任,2002 年获澳大利亚昆士兰大学(University of Queensland)传播学博士学位,主要研究兴趣包括中国及亚洲媒介研究、比较媒介体制研究以及媒介与社会转型研究等。

造成了该领域之研究范围、对象和重点的界定不清。这里的关键问题并不在于应否视传播社会学为一门相对独立的传播学分支学科（这其实并不重要），而在于我们是否愿意构筑更为清晰和具体的理论框架来对传播学进行更为系统的社会学考察以期加深我们对于人类传播行为的认识（一个学术取舍问题）。笔者愿以拙文参与对后一种想法的讨论。基于这一认识，本文乐于明确使用"传播社会学"这一概念并将其视为一主要运用社会学理论和方法研究人类（个体或组织）传播行为的传播学分支领域。该领域的主要特点是考察人类传播在不同社会背景和关系中（家庭、族群、种族、宗教、性别、职业、阶层、阶级、社区、小组、组织及社会机构等）的行为特征和规律；其重点是对当代人类传播在网络化、数字化和全球化背景下所出现的新现象和新发展进行深入的社会学考察。具体来说，这一定义旨在从三个主要方面对该领域进行学术界定。

其一，传播社会学的显著特征之一是用"社会学理论和方法"（sociological theories and methods）来研究人类传播行为。社会学理论的特点是常常运用科学方法对社会进行实证研究而非价值判断。与此相对照，社会理论（social theories）则更多地对现代社会进行批评而非解释（Allan, 2010）。需要指出的是，一方面，当代社会学研究已大量引进各种社会理论以力图在对社会进行实证考察的同时也对其进行多角度的理论分析；另一方面，许多社会学学者又同时认为社会学的立学基础仍源于其自身特有的理论和方法，因而社会学研究不应过度引入、更不能依赖社会理论。

其二，传播社会学的另一显著特征是从社会学角度（sociological perspective）来考察人类传播行为。这里的所谓社会学角度是指把人类传播行为放到大大小小的社会群体、组织和关系中去考察，而非就事论事。换言之，社会个体（个人或组织）的传播行为在本质上并不是一种孤立的存在，而是一种社会化行为。个体可以对自己的传播行为作出独立决定，但这里的所谓"独立"其实是受到各种社会规范制约的，因而只可能是相对的。

其三，传播社会学是以人类－社会的传播行为而非仅仅大众传播媒体的传播行为为研究对象，因而它与传统的媒介社会学既有联系也有区别。相较而言，传播社会学是一个与网络和数字化通信革命相呼应的、内涵和外延都更广泛和更具有整合性的概念。这一点将在下面进一步论及。

二、该领域的历史发展与现状

传播学的历史在相当程度上也可被视为传播社会学的历史，因为传播学从一开始就与社会学紧密相连（Huang, 2007, p. 59）。人类传播不可能独立于社会而存在，因而传播学与社会学的结缘几乎是不可避免的和自然而然的。话虽如此，社会学视野中的传播学研究的重点在总体上却长期以来一直以大众传播媒体为中心。这种状况虽然在近 10 多年来随着新传播技术革命的兴起逐渐有所改观,但总体来说仍缺乏理论的自觉性和系统性。基于上述分析,本文将传播学的社会学研究大致分为两个主要阶段:一是传统的以大众传播媒体为中心的媒介社会学(或曰狭义传播社会学)阶段;二是正在兴起中的以社会为本位、向传播本身回归的传播社会学(或曰广义传播社会学)阶段。

1. "媒体"的张扬与"传播"的迷失:媒介社会学研究传统

如前所述,传统的以媒体为中心的传播社会学研究基本上是该领域长期轻"传播"重"媒体"的产物。人们常常将传播缩水为大众传播并同时将媒介等同于大众传播媒体。这一趋势的后果便是所谓"媒体中心论"的形成。当然,这一研究传统的出现并长期在传播学中霸居高位是与大众媒体自20世纪初以来在人类社会生活中所扮演的极其重要的社会角色密切相关的。虽然最初的"枪弹论"其后受到"多级传播论"及"有限效果论"和各种相应的社会学理论的质疑和挑战,但各种乔装打扮的变相的枪弹论仍以各种方式大行其道,延续其威权统治。这其中似乎又尤以某些所谓"受众研究"特别具有讽刺意味。因为这类研究的最终目的恰恰是围绕着怎样提高大众媒体的传播效力而展开的。换言之,这里的所谓受众研究其实是在自觉不自觉地以受众之名行服务媒体之实。在大众媒体主导的传播社会学话语体系里,"传播"的最基本语义(即作为普遍存在着的人类交流行为)被有意无意地严重弱化;"媒介"和"大众媒体"几乎变成了同义词;传播也几乎主要变成了高度组织化的"媒体—受众"间的流通行为,好像与作为独立个体的公民及群体和社区本没有多大关系似的。

正是在这样一种历史背景下,传统的"媒介社会学"研究应运而生(如:Barrat, 1986; Burton, 2005; Christian, 1980; Croteau, Hoynes, & Milan, 2012; Curran, 2010; Curran & Gurevitch, 2005; Gitlin, 1978; Halmos, 1969; Holz & Wright, 1979; McNail, 1998; McQuail, 1969, 1972, 1985, 2010; O'Shaughnessy & Stadler, 2012; Ryan & Wentworth, 1999; Smith, 1995; Tunstall, 1970; Wright, 1975)。正如Tunstall (1970, p. 1) 所指出的,他使用"媒介社会学"(media sociology) 这一概念的目的就是想更多地将人们的注意力聚焦于大众媒介在传播中的中心作用。McQuail (1985, p. 93) 也承认,传播学在方法论上深受社会学影响,而关于"媒介权力的问题一直居于相关学术争论的核心"。Jacobs (2009) 对媒介社会学研究的简要回顾也充分证明了这一点。笔者的《媒介社会学》一文也正是对这一研究传统的回顾和评介。

不难看出,在以互联网为代表的现代数字化媒介产生和普及以前,"媒介"被"媒体"高度垄断的现实使这两个原本有着重大区别的概念被高度统一化甚至等同化了。正如下面将要进一步论及的那样,这一原本看来似乎并无大碍的"瑕疵"在当今新的传播现实下已暴露出其严重的理论缺陷。

2. 由"媒体本位"向"传播本位"的回归:走向广义传播社会学

不可否认,以媒体本位为理论依托的媒介社会学研究至今仍有重要的理论和现实意义。毕竟,大众媒体的巨大社会影响力依然客观存在。但与此同时我们也必须看到，大众媒体的权力和威力依在但绝非依旧；与此相应，社会学与传播学之间的跨学科研究长期被媒体社会学主宰的现状也必须加以改变。由当代通信技术跃进引发的传播革命在近10多年来（大致自21世纪开始以来）发生了井喷式的发展。这是一场前所未有的真正意义上的属于"社会－大众"的传播革命。笔者无意在此妄断传统大众媒体将城池尽失；但其对社会传播资源和平台的传统垄断地位已不复存在却是不争的事实。笔者也无意在此夸大或美化新媒介及各种泛公民记者和普通网民在社会传播中的作用，但他们的出现无疑已导致传统意义上的传播世界天下大乱。现代人类传播史还从未见证这等大规模的现代化传播资源为草民所掌握的先例。"民进"与"媒退"作为一种全新的传播存在本身及其对既有和未来传播存在的重新诠释是这里真正有意义的看点。在相当的意义上，这的确可以被视为一个属于"传民"的时代。

长期以来，职业化的"大众传媒组织"或曰"媒体"在人类社会生活中的重要地位使之几乎理所当然地成了社会学视野中传播学研究的明星和主角。但是，媒体长期的显赫社会地位并不能成为其代替人类传播并进而劫持我们对传播的社会学研究的理由。我们必须搞明白传播学中一个最基本却常常被遗忘的道理：传播学的立学根基是作为构成人类社会基本要素之一的人类传播实践的普遍存在，而这种传播实践并不因媒体的存在而存在。这里所谓的"传播"是指最广泛意义上的人类传播实践，其本意是人们使用相应的媒介（大到大众媒介小到人体发声器官及肢体语言）进行彼此间的交流。显然，这个意义上的传播一方面与所谓的大众传播媒介并无必然联系；另一方面又因数字化传播技术革命的出现而显得特别地有意义。新媒介的出现将传统的大众媒体请下神坛，同时让传民和社会开始分享媒介资源。既然传统的"媒体－受众"模式已明显过时，对传播学的社会学考察也不应再囿于传统的"媒体与社会之关系"的狭隘范畴，而必须走向更为广阔的"传播与社会之关系"的新天地。

三、传播社会学的兴起与构建

媒介社会学向传播社会学的转变不是对媒介社会学的摈弃，而是将其包容和整合到一个更大的关于"传播"的社会学体系。但是这个体系并不是现存的，而是个待建项目。在笔者看来，传播社会学可以大致由三大部分构成：传统的"媒介社会学"和正在形成中的"新传媒社会学"及"传民社会学"。三部分之间有交叉，但也大致自成系统。因显而易见的原因，后二者将是这里要谈论的重点。但为讨论的完整性起见，下面将先对传统的媒介社会学作一简要讨论。

1. 媒介社会学①

(1) 实验学派与批判学派

从其历史沿革和宏观方法论走向来看，媒介社会学大致可以分为以美国为代表的社会学实验学派和以英国为代表的欧洲社会学批评学派。对大众传播媒介的社会学考察可以追溯到 20 世纪初（McQuail, 1969, p. 16），并于第二次世界大战前后的美国达到一个高潮期，其代表人物是所谓的传播学"四大先驱"（Harold D. Lasswell、Kurt Lewin、Paul F. Lazarsfeld 和 Carl I. Hovland）和同时代及稍后的其他知名学者如 David M. White 和 Marshall McLuhan 等。大约从 20 世纪 30 年代到 50 年代，美国学者统治了传播学研究 30 余年，其研究重点主要是用心理学和社会学的实验和调查方法来研究大众传播的效果问题，也就是大众传媒对受众态度及行为的形成及改变的影响力问题（Lazarsfeld 和 Hovland 的相关研究尤为典型）。就研究范围而言，这一时期的研究基本未能超越 Lasswell（1948）在其著名的关于传播过程的"五个 W"模式中为传播学圈定的研究地盘。大体说来，这些研究基本上都是在比较局限的较为具体的层面上对相关问题进行研究，鲜有将大众传统纳入整个社会大系统进行综合考察的力作（Gitlin, 1978）。

正因为如此，尽管实验学派成果丰硕、影响巨大（参见 McQuail, 1969, pp. 36-57），其理论缺陷也遭致了随之而来的批评，特别是来自欧洲社会学批评学派的挑战（如，Christian, 1980, pp. 5-7; Curran et al., 1977, pp. 1-5; Gitlin, 1978; Halmos, 1969; McQuail, 1969, 1972）。这些批评的焦点大致集中在三个方面：Lasswell 模式的局限性；"受众—效果分析"的狭窄性和功利性；在方法论上对社会学理论和方法的依赖及对社会理论的忽视。简而言之，批评学派是要借用各种社会批判理论、尤其是"马克思主义、文化学研究和对各种反叛思潮的社会学分析"（Curran et al., 1977, p. 4）来探讨媒介与社会大系统之间的关系，其研究重心是考察"媒介的生产关系、内部组织结构、职业分工、内部权力结构以及其在与社会各行业和阶级的关系中所扮演的意识形态和文化角色"（Curran et al., 1977, pp. 2-3）。

(2) 该领域重要著作简介

要想比较系统地了解西方媒介社会学研究发展的基本历史脉络，读读英国著名传播社会学家 Denis McQuail 的相关著作会大有裨益（如，1969, 1972, 1976, 1985, 2010）。其中，已出至最新的第 6 版的 *McQuail's Mass Communication Theory*（2010）一书中的相关章节（尤其是第四、七章）

---

① 这里的论述是对拙文《媒介社会学》（Huang, 2007）进行大幅压缩概括并略加修改而成。如前所述，这里所谓的"媒介"社会学也许应该被更准确地称为"媒体"社会学。但为了研究的连续性和不必要的概念混乱，这里（以及在本章的其它相应处）仍沿用"媒介社会学"这一较为通俗的提法。

很好地总结和评述了该领域的许多重要研究成果（欲知更多类似的著作，参见 Burton，2005；Croteau，Hoynes，& Milan，2012；Hesmondhalgh & Toynbee eds.，2008；O'Shaughnessy & Stadler，2012；Wright，1975）。该领域更具体、深入而且题材更广泛的纵向研究散见于相关书章和杂志文章。James Curran 领衔编辑的专题论文集 *Mass Media and Society*（2010）是这类文献中有较大影响力的代表性作品（欲知更多类似的专题论文集，参见 Christian，1980；Halmos，1969；Tunstall，1970）。集中探讨新闻媒介与社会之间关系的论著在媒介社会学研究中占有相当比重并可谓成果丰硕。*News：The Politics of Illusion*（Bennett，2011）是其中相当有影响的一部著作（该书首版于 1983 年，现已出至第 9 版）。按出版时间的先后顺序，这一领域具有代表性的作品还包括：Epstein（1973），Roshco（1975），Altheide（1976），Tuchman（1978），Gans（1979），Fishman（1980），McNail（1998），Graber，McQuail，& Norris（1998）以及 Schudson（2010）。

（3）媒介与社会关系理论综述

媒介的社会化和社会的媒介化

不管"媒介现实"在多大程度上或真实或扭曲地反映"社会现实"，也不管人们如何就二者之间的关系展开争论，一个现实的问题是身处现代社会的我们对现实世界的直接经验越来越少并越来越多的依赖于"媒介现实"。换言之，当代社会中个人和公众的政治、经济和文化生活正越来越紧密地与大众传播媒介联系起来并通过大众传播来实现。没有大众传媒的个人和社会生活已变得难以想象。这便是所谓的"社会的媒介化"趋势。有的学者对社会的媒介化这一概念进一步发挥并提出了"现实的媒介化"这一概念。但也有学者批评这一概念过分夸大了媒介"制造"现实的力量以及媒介在人们认知社会过程中所扮演的角色。他们认为即使在大众传播媒介几乎无处不在的今天，人们仍然可以通过许多渠道（如政党、社团、学校、教会、朋友圈、家庭讨论、旅行以及日常生活中的亲身所见所闻）来直接亲身感受和认知社会现实，并用因此而获得的直接经验来检验"媒介现实"的可信程度。而"媒介的社会化"则是指在当代社会大众传播媒介作为特定社会组织的社会化特征越来越明显。也就是说，一方面媒介与社会大系统中其他社会组织的关系越来越紧密和复杂；另一方面，西方传统意义上的所谓媒介独立性和言论的自由市场等理论正受到越来越大的现实挑战。

媒介的一般社会功能

大众传媒对社会的作用和影响是多方面和复杂的，这种作用和影响可以是正面的也可以是负面的，可以是显性的也可以是隐性的，而且往往是因时空的变化而变化的。McQuail（2000，pp. 66，69）对这方面的相关研究进行了非常有益的总结。简要说来，McQuail 认为媒介的一般社会功能包括："窗口"功能（媒介作为我们感知外部事件和经验的一扇窗口）；"镜子"功能（媒介作为反映社会现实的一面镜子）；"过滤"或曰"把关人"功能（媒介对社会经验的筛选）；"告示牌"、"向导"或曰"解读者"功能（媒介对通常呈无序和零散状态的社会现实点滴加以系统化处理从而构造出一个有序和有意义的"媒介现实");"论坛"和"信息伙伴"功能(作为公众论坛的媒介);对社会和大众的劝服功能;对"现实"的建构功能;授予人或事以地位和正当性的功能;以及迅速广泛地传递各种信息的功能;等等。不难看出,McQuail 的以上综述包括了该领域自 20 世纪 40 年代以来的许多重要研究成果,特别是 Lasswell(1948)的"三大媒介功能"说(监视环境、整合社会和继承社会遗产)、Lazarsfeld 和 Merton(1948)的相关研究(媒介可以授予人或事以地位、促进社会准则之实行、宣传社会目标、组织社会行动、维护现存社会秩序、麻醉受众精神、助长社会顺从主义以及导致大众审美与鉴赏力的退化等等)、有关媒介"把关人"(gatekeeping)角色的研究(如,Lewin,1947; Shoemaker, 1991; White, 1950)、有关媒介"议程设置"(agenda-setting)功能的研究(如,McCombs & Shaw, 1972, 1993)、Wright(1960)的"娱乐功能"学说以及 McLuhan(1964)的"媒介即信息"论等等。当然,正如 McQuail 指出的,媒介在实际上的社会功能要远比他上面的简略理论陈述复杂得多,还有许多难题需要解决(参见 McQuail, 2000, pp. 66-74)。另外,有关媒介社会功能的研究既可谓成果丰硕,也可以说是有些众说纷纭。其中不少理论互相交叉甚至重叠,部分理论甚至有失之于过分具体和狭窄之嫌。有感于此,McQuail(2000, pp. 79-80)后来试图从功能主义理论的角度将抽象和具体融为一体,提出了所谓的"五大媒介社会功能"说(见后文)。

媒介与社会关系六大基本理论

有关媒介一般社会功能的上述讨论基本上是在相对具体的层面上展开的,这些讨论有点更像是媒介研究(具有就事论事的特征),而非媒介社会学研究(通常更多地着眼于考察媒介与社会之间的相互关系)。McQuail(2000)(像许多其他传播社会学家一样)显然认识到这些不足,于是在文献综述的基础上提出了若干更具宏观理论意义的"媒介-社会"关系理论。在其最新版本的 *McQuail's Mass Communication Theory* 一书中(2010, Chapter 4),他归纳出了如下六大理论。

其一是所谓"大众社会"(the mass society)理论,其核心是视大众传媒为制造和控制依赖于它的"大众"的颇为消极的社会力量,因而是一种对媒介社会功能持相当悲观看法的理论。其二是所谓的"马克思主义和政治经济学"(Marxism and political economy)理论。从马克思主义经典政治经济学的观点来看,西方媒介在本质上实际上是以私有制和垄断为其经济基础并以剥削、盈利和维护现存资本主义制度为其根本和最终目的的一个庞大的全国性和全球性的产业和意识形态部门。不过,正如 McQuail 指出的,马克思主义媒介分析方法也面临着许多严峻的理论和现实挑战,如:媒介的权力可能会遭到何种抵抗?如何看待既非私有亦非公有的独立媒体如独立报纸(independent newspapers)、公共广播电视系统(public broadcasting)以及对所谓"替代媒介"(alternative media)的探索?其三是所谓的"功能主义"(functionalism)理论。该理论认为,由于有组织的社会生活依赖于社会各子系统之间和谐、连续和稳定的运转和密切配合,因而大众传播的行为和功能在很大程度上受到个人和社会组织对连续性、秩序、社会整合、社会引导等这样一些"需要"的制约。为避免造成概念的重叠混乱，McQuail 将媒介社会功能研究的相关成果综述总结为更为清晰明了的所谓"五大功能"说，即：信息沟通功能、社会整合功能、延续文化遗产功能、娱乐功能以及社会动员功能。其四是所谓的"社会构造主义"（social constructionism）理论。该理论认为社会存在是一个由人类不断创新和重建的"动态现实"，而媒介为社会建构提供了必要的材料。媒介同时也赋予事物意义，但这是一个与社会进行谈判有时甚至被挑战或拒绝的过程。其五是所谓的"传播技术决定论"（communication technology determinism）。该理论的核心是主张某一特定时代占统治地位的传播技术将规定该时代的主要社会特征，包括影响其权力结构、社会一体化进程和社会变革。McQuail 认为加拿大经济历史学家 H. M. Innis（1950，1951）在 20 世纪 50 年代开创的"多伦多学派"（Toronto School）对这一理论具有开拓性的贡献。大名鼎鼎的加拿大传播学家 Marshall McLuhan 无疑也是这一领域最重要的代表人物之一。其六是所谓的"信息社会理论"（the information society）。McQuail 认为，该理论在相当程度上可以被视为传播技术决定论的互联网时代版。在"通信革命"、"信息社会"和"新媒体"这样一些新名词扑面而来的同时，有人开始认为"技术，再加上其他一些东西，就是变化之源"。更为重要的是，完全不同于上文提到的大众社会理论，信息社会理论认为新技术的出现将有力地促进个性的解放和社会的民主化进程，特别是所谓"草根民主"的发展。

McQuail 指出，上述每一种理论都各有其优劣，而且其间也可能有冲突。他同时认为虽然这些理论基于不同的哲学出发点或曰方法论取向，它们仍然可以被大致分为两大类：一类是以"社会"为轴线分为冲突型和协和型社会理论（前者视社会为有产者和无产者之间斗争和冲突的场所；后者视社会为一个由多种力量平衡发挥作用并可望变得更加美好的场所）；另一类是以"媒介"为轴线分为媒介主导型和社会主导性理论（前者视媒介技术为社会变化的主要动因；后者视社会变化的根源仍深植于社会组织本身）。

媒介与社会关系标准理论

标准媒介理论是要在一般意义上探讨媒介制度或曰体制与社会政治、经济、法律和文化制度之间关系的基本类型。大家所熟知的 *Four Theories of the Press*（Siebert, Peterson, & Schramm, 1956）无疑是迄今为止最著名和最有影响的标准媒介理论——虽然该书也受到广泛批评（如，Nerone, 1995）。Hachten 的"五种报刊概念"（1987），Picard 的"民主社会主义报刊理论"（1985）以及 Altschull 的"三大报刊运动论"（1984）也具有较大影响。无疑，标准媒介理论对比较媒介制度的研究是很有意义的，因为它们提供了有关全球媒介制度的一些基本类型及其基本特征。但是，标准媒介理论在本质上是一种理想模式，具有过于一般化的先天不足。它很难对特定国家的媒介制度做出具体的解释，因为现实中的任何一种特定的媒介制度都是如此的丰富多彩和复杂难辨。笔者在发表于 2003 年的一篇论文中曾以中国媒介改革与转型为例指出，事实上我们常常可以发现某些国家尤其是许多转型国家的媒介体制往往是一种介乎某些标准理论之间甚至是位于标准理论之外的

"四不像"的东西（详见 Huang, 2003）。作为对"标准媒介理论"的一种批判性回应，有学者提出了所谓"转型媒介理论"（transitional media approach）（如，Curran & Park, 2000; Downing, 1996; Huang, 2003; Merrill, 1974, pp. 36-42; Merrill & Lowenstein, 1971, pp. 186-190; Ognianova, 1997）。

不难看出，传统的媒介社会学——无论是实验派聚焦的"受众－效果"研究还是批判派强调的"媒体社会功能"研究——从总体上看是以媒体为出发点和归宿点的。虽然上文提到的近年来出版或再版的媒介社会学研究大都已或多或少地将用户主导型的新媒介与传播纳入其中，但在笔者看来，旧有的"媒体与社会"的框架已不太可能对数字化和互联网时代的传播革命进行有效的理论概括。这是因为，一方面，新媒介本身已成为与传统媒体无必然联系的相对独立存在的力量。另一方面，传统媒体的"受众"如今也可以同时是具有多重身份的"传民"；如果愿意，他们中的许多人甚至可以部分或大部退出传统的大众传播语境。换言之，我们有必要走出传统媒介社会学的藩篱，用新的理论框架来对数字化和互联网时代的新型传播实践进行更准确的社会学解释。作为这种努力的一部分，下面笔者将试图将现有的相关研究纳入"新传媒社会学"和"传民社会学"两组新概念。

2. 新传媒社会学

首先必须澄清，这里所谓的"新传媒"（new media）不是指利用互联网和其他数字化媒介进行大众传播的所谓"新大众媒体组织"，而是对以互联网为代表的当代数字化新型传播媒介本身的总称。换言之，这里的研究重心和取向是对新媒介本身的社会学考察，是要刻意与传统媒介社会学以媒体组织为研究重点的传统区分开来。

(1) 对互联网的社会学研究

从理论上讲，对新传媒的社会学研究是不可能绕过对传播技术决定论的争论的。换言之，这一研究本身在很大意义上就是对传播技术决定论的批判性再思考。传播技术决定论并不是什么新理论；但是以互联网为代表的当代数字媒介的出现似乎又重新点燃了学界对该理论的热议。这当中又尤以对麦克卢汉的"媒介即信息"论的再认识最为典型。这类讨论可以被大致分为两大派。第一派意见认为，传播技术决定论实际上并不像其看起来或传统理解的那样反社会学（无视传播内容和其发生作用的社会大环景），它只不过是想刻意强调媒介技术革命的巨大力量而已。美国作家、评论家和网络教育先驱之一 Paul Levinson（曾于 20 世纪 70 年代与麦克卢汉共事）的 *Digital McLuhan: A Guide to the Information Millennium*（1999）一书可被视为这一派的代表作之一。Levinson 认为麦氏学说对认识以互联网为代表的新传播技术的性质和社会影响具有独到和不可替代的理论意义。Levinson 强调将媒介与内容分开并不容易；这其实也很难说就是麦氏本意。因为媒介是由社会化了人在一定社会条件和环境下创造的，所以当一种新媒介产生的时候它本身实际上就已经携带了丰富的社会信息而且它当然需要在一定的社会环境中产生作用。但他同时也强调，人们使用媒介本身的确要比用它来具体做什么更为重要。他认为这里一个很重要的原因是一种新的媒介会给人一种崭新的心理体验。比如，当你浏览互联网时，你的确会有一种穿行于网际空间的奇妙感觉。同时，互联网的出现使麦氏的"地球村"概念几成现实。他又打比方说，使用电脑的目的并不能完全解释人们使用它的全部动机，因为使用电脑实际上是一种将工作和娱乐融为一体的有趣活动。类似的著作还有：Biro，1999；Bolter & Grusin，1999；Levinson，1997；Logan，2000；McLuhan，1998；Theall，2001。互联网和各种数字媒介的出现和普及的确令人类传播的面貌焕然一新，其冲击力之巨之广是前所未有的。这在客观上给传播技术决定论的再度热销提供了土壤。但是，如上所述，即便是该论的某些最忠实的支持者似乎也无意将其过分绝对化。与对传播技术决定论的修正主义式的上述"新"解释不同，另一派意见则主张更进一步和更直接地考察当代数字媒介在各种社会关系和环境中的使用状态和功能。此派意见认为，"媒介"最终是由"社会"发明和使用的；从社会学的角度讲，抽象地谈论新媒介的威力其实并无多大实际意义。正如我们将在下文看到的，在众多对新传媒的研究中，我们都能或多或少地见到这两派意见的影子。

比如，美国社会学家 Saskia Sassen 在其"关于信息技术的社会学思考"（2002）一文中指出，当许多社会学家越来越认为新媒介与传播技术是驱动社会变革与转型的动力时，其他学者则提醒人们注意这一观点的理论缺陷（参见 Hargittai，1998；Loader，1998；Nettime，1997——Sassen 原文引用文献）。Sassen 认为，对新媒介与传播技术的社会学考察应当更多地考虑它们本身所蕴含的社会意义以及它们得以发挥作用的社会环境，因为所谓纯技术和纯粹意义上的虚拟社区实际上是不存在的（pp. 365-366）。她进而认为，新媒介与传播技术的社会性不仅表现在它们得以运行的外部社会环境和权力结构，而且表现在它们的各种技术特色和软硬件的设计标准上。即便是互联网事实上也是分层设计的（从私人网络、金融网络、防火墙保护型网络到公共网络），因而互联网的所谓三大特色——去中央控制化、同步适时化和互联化——在不同的网络环境下的实现方式和程度实际上是很不一样的。她同时提醒人们不要忘了现在有越来越多的限制网络公开性和其去中央化功能软件的出现。具体说来，Sassen 认为，网络空间的社会化植入体现在三个方面：虚拟空间与现实（物质）世界的联系与重叠；网民与网络之间的复杂互动；旧有等级秩序在网络时代的动摇和新的多元（尤其是非国家）力量的加入。

美国南加州大学传播社会学教授 Manuel Castells 是国际上研究信息社会、传播和全球化的权威之一。他在"关于网络社会的社会学思考"（2000）一文中进一步指出，新信息技术革命的出现使得人类社会比任何时候都更需要社会学，一种应对网络"新社会"的"新社会学"。他认为新信息技术革命的出现并不是什么空穴来风，而是 20 世纪末叶各种社会变革综合运动的结果（p. 694）。换言之，新信息技术革命既是这一时期社会巨变的因也是其果。Castells 认为，新信息技术革命的最重要和深刻的社会学后果不在于其单个的技术和媒介新发明，而在其整体技术力量已使得一个全球性的新型人类社会的出现成为可能。这就是我们现在所处的基于数字技术的"网络（新）社会"。在 Castells 看来，"网络社会"应当成为从社会学视野观察社会政治、经济和传播等几乎一切社会现象的关键词，它应当成为我们观察问题的出发点和归宿点。这是因为"网络社会"作为一种互动的信息网络已经成为当代社会的基本社会结构。这是 Castells 所谓的新社会学的精髓所在。具体来说，他认为我们所处的网络新社会具有如下五大特征：一是当代社会的技术化趋势（技术与社会的高度融合使技术比任何时候都更成为了我们的一种存在方式；人类社会的面貌正在经历一场前所未有的技术－物质转型）；二是全球化（我们已经具备使事物全球流动的技术、组织和管理资源）；三是当代社会文化从垂直统治模式向横向互动模式的转变（超级文本是构成这种新文化的脊梁；在这种亦真亦幻的新文化中，虚拟现实已变成了我们赖以生存的符号世界的一个核心组成部分）；四是传统意义上的主权国家的消亡（不是它们在形式上的消失，而是指其权力和功能受到各种非政府、非中央和非主流力量的削弱和重组）；五是我们对人类与自然关系的革命性再思考（自工业革命以来对自然的掠夺性开发模式正受到挑战）（pp. 693-694）。关于社会学（当然也应当包括传播社会学在内）如何在网络时代进行理论和方法论创新的问题，Castells 提出了两个转变。其一，他认为我们有必要将许多社会组织和过程重新理论抽象为"网络"的表现形式而非我们通常认为的"中心"和"权力等级"（详见 pp. 696-697）。其二，他呼吁更多地使用数学模型进行更为"科学"的社会学研究。他认为我们必须为此而培养新一代社会学家（这里当然也包括新一代传播社会学家）。有兴趣的读者可进一步参见 Sassen 和 Castells 二文的文后参考文献以及他们的其他相关著作。

（2）对博客、手机和社交网站的社会学研究

博客作为一种新媒介受到了许多社会学家的关注。德国网络和博客学者 Jan Schmidt（2007）对这方面相关研究的简要综述提供了有益的文献指南。他指出，从人口统计的角度看，西方有许多研究显示大部分博客均以个人日志的方式出现并以女性和青少年博主居多。其内容虽不乏个人感受，但同时也有博主与博主及博主与读者之间的活跃交流，从而形成各种各样基于兴趣和身份认同的博客社区。他同时提到另有许多学者探讨了博客作为一种新新闻媒体与传统新闻媒体的复杂关系。比如，有学者认为博客媒体是一支与传统新闻媒体迥然不同的独立的草根新闻力量，是真正的"公众的新闻业"而不仅仅是"公共新闻业"（"the public's journalism" vs. "public journalism"）。而反对方则引经据典争辩道其实所谓"博客新闻媒体"和"传统新闻媒体"在议程设置和把关控制等关键问题上并无本质区别。这当中的原因既有小型个体博客在新闻与财政资源方面的极度匮乏（所以经常因无法提供独家或曰替代新闻而不得不跟风传统主流新闻媒体），也有传统新闻媒体对博客新闻媒体所进行的各种有计划的渗透。此外，许多知名博客媒体本身已变得越来越组织化而渐失其独立性和

草根本色（Haas，2005）。Schmidt 还指出，现有文献中也有更为专门的博客研究，如政治博客、战争博客、企业博客和专业—专家博客等。Schmidt 自己在简要总结上述文献后从社会结构主义的角度提出了一个三维结构理论来分析人们使用博客的个体差异（即怎样使用相关的博客软件规则来达到特定的传播目的）：规则（通常包括博主作为信息接受者设定何种规则来选择阅读什么，作为作者设定何种规则来发送内容，以及作为网民设定何种规则来与他人网上互动）、关系（以何种方式与他人建立线上线下关系）和软件个性化技术运用（以何种方式使博客个性化）。Schmidt 认为，乍看起来，这些都是单个博主的个人行为，但实际上它们都是在社会关系这张网上进行的，是典型的社会化行为。

关于（以手机为主的）无线和移动通信的社会学研究也很热门。在众多相关文献中，由四位有国际影响的传播社会学家合作撰写的 *Mobile Communication and Society：A Global Perspective*（Castells，Fernandez-Ardevol，Qiu，& Sey，2006）一书是该领域具有相当代表性的著作。这不仅是因为该书本身的学术水准，而且也因其提供了大量涵盖全球各大洲移动通信发展情况的非常有用的参考文献。全书共分 8 章，包括对手机技术和媒体的历史回顾、其在全球范围使用情况的描述、其对社会政治制度和运动的影响的考察以及跨越全球各大洲的实证研究，是一部从社会学视野（手机的发展和使用如何受年龄、性别、阶级、职业、城乡差别、种族和各种文化和亚文化等社会因素的影响和制约）、使用社会学调查方法研究手机媒体的佳作。作者对世界各地不同实证研究中所使用的概念和分类方法给予高度重视，读者从中既可以了解手机使用的地区和文化差别又可以发现一些共同的趋势。该书认为，当代社会正处在由以互联网为依托的"网络社会"（network society）向以无线和移动通信技术为依托的"移动网络社会"（mobile network society）转型的历史新阶段；这一发展正对人类社会的各方面产生广泛而深刻的影响。在方法论上，该书主要使用其第一作者（即前文提到的著名传播社会学家 Manuel Castells）此前（Castells，2000）提出的网络社会理论及其"空间流动"（space flow）和"超时间"（timeless time）概念（前者指当代人类传播的即时性和传统空间距离的消失；后者指当代传播不再受通常意义上的时间或时段的限制和捆绑而成为全时和无时不在的传播）。英国社会学家 Hans Geser（2007，p. 445）在对该书的书评中写道，手机因其发展的迅速、使用的广泛、功能的多样和缺乏既有理论作为参照给研究者造成了巨大的学术挑战。考虑到这种挑战性，Geser 认为，该书作为一项跨洲合作成果（该研究的四位合作者分处亚、欧、美三洲）是该领域涵盖面最广的一部著作，具有集中、系统和学术性强的特点。该书并不急于牵强地提出一个标准的手机社会学分析框架，而是从大量实证研究中归纳出了一系列具有代表性的趋势（参见该书"Conclusion"，pp. 245-258）。

与博客和手机类似，社交网站或曰社交媒介（social network sites/media）的强烈"社会"性及其空前流行使其注定成为社会学研究的又一宠儿。读者可考虑阅读由两位美国媒介研究学者 Danah

M. Boyd 和 Nichol B. Elliot 2007 年编辑的一组非常有用的相关研究论文（详见 *Journal of Computer-Mediated Communication* 2007 第 13 辑第 1 期）。她们在其被广为引用的开篇评介文章中指出，与以"兴趣"为中心的一般网站不同，社交网站是以"人"、尤其是"个体的人"的社会交流为中心的。在简要回顾社交网站研究文献和评价其编辑的新作时，她们发现多数人使用社交媒介的首要和主要目的大多不是为了结交新友而是为了维持已有的社会关系和圈子（Boyd & Elliot, 2007）。许多学者认为，寻找、维持或强化身份认同和归属感是人们使用社交网站的重要原因。至于在线和下线之间的关系，一种理论认为人们上线是为了撤离现实或者寻找替代现实。但另有学者反驳道，人们实际上在在线和下线之间保持高度互动，并且人们的在线经验在根本上还是由人们所处的具体的社会现实环境（如社会地位、经济条件、性别和种族等）决定的。换言之，人们实际上是在将在线和下线经验融为一体来重构自己的日常生活（详见 Lister et al, 2009, pp. 216-217）。此外，两位英国社会学家 David Beer 和 Roger Burrows（2007）发现社交媒介的潜在社会功能常被用户以多种形式创造性地开发。比如，处于世界不同地区的社会学大学生通过面书建立了许多与社会学相关的兴趣小组。有时，修同一门课的同校学生甚至可以就该门课的作业专门设立一个讨论群并就该课授课教师其人其课评头论足。另有学者（如：Beer, 2006; Cohn, 2005）发现，在艺术领域，社交媒体已深刻改变了通俗音乐家及其乐队与观众之间的关系；通过社交媒体与其粉丝群保持经常性互动已成为一种通行做法。这方面的专题研究也不少，如近期 *Computers in Human Behavior* 杂志（2013，第 29 辑第 1 期）所辟 "Youth, Internet, and Wellbeing" 论文专区共载相关论文 11 篇，其中有 7 篇是有关社交媒体研究的，非常值得有兴趣者注意。有意思的是，近年来，社交游戏网站的流行使其几乎成了该领域的一大热门研究对象（如上文提到的同期杂志就刊登了六篇相关论文）。另外，最近出版的两本同名书籍 *Understanding Social Media*（Taprial & Kanwar, 2012; Hinton & Hjorth, 2013）也很值得一读（两书从基本层面上比较全面地介绍了社交媒介的历史发展和社会功能）。

（3）新传媒、公民新闻学与政治民主

关于新传播媒介社会功能的另一个热门话题是新媒介对公民政治参与和公民新闻学的崛起的促进作用以及对传统政治（尤其是传统集权政治）体制的影响和冲击。这方面的文献可谓不计其数。不过就总体而言，大致仍可分为理想派（更多地受传播技术决定论影响）和谨慎派（更多地从社会学视野进行具体问题具体分析）两大阵营。在这方面，两位美国传播学教授 Henry Jenkins 和 David Thorburn 主编的 *Democracy and New Media*（2004）一书是一个很好的例子。该书收录的 22 篇论文从三大方面（网络空间民主；全球发展；数字时代的新闻与信息）多角度、多层次地探讨了民主与新媒介在不同社会和话语环境下的复杂关系。其中篇章既有对新媒介潜在民主功能的充分肯定，也有怀疑和忧虑。类似的著作还有许多，如：Holmes ed.（1997），Feenberg（1999），Dutton（1999），Kamarck & Nye eds.（1999），Sykes（2002），Romano & Bromley eds.（2005），Chester

（2007），Seib ed.（2007）以及 Fenton（2009）等。类似的书章和杂志文章也不少，如：Bentivegna（2002），Fenton（2009，2011），Gimmler（2001），Johnson & Kaye（2003）和 Tambini（1999）。限于篇幅，这里不再一一介绍。

新媒介和公民新闻学对集权国家的民主化作用一直是新媒介研究领域的一个热点话题（如：Guo，2012；King，Pan，& Margaret，2012；Kluver & Banerjee，2005；Lee，2005；Lo & Wei，2010；Powell III，2004；Romano，2012；Scotton，2010；Steele，2009；Yang，2012；Yu，2009；Venegas，2004）。在这里，争论再次大致在乐观主义者和谨慎论者之间展开。乐观主义者认为，以互联网为代表的新媒介在促进集权国家的民主进程方面的作用是显而易见和不容置疑的。从根本上说，这是由以互联网为代表的新媒介的开放和横向网状特性决定的（如：Bentivegna，2002；O'Reilly，2005）。用著名网络媒体创业者 Tim O'Reilly（2005）的话来讲，互联网天生就是供社会参与的神奇建筑（"architecture of participation"）。意大利政治传播学教授 Sara Bentivegna（2002，p. 54）进而列出了互联网所具有的 6 大民主潜质：交互性、横向纵向传播方式并存、传播的非中介化（传统的"把关人"作用被削弱）、经济便利、传播的快速性和即时性以及传播的自由性。但谨慎派则认为，互联网的神奇民主潜质固然可以作用于社会大环境，但却最终受后者制约。比如，许多学者指出，集权政府其实并不太担心公民用无论新媒体还是旧媒体来对政府进行个别的或分散的批评，而是更担心组织起来的集体或曰群体力量对集权下的政治和社会稳定造成威胁。同时，新媒介的民主潜能还受制于诸多技术和社会条件，如社会经济发展和民众收入水平、新传播技术的基础设施建设、民众的政治参与意识和参与程度以及各色公民记者的水平和可信度问题等。此外，集权政府也可以能动地使用新旧媒体以及法律政策手段来控制或说服大众，以维持或修正现状（如：King，Pan & Roberts，2012；Kluver & Banerjee，2005；Parello-Plesner，2011；Scotton，2010；Sim，2000）。

这一论争似乎在有关新传媒和公民记者在"阿拉伯之春"中的作用的讨论中表现得尤为明显。比如，Naila Hamdy 和 Lisa Anderson 两位学者均执教于美国大学开罗分校，但却对新媒介在"阿拉伯之春"中的作用看法各异。Hamdy（2011）详述了博客媒体在中东、尤其是埃及民主革命前 10 年间从无到有、从小到大和由弱趋强的发展历程，描述了暴风雨前的媒介革命准备。但该文对博客潜在民主功能的乐观估计更多地是建立在对埃及政治活跃分子如何使用博客的观察的基础上的；其对博客在普罗大众中的实际影响则不甚了了。相反，Anderson（2011，p. 2）则断言，包括互联网和各种社交媒体在内的新媒介只不过是帮助和加速了大规模骚乱在该地区的发生和蔓延而已，而不是其真正的原因。他认为，如果仔细观察，这些国家在革命发生前的数十年间早已积累了大量极其严重的政治、经济和社会问题（如贫困、腐败、贫富两极分化、城乡差距、政治独裁等），这才是问题的根本所在。他进而指出，阿拉伯革命其实和历史上的革命在本质上并无二致。没有新媒体和传播技术，历史上的革命照样发生。埃及面书组织者们（Facebook campaigners）不过是"一战"后用大幅传单进行宣传的阿拉伯民族主义者的现代化身而已。欲知更多关于新媒介之中东故事的研究，读者可进一步阅读美国南加州大学新闻学教授 Philip Seib 主编的专题论文集（共计 13 章）*New Media and the New Middle East*（2007）。此外，Kluver 和 Banerjee（2005）两位学者也从社会学的角度对互联网在 9 个亚洲国家不同社会环境下的发展进行了非常有益的探讨。他们认为，互联网是在一定的社会大环境下运行的，而且各国国情各异，所以很难抽象地谈论其威力。

3. 传民社会学

笔者这里所谓的"传民"（复数）或曰"传客"（单数）是对在当代多元与立体交叉传播环境下的传播个体或个体之总和的称谓。它既不同于传统意义上的"受者"或"受众"，也不等同于时下所谓的"网客/民"（netizen）、"博客"（blogger）或"维客/民"（wikizen），而是一个涵盖和包容几乎所有人类传播身份特征的泛概念。在互联网和数字时代，特定的个体既可以仍然做传统意义上的"平凡"受者（但其无疑仍将或多或少受到急剧变化的传播大环境的影响），也可以是身兼多重传播身份的新型传播主体和客体——传客。他/她可以扮演如下一种或多种甚至全部角色：记者、作家、编辑、出版者、发行人、受者、博主、网游玩家、手机用户以及社交网络活跃分子，等等。更重要的是，他/她是独立的：他/她可以使用市场上现有的传播资源，而不必在组织或资源上依附或依赖于任何政治或商业霸权。作为自由和独立的个体，"传客/民"最为接近"公民"（citizen）概念。在某种意义上讲，传民就是数字传播时代的公民。这样来理解传民这个概念，我们有理由认为它比先前已有的任何类似概念都更具有理论包容性和社会学意义。笔者不太清楚此前是否有学者已提出过"传客/民"这一概念并对其作出过类似的解释。在英文文献里，笔者发现了一个非常近似的提法叫做"communicating beings"（Castells，2000，p. 694）。但遗憾的是作者（前文提到的 Manuel Castells）只是一笔带过，未作任何多余阐释。笔者下面试图从两个方面对关于传民的社会学研究进行初步归纳。

（1）传播个体的空前自由和解放：新媒介、新社会、新传播和新自我

就当代传播技术所提供的客观可能性而言，这无疑是一个传播个体空前自由和解放的时代。需要指出的是，笔者这里所谓的"空前自由和解放"更多地是指作为普通个体的个人自由和相应的个性解放，并不以一定社会的政治传播自由度作为唯一甚至主要衡量标准（毕竟，我们中的大多数不过是过普通传播日子的普通传民而已——而这恰好是传播社会学应该关注的焦点人群）。当普通民众的日常传播生活不再依赖于被动地从传统的大众媒体获取信息而是将传播的主动权掌握在自己手里的时候，我们的传播人身自由和个性张扬才在真正的意义上得以开始。当然，我们并非生活在零控制的传播大同世界里。传统大众媒体（以及各种各样原有的类似的自上而下的社会权力系统）依然存在并变得非常地与时俱进。它们在顽强坚守原有资源和平台的同时，也在进军新媒体领域并建立根据地。但不可否认的是，传播游戏的规则已被彻底改变，当代人类传播活动已远不再是一个任凭个别单一权力可以随意殖民的跑马场。我们正在见证一个多元、多维、多媒体化、跨时空、网状化、个性化甚至是碎片化的传播新秩序的形成。

美国天普大学（Temple University）社会学教授 Shanyang Zhao（2006）关于互联网如何改变人们日常生活现实的研究是这方面一篇具有相当理论启发性的文章。作者呼应其他学者（如：Giddens，1984）对 Berger 和 Luckmann（1966）提出的基于面对面人际互动模式的"此时此地"（"here and now"）论及其修正版"此时彼地"论（"there and now"）(Schutz & Luckmann，1973）进行了批判性再认识。作者认为互联网通过"撕裂时空"（引自 Giddens，1990，p. 18）将"此时此地的我"与不可肉眼触及但可以介导（mediated）的"远距现场"（"distant locals"）连接起来，从而使当代社会互动环境发生了许多深刻变化（如：将"此时彼地"论推向前所未有的高度；从面对面交流到超级电子文本交谈；从物理性的现实社会到网络-虚拟社区）(Zhao，2006，pp. 459-464）。这种变化又进而深刻地改变了人们日常生活的现实结构（如：网络时代"结伴的陌生人/群体"（"consociated contemporaries"）的出现；新型多维复合型互动方式的出现；电子文本交谈作为一种新的"现实－维持"方式（"text chat as reality-maintenance"）；年青一代、特别是青少年的社交在线化（"socialization goes online"）等）。简而言之，传统的基于实际面对面交流的社会现实构造模式忽视了现代媒介的社会现实构造潜能；以互联网为代表的新媒介的出现正在深刻地丰富、改变并重新诠释当代传民的社会存在和社会关系。正如美国媒介与传播学者 Henry Jenkins（2006）所言，所谓媒介"融合"并不主要发生在传播技术实验室或媒体公司的董事会会议室，而是在受众的脑海里。因为恰恰是受众在不同的媒介平台之间移动切换，从而将碎片化的信息拼接成关于社会的一幅幅脑海图景。除了这种抽象层次上的理论研究，我们还可以发现许多更具体的实证研究。比如，对青少年传民的社会学研究（如前面提到的 Computers in Human Behavior 杂志 2013 年 1 月号发表的有关"Youth，Internet，and Wellbeing"的 11 篇论文；同期杂志还有一篇对在校大学生和同龄无家可归者使用社交网站情况的有趣对比研究，见 Guadagno，Muscanell，& Pollio，2013），对农民工传民的社会学研究（如：Barendregt，2005；Cartier et al.，2005；Qiu，2004），对移民－离散（diaspora）传民的社会学研究（如：Cunningham & Sinclair eds，2000；Fogt & Sandvik，2008；Karim ed，2003），对（后）数字化时代"传民家庭"的社会学研究（Lam，2013；Wartella & Jennings，2001）以及关于黑客的社会学研究（如：Jordan & Taylor，1998），等等。限于篇幅，这里无法一一详述。

总而言之，用当代数字媒介武装起来的传客一旦将自己从对大众媒体和现实人际交流的传统依赖中解放出来，他/她就可以建构一个远为丰富多彩的传播新世界。这是一个广义的、大众的传播新时代，而不再仅仅是一个全球各族人民被迫团结在大众传播媒体周围的所谓大众传播时代。传播个体的交流范围也不再只是局限于自己所能直接感知的狭小范围。在这个广义传播的新时代，作为个体的传客既可以继续享用传统大众传媒提供的各种信息服务和与其"直接周遭"交流，也可以享用各种数字新媒介探索"天涯若比邻"的虚拟环境。他/她可以在无限的网络星际空间和各种社交媒体圈子里，或结新交，或访故友；或拉帮结派，或加盟入伙；或上传下载；或网购网售；或圆作家梦（几流不重要），或过游戏瘾（几段不重要）；或有事没事咋咋呼呼摆秀，或深潜水冷眼旁观偷着乐；或孤旅独行观而不语，或亢奋围观事事关心；或走火入魔沦为网奴，或无"网"而不胜依旧是自我……。当千千万万以新媒介为依托的传民和各色各样的民间传播圈子和组织第一次有机会运用手中的媒介资源浩浩荡荡加入当代人类传播实践的恢宏历史潮流中时，人类传播史在我们眼前"爆炸"。如此传播盛景或许可以形容为今日之传播世界既是传媒（或政府）的，也是传民的和社会的；是名记的，也是咱们业余新闻爱好者的；是像默多克这样的传媒大鳄的，也是像你我这样的一介传民的。当然，他们之间的关系是不对称的和复杂的，同时传民的行为未必（或许也不必都要是）那么有组织的、理性的和专业的。但历史地看，这并不是问题的关键所在。这里真正的看点是，当迄今为止最具革命性的通信技术给我们的传播理想插上翅膀的时候，自由于民便不再是一种口号或奢望。新媒介所引发的传播革命正在深刻地影响和改变人作为社会动物所处的社会环境和社会关系并进而无可避免地影响其行为方式。

（2）数字传播的隐忧和数字时代人的异化

就像许多学者当年对电视作为一种新媒介可能导致的某些负面效应忧心忡忡一样，今天也不乏对数字传播技术可能产生的负面社会效果的批评之声。总体上，这些批评主要表现在如下几个方面。网络骚扰、跟踪和欺凌（如：Erdur-Baker，2010；Lindsay & Krysik，2012；Salter & Bryden，2009；Shariff & Churchill eds.，2010；Thom et al.，2009）；网瘾/网络游戏综合征/网络人格分裂等（如：Haagsma et al.，2013；King，Delfabbro，& Griffiths，2010；Zhong & Yao，2013）；对匿名和隐私的保护和自我保护（如：Cho，Rivera-Sanchez，& Lim，2009；Beer & Burrows，2007；Yang，2013；Young & Quan-Haase，2013；Vitak，2012）；信息过剩和碎片化（如：Kovach & Rosenstiel，2010），等等。换言之，数字革命既可以造就更自由、更解放的传播个体，也可能对人产生新的异化。从批判社会学的角度看，或许有人会认为我们正处于一个信息富有和知识贫困并存的传播麦当劳时代。换言之，后数字化社会似乎正在变成一个看起来很酷但骨子里可能很浅薄和庸俗的娱乐社会：人人都在制造和消费各色信息快餐；人人都在玩"虚拟"、"虚无"、"虚幻"和"虚伪"。与此同时，我们与现实和真实的生活反而渐行渐远。这类批评既有以实证数据为基础的，也有主要以文化批判为出发点的，其中既有耸人听闻的预言，也有如雷贯耳的警训。这是一个富有争议、一个传播社会学研究可以大展拳脚的有趣而重要的领域。不过限于篇幅，这里只能点到为止了。

四、总评

就笔者在写作本文过程中所能触及的、相对有限的（因时间、精力和篇幅所限）有关传播社会学研究的出版物而言，笔者感觉有如下几个带共性的问题值得注意：

其一，传播社会学作为大众传播学的一个分支领域其内涵和外延尚无公认的、明确的界定，更谈不上有什么完整的理论结构体系。为略补此憾，本文尝试着提出了一个"媒介社会学－新传媒社会学－传民社会学"的传播社会学框构并将有关文献评述性地纳入其中以供同道者指正。

其二，比起相对成型和成熟的"媒介社会学"研究而言，"新传媒社会学"和"传民社会学"研究仍处于其早期发展阶段。总体而言，这两方面现有的研究无论在理论探索还是实证调查方面都还不够扎实系统。当前似乎尤其急需系统和持续跟进的各种范围的实证研究以获取必要的社会学数据并为进一步的理论研究提供实证支持。正如 Beer 和 Burrows（2007）所提议的那样，或许我们当下首先需要的是一个立足于摸清 Web 2.0 时代人类传播行为基本状况的"描述性"传播社会学。

其三，实证研究的不够给力似乎也同时造成了社会学实证研究和统计分析方法在传播社会学研究中的相对滞后。当然，要指望传播社会学研究在上述两方面在短期内会有大幅跃升可能是困难的，因为这当中牵涉资源、操作、科研体制和人才培养等一系列问题（不过好在近年来各种科研资源包括论文发表机会好像都有向新媒介研究方面倾斜的趋势）。

其四，传播社会学家个人对"传客"角色的体验问题。有学者指出，如果传播社会学家们自己缺乏作为全能"传客"、尤其是作为使用社交媒体的"维客"的直接经验而纯粹以观察者的身份来研究当代人类传播的话，他们将难以真正理解其意义，而且还会错失借用数字、尤其是社交媒介作为研究工具的良机（如：Beer & Burrows, 2007；Lash, 2002）。

◇ 参考文献 ◇

- Altheide, D. L. (1976). *Creating reality: How TV news distorts events*. Beverly Hills: Sage.
- Altschull, J. H. (1984). *Agents of power: The roles of the news media in human affairs*. New York and London: Longman.
- Anderson, L. (2011). Demystifying the Arab Spring: Parsing the differences between Tunisia, Egypt, and Libya. *Foreign Affairs*, 3: 1-7.

- Barrat, D. (1986). *Media sociology*. London, New York: Tavistock.
- Barendregt, B. (2005). The ghost in the phone and other tales in Indonisian modernity. *Proceedings of the international conference on mobile communication and Asian modernities*, 47-70. Hong Kong, June 7-8.
- Beer, D. (2006). The pop-pickers have picked decentralised media: The fall of top of the pops and the rise of the second media age. *Sociological Research Online*, 11(3). Availaible at: http://www.socresonline.org.uk/11/3/beer.html.
- Beer, D., & Burrows, R. (2007). Sociology and, of and in Web 2.0: Some initial considerations. *Sociological Research Online*, 12(5). Available at: http://www.socresonline.org.uk/12/5/17.html.
- Bennett, W. L. (2011). *News: The politics of illusion*. New York: Pearson/Longman.
- Bentivegna, S. (2002). Politics and new media. In Lievrouw, L. A., & Livingstone, S. (eds.), *Handbook of new media: Social shaping and consequences of ICTs*, 50-61. London: Sage.
- Berger, P., & Luckmann, T. (1966). The social construction of reality: A treatise in the sociology of knowledge. Garden City, NY: Doubleday.
- Biro, G. M. (1999). *Marshall McLuhan meets the millennium bug: The first 100 years of computers, and how we can make it*. Kingston, ON: Uplevel.
- Bolter, J. D., & Grusin, R. (1999). *Remediation: Understanding new media*. Cambridge, MA: MIT Press.
- Boyd, D. M., & Ellison, N. B. (2007). Social network sites: Definition, history and scholarship. *Journal of Computer-Mediated Communication*, 13(1): 219-230. Available at: http://www.danah.org/papers/JCMCIntro.pdf.
- Burton, G. (2005). *Media and society*. London: Open University Press.
- Cartier, C., Castells, M., & Qiu, J. L. (2005). The information have-less: Inequality, mobility, and translocal networks in Chinese cities. *Studies in Comparative International Development*, 40(2): 9-34.
- Castells, M. (2000). Toward a sociology of the network society. *Contemporary Sociology*, 29(5): 693-699.
- Castells, M., Qiu, J. L., Fern ndez-Ard vol, M, & Sey, A. (2006). *Mobile communication and society: A global perspective*. Cambridge, MA: MIT Press.
- Chester, J. (2007). *Digital destiny: New media and the future of democracy*. The New Press.
- Cho, H., Rivera-Sanchez, M., & Lim, S. S. (2009). A multinational study on online privacy: Global concerns and local responses. *New Media & Society*, 11(3): 395-416.
- Christian, H. (ed.). (1980). The Sociology of journalism and the press. *The Sociological Review Monograph*, 29. The University of Keele.
- Cohn, D. (2005). Bands embrace social networking. *Wired News*, 18 May. Available at: http://www.wired.com/news/culture/1,67545-0.html
- Croteau, D., Hoynes, W. & Milan, S. (2012). Media/Society: Industries, images, and audiences (4th ed.). Sage Publications.
- Cunningham, S., & Sinclair, S. (eds.). (2000). *Floating lives: The media of Asian Diasporas*. University of Queensland Press.
- Curran, J. (ed.) (2010). *Media and Society* (5th ed.). New York: Bloomsbury Academic.
- Curran, J., & Gurevitch, M. (eds.). (2005). *Mass media and society*. Hodder Arnold Publication.
- Curran, J., & Park, M. J. (eds.). (2000). *De-Westernizing media studies*. London & New York: Routledge.
- Curran, J., Gurevitch, M., & Woollacott, J. (eds.). (1977). *Mass communication and society*.

London: Edward Arnold in association with the Open University Press.
- Downing, J. (1996). *Internationalizing media theory*. London: Sage Publications.
- Dutton, W. H. (1999). *Society on the line: Information politics in the digital age*. Oxford: Oxford University Press.
- Epstein, E. J. (1973). *News from nowhere: Television and the news*. New York: Random House.
- Erdur-Baker, Ö. (2010). Cyberbullying and its correlation to traditional bullying, gender and frequent and risky usage of internet-mediated communication tools. *New Media & Society*, 12(1): 109-125.
- Feenberg, A. (1999). *Questioning Technology*. New York & London: Routledge.
- Fenton, N. (2009). New media, old news: Journalism and democracy in the digital age. London: Sage Publications.
- Fenton, N. (2011). Deregulation or democracy? New media, news, neoliberalism and the public interest. *Continuum*, 25(1): 63-72.
- Fishman, M. (1980). *Manufacturing the news*. Austin: University of Texas Press.
- Fogt, A. & Sandvik, M. (2008). We represent a potential, not a Problem: Young people's media use in Diaspora. *Nordicom Review*, 29(1): 111-131.
- Gans, H. (1979). *Deciding what's news: A study of CBS Evening News, NBC Nightly News, Newsweek and Time*. New York: Vintage.
- Geser, H. (2007). Book review (*Mobile Communication and Society: A Global Perspective*). *Contemporary Sociology*, 36(5): 444-446.
- Giddens, A. (1984). The constitution of society. Berkeley, CA: University of California Press.
- Giddens, A. (1990). The consequences of modernity. Stanford, CA: Stanford University Press.
- Gimmler, A. (2001). Deliberative democracy, the public sphere and the Internet. *Philosophy and Social Criticism*, 2.
- Gitlin, T. (1978). Media sociology: The dominant paradigm. *Theory and Society*, 6: 205-253.
- Graber, D., McQuail, D., & Norris, P. (eds.). (1998). *The politics of news the news of politics*. Washington, D. C. : CQ Press.
- Guadagno, R. E., Muscanell, N. L., & Pollio, D. E. (2013). The homeless use Facebook?! Similarities of social network use between college students and homeless young adults. *Computers in Human Behavior*, 29(1): 86-89.
- Guo, L. (2012). Collaborative efforts: An exploratory study of citizen media in China. *Global Media and Communication*, 8(2): 135-155.
- Haagsma, M. C., Caplan, S. E., Peters, O., & Pieterse, M. E. (2013). A cognitive-behavioral model of problematic online gaming in adolescents aged 12-22 years. *Computers in Human Behavior*, 29(1): 202-209.
- Haas, T. (2005). From "public journalism" to the "public's journalism"? Rhetoric and reality in the discourse on weblogs. *Journalism Studies*, 6(3): 387-396.
- Halmos, P. (ed.). (1969). *The sociology of mass-media communicators. The Sociological Review Monograph*, 13. The University of Keele.
- Hamdy, N. (2009). Arab citizen journalism in action: Challenging mainstream media, authorities and media laws. *Westminster Papers in Communication and Culture*, 6(1): 92-112.
- Hesmondhalgh, D., & Toynbee, J. (eds.). (2008). *The media and social theory*. New York & London: Routledge.
- Hinton, S., & Hjorth, H. (2013). Understanding social media. Sage Publications.
- Holmes, D. ed. (1997). Virtual politics: Identity and community in cyberspace. Sage Publications.

- Holz, J. R., & Wright, C. R. (eds.). (1979). Sociology of mass communications. *Annual Review of Sociology*, 5: 193-217.
- Huang, C. J. (2003). Transitional media vs. normative theories: Schramm, Altschull and China. *Journal of Communication*, 53(3): 444-459.
- Huang, C. J. (2007). Media sociology. In Lu, S. M. and Hong, J. H. (eds.), *Frontiers and critique of mass communication research in the West*, 55-83. Beijing: Chinese People's University.
- Innis, H. M. (1950). *Empire and communication*. Oxford: Clarendon Press.
- Innis, H. M. (1951). *The bias of communication*. Toronto: University of Toronto Press.
- Jacobs, R. N. (2009). Culture, the public sphere, and media sociology. *The American Sociology*, 40(3): 149-166.
- Jenkins, H. (2006). *Convergence culture: Where old and new media collide*. New York: New York University Press.
- Jenkins, H., & Thorburn, D. (eds.). (2004). *Democracy and new media*. MIT Press.
- Johnson, T., & Kaye, B. (2003). A boost or bust for democracy: How the web influenced political attitudes and behaviors in the 1996 and 2000 presidential elections. *Press/Politics* 8.
- Jordan, T., & Taylor, P. (1998). A sociology of hackers. *The Sociological Review*, 46(4): 757-780.
- Kamarck, E. C., & Nye, J. S. (1999). *Democracy.com?: Governance in a networked world*. Hollis Publishing Company.
- Karim, K. H. ed. (2003). *The media of diaspora: Mapping the globe*. Routledge.
- Katz, E., Gurevitch, M., & Haas, H. (1973). On the use of mass media for important things. *American Sociological Review*, 38: 164-181.
- Katz, J. E. (2007). Mobile media and communication: Some important questions. *Communication Monographs*, 74(3): 389-394.
- King, D. L., Delfabbro, P. H., & Griffiths, M. D. (2010). Recent innovations in video game addiction research and theory. *Global Media Journal: Australian Edition*, 4(1): 1-13.
- King, G., Pan, J., & Roberts, M. (2012). How censorship in China allows government criticism but silences collective expression. *American Political Science Review*, 107(2): 1-18.
- Kluver, R., & Banerjee, I. (2005). Political culture, regulation, and democratization: The Internet in nine Asian nations. *Information, Communication & Society*, 8(1): 30-46.
- Kovach, B., & Rosenstiel, T. (2010). *Blur: How to know what's true in the age of information overload*. New York: Bloomsbury.
- Lam, S. S. K. (2013). ICT's impact on family solidarity and upward mobility in translocal China. *Asian Journal of Communication*, 23(3): 322-340.
- Lash, S. (2002). *Critique of information*. London: Sage.
- Lasswell, H. D. (1948). The structure and function of communication in society. In L. Bryson (ed.), *The communication of ideas*, 37-51. New York: Harper and Brothers.
- Lazarsfeld, P. F. & Merton, R. K. (1948). Mass communication, popular taste and organized social action. In W. Schramm & D. F. Roberts (eds.), *The process and effects of mass communication*, 554-578. Urbana: University of Illinois Press.
- Lee, T. (2005). Going online: Journalism and civil society in Singapore. In Romano, & A. Bromley, M. (eds.). *Journalism and democracy in Asia*, 15-27. Routledge.
- Levinson, P. (1997). *The soft edge: A natural history and future of the information revolution*. London & New York: Routledge.
- Levinson, P. (1999). *Digital McLuhan: A guide to the information millennium*. London & New YorK: Routledge.
- Lewin, K. (1947). Channels of group like. *Human Relations*, 1: 143-153.

- Lindsay, M., & Krysik, J. (2012). Online garassment among college students. *Information, Communication & Society*, 15(5): 703-719.
- Lister, M., Dovey, J., Giddings, S., Grant, I., & Kelly, K. (2009). *New media: A critical introduction*. London & New York: Routledge.
- Lo, V. H., & Wei, R. (2010). New media and political communication in Asia: A critical assessment of research on media and politics, 1988-2008. *Asian Journal of Communication*, 20(2): 264-275.
- Logan, R. K. (2000). *The sixth language : Learning a living in the Internet age*. Toronto: Stoddard.
- McCombs, M. E., & Shaw, D. L. (1972). The agenda-setting function of the press. *Public Opinion Quarterly*, 36: 176-87.
- McCombs, M. E., & Shaw, D. L. (1993). The evolution of agenda-setting theory: 25 years in the marketplace of ideas. *Journal of Communication*, 43(2): 58-66.
- McLuhan, M. (1964). *Understanding media: The extensions of man*. London: Routledge & Kegan Paul.
- McLuhan, E. (1998). *Electric language: Understanding the message*. New York: Buzz Books.
- McNail, B. (1998). *The Sociology of journalism*. London; New York: Arnold.
- McQuail, D. (ed.). (1969). *Towards a sociology of mass communications*. London: Collier-Macmillan.
- McQuail, D. (ed.). (1972). *Sociology of mass communications: Selected readings*. Harmondsworth: Penguin.
- McQuail, D. (1976). *Review of sociological writing on the press*. Working paper no. 2, Royal Commission on the Press. HMSO.
- McQuail, D. (1985). Sociology of mass communication. *Annual Review of Sociology*, 11: 93-111.
- McQuail, D. (2000). *McQuail's mass communication theory*. London: Sage.
- McQuail, D. (2010). *McQuail's mass communication theory*. London; Thousand Oaks, CA: Sage.
- Merrill, J. C. (1974). *The imperative of freedom: A philosophy of journalistic autonomy*. New York: Hastings House.
- Merrill, J. C., & Lowenstein, R. L. (1971). *Media messages & men: New perspectives in communication*. New York: David McKay Company.
- Nerone, J. C. (ed.). (1995). *Last rights: Revisiting four theories of the press*. Urbana: University of Illinois Press.
- Ognianova, E. (1997). The transitional media system of post-communist Bulgaria. *Journalism & Mass Communication Monographs*, 162.
- O'Reilly, T. (2005). What Is Web 2.0: Design patterns and business models for the next generation of software. Available at: http://oreilly.com/web2/archive/what-is-web-20.html
- O'Shaughnessy, M., & Stadler, J. (2012). Media and society (5th ed.). Oxford University Press. Still a typical "media"-centred study.
- Parello-Plesner, J. (2011). China and the Arab Spring: External and internal consequences and implications for EU-China Cooperation. *ISPI*, 53. Available at: http://www.ispionline.it/sites/default/files/pubblicazioni/analysis_53_2011.pdf.
- Picard R. G. (1985). *The press and the decline of democracy: The democratic socialist response in public policy*. London: Greenwood Press.
- Powell III, C. P. (2004). Democracy and new media in developing nations: Opportunities and challenges. In Jenkins, H., & Thorburn, D. (eds.), *Democracy and new media*, 171-178. MIT

- Press.
- Qiu, J. L. (2004). (Dis) connecting the Pearl River Delta: Transformation of a regional telecommunication infrastructure, 1978-2003. Unpublished PhD thesis, University of Southern California.
- Romano, A. (2012). Asian journalism: News, development and the tides of liberalization and technology. In Romano, & A. Bromley, M. (eds.). *Journalism and democracy in Asia*, 1-14. Routledge.
- Romano, A., & Bromley, M. (2005). *Journalism and democracy in Asia*. Routledge.
- Roshco, B. (1975). *Newsmaking*. Chicago: University of Chicago Press.
- Ryan, J., & Wentworth, W. M. (1999). *Media and society: The production of culture in the mass media*. Boston: Allyn & Bacon.
- Salter, M., & Bryden, C. (2009). I can see you: harassment and stalking on the Internet. *Information & Communications Technology Law*, 18(2): 99-122.
- Sassen, S. (2002). Towards a sociology of information technology. *Current Sociology*, 50(3): 365-388.
- Schmidt, J. (2007). Blogging practices: An analytical Framework. *Journal of Computer-Mediated Communication*, 12: 1409-1427.
- Schudson, M. (2010). Four approaches to the sociology of news revisited. In Curran, J. (ed.), *Media and Society*, 164-185. New York: Bloomsbury Academic.
- Schutz, A., & Luckmann, T. (1973). *The structures of the life world* (vol. 1). Evanston, IL: Northwestern University Press.
- Scotton, J. (2010). The impact of new media. In Scotton, J & Hachten, W. A. (eds.), *New Media from a New China*, 28-42. Wiley-Blackwell Publication.
- Seib, P. ed. (2007). *New Media and the New Middle East*. Palgrave MacMillan.
- Shariff, S., & Churchill, A. H. (eds.). (2010). *Truths and myths of cyber-bullying: International perspectives on stakeholder responsibility and children's safety*. New York: Peter Lang.
- Shoemaker, P. (1991). *Gatekeeping*. Thousabd oaks, CA: sage.
- Siebert, F. S., Peterson, T., & Schramm, W. (1956). *Four theories of the press*. Urbana: University of Illinois Press.
- Sim, S. F. (2001). Authoritarianism, capitalism and Asian values, *The Public*, 8(2): 45-66.
- Smith, J. (1995). *Understanding the media: A sociology of mass communication*. Cresskill, N. J.: Hampton Press.
- Steele, J. (2009). Professionalism online: How Malaysiakini challenges authoritarianism. *International Journal of Press/Politics*, 14(1): 91-111.
- Sykes, H. (2002). *More or less: Democracy & new media*. Albert Park, VIC: Future Leaders.
- Tambini, D. (1999). New media and democracy: The civic networking movement. *New Media & Society*, 1(3): 305-329.
- Taprial, V., & Kanwar, P. (2012). *Understanding social media*. Bookboon.com.
- Theall, D. F. (2001). *The virtual Marshall McLuhan*. Montreal, Quebec, Canada: McGill-Queen's University Press.
- Thom, K., Edwards, G., Nakarada-Kordic, I., McKenna, B., O'Brien, A., & Nairn, R. (2009). Suicide online: Portrayal of website-related suicide by the New Zealand media. *New Media & Society*, 13(8): 1355-1372.
- Tuchman, G. (1978). *Making news*. New York: The Free Press.
- Tunstall, J. (ed.). (1970). *Media sociology: A reader*. Champaign: University of Illinois Press.
- Venegas, C. (2004). Will the Internet spoil Fidel Castro's Cuba? In Jenkins, H., & Thorburn, D.

- (eds.), *Democracy and new media*, 179-202. Cambridge: MIT Press.
- Vitak, J. (2012). The impact of context collapse and privacy on social network site disclosures. *Journal of Broadcasting & Electronic Media*, 56(4): 451-470.
- Wartella, E., & Jennings, N. (2001). New members of the family: The digital revolution in the home. *Journal of Family Communication*, 1(1): 59-69.
- White, D. M. (1950). The gate keeper: A case study in the selection of news. *Journalism Quarterly*, 27: 383-390.
- Wright, C. (1975). *Mass communication: A sociological perspective*. New York: Randon House.
- Wright, W. R. (1960). Functional analysis and mass communication. *Public Opinion Quarterly*, 24: 610-613.
- Yang, G. B. (2012). *The power of the Internet in China: Citizen activism online*. New York: Columbia University Press.
- Yang, H. W. (2013). Young American consumers' online privacy concerns, trust, risk, social media use, and regulatory support. *Journal of New Communications Research*, 5(1): 1-30.
- Young, A. L., & Quan-Haase, A. (2013). Privacy protection strategies on Facebook. *Information, Communication & Society*, 16(4): 479-500.
- Yu, H. Q. (2009). Media stories: The politics of AIDS and SMS. In Yu, H. Q., *Media and cultural transformation in China*, 81-105. London & New York: Routledge.
- Zhao, S. Y. (2006). The Internet and the transformation of the reality of everyday life: Toward a new analytic stance in sociology. *Sociological Inquiry*, 76(4): 458-474. Available at: http://www.sfu.ca/~roman/page177/assets/Zhao110.pdf.
- Zhong, Z. J., & Yao, M. Z. (2013). Gaming motivations, avatar-self identification and symptoms of online game addiction. *Asian Journal of Communication*, 23(5): 555-573.

媒体人类学

章戈浩①

媒体人类学或人类学式的媒体研究?

虽然人类学尚在草创之时便已有了在研究中使用媒体的尝试，甚至将媒体作为其研究对象而努力；而在媒体研究的概念形成之时，民族志等人类学研究方法被引入，但媒体人类学作为一个学术领域被确认却只是近20年的事。虽然学术圈的普遍共识在于媒体人类学的出现既缘于传统的人类学将视野从荒蛮之地转向现代生活，人类学研究从魔幻（magic）走向媒体（media）（Peterson，2005），也适逢文化研究作为学术领域在国际学术界风头正盛，媒体研究出现文化转向。不过，对于媒体人类学的界定，甚至对于其称谓的讨论一直在进行之中。要对媒体人类学作出一个简单的定义并非难事：对于大众传媒进行的人类学（式）的研究。但如果稍加细察，就会发现，其实媒体人类学不仅边界模糊，而且自身也充满悖论。什么样的研究算得上是人类学研究或是人类学式的研究，只采用人类学的理论概念，并不采用人类学的方法从事的媒体研究能否被认为是媒体人类学？这类问题难以回答。媒体人类学所研究的媒体到底是媒体的具体哪一方面，贴着媒体人类学标签的作品中并无定论。

姑且不论目前流行的媒体人类学的选本上选目的千差万别，仅从学术的自我命名上来看，已是纷繁芜杂：有称之为媒体人类学（Media Antrhopology）（Eric Walter Rothenbuhler & Coman，2005），也有将其命名为媒体的人类学（Antrhopology of Media）（Kelly Askew & Wilk，2002），一度还有过大众媒体的人类学，媒体研究中的民族志（Machin，2002）。在诸多命名之后可以发现完全不同甚至截然对立的学术立场：在有的学者心目中媒体人类学是对媒体研究的人类学取向（anthropological approach to the study of media），而另一些人看来这是人类学的一个分支学科，而另一些学者心目中，媒体人类学是传播学、媒体研究与人类学的跨学科交汇点。

一方面，媒体人类学这个词本身是于1969年在美国人类会学学会的会议上最早被创造出来

---

① 章戈浩现任澳门科技大学人文艺术学院助理教授。2010年获英国拉夫堡大学（Loughborough University）媒体与文化分析学博士，主要研究领域包括数字人类学、传播政治经济学、计算机辅助质性研究等。

(Allen，1994：2)；而另一方面，时至90年代，美国人类学家还在慨叹在美国的传播学界尚无大众传媒的人类学一说（Spitulnik，1993）。甚至质疑为何多年以来，大众传媒仍是人类学研究主题的一大禁忌（Ginsburg，Aub-Lughod，& Larkin，2003）。

媒体人类学这一术语出现之时，正逢人类学本身遭遇危机，人类学学者处于巨大的学科焦虑之中。地球已经很难再找到哪个与世隔绝、尚未被人类学者研究过的部落社群，传统的人类学研究对象正在消逝，传统的人类学理论与概念正难以寻找到向公众发声的渠道。因此包括人类学家们将目光从非西方的"他者"转为当代社会之时，人类学家们开始设想将当代大众媒体作为人类学的新领地。在当时设想中，媒体人类学至少包括两大分支：一是研究分支，侧重对"媒体信息、技术、业界、受众的结构、功能、过程与影响的研究"；二是应用领域（Allen，1994：7）。在应用领域，除了学术研究之外，要将人类学的技能带入媒体实践，为传统的新闻与传播研究中的5个W（Who，what，when where and how，谁、什么、何时、何地、如何）之外，增加一个新的W——Whole（整体）（Allen，1994：28）。这种立场明显带有应用人类学的色彩，一直未能获到来自媒体研究与传播学的共鸣。

直到20世纪90年代以来，媒体人类学方才出现了明显的学术体制化进程，一批冠于媒体人类学的学术论文在不同学科领域的期刊上发表，一系列媒体人类学的选本登上国际学术舞台，一批自称为媒体人类学者的研究者脱颖而出。因此，媒体人类学的学科界定成为讨论的热点问题，不少学者纷纷发言（Aub-Lughod，1997 p. 51），或是针对不同民族国家媒体应用的田野实践提出思考（Lyons，1990 p. 45）（Drummond，1992；Herzfeld，2001）讨论人类学对大众媒体研究领域应作出的贡献（Dickey，1997）。

Askwe同时使用媒体人类学（media anthropology），媒体的人类学（anthropology of the media），在他《媒体人类学读本》（*The Antrhopology of Media：A reader*）的序言中对这一学科的定义是"对于人们使用媒体技术并产生意义的研究，研究必须是民族志式的获取信息，扎根于历史，并对情境敏感"（K Askew，2002：p. 3）。这一定义一方面明显将媒体人类学的研究限定在传播的技术维度之上，明确地将人际传播、组织传播排除在外，而仅限于大众传播媒体；另一方面几乎是原教旨主义式地将研究方法限定于民族志式（ethnograpic）的，从而将采用了质性研究方法如焦点组、深度访谈，而不一定采用了标准或经典民族志方法的研究排除在外。这种定义未免过于严格，使得这一选本一方面在对媒体人类学知识系谱学上非常宽泛地从麦克卢汉到英国文化研究全部囊括在内，却在具体个案的选目上极其谨慎地排除了不少被认为是媒体民族志的研究经典作品。

也有学者作出的定义是"大众媒体人类学是研究大众与文化关系—这学科领域。其特殊之处在于研究文化如何通过大众媒体传播。因此，我们研究社会如何被影响的过程或系统。人类学是研究文化的社会科学。因此，大众媒体人类学是研究文化何通过大众媒体影响我们的人类学领域"。

(Osrio, 2005: p. 36) 相比之下, Ginsburg 的定义要宽泛得多, 在他看来对于媒体的人类学视角应当包括"媒体消费、生产的流通的所有社会过程的机制"(Ginsburg et al., 2003)

从诸多对于媒体人类学的界定之中, 可以发现对于媒体人类学, 可谓是一个名称, 多种表述。来自不同学科背景的学者共同汇集在媒体人类学的旗帜之下, 各自做着类似却又不尽相同的工作, 这一方面显示出媒体人类学仍在艰难地找寻着学科本体, 但也恰恰因此使得这一仍在持续发展与变化中的新兴学科, 成为应用与理论之间、人类学与传播学之间摇摆不定的荷载遗卒。

比起定义什么是媒体人类学, 相反在它与极其类似的相关学科之间划分界限来界定什么不是媒体人类学要容易一些。由于学科政治等诸多因素的影响, 媒体人类学并没有包括与传播现象或传播行为相关的所有人类学研究。同样的研究人类的传播行为, 人类学中已有学者试图以非直接传播人类学的角度, 研究主要是跨文化传播过程中的行为 (Hendry & Watson, 2001), 这一学科探索并未被媒体人类学吸纳进来。

另一个没有被纳入媒体人类学体系内的是由著名人类学者 Dell Hymes 开创的传播民族志 (ethnography of communication)。传播民族志的确冠之以传播之名, 且辅之以人类学最典型的研究方法民族志, 主要是由人类学者通过田野调查获得的材料, 研究群体的交流行为, 主要是语言行为。Hymes 于 1962 年的论文 Ethnography of Speaking 中最先使用这一术语, 并在 1964 年的论文 Introduction: Toward Ethnographies of Commuication 进一步完善, 提出研究了人际传播行为,"简言之, 传播民族志包含了两大特征……首先, ……它让我们注意到需要新鲜的第一手资料, 需要直接考察语言在情境背景中的使用, 以揭示适合于语言活动的模式, 这些模式在单独的对语法、对人格、对宗教、对亲属关系及其他类似物的研究中是无法被揭示的。……其次, ……它必须把一个社区作为语境, 把传播习惯作为一个整休来进行考察, 这样, 任何特定的传播渠道及符码的使用都是作为社区成员所依赖的共享资源的一部分而发挥作用的"(Hymes, 1964: pp. 2-3)。传播民族志之所以与媒体人类学未能加以整合, 一方面在于其研究对象上有较大差异, 传播民族志关心的是所谓 (speech community), 从语言角度进行研究。究其深层原因, 主要在于美国的人类学传统中包括体质人类学、文化人类学、考古人类学与语言人类学四大分类。从事媒体人类学的学者往往来自于文化人类学, 而从事传播民族志的学者往往来自于语言人类学, 虽同在人类学门下, 但研究旨趣已有差异。在美国之外, 语言学早已与人类学分道扬镳。因此从学理梳理上, 媒体人类学与传播民族志, 虽然共享了部分术语, 但差异也同时明显。

此外一个媒体人类学有着重大交集是视觉人类学 (visual antrhopology), 视觉人类学在中文有人也译为影视人类学, 它早已成功地跻身于人类学之中。视觉人类学既包括对于视觉表征 (representation) 的人类学研究, 也包括称为民族志电影 (ethnographic film) 等以视觉纪录的文化人类学研究。在媒体人类学的讨论中, 已有学者批评既有的研究忽视了视觉人类学的传统, 建议媒体人类学加强与视觉人类学的整合（Murdock & Pink, 2005）。

尽管媒体人类学本身是一个新兴的学科，但这一学科诞生之际便面临着一个尴尬的问题。随着信息传播技术的日新月异，媒体本身的定义正在重写。新媒体、数字媒体的出现使得原来媒体人类学最为关注的电视开始被边缘化，一度是媒体人类学研究热点的录像机则几乎完全从现代生活中消失。因此，从这个意义上来说，对于媒体人类学的界定仍要回到那个笼统的定义，对于媒体的人类学式的研究，而至于什么是媒体，什么样算得上是人类学研究，或者说媒体和人类学将如何演进，本身在变迁之中。当然，这一现实也赋予媒体人类学更为现实的意义，它将不是一个一成不变的划定既有疆界的学科，而是在不断探索研究路径的充满活力的研究领域。

从视觉人类学到媒体人类学

同许多学科一样，在学科被定义之前各种学术努力已然付出。虽然媒体人类学这一术语出现在20世纪60年代，其学术建制兴盛于90年代，但实际上媒体人类学的学术工作远早于此。

在人类学的发展早期，适逢一系列媒体技术如摄影、电影横空出世，媒体技术立即被充满学术好奇心的人类学者所运用，并成功地吸纳进人类学的学术实践之中。虽然这些早期的探索并不具备足够的主体意识，但不少充满着真知灼见的讨论成为日后媒体人类学以及相关学科的重要理论资源。

1894年人类学的先驱者之一博厄斯就在其田野工作中使用了摄影技术。1895年，法国医生勒尼奥便拍摄了西非沃洛夫人制陶的影片，哈登爵士及其剑桥大学人类学考察队1898年著名的托雷斯海峡研究项目中便采用了摄影机以及同步录音机。他开创了不仅将媒体手段作为田野纪录的方式之一，也将其作为展示学术成果的方式之一。随着人类学自身的学术体制化开始，学者开始以文字的形式作为纪录与展示的主要方式。而具有人类学意义的影像纪录则走向另一条道路即民族志电影，1922年弗拉哈迪所拍摄的《北方的纳努克》则被认为是最早的民族志电影，尽管这部同时被作为纪录片经典的作品不少片段是最为拍摄而作的表演。

有意识地将摄像作为一种人类学田野工作的研究方式之一，则是从著名人类学家米德与贝特森在巴利岛的工作开始，他们在1936年至1938年的研究中拍摄了25 000张照片以及20 000英尺左右的16毫米电影胶片。与以往的人类学者不同，他们将媒体技术的使用成功地整合到人类学研究之中，而他们关于摄影机使用上的"主观""客观"论争也奠定了后来很长时期视觉人类学的理论基础。米德认为，将摄像机放在固定的三脚架上就可以客观地观察与纪录下真实发生的一切。而贝特森则认为，摄像机可以让人更近一步地理解真实发生的一切，但这种理解无疑仍是主观的。（Mead and Bateson 2002）因此，媒体人类学的理论选本，往往会将这一讨论作为开题之作。

在关于媒体人类学的历史叙述中最易被忽视的是大众纪录运动（Mass Obsevatio）。英国科学家 Tom Harrison 与诗人、记者 Charles Madge 1937 年开创这一被为"我们自己的人类学"（anthropology of ourselves）。Harrison 早年曾作过一次人类学探险，不过最后他是搭乘的好莱坞影星范朋克的豪华游轮落荒而逃。此后，他们把目光投向了当代生活，并与摄影师 Humphrey Spender 一起在英国城市 Bolton 以偷拍的形式纪录日常生活。纪录片摄影师 Humphrey Jennings 也一度加入这一项目。与既有的田野工作一个重大不同在于，大众纪录运动邀请非职业非学术的普通大众参与到项目之中，这些志愿者提供自己关于生活的日记与笔记。由于资金、技术等原因，大众纪录运动很快夭折。但这一运动实际上包含了不少当代媒体人类学的尝试在内，事实这一运动也在一定程度上启发了后来的伯明翰大学当代文化研究中心的受众民族志（Jeffery, 1978）。

真正意义上的媒体人类学开山之作，应当是女性人类学家 Hortense Powdermaker 于 1950 年出版的《好莱坞梦工厂：对电影制作者的人类学观望》（*Hollywood the Dream Factory：An Anthropologist Look at the Movemakers*）（H. Powdermaker, 1950）。"二战"刚刚结束，这位人类学一代宗师马林诺夫斯基的弟子 Powdermaker 极具学术敏感地将视线投向好莱坞，她于 1946 年至 1947 年间将好莱坞作为自己的田野，结合其正统的人类学训练，她访谈并长时间观察了剧作家、制片人、导演、演员、布景师、灯光师。Powdermaker 长期保持着对媒体的学术兴趣，并在人类学研究的视角上关注媒体行业，在她后来对赞比亚的民族志中也有专章谈及当地的广播业（Hortense Powdermaker, 1962）。但她更多地被作为一位人类学家所为人关注，她也成为了在传播学学科史上被彻底忽视的创始人之一（Dorsten, 2012）。

基于她坚实的民族志材料，Powdermaker 的研究得出一个批判性的结论：好莱坞的电影工业的社会制度及其利润动机导致了创造力的机制化，生产出的是程序化的电影。电影行业本身是极权主义式的社会结构向外辐射，生产出了空洞的梦境。她的研究异乎寻常地与几乎同一时期的法兰克福学派学者中霍克海默、阿尔多诺等人的观点不谋而合，虽然他们似乎没有交集。可以说 Powdermaker 开创了媒体人类学，她至少对此后媒体人类学的两个领域影响深远，一是对于媒体生产的人类学研究；二是从传统人类学视角研究媒体。然而十分可惜的是，她这一学术遗产在相当长的时间里没有被延续下去。直到 20 世纪八九十年代，人类学家才再次意识到媒体作为一种社会实践的人类学意义，开始讨论有了电视之后文化阐释（Aub-Lughod, 1997 p. 51)，电影作为民族志与文化批评（Fisher, 1995）、电视对于当代生活的影响（Kottak, 1990），不少研究会针对特定地点的媒体实践，主要是传统社会如何遭遇现代技术进行研究，如尼日利亚的电视与城市生产生活（A. Lyons, 1990；H. D. Lyons, 1990）。

成立于 1964 年的伯明翰大学当代文化研究中以开创了"文化研究"而闻名于世，对于受众的民族志同样发轫于斯，这也成为媒体人类学的一个重要理论与实践资源。众所周知的是 David Morley

的《"举国上下"的观众》(*Nationalwide Audience*)(Morley, 1980),实际上 Morley 对于采用民族志进行受众研究的思考早在 70 年代便已发端,在伯明翰大学当代文化研究中心的铅印论文中,Morley 就提出了通过受众民族志来重新对受众进行概念化(Morley, 1974)。Morley 首先征集到 29 个小组(每组 2~13 人不等)然后将两段录自英国电视新闻节目 National wide 播放给不同的小组。小组成员在观看后进行约 30 分钟的自由讨论。Morley 的研究一定程度上解释与修正了霍尔的"编码—解码"模型,一个人的社会阶级地位并不能直接决定他的解码方式,而应当是社会地位加上特定的话语立场才会产生某种解读。

洪美恩(Ien Ang)的《读解〈达拉斯〉》(*Reading Dallas*)通过对 42 封读者来信的解读,发现电视剧带来快感的不是内容,而是形式即叙事结构。受众从文本中获得快感。大众意识形态驻扎在感性层面而不是理性层面(Ang, 1985)此后,受众民族志佳作频出,并由此开辟出接受研究这一新领域(Bacon-Smith, 1992; Jenkins, 1992; Morley, 1986; Penley, 1997; Silverston, 1994)。

多罗斯·霍布森(Dorothy Hobson)所著《家庭主妇和大众传媒》(*Housewives and The Mass Media*)中,作者对家庭主妇进行深度访谈,记录其对于广播电视在她们生活中所扮演角色的看法,来研究媒介对于家庭主妇身份的工人阶级女性意味着什么(Hobson, 1980);詹尼斯·拉德威(Janice Radway)的《阅读罗曼司:女性、父权制和流行文学》(*Reading The Romance: Women, Patriarchy and Popular Literature*)中,作者调查和访问了一个女性阅读小组,以此研究家庭中的女性消费罗曼司小说的情况,从中发现了女性受众对于媒介文本的抵抗性接收(Radway, 1984);与此相似,安·格雷(Anne Gray)所著《录像游乐时间》(*Video Playtime*)(1992):作者探访了 30 位不同阶层背景的女性,了解她们对于录像机在家庭生活中的角色的看法,揭示了技术的不同性别模式:即技术在被人们社会性地和文化性地使用过程中人为带上了性别的痕迹(Gray, 1992)。

但是,从人类学的角度来看,他们的研究除了 Paul Willis 的《学做工》(*Learning to Labour*)之外都缺乏较强的人类学方法基础。有的采用了焦点组有的采用深度访谈,但一则对于研究对象的选择存在问题,过于随意;二则研究的时间过短。虽然受众民族志以至后来的接受研究在媒体与传播研究领域影响深远,但是在很长时间里与来自人类学背景的学者并没有对话。

相对于受众研究的浓厚兴趣而言,无论是美国的主流传播学研究还是欧洲的媒体与文化研究,对于媒体机构的研究数量都要少得多。自 Powdermaker 的研究之后,长期以来,媒体机构的经验研究一直处于几乎被遗忘的地位。比起受众民族志的欣欣向荣,媒体机构民族志姗姗来迟,而相当一部分努力还来自于社会学的传统,1968 年 10 月 27 日 6 万多学生在伦敦举行了游行,游行本身平和有序,然而英国的所有报纸和电视几乎无一例外地将报道的焦点对准美国大使馆附近发生的极个别冲突,将一场总体组织严密的和平示威描绘成一个暴力事件。英国莱斯特大学传播研究中心的对此的研究,一方面采用了传统的社会学研究方法如问卷调查,同时还采用了包括访谈和参与观察在内的方法（Halloran，Elliot，& Murdock，1970）使其成为"社会科学家第一次尝试从头至尾地研究新闻过程"（Rosengren，1972）。此后 Elliott 与 Golding 编辑的论文集则从国际视角研究了尼日利亚、瑞典、冰岛等地的新闻制作（Elliott & Golding，1979）。新闻生产民族志的一部典型作品，是 Fishman 的《制造新闻》（*Manufacturing News*），他使用长达 7 个月时间在一家报纸以记者身份参与式观察，此后又用了 5 个月时间伴随记者工作，通过民族志他发现新闻生产其实是高度意识形态化的（Fishman，1980），Silverston 对于英国广播公司纪录片制作所作的研究（Silverston，1985）、吉特林对于新闻制作的研究（Gitlin，1983）都已成为经典之作。虽然这些作品更多地被认为是新闻社会学研究，但很大程度上影响了对于新闻生产的民族志研究的形成与发展，特别是法国社会学家 Bourdieau 的《论电视》（Bourdieu，1998）发表之后，其倡导的反思社会学、场域等概念（Bourdieu，1993），大大地启发了对于媒体制作、媒体机构充满兴趣的研究者，于是出现了力倡使用参与式观察研究新闻生产（Cottle，1998），甚至"第二波新闻民族志"之类的提法（Cottle，2000），虽然编辑部民族志数量不多，但影响却日趋重要。传统上来说，尽管这类研究采用了民族志方法，却在自我认知上没有人类学的认同，或自称为"编辑部社会学"或是"新闻生产的经验研究"。不过，近年来随着越来越多人类学者的加入，新闻生产与媒体机构开始成为媒体人类学的研究热点，而人类学家曾设想过的应用人类学纳入新闻实务培训的设想（Allen，1994：28）也开始付诸实现，甚至开始挑战传统新闻研究的一些基本命题（Bird，2010）。

由于媒体人类学在其界定上仍然充满讨论，甚至可以说存在悖论，因此研究者与研究领域上也存在着类似的悖论。仅以目前流行的几本媒体人类学读本的选目来对比就可以发现，它们相互之间千差万别，鲜有重叠。Kelly Askew 在对媒体人类学进行描述时主要是从媒体文本、媒体技术与媒体情境三个层面进行的知识谱系追述，因此他对于媒体人类学的内涵的区分也是由此而阐发，在他参与编辑的《媒体人类学读本》中将媒体人类学的研究划分为表征他者、表征自我、积极受众、权力与殖民主义及其国族主义。Ginsburgt 和 Abu-Lughod 等人编辑的《媒体世界》则划分为文化行为主义与少数族裔诉求、民族国家的文化政治、跨国流通、生产的社会场域、技术的社会生活等几个部分。这两个选本是媒体人类学进行学术体制建构的早期重要努力，但都明显地带有文化人类学的色彩，而且注重媒体民族志，而对不那么"纯粹"的人类学基本不作涵盖。稍后出现的 Rothenbuhler 与 Coman 同样名为《媒体人类学》（*Media Anthropology*）的选本（Eric Walter Rothenbuhler & Coman，2005），明显试图矫枉过正，将仪式、神话与宗教作为媒体人类学讨论的核心概念。

从贴上媒体人类学标签的学者的自我认同来看，可以发现媒体人类由三方面力量构成。一方面，相当数量的研究者，特别是来自文化人类学的研究者，他们主要关心的是非现代社会，主要是第三世界国家的媒体信息的消费与生产或者是西方社会的异域飞地，或者说特殊的亚文化群体中媒体消费与生产。很明显这一类研究主要是沿袭的传统人类学主题，比如文化扩散、全球化，当地文化记忆与身份认同等等，但拓展了传统文化人类学研究的对象，是将对于媒体的研究来解决人类学面对变化社会所作的回应，当然这类研究一个直接却较少为西方学者论及的效果就是将对于传播学研究与媒体与文化研究潜在的西方议题进行了去西方化。

对于文化人类学的研究传统而言，当代社会的媒体生产与消费并非他研究的重点，这却恰恰成为了来自文化研究学者的核心话题。这其间既有受众民族志，也有部分的新闻制作室民族志，他们所关于的大多是西方社会本身，或者是被西方化的社会。对于文化研究的学者，他们的不同于文化人类学者在于，他们的出发点不是人类学既有主题与概念，他们往往是在对媒体的大众文化的研究中不满于或是不限于已有的社会学、传播学的理论与方法论框架，而转而向人类学寻找解决之道，因此，他们所关注的话题仍是支配性的文化霸权与大众的文化抵抗。

此外，还有学者试图不仅仅是将人类学方法与媒体研究进行简单的嫁接，而是试图将媒体内容与人类学所关心的对于社会现实的象征生产联系起来，借用人类学的经典概念如仪式、神话来观照媒体实践。Dayan 与 Katz 称为之媒体事件（Media events），而 Couldry 称之为媒体仪式（Media Ritual）对此的研究主要从共识与冲突的关系、公共参与与被动消费的关系、媒体化地点的本地化与去本土化关系上展开（Coman & Rothenbuhler，2005）。Rothebuhler 等人曾通过对体育赛事的仪式性媒体使用进行研究，发现受众对于媒体事件的仪式性观赏行为，则与一般节目有很大的差异。受众或者说运动迷在观赏如奥运会等赛事时，会表现出团体性的收看、特定的穿着与饮食、重复特定词汇、对于比赛结果呈现出部分愉悦、部分严肃的情感。这些行为也同样出现在乐迷、戏迷等的身上（Rothenbuhler，1998）。Rothenbuhler 和 Liebes 都曾以"9·11"事件为主题进行过相关研究，如 Rothenbuhler 研究了媒体关于消防队员的象征性形象使用，Liebe 则考察了如何通过业余摄影来进行对重大事件的记忆。近的来还有学者尝试使用仪式来考察互联网使用的行为（Danet，2005），但是对于媒体仪式的研究通常来说从方法上采用的都是比较松散的民族志。

媒体生产、媒体实践

如果从媒体人类学关注的领域来看的话，其实主要就是关于媒体生产的人类学研究与媒体消费的人类学研究，只是无论是生产还是消费环节的研究，又可以细分为对于西方社会或者现代社会的研究，与对非西方的社会，或者说前现代社会的研究。

媒体生产的人类学研究，一个方面是沿着媒体生产的人类学的路径，采用主要是民族志等方法在媒体生产的场景中进行研究。如纪录片制片人 Barry Dornfeld 的民族志跟踪了一个制作团队为美国公众电视制作长达 7 小时的节目《儿童时代》（*Childhood*），分析了该节目生产的社会空间，来自不同文化背景的剧组成员、社会政策、市场、文化生产等因素作以分析。不同于将研究重心放在媒体生产部门的内部权力关系，而是重新思考以往对于生产与接受的二元分隔，回应了洪美恩从受众立场提出的命题（Ang，1991，1996）他认为，"一个充分的媒体民族志，不仅需要追踪生产群体的成员如何创造最终产品，还要细心地阐明他们所处工作环境的多元限制"。受众并不是简单地在哪儿，而是在生产过程中每一个维度都被预设。媒体的生产者会依据他们对于观看他们作品的"美国公众"的想象，在节目生产中加入他们关于公众的阶级等方面分化的想象。因此，通过他的民族志可以发现，电视不仅仅是一种媒介形式，而是一种通过复杂的文化中介化行为，在寻求一定程序的社会共同点的同时生产和再生产社会差异。（Dornfeid，2002）

Himpele 的研究基于玻利维亚电视节目（Open Tribunal），该节目是关于当地城市贫民如何描绘自己的生活状况，并且呼吁援助。他的研究发现，受众的定义与权力结构实际上影响了专业人员的行为。（Himpele，2002）

Davilar 的研究是对在美国的西班牙语广告业为研究对象，它们不仅仅是促销产品，还要维持一个基于种族的分众市场，广告业者在美国的主流广告之外，在公众对于西班牙文化的刻板印象与政治正确性之间疲于应对。（Davila，2002）

电影也是媒体人类学对于生产过程考察的重要场所，如 Sullivan 对于巴比亚新几内亚的电影电视工作的研究（Sullivan，1993）Armbrust 对于埃及电影业的研究（Armbrust，1996，2000）。Ganti 的主要研究兴趣之一是印度电影，在对好莱坞经典影片改编为印地语过程中，他把受众的概念置于生产的过程，揭示商业电影生产怎样成为在生产者和受众之间浸透着"关系差异生产体系"的实践。生产者根据对观众口味和喜好的一种直觉的混合，依据票房成绩进行判断，是否将美国好莱坞电影改编为印度化的电影。改编要考虑添加印度元素，如歌曲和情感特征，因为这是美国电影所缺少的。然而一旦开始改编，他们又将根据自己的理解力不断调整。在此构建差异的过程中，电影生产和消费的过程、生产者和受众、美国与印度之间都成为想象差异的地方。

该领域最新的发展是 Ortner2013 年出版的《并非好莱坞》（*Not Hollywood*）（Ortner，2013），作者时隔近半个世纪之后重返 Powdermaker 的田野——好莱坞，从另一个角度回应了当年的经典之作，她选取的不是好莱坞体制本身，而是这一体制之外的努力。作者从 20 世纪 80 年代末起访谈上了数十位独立电影人，提示了一个与好莱坞所不同的电影业，提出在过往数十年间独立电影以文化批判的重要形式存在（Ortner，2013）。

相对于影视节目制作而言，新闻生产的民族志由于以往多为社会学者介入，形成了自己的"编辑部民族志"传统，近年来越来越多地人类学家开始进入这一领域，2010 年，美国佛多里达大学人类学教授 Bird 编辑了《新闻人类学》（*Anthropology of News and Journalism*）总结近年来从人类学视角所作的对新闻的民族志研究。大体来说，研究可以分为三类，一类是 Wahl-Jorgensen 提出借助民族志来考察新闻生产的权力关系，从而发现编辑部中心制所面临的挑战（Wahl-Jorgensen, 2009）；另一类则通过民族志注重挖掘新闻生产与新闻生产者的积极意义，如通过对印度地方媒体的研究发现地方新闻作为一种赋权工具（Rao, 2010），在越南记者如何在战争报道中将摄影机作为自己的武器（Schwenkel, 2010）；随着新媒体的出现，新媒体、网络技术对于传统新闻业的渗透与改变也成为对新闻编辑室人类学研究的一个重要方面，如网络新闻的制作过程（Paterson & Domingo, 2008）。

2001 年在美国华盛顿召开的新闻与大众传播教育协会的全国会议上，有学者提出将民族志方法引入新闻的可能（Cramer & McDevitt, 2001）。也正是在这次会议上，对社会科学研究方法和工具抱有兴趣的新闻记者和与会社会科学学者开始对话，探讨质性研究方法进入新闻实务的可能。2004 年，有学者正式地提出了民族志新闻（Ethnographic Journalism）的概念（Cramer & McDevitt, 2004）。几乎与此同时，媒体人类学者 Elizabeth Bird 在一篇名为《作为民族志者的记者》的论文中，Bird 提出记者同时也可以作为民族志工作者（Bird, 2005）。Franciscato 则更广泛地提出把质性研究方法纳入到新闻报道之中（Franciscato & Guerra, 2006）2007 年美国北达科它大学博士 Valica Boudry 以民族志新闻（Ethnojournalism）为题探讨混合民族志与新闻以创造出文化多样性的新闻情境（Boudry, 2007）。虽然在术语的表述上，Bourdry 与 Cramer 等人有所差异，他并没有将民族志与新闻并列成为一个词组，而是造出了一个包括民族志词根的新词，但其内涵外延并无本质上的不同。近年来，还有学者开始走出纯理论或方法论探讨，力图以记者 Leon Dash，Ted Conover 等人的新闻作品为便讨论所谓民族志文学式新闻（Ethnographic Literary Journalism）。这批学者有的是基于已有的美国记者的新闻作品，特别具有明显民族志特色的新闻作品所做出的理论总结（Hearn & Bronner, 2002；Swasey, 2009），也有的学者是在对记者或是新闻行业进行社会科学研究时，特意向记者引介或推荐了民族志这一独特的研究方法以及背后的方法论哲学，而记者在实践操作中对此加以认可。在民族志新闻的倡导者看来，所谓民族志新闻的操作其实就是一次民族志历程，记者在这一过程之中也就是民族志工作者。即记者要进入某个文化或亚文化社区，并在此社区内，此文化/亚文化之中长期生活，以参与式观察的方法浸润其中。虽然传统新闻学之中也有各类的深度报道，但无论在新闻选择、与消息源的关系、观察与采访技巧、叙述者角度等诸多方面有所不同。如传统的深度报道着眼于不寻常（unusual），民族志新闻则强调的是社区或文化群体的仪式或是日常生活实践中发现隐藏的意义（Hidden Meanings）。传统的深度报道更多的是演绎式的，而民族志新闻则更多的是归纳式的。传统的深度报道以记者的角度加以叙述，而民族志新闻则是以所在的群体自己发声。传统的深度报道追求平衡原则，而民族志新闻则重在本真（authenticity）（Cramer & McDevitt, 2004）。换而言之，民族志新闻的基本操作遵行社会科学质性研究特别是人类学的学术规范，强调写作者、采访者自我的反身性，以观察者或是参与者的身份进入田野，以参与观察、非结构的深度访谈等方式进入所报道的环境之中，体验与理解在此环境中的被报道者的行为方式。因此，在常规或是传统新闻学看来，民族志新闻关注的更多的是常规或是传统新闻学操作中被认为没有什么新闻性的日常生活。换而言之，民族志新闻有利于描绘被传统新闻实践从体制中边缘化的群体及其生活方式与文化。从这个意义上来说民族志新闻在新的条件之下，避免了对传统调查报道的不足。由于民族志新闻需要一定的专业训练过程，所以在回应新媒体技术对新闻实务的挑战之上，凸显了新闻从业者不同于公民新闻生产者的专业价值所在。将民族志将质性研究方法引入新闻实务，不仅仅是新闻生产方式的变化，而在于它对于传统新闻价值"民族志报道挑战了记者们对于客观、中立和平衡的理解，但是它应当唤起记者们的专业责任，明晰而非模糊对于日常生活的描绘。事实上，对于新闻中采用民族志适用性的严肃思考会让人讲述一个真实的故事需要重新思考报道者与消息源的关系（Christians，2004）"。民族志新闻挑战了新闻学的核心概念之一"客观性"。作为社会科学方法论的民族志，早有来自后实证主义立场对于中立客观之类的观念加以质疑。而在新闻学领域之中，"为了保护客观性，记者们急于与他们的书写对象保护社会与情感的距离。从认识论角度来说，起码事实－价值的两分法是有问题的。就民族志而言，记者们要反思这种疏离原则，特别是当记者们要使用民族志方法，以被无视或被新闻成见描绘的人群的角度法亲近细节。（Christians，2004）"在民族志新闻写作中，对客观的追求已被对"阐释充分"（Interpretive sufficiency）所取代。实际上，在新闻实践与新闻理论探讨中，越来越多的人意识到客观性概念的局限性，实际上即使在西方的新闻学教材或是记者的新闻实践中，人们谈论得更多的是更为现实的目标，诸如中立、平衡、准确、公平（Durham，1998）。

其次，民族志新闻挑战了新闻专业主义。如果从一个更批判角度思考，新闻业界所信奉的专业主义、职业操守，以至新闻选择判断的标准，其实正是对新闻从业人员的一种规训：从理论与实践上，将那些被假定为没有新闻价值的社会事件排除在新闻业的视野之外。新闻生产也成为一项充满技艺，而具有一定的专业门槛。而这种技艺本身及其他背后专业主义的价值标准实际上已经走向了其固有的"工具理性"，这样就形成了一个悖论，一方面新闻报道要客观公正地描绘社会；另一方面又要遵循特定的标准，摒弃所谓没有新闻性的社会事件。而民族志新闻的操作方式正是着眼于那些仿佛看起来没有新闻性、没有戏剧性冲突的平常的平凡琐事。而不少民族志新闻践行者的实践证实，以这种方法进行的新闻采访与写作，其实并不会枯燥无味，相反还会因其与众不同的视角、独特的叙述方式和深入的内容获得读者的认同。

积极受众、在地受众

20世纪90年代以来，对于受众的人类研究，在对西方世界的研究中，仍旧沿袭了接受研究中讨论积极受众的话题，但无论在方法上还是研究对象上都大为拓展。电视受众研究是受众民族志研究滥觞，美国学者 James Lull 对于电视的研究更多地着力于解答，人们在看电视时到底在做什么。他花了大约三年时间研究了不同社会经济状况的两百多个家庭，每个家庭被观察 2~7 天，观察时间是下午一直到睡觉前，最后一天会进行访谈，他的研究显示，电视节目往往被作为谈资的来源，产生共享的体验（Lull, 1990）。相比此前 Morley、Ang 等人的受众研究，Lull 的研究更符合民族志的要求。但是比起经典的文化人类学研究来说，这种民族志仍然受制于参与观察的时间太短。

Wills 以他经典的民族志研究《学做工》（*Learning to Labour*）一举成名，奠定了他在青年研究、亚文化研究和民族志的地位，他此后的作品《共同文化》往往被前者的光环所屏蔽。在这部作品中，他使用了生命史、小组讨论纪录甚至统计资料，了解全英国各地不同种族的工人阶级青年的音乐消费。根据他的民族志材料，Willis 的结论是青年人并不是大众媒体想象与商品的被动消费者，反而高度具有创造性（Willis, 1990）。

相对于电视受众，对于广播的受众研究相对较少，Tacchi 的研究显得颇为独特，他发现收音机听众通过收听节目建构社会生活，他们对收音机的使用具有多种不同的层次，或者作为对于无声（既是听觉意义上的没有声音，也是社会意义上的沉默无言）的逃避，或是将收音机作为作为背景，或是将收音机作为前景。收音机实际上创造出了自我感受，创造了真实社会互动的模式（Tacchi, 2002）。

而对于第三世界，或者说对于西方世界的"他者"的受众民族志研究，情况要复杂一些。20世纪90年代初，出现了一系列饶有趣味的研究。比如，Hahn 对于汤加电影观众的研究，当地人把观看当地演出的习俗带到电影院，看电影成为了特有的地方性事件，观看过程由专人来讲解电影，并将讲解者与屏幕上的故事结合起来（Habn, 1994）。而 Kulick 和 Willson 对巴布亚新几加亚电影观众观看美国电影《兰博》的研究，让人不禁想起人类学里的经典名作《灌木丛中的莎士比亚》，当地人依据自己文化几乎重新书写了好莱坞电影，用想象力添补了他们认为影片中"缺失"的部分（Kulick & Willson, 1994）。这些作品现在在发表之时，媒体人类学的概念正在形成之中，因此它们是被作为视觉人类学研究被为认识。因此这些作品带有鲜明的传统的文化人类学的特色，甚至带有一点的西方中心主义的猎奇色彩。而稍后出现的研究，则是放在更为宏大的背景上进行，往往会与民族国家构建、身份认同等主题结合起来。Abu-Lughod 对埃及的肥皂剧所作的研究最为典型。她持续多年使用多点民族志，研究的对象仅包括埃及小村庄里的电视观看仪式，也包括埃及国家电视台所播放电视剧的受众，她的访谈对象不仅有剧作家、导演、制片人、演员，也有政府和批评家，而她从事田野工作的地点既有受到旅游工业影响的城郊，也有开罗市的贫穷家庭。专业人士以中产阶级为假想受众所制作的情感剧集在民族国家的构建中的确促进了对现代性的想象，并有利于公民身份的认同。但受众们同样还参与其他社会机构，具有其他主体性，当电视节目"出了状况"，他们会使用其他的阐释框架（Abu-Lughod, 1993, 1995, 1997, 2005）。

在关于媒体受众的人类学研究中最为别致的当数 2000 年 Miller 和 Slater 发表的《互联网》(*The Internet*)。这是一部研究特里尼达互联网使用的作品，也是第一部关于互联网使用的经验性研究。整个研究是一个长达 11 年的关于特里尼达文化研究的项目的一部分，同时还是一个不断进行中的关于互联网研究的一部分。书中所涉及的时间是 5 个星期。研究者还访问了在伦敦和纽约的特里尼达人，并在网吧进行访谈，当然研究时研究者会同报告人一起挂在网上。研究者从民族志材料出发，发现互联网并不能与人们的生活分离开来（Miller & Slater, 2000）。这是一部明显不同以往的媒体人类学，实际上它开辟了一个新的研究领域：数字人类学。

走向数字人类学的媒体人类学

无论是从人类学还是从传播媒体研究领域来看，媒体人类学是近年来发展最为迅速的一个领域，由于同时吸收了来自人类学和传播学、媒体研究、文化研究的视角与理论方法资源，使得这一领域的研究显得非常独特。具有反身性的人类学对于媒体世界的关注，摆脱了相当时期内传播学将西方世界作为主要研究对象的局面，不少媒体人类学作品都有意或无意地进行着去西方化的努力，不少基于非西方世界的媒体实践与媒体经验促使人们重新思考一些甚至被奉为金科玉律的传播学核心原理。从这个意义上，媒体人类学大大丰富了现有的传播学与媒体研究。由于视角的调整，也对人类学颇有裨益。然而，从目前的媒体人类学发展来看，仍然存在着诸多重大的理论与方法论问题尚待解决。一方面媒体人类学生产了不少出色的田野研究的精彩个案，但很少出突出的理论贡献，而且既有的媒体人类学作品与传播学和媒体研究的对话仍然不足，并未对既有的传播学和媒体研究的核心命题提供应有的贡献。而一系列借用人类学经典理论概念的研究，却在研究方法上与人类学相去甚远。造成这一局面的主要原因恐怕仍然在于，媒体人类学仍在探寻学科本体之中，仍挣扎于是作为人类学的分支还是成为与传播学的交汇地带。

对于媒体人类学来说，更大的危机可能仍不在于此，而在于它仍在定义自己同时，却已是后院起火，无论是方法论上还是研究对象上都发生了巨大的改变，面对了前所未有的挑战。

近数十年来，随着信息技术的发展，新媒体层出不穷，新的媒体技术与媒体应用发展一浪紧接一浪。另一个挑战来自方法论上，媒体人类学尚未解决的一个重要方法论便是是否只有采用了经典意义的民族志才能算得上是媒体人类学。然而民族志本身已经发生了根本的变化。虚拟民族志、网络民族志、在线民族志等概念的出现（Boellstorff, Nardi, Pearce, & Taylor, 2012; Hine, 2000; Kozinets, 2009），研究的田野可以是个看不见、摸不着的赛博空间，访谈的对象完全有可能只是一个虚无的网络 ID。参与式观察也可以变成身居斗室，面对键盘屏幕，与人进行并非面对面的亲密接触。便携媒体设备的出现，使得田野纪录不再意味着以纸笔纪录，多媒体田野纪录出现使得不仅可以以文字形式，还可以视觉、听觉等多种形工纪录人类学资料，因此已有学者提出感官民族志（sensory ethnography）的概念。除此之外，地理信息系统技术、数据可视化技术的引用也丰富甚至改变了不少的经典的人类学技术，以至出现了数字民族志的说法（Underberg & Zorn, 2013）。

自从 Miller 和 Slater 发表的《互联网》之后，采用人类学方法研究互联网（Postill, 2011; Srinivasan & Mathur, 2009），甚至手机（Horst & Miller, 2006）的作品次递出现。数字信息技术将媒体定义不断刷新，已经很少有媒体完全与数字技术无涉，因而媒体人类学研究的领域越来越多地与数字人类学所重叠，但最终是否两者走向融合，可能更多取决于媒体自身的发展。

◇ 参考文献 ◇

- Abu-Lughod, L. (1993). Finding a place for Islam: Egyptian television serials and the National interest. *Public Culture*, 5(3): 493-513.
- Abu-Lughod, L. (1995). The objects of soap opera: Egyptian television and the cultural politics of modernity. In D. Miller (ed.), *Worlds Apart: Modernity through the Prism of the Local*. London: Routledge.
- Abu-Lughod, L. (1997). The Interpretation of Culture(s) after Television. *Representation*, 59: 109-134.
- Abu-Lughod, L. (2005). *Dramas of Nationhood: The Politics of Television in Egypt*, . Chicago: University of Chicago Press.
- Allen, S. L. (1994). What is Media Antrhopology? A Personal View and a Suggested Structure. In S. L. Allen (ed.), *Media Antrhopology: Informing Global Citizens*. Westport: Bergin-Garvey.
- Ang, I. (1985). *Watching Dallas*. New York: Methuen.
- Ang, I. (1991). *Desperately Seeking the Audience*. London: Routledge.
- Ang, I. (1996). *Living Room Wars: Rethinking Media audiences for a Postmodern World*. London: Routledge.
- Armbrust, W. (1996). *Mass Culure and Modernism in Egypt*. New York: Cambridge University

Press.
- Armbrust, W. (ed.). (2000). *Mass Mediations*. Berkley: University of California Press.
- Askew, K. (2002). Introduction In K. Askew & R. Wilk (eds.), *The anthropology of media: A reader*, 1-14. London: Blackwell.
- Askew, K., & Wilk, R. R. (eds.). (2002). *The Anthropology of Media: A Reader*: Blackwell Publishing.
- Bacon-Smith, C. (1992). *Enterprising Women: Television Fandom and the Creation of Popular Myth*. Philadelphia: University of Philadelphia Press.
- Bird, S. E. (2005). The Journalist as Ethnographer? How anthropology can enrich journalistic practice. In E. a. C. Rothenbuhler, E (ed.), *Media Anthropology*, 301-308: Sage.
- Bird, S. E. (2010). *The Anthropology of News & Journalism: Global Perspectives*: Indiana University Press.
- Boellstorff, T., Nardi, B., Pearce, C., & Taylor, T. L. (2012). *Ethnography and Vitual Worlds: a Handbook of Method*. Princeton: Princeton University Press.
- Boudry, V. (2007). *Ethnojournalism: A Hybrid Model of Ethnography and Journalism to Creat Culturally Diverse News Content*. (Doctor of Philosophy), University of North Dakota, Grand Forks.
- Bourdieu, P. (1993). *The Field of Cultural Production, Essays on Art and Literature*. Stanford: Stanford University Press.
- Bourdieu, P. (1998). *On Television*. New York: The New Free Press.
- Christians, C. G. (2004). The Changing News Paradigm: From Objectivity to Interpretive Sufficency. In S. H. Iorio (ed.), *Qualitative Research in Journalism: Taking it to the Streets*, 41-58: Lawrence Erlbaum Associates Publiser.
- Coman, M., & Rothenbuhler, E. W. (2005). The Promise of Media Anthropoogy. In E. W. Rothenbuhler & M. Coman (eds.), *Media Anthropology*. London: Sage.
- Cottle, S. (1998). Participant Observation: Researching the news Production. In A. Hansen, S. Cottle, R. Negrine & C. Newbold. (eds.), *Mass Communication Research Methods*. Basingsstoke: : Macmillan.
- Cottle, S. (2000). New(s) Times: Towards a "Second Wave" of News Ethnography. *The European Journal of Communication Research*, 25: 19-41.
- Cramer, J., & McDevitt, M. (2001). *Ethnography in Journalism: Laughalbe Premise Narrative of Empowerment?*. Paper presented at the Association for education in Journalsim and Mass Communication Convention.
- Cramer, J., & McDevitt, M. (2004). Ethnograpic Journalism. In S. H. Iorio (ed.), *Qualitative Research in Journalism: Taking it to the Streets*, 127-144: Lawrence Erlbaum Associates.
- Danet, B. (2005). Ritualized Play, Art, and Communication on Internet Relay Chat. In E. W. Rothenbuhler & M. Coman (eds.), *Media Antrhopology*. London: Sage.
- Davila, A. (2002). Culture in the Ad World: Producing the Latin Look. In F. D. Ginsburg, L. Abu-Lughod & B. Larkin (eds.), *Media Worlds: Anthropology on New Terrain*. Berkley: University of California Press.
- Dickey, S. (1997). Anthropology and its Contribution to Studies of Mass Media. *International Social Science Journal*, 154: 413-427.
- Dornfeid, B. (2002). Putting American Public Television Documentary in Its Places, In F. D. Ginsburg, L. Abu-Lughod & B. Larkin (eds.), *Media Worlds: Anthropology on New Terrain*, 248. Berkeley: University of California Press.
- Dorsten, A.-M. (2012). "Thinking Dirty": Digging Up Three Founding "Matriarchs" of Communication Studies. *Communication Theory*, 22: 25-47.

- Drummond, L. (1992). Media and Myth: Theoretical Skirmishes. *Semiotica*, 3(2): 1-32.
- Durham, M. G. (1998). On the relevance of standpoint epistemology to the practice of journalism: The cse for "strong objectivity". *Communication Theory* (82): 117-140.
- Elliott, P., & Golding, P. (1979). *Making the New*. London: Longman.
- Fisher, M. (1995). Film as Ethnography and as Cultural Critique in the LateTwentieth Century. In D. Carson & L. Friedman (eds.), *Shared Differences: Multicultural Media and Practical Pedagory*. Urbana: University fo Illinois Press.
- Fishman, M. (1980). *Manufacturing the News*. Austin: University of Texa Press.
- Franciscato, C. E., & Guerra, J. L. (2006). Contributions of Qualitative Research to Journalistic Reporting.
- Ginsburg, F., Aub-Lughod, L., & Larkin, B. (2003). Introduction. In F. Ginsburg, L. Aub-Lughod & B. Larkin (eds.), *Media Worlds: Anthropology in New Terrain*. Berkley: University of California Press.
- Gitlin, T. (1983). *Inside Prime Time*. New York: Pantheon.
- Gray, A. (1992). *Video Playtime: The Gendering of a Leisure Technology* London: Routledge.
- Habn, E. (1994). The Tonga tradition of going to the movies. *Visual Anthropology*, 10(1): 103-111.
- Halloran, J. D., Elliot, P., & Murdock, G. (1970). *Demonstrations and Communication: A Case Study*. London: Penguin Books.
- Hearn, L., & Bronner, S. J. (2002). *Lafcadio Hearn's America: ethnographic sketches and editorials*: University Press of Kentucky.
- Hendry, J., & Watson, C. W. (eds.). (2001). *An Anthropology of Indirect Communication*. London: Routledge.
- Herzfeld, M. (2001). *Cultural Intimacy: Poetics and Politics of the Nation State*. New York: Routledge.
- Himpele, J. D. (2002). Arrival Scenes: Complicity and Media Ethnography in the Bolivian Public Sphere. In F. D. Ginsburg, L. Abu-Lughod & B. Larkin (eds.), *Media Worlds: Anthropology on New Terrain*. Berkley: University of California Press.
- Hine, C. (2000). *Virtual ethnography*. London: Sage.
- Hobson, D. (1980). Housewives and the Media. In H. Baehr & A. Gray (eds.), *Turning it on: A Reader in Women and Media*. London: Arnold.
- Horst, H. A., & Miller, D. (2006). *The Cell Phone: An Anthropology of Communication*. Oxford: Berg.
- Jeffery, T. (1978). Mass Observation - A Short History. In T. U. o. B. Centre for Contemporary Cultural Studies (ed.), *Centre for Contemporary Cultural Studies, The University of Birmingham Stencil Paper* (Vol. 55). Birmingham Centre for Contemporary Cultural Studies, The University of Birmingham.
- Jenkins, H. (1992). *Texutal Poachers: Television Fans and Participatory Culture*. New York: Routledge.
- Kottak, C. (1990). *Prime-time Society: An Anthropological Analysis of Television and Culture*. Belmont: Wadsworth.
- Kozinets, R. V. (2009). *Netnography: Doing Ethnographic Research Online*. London: Sage.
- Kulick, D., & Willson, M. E. (1994). Rambo's wife saves teh day: subjugating the gaze and subverting the narrative in a Papua New Guinean Swamp. *Visual Anthropology*, 10(2): 1-13.
- Lull, J. (1990). *Inside Family Viewing: Ethnographic Research on Television Audiences*. London: Routledge.
- Lyons, A. (1990). The Television and the Shrine: Towards a Theorectical Model for the Study of

Mass Communication in Nigeria. *Visual Anthropology*, 3(4): 429-456.
- Lyons, H. D. (1990). Television in Contemporary Urban Life: Benin City, Nigeria. *Visual Anthropology*, 3(4): 411-428.
- Machin, D. (2002). *Ethnographic Researches in Media Studies*. London: Arnold.
- Miller, D., & Slater, D. (2000). *The Internet: An ethnographic approach*. London: Berg.
- Morley, D. (1974). *Reconceptualising the Media Audience: Towards an Ethnography of Audience*. Centre for Contemporary Cultural Studies, The University of Birmingham Stencil Paper. Birmingham.
- Morley, D. (1980). *Nationwide audience*. London: British Film Institute.
- Morley, D. (1986). *Family Television: Cultural Power and Domestic Leisure*. London: Comedia.
- Murdock, G., & Pink, S. (2005). Picturing Practices: Visual Antrhopology and Media Ethnography. In E. W. Rothenbuhler & M. Coman (eds.), *Media Anthropology*. London: Sage.
- Ortner, S. B. (2013). *Not Hollywood: Independent Film at the Twilight of the American Dream*: Duke University Press.
- Osrio, F. (2005). Proposal for Mass Media Anthropology. In E. W. Rothenbuhler & C. Mihai (eds.), *Media Anthropology*. London: Sage.
- Paterson, C. A., & Domingo, D. (2008). *Making Online News: The Ethnography of New Media Production*: Peter Lang.
- Penley, C. (1997). *Nasa/Trek: Popular Science and Sex in America*. New York: Verso Books.
- Peterson, M. A. (2005). *Anthropology & Mass Communication: Media and Myth in the New Millennium*: Berghahn Books.
- Postill, J. (2011). *Localizing the Internet*. Oxford: Berghahn.
- Powdermaker, H. (1950). *Hollywood: the dream factory, an anthropologiest looks at the movie makers*. New York: Little, Brown.
- Powdermaker, H. (1962). *Copper Town: Changing Africa: The Human Situation on the Rhodesian Copperbelt*. Westport: Greenwood Press.
- Radway, J. (1984). *Reading the romance*. Chapel Hill, NC: University of North Carolina Press.
- Rao, U. (2010). Empowerment through Local News Making: Studying the Meida/Public Interface in India. In S. E. Bird (ed.), *The Anthropology of News & Journalism: Global Perspectives*: Indiana University Press.
- Rosengren, K. E. (1972). Review of Demonstrations and Communication: A Case Study *Acta Sociologica*, Vol 15: 206-207.
- Rothenbuhler, E. W. (1998). *Ritual Communication: from Everyday Conversation to Mediated Ceremony*. Thousand Oaks: Sage.
- Rothenbuhler, E. W., & Coman, M. (eds.). (2005). *Media Antrhopology*. London: Sage.
- Schwenkel, C. (2010). The Camera Was My Weapon: Reporting and Representing War in Socialist Vietmnam. In S. E. Bird (ed.), *The Anthropology of News & Journalism: Global Perspectives*: Indiana University Press.
- Silverston, R. (1985). *Framing Science: The Making of a BBC Documentary*. London: British Film Institute.
- Silverston, R. (1994). *Television and Everyday Life*. London: Routeledge.
- Spitulnik, D. (1993). Anthropology and the mass media. *Annual Review of Anthropology*, 22: 293-315.
- Srinivasan, M. I., & Mathur, R. R. (2009). *Ethnography and the Internet: an Exploration*: ICFAI universti Press.
- Sullivan, N. (1993). Film and Television Production in Paua New Guinea: How Media Become the Message. *Public Culture*, 5(3): 533-556.

- Swasey, C. L. (2009). *Ethnographic literary journalism*. (Master), Brigham Young University. Dept. of Communications. Retrieved from http://books.google.com/books?id=jzAFSQAACAAJ
- Tacchi, J. (2002). Radio Texture: Between Self and Others. In K. Askew & W. Richard R (eds.), *The Anthropology of Media*. Oxford: Blackwell.
- Underberg, N. M., & Zorn, E. (2013). *Digital Ethnography: Anthropology, Narrative, and New Media*: University of Texas Press.
- Wahl-Jorgensen, K. (2009). News production, ethnography, and power: On the challenges of newsroom-centricity. In S. E. Bird (ed.), *The Anthropology of News and Journalism: Global Perspectives*. Bloomington: Indiana University Press.
- Willis, P. (1990). *Common Culture*. Milton Keynes: Open University Press.

电信传播政策研究

刘幼琍[①]

前言

一般而言，国际的电信传播法规有两大典范（paradigm）。一个是美国以业者或媒体（industry or media-specific）为中心的法规；另一个是欧盟水平模式（horizontal regulation）的法规。过去新闻传播学院在研究或教学方面是以大众传播法规为重心，但是自从美国1996年电信法通过，电信事业与有线电视媒体可以互相跨足对方的领域之后，传播法规也开始纳入电信法规的范畴。举例而言，过去的传播法规教科书多半会提及传播法规的制定过程与主管机关的功能与权限、结构法规、内容法规，或加上涉及媒体的诽谤及侵犯隐私的规范。现在的传播法规如果扩大到电信传播法规的范畴则必须涵盖电信的普及服务、网络互连、号码可携等相关规范，甚至提到新兴媒体及汇流媒体或服务的规范。美国的电信传播管制模式可以称之为筒仓模式（silo model），欧盟的电信传播管制模式可以称之为水平模式（horizontal model）。当世界各国的主管机关在面临数字汇流冲击时，该采取哪种修法模式以因应层出不穷的问题？首先其主管机关是否应该汇流？其次，电信法与广电法是否应该汇流？这些问题不仅牵涉电信与传播产业，也直接牵涉消费者。欧美两大电信传播规范的模式虽然未必可以适用到各国，但是其规管模式还是可以供吾人参考。本章主要在探讨欧美电信传播相关规管模式及法规，并解析数字汇流之后的政策与法规结构。

一、电信传播政策规管典范（paradigm）

1. 美国的筒仓模式（silo Model）

美国传播法的管理模式之所以被称为筒仓模式（silo model），乃因为其于1934年通过的通信传

[①] 刘幼琍现任中国台湾政治大学广播电视系教授、国际中华传播学会会长（Chinese Communication Association）及国际电信传播学会理事（International Telecommunication Society），1992年获美国印第安纳大学（Indiana University）电信传播博士学位，主要教学与研究领域包括电信传播政策与法规、媒介生态和媒介经营管理等。

播法（Communications Act of 1934）是依照电信及广电媒体的分类来管理。例如该法共有 7 章 714 条，主要可区分为 4 大部分，包括联邦通信委员会的法源依据、电信事业规范、无线广电事业规范（包含广播、无线电视、直播卫星电视的规范）以及有线电视事业规范。第一章为设立主管机关"联邦通信传播委员会"（Federal Communications Commission，FCC）的法源依据。第二章为共同载具（common carrier）也就是电信事业的规范。第三章针对无线广播电视事业进行规范，也涵盖了无线电频谱的管制规范。第四章为程序和行政规则。第五章为罚则。第六章为有线电视的管理。第七章则为附则。其一章一章的竖立好像筒仓一样（Sicker & Mindel，2002）。

图 1　美国 1934 年通信传播法架构

至于 1996 年的电信法（Telecommunications Act of 1996），则是针对 1934 年通信传播法中的电信事业、无线广播电视事业和有线电视服务等条文进行了大幅度的修订。整部法案共计 7 章 710 条，第一章主要修订对于电信服务以及美国贝尔电信公司的相关规定；第二章修订无线广播电视与无线电频谱的管制规则；第三章则是针对有线电视的法规修正与增订；第四章为描述管制放宽的事项，包括 FCC 管制范围的调整；第五章则是美国国会于 1996 年 2 月制定的通信内容端正法（Communications Decency Act，CDA），增订对于通信与网络媒体中猥亵与暴力内容的管制；第六章则提及其他相关法案的效力。

然而筒仓管制模式在数字汇流发展的趋势之下，有其不足之处。Richard Whitt（2004）指出，筒仓的管制模式无法处理网络所衍生的问题，因此形成了管制上的困境。Frieden（2003）进一步批评引用筒仓管制模式有一些局限：首先，垂直管制假设媒体之间的差别或界线可以区分，但是由于科技的汇流使得此一假设不成立。第二，垂直模式往往需要清楚划分各媒体的服务或类型，不能有所重叠，然而数字汇流会让其界线模糊而且难以辨识。

2. 欧盟的水平模式（horizontal model）

欧盟为因应数字汇流的趋势，早在 1997 年 12 月提出"电信、媒体及信息科技产业汇流及其对于管制之意涵绿皮书"（Green Paper on the Convergence of the Telecommunications, Media and Information Technology Sectors, and the Implications for Regulation），并公开征询外界意见。1999

年11月欧盟执委会又提出"The 1999 Communications Review"的咨文，对于新的管制架构提出管制建议（何吉森，2007）。2003年欧盟正式提出新的管制架构，此一架构主要是立基于2002年欧盟公布的五个指令，包括"电子通信网络与服务共同管制架构指令"、"许可指令"、"接取/互连指令"、"普及服务指令"、"无线频谱决定"，以及同年7月公布的"隐私权及电子通信指令"。

欧盟的"电子通信网络与服务共同管制架构指令"将电子通信区分为"电子通信网络"（Electronic Communication Network，ECN）与电子通信服务（Electronic Communication Service，ECS），确立了传输与内容分离的管制架构。在内容管制方面，则由2007年5月所通过的"影音媒体服务指令"（Audiovisual Media Service Directive，AVMSD）管制（2010年3月曾发布修正版本）。该指令乃是翻修自1989年制定的"电视无疆界指令"（Television without Frontier Directive，TWFD），其原本内容主要是规范广播电视的法律适用范围、电视节目生产与发行的推广活动、少数族群与弱势团体的保障以及电视广告与节目赞助，但翻修之后，AVMSD将"影音媒体服务"重新定义为"藉由电子通信网络之服务，以提供信息、娱乐或教育大众节目为主要目的，并对所提供的节目具有编辑责任之媒体服务，包括广播电视与随选视讯服务"。该指令突破过去对于广播电视型态的规范，将视听服务之概念区分为线性（linear）及非线性（non-linear）视听媒体服务，而且首次将随选视讯（Video on Demand）服务纳入专章规范。线性服务是指提供经排定之节目，供使用者同步收看之服务。非线性服务是指提供使用者可选节目之窗体，以供使用者依据个人需求，选择收看时间与收看内容之服务。非线性服务与线性服务播放性质不同，无论使用自主权与控制，以及对社会的影响程度均有差异，因此适用较宽松的内容规范（EU，2012）。

表1　线性服务与非线性服务之区别

		线性服务（linear service）	非线性服务（non-linear service）
定义		提供经排定之节目，供使用者同步收看之服务	提供使用者可选节目之列表，以供使用者依据个人需求，选择收看时间与收看内容之服务
适用媒体服务		传统电视广播、网络电视串流影音服务	随选视讯
法律规范	相同	第三章第九条 视听商业通信服务不应有下列情况发生 1. 有损对人性尊严的尊重 2. 性别、种族、国籍、宗教或信仰、身心障碍、年龄或性别导向所生的歧视 3. 鼓励有损个人健康、卫生及安全之行为 4. 严重损害环境保护之行为 5. 含有香烟、烟草的置入性行销 6. 针对未成年的酒类广告 7. 含有需处方签药品或医疗行为的置入型行销	

续表

		线性服务（linear service）	非线性服务（non-linear service）
法律规范	相同	8. 危害未成年身心发展 9. 含潜意识教化或隐藏式的商业广告	
	不同	不得播放暴力、色情等会严重危害儿童身心及道德之不当内容	需有个人识别码（PIN codes）、过滤系统（filtering systems）及适当标记（labeling）以避免不当内容
		若节目内容可能危害儿少，可借由播放时段的选择来降低儿少接触；可能儿童不宜的内容也需加上声音或图标警示	
		每小时广告插播时间为12分钟	没有广告插播时间限制
		购物广告需确实标明，一次不得播放超过连续15分钟	无特别限制
		广告于每节儿童节目、电影、新闻只能播放一次，每节节目至少30分钟	无特别限制
		广告可穿插于节目与节目之间，但不得穿插于节目之中	无特别限制
		欧洲独立制作须占预算10%比例、或占10%传输时间	没有欧洲独立制作预算比例

资料来源：EU (2012). Audiovisual Media Services and Connected Devices: Past and Future Perspectives.

Pauwels 和 Donders（2011）回顾从 TWFD 到 AVMSD 的历史并指出，原本 AVMSD 有四个目标，包括水平管制、层级概念、将类电视服务（即非线性）纳入，同时建立具竞争力及文化多元性市场，但对此指令是否可能有助欧盟的视听服务逐步迈向单一市场，恐怕有疑问。AVMSD 实施迄今的成效，不论从经济竞争、文化多元或公共广电服务，都离原本的目标还有一段距离。

二、美国电信传播政策的基本原则

美国著名学者 Napoli（2001）曾经归纳美国电信传播政策的基本原则包含 7 个元素。

1. 美国宪法第一修正案（First Amendment）

美国宪法第一修正案树立美国传播政策的最高原则，该修正案开宗明义宣示国会不得立法限制或剥夺人民的言论自由及出版自由（freedom of the press）。后来出版自由衍生为新闻自由及媒体的自由。所以不论平面媒体、广电媒体、有线电视媒体或新媒体都享有新闻自由或媒体表达的自由。美国 FCC 所制定的媒体规范或国会所通过的传播法律都不得违背美国宪法第一修正案。但是当人民的言论自由与媒体的新闻自由相冲突时，则以人民的言论自由为大。美国著名的红狮案件（Red

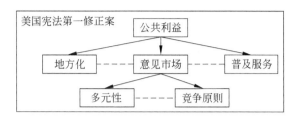

图 2 美国电信传播政策的基本原则

资料来源：Napoli（2001）.

Lion），最高法院大法官曾说过："观众与听众的权利（不是广电业者的权利）才是至高无上。宪法第一修正案的目的是要确保意见自由市场不受到限制，这样真理终究会胜利"（It is the right of the viewers and listeners, not the right of the broadcasters, which is paramount. It is the purpose of the First Amendment to preserve an uninhibited marketplace of ideas in which truth will ultimately prevail）。

2. 公共利益（public interest）

公共利益（public interest）概念原来完整的说法是"公共利益、便利性及必要性"（Public interest, convenience and necessity）。该用语最早出现在美国 1920 年的传输法（Transportation Act）。一般认为，Herbert Hoover 是第一位使用这个名词的人。他曾经在 20 世纪 20 年代有关广播会议的演讲时提到这个名词，1927 年的广播法及 1934 年的传播法都有提到公共利益，但是并没具体定义，因此也让 FCC、国会及法院有灵活的解释空间。

3. 意见市场（marketplace of ideas）

意见市场的概念可以追溯自 17 世纪 John Milton 的学说，Milton 认为透过意见自由交换，各种意见相互碰撞，真理自然可以浮现。后来意见市场的诠释演变成从个人的追求真理到成为增进市民决策与保护民主过程的一种机制（Napoli，2001；边明道、陈心懿，2005）。曾任美国 FCC 主席的 Mark Fowler 与其律师朋友 Brenner 共同主张美国的传播法规管制应该由信托制走向市场制（Fowler & Brenner, 1982）。意见自由市场论相信民众自有能力选择其要接近的媒体。媒体是否应该存在应该交由市场决定。

4. 多元性（diversity）

意见自由市场论可以衍生三种多元：来源多元（source diversity）、内容多元（content diversity）与露出多元（exposure diversity）。在结构法规里曾经探讨所有权的多元是否等于节目内容的多元或节目观点的多元。少数族裔如果拥有媒体的所有权是否表示少数族裔股东的存在会让节目内容更多元。就节目内容本身而言，来源多元是指节目的发送端，消息是否多元。内容多元可以从节目的类型到节目的参与者及观点的多元。露出多元是指接收行为的多样性，接收的管道可以很多，不被垄断。

5. 竞争原则（competition）

竞争原则与多元性原则有部分重叠。一般认为市场越竞争，消费者就越可享有更多元的内容与选择。所以主管机关必须促进市场竞争及维持一个公平竞争的生态环境。结构法规对于水平整合、垂直整合及跨媒体整合的上限或限制就是希望防止媒体垄断，以让市场更竞争。

6. 地方化（localism）

美国因为幅员广阔，所以很强调地方化。不但在结构法规限制广播电视网投资地方电视台的比例，也要求广电节目的内容要落实地方化，及关心其所服务社区的阅听众需求。

7. 普及服务（universal service）

普及服务多半是电信的管制，是指一般国民只要以合理的价格，不论住在何处，都可以享受基本的电信服务。换言之，电信业者对于住在偏远地区的民众，不可以拒绝提供其基本的电信服务，如果因此有亏损，则可寻求普及服务基金的补助（在有些国家是电信业者共同分摊普及服务的亏损）。近年来，很多国家开始思考是否将普及服务的政策延伸到宽频网络的服务，以改善偏乡民众的数字落差。普及服务对于传播而言，则是民众接近使用媒体的权利。

三、美国频谱分配的基本理论与媒体政策法规管制模式

1. 广电频谱分配的基本理论

a. 频道稀有论（Spectrum Scarcity Rationale）

随着数字广播电视、有线电视、卫星电视等传播科技的进步，透过频道压缩技术，可以使有限的频道数倍增，也开始使得"频道稀有"的理论备受挑战，曾任美国 FCC 主席的 Micheal Powell (1998) 甚至更进一步指出，频道在今天已不再稀有了。尽管如此，无线频率无法分配给每个人使用，仍是不争的事实。

"频道稀有"乃是认定无线广播频谱为有限的稀有资源，属于公共财产，不可能无限指配给每一

个人使用。此外，电台的频道有限，若每个人都想在节目中发表意见，将会造成相互的干扰，是以政府必须要有秩序地分配各个电台所使用的频率（刘幼琍，1994）。此概念所强调的是广播电视的特殊性，认为广播电视与其他大众媒体不同，应有公权力介入之余地，美国联邦最高法院在1969年作出红狮广播公司案（Red Lion Broadcasting Co.）的判决后，再度肯定频道稀有的管制，使得政府对广播业者的限制要比印刷媒体严格许多。除了美国之外，"频道稀有"曾为许多国家广电法规的理论基础。举例来说，英国的广播制度起源于1920年，也同样将广播频道视为是稀少的国有资源（national resource），也因为频道的稀有性，促使欧洲各国与日本公共广播制度的形成（刘幼琍，1993）。

主张频道财产权的学者认为，频道稀有是人为造成的，法规如果松绑，让业者能够充分运用频谱的特性，并让其在市场上自由买卖，频道就不会稀有（Fowler & Brenner，1982）。今天有很多科技，能够加大频谱的使用价值，甚至不会对既有频道使用者带来干扰，这些辩论都对"频道稀有"理论造成很大的冲击（Werbach，2002）。

b. 公共利益理论（Public Interest Rationale）——结合公共信托人概念

主张频谱可视为财产权与频谱拍卖制者认为他们的主张最能发挥频谱特色与效益。反对者认为频谱财产权制与频谱拍卖制会牺牲民众的公共利益。公共利益的观念最早来自19世纪的美国运输法（Transportation Act），具体的概念则来自1927年无线电广播法〔Radio Act of 1927，47 U. S. C. 303（1970）〕中所提及的"公共利益、便利与必要性"（public interest, convenience and necessity）（Napoli，2001）。之后，广播电视业者在申请新执照或换发旧执照时，"公共利益"理论就成为颁发执照与否的标准（47 U. S. C. 307（a）（b）（1970）；刘幼琍，1994）。各国政府在核换发无线电频率执照的政策上，也大多在无线电频率属于国家的稀有资源，应加以管制的基础上，认为使用者使用的是公共财产，因此需尽到公共利益与公共服务的责任（温俊瑜，2002）。是以政府借由核配频率执照与换发执照手段，来决定谁最适合获配频率及是否应继续给予频率使用权。不过，广播电视业者在其所指定的使用频率上，并没有因其使用权而拥有该频段的"所有权"〔47 U. S. C. §301（1962）〕。广播电视业者在其中所扮演的只是公共信托人的角色，负责为大众利益服务，所拥有的只是执照所认可的频谱使用权而已。

美国最高法院认为"公共利益"应该要使消费者能以最低的价格买到所需要的服务，但事实上，政府多年来管制自然垄断事业，证实并无法全然满足消费者的需求。唯有透过市场竞争才能够符合经济效益，透过解除管制来加强竞争，才能提供消费者更多价格或内容的选择机会。

美国在1996年颁订的电信法中，将公共利益植基于科技进步及汇流的市场竞争环境，认为科技的进步改变了以往市场不适用竞争机制的概念；不灵活的频率分配妨害了新科技的引进，并成为进入市场的障碍；不断的引进新技术及增加新服务，才是管制机制的重点；以营造有效的竞争环境，取代过去电波稀有、媒介区隔的管制规范，借由竞争实现公共利益。也就是让愿意出最高代价者取得频道的使用权，偿付最多的拍卖价金给国库，回馈给国家和社会，也都可以算是实现公共利益的一种方法。因为借由竞争有限稀有频率资源的过程，让最有能力经营的人，产出最高的利润，发挥频率的最高价值，总比将频率无偿指配给幸运者使用更符合公共利益（McMillan，1995；温俊瑜，2002）。

c. 媒介接近使用权（The Right of Access to The Media）

在 Wi-Fi、ultra-wideband 与 underlay 等科技与技术运用的冲击下，媒介接近权可扩大解释成民众亦可共同享有媒体与使用媒体的权利（Werbach，2002）。过去，一般民众只在争取接近使用媒体，如今使用或经营媒体的门槛降低，赋予媒介接近权新的意义。

传统上，媒介接近使用权是意见表达自由权利的具体实践，由于现代社会高度依赖媒介，所以个人意见表达应包含大众传播媒介之接近使用，媒介接近使用权之所以成为议题就是因为媒介集中和垄断，倡导媒介接近使用权即在维护弱势团体或异见团体的声音得以呈现（陈世敏，1992）。

在 1975 年 12 月，美国联邦通信传播委员会签署了一项广播执照与公众参与的文件（Policy Statement on Agreements between Broadcast Licenses and the Public），该文件中指出，民众基于小区或公共利益考虑，有权利参与广电媒体核换发执照的公听会，且可表达赞成或反对意见。这项声明不仅让广播电视业者开始注意其所应承担的公共利益责任，也代表民众对媒介接近使用权利的延伸，民众有权去影响广电体系的改变（温俊瑜，2002）。

频谱资源为电信与传播产业的骨干，为稀有之资源，虽然无法分配供全民使用，但因频谱的使用具有深远的影响力，所以世界各国多认为"接近使用传播媒体"之权利（the right of access to the media）应以谋求最多数或最容易接近使用为目标，置于宪法所保障的言论自由范围之内。

d. 频谱财产权与拍卖制

自从频率执照改采拍卖方式核配后，有很多学者主张，以拍卖方式取得频率的专属使用权，于执照效期内，频率可视为民法物权定义的财产，可以自由交易让售（Faulhaber & Farber，2002）。其实将无线电频率视为财产权的观念，早在 1959 年，诺贝尔经济奖得主 Ronald Coase 就已提出。Coase 当时强烈质疑透过比较公听方式核配稀有无线电频率资源的意义，主张应采取市场自由竞争的拍卖方式核配，以提升频谱的使用效率。（Faulhaber & Farber，2002）。

Coase 主张无线电执照应透过价格系统指配给愿为它付出最多的公司，听证会的决定无法干预市场经济行为。由于无线电执照可以透过公司股权的买卖，达到实质的执照转让，因此 Coase 认为听证会的决定对经济行为的影响不大（梁高荣，2001），最佳的管理方式不是去管制它，而是要基于市场导向，以价格来确保稀有资源能发挥到最大的效用，由自由市场经济行为决定市场交易（温俊瑜，2002）。

拍卖制度之下，无线电频谱既然经由使用者竞标而得到，获得的频率就像土地或其他有限资源一样，可以分租转让，借由频率转售、转租，可以开拓使用者将其过多的频率资源转让作其他更有效率运用的机会，发挥频率使用的最大效益。频率转售可能有多种形式，简单的只是使用者身份转让，但不允许频率使用的性质变更；更大灵活度的转让包括频谱可以细部切割，使用的地区可以切割，甚至使用的性质也可以变更（虞孝成，2000）。

为了达到频谱有效使用的目的，FCC尝试使用过很多核配频率执照的方法，竞标制可以说是最成功最有效的频率指配方法，但是对于市场交易而言，拍卖只能确保初期的分配效率，对于次级市场（Secondary Market）运用而言，必须要有另外的频谱分租或转让的机制，才能刺激频谱的充分使用，频谱分租的目的在于允许执照拥有人将全部或一部分多余的频率以合约方式暂时分租给他人使用，以符合持照人利益，及发挥频谱的最高使用效益。因此，主管机关应制定相关分租规定，以发挥频谱的次级市场管理（Ward，2001）。

新科技提供频谱的充分使用技术，压缩技术使得多余的频道可以出租、借贷。Cramton（2001）认为频率拍卖时，必须有弹性的使用、转售、出租配套措施，才能使频率真正发挥有效使用的目的。从美国对频谱使用人严格要求善尽公共利益责任，到放宽拥有权管制与频谱执照采拍卖方式核配的管制逻辑，频谱财产权理论已然是频率拍卖、频率交易及累积多张执照制度的理论基础，也将成为频谱管理的重要政策（温俊瑜，2002）。

2. 频谱分配的三种主要模式

除了数字电视对频谱政策带来的冲击，欧美等科技先进国家已开始评估频谱的使用效率并检讨其频谱政策。美国联邦通信传播委员会（FCC）主席Michael K. Powell在2002年6月成立"频谱政策工作小组"（Spectrum Policy Task Force），该小组的成员包括经济学家、工程师、律师等，其主要工作是研究美国政府如何才能改善频谱的管理政策，该工作小组提出三种频谱分配的模式，分别是命令控制模式、独占使用模式与共同分享模式（Benjamin，et. al.，2012）。

a. 命令控制模式（Command-and-control model）

命令控制模式类似传统的频谱分配方式，为最传统的频谱管理方式。由于美国长久以来对于频谱的管理是采用严格的控制，是以美国FCC以这种模式来分配频谱给限定范围的频谱使用者。FCC在频谱分配方面可区分为四个步骤：频谱分配（allocation）、遵守频率使用原则（adoption of service rules）、指派频率（assignment）和执行规定的分配方式（enforcement）。在第一阶段频谱分配的过程，FCC决定在特定频谱范围内该做何种用途；第二阶段FCC建立使用原则，规定发射功率与半径，建置标准与其他相关规定；第三阶段FCC借由先申请先核发、拍卖、比较听证会（现已取消）、抽签等方式将频谱分配给特定团体；最后，FCC执行以上的分配与规定。

反对命令控制模式者认为本模式会花费执照申请者过高的成本，假如能透过市场机制的运作，将可以有效的节省业者成本，而不至转嫁到消费者身上。此外，由于 FCC 过度忧虑新申请者将会对既有业者带来频率的干扰，因此，FCC 增加了新申请者的进入障碍。由于 FCC 在考虑分配执照时，所花的时间与手续十分冗长，不仅延误了新申请者进入市场的时间，也使消费者无法享受新科技，此外，FCC 也面临能否真正有效核配频谱的质疑。

支持本模式者辩称，市场导向的独占使用模式将会使频率无法发挥其应有服务公共利益的特色。与公共安全相关的组织则认为，人民的生命安全并不能由价格来决定一切，应保留相关频段作公益用途，市场的独占模式并不能照顾到人民的利益。如果过于市场导向的话，有业者可能不愿到偏远地区提供广电服务。既有广电业者指称，他们支持国家工业与商业基础架构，他们希望永续经营，而不需要面对执照有可能被撤销的风险。

b. 独占使用模式（Exclusive use model）

独占使用模式是指执照拥有者，能在特定地理区域对该频率有独家使用、灵活与转让的权力，也允许执照持有人可以将频率租赁或转售给他人使用。政府主要管制内容为技术法规，例如不要对别人使用的频率造成干扰，频谱使用权比较灵活、有弹性，执照持有者在该空间的运用上，只要不违背技术标准，其余的运作皆不受管制，这种模式类似财产权的概念，不过并非指频谱的完全私有财产制，适用于"高稀少性"与"低成本交易"的市场环境中。

本模式支持者认为这种模式受到政府的技术保障，业者可免于广电频率的妨碍性干扰。此外，独占使用模式也让业者可以全权地使用该频段，业者也甘于承受风险，由于业者有权力支配其所申请到的频段，因此他们会发挥该频谱最大的经济效益。但主张共同分享模式的批评者则表示，若频率为既有业者独家使用，这样将妨害创新及其他人使用的权力。批评者亦指出，这种类似财产权的概念，违反美国 1934 年传播法的精神，这种模式只会鼓励业者做一些商业性节目，而排除非营利、创新或具公共性的节目，将会让市场失灵，对言论自由带来危害，甚至对市场竞争也会带来威胁。

诺贝尔经济奖得主 Ronald Coase 则认为，从政治上规范频谱的获取是不适当的，虽然频谱和树木、土地一样皆为有价的资源，但在自由社会中，并不是所有有价资源都要由政府来分配控制，和政府这种体制相比，市场机制反而较能有效的分配频谱资源（Lessig，2004）。

c. 共同分享模式或开放进用模式（Commons，open access model）

本模式允许有兴趣者共同分享、使用一些频率，类似这样的使用不需申请执照，对所有的人而言，都有使用频谱的机会，只要这些使用者遵守技术规范，如发射范围、技术规格，不对既有频率使用者带来干扰即可。这种模式对频率采取先申请先使用的原则，频率的使用也相当灵活，不需申请执照。

共同分享模式的支持者认为，这种使用将可以鼓励科技创新，也可以更有效地使用频率，有兴趣使用频率者，更有诱因发展有效的频率科技，而不会对既有业者带来干扰。频谱稀有乃是人为造成，大家共享、共有将可以更发挥频谱的效用。批评者则认为这种模式并不会吸引投资者，因为科技创新速度太快，投资者的心里会感觉没有受到保障。此外，过度使用也会带来频率的干扰。

"频谱政策工作小组"报告的主要发现与建议如下。

（1）科技的进步可使频谱密集的使用而不受干扰。

（2）过去的法规沿袭命令控制模式，导致物理上的频谱稀有，以致频谱的接近权受到限制。

（3）为了鼓励科技创新与有效率和更经济的使用频谱，频谱政策也必须采用更灵活与市场导向的法规模式。

（4）这些模式对于需要执照与不需执照者的权利使用者的权利义务必须定义清楚，特别是涉及干扰与非干扰的保护。

（5）没有单一的管制模式可以运用在所有的频谱政策，FCC应该要追求公平的频谱政策，包括透过市场机制给予独占性的频谱使用权利，以及开放公众接近使用频谱等，命令与控制模式的管制方式应该被运用在有限的市场中。

（6）FCC对于目前已使用的频谱，应该运用适当的转换机制，以避免发生现存服务与使用的降级（degradation）情况。

该"频谱政策工作小组"在其结论报告指出，新频谱政策的要素应该包括以下方面。

（1）允许有执照者与没有执照者可以拥有使用频谱的大量弹性空间。

（2）清楚与详尽地定义频谱使用者的权利与义务。

（3）说明频谱使用的所有可能面向（频率、功率、空间与时间）。

（4）提供高效率频谱使用的奖励。

（5）鼓励频谱编组与其他科技的兼容性。

（6）对频谱法规定期审查与修正，以迎接科技的进步与改变。

（7）建立一个有效率与可信赖的运行机制以确保对所有频段使用者的公平性管制。

由美国"频谱政策工作小组报告"可以看出，FCC十分强调频谱政策必须采用更灵活与市场导向的法规模式，以鼓励科技创新及更有效率和更经济的使用频谱。FCC也体认到"命令与控制模式"的管制方式在未来应该被运用在有限的市场中。所以FCC在追求公平的频谱政策时，也应该透过市场机制给予独占性的频谱使用权利，以及开放一些频段让民众不需申请执照就能使用，只要使用者能遵守使用的秩序。

3. 媒体管制政策模式

美国有关广电媒体的管制政策主要有两种政策思维，一种是信托制（trusteeship）；一种是市场制（marketplace）。信托制是指广电业者必须服务公共利益（public interest）。在过去频道被认为是稀有（scarcity of spectrum）的时代，广电执照就相当于是信托物（trust），广电业者一旦申请到执照，就是被信托的人（trustee），所以必须服务阅听大众，阅听大众就相当于受益人（beneficiary）。这种信托物/执照、受托人/广电业者与受益人/阅听众的三角关系就形成了信托论。总之，基本频道稀有的理论，社会大众将此稀有频道资源的运用权利赋予执照持有人，在这过程之中，执照便成为信托物，而执照持有人受到社会大众委托，善加运用稀有的频道资源，必须制作好的节目，以有益于阅听众。

相对于信托制理论的是市场制（marketplace）。市场制强调只有经过市场的自由竞争，真理（truth）才能出现。故对于媒体不应多加限制，使市场上的品质、价格产生竞争，能够更有效地服务更多社会大众，确保公共利益。

美国在20世纪80年代之前还相当支持信托制，可是担任过美国FCC主席的Mark Fowler在1982年却与其律师朋友Brenner撰文主张信托制妨碍市场竞争，主管机关的管制思维应该从信托制转向市场制。为了要证实信托制已经过时，他们提出下列的重要论点（Fowler & Brenner, 1982）。

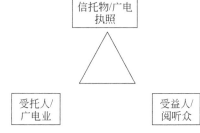

图3　信托制

资料来源：参考Fowler & Brenner（1982）

- 重新思考频道稀有的概念：所谓"稀有"是一个相对性的概念，应视供需之间的关系，否则任何事物都可称为稀有。而频道的稀有可因为科技的发展，频道压缩技术而改变。另外一方面，从经济层面而言，应视其广告市场是否足够。
- 媒体的影响力（impact）：虽说广电媒介的影响是无远弗届（pervasive），但事实上任何一种媒介皆是如此，如报纸、录像带等，并非只是广电媒介而已。
- 信托制减低竞争，无法达成服务公共利益的目的：例如过去FCC曾限制电台类型的改变，或是管制节目内容，以及限制新业者进入市场，以保护既有媒体。FCC的理由都是为了公共利益，但是事实上却是减少市场竞争。

Fowler与Brenner主张市场制应该取代过去一直使用的信托制，透过竞争可以服务更多人，同时他们也指出，市场制有阶段性发展，可大致区分为四大阶段（Fowler & Brenner, 1982）。

- 回收媒体旧有执照，进行竞标、拍卖，由价高者得，因为其为求观众认同，必会更有效服务观众，达成公共利益。在市场中可以自由进行媒体买卖。
- 减少或消除对媒体内容与其企业的限制，让媒体对其所提供的节目有主导权，并允许任何想加入这个竞争市场的要角（player）进入，不该有所限制。
- 对于各媒体收取电波费，并且取消所经营家数限制，对节目内容、类型也不予限制。并将电波费分配给公共电视。
- 取消电波费,因为并非所有广播电视设备都能赚钱。并完全解除对广电媒体所做的任何限制。让公共电视与商业电视并存,以防止市场失灵。

4. 媒体法规管制模式

由于美国是采取silo模式,所以FCC对媒体的管制会先区别或定义被管制的对象是属于哪种类型,以引用适合的法规管制模式。如果以产业别或是媒体别,法规架构模式可分为下列模式(Creech,1996)。

- 平面媒体管制模式(The Print Model)

受到宪法第一修正案保护,平面媒体因为没有使用稀有资源,没有主管机关的管制或结构性等法规之限制,亦没有发照登记、筹设、申请的规范。总之,平面媒体模式的特点包括:

(1) 不需有发照制度存在。
(2) 不进行事前审查。
(3) 内容部分没有管制机构。
(4) 一切交由市场决定。

- 无线广电管制模式(The Broadcast Model)

基于频谱稀有原则,强调公共利益观念。业者须具备FCC规定的法律、技术、财务、品格等条件才可以申请执照。由于无线广播电视有下列的特色,所以在美国受到最高的管制。

(1) 频道稀有(scarcity):在过去认为无线电波很稀有,所以对其管制密度高。
(2) 公共利益(public interest):美国主管机关与法院都认为公共利益是其管制的判决标准。然而何谓公共利益,传播法并无清楚定义,以留给主管机关解释空间。美国国会有时也会以此为由介入主管机关对媒体的管制。
(3) 公共财产(public property):既然电波是属于大众,电波就是一种公共财产。
(4) 影响(influence,impact):无线广电媒体对大众有其影响力。
(5) 遍布性(pervasive):无线广电媒体非常普及,所以影响大。
(6) 容易让儿童接近(accessible to unsupervised children):儿童只要打开收音机或电视就可收听或观看节目,所以很容易让儿童接近。
(7) 侵入性(intrusive):由于只要一打开收音机或电视就可接近无线广电媒体,其节目很容易进入民众的家庭。
(8) 排他性(exclusive):频率一旦指配给某广电媒体,是属其专用,有排他性,别的电台不可使用,以免造成干扰。

基于以上特性，无线广电媒体的管制包括：

（1）需申请执照。

（2）节目内容与媒体股份结构受主管机关管制。

（3）有特定法律规范（如传播法）。

（4）有限度地受到宪法第一修正案的保障（新闻自由小于平面媒体）。

（5）有必要时才进行事后审查（若播出后有问题才处理）。

（6）接受公众信托，服务公共利益。

- 共同载具管制模式（The Common Carrier Model）

电信业者对任何付费者必须根据"先来先用"原则不歧视地提供服务，不能予以拒绝，亦不可介入内容。市场主导者的费率受政府规范，业者需申请执照。

- 有线电视管制模式（The Cable television model）

相较之下，比无线广电模式的规范宽松，有线电视模式针对限制级的节目，会要求以锁码等科技控制，但非禁止播出。

有线电视模式的特色如下。

（1）内容方面享有的自由介于无线媒体与共同载具之间。

（2）需申请执照（franchise）。

（3）有特定的主管机关。

（4）有一定的经济规模限制（如水平与垂直整合的部分）。

（5）具有自然垄断（natural monopoly）的特性：因为硬设备及节目软件投资成本高。

（6）使用到公共的马路（use public right of way）：有线电视在铺设线缆时会使用到公众的马路。

（7）订户志愿付费订阅：订户邀请有线电视进入自家的客厅。

（8）有节目单可参考：订户可以透过节目单决定订阅哪些频道或节目。

（9）有锁码技术：对限制级节目可以透过锁码技术防止儿童及少年观看。

- 新媒体管制模式（New Media Model）

美国的FCC对于新媒体的出现多半是采取鼓励其发展的态度，很少介入管制。若有管制也极为低度，除非对既有业者带来频率的干扰才需立即处理。所以是由市场来决定其生存与否。

面对数字科技的发展与汇流，电信传播法规管制有三个主要阶段的转变。

（1）在无线广播时代阶段：基于稀有（scarcity）理论，主管机关要求业者须顾及公共利益。在此阶段，对电信的要求是需提供平等接近机会，对广电要求是强调地方性。

（2）多频道时代阶段：1980年代有线电视、直播卫星快速发展，频道稀有的观念转变为频道众多，FCC解除一些不必要的规约，"经济"成为许多决定因素的考量，强调公平竞争以及有效率。

（3）网际网络时代阶段：数字汇流之后，陆续出现各类新兴媒体服务，如 IPTV、行动电视、OTT、网络电视等，因此就有需要讨论如何面对新媒体，是否也要加以管制。现今阶段强调去中心化（decentralization），传播的基础设备也趋向如此。网际网络中的终端使用者（end user）可以发表意见，亦可扮演信息制造者的角色。此外在上述三阶段发展中，公共利益与多元性（diversity）也一直是思考的重心。

四、美国与欧盟对电信、媒体与网络的汇流政策

美国 1996 年通过的电信法（Telecommunications Act of 1996），大幅度地修改电信与广电产业的管制规则，解决了一些汇流带来的问题，例如允许有线电视与电信互跨，让每种产业都能彼此互跨及竞争（Sung, 2002）。地区性电信业者（local phone company）若要在其经营区提供视讯服务，有四类情况的管制（Meyerson, 1997）。

1. 若为"视讯共同载具"，适用于 1934 年通信法（Communication Act of 1934）中"共同载具"（common carrier）的管制条款。

2. 若为传统有线业者，就适用 1984/1992 年有线电视法（Cable Act）之管制要求。

3. 地区电话公司若提供无线的、电波传输（radio-based）的"多频道影视节目通路"（Multichannel Video Programming Distributor，MVPD）服务，就不适用有线电视法（Cable Act）。

4. 若为"开放视讯系统"（Open Video System，OVS），不需申请有线执照，无费率管制，也无消费者服务规则。但仍受部分有线电视法规定，如公益频道（PEG）、必载、节目接取（program access）等规定。

尽管 1996 年电信法规定电话公司提供"开放视讯系统"不需向地方政府申请执照，业者大多希望 FCC 将网际网络协议电视（IPTV）视为"信息服务"（Information Service），不过现阶段电信业者若要提供有频道的网际网络协议电视（IPTV）服务，根据 City of Dallas v. FCC（1999）的判例，仍需向各地方政府申请执照（刘幼琍，2004）。

面对 IP 服务的出现，FCC 于 2004 年时曾对于透过 IP 可以提供的服务发布了一份声明文件，当中确认了关于 VoIP 和其他 IP 服务的事项，但却没有针对 IPTV 做出任何决议。IPTV 业者为了早点提供服务避免法律诉讼，也不得以向地方政府个别申请执照。后来有些州政府为了鼓励该服务，愿意统一发放整个州的 IPTV 执照，这样也可省去向地方政府一一申请执照的麻烦。IPTV 一般皆被认为在 1996 年电信法的规范中，是属于一种信息服务。FCC 对于 IPTV 的管制虽然不很清楚，2006 年 12 月公布一份报告，其中明文禁止主管机关不合理的拒绝影音服务的竞争业者欲进入市场的申请，

并鼓励投资建设宽频设施，规定各州主管特许机关必须在 90 天内对传统电信公司影音服务播送的申请提出答复，在 180 天内对尚未持有有线电视营运许可之新影音服务业者的申请进行答复。新规定还禁止各地州政府对于影音服务的新进入者采取比传统有线电视公司更严格的要求。这些规范更加厘清了 IPTV 的管制范围，因而也加速了电信营运商进入影音服务市场的时程（徐爱蒂，2009）。

电信传播市场经过十几年的变化，美国 1996 的电信法已不足以处理 IPTV 和行动电视等新兴汇流服务所衍生的问题。至 2000 年以后，预见科技汇流的快速变化以及汇流服务出现后对于市场和法规所造成的冲击，美国有许多学者开始思考该如何对广电产业、电信产业与汇流产业进行整体的管制，因此纷纷针对管制架构提出不同的看法。

担任美国 CED 宽频科技杂志电讯与技术政策主席的 Jeffrey Krauss（2005）曾指出，FCC 对广电业者、有线电视业者和电话公司加诸许多社会管制（social regulation），但却没有要求 IPTV 业者尽到同样的义务，这是不公平的。他以节目中出现的字幕为例，指出 IPTV 和传统的无线与有线电视在技术上都能提供字幕，但 IPTV 却不需要受到相同的要求。言下之意，Krauss 认为 FCC 对于 IPTV 这种汇流服务的管制态度过为松散，没有考虑到提供相同服务的其他业者所受到的不平等待遇，因此他预言美国的电信管制在几年内会出现许多争议（Krauss，2005）。

另外，IPTV 的营运商 Verizon 也于 2010 年向 FCC 提出抗议，认为用户退租有线电视的手续过于繁杂，因而阻碍了用户转换有线电视至 IPTV 的意愿。因此，Verizon 要求 FCC 督促有线电视业者简化用户退租的手续。至目前为止，FCC 仍未做出决议。由此可见美国的 IPTV 和有线电视业者与全世界各地的情况相同，都为了抢攻相同的市场而出现诸多争议。

针对另一项汇流服务——行动电视，美国对其内容并没有明文的规范，反而是让行动产业团体自行发展出自律规范。2005 年 2 月，FCC 无线电信处要求无线产业协会（CTIA）针对行动电视中的成人内容问题提出解决方案，并建议 CTIA 可以去参考别的国家，例如英国、澳大利亚和以色列对于成人内容的政策管制。为了响应 FCC 的要求，CTIA 于同年 11 月发表无线内容指南（Wireless Content Guidelines），其中的主要决议在于自发性的内容分级标准，将行动电视的内容分成"一般可近用内容（所有年龄适合观赏）"以及"限制级内容（18 岁以上的成人才可观赏）"两类。由此，足见美国对于行动内容的管制，主管机关采取非常宽松的态度，让业者进行自律，而业者也在无法律管制的情况下进行自发性的内容分级（Goggin，2008）。

在欧盟方面，1997 年 12 月欧盟针对电信、媒体与信息科技汇流的情形所公布的绿皮书，一方面询问外界有无必要建立一个新的法规模式因应电信广电媒体汇流的情形。另一方面指出，因应汇流的原则是法规应该限缩于实际的必要性。如果对于不同科技提供同样类似的服务采取不同的规范，会阻碍业者竞争、投资与提供服务。1998 年欧盟整理各界对绿皮书反映的报告表示，汇流是渐进式的，仍有一些不确定性。汇流的障碍包括法规的不确定、内容来源、智能财产权的保护与消费者的保护。相关议题还包括近用权（含互连与机上盒）、价格（拍卖是否导致业者会对消费者涨价）、频谱与公共利益目标、市场进入障碍、执照、竞争规范、标准规格、消费者利益与国际竞争力。欧盟的讨论是平衡汇流之后冲突的政策目标，例如思考是否需要对汇流后的媒体采取平衡一致的管制方式？是否对提供同样服务的媒体或平台采取一样的管制？如果语音、数据与视讯是由同一种媒体或平台提供，其管制方式是否一样？

1999年欧盟进一步提出"迈向电子传输基础设施及相关服务之新架构"咨文，并于次年对该咨文提出公开咨询结论及新管制取向。执委会于2002年通过一系列通信传播之相关指令。根据"电子通信网络与服务共同管制架构指令"，所谓"电子通信网络"（electronic communications network, ECN），指的是"不问传输信息的种类，凡利用有线、无线、光学或其他电磁手段传输讯号的系统，包含卫星网路、固定网路（线路交换，并包括网际网路的分封交换）、行动网路、电力线系统等交换机或路由设备或其他设备，或为传输信号之广播电视专用网路、有线电视网路"。因此不论其传输内容，只要能进行信息传递的实体网路均称为电子通信网络（EU，2002；高凯声、刘柏立，2005）。而"电子通信服务"（electronic communications service，ECS）系指"全部或主要借由电子通信服务（ECN）来传输信号而提供之通常为付费的服务"。因此ECS包括电信服务及借由广播电视网路传输之服务，但却不包括"广播电视的节目内容、金融服务、甚或信息社会服务等利用电子通信网络或服务而在电子通信网路上传输服务的内容"（高凯声、刘柏立，2005；江耀国，2009）。

在汇流服务内容的管制方面，英国传播、电信、科技及媒体相关业者及团体于2006年4月联合发表一份意见书，反对欧盟提出的新视听媒体服务指令（Audiovisual Media Services Directive）草案。他们希望透过联署，要求欧盟重新检视这项新指令。英国有许多业者及团体对于这项新指令的制定深表不赞同，他们认为：①就非线性服务（例如随选视讯）而言，目前既有法规以及业者自律规范已足以保障消费者；②线性及非线性的分类方式可能不适宜作为法律定义的基础；③新指令将可能阻碍新进业者参与市场的意愿，甚至导致投资者转向其他国家发展。由于此一争议恐影响IPTV产业甚剧，值得密切注意其后续发展。

针对欧盟管制的分类方式，Valcke 和 Lievwens（2009）也批评欧盟的影音媒体服务指令在面对汇流媒体时，规管上仍有不足之处。例如类似 YouTube 及 DailyMotion 的内容传输业者（content distributors）并不在规范的范畴当中。而非线性的最低标准规范则有些显得没有必要，例如欧盟有些会员国的民法及刑法已经对相关内容有所规范。此外，消费者保护法本来就要求业者揭露一些信息。其公共文雅法（public decency rules）也有提及对青少年及人性尊严的保护。

美国与欧盟在面对科技汇流所采取的政策中，最大的歧义就是欧盟主张传输与内容分离，而美国却是一种垂直式的管制。英国是以法律规范结构与内容分离最典型的例子。英国1996年广播电视法（Broadcasting Act 1996）将无线数字电视的传输与内容分离，分为多任务平台（multiplex services)、数字节目提供者（digital program services）与数字其他服务提供者（digital additional services）。多任务平台很像多频道营运者，把几个电视频道安置在政府指配的 8MHz 频谱，90% 的频道容量必须播节目或与之相关的服务，10% 可做其他的内容，例如数据传输。数字节目提供者必须遵守独立电视委员会的一些节目内容规范。数字其他服务提供者所提供的是数据或信息，而非节目。

英国的汇流服务例如 IPTV 之内容管制分为三种类型（Informitv, 2005）。

（1）多点传播电视传输平台（Multicasting on television delivery platforms），适用现有"电视"内容管制相关法规。

（2）网际网络协议电视随选视讯（On-demand IPTV），Ofcom 不管制，由业者协会（Association of Television on Demand, ATVOD）自律。

（3）互联网传送视讯（Internet delivered video），英国 2003 年通信法（Communication Act of 2003）对于网际网络内容完全不管制，由消费者自行筛选，内容若有违法，交由"网络监看基金会"（Internet Watch Foundation, IWF）处理。

五、因应数字汇流衍生的法规模式：层级模式（layer model）

20 世纪 80 年代初期美国知名学者 Pool 就指出，科技打破媒体的界线后，相关的法规必须及早因应。近十多年来，数字汇流对通信传播产业及法规的冲击，比比皆是。各国的通信传播主管机关有的早已开始拟定政策及修法因应，有的则是采取观望态度，先以鼓励方式带动新服务的成长。美国 1996 年电信法（Telecommunications Act of 1996）虽然开放电信与有线电视的互跨，但是对于之后出现的新兴汇流服务例如 IPTV 与行动电视并无具体规范。欧盟于 1997 年发布的《因应电信、媒体与信息汇流与管制执行之绿皮书》以及两年后提出的《电子通信网路与服务共同管制架构指令》，也未能完全解决数字汇流带来的问题。

面对数字汇流的环境，很多新兴视讯平台应运而生。美国有很多学者从 1999 年就开始探讨层级模式（layer model）及水平管制在法规上的应用（de Bruin & Smits, 1999; Benkler, 2000; Lessig, 2001; Werbach, 2002; Sicker, 2002）。层级模式概念可分辨市场、厘清议题、拟定有效的管理法规，与开放系统互联（Open Systems Interconnection 模式，OSI）[①] 模式不同，但是灵感来自 OSI 模

[①] 20 世纪 80 年代，欧洲主导的国际标准组织（International Standards Organization, ISO）开始发展 OSI 模式。OSI 模式是一抽象的网络模式。OSI 的部分模式影响了互联网协议发展。

式。OSI 模式包含 7 个层级：实体层（physical layer）、数据连接层（data link layer）、网络层（network layer）、传输层（transport layer）、Session layer（交谈层）、表现层（presentation layer）、应用层（application layer）。OSI 模式也不全然是科技而已，也是一种政治经济学的概念，意图促进电信市场的自由化（刘幼琍，2004）。本节所探讨的是层级模式的法规面。

美国学者 Benkler（2000）与 Lessig（2001）曾经运用层级模式来作为法规的分析工具。接着有一些产官学者继续引用层级模式来探讨汇流之后的法规管理模式。层级模式可有很多意涵。最基本的是两层。欧洲在 20 世纪 80 年代开始电信自由化时，将电信服务主要分为基础网络（infrastructure）与服务（services）两层，后来在 1997 年电讯与传播整合汇流的绿皮书提出传输（transport）、服务与内容的概念。

| 应用层 |
| 表现层 |
| 交谈层 |
| 传输层 |
| 网络层 |
| 数据连接层 |
| 物理层 |

图 4　OSI 模式

Sicker（2002）将法规的模式分为接取（access）、传输（transport）、应用与内容四层。他们的模式是要提供法规一个架构，将网络与服务合理的区隔，以确保法规的一致性。理论上，不同层级的管理方式应该不同。接取与传输有网络互联、普及服务等义务；应用与内容则无以上的义务。不过内容层级并非毫无管制，仍然有版权、隐私权、数字版权管理的相关管理。

| 内容层 |
| 应用层 |
| 传输层 |
| 接取层 |

图 5　Sicker 之法规层级

Sicker（2002）特别提醒，如果对于提供相同服务的不同业者施行不一致的管制，可能会导致市场扭曲，并延缓科技发展等问题，因此他重新检视并修正层级模式之架构与内涵，认为层级模式应可用于通信传播法规之制定。Mindel 和 Sicker 于 2006 年比较了美国和欧盟在电信、信息与媒体产业上的管制架构，他们认为管制的焦点应该在于服务的特征，而非基础的技术特色。他们于研究中同时也指出，层级模式已能推翻过去以产业别为主的管制方式，并且可成功地运用传统的市场分析标准。

然而，也有部分学者不看好层级模式的功能。2006 年 Shin、Lee 和 Kim 归纳了层级模式的缺点，认为层级模式无法清楚地区分管制规范中对于基础设施的开放近用，同时还会引起价格复杂性的相关问题。层级模式所带来的致命问题其实就是无法让管制者知道要如何在每个层级中进行管制。美国 Freedom Works 副主席 Brough（2004）甚至认为层级模式的发展虽然源自于现行管制面对汇流科技时的不足与缺失，但事实上层级模式和目前 FCC 的管制并没有显著的差异。Reed（2006）也对层级模式提出质疑，认为层级模式并不适用于法律架构，只能套用在技术工程的架构上。

Frieden（2009）则指出，FCC 将汇流服务视为信息服务，但是却不愿意将 VOIP 与 IPTV 当作不用管制的信息服务。此外，他还认为无线传输业者也应担负一些义务。Grimmelmann（2010）在讨论网络时，也指出层级的方式已被法律学者承认具有政策上的启示意涵。

作者也曾经指出，主管机关面对数字汇流，采用层级模式修法有其优缺点（刘幼琍，2004；

Fransman，2002)。

优点：

1. 减少法规的不一致，同样的服务，不因其科技不同而在法规规范方面有所不同。

2. 对同一层级水平式的网络，可有一般性的规范。

3. 可减少管制及区隔不同层级的管理，例如越上层（如应用与内容面）的管制越少。越底层的管制，不是看其网络为何，而是看其市场力量。

4. 层级模式使网络与应用分开，可使应用层级的服务在每个市场更创新及更有效率（Sicker，2002)。

缺点：

1. 只能建立法规原则，并无法解决具体的问题。

2. 在整合与汇流未具体实现时，尚不能对不同科技提供一样的服务予以同样的管理。

有关汇流法规的原则，有以功能相区别（function-specific），有以服务相区别（service-specific）、产业相区别（industry-specific）或科技相区别（technology-specific）。FCC过去是以产业别分工，自从1999年公布21世纪新FCC策略计划蓝图后，已调整为以功能别分工。功能同等论（functional equivalency approach）是指提供的功能一样，就应用同样的方式管制。服务决定论（service-determinative approach）是指依服务内容决定管制方式（例如卫星电视若决定提供某一地方电视的内容，就必须加载所有提出要求的地方电视台的内容）。产业区别是指按照产业分工（如大众媒体、有线电视）。科技别是指看其使用的科技不同而规范不同。汇流所引发的讨论是对同样的服务如果使用不同的科技是否要用同样的方式管制，也就是所谓的法规同等原则（regulatory parity）（Gibbs & Hartman，2001)。

结论

在数字汇流的冲击之下，世界各国主管机关皆针对既有的传播法或是电信法与广电相关的法律进行调整，以因应电信传播产业的变革。美国的1934年传播法与1996年电信法都涵盖电信与广电媒体的规范，但是面对数字汇流的冲击，并没有接受学者的建议，将筒仓（silo）的垂直模式改为水平管理模式。1996年电信法虽然解除很多管制，也让电信与有线电视互跨，对媒体的所有权上限也有一些放宽，但是面对IPTV、OTT等新兴媒体并没有相关法规可以处理。

欧盟的"电子通信网路与服务共同管制架构指令"是一种汇流的架构，但是也只有网路层及服务层。至于内容层则是由视听媒体服务指令（Audiovisual Media Services Directive，AVMSD）规范。

由于新兴汇流媒体不断出现，该指令有关线性与非线性的分类也出现难以适用的窘境。英国2003年通信传播法虽是根据汇流法架构，依欧盟指令施行，但是之前的1990年广播法与1996年的广播法仍然存在。

每个国家都有其特殊的政经背景、社会制度、文化背景以及传媒生态，没有哪个国家的模式是最好的，因此好的政策或法规，就需要政府主管机关在制定政策及法规的同时，不断持续的与产官学界协商沟通，如此方能提出具备因应外在与内在环境变化、适时适宜的通信传播法规政策。

◇ **参考文献** ◇

- 江耀国(2009). 英国2003年通信传播法之研究—兼论我国通信传播汇流之立法.《东吴法律学报》，20(3)：141-190.
- 何吉森(2007).《通信传播规范之整合与建构研究》. 世新大学传播研究所博士论文.
- 徐爱蒂(2009). 展望2009，IPTV的美丽与哀愁.《工研院电子报第9802期》. 上网日期：2003年06月12日，取自http://edm.itri.org.tw/enews/epaper/9802/c01.htm.
- 高凯声、刘柏立(2005). 欧盟2003年通信法之研析.《经社法制论丛》，35：319-340.
- 梁高荣(2001). 无线执照的拍卖与挑战.《通讯杂志》，93：82-89.
- 陈世敏(1992). 新闻自由与接近使用媒体权.《大众传播法手册》. 翁秀琪，蔡明诚编. 台北：国立政治大学新闻研所.
- 温俊瑜(2002).《从广播执照核换发谈广播电台之管理》. 政治大学广播电视学系硕士论文.
- 虞孝成(2000).《我国无线电频率使用费收费标准之研究》. 交通部电信总局委托研究计划案.
- 刘幼琍(1993). 电波公有与广播频道分配.《报学》，8(7)：50-53.
- 刘幼琍(1994).《传播科技冲击下的传播法规及传播管理机构》. 国科会专题研究计划.
- 刘幼琍(2004). 电信、媒体与网路的整合与汇流. 刘幼琍主编，《电信传播》. 台北：双叶书廊.
- 边明道，陈心懿译(2005).《传播政策基本原理—电子媒体管制的原则与过程》，台北：扬智文化.
- Benjamin, S. M., Lichtman, D. G., Shelanski, H. A., & Weiser, P. J. (2012). *Telecommunications law and policy*. Durham, North Carolina: Carolina Academic Press.
- Benkler, Y. (2000). From consumers to users: Shifting the deeper structures of regulation toward sustainable commons and user access. *Federal Communications Law Journal*, 52(3): 561-579.
- Brough, W. T. (2004). *Up, Down, Across-It's Still Regulation*. (2013-07-01) http://heartland.org/sites/all/modules/custom/heartland_migration/files/pdfs/15446.pdf.
- Cannon, R. (2003). The legacy of Federal Communication Commission's computer inquiries. *Federal Communications Law Journal*, 55(2): 167-205.
- Cramton, P. (2001). *Lessons Learned from the UK 3G Spectrum Auction*. (2013-07-01) http://ideas.repec.org/p/pcc/pccumd/01nao.html.
- Creech, K (1996). *Electronic media law and regulation* (2nd ed.). Boston: Focal Press.
- de Bruin, R., & Smits, J. (1999). *Digital video broadcasting: Technology, standards, and regulations*. Boston, MA: Artech House.
- EU (2002). Directive 2002/21/EC of the European Parliament and of the Council of 7 March 2002

- on a common regulatory framework for electronic communications networks and services (Framework Directive). *Official Journal of the European Communities*, L 108: 33-50.
- EU (2012). *Audiovisual Media Services and Connected Devices: Past and Future Perspectives*. (2013-07-01) http://eur-lex.europa.eu/LexUriServ/LexUriServ.do?uri=COM:2012:0203:FIN:EN:PDF.
- Faulhaber G. R. & Farber D. (2002). *Spectrum Management: Property Rights, Markets and The Commons*. (2013-07-08) http://assets.wharton.upenn.edu/~faulhabe/SPECTRUM_MANAGEMENTv51.pdf.
- Fowler, M, S, & Brenner, D, L (1982). A marketplace approach to broadcast regulation. *Texas Law Review*, 60: 207-257.
- Fransman, M. (2002). Mapping the evolving telecoms industry: The uses and shortcomings of the layer model, *Telecommunications Policy*, 26(9): 473-483.
- Frieden, R. (2003). Adjusting the horizontal and vertical in telecommunications regulation: A comparison of the traditional and a new layered approach. *Federal Communications Law Journal*, 55(2): 207-250.
- Frieden, R. (2009). *Case studies in abandoned empiricism and the lack of peer review at the Federal Communications Commission*. (2013-07-08) http://papers.ssrn.com/sol3/papers.cfm?abstract_id=1456516.
- Gibbs, J. F. & Hartman, T. G. (2001). *Telecommunications in the 21st century: the regulation of convergence technologies: an argument for technologically sensitive regulation*, 27 Wm. Mitchell L. Rev. 2193.
- Goggin, G (2008). Regulating mobile content: Convergences and citizenship. *International Journal of Communications Law & Policy*, 12: 140-160.
- Grimmelmann, J. (2010). Some skepticism about search neutrality. In B. Szoka, & A. Marcus (eds.), *The Next Digital Decade: Essays on the Future of the Internet*, 435-459. Washington, D. C.: TechFreedom.
- Informitv (2005). *IPTV world forum conference report*. http://informitv.com/news/2005/03/09/iptvworldforum/
- Krauss, J. (2005). *IPTV and FCC regulations*. 2013-07-08 http://www.cedmagazine.com/articles/2005/09/iptv-and-fcc-regulations.
- Lessig, L. (2001). The Internet under Siege. *Foreign Policy*, 127: 56-65.
- Lessig, L. (2004). *The Future of Ideas: the Fate of the Commons in a Connected World*. NewYork: Vintage Books.
- McMillan, J., (1995). Why auction the spectrum? *Telecommunications Policy*, 19(3): 191-199.
- Meyerson, M. I. (1997). Ideas of the marketplace: A Guide to the 1996 Telecommunications Act. *Federal Communications Law Journal*, 49(2): 251-288.
- Mindel, J. & Sicker, D. (2006). Leveraging the EU regulatory framework to improve a layered policy model for US telecommunications markets. *Telecommunications Policy*, 30: 136-148.
- Napoli, P. M. (2001). *Foundations of communications policy: Principles and process in the regulation of electronic media*. US: Hampton Press.
- Powell, M. K. (1998). *FCC Commissioner Says "The FCC Subverts the Constitution!"*. 2013-07-08 http://www.criminalgovernment.com/docs/powell.html.
- Pauwels, C. & Donders, K. (2011). From Television without Frontiers to the Digital Big Bang: The EU's Continuous Efforts to Create a Future-Proof Internal Media Market. *The Handbook of Global Media and Communication Policy*, 525-542: Wiley-Blackwell.
- Pool, I. (1983). *Technologies of freedom*. Cambridge: Belknap.
- Reed, D. P. (2006). Critiquing the Layered Regulatory Model. *Journal on Telecommunications*

and High Technology Law, 4: 281-298.
- Shin, Dong Hee, Lee, Dong-Hoon, & Kim, Won-Yong. (2006). A web of stakeholders and strategies in the development of digital multimedia broadcasting (DMB): Why and how has DMB been developed in Korea? *The International Journal on Media Management*, 8(2): 70-83.
- Sicker, D. C. (2002). *Further defining a layered model for telecommunication policy*. 30th TPRC conference paper.
- Sicker, D. C., & Mindel, J. L. (2002). Refinements of a layered model for telecommunications policy. *Journal on Telecommunications and High Technology Law*, 1(1): 69-94.
- Sung, L. (2002). *Hang out for NCCU students*.
- Valcke, P. & Lievens, E. (2009). The Audiovisual media services directive unraveled at the dawn of the digital public sphere, in Pauwels, C. et al. (eds.), *Rethinking European Broadcasting Regulation*. Brussels: VUBPRESS Brussels University Press.
- Ward, J. M. (2001). Secondary markets in spectrum: Making spectrum policy as flexible as the spectrum market it must foster. *CommLaw Conspectus: Journal of Communication Law and Policy*, 10: 103-132.
- Werbach, K. (2002). A layered model for internet policy. *Journal on Telecommunications and Technology Law*, 1: 37-68.
- Whitt, R. S. (2004). A horizontal leap forward: Formulating a new communications public policy framework based on the network layers model. *Federal Communications Law Journal*, 56(3): 587-672.

媒体法规比较研究

洪浚浩[①]　苏拓宇[②]

媒体法规既是对媒体权利的一种保护，也是对媒体权利的一种限制，同时也是对媒体责任的一种要求。因此，媒体法规在每个社会中都是一个非常重要的议题。如果媒体不能让公众知道在世界上发生的事情，如果没有媒体充当政府和金融巨头的监督者，不正当的行为或罪行就不会被揭发出来。正因为如此，几个世纪以来，人们已经认识到媒体在社会发展中的重要作用。虽然媒体权利的概念最早起源于西方世界，但是这个概念已经广泛地被世界许多国家接受多年了。然而尽管如此，由于地球上的200多个国家有着各种不同的政治、社会、经济和文化背景，世界各国对媒体权利的概念有不同的理解和诠释。有时这些差异比较轻微，有时这些差异非常显著。

正因为世界各国对媒体权利的概念有不同的理解和诠释，各国管理媒体的法律既有类似的地方，也有非常不同的地方。本章节将分析和比较一些国家的媒体法规，并讨论它们之间的差异和相关的政治、经济和文化背景。

与媒体权利相关的几种理论

几十年来，学者们提出了多种媒体理论，在这些理论中，影响力最广的是"自由媒体理论"。这一媒体理论体系被大多数西方国家当作建立媒体法规的基本理念。

自由媒体理论（Libertarianism Theory）这一个概念源自约翰·弥尔顿（John Milton）、洛克（John Locke）、约翰·斯图亚特·穆勒（John Stuart Mill）、托马斯·杰斐逊（Thomas Jefferson）等人的思想。他们强烈主张寻求真理是人的自然权利。一般来说，自由媒体理念可以追溯到17世纪英

[①] 洪浚浩现任美国布法罗纽约州立大学（State University of New York at Buffalo）传播系教授，哈佛大学费正清研究中心研究员，1995年获美国奥斯汀得克萨斯大学（The University of Texas at Austin）传播学博士学位，主要研究方向包括国际传播、媒介与社会和信息与传播新技术的影响等。

[②] 苏拓宇目前于美国纽约州担任专职律师，2009年获美国布法罗纽约州立大学（State University of New York at Buffalo）法学博士学位，2011年获该校传播学博士学位，主要研究领域包括国际传播、传播法律比较以及媒体对大众的影响等。

国和美国的殖民地，而启发自由媒体理论的哲学是一种信仰，即：人，作为一个理性的动物，有他的自然权利，而这些权利之一，便是追求真理的权利。这一权利非常重要，因为它具有潜力限制当权者。因此，强调个人自由的哲学家们特别主张这个理论，他们相信，人民应该生存在一个能自由表达意见的环境中，这样才能对各项事物作出他们明智的判断。在遵循自由媒体理论的国家里，媒体的基本义务是呈现事物真相（truth）。如果媒体的权利得不到保障，这个基本义务是不可能实现的。

最近几十年来，许多新的思路被链接到这个理论中。其中最重要的、并已被普遍接受的一个概念是，只有一个权利得到保障的媒体才可能让一个社会有多元化的信息和观点，而这是在一个民主社会中极为重要的一个组成要素。

另一个重要的新思路是，媒体也应该有自我检讨或自我约束的能力。因此，一方面，这些新思路主张媒体的权利应该得到保障，而另一方面，也认为媒体的权利应该受到一些必要的约束，特别是要体现出媒体所承担的社会责任性。因此，媒体法规不但要保障媒体的权利，也要包括媒体的行为准则。尽管一直有学者对这一理论体系提出批评，这一理论的基本思想被大部分国家在不同程度上吸收。

一般来说，西方国家普遍采用所谓的自由媒体理论体系，提倡媒体的竞争性、异质性、自主性、开放性和自我主义的范式。当然，并不是每个国家对"自由媒体理论"都有相同的理解和诠释。在西方国家里，媒体通常被视为公众的"看门狗"，也就是说媒体有监督政府和执政者的责任。如果政府和执政者的行为有不当或侵犯公众利益的地方，媒体应该将真相报道给公众。而在其他许多国家里，特别是在许多亚洲国家，其中包括日本和韩国，则更强调国家发展的重要性以及媒体在其中扮演的角色。换句话说，国家发展比媒体权利重要。因此媒体的首要任务是应该帮助政府和执政者建设和发展国家，而不是"监督政府"或是专门揭发政府的丑闻。也因为自由媒体理论并不是一个固定不变的概念，它的功能在每一个国家也会随它们的社会背景不同而有所不同。这一点甚至连在这个领域内最为著名的哈钦斯媒体自由委员会（Hutchins Commission on Freedom of The Press）都明确地加以提出。

现代传媒产业结构对媒体权利的威胁

虽然自由媒体理论的核心内容是强调对媒体权利的保障，但在当代社会里，媒体权利面临来自新的方面的威胁。除了政府和执政者干预外，一个潜在对媒体权利的重大威胁是来自媒体本身，即越来越多的媒体机构被越来越少数的几家大财团所控制。举例来说，在美国，绝大部分的媒体公司都由 6 家媒体财团所控制：NBC 环球公司（NBC/Universal），迪斯尼公司（The Walt Disney Company），新闻集团（News Corporation），时代华纳有限公司（Time Warner, Inc.），维亚康姆（Viacom），以及 CBS 集团（CBS Corporation）。这并不是一种在美国才有的独特现象，在其他不少的国家也有相同的情形。为什么媒体机构被少数几家大的财团机构控制会威胁到媒体权利？因为如果越来越多的新闻媒体只被少数几家集团所控制的话，媒体的内容会越来越趋向一致性，各家媒体的内容以及政治倾向会越来越相似。如果这一现象持续下去，媒体权利事实上会严重受到限制，因为许多不同的政治观点就不可能被媒体报道出来，这对媒体权利来说是一种自残行为。在这个环境之下，很有可能只有少数管理媒体公司的几位大老板在决定媒体报道的内容和媒体内容的政治倾向。即使这些大老板并没有直接要求他们的下属部门一定要根据他们的政治观点来选择和报道新闻，但是负责新闻内容的下属通常会倾向于这样做来取悦老板。因此，绝大部分的新闻报道会看起来和听起来都差不多，没有实质上的多样性（diversity），从而不但剥夺了公众接收不同观点的新闻以及表达不同的观点的机会，也在本质上限制了媒体自身的权利。在美国，一个很明显的例子是保守派的媒体大亨鲁珀特·默多克（Rupert Murdoch）所拥有的新闻集团（News Corporation）。该公司旗下有 3 家很有影响力的新闻媒体：福克斯电视新闻网（Fox News Network），华尔街日报（Wall Street Journal），以及纽约邮报（New York Post）。这三家新闻媒体的报道都很明显地支持保守派的理念及政客。在 2012 年的美国总统大选期间，福克斯新闻网政治谈论节目的主持人 Bill O'Reilly 和 Sean Hannity 都很明显地支持保守派的共和党（Republican Party）候选人 Mitt Romney，而他们节目所请的嘉宾绝大多数也都是 Romney 的支持者。

除了媒体有被越来越少数大型集团收购和控制的趋向之外，有些学者认为，媒体权利最近一些年受到侵蚀的另外一个重要原因是网络的出现（Sussman, 2000）。简单来说，全球范围的媒体权利在最近一些年普遍出现下滑的趋势，是因为很多国家正在努力地让它们的媒体法规能赶上新科技的发展，以便管制网络所带来的新的法律问题。比如，网络盗版（cyber-piracy）以及在法律上是否可以承认越来越多只在网络上发布新闻报道性文章的作者是"记者"。这一点很重要的原因是在一些国家里，在法律上记者可以享受到一些一般大众没有的特殊权利（privilege）。正因为近些年出现的以上两种新的情况，媒体权利以及与之相关的媒体法规等问题再次成为学术界相当关注的话题。

一般来说，国与国之间关于媒体法在某些方面有一定的共识。举例来说，不少国家都有类似美国宪法第一修正案那样的对媒体权利的保障条款（First Amendment）。大部分国家都全线授予作者和创作者版权（copyright），并大力取缔盗版（piracy）。不过，给予媒体工作者多少保护和权利在不同国家里的程度并不完全相同。因此，在现在这个网络当道的社会，如果两个在不同国家的人士在这方面发生了法律上的争执，因为这两国的媒体法有差异，就可能会衍生出复杂的法律问题。比如，一位美国人在网络上发表了一篇批评一位英国人的文章，这位英国人也许会控告那位美国人犯了诽谤罪（libel）。但是因为英美两国的诽谤法非常的不同，这个牵涉到两国媒体法规的诉讼会变得相当复杂。这种情形现在已经越来越常出现。

因此，媒体法规是人们日常生活中非常重要的一部分，而且应该跟上社会的不断发展而调整。简单说来，媒体法的影响力在于人们可以从媒体界接收到多少信息，以及什么性质的信息，从而影响到人们究竟能有多少知情权。

世界各国的媒体法规不同的背后的原因是什么？总体来说，世界各国大众媒体系统和媒体法规通常都受到各个国家的经济、政治、宗教和文化的影响。而由于各国不同的历史背景，它们的媒体法规以及对媒体权利的态度也就自然不同。一个明显的例子是，在威权主义和极权主义社会，媒体对执政者的批评会遭到不同程度的限制。在这些国家里，担心如果媒体报道对他们比较负面的消息，公众的动乱就可能会随之而来，并因此而危及统治者的权威。相反，在推行民主政治制度的国家，对媒体批评基本上没有限制，也无法从法律的角度上进行限制。

宪法与媒体权利

美国的宪法大概是世界各国宪法中最重视和强调媒体权利的。著名的美国宪法第一修正案里，明确写明国会不得制定任何法律来限制媒体的权利。但是需要特别指出的是，虽然条款强调媒体权利应该是绝对的（absolute），"国会不得制定任何法律"来限制媒体权利，然而一旦当美国最高法院裁决有关媒体权利的议题时，组成美国最高法院的 9 位大法官对第一修正案的解读是宪法第一修正案并不保证媒体可以享受无限制的权利和随便报道不准确的新闻（Lively，1992）。进一步地说，亦即媒体不仅有它受宪法保障的权利，也有它承担的社会责任和义务。而正因为它承担了社会责任和义务，它的权利就不可能是不受限制的了。媒体权利这一条款会被包含在美国的宪法中是因为当时美国刚脱离英国的控制成为一个独立的国家，公众非常渴望改变殖民统治时期言论及媒体权利受到限制的情况（Anderson，2009）。得益于宪法的保护，在美国，媒体始终是相当强大的一个团体。任何时期的政府控制或者限制媒体的企图都是无法成功的。这个坚强的传统有助于解释为什么一直到今天美国对媒体权利的保护还是非常地重视。

关于媒体权利的条款是在美国革命建国初期的背景下所写的。而这种崇敬媒体权利的理念主要来自于英国的一些哲学家的思想，但是美国人相信他们对媒体权利有他们自己独特的美式贡献。Thomas Jefferson 和 James Madison 的著作都让美国版本的媒体权利跟英国版本的媒体权利有不少不同的地方（Soifer，1985）。

美国人更为重视个人主义，而每个公民有自由沟通和表达各种意见的权利是这种个人主义的中心思想。这或许可以解释为什么美国人会把媒体权利看得那么重要，以及为什么美国最高法院的大法官会认为媒体权利在宪法所保障的权利中享有"最惠国待遇"的位置（Soifer，1985）。很多学者们还认为，Thomas I. Emerson的著作也许能最完整地解释为什么媒体权利在美国会享有这样高的法律地位。主要来说，是因为下面所述的几个理由：

1) 个人的自我实现（Individual Self-fulfillment）：这个概念通常被认为是支持个人自由的基本理念，也是美国个人主义的中心信念。个人自我实现的意思是让每个人都能有自由去做能让他们的人生过得更充实的活动（Emerson，1970）。

2) 探索真理（Search for Truth）：美国的许多法律人士和学者都认为，检验一个理论或想法是否是真理（truth）的最好的方法是观察它是否会被允许思想自由竞争的市场（marketplace of ideas）所接受。这就是著名的"思想市场"的概念。它主张在一个自由和开放的市场里，许多想法和理论互相竞争来争取大众的认同。而在这种自由竞争中，真理总是会战胜谬误的（falsehood）（Watkins，1994）。

3) 自治（Self-government）：这个理念源自于詹姆斯·麦迪逊（James Madison）的思想：最受欢迎的政府必须会给社会和公众提供受欢迎的资讯，以使得想要自治的人能够获得必须具备的充实的知识（Watkins，1994）。

4) 安全阀（Safety Valve）：这个理念认为一个国家既需要维持社会平稳（stability），也需要不时进行社会变革（social change）。媒体权利是一个可以让这两方面维持平衡（balance）的最好的工具之一（Watkins，1994）。

近些年来，美国学术界不断在争论媒体是否应该享有特殊的宪法保护（Anderson，2002）。主张应该享有多一层宪法保护的人认为，这种保护是必要的，因为它能帮助媒体在社会中扮演一个非常重要的角色：他们不但能监督执政者以及揭发各种社会问题，他们还能作为公众的一个重要的信息来源。如果媒体能自由报道任何新闻而不必担心执政者对揭发他们丑闻的报复，媒体权利才能真的算是存在（Watkins，1994）。而那些反对给予记者特殊法律保护的人认为，这牵涉到一个相当棘手的问题，即：如何界定"谁是记者？"以及"谁可以被视为这个特殊保护的受益者？"（Anderson，2002年）。这个顾虑在今天成为争论的一个焦点，因为很多当今在网络发布消息的人都自称为"记者"，也自认为他们应该受到宪法第一修正案给予传统记者（traditional journalists）的保护和权利。另一个复杂的问题是，尽管关于媒体权利的讨论通常围绕在媒体监督执政者方面，但美国最高法院曾裁定这个保护不仅限于政治言论方面。在媒体的娱乐方面，媒体权利也同样受到了法律的保护（Watkins，1994）。

美国的媒体权利发展史上，有两个具有特别重大意义的事件。第一个事件是美国政府在1798年通过并实行了《外侨和煽动叛乱法案》（the Alien and Sedition Act of 1798）。这是由当时的总统

John Quincy Adams 所策划的一个旨在让新闻界不能对政府官员有所批评的法案（Foerstel，1998）。具体来说，亚当斯总统之所以通过该法案可以归因于他与当时的政治对手的冲突，例如 Thomas Jefferson 和 James Madison。《外侨和煽动叛乱法》引起了美国的第一个宪法和政治危机，因为这条法律明确规定，媒体如发表关于美国政府的任何负面报道将会受到刑事处罚。由于法案的实行，当时许多报纸的编辑都被指控犯了煽动叛乱罪，成为这个新法律的受害者（Soifer，1985）。

美国的媒体权利发展史中的第二个重大事件，是在美国人决定参与第一次世界大战之后，不少美国人有一个非常明显的仇外心理（xenophobia），因而导致当时的美国政府以国家安全利益为由，起诉每个出版被怀疑对国家不忠的刊物的公民（Soifer，1985）。"一战"结束后，在由最高法院决定的有关媒体权利的案件里，都明显地表现出政府想要压制记者及民众表达他们的意见以及批评政府的权利。这些判决往往是以"保障国家安全"为理由来限制公众和媒体的权利（Watkins，1994）。一直到 1931 年，美国最高法院才终于在 Near v. Minnesota 这个案子的判决中让公众收到了一些正面的消息。在这个判决中，最高法院声明媒体权利受到宪法保护。值得强调的是，那起判决直到今天仍然非常重要，因为它限制了执政者对媒体的约束力。

但是到了第二次世界大战期间，对媒体的审查在美国又再次出现，而且审查制度在战争期间非常活跃（Watkins，1994）。"二战"结束之后，因为"冷战"的关系，情况变得更为糟糕。在 20 世纪 40 年代末和 50 年代初，美国政府强力的镇压持与政府有不同政见的公民（dissenters）。很明显，从美国最高法院在此期间所作的许多相关判决中可以看出美国政府常用共产主义的威胁作为理由来施加对媒体权利的限制。换句话说，如果有刊物表达一些对共产主义比较正面的言论，这个刊物就可能会被禁止出版。此后，最高法院对有关媒体权利案件的判决逐渐开始放松，媒体也因此有了空间（Lively，1994）。

在接下来的几十年，一直到 20 世纪 60 年代，美国最高法院往往依赖《记者条款》（*Press Clause*）来判决各州一些限制媒体权利的法律是违反宪法的（Anderson，2002）。然而，渐渐地，一个新的现象出现了：最高法院开始在判决有关媒体权利的案件时引用的条款是宪法第一修正案，而不是《记者条款》。这表明其裁决是更具包容性的，用意在于保护所有的公众，而不仅是保护记者（Anderson，2002）。这也表明最高法院并不愿意给予记者太多的特殊法律待遇。

此后，媒体在最高法院并没有取得太高的成功率。新闻界曾尝试了无数次，想要使最高法院在判定有关媒体权利的案子时应给予不授予其他人的权利。这些权利包括有权反抗传票（subpoena）到出庭作证，有权进入监狱采访犯人，等等。直到目前为止，美国最高法院都拒绝了这些要求，并表示之所以不愿意提供给记者这些别人没有的权利，是因为如果这样做仍存在一个非常简单而又复杂问题，即："谁有资格被视作为记者？"（Anderson，2002），因为在美国，任何人都可以通过简单的注册去成立一家报纸或刊物，雇一些人或自己当"记者"。

事实上，法院通常会尽力给记者以保护，但并不实际给予记者以特殊权利（Anderson，2002）。例如，在回应记者请求最高法院给予他们进入法庭观察审判的权利时，法院同意该请求，但也指出这是一般大众都有的权利，而不是只有记者特别有的权利，尽管他们承认，记者会是这一权利的主要受益者（Anderson，2002）。

虽然如此，从总体上来说，在美国，媒体权利一直没有下降，因为最高法院从来不是在法律上保护媒体权利的唯一来源。事实上，许多重要的保护媒体权利的条款都嵌入其他法规里。比如，美国联邦政府颁发的《信息自由法》（Freedom of Information）给予美国民众要求政府释放信息的权利。这个法律对记者非常重要，因为它可以让记者能够收集到重要的官方文件来完成他们的新闻报道。

还比如，虽然法院拒绝了媒体的请求建立联邦法规禁止警察搜查媒体的编辑部，美国国会和一些州政府实际上已经立法禁止警方搜索媒体编辑部（Anderson，2002）。这一条法对媒体非常重要，因为如果警察被允许可以随便进入媒体编辑部进行搜查，很多机密的信息来源就可能会外流。再进一步地说，如果警方搜索媒体编辑部的事件经常发生，那么很多秘密线民（confidential sources）就会因为担心他们的身份会被暴露而不肯向记者提供信息。这对媒体要扮演的社会角色和要承担的监督功能会是一个致命的打击。

另外一个例子是，媒体在被法院传唤出庭为案件做证或调查时（subpoenaed to testify in court）是否有拒绝的权利。这已经成为一个对媒体权利有极大威胁的问题。近年来，尽管在联邦法院（federal court）这一级，因为记者没有这方面的法律保护，已有好几位记者因为拒绝出庭做证或交出他们收集到的材料而被判蔑视法庭（contempt of court）从而被关进监狱。这一切都源于最高法院的的一个著名案例 Branzburg v. Hayes。在该判决书里，最高法院裁定宪法第一修正案并没有给记者有权拒绝大陪审团发出的传票（grand jury subpoena）的权利。

但是与此同时，美国的 50 个州中已有四十几州通过了《邦盾法律》（State shield Law）。这一法律允许记者有拒绝到州级的法庭上做证的权利（Anderson，2002）。换句话说，在某种程度上，州法院比联邦法院（即最高法院）还更加保护媒体权利。需要指出的是，在美国涉及媒体本身的案件通常发生在州一级，只有极少数案件会到联邦一级。因而，事实上，绝大部分记者是可以拒绝到法庭做证或接受调查的。

不过，另一个近年来潜在威胁到美国媒体权利的因素是美国政府以国家安全的理由对媒体采取的一些新的措施，尤其是在 2001 年 9·11 事件发生之后。尽管最高法院早已判定限制媒体权利是违宪的，但同时也明确表示，政府在必要时可以因为"防止某些敏感信息被公布，以维护国家安全相关"的需要来限制某些信息被公众所知（Watkins，1994）。在美国历史上，涉及国家安全与媒体权利的冲突最著名的案例之一是五角大楼文件案（The Pentagon Paper Case）。在那个案子里，美国政府以维护国家安全原因为由，试图阻止几家报纸发表有关美国参与越战的机密资料。该案件最终由美国最高法院裁定美国政府并没有提出足够的证据来显示发表这些机密文件会危及美国的国家安全，因此媒体可以发表这些文件。然而，值得注意的是由9位法官组成的美国最高法院对于宪法第一修正案的重要性有不同程度的看法。有些法官认为媒体权利应该被视为比其他个人权利重要，而另一些法官则认为媒体权利不应该比国家安全重要。总而言之，这个案子最重要的地方是最高法院在判决书里开始让"危及国家安全"可以成为一个政府可以限制媒体权利的理由。换句话说，在某种程度上，五角大楼文件案奠定了限制宪法第一修正案的基础（Watkins，1994）。

总体而言，媒体权利在美国能够得到有力的保障，主要是因为在美国法律上有坚实的基础。美国宪法明确保护媒体权利，而且这一宪法上的保证已进一步在许多州的法律和法院的判决中显示出来。美国最高法院从整体上讲对媒体也是非常慷慨的。特别是最高法院和其他下级法院在诽谤诉讼（libel）方面给予记者相当大的保护，尤其是当媒体或记者被指控有诽谤性的报道的对象是有关政府官员或公众人物的时候。

这是因为，在美国，媒体和记者的任务不仅仅是提供信息和娱乐大众，更是为了发现真相（discover the truth）和密切监督执政者和权力人物（包括大公司老板、宗教领袖、社会组织的头目，等等）。媒体权利如果得不到在法律上充分的保障，这些任务就不可能完成。正因为如此，在起草宪法时，美国的开国元勋们就尽可能地让媒体不会过度受到执政者的控制。

然而，自由主义理论并不是美国唯一采用的理论。社会责任理论强调的媒体的社会责任也不断成为对媒体的一个要求，即，需要在权利和义务中保持一种平衡。这就要求媒体应该以合乎道德的方式来运作。唯有如此，公众才能真正通过媒体获得足够和准确的信息来关注和了解重要的社会问题。美国最近几年的一些有关媒体的法规，特别是与网络相关的法规，都更明确体现了要求媒体在权利与义务中保持一种平衡的要求。时下在美国更为普遍的一个共识是，媒体应该从自由主义的模式进一步转移到社会责任理论的模式。它们的运作应该更多地遵循道德准则，只有如此才能使公众和社会真正得到好处。

与美国同样，一些亚洲国家包括日本、韩国以及新加坡的媒体权利的发展历史也都受到这些国家的经济、文化以及政治背景的影响。

长期以来，日本不但一直有一个对媒体相当友好的法律环境，同时该国的经济环境也有利于媒体权利的发展。但是，日本不断变化的政治气候也常常影响到媒体权利的实际状况。日本宪法也明确保障媒体权利。比如，日本宪法的第3章第21条就与美国宪法第一修正案的内容与措辞几乎一模一样。此外，宪法还明确规定执政者不应该维持一个严格的审查制度。然而，必须指出的是，这些条款并不意味着审查制度在日本完全被取消，也不意味着政府没有利用其他法规来限制媒体的权利。

事实上，对媒体权利的保护并不是一开始便出现在日本的宪法里的。在1889年之前，日本在宪法里并没有关于媒体权利的内容。恰恰相反,第一版的日本宪法强调的是如何进行现代化改造日本,因此并不容忍任何反对或批评政府的声音。这个1889年制定的明治宪法是以德国宪法为蓝本来界定媒体权利的界限的(de Lange,1998)。军国主义的兴起导致日本积极参与了第二次世界大战,而军国主义的特点之一是扼杀公众表达不同政见的权利(Ourvan,2002)。因此,在第二次世界大战期间,日本媒体基本上成了政府的宣传工具。不少学者认为,这一经验教训让日本媒体决心坚决不重复过去历史的错误,而这段历史教训也提供了日本媒体要求自由表达意见权利的正当理由(堀部,1985)。

第二次世界大战结束后,以美国为首的盟军实际统治了日本好几年。在这段期间,在美国的各个方面影响下,日本开始在新宪法中明确保障媒体权利,日本的媒体也因此遵循了自由主义理论模式。

与美国不同的是,日本在很大程度上同时也受着儒家思想的深刻影响,从而力求创建一个和谐的社会,而能让社会和谐的重要方法之一是社会里的各种角色对权威的尊重。这和美国主张自由和平等的信念以及质疑权力的态度形成了鲜明的对比。日本社会认为和睦社会最重要的、也是基本的一条是个人与国家的关系。这一理念也影响和塑造了日本对媒体权利的概念(Winfield et al.,2000)。

但是,不管怎样,日本的媒体体系虽然深深受到儒家思想的影响,但还是主要建立在西方自由主义哲学理念的基础之上的,而且这一结合应该算是非常成功的。在一般的情况下,现代日本对媒体权利持有崇高的敬意。另一方面,从媒体从业者的角度来说,虽然他们的权利有正式的媒体法律来保障,但是他们在实际工作上其实也常常用儒家思想来约束(Winfield et al.,2000)。也正因为如此,日本媒体并不像西方媒体尤其是美国媒体那样是非常积极地想揭发执政者的丑闻,甚至包括社会问题。媒体在日本也必须承担社会责任,需要监督那些掌权的人所从事的不法行为。但日本媒体与政府的关系,远不像在西方国家中那样经常呈现出一种对抗性(adversarial)(Takaichi 1997)。

在这方面,韩国的情况与日本非常类似。在韩国,宪法明确地保障媒体权利,但是宪法在同时也给予政府一些权利在必要时来限制媒体的权利。比如,韩国宪法第21条规定,媒体的报道不能污蔑个人荣誉或损害公共道德或社会伦理。媒体权利在韩国宪法里的地位跟其他基本权利一样。换句话说,并不像美国那样对媒体权利赋予一些特殊的待遇。从法律上讲,媒体权利在韩国并没有一个特殊的地位(Sa,2009)。

就像大多数的韩国法律都不同程度地受到外国法律的影响一样,韩国的媒体法律也是结合了英美的媒体法规理念和德国的媒体法规理念(Choi,2005)。一方面,就像美国宪法第一修正案那样,韩国的宪法也保障媒体权利。而另一方面,韩国媒体的法规其实更类似于德国的媒体法规。韩国的媒体法规不但阐述媒体权利的理念,更详细地解释了媒体可以做什么或不可以做什么(Choi,

2005）。韩国的媒体法规受到国外的影响与该国的纷乱复杂的历史有关。与多数亚洲国家一样，韩国也有长期被外国统治的历史，而这对韩国后来的发展产生了巨大的影响，其中也包括法律方面的。几十年的日本统治，美国的军事管制统治和自己国家不断的军事独裁都从政治、经济、社会和文化方面影响了韩国的社会和媒体（Park，2004）。也正因为这种混乱复杂的历史，韩国政府多年来一直试图控制媒体，担心媒体成为一个潜在有可能破坏政府统治的力量（Sa，2009）。

1987年当韩国成为一个民主国家之后，它的媒体也开始逐步靠近和接受自由主义媒体体系的理念。但是就像日本一样，韩国在文化上深深受到儒家思想的影响并有应该尊敬权威（政府）的心态，再加上最近几十年来韩国政府一直专注发展国家经济，韩国民众也因此认为媒体的主要任务应该是帮助政府改善国家经济状况，而不是主要用来挑政府的毛病或揭发执政者的丑闻。第一个非军方出生的韩国总统金泳三在1993年上任后，公开表示韩国的媒体在韩国实现民主进程中的贡献，并宣布韩国如要实现真正的民主化，保障媒体权利是最重要的目标之一，因为媒体权利是民主的基石（Youm，1998）。也正因为如此，近些年来，韩国产生一个更强大和充满活力的媒体生存空间。新近通过的《公共信息披露法》和《选举法》，允许公众有查阅政府文件的权利，而这两项法律的最大的受益者则是媒体。

总体来说，近些年来，虽然政府对媒体还是存在一定的限制，但学者们的普遍共识是韩国的媒体目前遵循的已经基本上是自由理论模式和社会责任理论模式。这一点与日本也基本相同。

应该说，亚洲很多国家的媒体权利历史和发展状况与日本和韩国类似。一个显著的例外是新加坡。虽然新加坡是一个经济上很发达的民主国家，但是媒体受到政府强力的监督。新加坡像其他一些亚洲国家那样，尊崇亚洲价值观和亚洲模式的媒体权利，媒体需要发挥积极的社会作用并尊重政府的权威（Trilling，2010）。新加坡政府认为媒体应该作为一个帮助政府进行国家建设的伙伴和合作者，而不应该只是一个批评者或对抗者。这一种理念来源于该国曾被多国殖民以及渴望建设成一个发达国家的愿望。

◇ **参考文献** ◇

- Amenomori, I. (1998). Chapter 11: Japan. In A. Latif (ed.), *Walking the tightrope: Press freedom and professional standards in Asia*, 108-118. Singapore, AMIC.
- Anderson, D. A. (2002). Freedom of the press. *University of Texas Law Review*, 80(3): 429-530.
- Anderson, D. A. (2009). The origins of the press clause. In V. D. Amar (ed.), *The First*

- *Amendment freedom of speech: Its constitutional history and the contemporary debate*, 65-81. Amherst, NY: Prometheus Books.
- Ang, P. H. & Yeo, T. M. (1998). *Mass media laws and regulations in Singapore.*
- Barnett, A. Doak (1979). The communication system in China: Some generalizations, hypothesis, and questions. In G. C. Chu & F. L. K. Hsu (eds.), *Moving a mountain: Cultural change in China*, 386-395. Honolulu, HI: University of Hawaii Press.
- Behmer, M. (2009). Measuring media freedom: Approaches on international comparison. In A. Czepek, M. Hellwig, & E. Nowak (eds.) *Press Freedom and Pluralism in Europe: Concepts and Conditions*, 23-36. Chicago: The University of Chicago Press.
- Bennett, I. (2011). Media censorship in China. *Council on Foreign Affairs*. http://www.cfr.org/china/media-censorship-china/p11515.
- Choi, C-K. (2005). *Law and justice in Korea: South and north.* Seoul, Korea: Seoul National University Press.
- Christians, C. & Traber, M. (1997). *Communication ethics and universal values.* Thousand Oaks, CA: Sage Publications.
- Cooper-Chen, A. (1997). *Mass communication in Japan.* Ames, IA: Iowa State University Press.
- Czepek, A., Hellwig, M. & Nowak, E. (eds.) (2009). *Press Freedom and Pluralism in Europe: Concepts and Conditions.* Chicago: The University of Chicago Press. de Lange, W. (1998). *A history of Japanese journalism: Japan's press club as the last obstacle to a mature press.* Surrey, UK: Japan Library.
- Doronila, A. (2000). Press freedom in Asia: An uneven terrain. In L. Williams & R. Rich (eds.), *Losing control: Freedom of the press in Asia*, xi-xvi. Canberra, AUS: Asia Pacific Press at the Australian National University.
- Emerson, T. I. (1970). *The system of freedom of expression.* New York: Vintage Books.
- Eto, J. (1982). Chapter 10: The censorship operation in occupied Japan. In J.
- L. Curry & J. R. Dassin (eds.), *Press control around the world*, 235-253. New York: Praeger.
- Feuilherade, P. (2005). China "ripe" for media explosion. BBC News. March. 13, 2005. http://news.hbc.co.uk/2/hi/technology/4341413.stm
- Flower, B. (2010). *The French Constitution: With remarks on some of its principal articles.* Charleston, SC: Nabu Press.
- Freeman, L. A. (2000). *Closing the shop: Information cartels and Japan's mass media.* Princeton, NJ: Princeton University Press.
- Gunaratne, S. A. (2002). Freedom of the press: A world system perspective, *International Communication Gazette*, Vol. 64(4): 343-369.
- Hallin, D. & Mancini, P. (2004). *Comparing media systems: Three models of media and politics.* New York: Cambridge University Press.
- Hamilton, W. (2000). Japan: The warmth of the herd. In L. Williams & R. Rich (eds.), *Losing control: Freedom of the press in Asia*, 93-114. Canberra, AUS: Asia Pacific Press at the Australian National University.
- Hayes, J. (2004). The right to reply: A conflict of fundamental rights. *Columbia Journal of Law and Social Problems*, Vol. 37: 551-584.
- Hoong, C. L. (1998). Chapter 15 Singapore. In A. Latif (ed.), *Walking the tightrope: Press freedom and professional standards in Asia*, 142-155, Singapore: AMIC.
- Horibe, M. (1985). Press Law in Japan. In P. Lahav (ed.), *Press law in modern democracies: A comparative study*, 315-338. New York: Longman.
- Horsley, J. P. (2007, May 9th). China adopts first nationwide open government information regulations. *Freedominfo. org.* http://www.freedominfo.org/2007/05/china-adopts-first-

nationwide-open-government-information-regulations
- Humphreys, P. (1996). *Mass media and media policy in Western Europe*. New York: Manchester University Press.
- Karlecker, K. D. (ed.) (2009). *Freedom of the press* 2009: *Further declines in globalmedia independence*. http://www.freedomhouse.org/uploads/pfs/372.pdf
- Karlecker, K. D. (ed.) (2010). *Freedom of the press* 2010: *Broad setbacks to global media freedom*. http://www.freedomhouse.org/uploads/pfs/371.pdf
- Karlecker, K. D. & Cook, S. G. (eds.) (2008). *Freedom of the press* 2008: *A global survey of media independence*. New York: Freedom House.
- LaFraniere, S. & Wong, E. (2011, March 7th). Even with protests averted, China turns to intimidation of foreign journalists. *The New York Time*, A4.
- Lam, W. W. (2000). China: State power versus the Internet. In L. Williams & R. Rich (eds.), *Losing control: Freedom of the press in Asia*, 37-57. Canberra, AUS: Asia Pacific Press at the Australian National University.
- Latif, A. (ed.) (1998). *Walking the tight rope: Press freedom and professional standards in Asia*. Singapore: Asian Media Information and Communication Center.
- Lee, C-C (ed.) (1994). *China's media, media's China*. Boulder, CO.: Westview Press.
- Lim, H. S. (1974). A study on legal values in Korea: An analysis of attitude toward Law. *Social Science Journal*, Vol. 2: 59-79.
- Lively, D. (1992). *Essential Principles of Communications Law*. New York: Praeger.
- Markham, J. W. (1967). *Voices of the red giants: Communications in Russia and China*. Ames, IA: Iowa State University Press.
- Michalowski, S. & Woods, L. (1999). *German constitutional law: the protection of civil liberties*. Brookfield, VT: Ashgate.
- Moore, R. M. (1999). *Mass communication law and ethics*. Mahwah, NJ: L. Erlbaum Associates.
- Ourvan, J. A. (2002). Damage control: Why Japanese courts should adopt a regime of larger libel awards. *New York Law School Journal of International and Comparative Law*, Vol. 21: 307-321.
- Park, II-S. (2004). Korean norm and reality, and the press reform in Korea. *Journal of Media Law, Ethics and Policy Research*, Vol. 3 (2): 143-171.
- Reporters Without Borders (2010). Press freedom index 2010. *Reporters Without Borders*. http://en.rsf.org/press-freedom-index-2010,1034.html
- Rodan, G. (2000). Singapore: Information lockdown, business as usual. In L.
- Williams & R. Rich (eds.), *Losing control: Freedom of the press in Asia*, 169-189. Canberra, AUS: Asia Pacific Press at the Australian National University.
- Sa, E-S. (2009). Development of press freedom in South Korea since Japanese colonial rule. *Asian Culture and History*, Vol. 1 (2): 3-17.
- Siebert, F., Peterson, T. & Schramm, W. (1956). *Four theories of the press*. Urbana, IL: University of Illinois Press.
- Soifer, A. (1985). Freedom of the press in the United States. In P. Lahav (ed.), *Press Law in modern democracies: a comparative study*, 79-136. New York: Longman.
- Su, S. (1994). Chinese Communist ideology and media control. In C-C Lee (ed.) *China's media, media's China*, 75-88. Boulder, CO: Westview Press.
- Sun, X. (2001). *An orchestra of voices: making the argument for greater speech and press freedom in the People's Republic of China*. Westport, CT.: Praeger.
- Tan, K. (2005). *An introduction to Singapore's constitution*. Singapore: Talisman.

- Teo, Y. L. (2005). *Media law in Singapore*. Singapore: Sweet & Maxwell Asia.
- Tey, T-H. (2008). Confining the freedom of the press in Singapore: A "pragmatic" press for "nation-building?" *Human Rights Quarterly*, Vol. 30(4): 876-905.
- Trilling, G. A. (2010). Press freedom critical analysis, the examination of East Asia: China, Singapore and North Korea. *The Elon Journal of Undergraduate Research in Communications*, Vol. 1(1): 104-111.
- Tu, W. M. (1997) "Chinese philosophy: A synoptic view." In A companion to world philosophies. Eliot Deutsch & Ron Bontekoe (eds.). Malden, MA: Blackwell Publishers.
- Watkins, J. J. (1994) *The mass media and the law*. Lebanon, Indiana: Prentice Hill.
- Winfield, B. H., Mizuno T. & Beaudoin, C. E. (2000). Confucianism, collectivism and constitutions: Press systems in China and Japan. *Communication Law and Policy*, Vol. 5(3): 323-347.
- Wong, E. (2013, January 15th). China Lets Media Report on Air Pollution Crisis, *The New York Times*, A6.
- Wong, K. (2001). *Media and culture in Singapore: A theory of controlled commodification*. Cresskill, N. J.: Hampton Press.
- Yin, J (2008). Beyond the Four Theories of the Press: A New Model for the Asian & the World Press. *Journalism & Communication Monographs*, Vol. 10 (3).
- Youm, K-H. (1998). Chapter 16: South Korea. In A. Latif (ed.), *Walking the tightrope: Press freedom and professional standards in Asia*, 156-172. Singapore: AMIC.
- Youm, K-H. (2002). Freedom of expression and the law: Rights and responsibilities in South Korea. *Stanford Journal of International Law*, Vol. 38: 123-151.
- Yu, X. (1994). Professionalization without guarantees: Changes of the Chinese press in post-1989 years. *International Communication Gazette*, Vol. 53: 23-41.

女性主义对传播研究的影响

李沛然[①]　周舒燕[②]　朱顺慈[③]

一、引言

女性主义自20世纪70年代开始便不断地冲击传播研究。开始时,女性主义传播研究被视为冷门的学术研究,但到了90年代,各传播学术组织如International Communication Association及National Communication Association纷纷建立女性主义研究小组。此外,学术期刊如 *Feminist Media Studies* 和 *Women's Studies in Communication* 的出版见证了女性主义研究的重要性。女性主义研究也开创了研究的新领域,70年代的研究多用质量化的社会科学方法,而至今女性主义研究理论及方法非常多元化。另外女性主义研究再不是纯属于西方的研究,不少来自南美洲和亚洲的女性主义学者加入了研究领域。虽然来自亚洲或中东的女性主义者并非特别活跃,但她们的著作指出了西方女性主义中的盲点。

现今的女性主义传播研究多关注女性、性别、语言和大众媒介的关系。传播学者普遍认为传媒及语言建立了性别身份认同和性别形象。语言是婴儿认识自我的第一工具,其后,大众媒介和家庭担当了幼童的社会化角色。青年人面对的朋辈和媒介压力,令他们不断地探讨有关性别和性欲等问题。成年人亦不能抗拒传媒的诱惑:色情形象的普及化为一个极受争议的题目。

基于女性主义传播理论的普及化及大众传媒,语言跟性别的关系,本文致力于介绍女性主义的历史,理论和方法的发展,主要学者的贡献及评论,与现时的争论及未来的议程。在第一部分,本文首先介绍了三波女性主义运动热潮。随后,本文列出四个在七八十年代受到争议的话题:色情,刻板印象,传媒就业女性的待遇,不同的理论发展。第一部分总结现时的理论与研究方法。第二部分介绍7个研究范围及14个相关学者。这7个项目为:流行文化,观众和影迷研究,主体及客体

[①] 李沛然现任美国萨福克大学(Suffolk University)传播及新闻系副教授,2004年获美国俄勒冈大学(University of Oregon)传播学博士学位,研究领域包括政治经济、女性主义和新传播电讯科技等。

[②] 周舒燕现为中国香港中文大学研究助理,2014年获中国香港中文大学性别研究与文化研究博士学位,研究领域包括中国网络文化、女性亚文化与酷儿理论等方面。

[③] 朱顺慈现任中国香港中文大学新闻与传播学院副教授,2003年获中国香港大学教育学博士学位,研究兴趣包括媒体素养、青少年文化和性别等议题。

化，女性主义和科技，身体，黑人女性主义，酷儿主义，后殖民女性主义。由于女性主义是多元的、跨学术的研究，因此一些重要学者来自传播研究领域（如 Angela McRobbie，Larry Gross），而另一些则来自其他学科如文学（Janice Radway）及哲学（Judith Butler）。第三部分列出三个现时受到争议的议题：一、后女性主义；二、后自由主义，消费主义，及女性政治经济学；三、新性别歧视与主体化。

二、历史，发展及当前阶段

1. 妇女解放运动的三个热潮

西方的妇解运动始于 19 世纪末及 20 世纪初。在第一个热潮（wave）中，中产阶级及知识妇女要求女性享有跟男性一样的投票权利及教育机会。第二个热潮始于 20 世纪 60 年代。借着黑色力量（Black Power）的影响力，妇女申诉女性被压迫（oppressed）的社会地位。第三个热潮始于 90 年代中期，女性主义者采用"凶女"（grrl）的名词，以表示性别的含糊性（ambiguity）及多元性（diversity）。

第一个热潮的女性主义者多为白人中产阶级妇女。1848 年，第一个妇女会议在美国纽约州 Seneca Falls 进行。与会者揭示女性的不平等地位，要求平等的权利、机会、及社会地位，女性选举权运动（suffrage movement）由此诞生。此后女权主义者定期在白宫前抗议。由于女性被认为属于家庭及私人领域（private sphere），因此在公众演说及集会的妇女吸引了不少的注意，有人认为这些行为不太女性化。选举权运动非常成功，美国国会于 1919 年通过女性的投票权利，第一个热潮被称为自由女性主义（liberal feminism），其影响力保存至今。

第二个热潮始于 20 世纪 60 年代。第二次世界大战后兴起了不少社会运动，包括反越战、反帝国主义、黑色力量及同性恋运动等。社会运动主义者认为女性、黑人、同性恋者、及工人阶级，都是白人资产阶级男性压迫下的受害者。有些女权主义者抱着激进（radical）的态度主张女性应该成立自己的社会，拒绝依靠男性。Firestone 的 *The dialectic of sex: The case for feminist revolution*（1970）是激进女性主义的代表作。另一些女性主义者借用马克思主义及社会主义来了解女性的被压迫地位。马克思主义女性主义者认为资本社会压迫工人及女性——资本主义制度为男性资本家的利益服务，因此要解放妇女，首先得推倒资本主义，社会主义女性主义者则认为家庭是另一个维护父权的地方。第二个热潮的影响力没有持续力：激进、马克思主义、及社会主义女性主义大多被后期的女权主义者所淡忘。

第三个热潮始于 20 世纪 90 年代。"女性"一词受到不少批评。女性主义者认为"女性"并不是一个普遍的概念（universal concept），性别跟种族、阶级、及性取向是关联的。她们更认为女性没有先天的本质（innate essence）。女性不是天生疲弱的性别。女性的次等地位是社会建构的（construct）。因此，要解放妇女就要了解性别是如何被建构起来的。第三热潮的女性主义者用"凶女"的话语（discourse）来表示女性的力量。她们宣扬不同的性别表达（gender expression），以显示性别的流动性（fluidity）、复杂性、及多元性。第三热潮的女性主义者具有巨大的影响力。其后，有些学者更认为"女性主义"不能形容及分析当代的性别现象。他们用"后女性主义"一词（post-feminism）来分辨三个女性主义的热潮（见四.1）。

2. 女性主义的理论和方法

a. 色情及情色（Pornography and Erotica）

色情直译为英文是 pornography，追查字根，来自希腊文的 porne 及 graphein，前者解作妓女，后者可译为书写，色情是"关于妓女的书写"，如今看来，这个最早期的定义已不合时宜，但提起色情，大众的即时反应仍倾向负面。70 年代以来，随着传播科技的发展，色情媒体的制作题材及表达方式经历了不少转变，出现种种关于性的幻想、狂想和异想，描画不寻常的性爱，认为性是为了追求愉悦而非传宗接代；而这对于强调"家庭价值"的保守派而言，色情则颠覆了传统，应予禁制。

同样持反对立场的女性主义者，却认为色情作为"性的再现"（representation of sex），往往将女性贬抑为性对象，甚至只视之为满足男性的工具，色情不但冒犯女性的尊严，更会进一步合理化父权社会对女性的压迫。有人提出"色情是理论，强暴是实践"，直指色情会产生不良影响。

这开启了大量意图确认色情媒体影响的研究，学者通过问卷调查和设计实验等方法，尝试找出色情和不同变项的关系，例如对开放性观念和行为的影响（参考 Zillmann & Bryant，1984）。尽管不少研究得出色情有害的结论，但亦有人质疑这样的研究方法，是否真的能解答有关色情的影响的课题（Boyle，2000）。争论无碍反色情的女性主义者的抗争，她们争取立法取缔色情，要求保障女性权益，代表人物包括 Andrew Dworkin，Catherine MacKinnon 和 Gloria Steinem 等。（有关色情及研究方法的讨论，可参考 MacKinnon，1989）

70 年代，色情电影《深喉》（*Deep Throat*）引起广泛注意，女主角 Linda Lovelace 后来加入了反色情运动，公开揭示当年参演《深喉》背后的辛酸，戳破色情生产线上，女性如何被剥削。不同研究者亦进行了大量访谈，加上不同听证会，由受害女性现身说法，探讨色情之害。

色情有何影响的问题引发了接二连三的争论，然而，不管结论如何，是否取缔色情物品，女性主义者之间存有严重分歧。反色情暴力者如 Andrew Dworkin，力求通过相关法律来制裁（Dworkin，1979）。有女性主义者认为，单单压制色情媒体，其实没有解决父权社会的性别不公问题，反而会在女性之间制造更多分野，强化所谓"好女孩"和"坏女孩"的分别，亦变相令部分参与行业的女性失去工作和自立的机会。这些反对反色情的倡议者指出，禁止与性有关的内容流通，令女性更倾向压抑个人情欲，对解放女性没有好处。循此思路出发，有人提出生产有女性视角的色情，强调男女平等、追求彼此欢愉而非支配和从属，这样的内容，虽然一样是性的再现，但性质转变了，有以情色（erotica）之谓以作区别（Steinem，1983；Taormino et al.，2013）。

近年，有论者观察到媒体越来越色情化（pornification）或性化（sexualization）（见四.1及四.3），不少广告或流行文化均借用了过去只会出现在色情物品的意象和符号，引起新的关注，尤其在互联网年代，色情跨越时间和空间限制，影响看来有增无减。本章三.3部分，将介绍学者 Feona Attwood 及有关讨论的最新发展。

b. 批判性别刻板印象（Stereotype）

六七十年代的传媒领域中另一个关注的问题是性别的刻板印象。性别刻板印象指的是文化对男女两性在能力、性格特质和社会角色方面所具有之性别差异的普遍性假定与期望，比如认为男性就是独立、大胆、冒险、理性，适合公共领域中的竞争性工作，而女性则温柔、体贴、被动、感性，适合家庭内的照顾与料理工作。部分研究认为刻板印象的形成和运用与本质主义（essentialism）、生物决定论（biologically-determined）相关，即性别刻板印象也建立在男女的生理差别上，无法完全归因于文化建构；随后的文化派则强调了不同文化对男女刻板印象塑造中的差异性和社会权力动因（Williams & Spencer-Rodgers，2010）。

大众媒介是将刻板印象作为意识形态教化的主要场域，因此女性主义者开始思考媒体如何再现女性，致力于分析新闻、杂志、广告、电影、电视、戏剧中各种刻板化的女性形象。她们认为，女性气质如何得到生产和传播，涉及其背后的权力关系如何运作。而媒体上不断重现的女性刻板印象表达了男性中心的文化幻想，这种再现方式将女性的从属地位表现为父权意识形态中的自然状态，从而影响并强化现实中的女性自我对传统性别角色的认同。

女性主义文化政治（feminist cultural politics）大力抨击媒体中对女性形象的误现（misrepresentation），来反思父权文化对女性的压迫。例如在广告的分析方面，20世纪70年代的一些研究中指出女性在电视广告中多以陪衬品、家庭妇女、秘书助理等形象出现，而即便被塑造为专业性的角色，最终也仍会回归家庭（Pingree et al.，2001）。同时广告既贩卖商品，也传递价值观，如瘦身广告对女性身体形象之"美丽标准"的建构，不仅有利于资本家收获利润，也服务于男性文化的观看，这方面可参考 Jean Kilbourne 的研究（见三.1.c）。

在电影方面，1972—1975 年，加州伯克利大学出版期刊 *Women and film*，是当时女性形象研究的主要阵地之一。女性主义者们分析了自20世纪20年代以来，以男性主导的电影工业如何将女人刻板化为处女、妓女、性对象、大地母亲或金发无脑美人等几个形象类别（Haskell，1987），并呼吁电影表现"真实"女性，塑造更多的积极形象（positive image），来反映社会现实或是女性正经历的生活状态，与大众媒体中负面的女性刻板印象相抗衡。Tessa Perkins 在 *Rethinking stereotypes*（1979）中指出：对刻板印象提出批评，正是因为要求有更加丰富的积极形象。

c. 传媒业界的职业女性

除了色情刊物和性别刻板印象，另一个早期受到关注的地方是传媒行业的职业女性。Margaret Gallagher（1981）替联合国教育、科学及文化组织（UNESCO）进行的研究，详细交代了女性在职场中遇到的困难。有一些困难是传媒业界中所独有的，另一些则在所有行业中都较为常见。

职业女性在 20 世纪是常见的现象，但是她们大多从事服务性的行业。因此，女性的收入低于男性。就算女性同男性的岗位一样，女性的报酬也较低。因此，单亲母亲家庭通常是最贫困的。另一个职业女性遇到的困难是"双重负担"：她们不单出外工作，更要负责家务。传统的观念如"男主外，女主内"并未因职业女性的普及化而改变。另外，有很多国家没有对妇女分娩的保护及法律保障，这令很多妇女失去工作。在很多国家，女孩接受教育的机会较少。另外，工会会员多为男性，而大多作为非工会会员的女性较易受到解雇及性骚扰。

在媒介工作的女性会常常遇到上述问题，或其他更为特殊的困难。在 80 年代初，很少研究是有关媒介的职业女性，但仅有的证据显示传媒是一个男性主导的工业。女性通常受雇于低级的位置，例如助理编剧及编刊。女性通常负责编制女性及儿童节目，很少负责编制有关新闻、时事、政治、财经、话剧及体育的节目。另外，幕后的技术人员多为男性，而女性则多为秘书、负责文书类工作。最后，营利性的、大型的媒介通常不利于女性的职业发展，非营利性的及小型的媒介则有利于女性的职业发展。由于上述的种种原因，女性的薪酬较男性低。

传媒的工作环境是以男性为标准的。由于传媒是年轻人的工业，大部分的晋升发生在 35 岁前。如果女性想要在 35 岁前进入事业高峰，她们就要放弃生育子女。另外，在很多国家，女性没有正式的培训机会，这减低了她们受雇用的机会。女性亦受到不同方面和程度的歧视。有一些国家没有法律禁止传播媒介不能雇用妇女于技术人员；另一些机构文化则助长男性文化，例如工余时间以畅饮来增进工作关系。

d. 80 年代中的女性与传媒研究概要

Steeves（1987）发表的"Feminist theories and media studies"总括了早期的女性与传媒研究。Steeves 发现大部分的主流研究采用自由主义女性主义，缺乏批判性。她认为社会主义女性主义才能创造较复杂的女性主义理论。

自由女性主义者的目标为男女平等，他们认为性别平等可以在资本主义社会实现，因此他们采用社会科学的角度来分析家庭及社会等的体系。内容分析（content analysis）常用于计算传媒中的女性影像（women's images）——什么样的形象存在（或不存在）、刻板印象（stereotype）及贬值（devaluation）。这些研究的第一个假设是传媒中的女性形象需要反映现实中的女性，另一个假设是传媒具有长期影响能力（cultivation）。若观众长期接触扭曲了的形象，他们会以为现实跟传媒中的世界一样。

影响研究（effect studies）亦采用了自由女性主义的视角。常用的理论包括议程定议（agenda-setting）、长期影响力（cultivation）及使用与满足研究（uses and gratifications）。孩童的社会化（children's socialization）是另一个范畴，研究显示若孩童观看性别刻板印象的传媒形象，他们会抱有符合刻板印象的性别知觉（perception）、态度、及行为。Steeves认为影响研究不能解释性别的构成，只能证实现象的存在。

马克思及社会主义女性主义则认为资本主义及父权主义（patriarchy）能解释女性的次要地位。始于英国的文化研究影响了两种性别研究：一是运用Lacan的精神分析理论（psychoanalytic theory）来研究文本（text）。另一种则强调Chodorow的母亲角色理论（mothering's role）。法国的女性主义代表学者如Luce Irigaray，Hélène Cixous，及Julia Kristeva借用Lacan的精神分析学来假设语言发展跟性别建构的关系。她们认为由于阴茎（phallus）是语言结构中的能指（signifier），所以语言是男性化的。孩童的幻想性及不合逻辑性被男性化的语言压迫（repressed），因此女性要创造自己的语言，并以写作为中心。另一种女性文献采用Chodorow的母亲角色理论来显示媒介中的女性关系是复杂及培育性（nurturing）的，这种关系跟男性关系、男女关系不同，因为女性关系中没有等级性（hierarchal）。

英国的文化研究学派认为大众文化是资本家用以控制工人阶级及女性的工具。有些女性会用主导阅读（dominated reading）来消费流行文本，这些文本宣扬只有中产妇女能享有女性化。Angela McRobbie及Judith Williamson分别分析了少女杂志及广告的文本（见三.1.a和三.1.b）。另一些女性会用协商（negotiated）及对立（oppositional）的方式阅读。她们不单不受传媒的支配，更能创造另一套文本的意义。Janice Radway的女性读物研究是其中的代表作（见三.2.a）。

虽然Steeves（1987）认为社会主义女性主义比自由主义女性主义更复杂，但社会主义女性主义者未能充分地证明社会阶级跟性别是相互关联的。他们虽然声称运用马克思的阶级主义，但只是用性别代替了阶级。他们仍未能解释种族、性别、阶级的关系。幸好这些问题在20世纪90年代之后的研究得到不少关注。

3. 现时的理论及研究方法概况

a. 现时的理论

为庆祝 *Feminist Media Studies*（2011）的10周年纪念，编辑邀请了17位传播女性主义学者撰写有关现时理论的文章。编辑Cynthia Carter及Lisa McLaughlin（2011）认为女性主义研究已不是传播学中的次要范围。两位编辑认为传播女性研究该是跨学科（transdisciplinary）及跨国界

(transnational)的，女性研究的范围不但有弹性，更是流动的。新世纪中出现了不少的全球性社会问题，例如全球的数码鸿沟（digital divide）及媒介性别歧视。为正视这些问题，女性主义学者立定了5个研究范围（其中三个会在结论中有详细的解释）：一、政治经济批判——新自由主义（neo-liberalism）、消费文化、及市场塑造的压迫性的性别关系；二、新资讯传播科技，网络文化（cyber culture）及数码媒介文化；三、传媒及身份——性别化的传媒身份（gendered media identities）及物质具现（material embodiment）的关系；四、性欲及性别化（sexuality and sexualization）——媒介的性别歧视需要重新被正视；五、后女性主义——女性主义者之间的代沟问题。

b. 现时的研究方法

现时的女性主义研究方法跟理论同样多元化。定性方法（qualitative method）比定量方法（quantitative method）较能显示性别的主体性（subjectivity）（Olsen，2008）。可是女性主义学者对女性主义的本体论（ontology）及认识论（epistemology）并未有一致的意见。本体论是有关研究的本质；而认识论是有关知识与研究者的关系、研究者的特点及位置（location）、而及知识的创造与表达。最关键的问题是"谁能认识？"（who can know?）

由于现时的女性主义认为旧时的理论及方法只关注西方中产阶级白人女性，所以他们特别关注边缘性的女性（例如有色女性、同性恋女性及伤残女性）。研究的方向包括全球化、后殖民（postcolonial）、立场理论（standpoint theory）、后现代主义及解构理论（deconstructive theory）。采用以上角度来研究不同女性的一个结果是，经验、差异（difference）以及性别，都成为研究中的重要概念。女性主义研究者并不是中立或全知的求知者。研究者跟被研究对象一样，具有属性（attributes）、特质和个人历史。女性主义研究者在研究过程中运用多种的立场、本体论和身份。

现时的女性主义研究者亦关注如何代表边缘女性的声音（voice），及如何避免利用及歪曲这些声音。其中一个研究方法是利用不同的媒介表达方式，例如小说、诗词、及话剧。另一个受到关注的话题是女性主义研究中的伦理道德。有些研究者认为女性主义者应鼓励伦理的发展。著名的心理学者Carol Gilligan认为女孩的伦理发展跟男孩不同，前者较会发展关心他人的态度，因此女性主义者应运用这种关怀他人的伦理到研究中。

三、主要的思想家和批评

1. 女性主义与流行文化

随着第二波女性主义热潮的兴起，女性主义者开始关注媒介在流行文化中的意义生产，以及女性受众在其中的参与。1963年，Betty Friedan的 *The feminine mystique* 指出战后美国的大众媒体在将女性社会化为一种刻板女性气质上发挥了巨大作用，带动其他女性主义者对流行文化中的女性形象的讨论。她们发现：首先，媒体并非"再现"或是"误现"了现实中的性别化身份，而是参与到对性别意义的建构中，成为现实的一部分（van Zoonen，1994；McRobbie，1997）。其次，讨论"传媒展现了什么"的问题逐渐转向为"传媒如何生产意义"，这将文化产品的意义从文本内带到文本外。最后，作为受众的女性并非消极地接受媒体给予的女性气质教化，女性受众是多样化的，在大众传媒中也具有参与、协商（negotiating）、抵抗（opposing）的能动性（Morley，1992；Penley，1992）。

流行文化中的诸多议题，如流行文本的生产与接受，物质文化的消费实践、文化身份认同等，启发了关于女性情节剧电影、浪漫小说、肥皂电视剧、时尚化妆、流行音乐，以及青少女亚文化等多方面的研究。对于女性主义者来说，这些研究不仅是质询流行文化如何将传统女性气质、性别角色规范到女性主体，同时也注重考察在流行文化中不同种族、阶级的女性主体经验。

a. Angela McRobbie

Angela McRobbie 七八十年代的研究在对青少年亚文化中的性别和阶级分析上尤为突出。她沿袭伯明翰文化研究（Centre for Contemporary Cultural Studies at the University of Birmingham）传统中的马克思主义批评，强调亚文化中的阶级性与物质生产；作为女性主义者，她也尖锐指出 Paul Willis 等社会学家研究中对亚文化一词的男性主流化，如在对街头黑帮、摇滚乐、飞车党等研究中，女性在其中似乎仅仅只是无关紧要的依附者。她提问到：女孩真的从战后的亚文化中缺席了吗？或者说她们其实在场，只是不被看到？她们在亚文化中的角色与男孩是一样吗？是更为边缘化？还是截然不同？如果女性在亚文化中与她们在主流文化内所扮演的角色也不同，那么她们如何选择和组织对她们而言具有补充性意义的亚文化形式？（McRobbie & Garber，1976）

在 1991 年的 *Feminism and youth culture* 一书中，收录 McRobbie 在七八十年代对浪漫小说、服装时尚以及少女杂志 *Jackie* 等工人阶级女孩亚文化的调查研究。这个时期她对女性杂志的态度基本上是消极的，例如她认为 *Jackie* 为女孩们制造出了虚假的女性友谊结盟，一种浪漫化的个人主义（romantic individualism），并暗示这种个人主义在女孩与男友一起时就会被立刻放弃。当然，这些少女亚文化一方面反映出主流性别意识形态对女孩们的传统家庭式女性气质的规训；另一方面，女孩也通过组织这些亚文化来发挥一定的创造力与自主性。

McRobbie 的研究注重历史变化的影响。在随后的 *Postmodernism and popular culture*（1994）里，她认为到了 80 年代末是流行音乐而不是浪漫小说在发挥着理论保护伞的作用，不同于 70 年代摇滚乐中女性的边缘，80 年代流行音乐的兴起使得偶像明星进入女孩亚文化视野，而新兴的少女杂志，如 *At 17*，也日益为进入前卫少年阵营的各种乐队扮演着宣传员的角色。流行音乐、锐舞（rave）文化的兴起也与英国 80 年代末女性气质的剧变有关，参与这些亚文化也为女孩们带来了更多性别气质认同的可能性。她发现，这一时期无论黑人还是白人女孩，都已从她们的传统性别位置中分离出来，不过男性同伴们的性别与阶级命运却变得更加稳固。

b. Judith Williamson

1978 年，Judith Williamson 出版著作 *Decoding advertisement*：*Ideology and meaning in advertising*，这本以广告文本为分析对象，以大量实例说明解读广告的思路和方法，虽已过了三十多年，其分析框架仍未过时，是不少文化和媒介研究课程的指定读本。

Williamson 深入文本细节，检视符号的编码和解码过程，探寻能指（signifier）和所指（signified）之间的呼应。著作揭示广告如何为相类似的产品赋以不同的意义，当中涉及一个庞大的参照系统（referent system），编码和解码双方，均从中撷取符号，重新组合，并把其中的联系淡化成自然，让观者习以为常，甚至视而不见，令商品的使用价值（use value）和交换价值（exchange value）联结，以至有了对等的关系。借助符号学和 Louis Althusser 的分析，Williamson 探究广告的意识形态作用，指出广告通过"询唤"（interpellation），令受众对号入座，自愿代入广告角色的位置，进而产生认同感，产生购买的欲望。原来的意识型态在多姿多彩的广告中得到巩固，却不为受众察觉，遑论抗议。

差不多同期出版的 *Gender advertisements*（Goffman，1979）亦着力描写广告世界里的性别问题，男女关系显然与现实经验不符，女性往往被描绘为小孩，等待男性的照顾。Goffman 指出，这当中更大的问题是，很少人觉得这是问题。Williamson 的分析，正好突显了文本如何不动声色地建构了符合意识形态的意义，并使之继续流通。

Williamson 在英国 University for the Creative Arts 任教，多年来持续发表对流行文化的分析，2003 年时曾在报刊撰义，批评广告中的性别主义复活，她称之为 retro sexism，引起了新的讨论（Williamson，2003）。Williamson 认为，现在不但批评广告性别歧视的声音少了，更有创作人刻意为之，标榜自觉性和趣味。从这些趋势看来，广告文本的性别拉扯，没有消退，而是换了形式，继续意识形态的角力。

c. Jean Kilbourne

教育学者 Jean Kilbourne 早在 60 年代就留意到广告中的女性形象对年轻女性的影响。她特别注意到广告中的纤瘦形象能导致厌食症及药物滥用。她的教育影带 *Killing us softly* 经常被用于教学及活动。她出版的 *Can't buy my love*：*How advertising changes the way we think and feel*（1999）清楚地说明广告形象如何导致女性的自我破坏（self-destructive）行为。

Jean Kilbourne 认为广告需要被正视，因为它们无处不在。有人认为若关闭电视就能避免广告，但 Kilbourne 指出广告亦出现在公共空间例如街头的广告牌（billboard）及公共汽车。广告更见于赞助活动例如大型运动会及演唱会。美国人每日平均接触 3 000 个广告，而人生中的三年会花在观看电视广告。孩童是特别脆弱的观众,因为他们不懂得分别节目内容及广告,他们更是商户的特别对象群体,因为忠于品牌(brand loyalty)始于孩童时期。

青少年也是脆弱的观众。广告商利用青少年的不安全感(insecurities)和来自朋辈的压力来贩卖商品。年轻少女尤其感到焦虑及不安,她们对自己的身体充满批评。她们认为要实现自我控制就需要先控制体重。广告大力宣扬纤瘦身体,大施压力于过胖少女。年轻男性也受到广告影响,他们会认为自己的女朋友不及广告的模特儿漂亮。广告间接令许多少女过量节食,嗜烟酒或药物滥用。广告更宣扬少女需要文静,并没有自己的主见。消瘦的身形及沉默的外表减低了少女所占用的空间,使得她们看似一类较弱势的性别。

儿童商品的广告运用了性别的刻板印象:男孩子多为活泼,而女孩子则为被动。小女孩的形象及动态也用于贩卖成年女性商品——成年女性模仿小女孩的动态,例如用手指掩盖嘴唇或交叉双脚站立,模仿小女孩亦加强女性是弱势群体的观念。

Kilbourne认为现时广告公然运用色情形象来销售产品。除了性感的背影及赤裸的女性身体,虐恋(sadomasochism)也运用于广告中。女性经常被束缚来售卖领带及手表。男模特更常用暴力来控制女模特,例如拉扯头发。女模特更易处于危险的处境,如独自在升降机或停车场中。女模特常扮演暴力的受害者,她们公然地被侮辱或被称为"母狗"(bitch)。虽然在90年代赤裸的男性身体常出现在广告中,Kilbourne认为这并不能代表男女平等。因为赤裸的男性往往处于主动而非被动的状态,他们仍然是操控环境的主角。另一个原因是在现实生活中,男性是罕见的被强奸及被暴力的对象,纵使他们以性感的广告形象出现,他们仍是在性别关系中较强的群体。

2. 观众与影迷

文本分析善于在字里行间寻索意义的建构过程,应用在流行文化作品时,常常能阅读出丰富的层次和趣味。但这种以文本为中心的研究取向,难免依赖于解读者的见解和视野,容易出现过度解读的情况;而由个别专家定断某些文本的意涵,也有一定的精英主义心态。以言情浪漫小说为例,一般认为这类小说文学价值低,品味不高,难登大雅之堂,评论亦往往聚焦于故事结构,以及男女关系失衡等大题目,忽略了读者的角度。

a. Janice Radway

Janice Radway 1984年出版 *Reading the romance:Women, patriarchy and popular literature*,以言情小说读者为对象,跟42名妇女作深度访谈,在日常生活的语境中,探问这个喜好的前因后果。Radway结合文学和精神分析,记录读者的阅读习惯和感到愉悦的原因等细节,带领我们放下预设,从这些女性读者的角度出发,探究她们在阅读过程时的幻想,如何化成满足感和应付现实生活的力量。研究中所呈现的受众,并非被动地接受信息,而是会因应文化背景跟个别文本进行互动,从而生产出新的意义。

研究凸显了"积极受众"(active audience)的主动性和对文本复杂多元的解读。不过，诚如 Radway 在 1992 年新版的自序所说，她在理解和书写受访者的经历时，还是无法避免受个人的预设所影响，彼时对父权的诠释，也流于僵化。但不能否认的是，该书出版以来，确定了"受众研究"(audience studies)的重要性，成为传播学的一个经典著作，2012 年时获 ICA Fellows Book Award。

b. Laura Mulvey

作为女性主义电影批评家，Laura Mulvey 的贡献集中在电影文本的性别批判与女性观众的问题上。1975 年，Mulvey 发表"Visual pleasure and narrative cinema"(1975) 一文，回应以往男性理论家对电影装置与观众欲望论述中的性别盲点，从女性主义视角将精神分析理论再度沿用至电影批评中，奠定了此后女性主义电影研究的趋势。Mulvey 指出，经典好莱坞叙事电影中暗藏着一套男性中心的语言结构，将男性作为凝视的主体，女性则是凝视的客体。首先，电影工业大量生产着消极的、被观看的女性形象，而沉默的女性形象既是故事中男主角的欲求对象，同时也作为观众席上男性观众的欲望对象。其次，作为"被阉割的"他者(castrated others)，女性形象会不断唤起男性观众的阉割焦虑，而缓解这种焦虑的方式有两种：窥淫(voyeurism)与恋物(fetishism)。窥淫往往和施虐欲(sadism)相联系，在这一基础上，电影叙事会逐渐去除女性角色的神秘感，剥夺她的主体性欲望，来实现对她的"惩罚"；而恋物则是淘空女性形象的所有意义，将她变为一个欲望的能指来崇拜与爱恋。最后，电影还为男性观众提供了自恋认同的对象——男主角，而男主角有特权的观看与男性观众主动的情欲相一致，为其带来全知全能的满足。在剖析电影文本中的性别权力结构之后，Mulvey 也呼吁女性主义电影作者探索女性主体的电影实践。

不过，Mulvey 早期呈现出来的批评结构中，排除了女性观众主动欲望的可能，例如她认为由于女性形象再现了阳具之缺乏，只能占据被动的位置，因此女性观众只能拥有受虐式的快感。这随后引发了许多女性主义者对于"女性观众位置"(female spectatorship)问题的讨论与发展，以 Teresa de Lauretis、Mary Ann Doane 和 Tania Modleskis 等为代表。Mulvey 在 1981 年的反思中也补充到，女性观众在文本中的认同位置应当是流动的，女性可以摇摆在男性气质与女性气质的叙事认同之间，暗示着一个多元认同空间的出现。

3. 主体及客体化

a. Feona Attwood

踏入互联网年代，色情媒体发展了更多样化的题材和形式，网络性爱、色情论坛，以至迎合各类兴趣的网站方兴未艾(Jacobs，2004)，使得原来已在忧虑色情祸害的人们为关注。然而，强调实证和量化影响的研究未有突破，英国学者 Feona Attwood 提出要开拓新的研究方向，以期待更直接反思和对应有关色情文化的生产和消费的问题，以及丰富和扩阔学术界对性（sexuality）的认识和了解（Attwood，2011）。

另一方面，大众媒体越来越喜欢借用以往只有色情媒体才会使用的手法，时尚广告中穿着暴露的模特，电视节目中语带相关的黄色笑话，还有谈话类节目中坦然谈性的对话，McNair（2002）称之为"脱衣文化"（striptease culture）。女性胴体进一步被展示、观赏为商品，参与其中的人年轻化，这种性化（sexualization）和物化（objectification）现象引起新的关注和热议（APA report，2007）。

Feona Attwood（2009）就此写成专论，以性的主流化（mainstreaming of sex）为主轴，探讨色情化现象（pornografication），指出色情影像泛滥，媒介以性吸引眼球，渗透日常生活。然而，Attwood不同意只从物化的角度批判色情，她以钢管舞（pole dancing）为例，这种昔日使人联想到色情行业的表演，如今变了一般女性可随心参与的闲暇活动。受访女性认为活动令她们愉快，感到自由，能实践能动性（agency）。这说明女性在这类活动中，不一定只能担演被动或受害者的角色。

事实上，近年有女性主义者倡议女性更积极地参与生产、流通和消费色情，期望以此扩展对性的想象。Attwood则建议深化色情研究，促进不同学科之间就此课题的对话，她与另一学者Clarrisa Smith策划了首个以色情为主题的学术期刊 Porn Studies，预期2014年首刊，消息公布后，立即引起新的争论，质疑这是否会变相肯定了色情媒体的生产（见 http：//www. theguardian. com/culture/2013/jun/16/internet-violent-porn-crime-studies）。由此观之，学界对色情该如何研究、研究什么仍有明显分歧。有关性的论述，很难不脱离道德或政治正确的考量。但强调女性的自主性以及欢愉的论述，正酝酿着新的思潮。

4. 女性主义和科技

20世纪80年代前后，女性主义视角开始进入科技哲学领域。"技术女性主义"（technofeminism）一词由澳大利亚社会学家Judy Wajcman（见三.4.b）提出，用来形容运用科学技术的社会学方法、研究技术领域中的性别问题的女性主义。这类女性主义者首先批判科学技术领域中男性思维的霸权，呼吁提高女性科学家的参与度；其次，在科技飞速进步的背景下，她们关注劳动力的性别分工与科技创新之间的相互影响；再次，她们强调"情境化的知识"（situated knowledge），思考技术发展带来的新意义如何与女性主义价值观相协调，寻找基于女性主义立场的技术理论；最后，也考察性别在科技发展中如何被社会化建构的过程，以及技术在社会性别结构中的分配。这方面的代表人物分别有 Louise Walden，Sandra Harding，Donna Haraway 和 Judy Wajcman 等。进入科技领域的女性主义为反思技术本身提供了新的视野。

a. Donna Haraway

美国文化研究学者Donna Haraway是马克思主义、技术女性主义的代表人物，她在科学史学、生物学、灵长类动物学方面亦有很高造诣。1985 年，她发表"A cyborg manifesto: Science, technology, and socialist-feminism in the late Twentieth Century"（Havaway, 1991）一文，对传媒研究有诸多借鉴。根据 Haraway 的解释，在 20 世纪晚期的科技文化中，人类与动物、人与机器、自然与非自然的界限已被模糊。所谓赛博格（cyborg），就是一种控制论的有机体（cybernetic organism），是机器与生物体的混合，既是虚构的造物，也是物质现实的存在，而这个时代，我们都是赛博格（Haraway, 1991）。作为一个跨越边界的主体隐喻，赛博格意味着挑战二元论思维，破除身份的本质性神话，打破女性身体的规范性界限，同时，科技的进步也将打破两性在社会劳动上的分工，这些都与女性主义的目标异曲同工。但赛博格也反思"女性"和"女性主义"这些概念本身，这是 Haraway 针对 80 年代女性主义理论中对一个普遍的、自然化的女性身份的批判，她提问，什么样的政治，是可以拥抱局部的、矛盾的、总是未完成的个人与集体的自我建构，并且它同时忠诚、有效且反讽式地仍被认为是社会主义女性主义？对此，Haraway 认为，赛博格致力于促成一种后现代主义的、非本质主义的模式，以及在一个假想没有性别、没有起源、甚至也没有终点的乌托邦世界的传统中，重新建立起社会主义女性主义的文化和理论。

Haraway 提出"信息化统治"（the informatics of domination），来描述一个由科学与技术连接起来的世界范围内的社会关系，它将会替代以往的白人资本主义父权制，成为新的权力管控形式。在这个趋势下，有组织性的男性劳动力将有可能被流动的女性劳动力替代，这对女性主义来说无疑是一把双刃剑。如今，网络电子文化传媒已经超越传统国界、超越不同的社会制度和政治意识形态，将人类聚集在赛博格空间当中，人与机器、虚拟与现实越来越难以区分。对于 Haraway 来说，这使女性主义在赛博格时代的重新建构更为重要。

b. Judy Wajcman

早在 20 世纪 90 年代初期，Wajcman（1991）指出有关性别及科技的文献非常贫乏。虽然 Wajcman 并不特别针对传播及资讯科技，但她的理论可用于传播例子。Wajcman 说明批判性的科技研究源于马克思的理论——工人和资本家的关系是生产科技的一个重要因素。可是这社会关系只顾及阶级，并没有顾及性别。事实上，在早期的工业革命，生产由家庭作坊迁移到工厂，而女性在这个过程中被排斥。其后，虽然女性被雇用做工人，但她们多为低薪及低技能的员工。因此，机械化大生产是为男性而设计的。Wajcman 认为男性化的科技是历史及文化的建构。女性主义者需要正视以下几个问题：科技的重要性是由于科技是男性化的吗？或是因为科技是男性化，所以受到重视？如何避免"科技是男性化因为男性创造科技"的假定？为何女性工作被贬值？究竟有没有女性的知识这一回事？女性知识是否跟女性的直觉（intuition）一样？科技能否配合女性的兴趣？

为解答以上问题，Wajcman 认为女性主义者需正视有关生产、家庭、生育及建造环境科技。对于家庭科技，Wajcman 问到，经济中的科技发展跟家庭中的科技发展有什么关系？新科技如何实现家庭的工业化以及改变家务劳动？为何家庭电子产品并没有减轻主妇花在家务上的时间？

历史证据显示家庭电器虽然减轻了主妇花在家务的时间，但核心家庭、仆人的不普及化令主妇变成家庭中唯一的家务负责人。女性虽然经常运用家庭电器，但她们却认为自己不精于科技。Morley（1986）的电视录影机研究指出这家庭电器虽是性别中性化，但大部分主妇认为这是男性的科技。这研究设定了"性别化科技"的概念——性别的意义及期望在录影机还未到达家中已经形成。另外，家庭科技由生产性（例如洗碗机及雪柜）转变为消费性（例如电视机及电脑），女性通常运用生产性的电器而男性则运用消费性电器。科技并没有解放女性，反之它们加强了两性的分化。

Wajcman认为科技不能解放女性，需要社会及经济状况的改变才可满足女性的科技需求。科技的设计是为了满足生产商的营利目的。而且，很多的家庭科技首先为工业科技，它们只是大型工业机械的变种。历史中有不少的例子显示女性尝试通过改变社会状况来减轻家务责任：公众厨房和托儿所为其中的两个例子。讽刺的是，英国中产阶级妇女比工人阶层的妇女更热衷和活跃于公众服务领域。

5. 身体

身体和思维（body and mind）经常引发二元对立的看法——身体是生物的，世俗的，思维是形而上的，比身体重要和高尚。同样是人，男性和女性的身体和思维也被赋予不同的意义。女性的身体往往受到更多的注意和凝视，借用同样的二分法，女性是肉欲的身体，男性则代表理性思维，前者犹如后者的从属。Simone de Beauvoir 在 *The second sex*（1949/1972）中，屡述女性在成为女人的过程中，如何因应身体的变化而产生出种种男性不会有的情绪（例如由经期带来的厌恶感），以及要面对这些身体经验时所带来的限制。由是观之，关于身体的讨论，不该局限在生物性的（biological）层面，更要检视其与文化之间的密切关系。

a. Susan Bordo

Susan Bordo 在著作 *Unbearable weight: Feminism, western culture and the body*（1993）中，聚焦于身体"不能承受的重量"。这里所说的重量，不仅是物质性的，更多是由媒体和流行文化发扬光大的信念和价值。各种有关"完美身体"的论述，透过电视电影和广告等媒介传播，配合美容瘦身、健身和整容等行业，女性内化了一整套自我鞭策和规训（discipline）的标准，着力于塑造能够满足父权社会对女性期望的身体。

Bordo 特别以饮食失调如厌食症为例，提出要理解病因，不能单靠医学的诊断而忽略了文化语境对身体的影响。身体并不是独立于文化和经验的载体，却和两者紧密相连，亦有其历史脉络。就厌食症而言，患者对待身体的看法，往往体现了身体和思维的二元分类（dualism）——身体是外在的，可以控制的。通过极端的方法，厌食者控制自己的饮食和体重，顺从了社会的期望。与此同时，却又因此而令身体变得虚弱如小男生，失去了女性身体的特征，反而颠覆了社会原来的要求。Bordo 的分析，凸显了身体的政治。其后作品 The male body: A New look at men in public and private (1999) 阅读男性身体，探讨所谓男性特质（masculinity）的其他面向，进一步丰富了身体理论。

6. 黑人女性主义

在女性主义运动的第二次热潮中，黑人女性发现白人女性并未顾及有色女性的需要，而黑色力量又不太关注女性主义。面对性别及种族的双重歧视，黑人女性主义者如 Angela Davis, Audre Locke, Bell Hooks 和 Patricia Hill Collins 用写作来突出黑人女性的特殊地位。奴隶及殖民历史影响了黑人女性的身份认同及经验。其中一个例子为，由于黑人女性奴隶担当粗重的工作，她们常常被视为非女性化。另一个例子是，奴隶是主人的财产，所以黑人女性的身体是属于主人的，这使得至今黑人女性的身体更易被商品化（commodified）。黑人女性主义者反对白人女性主义者所推动的分离主义（separation）——即女性需要建立自己的社会，因为黑人男性和女性在历史上互相照应共同对抗白人的迫害。但黑人女性主义者也承认黑人的男性主义导致了对女性的暴力。就美国而言，黑人的单亲家庭多以母亲为首，加上黑人女性较低的教育程度及收入，单亲的黑人家庭通常更易面临着贫穷的问题。

a. Bell Hooks

Bell Hooks 是一位多产的女性主义作家、大学教授及女性运动领袖。她的著作除了关注黑人运动和女性运动之外，更包括教育理论与媒介评论。Hooks 的著作常以第一身份来作引述（见 Hooks，2002）。生长于南部 Kentucky 州的 Hooks 亲身经验到种族的隔离。黑人的男性主义亦影响到她的教育，比如她的父母认为受过高等教育的女性不容易嫁娶。在 20 世纪 60 年代的斯坦福大学里，Hooks 体验到女性主义并未顾及黑人女性的经验。于是 Hooks 用"白人至上的资本主义父权制"（white supremacist capitalist patriarchy）一词来理解种族、性别及政治经济结构是如何压迫黑人女性的。对于 Hooks 来说，单从性别或者种族的角度并不能复杂化压迫形成的原因。

Hooks 利用"白人至上的资本主义父权制"来分析好莱坞电影（1992）。虽然好莱坞常被形容为梦工厂，但 Hooks 认为好莱坞受控于少数的白人男性资本家，他们视电影为畅销产品，性别和种族的影像需要吸引公众才可令电影卖座。于是，典型的黑人形象如凶暴的男性及性活跃的女性便经常出现在好莱坞的电影中，而观众们会经常否认这些形象是故意而为之的。好莱坞也低估了许多黑人导演，如 Spike Lee。Spike Lee 被视作一个失败的导演，因为他的电影虽然卖座，却并不是大制作，而且好莱坞更认为 Spike Lee 的电影没有清楚的故事大纲。但 Hooks 指出，这其实是因为好莱坞不认为黑人的角色能够构成吸引观众的故事。Hooks 也批评了主流音乐类型 Rap，Rap 音乐影带经常用色情的黑人形象如赤裸的女性、狂野派对、毒品来宣传音乐，而 Rap 音乐的消费者却是以白人青年为主。消费者以为 Rap 音乐能带给他们黑人文化，他们并没有留意到，Rap 音乐只是一种商业化的产品。

7. 酷儿理论（Queer theories）

20 世纪 90 年代以后，随着 LGBT（lesbian gay bisexual transexual）平权运动与酷儿理论的兴起，大众传媒中的性别气质呈现出多元化的趋势，越来越多的性少数群体，如男女同性恋、双性恋者、跨性别人群等，在主流媒体中得到再现。"酷儿"是英文 queer 一词的音译，原本是用来贬损同性恋的用词，有"怪异"之意，后被许多新一代性少数人群主动拿来反讽式地自我命名。1991 年，女性主义理论家 Teresa de Lauretis 提出"酷儿理论"一词，意在指出男女同性恋政治联合中的差异性。酷儿理论强调性别性向的流动性，反对身份的本质化与自然化，反思身份类别背后的权力构成，它进一步挑战了主流媒体中的阳具中心（phallocentrism）与异性恋中心结构。

除了影响媒介中对性少数群体的再现方式，酷儿理论也丰富了受众对大众文化产品的接受和解读。Alexander Doty 在 *Something queer here*（1993）中提出了将酷儿性（queerness）作为一种大众传媒中的接受实践。这种酷儿接受（queer reception）打开了一个可以描述与表达同性情欲、双性情欲、跨性情欲以及直人酷儿性（straight queerness）的空间。Doty 指出，我们应该关注到异性恋中心的文本也能够包含酷儿的元素，并且基本上异性恋的、认同为直人的人也能够体验那些酷儿的时刻，酷儿化的情欲已是大众文化情欲中心中的一部分，它提供了一个场所让每个人的反异性恋欲望（contra-heterosexuality）与反直人思维（contra-straight）都可以发生。因此，酷儿接受不仅为性少数人群所独有，它广泛包含了处于主流媒体中的不同受众对情欲的理解，以及对性别身份的多元认同。

a. Judith Butler 与性别操演（gender performativity）

作为酷儿理论的奠基人之一，美国理论家 Judith Butler 在她 1999 年所著的 *Gender trouble* 一书中，提出"性别操演"的概念来重新思考身体、性别与权力的关系。首先，她动摇了生理性别（sex）、社会性别（gender）与性欲望（sexuality）三者间被权力建构起来的一致性，即指出它们如何在男性中心的异性恋文化矩阵下，通过一系列"幻想"的机制，被人们当作自然和永恒的事实。其次，她重读精神分析理论，挖掘出隐藏在西方文化结构深处的同性情欲禁制和异性恋霸权话语自我正当化的叙事策略。最后，她通过解构性别二元论背后的阳具逻格斯中心主义（phallogocentrism）思维模式，来质疑一切即有的、权威式、固化的分类与框架，这也使她的理论成为对同性恋身份政治的有效反思。在这些批判的基础上，Butler 引用 Simone de Beauvoir 的名言："女人不是天生的，而是变成的"（"on ne naît pas femme; on le devient"），来说明性别并非固定的形式，而是一个无始无终的"正在变成"的过程。所以，"性别操演"被理解为一种身体实践，即性别本身是通过一套持续的身体行为被稳固下来的，而身体也在这个过程中被程式化、风格化，被识别为"性别化的身体"。基于性别的操演性，Butler 提出通过性别戏仿（gender parody），来混淆生理性别、社会性别与性别表演（gender performance）之间的本质化差异，使社会性别的模仿性结构以及历史偶然性暴露出来，也使得被固定的二元性别范畴发生动摇。

Butler 又在随后的 *Bodies that matter*（1993）和 *Undoing gender*（2004）等书中补充和发展了她的"性别操演"概念。尤其是在对关于纽约变装酒吧的纪录片《巴黎在燃烧》（*Paris is Burning*, 1990）的解读里，她重申了扮装表演和性别秩序的关系。异性恋文化生产了扮装的形式，而扮装则透过不同的身体置换着被规定的性别气质，令其发生改变，因此，在某种程度上，扮装的身体挪用（appropriate）、颠倒（reverse）、再度意指（re-signify）了性别，以使规范不能完全规定我们。Butler 对于性别操演的解释，为我们积极地、酷儿式地阅读大众传媒中的各种刻板、怪异、雌雄同体（androgynous）等性别形象带来了新的启发。

b. Larry Gross

Judith Butler（见三.7.a）的性别操演理论尝试打破性别固有秩序，但在六七十年代，对于同性恋社群来说，更贴身的问题是"出柜"（outing）。美国传播学者 Larry Gross 于 1993 年出版 *Contested closets: The politics and ethics of outing* 一书，在此以前，他一直关注性小众（sexual minorities）在媒体中缺席的问题，提出这形同"象征性灭绝"（symbolic annihilation）的情况，无助于公众认识这方面的议题。2001 年，他在另一本著作 *Up from invisibility: Lesbians, gay men and the media in America*，回顾了美国媒体呈现同性恋的历史。

50 年代的美国媒体，鲜见关于同性恋的报道，偶然触及，多跟罪案有关。在石墙暴动（stonewall riot）以前，同性恋是边缘社群，要不是流氓，要不就是受害人。Gross 的著作刻画了媒体的转变，也因此突出了媒体在相关议题上能够担演更重要的推动角色。Gross 认为媒体在呈现同性恋者时，应该提供更多样化和正面的描述。

时移势易，在西方媒体，同志不但不再是禁忌题材，更因为商家看中社群的消费力，大力发展"粉红营销"（pink advertising），期望赚取"粉红钱"（pink dollars），在消费主义的前提下，同志从被漠视和歧视，变成被重视的对象，但是，这过程是否会造成新的刻板印象？而对教育和经济地位都已提高的女性来说，这个关乎媒介再现（media representation）的问题，也同样适切。

8. 后殖民女性主义

后殖民女性主义者跟黑人女性主义者的批评与诉求很相似，他们认为父权社会和殖民统治同时压迫着女性。从女性主义角度，从殖民主义者记念，批判，及质问殖民主义及殖民历史。跟黑人女性主义者一样，他们不认为白人女性主义者能代表所有女性的声音及经历，他们认为白人女性主义者的写作为欧洲中心主义的（Eurocentric）；这些写作并未能复杂化身份政治——即性别如何关联于阶级、性取向、种族、国籍及宗教身份。后殖民女性主义认为语言可用来压迫属下阶层（subalterns），令他们无法诉说自己的经验，而语言同时能够释放殖民的历史包袱。

a. Chandra Talpade Mohanty

Mohanty（1991）的"Under the Western eyes: Feminist scholarship and colonial discourses"为后殖民女性主义的经典著作。她认为后殖民国家及第三世界女性被西方著作视为一个单一的主体（singular monolithic subject），西方著作运用到第三世界的差异（third world difference）来解释第三世界女性的处境。第三世界女性在西方著作中，被视作没有知识，贫穷，未受教育，注重传统和家庭，并经常受到压害；相反，西方国家的女性被暗示为第三世界女性的反面，即她们受过教育，现代化，能控制自己的身体，并且享有操控自己命运的自由。

西方作者认为性别是西方及第三世界女性的共同之处，因此全球女性需要联合对抗她们的弱势地位。西方著作常描绘第三世界女性为：一、女性是男性暴力的受害者，非洲及中东的切割女性生殖器官（genital mutilation）习俗被视为全球男性对女性的暴力迫害。二、第三世界女性在经济上、社会上、及政治上依靠男性，这种依赖性地位令女性变成客体（object）；西方的著作错误地声称所有的非洲妇女都是妓女，贩卖身体是唯一的谋生机会。三、第三世界女性是殖民的受害人，西方著作只留意到习俗如何改变，并没有留意到习俗的价值是否改变。四、女性的地位是属家庭及亲属关系内的，女性是被她的家庭及亲属关系所建构起来的。五、女性的经济地位受宗教影响，伊斯兰教常被视为一个有特定的经济、社会及权利关系的宗教，但宗教常常不被视为一种社会关系及习俗。六、在女性及发展（women in development）的文献中，女性发展被单视为经济发展。因此，如女性需要展能，她们需要教育及职业培训。当第三世界被描绘具有以上六项的特质，她们被视为没有历史（ahistorical）的一群。

b. Radha Hedge

在传播的文献中，Hegde（2011）认为第三世界女性主义者需要创造一个空间来显出全球化的性别化政治（gendered politics of visibility）。她认为全球的性别主体（gendered subject）并不是明显的，他们需要位于权力的形构（power formation）中来考量。有学者认为性别分类（gendered categories）在跨国环境（transnational conditions）中被复制；另一些学者则倾向于认为媒介科技、移民、管制资金的缺乏，重新稳固了旧有权利关系的影响力。在这跨国网络与媒介饱和的环境中，性别主体被建构以及被下定义。其中一个例子是回教女性的面纱（veil）。她们的身体被用作美国侵袭中东的原因。根据Mohanty所说，回教女性被视为被回教男性所迫害的群体，而西方视自己为解放回教女性的负责人；西方自以为自己可以给予回教女性自由和选择，但生活在西方国家的回教徒还被下令脱除面纱以成为西方国民。

Hegde 亦质问媒介文化如何影响文化，主体性（subjectivity）及日常生活。媒介跨越时间和空间，改变了固有的分类，如：私有/公有，传统/现代，全球/本地。媒介再不是中性的资讯渠道，它们展开时间和空间，令不可能的经验变得实在。媒介影像及商品产生了全球性的消费者。第三世界的消费者用服饰时装来作为本地的身份认同；同时，他们可以想象他们怎样跟全球化及现代化连成一体。

Hegde 认为全球化理论很少囊括性别，因此，研究媒介及跨国的性别生产需要有深度的语境（contextualization）。固有的界限类别如国家，传统，现代，文化，以及性别，需要被看作流动及易变的概念。因此，固有的观念如二分法（dichotomies），本质主义（essentialism）和欧洲中心主义需要被批评。

四、现时的争论及未来的发展

从第一波热潮的妇女解放运动到现在，西方女性的社会、经济及政治地位得到了极大的改进。在美国而言，女性不单享有投票权，她们投票活动上甚至比男性更踊跃，有不少国家（例如芬兰，德国，印度）更以女性为领导人。美国及英国的大专院校见证了女学生的增长——女学生不单单在数目上超越了男学生，她们更是成绩优良的一群。妇女的就业机会大为改进，她们的职业选择不再局限于教育及秘书，也能够担当医生、律师及工程师等工作。

随着女性地位的提升，女性主义需要更新和改善。事实上，女性主义的一个危机是它被看作过时了——即现代女性已达到性别平等的梦想，她们不再需要女性主义运动和理论。后女性主义（post-feminism）代表了这一种想法。另一些女性主义者则认为性别需要被置于全球经济的发展中来思考，尤其是新自由主义（neo-liberalism）全新厘定和影响了性别的定义。中国大陆的经济发展显示了旧有的性别划分仍然存在。经济优越的女性享有西方产品及接受西方教育；贫穷的女性则需要迁移到大城市当着工厂工人或家政保姆。政治经济女性主义（political economic feminism）正视性别及全球经济一体化的关系。最后，另一些女性主义则审视性特性（sexuality）及性欲化（sexualization）的问题。纵然女性的社会地位大增，性别歧视及色情影像依然大行其道，而有不少女性享用着这种影像，后女性主义者的批评者视这种现象为女性主义的反弹（backlash）。

1. 后女性主义（post-feminism）

《纽约时报》记者 Susan Faludi 著作 *Backlash*：*The undeclared war against American women*（1991）道出主流文化对女性主义的反抗。主流媒介认为职业妇女破坏了传统的家庭架构及观念。在另一方面，主流文化大力宣传女性已达到具影响力的地位。流行音乐及电视剧用女孩力量（girl power）的口号来贩卖文化，例如 Spice Girls 用充满活力及性感形象唱道她们并不需要借爱情得到满足。这种态度有别于六七十年代的女子组合；她们的歌词常反映到爱情的重要性。另外如《Ally McBeal》电视剧的主角，虽然是三十多岁的单身律师，但她的生活并不枯燥。受欢迎的连续剧如《Sex and the city》不但有 4 个事业女性为女主角，她们的社交生活更充满魅力。她们虽然渴望真正的爱情，但亦有不少男性朋友及性伴侣。这些流行文化中的女性令年青一代的女性感到她们已被完全释放。

传播学者如 Lotz（2001）则认为后女性主义是一个有用的理论，因为它能帮助分析大众媒介中复杂的女性角色。后女性主义的第一个特点，是为电视剧剧情探索不同女性跟权力的关系。女性角色再不是一模一样的，她们的种族、阶级、教育程度、性取向决定她们的机会及选择。第二个特点是，女性主义运动能在不同的环境和机构中进行。第三个特点是，性别及性取向的二分法（dualism）变得更加有弹性和模糊化，比如变性及双性角色说明性别只是一种表演（见三.7.a Judith Butler）。第四个特点强调了剧情关乎现实女性的奋斗。在 Lotz（2001）的释义中，后女性主义似乎解决了不少的早期女性主义问题。

另一些女性主义者则对后女性主义充满怀疑。McRobbie（2004）认为后女性主义湮没了多个年代女性主义运动的重要性。McRobbie 提出双重纠葛（double entanglement）来分析后女性主义：一方面，新保守观念（如女性是属于家庭的）再度兴起；另一方面则是家庭及性别的自由化。这种新自由女性的形象常见于广告中：性感及色情的形象被当作讽刺之用；广告商承认性别歧视的形象，但这些形象却被用来作为一个笑柄。如果女性主义者谴责这些广告形象，结果这只能显出她们的守旧。自由的口号对 McRobbie 来说是空洞的。女性的选择不外乎她们的婚姻及工作，她们要不停自我反思才能达到目的。

2. 政治经济女性主义（feminist political economy）

从 2000 年开始，大众传播的女性主义者重新审视性别与经济的关系。她们的理论基于第二波热潮的女性主义运动。受到马克思主义及社会主义的影响，女性主义者认为女性受到父权制度和资本主义的双重压迫。当代的政治经济女性主义者留意到经济全球化对女性的影响。虽然有学者认为经济一体化为女性带来积极正面的影响（例如增加就业机会），女性主义者却抱着一个审慎的态度。她们认为经济一体化带来消费文化的普及化：不但富有的女性追求奢侈品，连工人阶层的女性亦渴望名牌。经济全球化虽然增加了就业机会，但低教育的妇女仍只能担当工厂雇工或家庭保姆。阶级差异不但没有消失，反而在经济全球化中更加巩固。另外，新自由主义（neo-liberalism）成为了新的政治思想。这一主义首先出现在 80 年代的英国及美国的右派政治，但随即蔓延至欧陆及南美的国家。新自由主义利用个人自由为借口来消减政府对公民的责任，在它的影响下，很多传统的公共服务如医疗和教育的经费被减低。

在政治经济女性主义批判新自由主义对女性和传播的影响方面，Meehan and Riordan（2002）及 Sarikakis and Shade（2008）的两本著作所收集文章讨论了全球女性的地位。Riordan（2002）写到政治经济学者留意到媒介工业是一个经济性的结构，但女性主义者只留意到有关再现（representation）和身份等问题，她们并未留意到资本主义、劳工（labor）、阶级等问题。Riordan（2002）解释由于政治和经济结构传统地排斥女性的参与，所以女性主义者并不太留意到政治经济架构如何影响到日常生活，比如电视节目的选择。Riordan（2002）认为女性主义者要明白社会关系是同时被性别化和经济化的，因此政治经济女性主义者不但要研究宏观（macro）结构，她们更要留意到中间（meso）及微观（micro）结构。政治经济女性主义不但了解女性的日常经验，她们更要把理论运用到实践（praxis）中来对抗女性遇到的不公正对待。

Sarikakis and Shade（2008）利用政治经济女性角度来显示国际传播范围忽视了的地方。她们认为政治经济女性主义能结合后殖民及文化研究来分析媒介工业的全球化、跨国及国际政策、跨国媒界就业的女性及媒介内容的环球生产和消费。一些值得关注的研究问题有：女性如何被视为媒介的消费者；女性如何参与不同的传播科技中（如互联网）；性别及媒介文化工业的所属权（ownership）；性别及全球资讯的流动（flow）；新资讯科技对女性工作的影响；国际性的劳工分化（division of labor）；传播及新资讯科技在本地与国际的政策；女性主义运动与实践。

本文的作者之一李沛然也利用政治经济主义来分析联合国的不同组织对女性和传播科技的政策。其中一个例子为，联合国教育科学和文化组织（UNESCO）从20世纪70年代中期开始宣扬传播科技对女性的正面影响，它们并没有注意到大部分的科技是商业产品（Lee，2004）。Lee（2006）更加批评女性主义研究并没有注意到科技是跨国机构生产的产品。女性主义者常指出女性对科技的不安及恐惧，她们却很少质问科技是如何设计的。

3. 新性别歧视及主体性（subjectivity）

Gill（2011）的文章"Sexism reloaded, or it's time to get angry again"为本文作出了一个好结论。她认为女性主义者需要发展复杂的概念，但也应保持政治性。她认为性别歧视一词需要再成为女性主义者的日常用语，但性别歧视并不限于不公平对待或贬低女性的形象。新性别歧视一词应用于描绘多样的、不断变化的表现和权利。

Gill例出5个项目来研究新性别歧视的现象：

第一个项目是正视媒介工作女性的处境。Gill认为现存有大量的"无法言说的不平等"（unspeakable inequalities）。这些不平等并没有受到法律管制，例如男上司认为只要女员工足够勤奋有才华，她们就会享有较优的待遇。第二个项目是视后女性主义为新自由主义中的感受力

(sensibility)。现时的女性形象跟以前不同，因为个人监管（surveillance）和管制（monitoring）已经得到重视。女性主义者需要重新讨论什么算作性别歧视及怎样辨认性别歧视。第三个项目是日常生活的色情化。不少年轻女性认为自己很主动，有欲望和调侃式的性主体。女性不再被客体化（objectification），而是主体化的（subjectification）。第四个项目是需要正视心理社会（psychosocial）的概念。性别歧视是一种有关常识（common sense）的意识形态（ideology）或话语（discourse）。心理社会关乎到想法、感受及存在（being）。第五个项目是正视性别歧视并不是独立的意识形态，它需要被置于交错的（intersectional）分析和政治中。交错性指出了社会地位是关系性的（relational），而不是增加性的（additive）。歧视不限于性别，更关乎种族、年纪、阶级、性取向、身体残疾。最后，Gill 呼唤女性主义者需要大胆的想象力，因为现时的女性主义理论似乎缺少了以前的信心与胆色。

◇ 参考文献 ◇

- American Psychological Association. (2007, February 19). *Report of the APA Task Force on the sexualization of girls*. Washington, D. C.: APA. http://www.apa.org/pi/women/programs/girls/report.aspx
- Attwood, F. (2009). (ed.). *Mainstreaming sex: The sexualization of Western culture*. London: IB Tauris.
- Attwood, F. (2011). The paradigm shift: pornography research, sexualization and extreme images. *Sociology Compass*, 5(1): 13-22.
- Bordo, S. (1993). *Unbearable weight: Feminism, western culture and the body*. Berkeley, CA: University of California Press.
- Bordo, S. (1999). *The male body: A new look at men in public and private*. New York: Farrar, Straus and Giroux.
- Boyle, K. (2000). The pornography debates: Beyond cause and effect. *Women's Studies International Forum*, 23(1): 187-195.
- Butler, J. (1993). *Bodies that matter: On the discursive limits of "sex"*. New York: Routledge.
- Butler, J. (1999). *Gender trouble: Feminism and the subversion of identity* (2nd ed.). New York: Routledge.
- Butler, J. (2004). *Undoing gender*. New York: Routledge.
- Carter, C., & McLaughlin, L. (2011). The tenth anniversary issue of *Feminist Media Studies*. *Feminist Media Studies*, 11(1): 1-5.
- De Beauvoir, S. (1949/1972). *The Second Sex*. [H. M. Parshley trans. & ed.]. Harmondsworth, UK: Penguin.
- Doty, A. (1993). *Making things perfectly queer: Interpreting mass culture*. Minneapolis, MN: University of Minnesota Press.

- Dworkin, A. (1979). *Pornography: Men processing women*. London: The Women's Press.
- Faludi, S. (1991). *Backlash: The undeclared war against American women*. New York, NY: Crown.
- Firestone, S. (1970). *The dialectic of sex: The case for feminist revolution*. New York, NY: Morrow.
- Firedan, B. (1963). The femmine mystique. New York: W. W. Norton.
- Gallagher, M. (1981). *Unequal opportunities: The case of women and the media*. Paris: UNESCO.
- Gill, R. (2011). Sexism reloaded, or it's time to get angry again! *Feminist Media Studies*, 11(1): 61-71.
- Goffman, E. (1979). *Gender advertisements*. New York: Harper and Row.
- Gross, L. (1993). *Contested closets: The politics and ethics of outing*, Minneapolis, MN: University of Minnesota Press.
- Gross, L. (2001). *Up from invisibility: Lesbians, gay men and the media in America*. New York: Columbia University Press.
- Haraway, D. (1991). *Simians, cyborgs, and women: The reinvention of nature*. London: Free Association Books.
- Haskell, M. (1987). *From reverence to rape: The treatment of women in the movies* (rev. ed.). Chicago: University Of Chicago Press.
- Hegde, R. S. (2011). (ed.). *Circuits of visibility: Gender and transnational media cultures*. New York: New York University Press.
- Hooks, b. (1992). *Black looks: Race and representation*. Boston, MA: South End.
- Hooks, b. (2002). *Communion: The female search for love*. New York: Perennial
- Jacobs, K. (2004). Pornography in small places and other spaces. *Journal of Cultural Studies*, 18(1): 67-83.
- Kilbourne, J. (1999). *Can't buy my love: How advertising changes the way we think and feel*. New York: Touchstone.
- Lee, M. (2004). UNESCO's conceptualization of women and telecommunications 1970—2000. *Gazette: The International Journal for Communication Studies*, 66(6): 533-552.
- Lee, M, (2006). What's missing in feminist research in new information and communication technologies? *Feminist Media Studies*, 6(2): 191-210.
- Lotz, A. (2001). Postfeminist television criticism: Rehabilitating critical terms and identifying postfeminist attributes. *Feminist Media Studies*, 1(1): 105-121.
- MacKinnon, C. (1989). Sexuality, pornography, and method: "Pleasure under patriarchy". *Ethics*, 99(2): 314-346.
- McNair, B. (2002). *Striptease culture: Sex, media and the democratisation of desire*. London: Routledge.
- McRobbie, A., & Garber, J. (1976). Girls and subcultures. In S. Hall & T. Jefferson (eds.), *Resistance through rituals: Youth subcultures in post-war Britain*, 209-222. London: Hutchinson and the Centre for Contemporary Cultural Studies, University of Birmingham.
- McRobbie, A. (1991). *Feminism and Youth Culture: From "Jackie" to "Just Seventeen"*. Boston: Unwin Hyman.
- McRobbie, A. (1994). *Post-feminism and popular culture*. London: Routledge.
- McRobbie, A. (1997). (ed.), *Back to reality: Social experience and cultural studies*. Manchester, UK: Manchester University Press.
- McRobbie, A. (2004). Post-feminism and popular culture. *Feminist Media Studies*, 4(3): 255-264.

- Meehan, E., & Riordan, E. (2002). (eds.). *Sex and money: Feminism and political economy in the media*. Minneapolis, MN: University of Minnesota Press.
- Mohanty, C. T. (1991). Under western eyes: Feminist scholarship and colonial discourses. In C. T. Mohanty, A. Russe, & L. Torres (eds.), *Third world women and the politics of feminism*, 333-358. Bloomington, IN: Indiana University Press.
- Morley, D. (1986). *Family Television: Cultural Power and Domestic Leisure*. London, UK: Routledge.
- Morley, D. (1992). *Television, audiences, and cultural studies*. New York: Routledge.
- Mulvey, L. (1975). Visual pleasure and narrative cinema. *Screen*, 16(3): 6-18.
- Mulvey, L. (1981). Afterthoughts on "visual pleasure and narrative cinema" inspired by *Duel in the Sun*. In C. Penley (ed.), *Feminism and film theory*, 69-79. New York: Routledge.
- Olesen, V. L. (2008). Early millennial feminist qualitative research: Challenges and contours. In N. K. Denzin & Y. S. Lincoln (eds.), *The landscape of qualitative research: Theories and issues* (3rd ed.), 311-370. Thousand Oaks, CA: Sage.
- Penley, C. (1992). Feminism, psychoanalysis and the study of popular culture. In L. Grossberg, C. Nelson, & P. Treichler (eds.) *Cultural studies*, 479-500. New York: Routledge.
- Perkins, T. E. (1979). Rethinking stereotypes. In M. Barrett, P. Corrigan, A. Kuhn, & J. Wolff (eds.), *Representation and cultural practice*, 135-159. London: Croom Helm.
- Pingree, S., Hawkins, R. P., Hitchon, J., Gilligan, E., Radler, B., Kahlor, L., & ... Kannaovakun, P. (2001). If college students are appointment television viewers. *Journal Of Broadcasting & Electronic Media*, 45(3): 446-463.
- Radway, J. (1984). *Reading the romance: Women, patriarchy, and popular literature*. Chapel Hill, NC: University of North Carolina Press.
- Riordan, E. (2002). Intersections and new directions: On feminism and political economy. In E. Meehan & E. Riordan (eds.), *Sex and money: Feminism and political economy in the media*, 3-15. Minneapolis, MN: University of Minnesota Press.
- Sarikakis, K., & Shade, L. R. (2008). (eds.). *Feminist interventions in international communication*. Lanham, MD: Rowman and Littlefield.
- Steeves, L. (1987). Feminist theories and media studies. *Critical Studies in Mass Communication*, 4(2): 95-135.
- Steinem, G. (1983). Erotica vs. pornography. In G. Steinem (ed.), *Outrageom acts and everyday rebellions*, 219-230. New York: Holt, Rinehart, and Winston.
- Taormino, T., Shimizu, C. P., Penley, C., & Miller-Young, M. (2013). *The feminist porn book: The politics of producing pleasure*. New York: Feminist Press, City University of New York.
- Van Zoonen, L. (1994). *Feminist media studies*. London: Sage.
- Wajcman. J. (1991). *Feminism confronts technology*. University Park, PA: Pennsylvania State University Press.
- Williams, M., & Spencer-Rodgers, J. (2010). Culture and stereotyping processes: Integration and new directions. *Social and Personality Psychology Compass*, 4(8): 591-604.
- Williamson, J. (1978). *Decoding advertisements: Ideology and meaning in advertising*. London: Marion Boyars.
- Williamson, J. (2003 May 31). Sexism with an alibi. *The Guardian*. http://www.theguardian.com/media/2003/may/31/advertising.comment
- Zillmann, D., & Bryant, J. (1984). Effects of massive exposure to pornography in N. Malamuth & E. Donnerstein (eds.), *Pornography and sexual aggression*, 115-138. New York: Academic Press.

新媒体与青少年研究

梁永炽[①] 梁靖雯[②] 赵蒙旸[③]

研究领域与概念界定

传播技术的日新月异吸引着社会各界的关注。尤其当新的传播媒体被广泛应用后，人们便不断反思它所带来的影响，特别是对儿童和青少年这一特殊群体的作用。在20世纪20年代及30年代，当动态影像技术不断进步并发展成为电影时，看电影成为一项普遍的家庭娱乐，早在此时就有学者注意到它对儿童的影响，相关研究亦随之出现。收音机继电影之后诞生，学术界随即关注它对儿童学习、情绪和社会适应（social adjustment）所产生的影响（Gruenberg, 1933）。电视出现于50年代，类似的研究亦陆续出现。例如在50年代美国政府就有针对电视对防范暴力的研究（Baker & Ball, 1969），随后在70年代和80年代，美国政府更为相关研究提供资助（例如，Pearl, Bouthilet, & Lazar, 1982; Surgeon General's Scientific Advisory Committee on Television and Social Behavior, 1972）。直到近年，随着电视游戏逐渐普及，儿童及青少年花在互联网的时间不断增长，关注互动传播媒体的社会影响则成为另一个研究热点（Leung, 2011; Turow, 1999）。

新媒体这一概念于80年代出现，而相关的传播研究有如雨后春笋般于90年代初陆续涌现，至今已超过20年历史。这20年间，不同领域的研究者尝试把新媒体放在不同的社会专业领域上作研究分析，希望为各种经典理论提供新视野。然而，虽然新媒体常被放在不同学术层面上进行分析，例如：发展性心理学、教育心理学、教育政策、文化研究、性别研究、社会学、医学及公共卫生等，学术成果虽然丰硕，但在各自精彩的情况下，不同领域的学术少有互动和参照，而学者亦多集中其专长领域。例如从发展心理学的角度研究新媒体对儿童成长影响的学者，也许会忽略了社会赋权（social empowerment）在新媒体环境下的相关作用。另外亦有例子显示健康传播学者曾十分注重研

[①] 梁永炽，现任中国香港中文大学新闻与传播学院教授、新媒体理学硕士课程总监和传播与民意调查中心主任，并任《中国传播期刊》（Chinese Journal of Communication）主编，1989年获美国奥斯汀得克萨斯大学（The University of Texas at Austin）传播学博士学位，教学与研究范畴包括新信息科技的应用和影响、互联网研究和新传播科技的趋势等。

[②] 梁靖雯，现为中国香港中文大学新闻与传播学院博士研究生。研究兴趣包括媒介心理学、政治心理学和公民参与。

[③] 赵蒙旸，现为中国香港中文大学新闻与传播学院硕士研究生。研究兴趣包括青年公民参与和数字政治。

究电视对青少年体重控制的影响，但在新媒体的发展下，电视也许已不再是唯一有影响力的媒体。本研究的目的，就是希望透过分析过去20年有关新媒体及年轻人的文献，勾画出在传播学和其他跨领域学科的研究成果和方向，从而为不同学术范畴的学者提供一个重要参考。

在讨论研究方法和结果之前，先探讨一下在传播学上如何定义新媒体及青少年。新媒体一般指多样性的媒体型态及内容，交互式的信息及服务，而这些多样化的信息能随时随地（ubiquitously）在个人拥有的流动媒介，如智能手机、平板电脑上使用。Livingstone（1999，2002）提出新媒体应具"社交的创新性"及"科技的创新性"。"社交的创新性"包括四个特质：（1）沟通方式多样化（multi-agency），例如一个同样的信息，可选择多个不同方式或途径去传递，例如手提电话、短信服务（short messaging service）、社交媒体（social media）等；（2）可让用户从不同接口寻找和分享内容（multi-modality）并与有相同兴趣的人进行互动，例如forum，ICQ/QQ，Facebook，YouTube，blogs，Twitter，Weibo，WhatsApp，和WeChat等；（3）可建立一个个人化的媒体平台（personalization），例如e-paper，Facebook，webTV，TiVo；（4）高互动性（high interactivity），例如video phone，teleconferencing，Wii，Net meeting，和experiential computing等。而"科技的创新性"是指媒体产品是旧有科技的延伸，并不停地演进，而这些产品均具智能性和互动性。

青少年期（adolescence）是指从未成熟的儿童期到进入独立成熟的成年期之间的阶段（Marcell，2007）。大致而言，儿童是指由出生至少年时期之前，约13岁以前；而青少年是指少年期及以后，约13岁至19岁的阶段。不过，儿童、青少年与成年人之间并没有清晰的年龄界限，而且由于社会观念、文化传统的差异，不同地区对青少年阶段的划分也不尽相同。在下文中，我们可以看到一些研究自我认知的学者倾向关注较为年轻的青少年（如10岁左右的群体），而一些研究公民参与的学者则倾向关注较为年长的青少年（如大学一、二年级的学生）。不过，相似的看法是，他们都强调研究对象正处于一个可塑的过渡期，即生理、智力、情感、社会交往等方面都处于不断成长的阶段。

媒体技术与青少年的生活密不可分。例如，LaFrance（1996）提出了将媒体发展与世代相结合的说法：60年代的儿童称为电视世代、70年代的儿童称为电视游戏世代、80年代的儿童称为任天堂世代，而90年代的则称为互联网世代。从休闲的角度去看，90年代后的年青人的娱乐加入很多新科技元素（Leung & Lee，2005），并由科技及网上社群为主导，而这些新科技未必是所有家长都能使用和掌握的。

近20年来，学术界对新媒体与青少年关系的研究已经积累了十分丰富的成果。为了挑选出最为突出的学术文献进行分析与回顾，本研究选取了16本高质量的英文学术期刊。这是因为，一方面，西方，尤其是北美的相关研究起步较早，已有较为成熟的论文评审制度（blind review system）和丰厚的积累；另一方面，英文学术期刊数据库，尤其是社会科学引文索引（Social Sciences Citation Index，SSCI），对所收录的学术期刊有系统化的追踪记录。期刊影响因子（journal impact factor）为研究者提供了搜索高质量研究成果的依据。此外，本研究还系统地抽选发表在学术期刊的论文，并对样本进行统一的编码（包括封闭式编码和开放式编码）。有关抽样方法和编码过程的说明已附于本章末尾的附录。我们将在下文详细地回顾这一领域研究的重要特征，具体内容包括：基于封闭式编码归类统计而来的主要发展阶段和研究取向；以及，基于开放式编码提炼而成的七大类研究主题，和各主题下对应的代表作者和具体理论运用。

分析与回顾

领域的发展阶段及相关特征

基于按年论文发表数量的分析（见图1）发现，新媒体与青少年的研究一直处于增长状态。在经过20世纪90年代初的短暂起步阶段后，论文发表数量逐步递增，而且每年增长幅度越来越大，过去5年更是增长的高峰。由此推论，未来数年该领域的研究成果仍会持续增长。

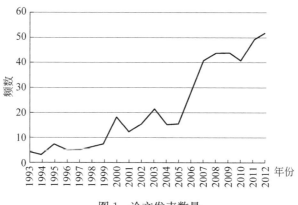

图1 论文发表数量

为了更好地描述近20年间的变化，我们以每5年一组把时间跨度划分成4个阶段。从表1可以观察到这些阶段的特征。1993年至1997年是"起步"阶段，每年只有少量相关的研究发表。1998年至2002年是第一个"发展小高潮"，论文发表数量出现了明显的增长。2003年至2007年是"加速发展"阶段，发表的研究成果急速增加，不过这也是一个不太稳定的时期（标准差＝9.41，大于其他三个阶段），呈现出较大的波动。2007年至2012年是"稳定发展"阶段，研究成果的发表维持快速增长。

当把研究阶段和研究所关注的媒体类型交叉分析时（见表2），我们可以进一步看到对不同媒介技术关注程度的历史变化。有关传统网的使用（即基于web 1.0技术的网络应用）的研究最多

（38.57%），主要包括浏览新闻网页和使用搜索服务，均是网络服务商提供的单向服务。其次，有关青少年如何使用广播媒体的研究也为数不少（34.53%）。这些媒体包括电视、广播、电影和流行歌曲等。电视的使用则长期备受关注，相关的研究集中在色情与暴力的节目内容对青少年产生的潜在影响。对社交媒体使用的研究则居第三位（21.75%），这类媒体出现在 web 2.0 时代，以由用户参与生产内容（user-generated content）为主的服务，包括网络论坛、图片视频分享服务和社交网络服务（social networking service）。由于这些服务大大提升了社会互动的方式，因此近年来也备受重视，成为计算机辅助传播（computer-mediated communication）的另一个重要分支。另外，游戏（17.95%）、印刷媒体（9.42%）和移动媒体（6.95%）的使用也备受关注。尤其是随着移动设备的不断普及，对移动设备和应用（例如智能手机和平板计算机）的研究也日趋丰富。

表 1 论文发表数量（分阶段）

阶 段	年份	均值	标准偏差	频数	百分比
1. 起步	1993—1997	5.80	1.33	29	6.50%
2. 发展小高潮	1998—2002	12.60	4.59	63	14.13%
3. 加速发展	2003—2007	24.80	9.41	124	27.80%
4. 稳定发展	2007—2012	46.00	3.95	230	51.57%
总 计				446	100.00%

表 2 不同时期研究所关注的媒体类型

媒体类型	阶 段				总计频数（%）
	起步 1993—1997 频数（%）	发展小高潮 1998—2002 频数（%）	加速发展 2003—2007 频数（%）	稳定发展 2008—2012 频数（%）	
1. 印刷媒体	3 (10.34)	6 (9.52)	13 (10.48)	20 (8.70)	42 (9.42)
2. 广播媒体	23 (79.31)	40 (63.49)	46 (37.10)	45 (19.57)	154 (34.53)
3. 传统网络服务	1 (3.45)	14 (22.22)	49 (39.52)	108 (46.96)	172 (38.57)
4. 社交媒体	0 (0)	3 (4.76)	23 (18.55)	71 (30.87)	97 (21.75)
5. 移动媒体	0 (0)	0 (0)	6 (4.84)	25 (10.87)	31 (6.95)
6. 游戏	1 (3.45)	4 (6.35)	18 (14.52)	57 (24.78)	80 (17.94)
7. 其他	6 (20.69)	13 (20.63)	17 (13.71)	25 (10.87)	61 (13.68)

注：卡关值=169.10，自由度=21，显著水准<0.001。N=446
媒体类型为多选变量，百分比基于个案数计算。

研究取向及相关特征

除了从上述的历时角度进行回顾外,本文更注重对不同研究取向的分析。我们的编码提供了对学科领域、研究方法,以及数据采集地区的相关特征分析。

通过识别研究所属的学科领域(见表3),我们发现,除了传播学外,大部分的研究来自心理学(71.97%)。这一类研究尤其关注青少年在使用新媒体时的心理状态和过程。来自社会学的研究也有占相当比重(34.53%)。这些研究集中分析媒体使用在青少年社会化过程中的作用,例如,自我概念(self-concept)的形成,性别差异(gender difference)的塑造和朋辈关系(peer relations)的确立等。而来自政治科学的研究(5.38%)则关注新媒体对青少年参与公共事件的影响,特别是把新媒体作为一种有效的社会动员管道来进行分析。除了以上社会科学的领域,教育学、信息科学和医疗健康等学科也覆盖了一定数量的研究。

表3 学科领域(多选题)

学 科	频数	百分比	学 科	频数	百分比
1. 传播学	443	99.33%	7. 政治科学	24	5.38%
2. 心理学	321	71.97%	8. 人文科学	16	3.59%
3. 社会学	154	34.53%	9. 经济学与商学	6	1.35%
4. 教育学	35	7.85%	10. 法律政策	6	1.35%
5. 医疗健康	32	7.17%	11. 工程	2	0.45%
6. 信息科学	28	6.28%	12. 其他	1	0.22%

注:学科领域为多选变量,百分比基于个案数计算。N=446.

在研究方法方面(见表4),超过半数的研究采用量化方法(83.41%),尤其以问卷调查最广为使用(53.14%),反映出大部分研究依赖使用问卷这一传统的社会科学研究法。实验法是第二位常见的研究方法(17.49%)。由于心理学的理论被不断引入这一领域,因此实验设计也相应地被采纳使用。其他的量化研究方法还包括内容分析(6.28%)和二手数据分析(2.69%)。对比量化研究方法,质化研究方法的比重则较小,但当中以深度访谈使用最多(3.36%)。此外,也有一小部分研究采用文本/话语分析和民族志(ethnography)为研究方法。总体而言,在这一领域中,以量化研究为主导。这些研究以个体作为分析单位,着力于从微观角度揭示媒介使用对青少年产生的影响和效果。

表 4　研 究 方 法

研究方法	数量	百分比	研究方法	数量	百分比
量化研究			8. 民族志	4	0.90%
1. 问卷调查	237	53.14%	9. 综合质化分析	9	2.02%
2. 实验	78	17.49%	分类总计	34	7.63%
3. 内容分析	28	6.28%	其他		
4. 二手数据分析	12	2.69%	10. 综合量化质化分析	12	2.69%
5. 综合量化分析	17	3.81%	11. 个案分析	5	1.12%
分类总计	372	83.41%	12. 非经验研究	16	3.59%
质化研究			13. 评论	7	1.57%
6. 文本/话语分析	6	1.35%	分类总计	40	8.79%
7. 深度访谈	15	3.36%	总　　计		100.00%

在能确定数据采集地区的样本中，我们可以明显地观察到，北美地区是最大的数据来源地（见表5）。一半以上（50.45%）的数据采集自北美，尤其是美国，居于所有国家/地区之首位。欧洲地区位居第二（21.97%），但仍然和北美（53.59%）存在明显的差距。不过，我们发现，欧洲的一些国家也提供了重要的研究数据，例如荷兰（8.97%）和英国（3.81%），它们提供了与北美相当不同的研究取向，所以这些地区的数据同样重要。亚洲地区的研究则相对较少（13.68%），但近年也有增长。大中华地区（中国大陆、中国香港和中国台湾）是亚洲研究中较常见的数据采集地，尤其

表 5　数据采集地区

国家/地区	频数	百分比	国家/地区	频数	百分比
北美			亚洲		
美国	225	50.45%	中国大陆	11	2.47%
加拿大	14	3.14%	中国香港	7	1.57%
分类总计	239	53.59%	中国台湾	20	4.48%
欧洲			亚洲其他地区	23	5.16%
荷兰	40	8.97%	分类总计	61	13.68%
英国	17	3.81%	其他国家/地区	8	1.80%
其他欧洲地区	41	9.19%	跨国跨区域	11	2.47%
分类总计	98	21.97%	无采集地点	29	6.50%
			总　　计	446	100.00%

是中国台湾（4.48%）是亚洲研究最突出的地区。另外，我们还发现，该领域的跨区域研究和比较研究数量非常少。在仅有的跨区域研究中，大部分集中在相似地理和文化背景的两个或多个地区。

最后，从篇幅来看，论文发表的长度约 16 页（均值＝16.13，标准偏差＝8.02）。至于文献引用情况，每篇论文约引用 46 条文献（均值＝46.55，标准偏差＝23.75）。与传播学其他领域相比，这些数值并没有明显的差别。

研究主题、代表作者与理论运用的回顾分析

以上，我们主要运用封闭式编码来对抽取的学术文献进行归类分析。不过，这一方法显然无法细致地描绘这一领域的丰富内容。因此，本研究还采取了开放式编码的策略，以求更详细地回顾相关研究主题、理论运用和活跃的作者。通过开放式编码，本研究从每篇论文选取出 5 个最重要或最常出现的关键词，并进一步整理归纳出 7 个主要研究主题：健康传播、社会化、教育、态度转变与决策过程、媒介暴力与色情、社会关系和公民参与。由于一些论文同时涉及两个或以上主题，所以我们最终以多选题的方式来进行编码。从表 6 可以看到，有关健康传播（25.57%）、社会化（23.89%）和教育（20.59%）这三大主题的研究均超过了样本总数的 1/5，是研究的重点取材。另外，态度转变与决策过程（18.33%）和媒介暴力与色情（18.10%）相关的研究也分别有接近两成的比重。然而，社会关系（11.31%）和公民参与（5.66%）的相关研究则比重较小。它们主要关注

表 6 不同时期研究所关注的主题

研究主题	阶段				总计频数 (%)
	起步 1993—1997 频数 (%)	发展小高潮 1998—2002 频数 (%)	加速发展 2003—2007 频数 (%)	稳定发展 2008—2012 频数 (%)	
1. 健康传播	0 (0)	13 (20.64)	30 (24.19)	70 (19.94)	113 (25.57)
2. 社会化	8 (27.59)	11 (17.46)	34 (27.42)	53 (15.1)	106 (23.98)
3. 教育	10 (34.48)	18 (28.57)	22 (17.74)	41 (11.68)	91 (20.59)
4. 态度转变与决策过程	6 (20.9)	24 (38.10)	24 (19.36)	27 (7.69)	81 (18.33)
5. 媒介暴力与色情	7 (24.14)	10 (15.87)	25 (20.16)	38 (10.83)	80 (18.10)
6. 社会关系	1 (3.45)	2 (3.18)	16 (12.90)	31 (8.83)	50 (11.31)
7. 公民参与	0 (0)	2 (3.18)	5 (4.03)	18 (5.13)	25 (5.66)

注：卡关值＝62.32，自由度＝21，显著水准＜0.001。N＝446
研究主题为多选变量，百分比基于个案数计算。

年龄层较大的青少年群体（如中学生和大学生）。由于这部分青少年已经开始进入社会，因此相关研究会关注家庭和学校以外的因素影响，以及他们对不同社会议题的意见表达和参与情况。

对于不同领域的活跃学者，本研究也通过开放式问题进行统计。从表 7 可以看到，这些活跃学者的研究常常涉及多个研究主题。原因是这一领域的研究以应用为主，研究者倾向把现有理论应用在不同的研究主题上，并以此作为探讨青少年使用媒介的情况。另外，本研究也发现，这些活跃学者的研究成果占总体样本的比例并不高，这领域中的大部分论文是由众多来自不同学科和研究取向的研究者所撰写的。我们的统计显示，活跃学者中，其论文发表量在本研究的样本内最多为五篇（例如，Livingstone，Nathanson，Valkenburg 和 Peter）；而非活跃学者往往只有一篇。这个庞大而零散的作者群体很大程度反映出多学科融合的研究现状，但也揭示出这一领域仍缺乏成熟的核心理论。

表 7　不同研究主题中的活跃作者

活跃作者	1. 健康传播	2. 社会化	3. 教育	4. 态度转变与决策过程	5. 媒介暴力与色情	6. 社会关系	7. 公民参与
Austin, E. W.			√				
Fisher, D. A.					√		
Griffiths, M. D.	√						
Jackson, L. A.		√					
Krcmar, M.			√		√		
Livingstone, S.			√	√	√	√	√
Nathanson, A. I.			√	√	√		
Peter, J.	√				√	√	
Potter, W. J.					√		
Smith, S. L.					√		
Valkenburg, P. M.	√		√	√	√	√	

注：√表示该作者在此研究主题发表有 2 篇或以上论文。

为了能仔细分析不同主题的特征，本研究分析了论文中所应用的理论，表 8 描绘了在这 7 个研究主题下常被引用的理论，下文将详述每个主题的研究状况。

表 8 不同研究主题下的常见理论

研究主题						
1. 健康传播	2. 社会化	3. 教育	4. 态度转变与决策过程	5. 媒介暴力与色情	6. 社会关系	7. 公民参与
信息处理理论（9）	社会认同（7）	家长教育（16）	信息处理理论（12）	社会认知理论（10）	朋辈关系（4）	议程设置理论（2）
社会认知理论（6）	社会认知理论（5）	人格与心理特征（3）	社会认知理论（9）	人格与心理特征（7）	人格与心理特征（3）	社会动员（2）
第三人效应（4）	自我感知理论（5）	知识沟/数码沟（2）	人格与心理特征（7）	培养理论（4）	社会规范（3）	
社会认同（3）	批判/文化研究（4）	计算机辅助传播（2）	第三人效应（5）	自我感知理论（4）	社会认知理论（2）	
自我感知理论（3）	使用与满足理论（3）	（儿童）学习与教育（2）	培养理论（4）	启动效应	社会认同（2）	
人格与心理特征（3）	知识沟/数码沟（3）		家长教育（3）	信息处理理论（3）		
家长教育（2）	性别差异（3）		性别差异（3）	家长教育（3）		
性别差异（2）	社会化过程（2）		使用与满足理论（2）	使用与满足理论（2）		
社会化过程（2）	人格与心理特征（2）		启动效应（2）	性态度与行为（2）		
媒介素养（2）	社会比较理论（2）		议程设置理论（2）	社会规范理论（2）		
	计算机辅助传播（2）		朋辈关系（2）			
			传播能力（2）			

注：括号内数字系文章篇数。

主题一：健康传播

健康传播是近年发展较为迅速的领域。在青少年研究中，健康传播也愈来愈受重视。通过分析与此主题相关的样本，我们发现，在青少年与新媒体的研究中，与健康传播相关的研究重点主要有三个：一是哪些因素可影响媒体（尤其是电视）向青少年宣传抵制吸烟和酗酒的效果；二是媒体内容对青少年身型外观和饮食失调所产生的影响；三是青少年在使用媒体时出现的心理障碍（如媒体依赖、信息焦虑等）的相关原因。可见，在这一主题中，研究者把注意力集中在识别影响个人接收特定媒体信息的因素上。因此，不难发现，信息处理理论（information processing theory）和社会认知理论（social cognitive theory）成为最常被运用的理论。研究者从微观的角度出发，力求揭示促使个人使用媒体和接收信息的社会心理因素。这些因素既有来自个人自身的特征（如性格特质、性别差异），也有源自对社会环境的不同识别（如社会认知的差异、群体归属的强弱）。所以，第三人效应、社会认同、自我认知，和人格与心理特征等相关理论也为这一研究主题提供了重要的理论基础。另外，家长教育、性别差异、媒介素养和社会化过程中遇到的外部影响则被视为影响青少年信息接收过程的调节因素（moderating factor）和中介因素（mediating factor）。下文分别对这三个子领域进行分析。

（1）防范吸烟、酗酒信息的说服效果研究

自 20 世纪 80 年代末开始，美国政府对防范毒品、酗酒和吸烟等活动拨出公帑进行相关的社会教育活动，并同时就这些教育活动的成效进行预测和评估；因此，针对防范毒品、酗酒和吸烟等信息的传播效果研究也快速增长；青少年作为这类信息的重要受众群体，因而也额外受到研究者的重视。

这些研究普遍揭示出信息内容对青少年防范不良生活习惯的态度和行为存在间接效果（例如，Niederdeppe et al，2007）。Gunther 等人（2006）指出，无论是赞成还是反对吸烟的媒体内容都对青少年的态度和行为产生显著的间接效果，而同辈规范（peer norms）是这种效果的一个重要中介变量。他们还发现，与反对吸烟的媒体内容相比，支持吸烟内容的间接说服效果更强。如果同伴们对吸烟持肯定态度的话，信息的说服效果会进一步增强。另一方面，第三人效应（the third person effect）的研究则揭示了更为复杂的信息感知效果（perceived effects of message）。例如，Henriksen 和 Flora（1999）发现，对于香烟广告，青少年（小学和中学生）认为他人会受到更大的影响；而面对防范吸烟的信息时，他们则认为自己会受到更大的影响。这反映出，在涉及负面效果的信息时，受众倾向于认为他人更容易受到影响；而涉及正面传播内容时，则出现相反的判断。

个体内在因素也会对信息的说服效果产生影响。例如，Rimal, Flora 和 Schooler（1999）发现，知识储备和自我效能（self-efficacy）对接收健康传播活动的有关信息产生显著的影响。同时，受众对信息特征的识别，如信息可感知到的真实性（perceived realism）和辨别信息主题的程度，也会对传播效果产生影响（如，Andsager, Austin, & Pinkleton, 2001；Cho & Boster, 2008）。

（2）媒体内容对身型外观和饮食失调产生的影响

大众媒体如何影响青少年评价自己的外观也不可忽视。身体形象（body image）这一概念包括了身高、体重、面容、体态等多方面特征。媒体内容对理想身体（idealized body）的描绘能对处于身心成长阶段的青少年产生态度和行为上的引导。这种媒介效果在电视节目和时尚杂志上特别大，不少学者都提供了相似的论证（如：Harrison & Fredrickson，2003；Moriarty & Harrison，2008）。在各种身体形象中，体重是受众最为关注的方面。由于以瘦为美的身体形象常见诸影视作品和时尚报道，青少年很容易以这种媒体框架为评判标准，对自己的形体产生不满，并且轻易地采取节食方式来控制体重。由此带来的负面后果包括情绪低落、自信心不足，以及由不当饮食而造成的营养不良或体重骤增。Dohnt 和 Tiggemann（2006）指出，5岁至8岁的女孩已会受到与身体形象相关的媒体内容和同伴评价的影响，她们的身体满意程度和节食意识与媒体使用和朋辈影响显著相关。Ata，Ludden 和 Lally（2007）的调查显示青少年对自己身体的满意度并不高。自信心、社会支持和减轻体重的压力与身体满意度成反比。女孩要比男孩更容易受到有关身体形象的媒体内容影响，她们更容易采取不健康的节食行为。至于男孩，他们更注重塑造具有男性气质的体形。

大众媒体的效果同时也受到人际因素的制约，家庭和朋友的干预对提升青少年的身体形象满足度和自信都有十分有效的作用。例如，Dailey 等人（2010）强调，来自具影响力人士（significant others）对个人就体重管理（weight management）的态度和行为产生十分重要的作用。另外，由家人、同伴、流行偶像，甚至陌生人所带来的社会比较（social comparison）也会激起青少年对自己身体形象的不满和焦虑（如 Knobloch-Westerwick & Crane，2012）。

此外，不同文化的审美标准也会对媒介效果产生一定的影响。例如，一些研究发现黑人和白人青少年在身体形象的认知上有差异（如，Botta，2000；Fujioka et al，2009）。Lopez-Guimera 等（2010）总结了有关身体形象的媒体效果研究，他们把大众媒体视为身体满意度、体重问题和饮食失调的一个重要威胁因素。审美标准的内化（internalization of the beauty ideal）、社会比较和图式激活（schema activation）是三个实现这一效果的过程。同时，年龄、种族、家庭与同伴影响、自信心，和接触的媒体类型都是潜在的中介变量。

（3）心理障碍

健康传播的研究主要关注如何避免青少年因过度使用新媒体而出现心理问题。其中最突出是对网络成瘾（Internet addiction）和游戏成瘾（pathological gaming）的相关研究。

Nalwa 和 Anand（2003）运用实验法对比分析了网络成瘾儿童与非网络成瘾儿童的态度和行为差别。他们发现，网络成瘾儿童更倾向于为了上网而拖延其他工作和熬夜，一旦离开网络便觉得生活乏味。同时，这些儿童的孤独感要明显高于非成瘾的同龄儿童。对于造成青少年沉迷网络或游戏的原因，学者们也从不同方面进行探寻；例如，Lemmens，Valkenburg 和 Peter（2011）总结了四项与游戏成瘾相关的心理社会因素：生活满意度（life satisfaction）、社交能力（social competence）、自尊心（self-esteem）与沉迷游戏负面相关；而孤独（loneliness）则与其正面相关。Lin，Ko 和 Wu（2008）应用社会认知理论对中国台湾大专生群体进行了考察。他们发现自制力效能（refusal self-efficacy）与网络上瘾成直接的负面关系。并且，自制力效能作为中介因素影响正面及负面网络使用期待（positive/negative outcome expectancy of Internet use）对网络成瘾的效果。而在中国大陆的实验研究则指出家庭因素的重要性。来自单亲家庭或家庭满意度较低的青少年更容易沉迷网络（如Lam et al.，2009；Ni et al.，2009）。

不过，一些学者也指出目前媒体成瘾研究的局限。例如，Byun 等人（2009）在对十年网络成瘾的后设分析（meta-analysis）中指出，当前对网络成瘾的概念定义仍存在争议，不同研究者使用的测量工具不一致，对于治疗网络成瘾的措施也众说纷纭，这些问题，都是往后研究的重点所在。

主题二：媒体对青少年社会化过程的影响

这一类别的研究特别关注媒体在青少年社会化过程中的作用，尤其是媒体使用对他们自我意识、群体认同、和文化观念的塑造。

除了家庭和学校，青少年自我观念和人格形成也很大程度受到媒体影响。一些学者指出，与在家庭和学校进行学习不同，青少年对媒体内容有着更高的选择自由，不过，媒介环境同时也是复杂多样的，青少年在这样的环境下也面临不同信息的诱惑（Arnett，1995）。Kistler 等人（2010）分析了音乐媒体如何对青少年自我概念（self-concept）产生影响。他们把自我概念分为三个纬度：外貌（physical appearance）、吸引力（romantic appeal）和自我价值（self-worth）。研究结果显示，音乐媒体使用得越频繁，青少年对自己的外貌和自我价值评价越低。Aubrey（2006）通过自我客体化（self-objectification）这一概念来分析媒体对身体的再现如何影响青少年对自己身体的感知。她的研究指出，媒体（尤其是电视和杂志）中大量出现的性感的身体形象鼓动人们更在意身体的外在特征（如，身体看上去怎样），而非内在特质（如，自己的身体能做什么）。这反映出，媒体内容能对个体的观念所施加的影响是长期的。而这一观点，在经典的传播学理论，如社会学习理论、培养理论，都有所提及。媒体潜移默化的影响还体现在对性别角色的期待上。青少年从媒体上感知性别的差异之处，并建立起相对应的行为模式。这种性别社会化（socialization of sex role）的现象也得到了研究证据的支持（如，Knobloch et al.，2006）。

除了传统媒体的作用外，另一些学者对新媒体在社会化过程中的作用也进行了研究。例如，McDonald 和 Kim（2001）指出，儿童会将自己与自己所扮演的电子游戏角色进行比较，并且把这些角色作为自我性格的一个模型来仿效。Walther 等人（2011）发现，通过在线互动和反馈，青少年会不断调整自我概念与认同表达（identity performance），这种选择性的表达对青少年的性格形成有着重要的作用。

另一部分有关社会化的研究则关注知识沟和数码沟的现象。Looker 和 Thiessen（2003）在一项针对加拿大青少年的信息技术使用调查中发现，女孩和来自父母教育水准较低家庭的孩子都要较少使用计算机，而且他们的计算机技巧和能力也较弱。不过性别差异在不同的新媒体使用中可能出现不同的影响。例如，Cotton，Anderson 和 Tufekci（2009）对移动电话使用的性别差异进行调查，他们发现男孩更常把手机用于非社交类场合，而且使用的目标通常更明确。至于在传统的交流使用上，男孩和女孩的差异不大。使用者与非使用者之间的差异也受到关注。例如，经常参与网络互动的青少年与很少加入在线活动的同龄人之间存在差别。那些更频繁使用网络的孩子要更擅长维护自己的社交圈，并且也能在学校建立更紧密的友谊关系（Hargittai，2007；Lee，2009）。

主题三：青少年的学习与教育

青少年与教育是一个不仅在学术上，也在政策上受到关注的议题。由于新媒体等信息传播技术的迅速发展，青少年与教育的研究，呈现出更多样化的主题。总的来说，在这个领域，相关的研究可以分为以下三大类：

一是家长教育，家庭环境和父母介入（parental mediation）方式及其对青少年带来的不同结果，有关这个方向的文献多于媒介暴力，健康传播相关。在这主题下，代表性的学者如 Valkenburg 等人的研究归纳出三种父母介入电视观看的方式：指导性（instructive mediation），限制性（restrictive mediation）和共同观看（social co-viewing）（Valkenburg，Krcmar，Peeters，& Marseille，1999），后续研究发现，限制性调节容易使青少年对父母产生不满，而更多转向与朋友分享内容，而父母与孩子共同观看则与青少年接触电视暴力和色情内容正相关（Nathanson，2002）。进一步的研究发现家长自身对于媒介暴力犯罪的感知会影响到他们引导子女接触媒介暴力的策略，而家长的警告也能影响孩子对于暴力的感知（Busselle，2003）。家庭凝聚力（family cohesion）、父母的控制（parents' perceived control）、家长子女间的共享网络活动（shared Web activities）等因素，有利于减少青少年接触到网络不良内容（Cho & Cheon，2005）。父母不良的教养行为（rearing behaviors）、家庭内部冲突、家庭功能（family function）的失调则与青少年的网络成瘾相关（Yen，Yen，Chen，Chen，& Ko，2007）。

二是家庭内部的沟通与关系，比如有研究者通过访谈发现，电视所展现的家庭形象影响到了父母和子女对家庭生活的预期，显示了公共舆论对于家庭沟通的影响（Albada，2000）。还有研究发现通过社交网站与家人进行沟通的青少年，相比通过传统的电话联系家人的青少年，更容易出现孤独，焦虑以及与家人关系的不融洽等情况（Gentzler，Oberhauser，Westerman，& Nadorff，2011），更有学者指出，电话沟通情景也可以进一步细分，例如青少年主动发起对话可以增加与父母的亲近感，而父母发起的对话，尤其是具有监视活动（monitoring activity）目的的话语，容易引发青少年反感，从而导致冲突（Weisskirch，2011）。家庭内部沟通的影响不只限于短期，已有跟踪研究发现青少年早期与母亲之间的关系如果存在问题，他们在青少年晚期会更渴望形成线上朋友关系，但这种关系的质量通常并不高（Szwedo，Mikami，& Allen，2011）。

三是青少年的媒体使用与学习表现（academic performance）之间的关系（Leung & Lee，2012a）。家长和学校往往强调新媒体会干扰学习，但相关研究发现使用新媒体不一定会给学业带来负面影响，研究者应当分媒介，分情境进行考察。比如对青少年来说，手机的使用，尤其是词语适应（word adaptations）功能的使用，确实不利于锻炼他们的语法技能（Cingel & Sundar, 2012）。沉迷于实时消息，与家庭和学校关系的疏离，均会导致青少年学习成绩的下降（Huang & Leung, 2009）。有学者在对电子游戏使用的研究中也发现了相似的结论（Jaruratanasirikul, Wongwaitaweewong, & Sangsupawanich, 2009），然而也有研究发现电子游戏使用与学习成绩没有显著的关系（Wack & Tantleff-Dunn, 2009）。而更近期的一项历时性研究揭示，电子游戏的学生玩家尽管学习成绩较低，但却有着更好的视觉空间能力（visual-spatial skill）（Jackson, Von Eye, Witt, Zhao, & Fitzgerald, 2011）。在社交网站使用方面，学者发现那些多任务处理（multitasking skills）能力较强，且对大学学习充满兴趣的学生，反而会觉得 Facebook 对自己的学业有积极的促进作用（Rouis, 2012）。

对于这些尚未对新媒体作用形成共识的研究，未来的研究者可以考虑拓展研究地域，聚焦更新的媒介平台，在比较的视野下为青少年教育研究提供更多有益的思路。

主题四：青少年的态度转变与决策过程

实际上在之前所回顾的健康传播主题时，我们已涉及青少年如何接收和解读特定的媒体信息。在这里，我们主要关注青少年对更普遍的社会信息的分析、决策和态度转变过程。

在这些研究中，与信息处理（information processing）相关的理论被不少学者所应用。这一取向尤其注重分析与理性（cognition）、情感（emotion）和能力（competence）等相关因素所发挥的作用。社会认知理论（social cognition theory）也是常被不少学者提及，特别是在涉及社会赞许和奖励（social desirability and reward）的情境中。我们还发现，大部分的研究更倾向采取整合的策略，即通过结合不同的理论来解释青少年态度和行为的转变。例如，Rozendaal, Buijzen 和 Valkenburg (2012) 研究如何促进儿童（8 岁至 12 岁）批判地接收广告信息。他们集中分析两种思考模式，包括"及时思考"（think-aloud）和"事后回想"（thought-listing）的不同效果。他们发现，及时思考的模式能从理性和情感两个方面增进儿童对广告的批判性解读；而事后回想的思维模式仅能从情感上降低广告的说服效果。这些结果说明，特定的思考方式确实能激起儿童批判接收信息的思维，不过，因为他们尚未建立起仔细分辨信息的能力，因此仍较为依赖情感（如，喜欢和不喜欢）进行判断。Nathanson 等人（2002）从性别图式理论（gender-schema theory）出发，提出了接入策略以减轻儿童受带有性别成见（gender stereotype）电视节目的影响。他们指出，儿童特别容易关注和模仿有吸引力的角色，如果能成功降低这种来自角色的吸引力（即降低其社会赞许的程度），则可以有效地调节儿童的电视观看习惯。这对于年幼的和缺乏家长指引的儿童来说尤其重要。

另一部分的学者则十分关注青少年如何透过媒体来感知社会环境。例如，Davis 和 Mares (1998) 发现，青少年观看谈话节目（talk show）越频繁，越容易过高地估计现实中的失范行为。类似地，Busselle（2003）发现，观看与犯罪相关的电视内容与儿童对现实犯罪情况的认知相关，不过这种关系也同时受到父母介入的影响。Zhang 和 Harwood（2002）针对中国学生进行的调查显示，观看电视节目与中国传统价值观中的人际和谐观念成负相关，尤其是音乐节目、儿童教育节目、引进电影和引进体育节目都是负面因素，但是中国体育节目却是一个正面的预测因素。这些研究都表明，媒体使用的长期培养效果对青少年的观念塑造有着不可忽视的影响。

除了感知社会环境外，青少年如何感知媒体也成为一些学者的研究对象。例如，Tsai（2004）就对中国台湾的青少年如何看待互联网进行了调查。她发现，对于"互联网是什么"这一问题，受访者的回答落在两个方向："一项产品"和"一个过程"；对于"互联网的特征是什么"的问题时，回答也可归纳为两个向度"功能的"与"技术的"。人们的感知效度不同，实际使用的心理和行为也会相应地存在差异。另外，也有学者发现，在对计算机的感知上，男孩的评价要比女孩更加正面，年长孩子的评价也更偏正面一些（McKenney & Voogt，2010）。这些结果对家长和学校引导青少年使用新媒体是十分有价值的。

主题五：媒介暴力与色情对青少年的影响

处于成长阶段的青少年往往被视为易受不良媒体内容影响的受众群体。从对不同媒体的内容分析结果来看，暴力色情等元素已渗透进不同媒体管道（Leung & Lee，2012b）。Fisher（2004）等学者通过对一千多集美国电视网络节目进行调查，发现这些节目涉及性行为和谈论的比例超过八成。尤其是在青少年收视高峰的时段，少有节目与色情内容无关。新媒体中的暴力色情成分也不可低估。例如，Smith 等人（2003）在对美国不同分级的互动游戏进行内容分析，他们发现，68%的游戏都包含暴力元素。一些以青少年或成人为对象的游戏更有把暴力正当化的倾向。另一方面，另一些较隐蔽的侵犯行为也引起学者的注意。Martin 和 Wilson（2012）分析了美国儿童流行电视节目中的社会侵犯（social aggression，指对他人自尊和社会立场的冒犯）的相关内容，结果显示 92%的样本都存在不同程度的社会侵犯。这些侵犯行为的行动者被描绘成有魅力的，而且不当的举动往往是在幽默的情境下出现。由于侵犯的程度较轻，而且常常缺乏明确的阻止和惩戒，这些行为，与身体侵犯（physical aggression）相比，更有可能被儿童模仿。

无论是在传统大众媒体还是新媒体环境下，暴力、色情媒体内容对青少年的传播效果一直是学界的关注重点。其中一个核心的问题是，这些媒体内容会不会导致青少年放纵侵犯行为（aggressive behavior）和性行为。对此持肯定意见的学者提供了不少经验证据。他们主要从社会认知理论和培养理论的观点出发，认为媒体不断常态化和正面化暴力、色情行为使青少年逐渐默许此类举动。例如，Lo 和 Wei（2005）对中国台湾青少年进行调查后发现，接触网络色情内容与性开放（sexual permissiveness）程度和性行为的可能性成正相关。这种关系，在控制了人口因素、一般媒体使用，和在传统媒体上接触色情内容的程度这些变量后，依然显著。Peter 和 Valkenburg（2008）在荷兰的研究同样显示，在网络中接触明显与性相关的信息与青少年的性唤起（sexual arousal）和性议题的关注度密切相关。Slater（2003）等人强调媒介暴力与青少年的侵犯倾向往往是相辅相成的。他们指出，对于那些本来就有强烈寻求观感刺激倾向的青少年更容易受暴力、色情内容的影响。

也有学者应用激活效应和认知图式等心理学理论来分析媒体内容如何激活和塑造青少年对暴力和性的理解。例如，Krcmar 和 Curtis（2003）运用实验法研究虚幻暴力（fantasy violence，如动画中出现的暴力）对儿童道德推理（moral reasoning）的影响。他们指出，这些元素能激发儿童对暴力认知的心智模型（mental model），并对暴力采取更宽容的道德评价。Ward 和 Friedman（2006）分析了对性的不同表现方式如何影响青少年。研究结果表明，对性的刻板描绘能显著影响青少年对性观念。例如，在观看把女性描述成性对象的影片后，受众更容易接纳这种对女性角色的刻板成见；而接触把性行为视为娱乐放松方式的影片后，他们也更倾向接纳这种认知方式。因此，媒体内容不但与青少年的性行为相关，也与他们对性角色和性关系的观念有重要的关联。

不过，也有学者对上述的研究结果持质疑的态度。例如，Gunter 和 Daly（2012）指出，过往的研究有两个不足之处，一是研究分析基于相关关系而非因果关系；二是实验设计只针对短时间内的侵犯行为进行考察，这种实验环境有别于真实的社会情境。因此，这些研究很难提供有说服力的证据来阐明媒体内容的角色和效果。他们的实验研究发现，使用暴力游戏并没有给参与者带来显著的负面影响。

虽然目前仍然存在争论，不过保护好尚处成长阶段的青少年是一个重要的社会议题。不少学者也对如何预防和减轻不良媒体内容的负面影响提出建议。Nathanson（2004）实验显示，对暴力行为给出否定评价能十分有效地降低信息对儿童的不良影响。这说明，家长和学校及时提供明确的道德指引对儿童的态度和行为有着关键的作用。其他学者也提出了不少介入措施，其中包括家长给予指引、提高青少年的媒介素养，和制作更多亲社会的节目（prosocial program）以抵制反社会的暴力行为（Cantor & Wilson，2003）。

主题六：青少年社会关系的建立

对社会关系的研究主要集中在新媒体如何影响青少年的人际交流和建立友谊。这些研究的理论视角主要包括朋辈关系、人格与心理特征、社会规范、社会认同和社会认知理论等。

首先，不少文献集中讨论了青少年线上与线下朋友关系的形成和建构。比较突出的代表学者有来自阿姆斯特丹大学的 Valkenburg 和 Peter 等。他们的研究显示，性格内向与外向的青少年在线上结交朋友的动机和结果是不同的（Valkenburg & Peter，2005）；社交网站的使用会给青少年带来更多的朋友和更多的反馈，这些反馈的正面和负面程度直接影响到青少年的社会自尊（social self-esteem）和幸福感（well-being）（Valkenburg, Peter, & Schouten，2006）；对于那些有着良好人际关系的青少年来说，网络交流有助于幸福感的实现，而与陌生人沟通却无助于这种良好状态的维持

（Valkenburg & Peter，2007）；实时信息工具（instant messaging）为青少年提供了亲密沟通和自我表露（self-disclosure）的机会（Leung，2002），直接有助于现存朋友关系的巩固（Valkenburg & Peter，2009）。研究者还发现，青少年的自我表露并非直接取决于自身的性格因素，而关键在于其对计算机辅助沟通环境的感知（perceptions of CMC）。具体来说，青少年越是觉得网络沟通中的非语言线索（reduced nonverbal cues）减少了，越是觉得网络传播可以为自己所控制（controllability），他们越是倾向于自我表露。（Schouten，Valkenburg，& Peter，2007）。

另外，不少研究也指出同辈规范（peer norms）的重要性，尤其是它对违规行为（rule-breaking）和风险行为（risky behavior）的影响。研究者发现，鼓励吸烟的广告并不是青少年吸烟的直接诱因。青少年接触到吸烟信息后，倾向于认为同伴们会受到这些信息的影响，从而自己也开始吸烟（Gunther, Bolt, Borzekowski, Liebhart, & Dillard, 2006）。和线下关系类似，青少年线上的风险行为，也会受到同辈规范的制约。命令性同辈规范（injunctive peer norms）和描述性同辈规范（descriptive peer norms）都会导致青少年进行线上性风险行为（risky sexual online behavior），而后者的影响力要更大。这也说明青少年更容易被同辈实际的行为所影响（Baumgartner, Valkenburg, & Peter, 2011）。

与成年人相比，青少年在社交网站上有更多的朋友，且他们更多地结交同龄人，更频繁地使用多媒体功能（Pfeil, Arjan, & Zaphiris, 2009）。不过，网络环境下，机遇（认同，亲密关系，社会沟通等）和风险（隐私、误解、欺凌等）往往共存。Livingstone（2008）的一项研究考察了这种共存局面对于青少年的影响。研究发现年龄较小的青少年习惯于展现一个高度包装，精心打造的个人形象（highly-decorated, stylistically-elaborate identity），这时青少年也会面临更多的网络风险，而经过这个阶段后，年龄较大的青少年则更关注建立稳定、实际的朋友关系。

主题七：青少年的公民参与

新媒体环境下的公民参与一直是近年传播学研究的热点课题之一。在青少年研究领域，大多数研究成果都与较为年长的青少年有关，成果在数量上并不多。

该主题下的文献研究重点可以分为两大部分。一是媒介使用对青少年公民意识、政治社会化（political socialization）和政治参与（political participation）的影响。在这一部分文献中，新近的研究多偏重于考察社会化媒体（social media）及用户创造内容（user-generated content）社区对于线上及线下政治参与的影响（Leung，2009）。例如 Hirzalla 和 Zoonen（2011）考察了青少年的公民行动，发现他们常常将线上和线下的手段结合在一起加以运用，还有学者发现 UGC 平台的使用与青年的政治参与和抗议活动成正相关（Valenzuela, Arriagada, & Scherman, 2012；Östman, 2012）。第二部分的文献则关注从教育的角度去催生青少年，尤其是弱势或边缘群体的公民意识和公民参与。比如 Bers 和 Chau（2006）的个案研究显示，通过在虚拟城市中进行互动，青少年的决策能力，自我组织和公共对话意识都有所提高。总体来说，这些研究反映出，青少年尚未形成稳定的心智和行为模式，主体性和能动性不高，因而往往被研究者视为一个对公共事务比较冷漠的群体。

我们发现，这一主题下的大部分论文并未应用经典的传播学理论，而议程设置（agenda-setting）和社会动员（social mobilization）是两个被明确提及的理论。使用议程设置理论的典型文献（Kiousis, McDevitt, & Wu, 2005）发现，青少年对政治议题重要性的判断，与学校课程（school curriculum exposure），媒体注意力（news media attention），与家长的沟通（discussion with parents）等因素有直接或间接的联系。Kiousis 和 McDevitt（2008）的研究进一步说明了议程设置贯穿于青少年政治社会化的过程之中，而政治社会化的结果则直接影响到青年投票率（youth voter turnout）。在社会动员理论方面，典型文献响应了互联网究竟是促进了政治动员（mobilization）还是有利于政治常态化（normalization）的争论。研究发现对于青少年来说，互联网呈现出更多政治动员效果，但对于成年人而言，政治常态化的效应更加明显（Hirzalla, Zoonen, & Ridder, 2010）。

结论：争议与不足

通过上述对新媒体与青少年有关研究的回顾，我们可以感受到，有一大批卓具贡献的学术成果出现在这 20 年间。这些研究来自不同的地区和学术传统。特别是大量来自传播学以外的学科的研究为这一领域带来了不少新课题和新尝试。不过，在本章的最后，我们也不得不指出当前研究的若干不足之处。

首先，相关研究呈现出明显的地域不平衡现象。不难发现，从美国诞生的理论和经验数据一直占主导地位。这种局面，为美国以外地区的研究者提出了严峻的课题：如何把美国的理论进行本土化。我们可以看到已经有不少学者开始做出这样的尝试。不过，目前这些研究仍倾向于采用可在跨文化情境中普遍适用的变量。因此，如何能建立体现自身文化特质和本土特质的理论还是研究者面临的难题。

其次，美国的研究传统较集中在个体水平上的效果研究。这种研究视角也普遍出现在其他的地区的研究上。然而，研究者也许可以做出更多的尝试。在我们的分析中，从群体角度和文化角度切入的研究非常少。因此，分析群体因素和文化因素对青少年的媒体使用的影响可能是研究者未来的新方向。我们希望，通过探寻这些新的因素，未来的研究可以解答目前对效果研究尚未能达成共识的研究议题。

最后，我们也发现，当下的研究涉及多种多样的媒体类型。可以预见，未来随着科技的不断发展，更为丰富多样的媒体将走进青少年的生活。不过，这也为研究者带来新的思考：不同的媒体对人们产生怎样不同的影响。电视的兴起曾激发起对大众媒体传播效果的极大关注；而目前计算机、移动设备，和社交媒体（social media）的不断普及也让学界思考计算机辅助传播和移动设备辅助传播（mobile-mediated communication）对人们日常生活产生的独特影响。虽然我们的研究中也有一些样本涉及计算机辅助传播的相关概念和理论，但是大部分的研究仍倾向运用大众传播时代的经典理论来架构理论框架。当然，这些经典理论的预测能力在今天仍然不可低估，不过，如何把经典的理论和新颖的传播技术相结合则是研究者面临的又一挑战。我们相信，对技术与人们生活的关系的不断反思，可以进一步揭示更丰富的社会互动方式。

附录：抽样方法和编码规则

期刊选取

首先，本研究在 SSCI 的传播学分类中选取了 9 本学术期刊。选择的依据在于，第一，期刊有较高的影响因子和 5 年影响因子（five-year impact factor），这能确保该期刊处于学科的领先地位，这类期刊包括 *Journal of Communication*；*Cyberpsychology, Behavior, and Social Networking*；*Communication Research*；*Journal of Computer-Mediated Communication*。第二，虽然影响因子的排名比前一类期刊略低，但是期刊的关注范围与本研究的主题密切相关，包括：*New Media & Society*；*Media Psychology*；*Journal of Broadcasting & Electronic Media*，*Journalism of Mass Communication Quarterly*；*Human Communication Research*。它们同样被视为重要的文献来源。

其次，在 SSCI 的其他学科分类列表中，还选择了 7 本期刊。这 7 本期刊主要来自心理学、信息科学，以及社会科学跨学科研究等领域。它们包括：*Computers in Human Behavior*；*Journal of Youth and Adolescence*；*Journal of Research on Adolescence*；*Children & Society*；*Social Science Computer Review*；*Information Society*；*Internet Research*。它们能进一步补充传播学以外的最新研究进展。

通过锁定这 16 本高质量的学术期刊，本研究将分析近 20 年间（1993—2012）论文发表的特征和趋势。

抽样方法

本研究以关键词作为搜索论文的依据。首先，研究者确定了一组关于青少年和媒体类型的关键词。例如，与青少年相关的英文表达包括 youth, child, adolescent, teenager, kid；与媒体类型相关的词语包括 media, television, Internet, game, social media（如 Facebook, blog, 和 Twitter），email, 等等。其次，研究者把这些关键词编写成统一的检索命令于 Web of Knowledge 提供的检索平台搜索相应的学术论文。搜索结果显示，在 1993 年至 2012 年间，这 16 本学术期刊共有约 1000 篇，研究者首先剔除了108篇书籍评论，即余下共892篇符合要求的论文，在确定样本框后，再对每本期刊的论文进一步抽样。首先按出版时间排列好一本期刊中所搜索到的论文，继而以随机数码表决定每本期刊的第一篇样本序号，然后以每隔一篇的方式进行抽取。根据这种方法，本研究一共收取了446篇学术论文。

表9 抽样分布

期 刊 名	频数	百分比
SSCI 传播学分类		
1. Cyberpsychology, Behavior, and Social Networking	97	21.75%
2. Journal of Broadcasting & Electronic Media	45	10.09%
3. Communication Research	40	8.97%
4. Journal of Communication	37	8.30%
5. Media Psychology	35	7.85%
6. New Media & Society	27	6.05%
7. Human Communication Research	25	5.61%
8. Journal of Computer-Mediated Communication	14	3.14%
9. Journalism of Mass Communication Quarterly	0	0%
SSCI 其他社会科学学科分类		
10. Computers in Human Behavior	57	12.78%
11. Journal of Youth and Adolescence	32	7.17%
12. Journal of Research on Adolescence	13	2.91%
13. Children & Society	9	2.02%
14. Social Science Computer Review	9	2.02%
15. Information Society	5	1.12%
16. Internet Research	1	0.22%
总 计	446	100.00%

研究变项的编码规则

本研究采用内容分析方法对抽取的论文进行分析。研究者分别记录下每篇论文的基本信息，例如：论文所属期刊、出版年份、页数、引文数量。此外，本研究还对论文数据采集的地区、研究媒体的类型、研究所属的学科领域和研究方法进行编码。

数据采集地区是指研究采集经验数据的地理位置。本研究首先把每篇论文采集的地点加以记录，然后进一步归类整理。

媒体类型是论文研究所关注的媒体类别。本研究把媒体类型划分为6大类：印刷媒体（如报纸、杂志）、广播媒体（如广播、电视、电影）、传统网络服务（如网络新闻、网络搜索等基于web1.0技术的媒体服务）、社交媒体（如实时通信服务、社交平台、视频分享平台等基于web2.0技术的媒体服务）、移动媒体（如手机、平板电脑），以及游戏。由于一部分研究同时考察多项媒体使用，因此本变量为多选题。

研究所属的学科领域是指论文研究理论框架所涉及的学科范围。本研究对学科领域的编码包括：传播学、心理学、社会学、教育学、医疗健康、信息科学、政治科学、人文科学、经济学与商学、法律政策、工程和其他学科，共12个类别。考虑到跨学科研究的情况，本变量为多选题。

对于研究方法的编码，本研究划分出问卷调查、实验、内容分析、二手数据分析、综合量化分析、文本/话语分析、深度访谈、民族志、综合质化分析、综合量化质化分析、个案分析和非经验研究，共12种类别。

除了以上8项封闭式问题，本研究还包括三项开放式编码，分别是研究主题、运用理论和代表作者。

关于研究主题，编码者首先从每篇论文的标题、摘要和关键词中选出5个最有代表性的关键词。其后，经过对这些关键词的分类整理，本研究抽取出7个较有代表性的研究主题：健康传播（health communication）、社会化（socialization）、教育（education）、态度转变与决策过程（attitude change and decision-making）、媒介暴力与色情（media violence and pornography）、社会关系（social relation）和公民参与（civic engagement）。

与分析研究主题的方法相类似，本研究对论文所运用的编码也经过先主观识别、再归类总结的过程，最终归纳出三十多种理论。

在识别有代表性的作者时，本研究首先运用SSCI提供的分析功能，确定每本期刊发表论文数量较多的十多位学者。然后，如果所抽取样本中出现这些作者时，编码者将进行记录。

本研究由两位研究生进行编码。在编码结束后，10%的样本被随机抽取进行编码者可信度（inter-coder reliability）检验。其中，出版年份、页数、引文数量的编码者Krippendorff's α系数为1（即可信度为100%）。数据采集地区的α系数为0.89；媒体类型（多选变量）的α系数均值为0.73；学科领域（多选变量）的α系数均值为0.81；研究方法的为0.83。

◇ 参考文献 ◇

- Albada, K. F. (2000). The public and private dialogue about the American family on television. *Journal of Communication*, 50(4): 79-110.
- Andsager, J. L., Austin, E. W., & Pinketon, B. E. (2001). Questioning the value of realism: Young adults' processing of messages in alcohol-related public service announcements and advertising. *Journal of Communication*, 51(1): 121-142.
- Arnett, J. J. (1995). Adolescents uses of media for self-socialization. *Journal of Youth and Adolescence*, 24(5): 519-533.
- Ata, R. N., Ludden, A. B., & Lally, M. M. (2007). The effects of gender and family, friend, and media influences on eating behaviors and body image during adolescence. *Journal of Youth and Adolescence*, 36(8): 1024-1037.
- Aubrey, J. S. (2006). Effects of sexually objectifying media on self-objectification and body surveillance in undergraduates: Results of a 2-year panel study. *Journal of Communication*, 56(2): 366-386.
- Baker, R. K., & Ball, S. J. (1969). *Mass media and violence: Staff report to the National Commission on the cause and prevention of violence* (Vol. 9). Washington, D. C.: U. S. Government Printing Office.
- Baumgartner, S. E., Valkenburg, P. M., & Peter, J. (2011). The influence of descriptive and injunctive peer norms on adolescents' risky sexual online behavior. *Cyberpsychology, Behavior, and Social Networking*, 14(12): 753-758.
- Bers, M. U., & Chau, C. (2006). Fostering civic engagement by building a virtual city. *Journal of Computer - Mediated Communication*, 11(3): 748-770.
- Botta, R. A. (2000). The mirror of television: A comparison of Black and White adolescents' body image. *Journal of Communication*, 50(3): 144-159.
- Busselle, R. W. (2003). Television exposure, parents' precautionary warnings, and young adults' perceptions of crime. *Communication Research*, 30(5): 530-556.
- Byun, S., Ruffini, C., Mills, J. E., Douglas, A. C., Niang, M., Stepchenkova, S., …Blanton, M. (2009). Internet addiction: Metasynthesis of 1996—2006 quantitative research. *CyberPsychology and Behavior*, 12(2): 203-207.
- Cantor, J., & Wilson, B. J. (2003). Media and violence: Intervention strategies for reducing aggression. *Media Psychology*, 5(4): 363-403.
- Cho, C. H., & Cheon, H. J. (2005). Children's exposure to negative Internet content: effects of family context. *Journal of Broadcasting & Electronic Media*, 49(4): 488-509.
- Cho, H., & Boster, F. J. (2008). First and third person perceptions on anti-drug ads among adolescents. *Communication Research*, 35(2): 169-189.
- Cingel, D. P., & Sundar, S. S. (2012). Texting, techspeak, and tweens: The relationship between text messaging and English grammar skills. *New Media & Society*, 14(8): 1304-1320.
- Cotton, S. R., Anderson, W. A., & Tufekci, Z. (2009). Old wine in a new technology, or a different type of digital divide? *New Media & Society*, 11(7): 1163-1186.
- Dailey, R. M., Richards, A. A., & Romo, L. K. (2010). Communication with significant others about weight management: The role of confirmation in weight management attitudes and behaviors. *Communication Research*, 37(5): 644-673.
- Davis, S., & Mares, M. L. (1998). Effects of talk show viewing on adolescents. *Journal of Communication*, 48(3): 69-86.

- Dohnt, H. K., & Tiggemann, M. (2006). Body image concerns in young girls: The role of peers and media prior to adolescence. *Journal of Youth and Adolescence*, 35(2): 141-151.
- Fisher, D. A., Hill, D. L., Grube, J. W., & Gruber, E. L. (2004). Sex on American television: An analysis across program genres and network types. *Journal of Broadcasting & Electronic Media*, 48(4): 529-553.
- Fujioka, Y., Ryan, E., Agle, M., Legaspi, M., & Toohey, R. (2009). The role of racial identity in responses to thin media ideals differences between white and black college women. *Communication Research*, 36(4): 451-474.
- Gentzler, A. L., Oberhauser, A. M., Westerman, D., & Nadorff, D. K. (2011). College students' use of electronic communication with parents: Links to loneliness, attachment, and relationship quality. *Cyberpsychology, Behavior, and Social Networking*, 14(1-2): 71-74.
- Gruenberg, S. M. (1933). Programs for children. In L. Tyson (ed.), *Radio and education*. 171-195. Chicago: University of Chicago Press.
- Gunther, A. C., Bolt, D., Borzekowski, D. L. G., Liebhart, J. L., & Dillard, J. P. (2006). Presumed influence on peer norms: How mass media indirectly affect adolescent smoking. *Journal of Communication*, 56(1): 52-68.
- Hargittai, E. (2007). Whose space? Differences among users and non-users of social network sites. *Journal of Computer-Mediated Communication*, 13(1): 276-297.
- Harrison, K., & Fredrickson, B. L. (2003). Women's sports media, self-objectification, and mental health in black and white adolescent females. *Journal of Communication*, 53(2): 216-232.
- Henriksen, L., & Flora, J. A. (1999). Third-person perception and children - Perceived impact of pro- and anti-smoking ads. *Communication Research*, 26(6): 643-665.
- Himmelweit, H. T., Oppenheim, A. N., & Vince, P. (1958). *Television and the Child: An Empirical Study of the Effect of Television on the Young*. London and New York: Oxford University Press.
- Hirzalla, F., & van Zoonen, L. (2011). Beyond the online/offline divide how youth's online and offline civic activities converge. *Social Science Computer Review*, 29(4): 481-498.
- Hirzalla, F., van Zoonen, L., & de Ridder, J. (2010). Internet use and political participation: Reflections on the mobilization/normalization controversy. *The Information Society*, 27(1), 1-15.
- Huang, H., & Leung, L. (2009). Instant messaging addiction among teenagers in China: Shyness, alienation, and academic performance decrement. *CyberPsychology & Behavior*, 12(6): 675-679.
- Jackson, L. A., Von Eye, A., Witt, E. A., Zhao, Y., & Fitzgerald, H. E. (2011). A longitudinal study of the effects of Internet use and videogame playing on academic performance and the roles of gender, race and income in these relationships. *Computers in Human Behavior*, 27(1): 228-239.
- Jaruratanasirikul, S., Wongwaitaweewong, K., & Sangsupawanich, P. (2009). Electronic game play and school performance of adolescents in southern Thailand. *Cyberpsychology & Behavior*, 12(5): 509-512.
- Kiousis, S., & McDevitt, M. (2008). Agenda setting in civic development effects of curricula and issue importance on youth voter turnout. *Communication Research*, 35(4): 481-502.
- Kiousis, S., McDevitt, M., & Wu, X. (2005). The genesis of civic awareness: Agenda setting in political socialization. *Journal of Communication*, 55(4): 756-774.
- Kistler, M., Rodgers, K. B., Power, T., Austin, E. W., & Hill, L. G. (2010). Adolescents and music media: Toward an involvement-mediational model of consumption and self-concept. Journal of Research on Adolescence, 20(3): 616-630.
- Knobloch, S., Callison, C., Chen, L., Fritzsche, A., & Zillmann, D. (2005). Children's sex-

- stereotyped self-socialization through selective exposure to entertainment: Cross-cultural experiments in Germany, China, and the United States. *Journal of Communication*, 55(1): 122-138.
- Knobloch-Westerwick, S., & Crane, J. (2012). A losing battle: Effects of prolonged exposure to thin-ideal images on dieting and body satisfaction. *Communication Research*, 39(1): 79-102.
- Krcmar, M., & Curtis, S. (2003). Mental models: Understanding the impact of fantasy violence on children's moral reasoning. *Journal of Communication*, 53(3): 460-478.
- LaFrance, J. P. (1996). Games and players in the electronic age: Tools for analyzing the use of video games by adults and children. *The French Journal of Communication*, 4(2): 301-132.
- Lam, L. T., Peng, Z. W., Mai, J. C., & Jing, J. (2009). Factors associated with Internet addiction among adolescents. *CyerPsychology & Behavior*, 12(5): 551-555.
- Lee, S. J. (2009). Online communication and adolescent social ties: Who benefits more from Internet use? *Journal of Computer-Mediated Communication*, 14(3): 509-531.
- Lemmens, J. S., Valkenburg, P. M., & Peter, J. (2011). Psychosocial causes and consequences of pathological gaming. *Computers in Human Behavior*, 27(1): 144-152.
- Leung, L. (2002). Loneliness, Self-disclosure, and ICQ ("I Seek You") Use. *CyberPsychology & Behavior*, 5(3): 241-251.
- Leung, L. (2009). Users-Generated Content on the Internet: An Examination of Gratifications, Civic Engagement, and Psychological Empowerment. *New Media & Society*, 11(8): 1327-1347.
- Leung, L. (2011). Loneliness, Social Support, and Preference for Online Social Interaction: The Mediating Effects of Identity Experimentation Online among Children and Adolescents. *Chinese Journal of Communication*, 4(4): 381-399.
- Leung, L., & Lee, P. S. N. (2005). Multiple Determinants of Life Quality: The Roles of Internet Activities, Use of New Media, Social Support, and Leisure Activities. *Telematics & Informatics*, 22(3): 161-180.
- Leung, L., & Lee, P. S. N. (2012a). Impact of Internet Literacy, Internet Addiction Symptoms, and Internet Activities on Academic Performance. *Social Science Computer Review*, 30(4): 403-418.
- Leung, L., & Lee, P. S. N. (2012b). The influences of information literacy, internet addiction and parenting styles on internet risks. *New Media & Society*, 14(1): 115-134.
- Lin, M. P., Ko, H. C., & Wu, J. Y. W. (2008). The role of positive/negative outcome expectancy and refusal self-efficacy of Internet use on Internet addiction among college students in Taiwan. *CyerPsychology & Behavior*, 11(4): 451-457.
- Livingstone, S. (1999). New media, new audiences? *New Media and Society*, 1(1): 59-66.
- Livingstone, S. (2002). *Young people and new media: Childhood and the changing media environment*. London: Sage.
- Livingstone, S. (2008). Taking risky opportunities in youthful content creation: teenagers' use of social networking sites for intimacy, privacy and self-expression. *New Media & Society*, 10(3): 393-411.
- Lo, V. H., & Wei, R. (2005). Exposure to Internet pornography and Taiwanese adolescents' sexual attitudes and behavior. *Journal of Broadcasting & Electronic Media*, 49(2): 221-237.
- Looker, E. D., & Thiessen, V. (2003). Beyond the digital divide in Canadian schools - From access to competency in the use of information technology. *Social Science Computer Review*, 21(4): 475-490.
- Lopez-Guimera, G., Levine, M. P., Sanchez-Carracedo, D., & Fauquet, J. (2010). Influence of mass media on body image and eating disordered attitudes and behaviors in females: A review of effects and processes. *Media Psychology*, 13(4): 387-416.

- Marcell, A. V. (2007). Adolescence. In R. M. Kliegman, R. E. Behrman, H. B. Jenson, & B. F. Stanton (eds.), *Nelson Textbook of Pediatrics* (18th ed.) 60-64. Philadelphia, Pa: Saunders Elsevier.
- Martins, M., & Wilson, B. J. (2012). Mean on the screen: Social aggression in programs popular with children. *Journal of Communication*, 62(6): 991-1009.
- McDonald, D. G., & Kim, H. (2001). When I die, I feel small: Electronic game characters and the social self. *Journal of Broadcasting & Electronic Media*, 45(2): 241-258.
- McKenney, S, & Voogt, J. (2010). Technology and young children: How 4~7 year olds perceive their own use of computers. *Computers in Human Behavior*, 26(4): 656-664.
- Moriarty, C. M., & Harrison, K. (2008). Television exposure and disordered eating among children: A longitudinal panel study. *Journal of Communication*, 58(2): 361-381.
- Nalwa, K., & Anand, A. P. (2003). Internet addiction in students: A cause of concern. *CyberPsychology & Behavior*, 6(6): 653-656.
- Nathanson, A. I. (2002). The unintended effects of parental mediation of television on adolescents. *Media Psychology*, 4(3): 207-230.
- Nathanson, A. I. (2004). Factual and evaluative approaches to modifying children's responses to violent television. *Journal of Communication*, 54(2): 321-336.
- Nathanson, A. I., & Wilson, B. J. (2002). Counteracting the effects of female stereotypes on television via active mediation. *Journal of Communication*, 52(4): 922-937.
- Ni, X., Yan, H., Chen, S., & Liu, Z. (2009). Factors Influencing Internet Addiction in a Sample of Freshmen University Students in China. *CyberPsychology & Behavior*, 12(3): 327-330.
- Niederdeppe, J., Farrelly, M. C., Thomas, K. Y., Wenter, D., & Weitzenkamp, D. (2007). Newspaper coverage as indirect effects of a health communication intervention - The Florida tobacco control program and youth smoking. *Communication Research*, 34(4): 382-406.
- Östman, J. (2012). Information, expression, participation: How involvement in user-generated content relates to democratic engagement among young people. *New Media & Society*, 14(6): 1004-1021.
- Pearl, D., Bouthilet, L., & Lazar, J. (eds.). (1982). Television and behavior: *Ten years of scientific progress and implications for the eighties: Vol. 1. Summary report.* Washington, D. C.: U. S. Government Printing Office.
- Peter, J., & Valkenburg, P. M. (2008). Adolescents' exposure to sexually explicit Internet material and sexual preoccupancy: A three-wave panel study. *Media Psychology*, 11(2): 207-234.
- Peter, J., Valkenburg, P. M., & Schouten, A. P. (2005). Developing a model of adolescent friendship formation on the Internet. *CyberPsychology & Behavior*, 8(5): 423-430.
- Pfeil, U., Arjan, R., & Zaphiris, P. (2009). Age differences in online social networking—A study of user profiles and the social capital divide among teenagers and older users in MySpace. *Computers in Human Behavior*, 25(3): 643-654.
- Rimal, R. N., Flora, A., & Schooler, C. (1999). Achieving improvements in overall health orientation—Effects of campaign exposure information seeking, and health media use. *Communication Research*, 26(3): 322-348.
- Rouis, S. (2012). Impact of Cognitive Absorption on Facebook on Students' Achievement. *Cyberpsychology, Behavior, and Social Networking*, 15(6): 296-303.
- Rozendaal, E., Buijzen, M., & Valkenburg, P. M. (2012). Think-aloud process superior to thought-listing in increasing children's critical processing of advertising. *Human Communication Research*, 38(2): 199-221.
- Schouten, A. P., Valkenburg, P. M., & Peter, J. (2007). Precursors and underlying processes of adolescents' online self-disclosure: Developing and testing an "Internet-attribute-perception"

- model. *Media Psychology*, 10(2): 292-315.
- Slater, M. D., Henry, K. L. Swaim, R. C., & Anderson, L. L. (2003). Violent media content and aggressiveness in adolescents - A downward spiral model. *Communication Research*, 30(6): 713-736.
- Smith, S. L., Lachlan, K., & Tamborini, R. (2003). Popular video games: Quantifying the presentation of violence and its context. *Journal of Broadcasting & Electronic Media*, 47(1): 58-76.
- Surgeon General's Scientific Advisory Committee on Television and Social Behavior. (1972). *Television and growing up: the impact of televised violence* [Report to the surgeon general, U. S. Public Health Service]. Washington, D. C.: U. S. Government Printing Office.
- Szwedo, D. E., Mikami, A. Y., & Allen, J. P. (2011). Qualities of peer relations on social networking websites: Predictions from negative mother-teen interactions. *Journal of Research on Adolescence*, 21(3): 595-607.
- Tsai, C. C. (2004). Adolescents' perceptions toward the Internet: A 4-T framework. *CyberPsychology & Behavior*, 7(5): 458-463.
- Turow, J. (1999). *The internet and the family: The view from parents, the view from the press* (Report Series). Philadelphia: University of Pennsylvania. Annenberg Public Policy Center.
- Valenzuela, S., Arriagada, A., & Scherman, A. (2012). The social media basis of youth protest behavior: The case of Chile. *Journal of Communication*, 62(2): 299-314.
- Valkenburg, P. M., & Peter, J. (2007). Internet communication and its relation to well-being: Identifying some underlying mechanisms. *Media Psychology*, 9(1): 43-58.
- Valkenburg, P. M., & Peter, J. (2009). The effects of instant messaging on the quality of adolescents' existing friendships: A longitudinal study. *Journal of Communication*, 59(1): 79-97.
- Valkenburg, P. M., Krcmar, M., Peeters, A. L., & Marseille, N. M. (1999). Developing a scale to assess three styles of television mediation: "Instructive mediation," "restrictive mediation," and "social coviewing". *Journal of Broadcasting & Electronic Media*, 43(1): 52-66.
- Valkenburg, P. M., Peter, J., & Schouten, A. P. (2006). Friend networking sites and their relationship to adolescents' well-being and social self-esteem. *CyberPsychology & Behavior*, 9(5): 584-590.
- Wack, E., & Tantleff-Dunn, S. (2009). Relationships between electronic game play, obesity, and psychosocial functioning in young men. *Cyberpsychology & Behavior*, 12(2): 241-244.
- Walther, J. B., Liang, Y., DeAndrea, D. C., Tong, S. T., Carr, C. T., Sppottswood, E. L., & Amichai-Huamburger, Y. (2011). The effect of feedback on identity shift in computer-mediated communication. *Media Psychology*, 14(1): 1-26.
- Ward, L. M., & Friedman, K. (2006). Using TV as a guide: Associations between television viewing and adolescents' sexual attitudes and behavior. *Journal of Research on Adolescence*, 16(1): 133-156.
- Weisskirch, R. S. (2011). No crossed wires: Cell phone communication in parent-adolescent relationships. *Cyberpsychology, Behavior, and Social Networking*, 14(7-8): 447-451.
- Yen, J. Y., Yen, C. F., Chen, C. C., Chen, S. H., & Ko, C. H. (2007). Family factors of internet addiction and substance use experience in Taiwanese adolescents. *CyberPsychology & Behavior*, 10(3): 323-329.
- Zhang, Y., & Harwood, J. (2002). Television viewing and perceptions of traditional Chinese values among Chinese college students. *Journal of Broadcasting & Electronic Media*, 46(2): 245-264.

老人传播研究

臧国仁[①]　蔡琰[②]

一、前言

"老人（学）研究"与"老人传播研究"近来成为备受瞩目之新兴研究领域实则源于20世纪末以来之全球人口结构遽变导致高龄化社会有可能"引发新经济危机"与"世代风暴"（引自叶家兴译，2004/Kotlikoff & Burns，2004原书书名），连带使得老人议题一举成为显学，不同学术领域研究者纷纷加入探索行列。又因其所涉面向复杂而难以任一方法或理论剖析，后设理论（meta theory）也常背离既有知识，研究挑战性甚高（Öberg, Närvänen, Näsman, & Olsson, 2004）。

举例来说，以往社会多鼓励积蓄养老金以备不时之需，但许多"金领银发族"（golden agers）如今面对的高龄挑战却是"如何活用资产"并在生前用完所有财富（参见叶家兴译，2004/Kotlikoff & Burns，2004：248-305有关老人"终身财务规划"）。[③] 此外，传统社会总认为"延年益寿"为佳，如今"百岁人瑞"已非稀奇，但如何在暮年正视"丧偶"、"失智"、"独居"、"赡养"等现象并能"善终"或"死得其所"才是众所关心的人生考验（Öberg, 2004：xii）。[④]

由此观之，面对这些新起议题若仍欲以20世纪发展之学理应变显有局限，势须调整并发展创新内涵与方法。尤以此些议题相互牵连且纷至沓来，促使相关研究无法续以"老人"族群（或世代）为单一变项而需观察整体社会趋势方能重新省视生命意涵并探索如何转换"老化"为积极乐观之社

[①] 臧国仁与蔡琰现皆任中国台湾政治大学传播学院教授。臧国仁于1987年获美国奥斯汀得克萨斯大学（The University of Texas at Austin）传播学博士学位。

[②] 蔡琰于1991年获美国奥斯汀得克萨斯大学（The University of Texas at Austin）教育学博士学位，两人的主要研究领域包括老人传播、叙事传播和新闻叙事等。

[③] Golden agers 一词出自 Hummert, Shaner, & Garstka（1995），原在说明三种正面老人刻板印象，包括"黄金老人"（特质为：活泼、警觉、具冒险性、主动、社交能力强等）、"完美祖父母"（慈祥、慷慨、善解人意、值得信赖等）、"好莱坞影星约翰韦恩式保守老人"（爱国、保守、激动、老练、有决心及骄傲等），此处延伸用来说明财务状况良好之老人。

[④] 如日本在1963年时全国仅有153位百岁老人，如今约有5.1万，增加比率为150倍。美国是全球百岁老人最多的国家，计有近十万人（2008年统计）。此外，100岁以上人口比例最高者为法国，每10万人有36人，其后依序为：日本20人，美国18人，意大利与英国各17人，澳洲16人，加拿大15人，新西兰13人；中国十万人中约有3~4个百岁老人（出自 http://www.thechineseweekly.com/article.php?id=9805，上网时间2013-02-16）。

会意涵进而成为智能象征（梁永安译，2011/Cole & Winkler，1994）。

因而"老人研究"与"老人传播研究"首要任务即在推演与前不同之崭新知识与后设理论，重新思索如何处理人类过去从未经历过的"高龄化社会"及其可能带来的诸多冲击。如今老人议题日趋热门亦已迫使研究者必须重省老化甚至死亡可能形塑之生命意义，此当也是各个领域势须齐力共谋之研究题材，因而"老人（学）研究"与"老人传播"研究者有其使命，此其因也。

本文旨在回溯"老人（学）研究"与"老人传播研究"重要典籍进而讨论相关概念，借此反思华人研究者如何得能贡献所长提出卓见。以下共分三节：首节介绍"老人（学）研究"之缘起与省思，次节说明"老人传播研究"重要典籍之涵盖内容与省思，末节则从"华人传播"角度试析未来可能着手之研究方向。

二、"老人（学）研究"之缘起与省思

1. 缘起

何谓"老人（学）研究"又何谓"老人传播研究"？[①] 一般人初次接触常感困惑，稍经解释后却多应和并赞许其乃颇具前瞻性之研究题材。何以"老人"议题值得研究而又为何"老人传播"研究颇具前瞻性？

一般而言，"老人（学）研究"约略起自19世纪与20世纪接壤之刻。依美国老人研究"创始者"Birren（1961，1999）之历史回顾，[②] 俄国生物学家 Élie Metchnikoff（1845—1916）早在1903年即曾使用"老人学"（gerontology）一词，指称一般人"上了年纪"后常在肠胃里积累腐败细菌（gastrointestinal putrefaction；Birren，1999：460-461）而致引发放屁并有体臭现象，因而强调老化可能与细菌滋长有关。此一说法代表了其时所持"老化系由细菌造成"论点，今日听闻或感不可思议。但 Metchnikoff 教授并非等闲之辈，曾因在免疫学的造诣而获颁诺贝尔医学奖（1918年），[③] 其言或谓反映了老人研究萌芽时期之知识观。

---

① "老人（学）"、"老年"、"老龄"、"高龄"研究等皆出自 aging research，本文交换使用，而"老人（学）研究"一词乃因其同时涉及 gerontology 与 aging studies。同理，"老人传播"、"老人沟通"、"老人与传播"研究多源自 communication & aging research，本文亦未区分。

② http://en.wikipedia.org/wiki/James_Birren 词条称 Birren 为"创始者之一"（one of the founders），以至 Bengtson & Schaie（1999）初版曾经特辟专章（473-479）以贺其八十寿辰，第二版（2009）页XXV亦曾说明该书献给 Birren 以贺其九十大寿，其在老人研究之学术地位不言而喻。Birren 虽已年逾耄耋却仍勤奋写作不辍，最新作品系为 Kenyon, Bohlmeijer, & Randall（2011）新著撰写序文。以上部分文字改自蔡琰、臧国仁（2012：31-32）。

③ 出自 http://en.wikipedia.org/wiki/%C3%89lie_Metchnikoff（上网时间：2013-08-21）

实则随着年龄增长，许多中老龄者的确出现体臭且男女皆有，日本人称此"加龄臭"，指其兼有青草与油性气味，接近蜡烛、奶酪、旧书味儿。① 对众多研究者而言，由细菌或体臭探索衰老（senescence）成因虽已渐遭弃置，但从生理现象尝试理解老化与新陈代谢、基因、免疫系统间的关联迄今仍是老人学重要理论根据（见下说明），一般称此"生物学取向"（biology perspective of aging research）之老人（学）研究（Austad，2009）。

然而老人（学）研究真正起源实已难考，② 如美国老人史学家 Achenbaum（1995：24）就认为 Metchnikoff 固属最早使用 gerontology 一词却难谓其"老人学之父"，乃因老人学起源分歧多元，早在美国殖民时期之前就有相关讨论旨将老人研究推向科学领域（Achenbaum & Kusnerz，1978）。举例来说，在十五六世纪之交时任职波多黎各总督的西班牙人 Juan Ponce de Leon（1460—1521）即曾登陆今日之美国佛罗里达州以"寻找青春之泉"，可视为"新大陆最早的老人学想象"（Achenbaum，1995：4）。

Achenbaum（1995：23）随后仍以专章追溯 Methchnikoff 这位俄裔法人之贡献并引述其语："我（指 Methchnikoff）认为透过科学性的探索老龄与死亡将能改变人生最后历程，前者可称为老人学而后者则为死亡学（thanatology）。"Achenbaum 认为，曾经担任法国著名"巴斯德研究院"（the Pasteur Institute）院长一职的 Methchnikoff 应是提出"老人正面哲学"最重要人物，经常强调科学研究总有一天能减缓（如非消除）老龄带来之痛苦并改善生活质量，乃因其始终如前述认为老龄系由"吞噬细胞（phagocytes，如白血球）"导致，易于引发头发灰白、神经细胞萎缩而让人渐趋老迈（29-30）。

Birren（1999）另也指出，上述"病菌引起老化"观点在 20 世纪初期渐被"慢性疾病"（chronic diseases）论点取代。而此时投入老人研究并取其名为"老年医学"（geriatrics）之美国医师 I. L. Nascher 亦曾强调老化乃起自"各种生病过程"（disease processes），也常受环境影响（Ferraro，2007：17）。20 世纪中期以后，研究者趋向认为多变项因素以及基因决定老化，而今日较被广泛接受的讲法则是基因与环境的互动造成老化，多项实验甚至发现进食较少之实验鼠远较自由进食之控制鼠活得更久（Birren，1999：461）。

依 Ferraro（2007：25），美国老人（学）研究之里程碑当属 1946 年成立"美国老人学会"（the Gerontological Society of America，简称 GSA），迄今会员人数已逾 5 000 人，其后许多美国大学相继设置老人课程，短短数十年间已逾 500 校，而研究所数目也超过 150。

同一时期，美国"国家卫生研究院"（National Institute of Health，简称 NIH）开始提拨经费以

---

① 出自 http://zh.wikipedia.org/wiki/%E5%8A%A0%E9%BE%84%E8%87%AD "加龄臭"说明。
② Achenbaum（2009）曾经追溯史前巴比伦时代就已尝试建立"老化理论"，而如东方中国道家亦曾尝试炼金以取长生不老之术（25-26）。

供老人研究之用，国会也在 1974 年在 NIH 下成立"国家老化研究所"（National Institute of Aging，简称 NIA），针对老人疾病预防、老化信息传布、老人活动训练等项目推动系统化研究，如 1984 年首开先河地成立"阿兹海默疾病中心"（Alzheimer's Disease Centers）即属一例。[①]

时至今日，老人（学）研究早已成为多面向学术领域，横跨并涵盖生物学、社会科学（含心理学）、人文学、批判研究，学术期刊发行近 50 种，[②] 众多子领域亦皆相继出版诸多 handbook 集锦式专书，[③] 篇章完备且论述严谨，又以 *Handbook of theories of aging*（第二版）内容最为详尽（Bengtson, Gans, Putney & Silverstein, 2009），足可反映 Birren（1999）所称"老人学直到 20 世纪末期方才成为科学研究重点领域"说法。

此书初版 1999 年问世（Bengtson & Schaie, 1999），分为 5 个学术次领域论述，包括"老人研究的理论建构"（共四章）、"生物与生物医学"（含四章）、"心理学"（六章）、"社会科学"（五章）、"应用与未来"（共六章），反映了 20 世纪结束前的老人（学）研究广度与深度。

10 年后（2009 年）次版出刊，由前版之 25 章急速扩充为 40 章，页数亦由 500 页大幅调整为 800 页，涨势惊人。新版撰写者共计 67 人，分别来自美、英、瑞士、瑞典、荷兰、以色列等国，专长横跨心理、社会、人类、法律、公共事务、公共政策、公共卫生、家庭、人类发展、药学、生物等领域（但无任何老人传播），背景分属"老人学"、"老人心理学"（geropsychology）、"社会老人学"（social gerontology）、"诠释老人学"（interpretive gerontology）、"生命终结照顾"（end of life care）、"生物老人学"（biogerontology）、"老人与家庭研究"（gerontology & family studies）。

单由这些不同次领域名即可反映老人（学）研究之多/跨领域（interdisciplinary or transdisciplinary）特色（此说出自 Gott & Ingleton, 2011），具体而微地展现了其在 21 世纪初之蓬勃发展，并也凸显了其与多数领域皆有重叠且相互辉映。

整体观之，此本巨著除回顾老人（学）研究之历史发展情境与重要理论外，系由"生物学取径"、"心理学取径"、"社会科学取径"、"公共政策取径"四个取径切入。举例来说，"生物学取径"共以 5 个章节回溯老人研究的"免疫学"理论（如人体老化现象如何产生）、老化与基因作用（gene action）及古典进化理论、老化与长寿（longevity）理论、老化与自由基/氧化压力（free radicals and oxidative stress，系目前有关因果结构最完整且细部过程最清晰的老化理论，证实自由基氧化物会在受到攻击的细胞中造成多种明显有害生化转变）。

[①] 录自 NIA 网站（http://www.nia.nih.gov/，上网时间：2013-08-20）。

[②] Ferraro（2007: 27）曾列表说明现有老人期刊共 31 种，包括 1946 年首创之 *Journal (s) of Gerontology* 与 *Geriatrics*。另依网络数据，老人学术期刊现有 45 种之多（http://www.scimagojr.com/journalrank.php?category=1302）。

[③] 这些集锦式专著包括：Cole, van Tassel, & Kastenbaum, 1992; Cole, Kastenbaum, & Rays, 2000; Craik & Salthouse, 2000; Birren & Schaie, 2001; Binstock & George, 2006; Aldwin, Park, & Spiro, 2007; Cole, Ray, Kastenbaum, 2010; Masoro & Austad, 2011; Schaie & Willis, 2011; Settersten, Jr., & Jacqueline, 2011. 以下专书内容介绍改写自蔡琰、臧国仁（2012: 33-34）。

此外，该书另以 10 章叙述"社会科学取径"，包括分章讨论整合性之"社会老人学"理论、现象学与老人、生命历（过）程理论与老人、"累积性之不平等理论"（cumulative inequality theory）、有关生活形态、机构与结构的生命理论、女性主义老人学（feminist gerontology）与性学、跨文化之老人理论、人类学理论与老人经验、老人与家庭理论等，足可谓洋洋洒洒。

然而此书固然号称老人（学）研究已从传统单一领域迈向多元取向（如第一版）并续在第二版以跨领域之姿试图涵盖所有相关次领域，却犹独缺对传播现象之描述，仅稍提及"全球化传播现象"（620-621）。此项缺失显非无心之过，凸显了"老人传播"次领域迄今犹未在老人（学）研究占有一席之地。正如 Nussbaum & Coupland（2004：Ⅺ）所言，"传播在老人研究所占的核心位置尚未建立，但老人与传播正处于老人学新浪潮的前缘（forefront）……"。

2. 省思

如前节所述，"老人（学）研究"的起始时间约在 19、20 世纪之交，多因早期研究者观察到年老后的体力与智力渐弱，因而推论老化乃"衰败"（decaying）之征。如邱天助（2007：103-104；添加语句出自本文）之言，"西方文学对老人的描述往往充满着负面的意向……综观整体的西方思想，老年是一种邪恶，不幸，虚弱，准备死亡的可怕时段，也因为死亡意味着如基督教义所示之最后审判，社会对老年的意象同情多于对衰老的认识"。

此说若从相关理论观察当不意外。如"社会脱节论"（disengagement theory；或译"撤退论"）即曾说明随着年龄渐长而躯体渐衰，老人也将从社会网络脱节且社会也渐遗忘老人，此谓"双向撤离"（mutual withdrawal；见 Cumming, Dean, Newell, & McCaffrey, 1960），强调"社会脱节"乃无可避免之老年期现象且具普遍性。依据此说，老人的社会角色、人际关系和价值体系都在到达某个阶段（如退休）后与社会脱节，但其并非来自社会压力而是老化之内在本能成长过程，否则就难以适应而常感困扰。

另个重要老人理论则来自发展心理学者 Erikson 的"生命周期"（life course development）概念（周怜利译，2008/Erikson, Erikson & Kivnick, 1997），以 8 个阶段描述人生历程，强调每个阶段"活跃的参与和投入"皆有必要性，而人类生命依阶段逐渐成长并完成于老年期。Erikson 等人透过访谈 29 位约八十多岁（生于 1928—1929 年）长者与其子女，依其成长背景试图理解老年人步入老龄时所应具备的能力以及遭遇一系列人事物改变后（如从父母变成祖父母）如何发展接下来的人生历程。

Erikson 等人认为，成年时累积的能力如何与老化契合乃人生重要课题，而学习如何"做老人"常受惠于成年期观察父母与其它长辈如何变老并将周遭成功老人视为学习目标。除了生理、心理改变外，老人仍将与周遭之人事物产生互动关系，最大挑战即在如何持续活跃并统整生活否则就易陷入懊悔、失望、专横境界，因而此时期称作"统整与失望阶段"（integrity vs. despair stage）。

针对上述分别来自老人社会学（如脱节论）与老人心理学（如Erikson）的观点，Williams & Coupland（1998）曾经提出异议，认为老人（学）研究者习依"历时性年龄"（chronological age）区分老化程度并以退休、成年、生日等变项为思考面向，容易陷入"年龄偏见"（the ageism），①未来实应合并其他变项方能避免以年龄为单一指标的缺失。②

Williams & Coupland（1998）也曾指出老人研究者常假设行为及临床之测量（大多为沟通变项）可区分老人为"正常沟通"与"不正常沟通"之个人，前者指符合所有成人之标准（norm），即"在晚年时期无任何不能行动之病痛或任何功能的不足或任何症候"。但此定义实有"引喻失义"之嫌，乃因人老了之后就像是婴儿时期无法用一般成人标准衡量其"正常"与否。

邱天助（2007：112-113）归纳此类老年歧视发生之因有几：其一，老年在各年龄层中最为接近死亡，而源于人类对死亡的恐惧让人容易一旦老化就产生焦虑；其二，现代社会普遍倾向崇尚年轻文化并强调年轻人的价值观（如重视美丽外貌），自然易视老人与其不同并为负面展现；其三，资本主义的兴起导致对"生产力"（productivity）的看重，而多数老人在老年阶段不复生产，因而更为增强了其失能、无助的形象甚至常被认为是社会负担。

针对"老人（学）研究"最强烈之批判与反思来自瑞典学者Tornstam（2005），其书首章即曾开宗明义地指出，传统老人研究者多为男性、白人、中年人以致研究结果习于认定老人因不事生产、没有效率、依赖他人而对社会无所贡献。Tornstam则认为老年时期理应重新定义自我以及与他人的关系、不复再以"线性观点"描述时间流动、逐渐消除"你"、"我"及"我们"与"他们"界限，进而对人生基本存在问题有不同体认，也对社会活动有所取舍而可自行决定如何与社会其他团体或人士互动。

Tornstam尤其强调未来宜以"人文"（humanitarian）取向研究老年，以"人"（而非实证主义定律）为后设基础来检视老人的理论意涵并改以"超越年龄"（gerotranscendence）面对老龄，包括"持续产生与宇宙共融之感"、"重新定义时间、空间、物体之意涵"、"持续感受以前与未来世代间的联结"、"对无意义的社会互动不感兴趣"、"对物质不复感到兴趣"、"不再以自我为中心，改以'宇宙之我'（cosmic self）替代"、"增加冥想时间"等。③

实则有关人文取向的"老人（学）研究"近些年来已趋成熟，专书出版渐众，如Cole，

---

① 所谓"年龄偏见"，可定义为"对老龄团体或个人之偏见或差别待遇"（Palmore，1999：4），而Nelson（2007：IX）则将"年龄偏见"与"种族偏见"（racism）、"性别偏见"（sexism）并称，指其为现代社会三种主要人际认知偏见；参见Butler（1969）。

② 邱天助（2002：5）亦曾严厉批评老人研究者习以实证量化途径擅将"年龄"纳为重要变项，以致产生"工具理性"（instrumental reason）企图引起政府机构重视以能获得补助，却让老人赔上了"烙印"，年龄也成为原罪而老人成为了社会问题所在。

③ 以上有关Tornstam学理之整理改写自蔡琰、臧国仁（2012：35-36）。

Kastenbaum, & Ray（2000）即曾从过去少见之相关次领域着手包括历史、文学（literary gerontology，见 Wyatt-Brown，2000）、文学史（Mangum，2000）、宗教（Kimble，2000；Thursby，2000；Isenberg，2000）、心灵探索（spirituality，McCullough，2000；McFadden & Atchley，2001：157-250）、哲学（Manheimer，2000），甚至包含老人叙事（narrative gerontology，见 Kenyon, Clark, de Vries, 2001；Kenyon, Ruth, & Mader, 1999）、生命故事（lifestories，见 Schroots，1996）等，充实且丰富了老人研究之内涵。

根据 Cole & Rays（2010），美国主流"老人（学）研究"发展经年来曾多执着于"工具性"与"机械性"之研究途径，强调以客观、价值中立且专门语汇论述老人议题，却少诉诸于与老人社会有关之道德、伦理、存在（existential）概念。直至 1975 年方有历史学者 D. Van Tassel 在"美国国家人文基金"（National Endowment for the Humanities）支持下进行"老化之人文价值"项目计划为期两年，从而开启了"人文老人研究"（humanistic gerontology）之滥觞。至 20 世纪 80 年代中期，相关论文与专书则已逾千篇（本），发展蓬勃，也在 GSA 之下成立"人文与艺术委员会"持续规划并提出与传统、主流老人（学）研究不同之论述方向。

举例来说，有关"老龄与创意"（参见 Fisher & Specht，1999；Lindauer，1992，2003）研究即曾从人文角度鼓励老年持续创作以维持生产力（creativity as productivity），乃因"不分年纪老少，创造性始终是成长的有力泉源"（引自梁永安译，2011/Cole & Winkler，1994：12）。如《老年之韧性与创意》（Wyatt-Brown，2010）一文即不断鼓吹引进"文学"（如小说创作）与"叙事"（如生命故事之撰写）研究以免老年研究流于"单向地偏向作者观点，……唯有透过研究来联结小说与回忆录写作方能让我们理解老龄之多元经验"（57），这些创作因而可谓"老年人专属历史"（histories of elders；79；添加语句均出自本文）。

该文作者（Wyatt-Brown，2010）曾经引述一位罹患帕金森氏症（Parkinson's Disease）的 80 岁老人之言："只有诗人与小说家才能写出老年的乐趣，医生与精神分析师不能"，进而建议以下诸多创新研究议题如：不同老人作家们的晚年写作（叙事）风格、其生平回顾、中年时期的绝唱（swan songs）、晚年回忆录的创意、残疾与退休、照护、死亡、哀悼、医生的再教育等。

小结本节，"老人（学）研究"源于社会现象之重大变迁（如人口老化）而一跃成为备受瞩目之跨领域、主题多元、方法多样新兴学术场域，研究者分从不同典范出发探析并诠释老人议题与社会、个人、生活间之互动关系。早期研究者以功能论为主，视社会为整体系统而老人常在退休后面临角色转变并渐从社会、社群与家庭退隐，因而如何从社会福利、医疗保健、赡养与照护等面向建立保障老人族群之制度常是"老人（学）研究"与其他社会科学领域连结之主因。但此类研究过去习视老人为"他者"并以其不复具有生产力而谓其"社会问题"之所在，因而引起人文老人学者（以及批判老人学者）关注，改从其他次领域着手试图引发不同关怀，强调人之暮年活动力固然有限，但就生命角度观之却仍有创新与创造表现机会,因而老年仍是人生重要阶段。

三、"老人传播研究"之缘起与省思

1. 缘起

延续上述"老人(学)研究"兴起之势,"老人传播研究"起步稍晚(早期作品见 Tamir,1979),在 20 世纪 90 年代前"犹未成为气候"(Coupland & Coupland,1990:451)。相较于幼儿语言研究之发展,"老人在语言学之社会心理学或社会语言学内并未自成一家",使得"老人时期之社会语言"(gerontological sociolinguistics)特征并未成形(452;添加语词出自本文)。

此一不足须待 Hummert,Wiemann,& Nussbaum(1994a)一书出版方见缓和,分从"认知"、"语言"与"人际关系"(interpersonal relationship)等面向探讨身体与认知之老化如何影响个人传播能力,如"会话技巧"、"记忆姓名能力"、"视力(老花眼)"、"唠叨"、"刻板印象与施惠语言"(patronizing speech)、"人际互动"等(均为该书章节),复经不断验证、讨论后逐步形成了今日"老人传播研究"之核心内涵,自此其他研究者多萧规曹随变异不多。

诚如该书首章(1994b)所言,老人虽确与社会刻板印象接近,即身体日趋老迈而生理状态逐渐退化,但许多研究俱都显示老人族群之内在差异性颇大,而某些老人之认知与沟通能力实不输年轻人,其"故事讲得更为有趣也更清晰"(3)。因而该书特别提醒老人传播研究者务须注意老人间之"个体差异性"、"多元性"与"多向性",尤应避免视老化为"不断退化之过程",乃因即便在此阶段仍能透过学习而适应新的人生并乐与暮年共存(3-4)。

而与上述"老人(学)研究"领域略同,"老人传播研究"领域首本集锦形式专书(Nussbaum & Coupland,1995)第一版出版时期亦在 20 世纪最后 10 年,旨在弥补一般"老人/老人学研究"之不足(见该书序言)。两位编者认为,从传播角度观察当能了解"老化"形象如何根植于社会文化而其社会真实面貌又是如何。换言之,"老化"不仅是个人内在生理健康与外貌体型的改变,也与老人如何与他人互动有关,更与理解这些外貌、体型改变如何可能对他人造成影响直接相关,尤以如何面对社会广泛存在之"老人偏见"更属重要议题。

举例来说,此书首章讨论"老化经验"(the experience of aging),分从个人如何"感知"自己以及他人变老着手探析老化过程之文化与社会意义。作者(Hepworth,1995)广泛阅览 16 世纪以来的西方绘画、图片、大众媒体作品后发现,其所再现之老人身体多与"败坏"、"病弱"、"剩余"等字眼有关。①

对作者而言，这些透过图像反映之老人（化）形象实也让人了解生理外表之变化多与"由社会决定之生命历程"有关，即"老龄"并非个人感受亦为绘者之投射及其（绘者）认为他人认定之状态，如一般人之问候语常谓"你外表'看起来'年轻多了"（25）就反映了外表与认定间之差距。因而老化经验也受诸多社会道德规范影响，外表（生理现象）形象常成为个人能否立足社会的重要考虑，而与老人互动沟通则因"所费不赀"（costliness）而易让人避之唯恐不及，如年轻人就常认为祖辈唠叨"占据"自己宝贵时间而无意来往。

由是该书后续三章（Coupland & Couplan, 1995；Hummert, Shaner, & Garstka, 1995；Harwood, Giles, & Ryan, 1995）相继讨论了1990年代广受重视之"不足典范"（the deficit paradigm）。简单来说，研究者（如Coupland & Couplan, 1990）早即发现相关文献过去充满了老龄负面刻板印象，认为年纪愈老能力就愈不足，长期演变后形成了"老人（学）/老人传播研究"的主流价值，惯视老年为自然变化的"与时俱衰"过程（a process of decrement），假设老化均可预期而老年疾病不可避免。研究者（尤其实证主义者）进而将"老年人"之各种表现与年轻人相较（如以统计表格视年龄为自变项），推演出老人表现"不正常"的假设与理论，严重曲解了年龄与生命间的动态历程（见Coupland & Coupland, 1990）。

延续此一基调，Hummert, et al.（1995）与Harwood, et al.（1995）二章分从"沟通调适理论"（communication accommodation theory）与"社会认同理论"（social identity theory）论述其与老人传播之关联，俱在讨论社会形象（如刻板印象）如何影响一般人与老人间的互动关系。举例来说，Hummert, et al.（1995）认为"刻板印象→态度→行为意图→沟通"过程所反映之内涵即构成"沟通调适理论"的重要核心：人们依据情境、个人变项或互动变项而调整谈话策略（参见：Coupland, Coupland, Giles, & Henwood, 1988；Giles & Coupland, 1991）。一旦年龄成为情境显着变项时（如谈话对象"看起来"头发灰白、身体佝偻且重心不稳），沟通者（尤其年轻人）即易因负面刻板印象或错误认知（如认为对方难以沟通）而调整与年长者的谈话形式以符合对方沟通需要。此常称之"施惠语言"，是典型的年轻人与年长者谈话方式，包括放慢讲话速度、使用简单文法、词汇具体、发音仔细、句法简单等，或以肤浅或敷衍方式甚至以直接、傲慢语调表达；次娃娃腔（secondary baby talk）尤最常见。

该书其后分从"关系"（第6~9章）、"组织传播"（第10~11章）、"政治与大众传播"（第12~14章）、"健康传播"（第15~17章）、"老人教育"（第18章）面向讨论，包括"成人时期之亲子关

---

① Hepworth的分析当然也获得一些正面字眼如"伟大"（grandeur）、"沉稳"（serenity）、"平静"（calm）等。以上词汇出自该书p. 1，乃两位编者介绍该文时所言。

系(尤其母女关系)"(第 6 章)、"老人配偶"(第 7 章)、"老龄之代间(跨世代)祖孙与手足关系"(第 8 章)、"老年之友情"(第 9 章)、"营销老年"(第 10 章)、"退休与休闲"(第 11 章)、"老年人渐增之政治力量"(第 12 章)、"老人与政治广告"(第 13 章)、"老人之媒介使用特征与轮廓"(第 14 章)、"老人之医病互动"(第 15 章)、"沟通与赡养院老人"(第 16 章)、"老人社会网络之支持、陪伴与控制:如何增进福祉之讨论"(第 17 章)、"老人教育:终身学习、赋权及社会变革"(第 18 章),其内涵显与前节"老人(学)研究"所述不同。

近乎 10 年后此书第二版出刊,章数酌增至 22 章,但整体架构未变,仍分为"老化经验"、"语言、文化与社会老化"(初版时之篇名为"语言与老化")、"传播建构之晚年生活关系"、"组织传播"、"政治与大众传播"、"健康传播"、"资深成人教育"(初版篇名为"老人教育")等章。

合并观之,此书代表了与其他"老人(学)研究"领域迥然不同之后设观点:传播研究者强烈认为"老化"或"老龄"除是自然现象外却也是社会建构(social constructed)所得,乃因其不仅是个人身体的生理变化,也受制于他人对此变化之看法,包括社会大众如何因应此一变化而相互沟通:"我们可能身体老化,与时俱进,但我们的社会老化(如何身为社会行动者而与人来往,尤其如何了解老化过程显现的不同符号)则多半透过传播经验始能达成"(Nussbaum & Coupland, 2004: xi;括号内均出自原文)。

此外,首本由作者亲撰之老人传播研究专著约于 21 世纪初问世(Nussbaum, Pecchioni, Robinson, & Thompson, 1989, 2000;Harwood, 2007)①,内容涵盖"态度与刻板印象"、"老人与家庭成员(子女、孙辈)间的互动关系"、"代间沟通"、"大众媒介对老年人的描述"、"医病关系"、"科技与老人"等主题,既补充了前述集锦式书籍之不足且也能从个人出发讨论如何感受自身变老,次则关心老人如何适应老化过程并持续与家庭成员来往,再续处理老人如何与外在媒介环境(含科技)互动,最后强调渐老后如何调适语言以与年轻世代沟通。其内容之比较可参阅下表:②

从下表观之,各书涵盖主题与前述 Hummert, et al. (1994a) 以及后续其他专著(如:Nussbaum & Coupland, 1995;2004)一脉相传,未脱"态度(含刻板印象、偏见)"、语言(如"会话障碍")、"关系"(如与家庭间之代间或代内沟通、医病关系)等概念。与前不同处则在此二书开始正视"死亡"议题与科技之可能影响,而大众媒介(大众传播)之效果也成为专章,显示此二书作者均已开始注意"人际传播"以外之老人议题。

---

① Nussbaum, et al. (2000) 第一版于 1989 年即已出版(见:Nussbaum, J. F., Thompson, Teresa L., & Robinson, J. D., 1989),但新版未曾只字词组提及第一版内容,仅谓"全书组织方式大致相同,仅将研究资料更新"(pp. xviii-xix;添加语句出自本文作者)。

② 此表改写自蔡琰、臧国仁,2012:38,部分词汇由本书作者翻译,添加语句出自本文作者。

表 1 两本"老人传播"英文专著各章标题之比较*

书名/章次	Nussbaum, et al., 2000（第二版）	Harwood, 2007
1	传播与老化：应用与理论的思考	老化的各种观点（perspectives）
2	态度与老年偏见	老化研究的传播取向
3	传播关系的思考（relational considerations）	对老化及代间沟通（intergenerational communication）的刻板印象与态度
4	大众媒介之使用与老龄	老化、身份、态度与代间沟通
5	大众传播理论与媒介对老人的描述	老年世代者的代内关系（intragenerational relationships）
6	工作、休闲与退休	老年世代者的代间沟通
7	老化与家庭：婚姻关系	强化与老年人的沟通
8	老化与家庭：生活关系形态的改变	大众媒介对老年人的描述
9	老化与家庭：父母、祖父母与兄弟姊妹们	媒介的使用与效果
10	友谊与老化	文化、传播与老化
11	老人面临的会话障碍	健康与健康照护
12	健康、沟通与老化	科技
13	死亡与濒临死亡	结论
14	成功老化	

* 出自蔡琰、臧国仁，2012：38。

小结本节，由以上所引或可推论，"老人传播研究"领域初期系以"社会老人学"为基础，纳入语言（社会语言学）、认知（社会认知理论）、人际关系等面向，加上传播领域自有之"人际传播"、"组织传播"、"政治传播"、"健康传播"等次领域理论知识（Nussbaum & Coupland, 2004；XII 曾说明其系仿效国际传播学会分组架构），主题围绕在老人之自我形象（认知）、沟通能力（语言）、老人刻板印象（社会认知）、老人如何在此情境下与他人互动应对（认知与社会语言）等，鲜少触及如前述之人文议题如老人之定义、生命意义、心灵探索、文学创作等，更未立基于如"批判老人学"（critical gerontology，见 Ray, 1996；Phillipson & Walker, 1987）之议论。①

因而整体而言，"老人传播研究"迄今呈现之内涵远较"老人（学）研究"更为专精（狭隘）、社会语言性、人际性，老人与大众传播相关论述则仅聊备一格未受重视。

---

① Ray（1996：675）如此定义"批判老人学"："针对老人学领域之历史建构如何受到社会性影响以及其哲学基础以及量化方法为何进行批判"；Phillipson & Walker（1987：12）则认为"批判老人学"乃社会老人学内较具价值倾向（value-committed）的一支，旨在理解老化如何被社会建构更要改变这种建构之内涵（以上取自 Ray, Bernard, & Philips, 2009：22-23）。

2. 省思

如上节所述，如以 Hummert, et al.（1994a）起算则"老人传播研究"当已累积近 30 年之学术成果，其与老人研究历程相较固属"年轻"，但具体贡献仍有目共睹。

然而亦如上节所示，老人传播各书作者背景接近、研究主题雷同，迄今犹未发展如 Craig（1999）所称之理论"后设模式"（metamodel）或"后设论述"（metadiscourse；中文译名皆出自赵雅丽，2006），① 因而也无法提出如赵雅丽（2006）建议之"传播巨型理论蓝图"（a communication grand theory），坐实了 J. Peters（1986）稍早所称"传播领域智识贫瘠"（intellectual poverty in communication research）之指控，亟待调整。

举例来说，一般老人研究之新一代学者已能渐从理论反思与批判角度领悟而提出新的概念如"成功老化"（successful aging；Rowe & Kahn, 1998; Fisher and Specht, 1999; Fisher & Simmons, 2007; Bower, 2010）、"活跃老化"（active aging；Hsu & Chang, 2004; Fernández Ballesteros, 2008）、"生产老化"（productive aging；Morrow-Howell, Hinterlong, & Sherraden, 2001）、"健康老化"（healthy aging；Ebersole, Touhy, Hess, Jett, & Luggen, 2008）、"超越老化"（Tornstam, 2005）等，借此说明"老"不等于"病"也非"衰败"且犹能与其他年龄族群一样快乐生活直至生命最后，其研究广度与深度都较前正面。但老人传播研究者迄今犹少相关论辩，理论建构迟滞不前、创意枯竭、研究主体性思辨不足，诚令人忧心。

何况现有"老人传播"专书与一般老人研究间似有扞格，各书均少引述老人研究创始者 Birren 之任何文献，如 Harwood（2007）仅引 6 处并集中于第 11 章"与年龄有关之会话障碍"，反之老人研究者也几未触及任何老人传播研究；显然两者间无所互动久矣。

另如前述，老人传播各书作者背景接近，大多出自"人际沟通"次领域（包含组织传播、跨文化传播）。实则近来大众传播次领域与老人间之结合愈形密切，不但可能"再现"了老人刻板印象也常促成其对自身"变老"后的身份认同，邱天助（2002）称此"老人意识"。一般而言，大众媒介无论中外过去对老人的眷顾不但不足、失衡且常以负面描述，以致社会大众长期接收这类信息后理所当然地认为"老龄"就是"衰败"，而老年人也多因身体渐弱而认为余生若能儿孙满堂颐养天年或在赡养院度过即为人生最大幸福。

时至今日，"新的"老人正面、健康、欢乐形象渐次在各类媒介内容浮现，多元形象蔚为风气，无论电视节目、电影、书籍、报纸专刊均曾推陈出新地介绍各类老人的杰出表现，从而引发众人重

---

① Craig（1999：119；添加语句出自本文）提及"……若从可供辨识的研究领域观之，传播理论犹未成形，……我们研究者像在互不隶属的范畴工作，相关书籍与论文甚少提及其他作品，除非彼此皆属狭隘的（跨）学科专业与思想流派"；此一现象在老人传播研究尤其明显。

省老年的意义与象征，接受人生乃不断"长老"（growing old）而非"变老"的过程（Randall & McKim，2004）。

综理本节讨论，"老人传播研究"与一般"老人（学）研究"相较显有不足之处：研究者自成体系而少与其他次领域互动，既不热衷理论建构亦无意于建立研究主体性，以致研究主题日趋狭隘，无助于领域之健康发展。

四、结论：兼论华人传播之后设取径——以叙事典范（narrative paradigm）为基础

以上分从"老人（学）研究"之渊源、"老人传播研究"之起源二者回顾相关文献并提出省思。整体而言，本文认为老人（学）研究者迄今并未关切老人传播知识如何产出，而在此同时老人传播研究者亦未专注于如何得以"传播"概念切入老人（学）研究之整体知识位置，此一缺憾使得"老人传播研究"的主体论、知识论、方法论与价值论皆待建立。

面对新的世纪，华人传播研究者如何贡献老人（学）研究并提出崭新观点？如陈国明（2005）早先所言，所谓"华人传播"（陈国明使用"中华传播"一词）之研究重点应在发展"如何对中华文化诠释再诠释，创新再创新，……爬梳与建立起自我文化的认同，然后放眼全球社会，以资提供与接收必要的双向贡献"（页20～21），尤应分从"本体论"（即上节之"主体论"）、"认识论"（即"知识论"）、"方法论"与"形上论"（即"后设理论"）面向共谋"完整学科典范"之建立（页20）；这些说法与本文省思所得实有不谋而合之趣。

而中华文化源远流长，探析"老化"知识的起源甚早，如秦始皇时代就已积极寻找"长生不老"之法，相信服用某些丹药即可永葆青春。道家也主张"心灵双修"以求长生成仙或返老还童，其思想脉络影响华人社会千百年迄今方兴未艾，已是华夏文明之重要来源。但无论"老人（学）研究"或"老人传播研究"已如前述皆属20世纪中期兴起且在20、21世纪交替之刻始成显学，而老人（学）史或传播史研究者迄今皆少针对华人社会有所着墨，相关"理论化"文献更少，显然要建立具有"华人传播"特色之老人（学）研究尚有漫漫长路（陈韬文，2004）。

以中国台湾为例，"老人（学）研究"起源约在20世纪80年代中期，研究成果分散在社福（社工）、心理、医学（护理）等次领域，有关"老人传播"主题之书籍则除蔡琰、臧国仁（2012）外付之阙如。[①] 此外，台湾老人（学）研究之人文取向尚少，迄今没有专属期刊，[②] 专书亦以译著为多，

---

① 新近完成之"老人传播"主题博士论文有周传久（2007）、许胜钦（2013）。
② 由成功大学医学院老人学研究所出版之《台湾老年学论坛》为目前仅有专属期刊（2009年创刊并为季刊），但仅出版网络版。近期则有"中华福祉科技与服务管理学会"出版《福祉科技与服务管理学刊》，迄2014年年初已有三期。

整体而言尚在起步阶段。

而如邱天助（2007：134；添加语句出自本文）之观察，中国台湾"老人（学）研究"内涵系以"问题导向"或"病理取向"思维模式为主，习将老人视为需要援助、亟待养护、照顾或医治的案主："……多数的台湾老年人研究，至今仍然依循以量化研究为中心的'变项典范'（variable paradigm），研究往往抽离老年生活世界，……研究结果总是难以掌握老年生活的全貌，也缺乏人性的关怀。因此在生命的理解上，'老年'往往是被忽视的国度"。

面对这些窘境，"老人传播研究"要如何在华人社会落地生根并进行理论化的工作实有迫切性。以下暂以"叙事典范"[①]为借镜，加以"家庭传播"与"代间（跨世代）传播"为例说明可能建立之"在地化"老人传播研究工作。

1. 叙事典范与华人社会之"老人传播研究"

从叙事典范出发探索老人相关事务本无新意，如近十余年广受重视"叙事老人学"（Kenyon, Clark & de Vries, 2001）即属"老人（学）研究"之后起之秀，其后设理论与传播研究有诸多重叠当可参用。[②]

具体而言，"叙事老人学"之出发点乃是对"说故事"（storytelling，即叙事）的看重，认为故事讲述实可反映了"凡走过（经历）必值得回味"的人生积极意义，对其他社会机构或个人均有重大参考价值。因而"叙事老人学"向来主张"故事即人生，人生即故事"，乃因愈多听/说故事就愈能体会人生（尤其是老年）之"诗性美"（the poetic aging；Randall & McKim, 2004）。

另外，延续传播学者 Fisher（1987）提出的"人类传播即叙事"（human communication as narration）观点，由"叙事典范"发展之老人传播研究或可涵盖以下诸点（改写自臧国仁、蔡琰，2013）：

a. "故事"即老人传播主要内涵（主体论），凸显了人们除具"理性"外亦是"叙事动物"（homo narrans；此一说法出自 Fisher, 1987）且生而能说故事，人生目的常在寻找"好的叙事（故事）表现"而非如理性典范（实证主义）所示之寻觅正确信息（臧国仁、蔡琰，2009）；

b. 奠基于上述主体论，任何世事无论发生时间或地点皆可透过符号诠释进而形塑为历史、文化、人物角色等情节，而老人之生命经验亦同理可转译为符号（语言）并以故事形式讲述（认识论）进而成为他人学习对象；

[①] 叙事典范（narrative paradigm）、叙事理论（narrative theory）、叙事学（narratology）、叙事研究（narrative research）意涵虽有差异，本文未加深究、区分且交换使用。

[②] 如 Littlejohn（1999：31）之阐述，"后设理论"之意在于"针对事物本质而超越任何特定理论之思辨"，可归纳为"知识论"（epistemology）、"本体论"（ontology）、"价值论"（axiology）、"方法论"（methodology）四者；参见臧国仁、蔡琰（2013）。

c. 然因受制于"叙事环境"（narrative environment，指述说对象、时空、主题等；参见 Parsons, 2009），老人讲述故事时总须撷取不同片段以组成不同情节述说，其内容虽是自我生命的"再述"或"再现"却非客观真实亦无关乎是否为"真"（方法论）；

d. 讲述故事过程中不同情节相互嵌入，彼此竞争以能争取故事版本之独特性（即"可讲述性"或 tellability，见 Norrick, 2000: 105-106）以能让人"信以为真"（价值论）。

由此观之，"叙事老人学"之内涵当可应用于"老人传播研究"并以其为后设范式之出发点进而逐步推演认识论、主体论、方法论与价值论，呼应了 20 世纪末期以来最重要之"向叙事转"（the narrative turn; Riessman, 2002）社会科学思潮。若能奠基于此，"老人传播研究"之内涵当能超越现有研究所得，扩大原有知识体系（知识论）而与其他理论方家履行学术对话并产生新的研究论点（主体论）。

2. 家庭传播与华人社会之老人传播研究

"家庭传播/沟通"（family communication）一向较为冷僻迄今鲜少受到研究者眷顾且中外皆然，相关中文书籍（无论译著或专著）尤少而未成气候。但"家庭"又系华人社会"儒家文化传统"核心所在（梁漱溟，1963；文崇一，1991；孙得雄，1991；黄光国，1999），累积文献众多，唯独传播领域对"家庭"之探讨尚少。由此入手讨论华人社会之"老人传播"现象一则或能与其他领域接轨，另则又能直接切入他人经营已久之研究议题，应可显示新意。

举例来说，延续上述"叙事典范"后设理论，臧国仁、蔡琰（2010）曾以"民族志照片"（visual ethnography）方法搜集 15 位研究助理之静态照片或动态影像分述家族从何而来、如何过节、父亲与母亲家族文化之异等。两位作者认为，有关"家庭"之故事述说可谓最具华人社会特色之日常传播现象，以此为老人传播研究之"主体观"当有特殊意涵。尤以叙事论者早已认为"说故事者"常在述说文本中揭露"自我"（Brockmeier & Carbaugh, 2001）、讲述过往生命经验、追溯生命历程，因而若以故事/家庭故事为"老人传播研究"之知识论基础亦有文献支持，深具概念化（理论化）潜力。

即以上述 15 则家庭影像故事所得观之，每位说故事之助理（孙辈）都能透过短短 10 张静态照片或三分钟动态录像展现其有意陈述之祖辈家庭故事。有趣的是，影像摄制对象多是母亲这边的"阿嬷"（外婆），而对父亲的母亲（奶奶）则显生疏。究竟此属中国台湾地区独有之传播现象抑或整个华人社会皆常可见之独特"祖孙互动"，因少文献支持尚待未来继续探索。①

---

① Nussbaum & Bettini（1994）曾细察祖父母们如何透过电话向孙辈讲述生命故事，发现祖父常谈及身体健康情况，祖母们则喜论及家务事与家族史。有趣的是，孙辈绝少向祖辈讲述故事，顶多谈及生活重要事项，显然祖孙间的沟通并不对称（asymmetrical），值得深入探讨。

面对 21 世纪社会之小家庭（仅有父母与儿辈共同生活）盛行，华人社会之"老人传播"形态也正面临挑战，祖孙间之代间（跨世代）沟通如何建立、持续、充实显都是研究者理应关注之主题。

3. "代间（跨世代）"传播与华人社会之老人传播研究

延续上述，华人社会之"老人传播研究"未来似可专注于探索不同家庭故事里呈现之跨世代沟通方式与特色。如 Harwood（2000）曾以大学生为例探寻其与祖辈间的沟通频数与最常使用之媒介，发现超过 1/2 之受访年轻人回答每月联系数次而多数透过电话少数写信（包括电邮），距离愈远则联系愈少。如透过子女双亲为中介者则祖孙联系强度较弱，反之若由祖辈或孙辈主动联系则较频繁；联系愈为频繁则对祖孙关系的评估愈趋正面，尤以经常电话联系者为最。

由此延伸则华人社会最常见的祖孙对话方式与内容为何？一起生活（如隔代教养）相较于分隔两地之祖孙沟通模式是否一致？祖父母除了询问孙辈"你吃饱没？"或"你考试考第几名？"外，是否犹有其他事情可以关注？而孙辈除了报告学校所学外，还可向祖辈探询哪些（家族）故事？祖辈是否也可能向孙辈学习新知识如智能型手机或计算机？其间互动有何干扰？

臧国仁、蔡琰（2005）曾仿 Kastenbaum（1997）之设计由研究助理返家向家中 70 岁以上老人索取"传世之言"（lasting words；亦称"庭训"）或任何对其一生最为重要之良言佳句。依 Kastenbaum（1997：21）之定义，其常为"传递多时之口语信息，并被接收者视为是对其生命有重大意义者"，多以一般道德原则（moral principles）及告诫（admonitions）形式出现。

臧国仁、蔡琰（2005）发现，老人论及这些"传世之言"时多透过一则则小故事建构而成其"生活岁月"，也常与故事发生的大时代场景结合而成"个人史"，其间充满了说故事者的回忆与情感抒发，包括苦、痛、喜、乐以及与苦痛喜乐紧紧扣连的自豪与遗憾，恰与本节前述之"叙事理论"之"价值论"若合符节。

有趣的是，长者所述生命故事常一再重复述说（restorying；Kenyon, Ruth, Mader, 1999）且充满了与人生有关之"基本譬喻"（root metaphors；Sarbin, 1986），如与个人价值有关的"责任感"、"宽厚待人"（多人提及）、"惜福"、"脚踏实地"、"坚持、毅力、勇气"、"专一"等，或是与家庭价值相关的"孝顺"。这些基本譬喻都是说故事者之个人经历（验）结晶，是其"从自己内心所绽放的解释"（Randall & Kenyon, 2001：36～37），反映了其生命美学（高宣扬，2004）与日常智慧（Kenyon, 2002），尤与华人社会基本价值观契合，值得续究。

而与 Kastenbaum（1997）不同之处则在于受访老人的"传世之言"或"庭训"受到家族影响甚多，举凡日常接触的家庭成员如姑父、伯父、兄嫂、四叔、婶婆、叔公甚至爷爷的偏室都曾向受访老人传递庭训而影响其一生。这点恐因今日华人社会之老人成长阶段尚有传统大家庭世代齐居习俗彼此来往频繁，举止行为易于形成典范而为学习对象，而此正是老人传播"在地化"研究最为有趣之处。

五、总结

结束本文前似仍应针对"老人传播"定义提出两位作者之见。延续以上两节所述,与华人社会有关之"老人传播研究"应可视为立基于叙事典范之故事述说历程并涵盖以下三层意义:

第一,从自我出发,相关研究理当讨论老人如何感知其自身之"变老"(getting old),兼及此一感知对其生命历程之意涵以及其如何适应变老后的生活并调整自我认同(self identities)、如何将生命历程转化为生命故事而向他人述说、如何透过这些故事展现生命智能(臧国仁、蔡琰,2012:7);

在第二层次,"老人传播研究"涉及了老人如何述说/聆听故事并由此建立人际关系进而与他人(含家庭成员)互动以达成正面"代间(跨世代)沟通";

老人传播研究之第三层次则指老人之"社会沟通",指其与社会团体(含媒介)间的来往互动,包括媒介如何再现老人、其社会形象为何、老人社会团体如何近用媒体、老人团体间的互动等(见图1)。

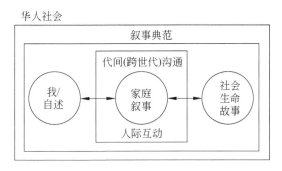

图1 华人社会之老人传播研究议题初拟

总结来说,"老人传播研究"乃观察老人如何从自我、人际与社会三个层面讲述生命故事之研究历程,或可改称其"人老传播"(aging communication)之研究领域。

◇ **参考文献** ◇

- 文崇一(1991).《台湾工业化与家庭关系的转变》.乔健主编,《中国家庭及其社会变迁》.中国香港:香港中文大学.
- 邱天助(1993).《教育老年学》.台北市:心理出版社.

- 邱天助(2002).《老年符号与建构：老人研究的社会文化转折》.新北市新店区：正中书局.
- 邱天助(2007).《社会老年学》.高雄市：丽文文化.
- 周怜利译(2008).《Erikson 老年研究报告——人生八大阶段》.台北市：张老师文化.（原书：Erikson, E. H., Erikson, J. M., & Kivnick, H. Q. (1997). *Vital involvement in old age: The experience of old age in our time*. New York, NY: W. W. Norton & Co.）
- 周传久(2007).《由高龄学习看老人电视节目制播之跨国比较研究》.高雄师范大学成人教育研究所博士论文.
- 高宣扬(2004).《傅科的生存美学：西方思想的起点与终结》.台北市：五南.
- 孙得雄(1991).《社会变迁中的中国家庭：以台湾为例》.乔健主编,《中国家庭及其社会变迁》.香港：香港中文大学.
- 许胜钦(2013).《老人多元影像之叙事分析：以 1980 年代至 2000 年代台湾电影为例》.东华大学多元文化教育研究所博士论文.
- 梁永安译(2011).《老年之书》.新北市新店区,立绪文化.（原书：Cole, T. R., & Winkler, M. G. (1994). *The Oxford book of aging: Reflection on the journey of life*. Cambridge, MA: Cambridge University Press.）
- 梁漱溟(1963).《中国文化要义》.台北市：正中.
- 陈国明编(2005).《中华传播理论与原则》.台北市：五南.
- 陈韬文(2004).《理论化是华人社会传播研究的出路：全球化与本土化的张力处理》.陈国明编,《中华传播理论与原则》(页 45,54).台北市：五南.
- 黄光国(1999).《华人的企业文化与生产力》.《应用心理研究》,第一期,页 163-185.
- 臧国仁、蔡琰(2005).《新闻叙事与时间报道：以老人新闻为例(2/2)》.国科会补助专题研究计划(NSC 93-2412-H-004-004-)结案报告.
- 臧国仁、蔡琰(2009).《传媒写作与叙事理论——以相关授课内容为例》."政大传播学院媒介写作教学小组"编,《传媒类型写作》(页 3-28).台北市：五南.
- 臧国仁、蔡琰(2010).《引言：从家庭传播/沟通谈家庭(族)之影视生命故事》.中华传播学会 2010 年会"专题座谈"(panel)2-2D 场次"影像叙事与家庭(族)生命故事"(嘉义民雄：中正大学,七月三日至五日).
- 臧国仁、蔡琰(2012).《老人传播研究之"后设观点"——进阶理论建构之提议》.中华传播学会 2012 年会,台中市：静宜大学(七月 6～8 日).
- 臧国仁、蔡琰(2013).《大众传播研究之叙事取向——另一后设理论思路之提议》.《中华传播学刊》,第 23 期,页 159-193.
- 赵雅丽(2006).《跨符号研究："结构／行动"交相建构中的传播巨型理论蓝图》.《中华传播学刊》,第 86 期,页 1-44.
- 蔡琰、臧国仁(2012).《老人传播：理论、研究与教学实例》.台北市：五南.
- 叶家兴译(2004).《世代风暴：人口老化即将引发新经济危机？》.新北市新店区：左岸文化.（原书：Kotlikoff, L. J., & Burns, S. (2004). *The coming generational storm: What you need to know about America's economic future*. Cambridge, MA: The MIT Press.）
- Achenbaum, W. A. (1995). *Crossing frontiers: Gerontology emerges as a science*. New York, NY: Cambridge University Press.
- Achenbaum, W. A. (2009). A metahistorical perspective on theories of aging. In v. L. Bengtson, D. Gans, N. Putney, & M. Silverstein, M. (eds.). *Handbook of theories of aging* (2nd. ed.), 25-38. New York, NY: Springer.
- Achenbaum, W. A., & Kusnerz, P. P. (1978). *Images of old age in America, 1970 to the present*. Ann Arbor, MI: Institute of Gerontology, University of Michigan-Wayne State University.

- Aldwin, C. M., Park, C. L., & Spiro, A. (eds.) (2007). *Handbook of health psychology and aging*. New York, NY: Guilford Press.
- Austad, S. N. (2009). Making sense of biological theories of aging. In vern L. Bengtson, D. Gans, N. Putney, & M. Silverstein (eds.) (2009). *Handbook of theories of aging* (2nd. ed.), 147-161. New York, NY: Springer.
- Bengtson, vern L., & K. W. Schaie (eds.) (1999). *Handbook of theories of aging*. New York, NY: Springer.
- Bengtson, V. L., Gans, D., Putney, N., & Silverstein, M. (eds.) (2009). *Handbook of theories of aging* (2nd. ed.). New York, NY: Springer.
- Binstock, R. H., & George, L. K. (eds.) (2006). *Handbook of aging and the social sciences* (6th ed.) San Diego, CA: Academic Press.
- Birren, J. E. (1961). A brief history of the psychology of aging. *The Gerontologist*, 1 (2): 69-77.
- Birren, J. E. (1999). Theories of aging: A personal perspective. In vern L. Bengtson & K. W. Schaie (eds.). *Handbook of theories of aging*, 459-471. New York, NY: Springer
- Birren, J. E. (2011). Forward. In G. Kenyon, E. Bohlmeijer, & W. L. Randall (2010). *Storying later life: Issues, investigations, and interventions in narrative gerontology*, ix-x. New York: Oxford University Press.
- Birren, J. E., & Schaie, K. W. (eds.)(2001). *Handbook of the psychology of aging* (5th ed.). San Diego, CA: Academic Press.
- Bower, J. (ed.)(2010). *Successful ageing, spirituality and meaning*. Leuven, BE: Peeters.
- Brockmeier, J. & Carbaugh, D. (eds.) (2001). *Narrative and identity: Studies in autobiography, self and culture*. Amsterdam: John Benjamins.
- Butler, R. N. (1969). Age-ism: Another form of bigotry. *The Gerontologist*, 9: 243-246.
- Cole, T. R., & Rays, R. E. (2010). The humanistic study of aging past and present, or why gerontology still needs interpretive inquiry. In T. R. Cole, R. Rays, & R. Kastenbaum (eds.). *A guide to humanistic studies in aging: What does it mean to grow old?* 1-29. Baltimore, MR: The Johns Hopkins University Press.
- Cole, T. R., Kastenbaum, R., & Rays, R. (eds.) (2000). *Handbook of the humanities and aging* (2nd ed.). New York, NY: Springer.
- Cole, T. R., Rays, R., & Kastenbaum, R. (eds.) (2010). *A guide to humanistic studies in aging: What does it mean to grow old?* Baltimore, MR: The Johns Hopkins University Press.
- Cole, T. R., van Tassel, D. D., & Kastenbaum, R. (eds.)(1992). *Handbook of the humanities and aging*. New York, NY: Springer.
- Coupland, N. and Coupland, J. (1990). Language and later life. In H. Giles and W. P. Robinson (eds.). *Handbook of language social psychology*, 451-468. Chester, England: John Wiley & Sons.
- Coupland, N., & Coupland, J. (1995). Discourse, identity, and aging. In J. F. Nussbaum & J. Coupland (eds.) *Handbook of communication and aging research*, 79-103. Mahwah, NJ: Lawrence Erlbaum Associates.
- Coupland, N., Coupland, J., Giles, H., Henwood, K., & Wiemann, J. (1988). Elderly self-disclosure: Interactional and intergroup issues. *Language and Communication*, 8: 109-133.
- Craik, F. I. M., & Salthouse, T. A. (eds.) (2000). *The handbook of aging and cognition* (2nd ed.). Mahwah, NJ: LEA.
- Craig, R. T. (1999). Communication theory as a field. *Communication Theory*, 9(2): 119-161.
- Cumming, E., Dean, L. R., Newell, D. S., & McCaffrey, I. (1960). Disengagement - A tentative

theory of aging. *Sociometry*, 23(1): 23-35.
- Ebersole, P., Touhy, T. A., Hess, P., Jett, K. F., & Luggen, A. S. (2008). *Toward healthy aging: Human needs and nursing response* (7th ed.). St. Louis, M: Mosby/Elsevier.
- Fernández Ballesteros, R. (2008). *Active aging: The contribution of psychology*. Cambridge, MA: Hogrefe & Huber.
- Ferraro, K. F. (2007). The evolution of gerontology as a scientific field of inquiry. In J. M. Wilmoth & K. F. Ferraro (eds.). *Gerontology: Perspectives and issues*, 14-34 (3rd ed.). New York, NY: Springer.
- Fisher, J. C., & Simmons, H. C. (2007). *A journey called aging: Challenges and opportunities in older adulthood*. New York, NY: The Haworth Press.
- Fisher, B. J., & Specht, D. K. (1999). *Successful aging and creativity in later life*. Journal of Aging Studies, 13: 457-472.
- Fisher, W. R. (1987). *Human communication as narration: Toward a philosophy of reason, value and action*. Columbia, CA: University of South Carolina Press.
- Giles, H., & Coupland, N. (1991). *Language: Contexts and consequences*. London: Open University Press.
- Gott, M., & Ingleton, C. (2011). *Living with ageing and dying: Palliative and end of life care for older people*. New York, NY: Oxford University Press.
- Harwood, J. (2007). *Understanding communication and aging: Developing knowledge and awareness*. Thousand Oaks, CA: Sage.
- Harwood, J., Giles, H., & Ryan, E. B. (1995). *Aging, communication, and intergroup theory: Social identity and intergenerational communication*. In J. F. Nussbaum & J. Coupland (eds.) *Handbook of communication and aging research*, 133-160. Mahwah, NJ: Lawrence Erlbaum Associates.
- Hepworth, M. (1995). Images of old age. In J. F. Nussbaum & J. Coupland (eds.) *Handbook of communication and aging research*, 5-37. Mahwah, NJ: Lawrence Erlbaum Associates.
- Hsu, H. C., & Chang, M. C. (2004). Successful aging and active aging in Taiwan: A multi-level analysis. *Taiwanese Journal of Social Welfare*(《台湾社会福利学刊》), 3(2): 1-36.
- Hummert, M. L., Wiemann, J. M., & Nussbaum, J. F. (eds.) (1994a). *Interpersonal communication in older adulthood: Interdisciplinary theory and research*. Thousand Oaks, CA: Sage.
- Hummert, M. L., Wiemann, J. M., & Nussbaum, J. F. (1994b). Interpersonal communication and older adulthood: An introduction. In M. L. Hummert, J. M. Wiemann, & J. F. Nussbaum (eds.). *Interpersonal communication in older adulthood: Interdisciplinary theory and research*, 1-14. Thousand Oaks, CA: Sage.
- Hummert, M. L., Shaner, J. L., & Garstka, T. A. (1995). Cognitive processes affecting communication with older adults: The case for stereotypes, attitudes, and beliefs about communication. In J. F. Nussbaum & J. Coupland (eds.) *Handbook of communication and aging research*, 105-132. Mahwah, NJ: Lawrence Erlbaum Associates.
- Isenberg, S. (2000). Aging in Judaism: "Crown of glory" and "Days of sorrow." In T. R. Cole, R. Kastenbaum, & R. Rays. (eds.). *Handbook of the humanities and aging*, 114-141(2nd ed.). New York, NY: Springer.
- Kastenbaum, R. (1997). Lasting words as a channel for intergenerational communication. *Ageing and Society*, 17: 21-39.
- Kenyon, G. M. (2002). Guided autobiography: In search of ordinary wisdom. In G. D. Rowles

- and N. E. Schoenberg (eds.). *Qualitative gerontology: A contemporary perspective* (2nd ed.). New York, NY: Springer.
- Kenyon, G. M., Bohlmeijer, E., & Randall, W. L. (2011). *Storying later life: Issues, investigations, and interventions in narrative gerontology*. New York: Oxford University Press.
- Kenyon, G. M., Clark, P., & de Vries, B. (eds.). (2001). *Narrative gerontology: Theory, research, and practice*. New York: Springer.
- Kenyon, G. M., Ruth, J.-E. & Mader, W. (1999). Elements of a narrative gerontology. In V. L. Bengtson & K. W. Schaie (eds.), *Handbook of theories of aging*, 40-58. New York: Springer.
- Kimble, M. A. (2000). Aging in the Christian tradition. In T. R. Cole, R. Kastenbaum, & R. Rays. (eds.). *Handbook of the humanities and aging*, 142-154 (2nd ed.). New York, NY: Springer.
- Kotlikoff, L. J., & Burns, S. (2005). *The coming generational storm: What you need to know about America's economic future*. Cambridge, MA: The MIT Press.
- Lindauer, M. S. (1992). Creativity in aging artists: Contributions from the humanities to the psychology of old age. *Creativity Research Journal*, 5(3): 211-231.
- Lindauer, M. S. (2003). *Aging, creativity, and art: A positive perspective on late-life development*. New York, NY: Kluwer Academic/Plenum.
- Littlejohn, S. W. (1999). *Theories of human communication* (6th ed.). Belmont, CA: Wadsworth.
- McCullough, L. B. (2000). Bioethics and aging. In T. R. Cole, R. Kastenbaum, & R. Rays. (eds.). *Handbook of the humanities and aging*, 93-113 (2nd ed.). New York, NY: Springer.
- McFadden, S. H., & Atchley, R. C. (2001). *Aging and the meaning of time: A multidisciplinary exploration*. New York, NY: Springer.
- Mangum, T. (2000). Literary history as a tool of gerontology. In T. R. Cole, R. Kastenbaum, & R. Rays. (eds.). *Handbook of the humanities and aging*, 62-76 (2nd ed.). New York, NY: Springer.
- Manheimer, R. J. (2000). Aging in the mirror of philosophy. In T. R. Cole, R. Kastenbaum, & R. Rays. (eds.). *Handbook of the humanities and aging*, 77-92 (2nd ed.). New York, NY: Springer.
- Masoro, E. J., & Austad, S. N. (eds.) (2011). *Handbook of biology of aging* (7th ed.). San Diego, CA: Academic Press.
- Morrow-Howell, N., Hinterlong, J., & Sherraden, M. (eds.) (2001). *Productive Aging: Concepts and Challenges*. Baltimore, MA: The John Hopkins University Press.
- Nelson, T. D. (2007). *Ageism: Stereotyping and prejudice against older persons*. Boston, MA: the MIT Press.
- Norrick, N. R. (2000). *Conversational narrative: Storytelling in everyday talk*. Amsterdam, NL: John Banjamins.
- Nussbaum, J. F., & Bettini, L. (1994). Shared stories of the grandparent-grandchildren relationship. *International Journal of Aging & human development*, 39: 67-80.
- Nussbaum, J. F., & Coupland, J. (eds.) (1995). *Handbook of communication and aging research*. Mahwah, NJ: Lawrence Erlbaum Associates.
- Nussbaum, J. F., & Coupland, J. (eds.) (2004). *Handbook of communication and aging research* (2nd ed.). Mahwah, NJ: Lawrence Erlbaum Associates.
- Nussbaum, J. F., Thompson, Teresa L., & Robinson, J. D. (1989). *Communication and aging*.

New York: Harper & Row.
- Nussbaum, J. F., Pecchioni, L. L., Robinson, J. D., & Thompson, T. L. (2000). *Communication and aging* (2nd. ed.). Mahwah, NJ: Lawrence Erlbaum Associates.
- Öberg, B.-M. (2004). Forward: Changing worlds and the ageing subject: Dimensions in the study of ageing and later life. In B.-M. Öberg, A.-L. Närvänen, E. Näsman, & E. Olsson (2004). *Changing worlds and the ageing subject: Dimensions in the study of ageing and later life*, x-xx. Hants, UK: Ashgate.
- Öberg, B.-M., Närvänen, A.-L., Näsman, E., Olsson, E. (2004). *Changing worlds and the ageing subject: Dimensions in the study of ageing and later life*. Hants, UK: Ashgate.
- Palmore, E. B. (1999). *Ageism: Negative and positive*. New York, NY: Springer.
- Parsons, A. (2009). Narrative environments: how do they matter? Rhizomes: Rhizomes: Cultural Studies in Emerging Knowledge, 19(2013-08-31), http://rhizomes.net/issue19/parsons/index.html.
- Peters, J. D. (1986). Institutional sources of intellectual poverty in communication research. *Communication Research*, 13: 527-559.
- Phillipson, C., & Walker, A. (1987). The case for a critical gerongology. In S. De Gregorio (ed.). *Social gerontology: New directions*, 1-15. London, UK: Croom Helm.
- Randall, W. L. & Kenyon, G. M. (2001). *Ordinary wisdom: biographical aging and the journey of life*. Wesport, CN: Praeger
- Randall, W. L., & McKim, A. E. (2004). Toward a poetics of aging: The links between literature and life. *Narrative Inquiry*, 14(2): 235-260.
- Ray, M., Bernard, M., & Phillips, J. (2009). *Critical issues in social work with older people*. Hampshire, UK: Palgrave Macmillan.
- Ray, R. E. (1996). A postmodern perspective on feminist gerontology. *The Gerontologist*, 36(5): 674-680.
- Riessman, C. K. (2002). Analysis of personal narratives. In J. F. Gubrium & J. A. Holstein (eds.). *Handbook of interview research: Context and method*, 695-710. Thousand Oaks, CA: Sage.
- Rowe, J. R., & Kahn, R. L. (1998). *Successful aging*. New York. NY: Pantheon.
- Sarbin, T. R. (ed.)(1986). *Narrative psychology: The storied nature of human conduct*. New York: Praeger.
- Schaie, K. W., & Willis, S. L. (eds.) (2011). *Handbook of the psychology of aging* (7th ed.). San Diego, CA: Academic Press.
- Schroots, J. J. F. (1996). The fractal structure of lives: Continuity and discontinuity in autobiography. In J. E. Birren, G. M. Kenyon, J.-E. Ruth, J. J. F. Schroots, & T. Svensson. (eds.), *Aging and biography: Explorations in adult development*, 117-130. New York, NY: Springer.
- Settersten, R. A., Jr., & Jacqueline, L. A. (2011)(ed.). *Handbook of sociology of aging*. New York, NY: Springer.
- Tamir, L. M. (1979). *Communication and the aging process: Interaction throughout the life cycle*. New York, NY: Pergamon Press.
- Thursby, G. R. (2000). Aging in Eastern religious traditions. In T. R. Cole, R. Kastenbaum, & R. Rays (eds.). *Handbook of the humanities and aging*, 155-182 (2nd ed.). New York, NY: Springer.
- Tornstam, L. (2005). *Gerotranscendence: A developmental theory of positive aging*. New York,

NY: Springer.
- Williams, A. and Coupland, N. (1998). The social-political framing of aging and communication research. *Journal of Applied Communication Research*, 26: 139-154.
- Wyatt-Brown, A. M. (2000). The future of literary gerontology. In T. R. Cole, R. Kastenbaum, & R. Rays. (eds.). *Handbook of the humanities and aging*, 41-61 (2nd ed.). New York, NY: Springer.
- Wyatt-Brown, A. M. (2010). The resilience and creativity in aging: The realms of silver. In T. R. Cole, R. E. Ray, & R. Kastenbaum (eds.). *A guide to humanistic studies in aging*, 57-82. Baltimore, MA: The Johns Hopkins University Press.